Esta colecção inclui
livros (léxicos, gramáticas, prontuários, etc.)
que, pelo seu carácter
eminentemente prático, se pretende
venham a constituir para os leitores
um seguro instrumento de trabalho,
em especial quanto
ao domínio da terminologia básica
dos diferentes ramos do saber.
A palavra, nas suas múltiplas
dimensões de articulação sonora,
estrutura conceptual e
expressão de pensamento e sentimento
é a matéria-prima desta colecção

DICI ONÁ RIO ED

Obra publicada com o patrocínio do Ministério Francês da Cultura –
– Centro Nacional do Livro

Título original:
Dictionnaire des Sciences Cognitives

© Armand Colin, 2002

Tradução: Victor Silva

Revisão: Luís Abel Ferreira
Revisão Científica: Tiago Reis Marques

Capa: FBA

Depósito Legal nº 266140/07

Paginação, impressão e acabamento:
GRÁFICA DE COIMBRA
para
EDIÇÕES 70, LDA.
Outubro de 2007

ISBN: 978-972-44-1350-1

Direitos reservados para todos os países de língua portuguesa
por Edições 70

EDIÇÕES 70, Lda.
Rua Luciano Cordeiro, 123 – 1º Esqº - 1069-157 Lisboa / Portugal
Telefs.: 213190240 – Fax: 213190249
e-mail: geral@edicoes70.pt

www.edicoes70.pt

Esta obra está protegida pela lei. Não pode ser reproduzida,
no todo ou em parte, qualquer que seja o modo utilizado,
incluindo fotocópia e xerocópia, sem prévia autorização do Editor.
Qualquer transgressão à lei dos Direitos de Autor será passível
de procedimento judicial.

DICIONÁRIO ᴅᴇ
ciências cognitivas

DIRECÇÃO DE GUY TIBERGHIEN

Índice

Prefácio 9

Direcção da Obra 13

Os Autores e a sua Contribuição 15

Introdução 23

Lista das Entradas 29

As entradas, de *Abdução* a *Vontade* 35

Cronologia das Ciências Cognitivas 397

Bibliografia Geral 405

Índice de Termos 413

Prefácio

O aparecimento das ciências cognitivas é sem dúvida alguma um dos acontecimentos mais importantes da história das ciências do fim do século xx. O objecto das ciências cognitivas é a cognição, isto é, numa primeira abordagem, o conjunto das actividades que decorrem do funcionamento cerebral do homem e do animal: sensório-motricidade, percepção, linguagem, aprendizagem, memória, representação dos conhecimentos, decisão e raciocínio. O estudo científico da cognição não pode ser, portanto, apanágio de uma única disciplina. Ele implica necessariamente uma interacção forte entre domínios de pesquisa que, durante muito tempo, foram considerados relativamente separados, como é o caso, sem pretendermos ser exaustivos, da inteligência artificial, da linguística, da modelização matemática, das neurociências e da psicologia cognitiva. Esta colaboração de competências diversas levanta, como é de supor, problemas de definição e de delimitação do domínio das ciências cognitivas, mas também problemas de comunicação técnica, metodológica e teórica entre as disciplinas que delas se reclamam. Este novo domínio do saber gera, assim, muito rapidamente, questões de classificação e de nomenclatura cujo rasto encontramos muitas vezes nos artigos das revistas e nos manuais especializados destas disciplinas.

A origem deste projecto de dicionário das ciências cognitivas remonta ao ano de 1999. Tive então a oportunidade de trabalhar no Institut des Sciences Cognitives que o CNRS criara em Lyon em 1998. Foram aqui reunidas várias equipas de investigação com a finalidade de desenvolver um programa de ciências cognitivas. Neste centro podiam-se encontrar neurofisiologistas, psicólogos, neuropsicólogos, psiquiatras, linguistas, informáticos e até filósofos, que desejavam interagir da melhor forma possível e criar as ciências cognitivas «enquanto caminhavam», se podemos expressar-nos assim. É fácil de imaginar as discussões apaixonantes e as colaborações frutuosas que se originaram entre investigadores de proveniências tão diversas. Que lugar mais adequado se poderia ter pensado para fazer nascer um dicionário de ciências cognitivas?

Prefácio

No entanto, seria este o momento apropriado para uma tal publicação? Alguns dirão, inevitavelmente, que é ainda demasiado cedo e que as ciências cognitivas estão ainda insuficientemente desenvolvidas e são mesmo demasiado imaturas para que se justifique um tal dicionário. Outros, pelo contrário, dirão que é demasiado tarde e que já existem excelentes publicações onde já se disse e escreveu tudo sobre o assunto. Aos primeiros diremos que, depois de uma fase de pioneiros, a que se seguiu uma tomada de consciência institucional, as ciências cognitivas estão hoje numa fase operacional em que se assiste ao desenvolvimento das mais rigorosas pesquisas pluridisciplinares. Estas exigem, portanto, uma «representação partilhada» mais ampla e mais profunda por parte dos especialistas, cuja formação é, neste momento, inevitavelmente, muito variada. Aos segundos diremos que ninguém pode actualmente dizer o que deve ser um dicionário «ideal» das ciências cognitivas e que cada sua concretização terá, em consequência, os seus pontos fortes e os seus pontos fracos. Afinal, não será a aprendizagem por tentativas e erros o único método de que dispomos para garantir a realização de progressos nesta matéria? Pela nossa parte, tentamos apenas dar o nosso contributo.

Outro tema passível de mal-entendidos é o que diz respeito à forma que a nomenclatura das ciências cognitivas deve ter. Deve-se optar por um simples «vocabulário», por um «dicionário» ou uma por «enciclopédia»? É claro que alguns conceitos das ciências cognitivas são agora suficientemente precisos e relativamente sólidos para serem dignos de figurar num dicionário ou mesmo num vocabulário (eles são, aliás, sobretudo conceitos metodológicos e técnicos). Todavia, são ainda pouco numerosos e a grande maioria é continuamente objecto de desenvolvimentos complexos e problemáticos que justificam mais entradas de tipo enciclopédico (são, claro, conceitos teóricos). Por isso, «dicionário» parece, muitas vezes, demasiado específico e «enciclopédia», por vezes, demasiado geral! A designação «dicionário enciclopédico» seria, sem dúvida, a que mais se justifica para explicar esta amálgama conceptual, mas foram sobretudo razões de simplificação editorial que conduziram, por fim, à designação de «dicionário das ciências cognitivas».

A presente obra contém 270 entradas, sendo algumas meramente terminológicas e outras de tipo enciclopédico. Foram redigidas por um colectivo de 47 autores (vd. a lista na p. 15). Foram escolhidas pelos membros de um comité editorial composto por investigadores e professores-investigadores que representavam as diferentes disciplinas envolvidas: Hervé Abdi (modelização cognitiva e simulação computacional), Jean-Pierre Desclés (linguística cognitiva), Nicolas Georgieff (psiquiatria cognitiva), Marc Jeannerod (neurociências cognitivas), Jean-François Le Ny (psicologia cognitiva), Pierre Livet (filosofia cognitiva), Joël Pynte (psicolinguística) e Gérard Sabah (inteligência artificial). A sua competência nas especialidades respectivas é reconhecida nos planos nacional e internacional, tendo contribuído significativamente para o desenvolvimento das ciências cognitivas.

As entradas são de dois tipos: relativamente curtas, de tipo terminológico, e mais longas, de tipo enciclopédico. A extensão destas entradas reflecte a sua importância relativa no domínio das ciências cognitivas. As mais importantes foram objecto de discussões cruzadas no seio do comité editorial. Cada entrada é composta por uma breve designação, uma definição e, na maior parte dos casos, um comentário mais ou menos desenvolvido, completado com uma curta bibliografia e remissões para outras entradas. No fim da obra encontra-se um índice de termos que deverá permitir uma exploração temática do dicionário e a confrontação eventual com abordagens complementares ou pontos de vista mais específicos. As definições propostas visam esclarecer os principais conceitos das ciências cognitivas, apresentar as suas principais problemáticas e explicitar as suas noções técnicas. São também apresentados os temas que são objecto de debate e as correntes teóricas dominantes, bem como os principais métodos de estudo.

É evidente que um tal projecto não pode pretender ser exaustivo, nem sequer consensual. Está exposto, para além disso, a todos os géneros de enviesamentos cognitivos. Foram realizados inúmeros esforços para limitar a influência destes, mas um leitor atento poderá sempre pensar que a um certo conceito foi concedido espaço excessivo, enquanto que a outro o foi de forma insuficiente, ou, então, que determinado problema deveria ter sido apresentado de maneira diferente, que determinada disciplina está sub-representada em relação a outra, que uma dada opção teórica foi privilegiada a expensas de uma alternativa, etc. O ideal seria, evidentemente, chegar a um dicionário «adaptativo», que estivesse permanentemente a ser criticado, completado e emendado pela comunidade científica mais ampla possível. Um *site* complementar dedicado a este dicionário – actualmente a ser considerado – seria, sem dúvida, o melhor meio de aumentar a qualidade deste projecto. Enquanto se aguarda esse *site*, assumo, é claro, toda a responsabilidade pelas insuficiências e as limitações que os leitores avisados não deixarão de detectar. A sua crítica construtiva é certamente bem-vinda.

Este dicionário das ciências cognitivas deseja em todo o caso responder a um duplo imperativo: em primeiro lugar, propor uma classificação, uma definição e uma explicitação do vocabulário próprio das ciências cognitivas e das disciplinas envolvidas neste programa de inves-

Prefácio

tigação e, em segundo lugar, favorecer a compreensão e a aprendizagem das ciências cognitivas num contexto institucional caracterizado por novos cursos universitários que utilizam esta designação. A obra foi redigida tendo em vista três géneros de público diferentes: desde logo e principalmente, as pessoas empenhadas no estudo das ciências cognitivas (professores, estudantes, investigadores), depois, os profissionais das ciências cognitivas (ergonomistas, engenheiros, psicólogos clínicos, etc.) e, finalmente, o público interessado nos desenvolvimentos da filosofia e das ciências humanas e sociais.

Um dicionário como este resulta, assim, de uma colaboração interdisciplinar muito ampla, que teve lugar ao longo de quatro anos. Gostaria de agradecer, em primeiro lugar, aos membros do comité editorial que coordenaram muitas definições e escreveram eles mesmos várias delas. Expresso também a minha gratidão a todos os autores que aceitaram redigir definições em prazos que foram muitas vezes bastante curtos. Os meus agradecimentos vão dirigidos ainda a muitos colegas, documentalistas, investigadores e professores e aos doutorandos e pós-doutorandos que aceitaram contribuir para este vasto estaleiro, ao reler, discutir e melhorar sensivelmente diversas partes do manuscrito. Este dicionário teve, desde o seu início, o apoio eficaz de Jean-Christophe Tamisier, que o defendeu e assegurou com persistência o seu acompanhamento editorial. A sua realização material foi assegurada por Joane Siksous. Agradeço-lhes vivamente o seu apoio. Gostaria de registar, por fim, que, ao longo destes quatro anos, este trabalho no Institut des Sciences Cognitives beneficiou de um ambiente humano e material que é raro encontrar e que foi de grande qualidade. É ao Institut que dedico esta obra.

Lyon, Julho de 2002

GUY TIBERGHIEN

Direcção da Obra

Director científico

Guy Tiberghien, *Institut des Sciences Cognitives (Lyon)* e *Université Pierre Mendès-France (Grenoble)*

Comité editorial

Gérard Sabah, *Laboratoire d'Informatique pour la Mécanique et les Sciences de l'Ingénieur, Université de Paris-Sud, Orsay* – Inteligência Artificial

Jean-Pierre Desclés, *Equipe Langages, Logiques, Informatique en Cognition et Communication, Université de Paris-Sorbonne, Paris* – Linguística

Hervé Abdi, *Program in Cognition and Neurosciences, The University of Texas at Dallas, Dallas* – Modelização

Marc Jeannerod, *Institut des Sciences Cognitives, Université Claude Bernard, Lyon* – Neurociências

Pierre Livet, *Département de Philosophie, Université de Provence, Aix- -en-Provence* – Filosofia

Nicolas Georgieff, *Institut des Sciences Cognitives, Université Claude Bernard, Lyon* – Psiquiatria

Joël Pynte, *Laboratoire Parole et Langage, Université de Provence, Aix-en-Provence* – Psicolinguística

Direcção da Obra

Jean-François Le Ny, *Laboratoire d'Informatique pour la Mécanique et les Sciences de l'Ingénieur, Université de Paris-Sud, Orsay* – Psicologia

Guy Tiberghien, *Institut des Sciences Cognitives, Lyon* e *Université Pierre Mendès France, Grenoble*

Os Autores
e a sua Contribuição

Hervé Abdi
Program in Cognition and Neurosciences, The University of Texas at Dallas, Dallas
análise de variância, análise em componentes principais (ACP), análise multivariada, atractor, atribuição (teoria da), auto--associadora, Bayes (teorema de), correlação, detecção do sinal (teoria da), dissonância cognitiva, Fourier (análise de, transforma-da de, transformada rápida de), gosto, Hebb (regra de, lei da aprendizagem de), heurística do juízo, memória, memória episó-dica, memória semântica, neurónio formal, olfacto, Pandemónio, *Perceptron*, protótipo, psicologia evolucionista, quarto chinês (me-táfora do), reconhecimento, reconhecimento dos objectos, reco-nhecimento dos rostos, rede de neurónios, ressonância adaptativa (teoria da), retropropagação, sistema dinâmico, vector

Thierry Baccino
Laboratoire de Psychologie Expérimentale et Quantitative, Université de Nice Sophia-Antipolis, Nice
oculometria cognitiva

Jean-Léon Beauvois
Laboratoire de Psychologie Expérimentale et Quantitative, Université de Nice Sophia-Antipolis, Nice
cognição social

Cédrick Bellisens
Laboratoire de Psychologie Cognitive, Université de Provence, Aix-en--Provence
memória de trabalho

Os Autores e a sua Contribuição

André Bisseret
Institut de Recherche en Informatique et Automatique, Grenoble
ergonomia

Nathalie Bonnardel
Centre de Recherche en Psychologie de la Connaissance, du Langage et de l'Émotion, Université de Provence, Aix-en-Provence
criatividade

Claude Bonnet
Laboratoire des Systèmes Biomécaniques et Cognitifs, Université Louis Pasteur, Estrasburgo
percepção, psicofísica, sensação

Driss Boussaoud
Institut des Sciences Cognitives, Université Claude Bernard, Lyon
affordance, descarga corolária

Raymond Bruyer
Laboratoire de Neurosciences Cognitives, Université de Louvain, Lovaina
neuropsicologia, neuropsicologia cognitiva

Michèle Carlier
Centre de recherche en Psychologie de la Connaissance, du Langage et de l'Émotion, Université de Provence, Aix-en-Provence
gene-ambiente (interacção)

Chantal Combe-Pangaud
Institut National de Sciences Appliquées e *Laboratoire d'Étude et d'Analyse de la Cognition et des Modèles, Université Lumière, Lyon*
metacognição

Françoise Cordier
Laboratoire Langage et Cognition, Université de Poitiers, Poitiers
categorização, desenvolvimento cognitivo

Sandrine Delord
Laboratoire d'Étude des Mécanismes Cognitifs, Université Lumière, Lyon
mascaramento

Os Autores e a sua Contribuição

Jean-Pierre Desclés
Equipe Langages, Logiques, Informatique en Cognition et Communication, Université de Paris-Sorbonne, Paris
categoria gramatical, espaço (organização linguística do), linguística cognitiva, semântica cognitiva, temporalidade e aspectualidade

André Didierjean
Laboratoire de Psychologie Cognitive, Université de Provence, Aix-en-Provence
aprendizagem implícita

Stéphanie Ducrot
Laboratoire Parole et Langage, Université de Provence, Aix-en--Provence
leitura

Nicolas Franck
Institut des Sciences Cognitives, Université Claude Bernard, Lyon
alucinação
Cheryl Frenck-Mestre
Laboratoire Parole et Langage, Université de Provence, Aix-en--Provence
bilinguismo

Nicolas Georgieff
Institut des Sciences Cognitives, Université Claude Bernard, Lyon
alucinação, autismo infantil, depressão, esquizofrenia, neurónio espelho, psiquiatria cognitiva e psicopatologia cognitiva, representação partilhada da acção

Fadila Hadj-Bouziane
Institut des Sciences Cognitives, Université Claude Bernard, Lyon
neuroimagiologia

Marie Izaute
Laboratoire de Psychologie Sociale de la Cognition, Université Blaise Pascal, Clermont-Ferrand
metamemória, palavra debaixo da língua (fenómeno da), saber (sentimento de)

17

Os Autores e a sua Contribuição

Marc Jeannerod
Institut des Sciences Cognitives, Université Claude Bernard, Lyon
acção, cérebro, controlo da acção, neurociências cognitivas, visão

Michel Kreutzer
Laboratoire d'Éthologie et Cognition Comparées, Université de Paris X, Nanterre
etologia cognitiva

Serge Larochelle
Département de Psychologie, Université de Montréal, Montréal
atenção, automatização

Patrick Lemaire
*Laboratoire de Psychologie Cognitive, Université de Provence, Aix-en-
-Provence*
envelhecimento cognitivo

Jean-François Le Ny
*Laboratoire d'Informatique pour la Mécanique et les Sciences de
l'Ingénieur Université de Paris-Sud, Orsay*
aprendizagem, associação, atributo, behaviorismo, cognição, cognitivismo, comportamento, conhecimento, cronometria mental, denotação, exploração cognitiva, generalização, inibição, linguagem, predicado, proposição, psicologia cognitiva, rede semântica, representação, saliência, sentido, tipicalidade e tipicidade, traço

Pierre Livet
Département de Philosophie, Aix-en-Provence
abducção, alexitimia, analógica (codificação), antropologia cognitiva, atitude proposicional, autonomia, *autopoiese*, causalidade, cibernética, computacional (teoria – da mente), conhecimento retrospectivo [*hindsight*] (enviesamento do), construtivismo, correlato neuronal, crença, discurso, domínio (especificidade pelo), eliminativismo, empirismo lógico, estrutura, estruturalismo, externalismo, filosofia da mente, funcionalismo, holismo, humor, identidade pessoal, intencionalidade, localização cerebral, mapa cognitivo, modelo cognitivo e modelização cognitiva, modelos mentais (teoria dos), modularidade da mente, motivação, nativismo, naturalismo, penetrabilidade cognitiva, personalidade, psicologia popular, *qualia*, racionalidade, reducionismo, repre-

sentacionalismo, revisão, simulação (teoria da), sistema dinâmico, situação, sociobiologia, subdoxástico, teleológica (função), verificacionismo, vontade

Evelyne Marmèche
Laboratoire de Psychologie Cognitive, Université de Provence, Aix-en--Provence
analogia, cegueira à mudança, especialização

Anne-Marie Melot
Groupe d'Imagerie Neurofonctionnelle, Université de Caen e Université de Paris 5
teoria da mente

Martine Meunier
Institut des Sciences Cognitives, Université Claude Bernard, Lyon
amígdala, emoção, hipocampo, límbico (sistema)

Jean-Luc Nestpoulous
Institut des Sciences du Cerveau, Université de Toulouse-Le-Mirail, Toulouse
neurolinguística

Ira Noveck
Institut des Sciences Cognitives, Université Claude Bernard, Lyon
lógica mental

Andrei Popescu Belis
Laboratoire d'Informatique pour la Mécanique et les Sciences de l'Ingénieur, Université de Paris-Sud, Orsay
Turing (máquina de)

Christelle Portes
Laboratoire Parole et Langage, Université de Provence, Aix-en--Provence
prosódia

Sabine Ploux
Institut des Sciences Cognitives, Université Claude Bernard, Lyon
sistema à base de conhecimentos

Os Autores e a sua Contribuição

Joël Pynte
Laboratoire Parole et Langage, Université de Provence, Aix-en-
-Provence
psicolinguística

Véronique Rey
Laboratoire Parole et Langage, Université de Provence, Aix-en-
-Provence
escrita, morfologia

Pierre Roubertoux
Institut de Neurosciences Physiologiques et Cognitives, Marseille
gene-ambiente (interacção)

Aïcha Rouibah
Institut des Sciences Cognitives, Institut Universitaire de Formation des
Maîtres, Lyon
decisão lexical, léxico mental

Gérard Sabah
Laboratoire d'Informatique pour la Mécanique et les Sciences de
l'Ingénieur (CNRS), Université de Paris-Sud, Orsay
abstracção, análise proposicional, analogia, aprendizagem,
Church-Turing (tese de), cognição situada, comunicação, compreensão, consciência, cooperação (*vs.* competição), emergência,
encapsulação, esquema, *frame problem*, heurística, inteligência artificial, interface homem-máquina, linguagem formal, modelos
mentais (teoria dos), pensamento, raciocínio, referência,
reflexividade, resolução de problemas, retroacção, robótica, sistema à base de conhecimentos, Turing (máquina de), Turing (teste
de), vida artificial

Angela Sirigu
Institut des Sciences Cognitives, Université Claude Bernard, Lyon
apraxia

Andrée Tiberghien
Equipe Communication et Apprentissage des Savoirs Scientifiques et
Techniques, Université Lumière, Lyon
didáctica (das ciências), saber

Os Autores e a sua Contribuição

Guy Tiberghien
Institut des Sciences Cognitives, Université Claude Bernard, Lyon e
Université Pierre Mendès-France, Grenoble
abstracção reflexiva, abstractivo (modelo), activação, afasia, agentividade, agnosia, alexia, algoritmo, algoritmos genéticos, Alzheimer (doença de), amnésia, anosognosia, arquitectura cognitiva, associacionismo, audição, cegueira mental, conexionismo, conhecimento declarativo, conhecimento procedimental, convolução, dissociação cognitiva, enacção, encapsulação, epistemologia genética, familiaridade, fluência perceptiva, frenologia, Huntington (coreia de), Klüver-Bucy (síndrome de), Korsakoff (síndrome de), lista (estrutura de), memória, memória de curto prazo, memória de longo prazo, memória de representação perceptiva, memória de trabalho, memória declarativa, memória episódica, memória explícita, memória implícita, memória procedimental, memória semântica, mentalês, modularidade da mente, neurociências computacionais, produção (sistema de), prosopagnosia, psicologia cognitiva, psiconeuroimunologia, recordação e recordação indiciada, reconhecimento, rememoração, representação da acção, simulação computacional

Jean-Baptiste Van der Henst
University of Leuven, Lovaina
modelos mentais (teoria dos)

Dominique Valentin
École Nationale Supérieure de Biologie Appliquée à la Nutrition et à l'Alimentation, Université de Bourgogne, Dijon
reconhecimento dos rostos

Jacques Vauclair
Centre de Recherche en Psychologie de la Connaissance, du Langage et de l'Émotion, Université de Provence, Aix-en-Provence
psicologia cognitiva animal

Rémy Versace
Laboratoire d'Étude des Mécanismes Cognitifs, Université Lumière, Lyon
activação emocional, emoção

Introdução

Ciências cognitivas? Para muitos a expressão é, sem dúvida, ainda actualmente, bastante misteriosa. No entanto, são inúmeros os investigadores que se reclamam dela e instituições prestigiadas do mundo inteiro estiveram na origem de programas ambiciosos a coberto desta designação. De facto, nascem novos laboratórios ou institutos de ciências cognitivas, são criadas novas revistas, são publicados livros e artigos, são organizados congressos internacionais e são propostos aos estudantes de muitos países desenvolvidos diplomas de ciências cognitivas. As ciências cognitivas parecem possuir, portanto, os atributos institucionais essenciais que permitem definir uma disciplina científica, ou seja, um domínio de investigação com a sua especificidade própria e dotado de coerência interna. Aliás, a emergência das ciências cognitivas põe em causa a classificação tradicional das ciências que foi herdada do positivismo, porque, sendo ciências do homem, são também ciências naturais. Todavia, são também, para além disso, ciências do artificial. Elas são, ao mesmo tempo, neurociências e psicociências, neurofísica e psicofísica. Deveremos incluir então as ciências cognitivas nas ciências da vida, nas ciências humanas ou nas ciências da informação? E possuem elas uma linguagem científica que lhes é própria, métodos específicos e uma lógica de demonstração original?

No final do século xx, a emergência das ciências cognitivas provocou uma profunda mutação na ordem dos nossos conhecimentos. Este levantar de questões, que alguns consideram uma verdadeira revolução epistemológica, teve a sua origem numa simples palavra de três sílabas: "cognição". A cognição é, de facto, o único objecto de estudo das ciências cognitivas. Como é evidente, estas ciências não procuram menos do que as outras obter conhecimentos, mas são as únicas que são ciências "da cognição". Por outro lado, as ciências cognitivas, conquanto falem de informação, não podem ser reduzidas a uma ciência da informação ou da comunicação. Embora tratem do conhecimento e também contribuam para ele, não é por esta razão que são ciências do conhecimento ou dos saberes. As ciências cognitivas são, portanto, em última análise, o estudo das funções que produzem o conhecimento ou

Introdução

se relacionam com ele nos sistemas naturais ou artificiais. Encontraremos neste dicionário uma tentativa de definição do conceito de cognição... e de muitos outros conceitos que lhe estão associados, como, por exemplo, os de conhecimento, crença, representação e, evidentemente, cérebro. Na verdade, todavia, o conceito de cognição não é definido. Aliás, se pretendermos aproximar-nos do seu sentido torna-se necessário... todo um dicionário – e, sem dúvida alguma, muito mais do que um dicionário, ou seja, requer-se toda uma ciência. O que pretendemos dizer é que este conceito não pode ser definido *a priori* e de maneira exaustiva, porque é precisamente a ele que as ciências cognitivas devem descrever e explicar. A situação não é nova nem escandalosa: também é impossível definir *a priori* o conceito de vida que está no centro das ciências da vida ou o conceito de natureza que serve de fundamento às ciências naturais.

Poder-se-ia, no entanto, negar totalmente a validade ou a utilidade do conceito de cognição com o argumento da sua complexidade, do seu polimorfismo e das múltiplas formas de sobre ele falar. O behaviorismo defendeu esta posição, mas isso acabou por provocar o seu insucesso. Muitos, todavia, ao mesmo tempo que reconhecem a importância do conceito, consideram que as ciências cognitivas não são efectivamente uma ciência, mas um mero estado de espírito, que não põe fundamentalmente em causa a divisão tradicional das disciplinas. As ciências cognitivas seriam, assim, um vasto arquipélago de disciplinas autónomas cuja cooperação deveria permitir elucidar o que é a cognição. Uma variante desta posição é considerar que as ciências cognitivas são um domínio de investigação que resulta da intersecção, parcial e comum, entre diversas disciplinas – as neurociências, a psicologia, a linguística, a inteligência artificial – cuja autonomia continuaria a ser totalmente preservada. O lugar desta intersecção delimitaria o domínio das ciências cognitivas. Elas seriam, portanto, uma concatenação de diversas subdisciplinas: as neurociências "cognitivas", a linguística "cognitiva", a inteligência artificial "cognitiva". Podemos imaginar facilmente a intensidade dos debates em cada uma destas disciplinas para decidir o que é ou não é cognitivo.

Todavia, nesta perspectiva, compreendemos também que cada disciplina "chame a si a cognição". Na inteligência artificial, por exemplo, gosta-se de falar de "sistema cognitivo" e até de "ser inteligente" ou de "inteligência" em geral; já os filósofos da cognição preferem estudar a "mente" ou a "mente humana". Esta mente pode ser estudada sem referência explícita ao cérebro, como o fazem classicamente os filósofos, os linguistas e os psicólogos, mas também pode ser relacionada directamente com ele, como na neuropsicologia e, mais em geral, nas

Introdução

neurociências. Sem entrar no detalhe destas discussões (muitas definições deste dicionário fazem eco delas), podem ser detectadas duas tendências principais. Para a primeira, as ciências cognitivas são fundamentalmente neurociências cognitivas e as outras disciplinas estão necessariamente aqui encaixadas. Para a segunda, as ciências cognitivas são antes de mais psicociências cognitivas e as outras disciplinas estão necessariamente aqui encaixadas. Ter-se-á reconhecido nesta divergência a venerável questão das relações entre cérebro e mente: deveremos reduzir a mente ao cérebro (materialismo fisicalista ou emergente) ou, pelo contrário, deveremos supor que a mente e o cérebro estão numa relação de correlação ou de interacção (epifenomenalismo, interaccionismo)? Ao violar a fronteira entre as ciências humanas (a mente) e as ciências naturais (o cérebro), conseguirão as ciências cognitivas pôr em causa o dualismo e naturalizar a mente? Alguns pensam que sim e discutem o tema. Por isso, não é de estranhar que o desenvolvimento das ciências cognitivas tenha sido acompanhado pelo desenvolvimento paralelo de uma estimulante "filosofia cognitiva", mais conhecida como "filosofia da mente". Esta filosofia, tendo por base o contributo empírico e teórico das ciências cognitivas, tenta recuperar o desafio epistemológico.

Podemos antecipar, neste contexto, que a definição das ciências cognitivas seja inseparável da questão das suas origens históricas. Simplificando consideravelmente esta história complexa e tumultuosa, podemos considerar que houve três revoluções fundadoras, cuja cronologia admite, contudo, amplas sobreposições e algum paralelismo, razão por que as releituras e as revisões são aqui sempre possíveis. Na primeira destas revoluções, em que a psicologia cognitiva teve um papel importante, assiste-se à emergência de um novo objecto científico, a representação mental. A segunda, inseparável do surto da informática e também da lógica e da linguística, afirma que a representação mental é inseparável da linguagem e que pode mesmo ser descrita por uma linguagem formal e simulada por um programa informático memorizado. Finalmente, a terceira revolução consagra, no sentido mais forte do termo, a inscrição física da representação mental no cérebro e assume como seu o objectivo de naturalizar a cognição.

A primeira revolução cognitiva afirma, portanto, que o objecto de estudo da psicologia é a representação mental e que o psiquismo pode ser considerado como um sistema de tratamento da informação composto de módulos funcionais autónomos, especializados e combinados numa arquitectura controlada por um sistema de supervisão. Portanto, é a aceitação de um modelo da cognição que consagra a influência da teoria da informação.

Introdução

O ponto de vista precedente é inseparável, portanto, da transformação provocada pelo aparecimento dos primeiros computadores, com os quais se operou uma integração operacional das matemáticas, da lógica e da programação binária, mediante o teorema de Gödel e a máquina de Turing. Todavia, será necessário esperar por meados dos anos 50 para se chegar a ter consciência de que estava talvez em marcha uma nova ciência. Foi em 1956, no decurso de uma importante conferência no MIT, em Cambridge (Estados Unidos), que emergiu o programa científico das ciências cognitivas. Estes são, incontestavelmente, a data e o local emblemáticos da segunda revolução cognitiva. Tal revolução permitiu a descrição das representações mentais sob a forma de símbolos cuja inscrição física no cérebro podia ser postulada. A mente é então apresentada como o produto de uma manipulação formal de símbolos realizada pelo cérebro, ele mesmo assimilado a um sistema de tratamento da informação, a uma máquina computacional, numa palavra, a uma espécie particular de computador. O pensamento está, portanto, estruturado como uma linguagem formal, o pensamento é ele mesmo uma linguagem, um "mentalês", termo de Jerry Fodor que se tornou célebre.

As ciências cognitivas que saíram desta segunda revolução são frequentemente designadas como representacionais ou de observância estrita. Foram dominantes durante cerca de 20 anos, até meados dos anos 70. No entanto, depois deste período, são contestadas pelo programa dito "conexionista". Com o conexionismo, a cognição já não é descrita em termos de representações simbólicas, mas de estados globais de uma rede de unidades de tratamento em interconexão, chamada, de maneira metafórica, "rede de neurónios". Quer dizer, se o computador digital era a metáfora de referência das ciências cognitivas representacionais, nesta altura foi o cérebro que se impôs como a metáfora de referência do conexionismo e, para além disso, como o modelo a que a cognição se deveria reportar. Se a nossa cognição não é uma espécie particular de *software* computacional... o cérebro também não pode ser então uma variedade de computador.

O cérebro é precisamente o actor principal da terceira revolução cognitiva, que alguns pensam estar actualmente em curso e que outros pensam estar ainda por acontecer. De facto, com o desenvolvimento espectacular das neurociências funcionais e, em particular, das técnicas de neuroimagiologia, o problema da inscrição cerebral da cognição torna-se um dos problemas cruciais das ciências cognitivas. As neurociências cognitivas estão talvez até em condições de optar entre a concepção representacional e a concepção conexionista da cognição e, inclusivamente, de unificá-las e ultrapassá-las. A possibilidade de registar e visualizar a actividade cerebral em correlação com a actividade cognitiva e com o comportamento constitui uma revolução metodológica incontestável. Mas as imagens do funcionamento cerebral não são, bem entendido, senão um indicador entre outros da actividade cognitiva, ainda que, como todos os novos ícones, também tenham os seus devotos. Na verdade, apesar das aparências, as neuroimagens são tão indirectas e reconstruídas como outros indicadores da cognição que nos permitiram abordar a sua realidade, como foi o caso, por exemplo, da cronometria mental. Na verdade, há várias definições deste dicionário que indicam e discutem, quer os dados, quer o que está em causa no debate contemporâneo.

Para se transformar em revolução teórica, a neuroimagiologia cognitiva terá, sem dúvida, de ultrapassar as concepções actuais, que são ainda muitas vezes hiperlocalizacionistas (do género "a expressão facial das emoções é tratada no sulco temporal superior" ou, pior ainda, "a meditação inactivaria o córtex parietal posterior superior"!), e chegar a uma concepção do funcionamento cerebral tão interactiva como a que é cada vez mais admitida para o funcionamento cognitivo. O que hoje se torna crítico é, portanto, o estudo dinâmico das intercorrelações espaciais e temporais entre as activações e as inibições do conjunto das regiões cerebrais associadas às actividades cognitivas e aos comportamentos que estão com elas relacionados. Nestas condições, compreende-se melhor que surjam nas ciências cognitivas novos objectos de estudo altamente integrados, como, por exemplo, o reconhecimento, a acção e mesmo – quem o poderia imaginar há meio século atrás? – a intenção e a consciência.

GUY TIBERGHIEN, HERVÉ ABDI, JEAN-PIERRE DESCLÉS,
NICOLAS GEORGIEFF, MARC JEANNEROD, JEAN-FRANÇOIS LE NY,
PIERRE LIVET, JOËL PYNTE, GÉRARD SABAH.

Lista das Entradas

português	françês	inglês
abdução	*abduction*	*abduction*
abstracção	*abstraction*	*abstraction*
abstracção reflexiva	*abstraction réfléchissante*	*reflective abstraction*
abstractivo (modelo -)	*abstractif (modèle -)*	*abstractive model*
acção	*action*	*action*
activação	*activation*	*activation*
activação	*amorçage*	*priming*
activação emocional	*amorçage émotionnel*	*emotional priming*
afasia	*aphasie*	*aphasia*
afecto	*affect*	*affect*
affordance	*affordance*	*affordance*
agentividade	*agentivité*	*agentivity*
agnosia	*agnosie*	*agnosia*
alexia	*alexie*	*alexia*
alexitimia	*alexithymie*	*alexithymia*
algoritmo	*algorithme*	*algorithm*
algoritmos genéticos	*algorithmes génétiques*	*genetic algorithms*
alucinação	*hallucination*	*hallucination*
Alzheimer (doença de -)	*Alzheimer (maladie d'-)*	*Alzheimer's disease*
amígdala	*amygdale*	*amygdala*
amnésia	*amnésie*	*amnesia*
análise da variância (ANOVA)	*analyse de variance (ANOVA)*	*analysis of variance (ANOVA)*
análise em componentes principais(ACP)	*analyse en composantes principales(ACP)*	*principal component analysis (PCA)*
análise multivariada	*analyse multivariée*	*multivariate analysis*
análise predicativa	*analyse prédicative*	*predicative / predicate analysis*
análise proposicional	*analyse propositionnelle*	*propositional analysis*
analogia	*analogie*	*analogy*
analógica (codificação)	*analogique (codage)*	*analogical coding*
anosmia	*anosmie*	*anosmia*
anosognosia	*anosognosie*	*anosognosia*
antropologia cognitiva	*anthropologie cognitive*	*cognitive anthropology*
apraxia	*apraxie*	*apraxia*
aprendizagem	*apprentissage*	*learning*
aprendizagem implícita	*apprentissage implicite*	*implicit learning*
arquitectura cognitiva	*architecture cognitive*	*cognitive architecture*
aspectualidade	*aspectualité*	*aspectuality*
Asperger (síndrome de -)	*Asperger (syndrome d'-)*	*Asperger syndrome*
associação	*association*	*association*
associacionismo	*associationnisme*	*associationism*
atenção	*attention*	*attention*

Lista das Entradas

atitude proposicional	*attitude propositionnelle*	*propositional attitude*
atractor	*attracteur*	*attractor*
atribuição (teoria da –)	*attribution (théorie de l'–)*	*attribution theory*
atributo	*attribut*	*attribute*
audição	*audition*	*audition, hearing*
autismo infantil	*autisme infantile*	*autism*
auto-associadora	*auto-associateur*	*auto-associator*
automatização	*automatisation*	*automatization*
autonomia	*autonomie*	*autonomy, independence*
autopoiese	*autopoièse*	*autopoiesis*
Bayes (teorema de –)	*Bayes (théorème de –)*	*Bayes's theorem*
behaviorismo	*béhaviorisme*	*behaviourism, behaviorism*
bilinguismo	*bilinguisme*	*bilingualism*
caos	*chaos*	*chaos*
categoria gramatical	*catégorie grammaticale*	*grammatical category / case*
categorização	*catégorisation*	*categorization*
causalidade	*causalité*	*causality*
cegueira à mudança	*cécité au changement*	*change blindness*
cegueira mental	*cécité mentale*	*mindblindness*
cérebro	*cerveau*	*brain*
Church-Turing (tese de –)	*Church-Turing (thèse de –)*	*Church-Turing thesis*
cibernética	*cybernétique*	*cybernetics*
cognição	*cognition*	*cognition*
cognição situada	*cognition située*	*situated cognition*
cognição social	*cognition sociale*	*social cognition*
cognitivismo	*cognitivisme*	*cognitivism*
comunicação	*communication*	*communication*
comportamento	*comportement*	*behaviour, behavior*
compreensão	*compréhension*	*understanding*
computacional (teoria da mente)	*computationnelle (théorie de l'esprit)*	*computational (theory of mind)*
computacionalismo	*computationnalisme*	*computationalism*
conexionismo	*connexionnisme*	*connectionism*
conhecimento	*connaissance*	*knowledge*
conhecimento declarativo	*connaissance déclarative*	*declarative knowledge*
conhecimento procedimental	*connaissance procédurale*	*procedural knowledge*
conhecimento retrospectivo (enviesamento do –)	hindsight *(biais du –)*	*hindsight bias*
consciência	*conscience*	*consciousness*
construtivismo	*constructivisme*	*constructivism*
controlo da acção	*contrôle de l'action*	*control of action*
convolução	*convolution*	*convolution*
cooperação (*vs.* competição)	*coopération (vs. compétition)*	*cooperation (vs. competition)*
correlação	*corrélation*	*correlation*
correlato neuronal	*corrélat neuronal*	*neuronal correlate*
crença	*croyance*	*belief*
criatividade	*créativité*	*creativity*
cronometria mental	*chronométrie mentale*	*mental chronometry*
decisão lexical	*décision lexicale*	*lexical decision*
denotação	*dénotation*	*denotative meaning*
depressão	*dépression*	*depression*
descarga corolária	*décharge corrolaire*	
desenvolvimento cognitivo	*développement cognitif*	*cognitive development*
detecção do sinal (teoria da –, TDS)	*détection du signal (théorie de la – TDS)*	*signal detection theory, STD*

Lista das Entradas

diálogo homem-máquina	*dialogue homme-machine*	*man-machine communication*
didáctica (das ciências)	*didactique (des sciences)*	*didactics, educational science*
digital (codificação)	*digital (codage)*	*digital coding*
discurso	*discours*	*discourse*
dissociação cognitiva	*dissociation cognitive*	*cognitive dissociation*
dissonância cognitiva	*dissonance cognitive*	*cognitive dissonance*
domínio (especificidade pelo –)	*domaine (spécificité par –)*	*domain specificity*
eliminativismo	*éliminativisme*	*eliminativism*
emergência	*émergence*	*emergent property*
emergentismo	*émergentisme*	
emoção	*émotion*	*emotion*
empirismo lógico	*empirisme logique*	*logical empiricism*
enacção	*enaction*	*enaction*
encapsulação	*encapsulation*	*encapsulation*
envelhecimento cognitivo	*vieillissement cognitif*	*cognitive ageing, cognitive aging*
epistemologia genética	*épistémologie génétique*	*genetic epistemology*
ergonomia	*ergonomie*	*ergonomics*
escrita	*écriture*	*writing, handwriting*
espaço (organização linguística do –)	*espace (organisation linguistique de l' –)*	*space (linguistic organization of –)*
especialização	*expertise*	*expertise*
esquema	*schéma, schème*	*schema, schemata, scheme*
esquizofrenia	*schizophrénie*	*schizophrenia*
estrutura	*structure*	*structure*
estruturalismo	*structuralisme*	*structuralism*
etologia cognitiva	*éthologie cognitive*	*cognitive ethology*
exploração cognitiva	*exploration cognitive*	*cognitive search*
externalismo	*externalisme*	*externalism*
fala	*parole*	*speech*
familiaridade	*familiarité*	*familiarity*
filosofia cognitiva	*philosophie cognitive*	*cognitive philosophy*
filosofia da mente	*philosophie de l'esprit*	*philosophy of mind*
fluência perceptiva	*fluence perceptive*	*perceptual fluency*
Fourier (análise de –, transformada de –, transformada rápida de –)	*Fourier (analyse de –, tranformée de –, transformée rapide de –)*	*Fourier analysis, – transform, transform fast –*
frame problem	*frame problem*	*frame problem*
frenologia	*phrénologie*	*phrenology*
funcionalismo	*fonctionnalisme*	*functionalism*
gene-ambiente (interacção –)	*gène-environnement) (relation –)*	*heredity, factor-environment relation*
generalização	*généralisation*	*generalization*
gosto	*goût*	*taste*
Hebb (regra de –,) lei de aprendizagem de –),	*Hebb (règle de –,) loi d'apprentissage de –)*	*Hebb rule*
heurística	*heuristique*	*heuristic knowledge / search*
heurística do juízo	*heuristique de jugement*	*cognitive heuristics*
hipocampo	*hippocampe*	*hippocampus*
holismo	*holisme*	*holism*
humor	*humeur*	*affective disorders, mood, mood disorders*
Huntington (coreia de –)	*Huntington (chorée d'–)*	*Huntington's chorea*
identidade pessoal	*identité personnelle*	*personal identity*
imagiologia cerebral funcional, imagiologia funcional do cérebro	*imagerie cérébrale fonctionnelle, imagerie fonctionnelle du cerveau*	*functional brain imaging*

Lista das Entradas

imagiologia mental	*imagerie mentale*	*mental imagery*
inato-adquirido (controvérsia –)	*inné-acquis (controverse –)*	*heredity-environment controversy*
individualismo	*individualisme*	*individualism*
inibição	*inhibition*	*inhibition*
inteligência artificial	*intelligence artificielle*	*artificial intelligence*
intencionalidade	*intentionnatité*	*intentionality*
interface homem-máquina	*interface homme-machine*	*man-machine interface*
internalismo	*internalisme*	*internalism*
Klüver-Bucy (síndrome de –)	*Klüver-Bucy (syndrome de –)*	*Klüver-Bucy syndrome*
Korsakoff (síndrome de –)	*Korsakoff (syndrome de –)*	*Korsakoff's syndrome*
leitura	*lecture*	*reading*
leitura mental	*lecture mentale*	*mind reading*
léxico mental	*lexique mental*	*mental lexicon*
límbico (sistema –)	*limbique (système –)*	*limbic system*
linguagem	*langage*	*languages*
linguagem formal	*langage formel*	*formal languages*
linguística cognitiva	*linguistique cognitive*	*cognitive linguistics*
lista (estrutura de –)	*liste (structure de –)*	*list*
localização cerebral	*localisation cérébrale*	*brain localization*
lógica mental	*logique mentale*	*mental logics*
mapa cognitivo	*carte cognitive*	*cognitive map*
mascaramento	*masquage*	*masking*
matriz	*matrice*	*matrix*
memória	*mémoire*	*memory*
memória de curto prazo	*mémoire à court terme*	*shorf-term memory, STM*
memória de longo prazo	*mémoire à long terme*	*long-term memory, LTM*
memória de representação perceptiva	*mémoire de représentation perceptive*	*perceptual representation system, PRS*
memória de trabalho	*mémoire de travail*	*working memory, WM*
memória declarativa	*mémoire déclarative*	*declarative memory*
memória episódica	*mémoire épisodique*	*episodic memory*
memória explícita	*mémoire explicite*	*explicit memory*
memória implícita	*mémoire implicite*	*implicit memory*
memória procedimental	*mémoire procédurale*	*procedural memory*
memória semântica	*mémoire sémantique*	*semantic memory*
mentalês	*mentalais*	*mentalese*
metacognição	*métacognition*	*metacognition*
metamemória	*métamémoire*	*metamemory*
modelo cognitivo, modelização cognitiva	*modèle cognitif, modélisation cognitive*	*cognitive model / modelling*
modelos mentais (teoria dos –)	*modèles mentaux (théorie des –)*	*mental models theory*
modularidade da mente	*modularité de l'esprit*	*modularity of mind*
morfologia	*morphologie*	*morphology*
motivação	*motivation*	*motivation*
nativismo	*nativisme*	*nativism*
naturalismo	*naturalisme*	*naturalism*
neurociências cognitivas	*neurosciences cognitives*	*cognitive neurosciences*
neurociências computacionais	*neurosciences computationnelles*	*computational neuroscience*
neuroimagiologia	*neuroimagerie*	*neuroimaging*
neurolinguística	*neurolinguistique*	*neurolinguistics*
neurónio espelho	*neurone miroir*	*mirror neuron*
neurónio formal	*neurone formel*	*formal neuron*
neuropsicologia	*neuropsychologie*	*neuropsychology*
neuropsicologia cognitiva	*neuropsychologie cognitive*	*cognitive neuropsychology*
oculometria cognitiva	*oculométrie cognitive*	*cognitive eye-tracking*

Lista das Entradas

olfacto	*olfaction*	*olfaction*
palavra debaixo da língua (fenómeno da –)	*mot sur le bout de la langue (phénomène du –, MBL)*	*tip-of-the-tongue states, TOT*
Pandemónio	*Pandémonium*	*Pandemonium*
penetrabilidade cognitiva	*pénétrabilité cognitive*	*cognitive penetrability*
pensamento	*pensée*	*thinking*
percepção	*perception*	*perception*
Perceptron	*Perceptron*	*Perceptron*
personalidade	*personnalité*	*personality*
predicado	*prédicat*	*predicate*
produção (sistema de –)	*production (système de –)*	*production / general rewrite system*
proposição	*proposition*	*proposition*
prosódia	*prosodie*	*prosody*
prosopagnosia	*prosopagnosie*	*prosopagnosia*
protótipo	*prototype*	*prototype*
psicofísica	*psychophysique*	*psychophysics*
psicolinguística	*psycholinguistique*	*psycholinguistics*
psicologia cognitiva	*psychologie cognitive*	*cognitive psychology*
psicologia cognitiva animal	*psychologie cognitive animale*	*animal cognitive psychology, comparative psychology of cognition*
psicologia evolucionista	*psychologie évolutionniste*	*evolutionary psychology*
psicologia popular	*psychologie populaire*	*folk psychology*
psiconeuroimunologia	*psycho-neuro-immunologie*	*psychoneuroimmunology*
psicossomática	*psychosomatique*	*psychosomatic*
psiquiatria / psicopatologia cognitiva	*psychopathotogie / psychiatrie cognitive*	*cognitive psychiatry / psychopathology*
qualia	qualia	*qualia*
quarto chinês (metáfora do –)	*chambre chinoise (métaphore de la –)*	*chinese Room*
raciocínio	*raisonnement*	*reasoning*
racionalidade	*rationalité*	*rationality*
recordação, recordação indiciada	*rappel, rappel indicé*	*recall, cued-recall*
reconhecimento	*reconnaissance*	*recognition*
reconhecimento dos objectos	*reconnaissance des objets*	*object recognition*
reconhecimento dos rostos	*reconnaissance des visages*	*face recognition*
rede de neurónios	*réseau de neurones*	*neural network*
rede semântica	*réseau sémantique*	*semantic network*
reducionismo	*réductionnisme*	*reductionism*
referência	*référence*	*reference*
reflexividade	*réflexivité*	*reflectivity, reflexion*
rememoração	*récollection*	*recollection*
representação	*représentation*	*representation*
representação da acção	*représentation de l'action*	*representation of action*
representação partilhada da acção	*représentation partagée de l'action*	*shared representation*
representacionalismo	*représentationnalisme*	*representationalism*
resolução de problemas	*résolution de problème*	*problem solving*
ressonância adaptativa (teoria da –)	*résonance adaptative (théorie de la –)*	*adaptive resonance theory (ART)*
retroacção	*rétroaction*	*feedback*
retropropagação	*rétropropagation*	*backpropagation*
revisão	*révision*	*revision*
robótica	*robotique*	*robotics*
saber	*savoir*	*knowledge*
saber (sentimento de –)	*savoir (sentiment de –, SdS)*	*feeling-of-knowing, FOK*
sabor	*flaveur*	*flavor*
saliência	*saillance*	*salience*

Lista das Entradas

semântica	*sémantique*	*semantics*
semântica cognitiva	*sémantique cognitive*	*cognitive semantics*
sensação	*sensation*	*sensation*
sentido	*sens*	*meaning*
significação	*signification*	*meaning*
simulação computacional	*simulation computationnelle*	*computational simulation*
simulação (teoria da -)	*simulation (théorie de la -)*	*simulation theory*
sistema à base de conhecimentos	*système à base de connaissances (SBC)*	*knowledge-based system*
sistema dinâmico	*système dynamique*	*dynamical system*
sistema pericial	*système expert*	*expert system*
situação	*situation*	*situation*
sociobiologia	*sociobiologie*	*sociobiology*
subdoxástico	*subdoxastique*	*subdoxastic*
teleológica (função -)	*téléologique (fonction -)*	*teleological function*
temporalidade e aspectualidade	*temporalité et aspectualité*	*tense and aspect*
teoria da mente	*théorie de l'esprit*	*theory of mind, TOM*
tipicalidade, tipicidade	*typicalité, typicité*	*typicality*
traço	*trait*	*feature*
trigeminal (sistema -)	*trigéminal (système -)*	*trigeminal system*
Turing (máquina de -)	*Turing (machine de -)*	*Turing machine*
Turing (teste de -)	*Turing (test de -)*	*Turing test*
vector	*vecteur*	*vector*
verificacionismo	*vérificationnisme*	*verificationism*
vida artificial	*vie artificielle*	*artificial life*
visão	*vision*	*vision*
vontade	*volonté*	*will, volition*

ABDUÇÃO

Raciocínio que parte dos dados observados, não para induzir novos, como na indução, mas para remontar a hipóteses que, uma vez admitidas, permitem deduzir os dados por uma implicação (H → D). **OBS.**: foi Peirce que propôs juntar a abdução à dedução e à indução.

• É certamente um processo indispensável na investigação teórica e mesmo na vida social, porque pode ser útil tentar adivinhar as intenções e as crenças de outrem a partir do seu comportamento (por ex., adivinhar as crenças dos bolsistas a partir dos preços do mercado), mas é difícil formalizá-lo. Uma vez admitida a hipótese H, se se verifica que implica D, isso não prova que seja a boa hipótese: outras poderiam ser igualmente eficazes e não se vê bem como esgotar a lista de todas as hipóteses. Hanson propôs que se partisse apenas dos dados surpreendentes, que depois se procurassem as hipóteses que pertencem à classe das que eliminam este aspecto surpreendente, ao explicar o fenómeno, e, finalmente, que se escolhesse a melhor delas. Eliminar-se-iam, assim, todas as hipóteses que seriam elas mesmas surpreendentes, embora permanecêssemos mais perto dos conhecimentos iniciais e a lista seria menos aberta. Todavia, a hipótese da relatividade ou do salto quântico não eram hipóteses surpreendentes?

Uma versão mais modesta consiste em partir de uma hipótese geral H e de dados D e fazer incidir a abdução sobre uma hipótese adicional *h*, que permitiria estabelecer o elo que falta para uma dedução que fosse de *H* para *D*. Estamos longe de Peirce, mas uma abdução deste género pode ser utilizada nos diagnósticos de avarias. É também possível partir de regras de inferência que descrevem comportamentos normais, bem como de uma lista de comportamentos excepcionais, de anomalias, e tentar minimizar o conjunto de hipóteses acrescentadas a essas regras que permitem deduzir os dados. Podemos limitarmo-nos, aliás, a detectar simplesmente as anomalias que, associadas à teoria do domínio em causa, permitiriam explicar os dados. O problema consiste em limitar o número de anomalias, porque, em caso contrário, podemos explicar sempre qualquer dado ao acrescentar uma anomalia *ad hoc* (um pequeno milagre), o que não explica absolutamente nada. Um tal diagnóstico está sempre em aberto, pode ser revisto, porque, ainda que não se admita toda e qualquer anomalia, pode acontecer que o dado releve de uma anomalia em que não se tenha pensado. É necessário então dispor de princípios de revisão, os quais consistem sempre em minimizar as mudanças admissíveis em relação ao quadro das normalidades iniciais. Todavia, são possíveis vários procedimentos de minimização. Mesmo neste caso a abdução continua a ser um processo arriscado, mas indispensável.

P. Livet

Abstracção

📖 George, C. (1997), *Polymorphisme du raisonnement humain*, Paris, Presses Universitaires de France.
• Hanson, N.R. (1958), *Patterns of Discovery*, Cambridge, MA, The Cambridge University Press.

☞ *criatividade, raciocínio*

ABSTRACÇÃO

1. Operação cognitiva que consiste em isolar, no seio de uma representação, um elemento, uma qualidade ou uma relação. 2. Resultado dessa operação, ou seja, a representação mental de um conceito abstracto.

• A problemática da abstracção remonta a Aristóteles e à sua teoria da indução, elaborada no quadro da sua crítica à existência separada das ideias platónicas. Aristóteles não aceita ideias desligadas do mundo sensível, mas integra-as na realidade do processo concreto do mundo, isto é, na natureza acessível às investigações humanas.

No século XVIII, d'Alembert dividiu as "ideias simples" em duas espécies: as noções abstractas, que têm a sua origem na abstracção, e as ideias primitivas, provocadas pelos sentidos. Para os empiristas (Locke, Hume, Condillac, etc.), é por abstracção e a partir de dados dos sentidos que se constituem as ideias de reflexão, modo, substância e relação. Kant determina a abstracção como um dos três actos do entendimento, que preside à produção dos conceitos. Hegel dá à abstracção uma conotação pejorativa: evoca a ideia de universo abstracto, de universal despojado dos momentos que o constituem e das relações que o definem (por oposição a concreto). Para Russell, por fim, o princípio da abstracção permite construir termos novos a partir de termos dados.

Na psicologia, a abstracção é assimilada à formação de conceitos; as propriedades dos objectos são extraídas para ser utilizadas como índices na escolha de acções ou como critérios de categorização na descrição dos objectos. Por oposição a entidade, que possui uma realidade e não é dissociável dos contextos em que foi percebida e utilizada, a abstracção releva essencialmente de uma ideia e pode ser evocada a partir de traços comuns a outros objectos. Numa teoria do conhecimento, os conceitos de "abstracto" e de "abstracção" têm por função distinguir-se das suas produções (o abstracto é sempre geral).

G. Sabah

☞ *abstracção reflexiva, abstractivo (modelo –), categorização, conhecimento, representação, traço*

ABSTRACÇÃO REFLEXIVA

Processo de abstracção que incide sobre as próprias acções ou operações. Quanto aos próprios esquemas, distingue-se, quer do processo de abstracção aplicado aos objectos, quer da simples reflexão sobre a sua própria actividade cognitiva (metacognição).

☞ *abstracção, acção, conhecimento, esquema, metacognição*

ABSTRACTIVO (MODELO –)

Modelo da memória e da representação mental que supõe a elaboração e o armazenamento, a partir de um conjunto de experiências singulares, de uma representação única e abstracta (conceito, esquema) que recapitula estas últimas.

Acção

• Os modelos abstractivos opõem-se aos modelos não abstractivos, que postulam que toda a experiência perceptiva deixa um traço singular que se combina com os traços anteriores (modelos de emparelhamento global). Na verdade, os modelos abstractivos supõem que o processo de abstracção se produz no momento da armazenagem na memória, ao passo que os modelos não abstractivos supõem que a abstracção se produz no momento da recuperação da informação na memória. Há também modelos mistos (ou híbridos) que tentam uma síntese entre estas duas posições extremas.

G. Tiberghien

📖 Alba, J.W. & Hasher, L. (1983), "Is memory schematic?", *Psychological Bulletin*, 93, 203-231.
• Anderson, J.A. (1990), "Hybrid computation in cognitive science: Neural networks and symbols", *Applied Cognitive Psychology*, 4, 337-347.
• Clark, S.E. & Gronlund, S.D. (1996), "Global matching models of recognition memory: How the models match the data", *Psychonomic Bulletin & Review*, 3, 37-60.

☞ *abstracção, categorização, esquema, memória, representação, reconhecimento, rede de neurónios*

ACÇÃO

Modificação do ambiente, intencional ou não, reversível ou não, produzida por um agente e resultante de um processo específico. O termo designa tanto o processo como o seu resultado.

• Foi a psicologia cognitiva que recusou a ideia de uma transformação "directa" da percepção em acção, o que está ainda presente em Gibson, que se encontrava ainda na dependência do behaviorismo e cuja referência ecológica o tornava hostil à ideia de um conteúdo mental interposto entre a percepção e a acção. A inversão da tendência deu-se nos anos que se seguiram ao fim da II Guerra Mundial: a reabilitação do conteúdo mental permitiu considerar a sua participação na génese da acção.

A sequência das operações cognitivas

Realizar uma acção que vise a obtenção de um resultado desejado implica a seguinte sequência de operações cognitivas. (1) Um primeiro nível de tratamento elabora, a partir de informações memorizadas (conhecimentos, crenças, etc.), uma representação dessa acção e das suas consequências esperadas. (2) O conteúdo desta representação (desta *intenção*) é comunicado a níveis mais executivos que o aplicam por meio de programas de acção, os quais activam os níveis de execução propriamente ditos. (3) Ao mesmo tempo, há sinais que se elevam até ao nível intencional para permitir verificar se o desenrolar da acção é o adequado. (4) Por último, o resultado final é comparado com o conteúdo dos diferentes níveis de representação e de programação. Logo que a intenção e a realização coincidem, o sistema estabiliza; em contrapartida, quando a comparação revela, durante a execução, que há um desvio em relação ao resultado esperado, o sistema é posto em funcionamento até que se obtenha o resultado desejado.

O conceito de representação da acção

Atribui-se frequentemente a restauração do paradigma da representação aos contactos entre a psicologia e as emergentes ciências do computador. Esta nova disciplina fez entrever a possibilidade de criar no interior de uma máquina estados funcionais que representassem diferentes aspectos da realidade. Estes *modelos internos*, segundo a expressão introduzida no fim da guerra pelo inglês Craik, possuem de facto as propriedades que se esperam de uma representação: podemos utilizá-las para fazer funcionar máquinas que serão capazes, não só de simular a realidade exterior e o estado interno da máquina, mas também de antecipar os efeitos de uma acção da máquina sobre esta realidade exterior e sobre o seu próprio estado. Estes modelos internos de que a máquina dispõe têm, portanto, um carácter realmente "intencional", na medida em que representam uma acção e os seus efeitos antes mesmo que ela se manifeste. Wolpert e os seus colaboradores apresentaram recentemente um modelo deste tipo, capaz de predizer o resultado de um movimento desejado e de introduzir rapidamente correcções de trajectória, ao antecipar os efeitos de erros eventuais em relação a tal resultado. O modelo deriva de dois processos: o primeiro simula o desenrolar do movimento a partir de uma estimativa do estado instantâneo do sistema e do comando motor produzido pela representação; o segundo simula as reaferências sensoriais que o movimento simulado pelo primeiro processo provocaria. A comparação final entre reaferências simuladas e verdadeiras reaferências sensoriais (as que chegam ao sistema durante a execução do movimento efectivamente iniciado) explica bem a detecção e a correcção muito rápida de erros eventuais resultantes dos diversos estádios do processo.

Há diversas estruturas cerebrais que são candidatas a desempenhar esta função de comparação e de detecção de erros. Algumas regiões medianas do córtex frontal, por exemplo, activam-se quando os sujeitos são colocados numa situação difícil e se arriscam a cometer erros (na detecção de uma série de letras, por ex.). Estas regiões poderiam ter por função "vigiar" a ocor-

rência acidental de erros antes mesmo de aparecerem (Carter *et al.*, 1998). Este mesmo mecanismo permite também determinar se uma modificação sensorial é o resultado da nossa própria acção ou se deriva de um acontecimento exterior. Em última análise, é de facto este tipo de informação que é necessário para determinar a quem pertence uma acção.

Os correlatos neuronais da acção

As neurociências cognitivas actuais permitem visualizar as zonas do cérebro implicadas na realização de tarefas cognitivas, graças aos novos métodos de neuroimagiologia. O conjunto das zonas a que respeita este tipo de tarefas toma a forma de uma rede de activação temporária, recrutada pela tarefa a realizar e pelo contexto cognitivo no qual é realizada. A execução de outra tarefa dará à rede uma configuração diferente, onde se reencontrarão algumas das localizações da tarefa precedente associadas a outras. O domínio da acção ilustra bem este princípio de funcionamento segundo o qual há participação múltipla das regiões cerebrais em diferentes estados do sistema nervoso, de acordo com o contexto cognitivo em que será construída a representação de uma acção. Uma acção não executada pode, de facto, ser mantida no estádio de projecto ou de intenção. Pode também ser mentalmente simulada (sob a forma de "imagem motora"), pode ser objecto de uma descrição verbal, etc. As zonas cerebrais activadas durante estes diferentes estados sobrepõem-se parcialmente às zonas que se activam durante a execução propriamente dita. A própria área motora primária, a que comanda a contracção dos músculos por intermédio da *relais* espinal, é activada durante os estados de acção mascarada, como, por exemplo, as imagens motoras (Jeannerod, 2001). Este facto tende a mostrar que diferentes estados de uma acção, mascarada ou não, partilham uma mesma repartição funcional da actividade nervosa: uma das suas consequências é que uma acção simulada mentalmente é depois a seguir mais fácil de executar na prática, o que se compreende facilmente se a acção simulada implica circuitos nervosos utilizados também durante a acção executada.

A representação partilhada da acção

Hoje é correntemente admitido que o conceito de *representação da acção* pode ser alargado da representação das acções que pertencem ao sujeito à representação das acções executadas por outros. Esta ideia resulta, em parte, dos resultados experimentais, mas também de considerações teóricas. Experimentalmente, a observação de uma acção executada por outro provoca no cérebro do observador uma activação similar à que teria se executasse (ou se representasse) ele mesmo esta acção. As nossas representações não se limitam, portanto, a estados mentais endógenos que nós mesmos criámos. Pelo contrário, o facto da produção de uma acção e a sua observação implicarem mecanismos comuns sugere uma equivalência entre as representações que pertencem apenas ao sujeito e as representações nascidas da interacção com outros indivíduos: são as *representações partilhadas*. A mesma acção pode ser representada simultaneamente pelo que a executa (ou que tem a intenção de a executar) e pelo que a observa (ou que procura decifrar o seu conteúdo). Ao nível teórico, a existência destas representações partilhadas aproxima-nos de todo um sector da psicologia cognitiva, o que estuda a capacidade que todos os indivíduos possuem de atribuir estados mentais e intenções a outrem e, em determinada medida, de compreender a sua significação.

Atribuição da acção e agentividade

A contrapartida deste mecanismo comum a diversos estados e, no caso das representações partilhadas, a diversas pessoas é que a atribuição da acção à sua verdadeira fonte se arrisca a levantar problemas. De facto, no estado normal, qualquer acção é referida ao seu autor: este sabe, ainda que nem sempre esteja consciente disso, que é realmente o autor da acção que acaba de executar. Sabe igualmente que este ou aquele estado mental (quando rememora uma acção, quando pensa numa acção que tenciona executar, etc.) tem efectivamente a sua origem na sua mente e não na de outro. Reciprocamente, quando é espectador de uma acção executada por outra pessoa, não tem dificuldade em admitir que esta é realmente a sua autora. É até capaz de detectar o estado mental desta pessoa (as suas intenções a seu respeito, por ex.), ainda que esta permaneça passiva. Possuímos todos, portanto, esta capacidade de atribuir uma acção ou mesmo uma representação da acção ao seu autor. Os filósofos designam com o termo "agentividade" esta propriedade que toda a acção possui de ter um agente.

Embora pareça banal, a capacidade de atribuir uma acção ao seu autor encobre uma dificuldade de fundo. Na verdade, se uma mesma representação pode ser partilhada por diversos agentes, o que permitirá ao sujeito chegar a identificar a parte desta representação que lhe pertence (de que é o autor)? Esta questão é tanto mais pertinente quanto a maior parte das nossas representações de uma acção se constrói de maneira implícita e não de maneira consciente. Descobrimo-lo frequentemente no momento de agir. Para além disso, a consciência que podemos ter das nossas acções esbate-se em pouco tempo e, como a experiência corrente no-lo revela, possui um carácter muito lábil.

Uma vez que as nossas próprias intenções são muitas vezes produzidas sem que

Activação

estejamos conscientes delas e se arriscam, para além disso, a ser confundidas com as representações que construímos a partir das intenções e das acções dos outros, elas devem necessariamente trazer uma etiqueta que nos indique a sua origem.

Os meios com que efectuamos esta distinção entre nós e os outros, quer dizer, os sinais (sensoriais ou não) em que nos baseamos para distinguir o que é nosso do que não é, são de diversos tipos. Podemos organizá-los em duas categorias, conforme falamos de sinais ditos *na primeira pessoa* ou sinais ditos *na terceira pessoa.*

Os sinais na primeira pessoa são consequência directa das nossas acções, pertencem-nos sem ambiguidade: é o caso dos sinais cinestésicos, os que nascem dos nossos músculos e das nossas articulações quando realizamos um movimento.

Os sinais na terceira pessoa são os que derivam de uma acção estranha. São com maior frequência sinais de origem visível, porque a acção do outro é antes de mais percebida visualmente. Todavia, estes sinais têm um valor informativo limitado à percepção das acções efectivamente executadas. O que se passa com as acções apenas representadas? Neste caso, nem os sinais cinestésicos, nem os sinais visuais são utilizáveis. Como explicar a atribuição a si mesmo ou a outrem de uma representação, quer dizer, de um estado mental, que, por definição, não dá origem a sinais sensoriais? É a este nível, mais do que ao nível da acção executada, que existe o risco de ocorrer confusão.

M. Jeannerod

📖 Carter, C.S., Braver, T.S., Barch, D.M., Botwinick, M.M., Noll, D. & Cohen, J.D. (1998), "Anterior cingulate cortex, error detection and the on-line monitoring of performance", *Science*, 280, 747-749.
• Jeannerod, M. (2001), "Neural simulation of action: A unifying mechanism for motor cognition", *Neuroimage*, 14, 103-109.

• Wolpert, D.M., Ghahramani, Z. & Jordan, M.I. (1995), "An internal model for sensorimotor integration", *Science*, 269, 1880-1882.

☞ *consciência, controlo da acção, enacção, percepção, representação da acção*

ACTIVAÇÃO

1. Processo em virtude do qual as representações ou os procedimentos podem ser conduzidos a um certo nível de actividade. 2. Elevação do nível de actividade de certas regiões cerebrais, facilitando a comunicação entre conjuntos de neurónios ou o aumento da sua sincronização.

☞ *cérebro, inibição, rede de neurónios, representação, saliência*

ACTIVAÇÃO

1. *Sentido metodológico*: técnica de estudo indirecto da memória e da linguagem. Consiste em fazer com que um tratamento específico que incide sobre uma informação alvo seja precedido por uma exposição perceptiva (eventualmente subliminar) a uma informação prévia, chamada activador. Há um efeito de *activação positiva* quando a exposição prévia ao activador provoca um aumento da precisão do tratamento do alvo e / ou uma diminuição do seu tempo de tratamento. Há *activação negativa* em caso contrário. 2. *Sentido teórico*: processo hipotético que determina a melhoria implícita, não consciente, de uma resposta de identificação consecutiva a uma experiência perceptiva anterior.

• O tratamento que incide no alvo pode ser mais ou menos complexo: simples detecção perceptiva ou decisão fonológica, lexical ou semântica. Os tratamentos seguintes foram muito frequentemente utilizados: decisão lexical (o alvo é uma palavra ou uma não palavra?), identificação de uma palavra ou de um objecto (o alvo é a palavra "mesa" ou o desenho de uma mesa?) e completar palavras (a palavra alvo deve ser identificada a partir de algumas das suas letras).

O paradigma pode ser generalizado para muitas classes de objectos, mas foram estudadas três classes de efeitos de activação: a activação perceptiva (ou activação repetida), a activação fonológica (ou de rima) e a activação conceptual (ou activação semântica). No primeiro caso, a activação e o alvo são idênticos. No segundo caso, a activação e o alvo estão ligados por uma associação fonológica (rimam, por ex.). Por fim, no terceiro caso, o activador e o alvo são diferentes, mas estão ligados por uma associação semântica ou conceptual (são sinónimos, por ex.).

A activação repetida teve um grande papel no estudo da memória e permitiu dissociar a memória implícita da memória explícita. As duas outras categorias de activação são instrumentos privilegiados do estudo da representação dos diferentes aspectos da linguagem na memória. Notar-se-á que a técnica de activação pode ser vista como um método de estudo dos efeitos de contexto.

Existe hoje consenso entre os investigadores sobre a natureza implícita da activação. No entanto, alguns pensam que o acesso à memória semântica é sempre implícito, haja ou não activação. Outros consideram que o acesso não activado à memória semântica é explícito e que apenas a modificação do traço na memória semântica, depois da activação, é implícita.

G. Tiberghien

📖 May, C.P., Kane, M.J. & Hasher, L. (1995), "Determinants of negative priming", *Psychological Bulletin*, 118, 35-54.

• Rouibah, A., Tiberghien, G. & Lupker, S.J. (1999), "Phonological and semantic priming: Evidence for task-independent effects", *Memory & Cognition*, 27, 422-437.

• Tulving, E. & Schacter, D.L. (1990), "Priming and human memory systems", *Science*, 247, 301-306.

☞ *memória, memória implícita*

ACTIVAÇÃO EMOCIONAL

Paradigma de activação que utiliza um activador de carácter emocional.

• As investigações que utilizam este paradigma mostraram que a exposição a um estímulo emocional (activador) influencia a avaliação ulterior de um estímulo, quer esteja ou não relacionado emocionalmente com este estímulo activador. Esta activação emocional parece traduzir mecanismos automáticos e precoces que não necessitam da identificação do activador. Foi realizada, de facto, com activadores cobertos, apresentados durante períodos de tempo muito curtos (alguns milissegundos), seguidos imediatamente por um estímulo-alvo emocional (Klauer, 1998, Wentura, 1999).

Com intervalos grandes entre o activador e o alvo (por ex. 800 ms) e activadores apresentados acima do limiar de identificação, a activação emocional tem tendência para desaparecer. Todavia, a interpretação da activação em termos de mecanismos puramente emocionais é ainda objecto de debate (Wentura, 1999).

R. Versace

☞ *activação, emoção*

AFASIA

Perda parcial ou total da linguagem decorrente de uma lesão cerebral. Existem muitas formas diferentes de afasia: incapacidade de nomear os objectos (*anomia*), perturbação do sistema articulatório (*ataxia*), afasia de Broca, etc. A afasiologia desempenhou um papel muito importante no desenvolvimento da neuropsicologia e da neurolinguística.

☞ *linguagem, neurolinguística, neuropsicologia*

AFECTO

☞ *emoção*

AFFORDANCE

Propriedade dos objectos que tem uma utilidade para o observador e que determina as ("convida às") acções que lhe são aplicadas. **OBS.**: trata-se de um neologismo inglês de difícil tradução, decorrente da teoria da percepção desenvolvida por Gibson.

• As *affordances* determinam os nossos perceptos em função das possibilidades de acção que estão inscritas nestes objectos. Noutros termos: as propriedades do objecto contêm em si mesmas a forma das acções em que estes objectos podem intervir. As acções são, portanto, determinadas de maneira interactiva pelos atributos físicos do objecto e pelas capacidades sensoriais e motoras do observador / agente.

D. Boussaoud

📖 Gibson, J.J. (1979), *The ecological approach to visual perception*, Boston, Houghton Mifflin.

☞ *acção, percepção, representacionalismo*

AGENTIVIDADE

Propriedade que toda a acção possui de ter um agente.

• Todos possuímos a capacidade de atribuir uma acção ou uma representação da acção ao seu autor. Qualquer locutor pode também representar para si mesmo os papéis implicados numa acção e identificar, a partir da sintaxe de uma frase, o objecto ou a pessoa que se encontra no papel de agente.

G. Tiberghien

☞ *acção, representação (– da acção)*

AGNOSIA

Perturbação do reconhecimento das formas e dos objectos que não é consequência nem de um défice sensorial, nem de uma deterioração intelectual.

• Este défice não se confunde com uma simples perturbação da denominação. Afecta mais frequentemente uma modalidade perceptiva específica (agnosia visual, táctil, etc.) e pode mesmo afectar uma classe de objectos em particular (por ex., os rostos – agnosia dos rostos ou prosopagnosia). A agnosia é consequência de lesões cerebrais localizadas (na região temporo-occipital, no caso das agnosias visuais, por ex.). O nosso conhecimento da agnosia deve bastante à neuropsicologia cognitiva e ao desenvolvimento de métodos de neuroimagiologia. Subsistem, todavia, muitos debates teóricos relativos à localização cerebral precisa e à especificidade destes défices: a agnosia dos rostos, por exemplo, deverá ser distinguida qualitativamente da agnosia dos objectos ou constitui apenas um seu caso particular?

G. Tiberghien

📖 De Renzi, E., Faglioni, P., Grossi, D. & Nichelli, P. (1991), "Apperceptive and associative forms of prosopagnosia", *Cortex*, 27, 213-221.
• Farah, M.J. (1990), *Visual agnosia: Disorders of object recognition and what they tell us about normal vision*, Cambridge, MA, The MIT Press.
• Grüsser, O.-J. & Landis, T. (1991), *Visual agnosias and other disturbances of visual perception and cognition*, Basingstoke, Macmillan.
• Humphreys, G.W. & Riddoch, M.J. (1987), *To see or not to see: A case study of visual agnosia*, Hillsdale, NJ, Lawrence Erlbaum Associates.

☞ *neuropsicologia, neuropsicologia cognitiva, prosopagnosia, reconhecimento, reconhecimento dos objectos, reconhecimento dos rostos*

ALEXIA

Défice da linguagem que se traduz pela incapacidade total ou parcial de identificar palavras escritas ou impressas, embora não se verifiquem perturbações da visão ou da identificação das palavras apresentadas oralmente.

☞ *leitura, linguagem, neurolinguística*

ALEXITIMIA

Défice de manifestação das emoções (categoria criada por Sifneos).

• O termos significa "que não sabe ler (ou dizer?) as emoções" (a-lexi-timia), mas, de facto, não se trata de leitura. Os critérios são: (1) incapacidade de exprimir discursivamente as emoções, os sentimentos e os afectos (*feelings*), (2) uma vida de imaginária pouco desenvolvida, (3) tendência para tratar os conflitos recorrendo muito rapidamente à acção (para os evitar ou para os resolver), (4) tendência para relatar de forma puramente descritiva, mas detalhada, os sintomas físicos do sujeito, como os acontecimentos que lhe sucedem e, sobretudo, (5) dificuldade em relacionar o seu estado afectivo habitual com um acontecimento (agressividade sem experiência afectiva de cólera, escuta de um ruído inquietante durante a noite que não provoca ansiedade nem medo, mas desejo de comer, etc.). No entanto, os alexitímicos reconhecem nos outros as expressões faciais das emoções, estão ao corrente dos cenários emocionais clássicos, dispõem dos esquemas motores que permitem ordenar a expressão das emoções aos músculos da face. Não se pode assegurar que não têm emoções, mas apenas que, frequentemente, o elo entre uma situação que provoca emoções no sujeito normal e a própria emoção não se encontra assegurado ou funciona de maneira inapropriada. Sifneos e Pedinielli sugeriram que a alexitimia poderia ser devida a défices na transmissão entre as regiões corticais do hemisfério direito e o sistema límbico, e da transmissão hemisfério direito / hemisfério esquerdo *via* corpo caloso. Estes sujeitos demostram, pelo menos, que quando a emoção não é acompanhada pelo seu desenvolvimento imaginativo aparece como uma resposta isolada e descontínua.

P. Livet

Algoritmo

📖 Pedinielli, J.L. (1992), *Psychosomatique et alexithymie*, Paris, Presses Universitaires de France.

• Pedinielli, J.L., De Bonis, M., Somogyi, M. & Lebart, L. (1989), "Alexythymie et récit de la maladie: Contribution de la statistique textuelle à l'analyse des conduites langagières en psychopathologie", *Revue de Psychologie Appliquée*, 39, 51-67.

• Sifneos, P.E. (1973), "The prevalence of alexithymic characteristics in psychosomatic patients", *Psychotherapy and Psychosomatics*, 22, 255-262.

• Sifneos, P.E. (1988), "Alexithymia and its relationship to hemispheric specialization, affect, and creativity", *Psychiatry Clinics of North America*, 11, 287-292.

• Sifneos, P.E., Apfel-Savitz, R. & Frankel, F.H. (1977), "The phenomenon of alexithymia: observation in the neurotics and psychosomatic patients", *Psychotherapy and Psychosomatics*, 28, 47-57.

☞ *emoção*

ALGORITMO

Sequência ordenada de instruções que permite realizar, num número finito de etapas, um comportamento, uma acção, uma operação cognitiva ou resolver um problema (ou concluir que não existe solução). **OBS.**: é necessário distinguir a noção de algoritmo do conceito de heurística, método menos sistemático de resolução que se aplica a uma classe de problemas e cujo sucesso não está garantido.

• Num livro famoso, D. Marr (1982) opôs o nível de competências e funções (heurísticas) ao nível dos procedimentos cognitivos que as realizam (algoritmos), por um lado, e ao nível físico que implementa estas últimas (*hardware*), por

outro. Para Marr, estes três níveis devem ser vistos como independentes: uma função cognitiva pode ser realizada por algoritmos diferentes e inscrita em sistemas físicos diferentes. O primeiro nível é o da teoria computacional abstracta que define o objectivo das computações cognitivas. O nível da representação algorítmica é o nível propriamente cognitivo, onde são definidos a codificação do *input*, a do *output* e o algoritmo de transformação. O último nível é o da descrição neuroanatómica (cognição natural) ou informática (cognição artificial). No entanto, esta posição é muito contestada por outros investigadores (Churchland, Sejnowski), sobretudo pelos conexionistas, que consideram que estes três níveis são interdependentes. Pode-se defender também a posição segundo a qual há uma relação causal entre os níveis, mas que tal não impossibilita uma linguagem de descrição específica a cada nível, que permite descodificá-los de maneira relativamente autónoma.

G. Tiberghien

📖 Engel, P. (1991), "Psychologie populaire et explication cognitive", in J.N. Missa (org.), *Philosophie de l'esprit et sciences du cerveau*, pp. 135-146, Paris, Librairie Philosophique Vrin.

• Marr, D. (1982), *Vision*, San Francisco, Freeman.

• Tiberghien, G. (1994), "Can we really dissociate the computational and algorithm-level theories of human memory?", *Behavioral and Brain Sciences*, 17, 680-681.

☞ *algoritmo genético, Church-Turing (tese de –), computacional (simulação –), heurístico, inteligência artificial, linguagem formal, Turing (máquina de –)*

ALGORITMOS GENÉTICOS

Nome dado aos algoritmos que mimam certos processos observados na evolução natural das espécies vivas a fim de simular fenómenos de outra natureza, por exemplo, a interacção entre a evolução e determinados processos cognitivos como a aprendizagem ou a comunicação. **OBS.**: inventados por Holland (1970), deram lugar a muitas aplicações em inteligência artificial (robótica, vida artificial).

G. Tiberghien

📖 Davis, L. (1991), *Handbook of genetic algorithms*, Londres, Van Nostrand Reinhold.
• Holland, J.H. (1975), *Adaptation in natural and artificial systems*, Ann Arbor, The University of Michigan Press.
• Parisi, D., Nolfi, S. & Elman, J.L. (1994), "Learning and evolution in neural networks", *Adaptative Behavior*, 3, 5-28.

☞ *algoritmo, inteligência artificial, modelo cognitivo, psicologia evolucionista, rede de neurónios, robótica, vida artificial*

ALUCINAÇÃO

Vivência perceptiva que acontece na ausência de estimulação dos órgãos sensoriais pelo ambiente. Todos os sentidos podem ser afectados, produzindo alucinações auditivas, olfactivas, cenestésicas, tácteis, visuais, gustativas ou motoras.

• A patologia mental crónica acarreta essencialmente os três primeiros tipos de alucinação, ao passo que os fenómenos visuais se observam mais nos estados confusionais (perturbações da vigilância secundária decorrentes de um ataque neurológico, metabólico ou endócrino). Na esquizofrenia, as alucinações são mais frequentemente auditivas; mais de 50% dos doentes sofrem delas. Segundo o seu carácter sensorial ou não, distinguiram-se muito cedo as alucinações psicossensoriais (implicando a percepção de vozes ou de palavras) das alucinações psíquicas (implicando o discurso interior ou o pensamento) (Baillarger).

O mecanismo das alucinações auditivas permanece controverso. No entanto, diferentes argumentos clínicos e experimentais levaram a incluir estas alucinações nas perturbações da acção, e não na da percepção apenas. Vários autores já consideraram as alucinações auditivas como efeitos de uma perturbação da percepção ou do reconhecimento pelo sujeito da sua própria actividade mental ou do seu discurso interior (Clérambault, Seglas, Lanteri-Laura, 1992). Uma alteração do reconhecimento (ou identificação) da acção própria explicaria o carácter aparentemente alheio do discurso ou do pensamento (Frith, 1992). Investigações empíricas recentes confirmam as relações entre alucinação auditiva, linguagem e acção. Algumas já mostraram as relações entre subvocalização e alucinações auditivas (David, 1994). As pesquisas cerebrais em imagiologia funcional trouxeram novos argumentos que favorecem esta tese da alucinação-acção. Mostraram a existência, nos esquizofrénicos, durante as alucinações auditivas, de uma actividade cerebral análoga à recepção da linguagem e à produção do discurso interior e da linguagem (Cleghorn *et al.*, 1992; McGuire *et al.*, 1993; Mc Guire *et al.*, 1996), enquanto outros trabalhos sobre o sujeito normal acentuam a analogia entre os processos cerebrais utilizados pela linguagem interior e pela produção ou a recepção reais de palavras.

Se a alucinação acústico-verbal é um acto de linguagem, a perturbação afecta a capacidade do sujeito identificar esta actividade de modo a atribuí-la a si mesmo, e não a uma fonte externa. Classicamente definida como percepção sem objecto (Falret), a alucinação auditiva, do ponto de vista da acção, torna-se uma acção sem sujeito (Georgieff). Surge assim a hipótese de uma alteração da consciência ou da representação da acção perturbadora da experiência subjectiva e identitária. Tratar-se-ia mais precisamente de uma alteração da agentividade ou da experiência de ser agente da acção, necessária à atribuição desta a si ou a outrem. Este facto leva a despertar o interesse pelos mecanismos que permitem atribuir uma acção (a sua ou a de outrem) ao seu autor ou agente.

Ora, esta distinção não é pacífica, porque os trabalhos experimentais que utilizam as técnicas de neuroimagiologia funcional evidenciaram a existência de uma rede de activação cerebral partilhada pelas acções executadas, observadas ou simuladas mentalmente (Jeannerod). A existência de uma rede comum torna necessária uma distinção entre o que pertence ao sujeito e o que não lhe pertence. Um hipotético processo de atribuição da acção permitiria separar as acções percebidas das acções executadas. A problemática da alucinação pode assim ser concebida como a expressão de uma alteração do processo de atribuição das acções que afecta a produção de linguagem interior, de que o sujeito não reconheceria a origem. De maneira mais geral, uma parte das perturbações esquizofrénicas pode estar relacionada com uma alteração da capacidade do sujeito atribuir a origem de certas acções aos seus respectivos autores. Esta expressar-se-ia quer pela atribuição de acções próprias a outrem (alucinações auditivas, síndrome da influência), quer, reciprocamente, de acções de outrem a si mesmo (impressão megalomaníaca de controlar os actos ou os pensamentos do outro). As investigações actuais centram-se nas disfunções cerebrais e cognitivas associadas a esta perturbação da atribuição.

N. Georgieff, N. Franck

📖 Frith, C.D. (1992), *The cognitive neuropsychology of schizophrenia*, Hove, Lawrence Erlbaum Associates.

• Georgieff, N. (1996), "Organisation et représentation de l'action dans la schizophrénie », *L'Encéphale*, 22, 108-115.

• Jeannerod, M., Farrer, C., Franck, N., Fourneret, P., Posada, A., Daprati, E. & Georgieff, N., "Action recognition in normal and schizophrenic subjects", in A.S. David (org.), *The self and schizophrenia: A neuropsychological perspective*. Cambridge, Cambridge University Press.

• Lanteri-Laura, G. (1992), *Les hallucinations*, Paris, Masson.

☞ *acção, esquizofrenia, percepção, psiquiatria cognitiva*

ALZHEIMER (DOENÇA DE -)

Forma de demência pré-senil que aparece precocemente entre os 45 e os 55 anos.

• Começa por uma alteração da memória, em particular da memória procedimental, alteração de que o doente não tem consciência e a que, inclusivamente, nega a existência (anosognosia). Afecta progressivamente a memória declarativa e o conjunto das funções mnésicas. Este processo degenerativo traduz-se bastante rapidamente por uma desorganização profunda da linguagem e do pensamento. As perturbações da memória resultam de um ataque difuso que afecta o sistema temporal médio diencefálico, o tálamo médio, os corpos mamilares e os núcleos da base, estendendo-se ao neocórtex frontal e parieto-temporal.

G. Tiberghien

☞ *memória, memória declarativa, memória procedimental*

AMÍGDALA

Estrutura cerebral (que deve o seu nome à sua forma de amêndoa), situada na parte média do lobo temporal, à frente do hipocampo.

• Designada também como complexo amigdaliano, por causa da sua heterogeneidade, a amígdala dos primatas humanos e não humanos contém uma dúzia de núcleos e de regiões corticais ligadas entre si por uma conectividade complexa. Embora a sua função continue a ser debatida, a amígdala é considerada um dos substratos importantes das emoções. Esta ideia tem origem na descoberta por Weiskrantz, em 1956, de que é suficiente a ablação da região da amígdala no macaco para provocar perturbações emocionais (ausência de medo e exploração excessiva, manual e oral, dos objectos), observadas por Klüver e Bucy, em 1937, na sequência de grandes lobectomias temporais.

Devido às suas conexões recíprocas com (1) o estriado, (2) o hipotálamo e vários núcleos do tronco cerebral e (3) o hipocampo e os córtices entorrinal e perirrinal, a amígdala pode influenciar as mudanças motoras, vegetativas e cognitivas (mnésicas em particular) que acompanham as emoções. Para além disso, recebe informações sensoriais de todas as modalidades. Daí um suposto papel na detecção do valor emocional dos sinais perceptivos. Para o córtex visual ela tem a particularidade de receber unicamente informações elaboradas (que saem da área TE, estação final da via visual ventral), mas é capaz de influenciar, em contrapartida, todos os níveis do tratamento perceptivo (por meio de projecções dirigidas ao conjunto da via visual ventral, incluindo a área visual primária). Por último, a amígdala está estreitamente relacionada com três regiões corticais que se presume estarem implicadas na regulação dos comportamentos sociais e emocionais, os córtices orbital e cingular e o pólo temporal. Segundo diversos autores contemporâneos, um desenvolvimento peri-natal anormal da amígdala e das suas conexões poderá estar na origem do autismo.

M. Meunier

📖 Aggleton, J.P. (org.) (1992), *The Amygdala: Neurobiological aspects of emotion, memory, and mental dysfunction*, Nova Iorque, Wiley-Liss.

☞ *emoção, Klüver-Bucy (síndrome de -)*

AMNÉSIA

Perda mais ou menos importante da memória consecutiva a uma lesão do córtex temporal médio e do diencéfalo.

• Esta síndrome desempenhou um papel importante no desenvolvimento da neuropsicologia cognitiva e na explicação do funcionamento da memória humana. É a lesão de uma pequena parte do hipocampo (núcleo CA1) que é crítica na produção de uma amnésia. Traduz-se por uma perturbação da memória de longo prazo, limitada à memória declarativa (semântica e episódica), continuando normais a memória de curto prazo, a memória procedimental, a activação e as outras capacidades cognitivas. É sempre acompanhada de uma amnésia anterógrada caracterizada por uma incapacidade de fixar novas recordações na memória de longo prazo e de uma amnésia retrógrada de extensão variável que impede a rememoração das recordações antigas. Esta forma de amnésia é conhecida com a designação de amnésia de tipo H.M., derivada do nome de um doente tornado célebre com um caso que foi intensamente estudado.

Esta amnésia é verbal se é o hemisfério esquerdo que é afectado, visual se é o hemisfério direito e total se são afectados os dois hemisférios. Neste último caso fala-se de amnésia global. Todavia, é possível que a lesão do córtex temporal médio seja responsável pelo défice da memória semântica e que a lesão do hipocampo não perturbe senão a memória episódica.

O estudo do doente K.C., que apresentava uma lesão extensa das regiões corticais e subcorticais, incluindo os lobos temporais médios, oferece um argumento suplementar a favor desta dissociação entre memória episódica e memória semântica nos doentes amnésicos. As suas capacidades intelectuais são normais (pode jogar xadrez, por ex.), mas apresenta uma grave amnésia anterógrada que incide tanto na informação episódica como na informação semântica. Pelo contrário, a sua amnésia retrógrada é assimétrica: é incapaz de aceder às recordações episódicas, mas o acesso à memória semântica é pouco afectado.

G. Tiberghien

📖 Mayes, A.R. & Downes, J.J. (1997), "Theories of organic amnesia", *Memory*, 5, 1-315.

• Parkin, A.J. & Leng, N.R.C. (1993), *Neuropsychology of the amnesic syndrome*, Hillsdale, NJ, Lawrence Erlbaum Associates [trad. *L'amnésie en question: Neuropsychologie du syndrome amnésique* (1996), Grenoble, Presses Universitaires de Grenoble].

• Shallice, T. (1988), *From neuropsychology to mental structures*, Cambridge, Cambridge University Press [trad. *Symptômes et modèles ent neuropsychologie: Des schémas aux réseaux* (1995), Paris, Presses Universitaires de France].

☞ *hipocampo, memória, memória episódica*

ANÁLISE DA VARIÂNCIA

Técnica de análise estatística dos dados experimentais cujo objectivo é estimar, a partir dos dados recolhidos, os parâmetros que correspondem a diferentes fontes de variância. **OBS.**: foi inventada por Sir Ronald Fisher nos anos 30.

• O seu princípio é simples, mas a sua aplicação exige, por vezes, cálculos sofisticados, que requerem a utilização de computadores. Por exemplo, na análise de um plano de experiência com diversos grupos, a análise da variância faz a estimativa de duas fontes dela: a variância que se deve aos grupos (é o *efeito experimental*) e a variância devida aos sujeitos (é o *erro experimental*). Quando é possível fazer a estimativa de uma fonte, a sua existência é confirmada (ou infirmada) por um teste estatístico (um teste da hipótese nula que afirma que o efeito estimado é nulo). Este teste é conhecido com o nome de teste *F*. Calcula-se como o quociente entre um estimador do efeito considerado e um estimador do erro correspondente. Quando certas condições técnicas são aceitáveis, pode calcular-se a probabilidade de obter o valor *F* de facto obtido quando a fonte a estimar não produz efeito (*i.e.*, a hipótese nula é verdadeira). Quando esta probabilidade é suficientemente fraca (por ex. 5% ou 1%), considera-se que a fonte de variância explorada existe.

A tendência actual na análise da variância é completar os testes de hipótese nula com um cálculo de intervalos de confiança dos estimadores (quando o valor zero não está no intervalo de confiança, o teste *F* rejeita a hipótese nula).

A análise da variância está estreitamente relacionada com a noção de correlação. Pode ser considerada com um teste da correlação entre os valores experimentais preditos (pelas condições experimentais) e os valores obtidos.

H. Abdi

📖 Abdi, H. (1987), *Introduction au traitement des données expérimentales*, Grenoble, Presses Universitaires de Grenoble.

☞ *análise multivariada, correlação*

ANÁLISE EM COMPONENTES PRINCIPAIS (ACP)

Técnica da estatística descritiva multivariada que utiliza um amplo conjunto de medidas potencialmente correlacionadas, recolhidas num grupo de indivíduos, para estimar as componentes principais ortogonais que as medidas correlacionadas observadas podem ter produzido.

• Estas componentes principais são também chamadas factores ou vectores próprios (*eigenvectors* em inglês). Cada uma delas explica uma parte da variância dos dados de origem (a variância explicada por uma dada componente é também chamada valor próprio; *eigenvalue* em inglês). Muitas vezes não se consideram para análise senão as componentes que explicam uma proporção ampla da variância de origem. Matematicamente, as componentes principais constituem uma base ortogonal que permite uma representação óptima (no sentido dos mínimos quadrados) dos dados de origem.

Inventada por Sir Karl Pearson no início do século XX (1901), a ACP não foi explorada de maneira formal até aos anos 30 (Hoteling, 1933). No entanto, esta técnica não se popularizou senão recentemente, porque, embora o seu princípio seja simples, a sua aplicação exige cálculos sofisticados que obrigam à utilização de computadores potentes.

Um modelo cognitivo

A ACP é também utilizada como modelo cognitivo. Por exemplo, o reconhecimento dos rostos é muitas vezes modelizado neste quadro (vd. Abdi, 1988; Valentin, Abdi, O'Toole, Cottrel, 1994; O'Toole, Roark, Abdi, 2002). A ideia de base é considerar as imagens de rostos como vectores de dados e depois aplicar a análise a um conjunto de rostos. Neste caso verifica-se que a ACP extrai componentes principais que correspondem a dimensões semânticas como o sexo, a idade e a expressão. Estas componentes principais que correspondem a características que permitem descrever os rostos são frequentemente chamadas *eigenfaces* (que se pode traduzir por "rostos próprios" ou "rostos característicos"). Além disso, o modelo ACP permite predizer o reconhecimento e os erros de reconhecimento dos sujeitos humanos. Podem encontrar-se abordagens semelhantes no reconhecimento de objectos, na análise de imagens, na análise acústica, na música ou mesmo nos odores (fala-se então de *eigen-object*, *eigen-melody*, etc.). Em todos estes casos o modelo baseia-se no postulado de que o cérebro procura descrever o mundo exterior de maneira óptima e que, por isso, encontra soluções que estão próximas dos modelos matemáticos.

H. Abdi

📖 Abdi, H. (1988), "A generalized approach for connectionist auto-associative memories: interpretation, implications and illustration for face processing", in J. Demongeot (org.), *Artificial Intelligence and Cognitive Sciences*, Manchester, Manchester University Press.
• Escoffier, B. & Pagès, J. (1998), *Analyses factorielles simples et multiples*, Paris, Dunod.
• Hancock, P.J.B. (1996), "Face processing: Human perception and prin-

cipal components analysis", *Memory & Cognition*, 24, 26-40.

• Hotelling, H. (1933), "Analysis of a complex set of statistical variables into principal components", *Journal of Educational Psychology*, 24, 417-441.

• O'Toole, A.J., Roark, D. & Abdi, H. (2002), "Recognizing moving faces: A psychological and neural synthesis", *Trends in Cognitive Sciences*, 6, 261-266.

• Pearson, K. (1901), "On lines and planes of closest fit to systems of points in space", *Philosophical Magazine*, 6, 559-572.

• Valentin, D., Abdi, H., O'Toole & A.J., Cottrell, G.W. (1994), "Connectionist models of face processing: A survey", *Pattern Recognition*, 27, 1208-1230.

☞ *análise multivariada, correlação, modelo cognitivo, vector*

ANÁLISE MULTIVARIADA

Conjunto de técnicas estatísticas que servem de instrumentos de análise dos dados das ciências cognitivas, mas também como modelos dos processos cognitivos (estas técnicas podem muitas vezes ser consideradas óptimas).

• De maneira geral, a análise multivariada aplica uma matriz de variáveis dependentes (correlacionadas entre si), com a notação **Y**, e, por vezes, uma outra matriz de variáveis independentes **X** (que podem estar correlacionadas ou não). Quando a matriz **Y** é a única a analisar, o objectivo é a sua estrutura, o que corresponde à família das análises factoriais, cujas variantes mais conhecidas são a *análise em componentes principais* (para variáveis quantitativas) e a *análise das correspondências* (para variáveis qualitativas). Quando a matriz **X** é utilizada para predizer a matriz **Y**, temos então o conjunto das técnicas de *regressão múltipla*, sendo a sua variante

de regressão PLS (*Partial Least Square regression*) a mais geral. Estas técnicas de regressão dão a *análise da variância* quando a matriz **X** indica a pertença a grupos experimentais. Quando a matriz **Y** indica a pertença a grupos experimentais, estamos perante a *análise discriminante*. De forma mais geral, com codificações apropriadas, a *análise canónica* permite gerar todas estas técnicas (bem como muitas variantes). As versões dinâmicas da análise multivariada podem ser implementadas como *redes de neurónios*.

H. Abdi

📖 Abdi, H. (1994), *Les réseaux de neurones*, Grenoble, Presses Universitaires de Grenoble.

• Abdi, H., Valentin, D. & Edelman, B. (1999), *Neural Network*, Thousand Oaks, CA, Sage.

• Flury, B. (1997), *A first course in multivariate statistics*, Nova Iorque, Springer Verlag.

☞ *análise da variância, análise em componentes principais (ACP), modelização cognitiva, rede de neurónios*

ANÁLISE PREDICATIVA

☞ *análise proposicional*

ANÁLISE PROPOSICIONAL

É uma técnica que, partindo do reconhecimento das palavras num texto (significação das flexões e reconhecimento da categoria lexical pertinente), consiste em relacionar entre si as significações parciais, tornadas assim activas.

• Hoje em dia, foram totalmente rejeitadas as concepções associacionistas que concebiam esta ligação à maneira da associação verbal simples. A maior parte das teorias cognitivistas actuais adopta uma concepção dita "proposicional" ou "predicativa", em que é a proposição atómica ou elementar que constitui a unidade de base da linguagem. O termo "proposição" designa aqui a unidade formada por um predicado e um ou vários argumentos, de acordo com uma concepção originalmente inspirada na lógica, e mais precisamente em Frege, mas que viu ser-lhe reconhecido um valor cognitivo geral e mesmo uma realidade psicológica.

Em conformidade com este tipo de modelos, temos todos predicados e proposições na cabeça, no sentido em que os nossos conhecimentos, as nossas recordações e os nossos pensamentos são vazados neste género de molde cognitivo. Convém sublinhar que esta maneira de ver não implica de modo nenhum que se considera o pensamento ou a compreensão como estando fundados em mecanismos lógicos. Pelo contrário, o funcionamento lógico é considerado como um caso particular, submetido a regras bem determinadas, do funcionamento cognitivo.

Ligar significações entre si no decurso do mecanismo de compreensão consiste, em primeiro lugar, em formar proposições a partir dos conceitos (considerados como significações unitárias) que foram previamente activados por palavras: a partir de significações individuais das palavras *cão*, *ladrar*, *longe*, constrói-se uma representação mental que traduz a significação de "um cão ladra ao longe".

As estruturas gramaticais de base – por ex., em francês [ou em português], a ordem das palavras, a voz dos verbos, etc. – orientam fortemente esta actividade. O locutor nota de maneira automática quem faz e o que faz em frases como "o rapaz empurra a rapariga", "a rapariga empurra o rapaz", "o rapaz é empurrado pela rapariga", "a rapariga, o rapaz empurra-a",

etc. A criança de tenra idade tem inicialmente dificuldade em distinguir os sentidos veiculados por estas diversas formas, precisando de aprender progressivamente, mediante o uso, a associar estas formas com as situações reais correspondentes, muito antes de estudar estas questões na escola.

Para além destes raciocínios fundados em proposições, é possível pensar que a compreensão consiste na construção de pequenas unidades de significação, que correspondem na linguagem a grupos de palavras, elas mesmas correspondentes, na realidade, a "parcelas de situação". Depois, realiza-se a ligação em significações de frases e, a partir daí, a construção de representações mais amplas.

A maneira humana de compreender a linguagem quase nunca passa por uma utilização explícita e consciente dos mecanismos que acabamos de evocar. Neste sentido, ela difere essencialmente dos tratamentos automáticos.

G. Sabah

📖 Anderson, J.R. & Bower, G.H. (1974), "A propositional theory of recognition memory", *Memory and Cognition*, 2, 406-412.

• Denhière, G. & Baudet, S. (1992), *Lecture, compréhension de texte et science cognitive*, Paris, Presses Universitaires de France.

• Frege, G. (1892), "Über Sinn und Bedeutung", *Zeitschrift für Philosophie und Philosophie-Kritik*, 100, 25-50.

• Frege, G. (1972), *Écrits logiques et philosophiques*, Paris, Le Seuil.

• Groen, G., Frederiksen, C. & Dillinger, M. (1984), "A propositional analyst's assistant", *Behavior Research Methods, Instruments, & Computers*, 16, 154-157.

• Le Ny, J.F. (1979), *La sémantique psychologique*, Paris, Presses Universitaires de France.

☞ *compreensão, linguagem, predicado, proposição, representação, semântica, semântica cognitiva*

ANALOGIA

1. Relação de semelhança estabelecida pela inteligência ou pela imaginação entre dois ou mais objectos diferentes. Este conceito existe na maioria das disciplinas: em todas as ciências ditas duras para dar conta da descoberta científica, da criatividade e da aquisição de conceitos; na linguística e na inteligência artificial, nos contextos de argumentação, de persuasão ou de utilização de metáforas; na psicologia cognitiva e na inteligência artificial para modelizar mecanismos de resolução de problemas. 2. Modo de raciocínio que induz de uma semelhança parcial entre dois objectos uma semelhança mais geral ou uma similitude total. Permite compreender e interpretar situações novas a partir de situações aproximadas. Sendo o raciocínio por analogia essencialmente incerto, a interpretação pode estar errada.

O raciocínio por analogia

Este modo de raciocínio é muito utilizado pelo homem. É produtivo, mas não está isento de ambiguidade (uma analogia permite transmitir rapidamente uma quantidade importante de informações, mas exige esforço de compreensão): um está para dois assim como três está para quatro (seguinte) ou como três está para seis (dobro). Os testes de inteligência utilizam muito este género de raciocínio e exasperam os indivíduos verdadeiramente criativos (podemos muitas vezes encontrar outras analogias para além da "boa"). A aptidão para raciocinar por analogia é facilitada pela experiência. De facto, quanto mais o conhecimento é rico em exemplos, mais hipóteses há de encontrar semelhanças.

Raciocina-se por analogia quando nos servimos de semelhanças entre problemas ou entre dados para encontrar soluções. O raciocínio por analogia consiste em utilizar as semelhanças e as dissemelhanças entre dois domínios, designados como fonte e alvo, para transferir para o alvo resultados conhecidos da fonte. Distinguem-se quatro fases no raciocínio por analogia: a evocação de uma ou várias situações-fontes, o estabelecimento de correspondências entre as situações-fontes consideradas e a situação-alvo a tratar, a determinação dos elementos pertinentes das situações-fontes e a modificação e a transferência destes elementos para a situação-alvo. No termo do raciocínio por analogia, pode haver reelaboração das situações-fontes e da situação-alvo quando estão englobadas num esquema abstracto que permite caracterizar simultaneamente as duas estruturas.

Muitos resultados experimentais mostram que no processo de evocação (primeira etapa), os traços da superfície do alvo desempenham um papel preponderante (Gick & Holyoak, 1983). Há poucas simulações destes processos. Podemos citar o modelo MAC / FAC (*Many Are Called, Few Are Chosen*), desenvolvido por Forbus, Gentner e Law (1994), o sistema ARCHES (Chouraqui, 1981) e o sistema MIRA (Robba, 1992).

Na fase de emparelhamento (segunda etapa), são privilegiados os traços de estrutura (por ex., relações partes-todo, relações causais, objectivo a atingir; vd. a abordagem pragmática de Holyoak, 1985). Foram propostas diversas modelizações desta fase de emparelhamento a partir do modelo *princeps* SME de Falkenhaier, Forbus e Gentner (1989).

A terceira etapa, a determinação dos elementos pertinentes das situações-fontes, pode fazer-se "às cegas" (são considerados todos os emparelhamentos locais possíveis entre os elementos da fonte e do alvo) ou utilizar conhecimentos de nível mais elevado para reconhecer as substruturas mais úteis ao tratamento do alvo em função do objectivo visado.

Por último, a transferência de informações a partir da fonte considerada realiza-se por modificações desta em função dos emparelhamentos determinados antes. Para além disso, as fontes evocadas podem conduzir a mudanças dos pontos de vista sobre o alvo. É o caso, nomeadamente, quando o problema a resolver está mal definido ou em situações de criatividade.

O raciocínio a partir de casos

O raciocínio por analogia é frequentemente confundido com uma outra forma, que lhe é vizinha, desenvolvida pelos investigadores da inteligência artificial, o raciocínio por casos (Kolodner, 1993). Pode ser simbolizado pelas etapas seguintes:

– procurar na memória uma situação de problema similar (um caso);

– adaptar a solução do caso ao problema a resolver;

– memorizar eventualmente este novo caso para utilização posterior.

A primeira etapa é provavelmente a mais difícil de automatizar. Releva tipicamente da analogia referida no parágrafo precedente. Impõe que se saiba calcular uma distância entre o problema actual e os problemas previamente memorizados. Tal como para o raciocínio por indução, supõe que se saiba discernir os parâmetros pertinentes dos que o não são. Supõe igualmente uma representação hierárquica dos conhecimentos.

A segunda etapa impõe que se possua operadores de transformação da solução (transferência de um domínio para o outro). Em vez de transpor a solução (passiva), também se pode transpor a resolução (activa). Por fim, esta etapa pode exigir

modificações e adaptações da solução se esta não for aplicável tal e qual.

A terceira etapa pode não consistir apenas em guardar o novo caso ao lado do precedente, mas sim em modificar os casos já guardados na memória ou em fundi-los num caso mais abstracto, o que implica questões de generalização e de aprendizagem.

A inteligência artificial pôs em evidência a necessidade da existência, em simultâneo, de relações de causalidade e definiu a analogia como um raciocínio que combina similaridade e causalidade. Nos raciocínios por casos, são notadas as similaridades entre a fonte e o alvo e depois os resultados conhecidos na fonte são aplicados ao alvo em função dessa similaridade. No raciocínio por analogia, devemos observar, para além disso, a existência de relações de dependência interna no interior da fonte, chamadas relações causais, e transferir também estas relações para o alvo.

E. Marmèche, G. Sabah

📖 Chouraqui, E. (1981), *Contribution à l'étude théorique de la représentation des connaissances: Le système symbolique*, ARCHES. Thèse d'État, Institut National Polytechnique de Lorraine.

• Falkenhainer, B., Forbus, K.D. & Gentner, D. (1989), "The structure-mapping engine: An algorithm and examples", *Artificial Intelligence*, 41, 1-63.

• Forbus, K.D., Gentner, D. & Law, K. (1995), "MAC / FAC: A model of similarity-based retrieval", *Cognitive Science*, 19, 141-205.

• Gick, M.L. & Holyoak, J. (1983), "Schema induction and analogical transfer", *Cognitive Psychology*, 15, 1-38.

• Holyoak, K.J. (1985), "The pragmatics of analogical transfer", in G.H. Bower (org.), *The Psychology of Learning and Motivation*, pp. 59-87, Vol. 19. Nova Iorque, Academic Press.

Analógica

- Kolodner, J.L. (1993), *Case-Based Reasoning*, San Mateo, CA, Kaufmann.
- Robba, I. (1992), *L'étude des mécanismes de raisonnement par analogie dans le cadre de l'analyse de phrase: Le système MIRA*. Tese universitária, Paris XI.

☞ *criatividade, raciocínio, resolução de problemas*

ANALÓGICA (CODIFICAÇÃO)

Processo de transformação de uma informação numa outra que mantém a semelhança entre as suas componentes e / ou as suas funções. **OBS.**: a distinção entre *codificação analógica* e *codificação digital* baseia-se na oposição entre o contínuo e o discreto, mas é utilizada de maneira mais específica para diferenciar as operações e os estados mentais.

· Um exemplo é constituído pela controvérsia sobre o estatuto das imagens mentais visuais em que se opuseram os que, como Shepard, pensavam que para comparar dois volumes formados por cubos (alinhados e bifurcando-se depois em ângulo recto) era preciso fazer rodar um deles numa rotação contínua, análoga a uma verdadeira rotação espacial, e os que, como Pylyshyn, pensavam que era suficiente uma lista das posições dos vértices. Kosslyn apresentou argumentos sólidos para nos levar a pensar que as operações efectivas são mistas, por utilizarem uma codificação simbólica (digital) das posições e também este género de rotação analógica. Goodman relacionara o analógico e o denso (podemos dividir infinitamente aquele sem que seja contínuo). A densidade pode manifestar-se ao nível do conjunto dos símbolos que servem para codificar (um grafo) ou então ao nível das propriedades daquilo de que se

fala (um comprimento). No entanto, podemos ter símbolos densos e propriedades discretas (as frequências sonoras e as notas de música) ou o inverso, que é o mais comum. Drestke utilizou esta distinção para opor a informação analógica, que é sempre reutilizável de maneira mais precisa em novos objectivos cognitivos (posso voltar a evocar uma imagem visual para retirar dela novas conclusões), e a informação digital, que, uma vez fixada, não pode ser utilizada senão de acordo com as propriedades inferenciais dos conceitos assim construídos. Reconduziu depois esta distinção à diferença entre as representações de que o sistema cognitivo dispõe devido à evolução e as que adquire na sua aprendizagem, mas as duas distinções não se sobrepõem totalmente.

P. Livet

📖 Drestke, F. (1981), *Knowledge and the flow of information*, Cambridge, MA, The MIT Press.
- Drestke, F. (1995), *Naturalising the Mind*, Cambridge, MA, The MIT Press.
- Goodman, N. (1968), *Languages of Art*, Indianapolis, Bobbs-Merill.
- Kosslyn, S. (1980), *Image and Mind*, Cambridge, MA, Harvard University Press.
- Shepard, R. & Cooper, L., (1982), *Mental Images and their Transformations*, Cambridge, MA, The MIT Press.

☞ *representação*

ANOSMIA

☞ *olfação*

ANOSOGNOSIA

Desconhecimento patológico pelo sujeito de uma deficiência ou de uma doença que o afecta.

☞ *agnosia, psiquiatria cognitiva*

ANTROPOLOGIA COGNITIVA

Domínio da antropologia cultural que tem por objecto o conjunto das representações e das experiências que a humanidade elabora sobre o seu ambiente. Considera, portanto, a cultura como um sistema cognitivo.

• A antropologia cultural (que estuda a cultura e as relações sociais e se distingue classicamente da antropologia física, cujo ponto de vista é biológico e evolucionista) foi muitas vezes campo de aplicação de metodologias ambiciosas (como o estruturalismo, com Lévi-Strauss), porque envolve o estudo comparativo de culturas diferentes. É portanto terreno de conflitos entre os que dão ênfase à pluralidade das culturas e os que procuram as invariantes transculturais.

Pluralidade das culturas e invariantes culturais

A antropologia cognitiva é conivente com os segundos e apoiou-se nos estudos – como o de Berlin, por exemplo – que conduziram a uma inversão dos argumentos dos pluralistas e dos que insistiam numa construção essencialmente social da realidade (as posições de Sapir e Whorf). Estes notaram que as culturas não utilizam os mesmos termos e categorias para coisas aparentemente tão naturais como as cores. Mas Berlin mostrou que se a riqueza do vocabulário variava de uma cultura para outra, a ordem em que os termos das cores apareciam quando se passava de um vocabulário pobre para um mais rico era a mesma: opunha-se o negro ao branco, depois o vermelho, depois o amarelo ou o verde, em seguida o azul, o castanho, o violeta, o cor-de-rosa, o laranja e o cinzento (Berlin e Kay, 1969). Berlin mostrou também que todas as classificações das espécies apresentavam uma estrutura de três níveis (entre nós, o nível do género, o nível das espécies e o nível das variedades) e que os termos mais usuais eram sempre termos do nível intermédio. Na sequência destes trabalhos, Scott Atran pôde mostrar que se se pedisse aos autóctones, não só que nomeassem plantas e animais, mas que os juntassem, as classificações eram muito similares entre as culturas, inclusivamente no que respeitava às espécies desconhecidas pela cultura em questão (descendentes dos Aztecas que nunca tinha visto trigo agrupavam-no com o milho).

Todas estas conclusões concordavam com as teses de Chomsky, para quem as estruturas fundamentais da sintaxe são universais à espécie humana. De uma maneira mais discutível, Ekman mostrou que as expressões de cólera, medo, surpresa, aversão, contentamento e tristeza eram consideradas como fazendo parte do mesmo conjunto em todas as culturas analisadas (também inclui a culpabilidade e a vergonha, mas isso parece menos evidente). Se as funções cognitivas dos seres humanos são as mesmas, é previsível que se encontrem pontos comuns em todas as culturas. Estes pontos comuns consistem, aliás, entre outros, na utilização de diversos modos de categorização: categorização pela relação de conceitos com um cenário particular (como as trocas comerciais), por níveis hierárquicos, por relações entre as partes e o todo e por funções e usos (os utensílios). Parece também que para falarem de situações relacionais e de noções culturais abstractas todas as culturas recorrem a metáforas que consistem na utilização de termos espaciais ou ligados a movimentos e, em segundo lugar, a actividades básicas.

Modelos cognitivos da cultura

No entanto, a antropologia cognitiva tem então obrigação de explicar a variedade cultural, que é igualmente inegável. A antropologia cognitiva americana propôs-se estudar sobretudo os diferentes modelos cognitivos das diferentes culturas, quer se tratasse de modelos mentais, quer de modelos institucionais. Citemos também o trabalho de Wierzbicka, que propôs a tradução dos termos que designam emoções nas diferentes culturas a partir de fórmulas do género "alguém tem uma experiência como a seguinte: crê que algo de mal aconteceu a uma pessoa de quem gosta [...]", ou seja, em termos de desejo, crença, afectos positivos ou negativos. Os termos da análise são, de facto, universais, mas para Wierzbiecka são apenas os do antropólogo psicólogo, porque os sentimentos são diferentes consoante as culturas. No entanto, se se pode definir esta diversidade com um vocabulário comum, dispomos de uma geratividade para a construção das culturas que, por seu lado, é universal.

Isto não explica sempre a variedade. Curiosamente, foi a partir de uma crítica ao estruturalismo que se pôde avançar uma pista para pensar tanto a universalidade como a variedade. Sperber verificara que os mitos, que se supunha apresentarem variações e oposições reveladoras das estruturas lévi-straussianas, eram contados pelos indígenas sem se alarmarem demasiado com as suas muitas variantes. A partir deste facto elaborou a ideia de que a actividade "simbólica" não supõe a significação totalmente determinada dos símbolos com as suas oposições numa espécie de código, mas sim que tal significação tem de ser descoberta por investigações inferenciais. No entanto, estas inferências não são construções que se desenvolvam livremente, antes obedecessem a princípios de economia dos custos cognitivos. Os enunciados simbólicos não apresentam uma significação imediatamente acessível. Seguindo uma estratégia que está bastante próxima das máximas de Grice (suponham que o vosso informador não vos fornece nem demasiada informação, nem demasiado pouca, que ela é pertinente, etc.; se não, procurem o sentido oculto, eventualmente contrário à asserção aparente, o qual, por seu lado, respeita estas máximas, procurem o que Grice chama "implicaturas"), Sperber supôs que os enunciados simbólicos, na ausência de uma significação imediata, exigiam uma investigação deste tipo. Como as inferências feitas nesta investigação não são demonstrativas, mas são mais arriscadas e incertas e dependem de um saber contextual partilhado por um grupo, os resultados das interpretações simbólicas constroem pouco a pouco variedades culturais específicas aos grupos que comunicam com estes símbolos.

Comunicação, pertinência e partilha colectiva

Contudo, por outro lado, as restrições cognitivas destas interpretações inferenciais dos símbolos são as mesmas em todo o lado. Sperber e Wilson especificaram-nas sob a designação de princípio da pertinência. Uma comunicação manifesta envolve um pressuposto de pertinência e, embora exija algum esforço para compreender o seu sentido, promete que o compensará com a abundância das conclusões obtidas no termo das inferências. De facto, o intérprete pára geralmente nas primeiras etapas inferenciais que lhe parecem produzir informações interessantes, a não ser que lhe seja indicado que o enunciado ou o texto têm um sentido oculto. Como nota Boyer, nenhum termo é em si mesmo simbólico, mas todos podem vir a sê-lo se derem lugar a uma tal investigação de um segundo sentido (ou de um primeiro sentido no caso de um enunciado que pareça irracional).

Uma vez que se tem uma ideia das restrições cognitivas do tratamento dos enunciados e até mesmo de todas as representações (incluindo por imagens), uma terceira etapa consiste em dar conta dos aspectos da cultura que estão relacionados com a sua partilha colectiva. As representações são então concebidas como dados materiais que despertam em cada sistema cognitivo estes mecanismos de inferência e de comunicação. Podemos assim considerar as representações numa óptica populacional, a que Sperber chama epidemiologia das representações. Difundem-se e são reproduzidas de maneira mais ou menos similar nos colectivos de indivíduos, em função das capacidades que possuem de estarem facilmente acessíveis pelas inferências que obedecem à pertinência e, portanto, são comunicáveis com idêntica facilidade. Sperber não necessita de supor que as representações assim difundidas são as mesmas (à maneira de Dawkins), que se reproduzem de maneira análoga aos genes, porque o sistema de reprodução das representações é constituído pelo sistema inferencial cognitivo e pelas suas tendências para a economia cognitiva (que se pode imaginar como tendências para aderir a certos atractores). Por fim, numa quarta etapa, Sperber tem de explicar as nossas capacidades de representar para nós mesmos as representações enquanto colectivas. Para tal faz apelo à nossas capacidades de elaborar meta-representações, que servem essencialmente para representarmos para nós mesmos as crenças e as atitudes dos outros quando diferem das nossas.

Esta construção é certamente uma das mais ricas de que dispomos, e permite explicar quer os traços universais transculturais, quer a variedade das culturas. Estas estão ligadas ao que as representações partilhadas foram sendo de diferente, em conformidade com as histórias dos grupos e as histórias da difusão destas representações. Aliás, trata-se de uma teoria que encontrou os exemplos que corroboram a sua plausibilidade empírica, mesmo fora do domínio antropológico, nos domínios linguísticos e no estudo das inferências em psicologia. Ora, é raro que uma teoria já inteiramente constituída possa explicar com facilidade um domínio que nem lhe serviu de terreno de origem nem de experiência piloto. No entanto, a tese segundo a qual as operações cognitivas envolvidas na comunicação são determinantes, quer para a construção das particularidades de uma cultura, quer para a existência dos traços transculturais, não parece enfrentar objecções decisivas.

P. Livet

📖 Atran, S. (1986), *Fondements de l'histoire naturelle*, Bruxelas, Éditions Complexe.

• Berlin, B. (1992), *Ethnobiological classification*, Princeton, Princeton University Press.

• Brakow, H., Cosmides, L & Tooby, J. (Eds) (1992), *The adapted mind: Evolutionary psychology and the generation of culture*, Nova Iorque, Oxford University Press.

• D'Andrade, R.G. (1976), "The cultural part of cognition", *Cognitive Science*, 5, 179-195.

• Lakoff, G. (1987), *Women, fire and dangerous things*, Chicago, University of Chicago Press.

• Sperber, D. (1975), *Le symbolisme en général*, Paris, Hermann.

• Sperber, D. & Wilson, D. (1989), *La pertinence*, Paris, Éditions de Minuit.

• Sperber, D. (1996), *La contagion des idées*, Paris, Éditions Odile Jacob.

• Whorf, B.L. (1956), *Language, thought and reality*, Cambridge, The MIT Press.

☞ *cognição social, estruturalismo, psicologia evolucionista, sociobiologia*

APRAXIA

Síndrome neuropsicológica caracterizada pela incapacidade de recordar como realizar acções finalizadas (escovar os dentes, comer com um garfo, atacar os sapatos, etc.), apesar do reconhecimento dos objectos envolvidos e das suas propriedades funcionais permanecer intacto e de não ser observada nenhuma disfunção sensoriomotora.

• Embora os doentes possam alcançar e manipular os objectos, parecem ter perdido o conhecimento dos gestos usuais. As lesões responsáveis pela apraxia estão geralmente situadas na região parietal do hemisfério esquerdo. Podemos distinguir duas classes principais de apraxia: (1) aquelas em que apenas a representação do gesto está perturbada e (2) aquelas em que a relação entre a representação do gesto e o sistema de produção motora está perturbada. As diferentes formas de apraxia constituem um modelo heurístico particularmente interessante para estudar a maneira como os movimentos complexos estão representados no cérebro.

A. Sirigu

    Liepmann, H. (1905), "Die Linke Hemisphare Und Das Handeln", *Muenchener Medizinische Wochenschrift*, 49, 2322-2326.
• Roy, E.A. (org.) (1985), *Neuropsychological studies of apraxia and related disorders*, Amsterdão, Elsevier Science Publisher.
• Sirigu A., Duhamel, J.R., Cohen L., Pillon, B., Dubois, B. & Agid, Y. (1996), "The mental representation of hand movements after parietal cortex damage", *Science*, 273,1564-1568.

☞ *acção, controlo da acção, neuropsicologia cognitiva, representação da acção*

APRENDIZAGEM

Modificação, devido às interacções com o ambiente, da disposição de um indivíduo a ter um comportamento ou a efectuar uma actividade mental. 1. *De um ponto de vista psicológico*, falamos de aprendizagem quando da experiência resulta uma mudança permanente. A modificação permanente do comportamento é uma característica importante da aprendizagem. 2. *Na inteligência artificial*, a aprendizagem consiste muitas vezes em tentar desenvolver um modelo de aprendizagem humana e depois em construir sistemas que simulam este comportamento, ou seja, sistemas de inteligência crescente.

Psicologia

Durante o período pré-cognitivo, a psicologia não tomou em consideração senão as aprendizagens que modificam os comportamentos. As actividades mentais, e sobretudo as cognitivas, estão hoje integradas nesta noção.

As determinantes da aprendizagem

As modificações da disposição de um indivíduo para levar a cabo um comportamento ou uma actividade mental podem ser relacionadas com dois tipos de determinantes, conceptualmente bastante distintos, mas que são muitas vezes difíceis de dissociar: os endógenos e os exógenos. Não se pode falar de aprendizagem senão quando existe interacção com os segundos. Os determinantes endógenos são inicialmente independentes do ambiente e têm a sua origem em mudanças fisiológicas do funcionamento neuronal: são a fadiga, muscular ou cerebral, a maturação durante a infância e os défices devidos a doença ou ao envelhecimento. Os determinantes externos, quer dizer, os efeitos do ambiente, podem agir na ausência dos precedentes ou interagir com eles. Certas mudanças endógenas não intervêm apenas modificando directamente os comportamentos ou as actividades mentais, mas também a gama das possibilidades oferecidas a novas aprendizagens ou as limitações impostas a estas. Para além disso, as aprendizagens anteriores de um indivíduo também modificam, naturalmente, a estrutura da sua actividade cerebral e mental, sob a forma quer de capacidades cognitivas adquiridas, quer de alterações das suas motivações ou da sua afectividade, quer ainda de representações. Por isso, a identificação das causas das modificações das actividades psicológicas é, muitas vezes, difícil de efectuar em detalhe, exigindo experimentação ou observação sistemática.

Esta dificuldade deu lugar à querela do "inato" e do "adquirido", outrora muito viva e fortemente impregnada de ideologia devido às suas implicações sociais, nomeadamente em matéria de psicologia diferencial, pedagogia e diferenças sociológicas. Actualmente, o debate centra-se sobretudo no domínio da investigação.

Esta investigação acentuou ainda mais as interacções anteriormente referidas. Na verdade, as observações dos comportamentos dos animais em ambiente real, realizadas pelos etólogos e completadas por dados de laboratório, mostraram que os comportamentos instintivos, tradicionalmente considerados como exclusivamente "inatos", tinham uma grau elevado de plasticidade, variável segundo as espécies animais, em função das condições ambientais: as aprendizagens modificam ou completam os repertórios das actividades instintivas. Esta plasticidade, que é máxima nos chimpanzés e em outros antropóides, pode incluir aprendizagens sociais.

Para os indivíduos humanos, nos quais as actividades instintivas são em número reduzido e muito lábeis, o problema

coloca-se, em primeiro lugar, em termos de "capacidades" e de "aptidões", de acordo com uma distinção que se fica a dever a Piéron. As primeiras designam aquilo que um indivíduo sabe ou pode fazer num dado momento; são susceptíveis de ser observadas e objectivamente determinadas, independentemente de qualquer juízo de valor, por testes bem construídos. As "aptidões", pelo contrário, não são observáveis, nem podem ser directamente inferidas a partir das capacidades; nesta matéria, não podemos concluir, a não ser com a máxima prudência, que há diferenças interindividuais que resistem à aprendizagem. Todavia, há aptidões gerais cujo estudo detalhado prossegue, como, por exemplo, a aptidão muito precoce do bebé para identificar sons da língua – e que é já intra-uterina –, a de dirigir a atenção para estímulos visuais mutáveis e diferenciá-los, a de perceber os rostos, formar categorias, adquirir a linguagem e, mais tarde, conhecimentos muito diversos. Todas estas aptidões são, ao mesmo tempo, potencialidades de aprendizagem.

Aprendizagem, maturação e desenvolvimento

Outro aspecto muito importante, e ligado ao precedente, da distinção entre modificações devidas à aprendizagem e modificações de origem endógena diz respeito ao papel da *maturação* durante a infância. A noção de "desenvolvimento", que é o fundamento de uma subdisciplina específica da psicologia, cobre as mudanças que são o produto das duas. A maturação remete para a modificações do funcionamento cerebral (e das estruturas que lhes subjazem) que se prolongam, na espécie humana, por muitos anos após o nascimento; o aparecimento do andar, que depende muito pouco da aprendizagem, é um exemplo bastante nítido. A da sexualidade plena, na adolescência, é muito mais complexa: não apenas se lhe associam

Aprendizagem

aprendizagens deste período e posteriores, mas também, com toda a certeza, representações e hábitos adquiridos desde tenra idade. A aquisição da linguagem, a que se segue o seu rápido desenvolvimento, é um exemplo importante da interacção entre maturação nervosa e aprendizagem num ambiente interpessoal: a criança pequena não pode aprender a falar senão quando o seu cérebro é capaz disso, mas esta aquisição integra os resultados cognitivos de importantes aprendizagens anteriores, nomeadamente semânticas e conceptuais, e o desenvolvimento das capacidades de falar e de pensar da criança, que dependem massivamente das suas interacções com o ambiente. Para além da linguagem, a investigação mostra que há uma ordem de aquisições, quer motoras, quer motivacionais e cognitivas: estas últimas dizem respeito às capacidades de tratamento das informações, aos conteúdos e à estrutura das representações. Ainda que a noção de "estádio", defendida por Piaget, não seja adoptada unanimemente na sua versão forte, é inegável que entre os indivíduos é constante uma certa ordem das aquisições, embora se torne efectiva em idades diferentes e com muitas variações interindividuais. A forma como as aprendizagens nela se inscrevem levanta problemas complexos à psicologia do desenvolvimento.

No outro extremo da vida, o envelhecimento cognitivo depende igualmente, de forma intensa, das interacções entre os fenómenos de involução fisiológica, de origem endógena, e as aprendizagens em curso ou já realizadas: o envelhecimento é muito mais lento se o indivíduo idoso acumulou muitos conhecimentos e capacidades cognitivas com as suas aprendizagens anteriores.

As leis da aprendizagem

O estudo da aprendizagem marcou profundamente os primeiros decénios da psicologia científica. A questão levantada era a das suas *leis gerais*, independentemente dos domínios a que se aplicassem. O estudo do condicionamento animal realizado por Pavlov, no início do século XX, o estudo das aprendizagens por associação e por reforço e as grandes "teorias psicológicas da aprendizagem" de inspiração behaviorista, dos anos 30 a 50, nos Estados Unidos, estavam no centro destas pesquisas. A curva de aprendizagem típica – negativamente acelerada, com uma assímptota final e, por vezes, uma fase de superaprendizagem – fornecia uma descrição do carácter progressivo destes fenómenos. Os determinantes maiores da aprendizagem foram nela estudados em grande detalhe: tratava-se da contiguidade dos estímulos no tempo (nomeadamente no condicionamento clássico e nas aprendizagens associativas), da repetição e da frequência das ocorrências, da confirmação das expectativas ("reforço" clássico), do efeito retroactivo do resultado da actividade ("lei do efeito", reforço operativo ou instrumental), das mudanças de situações que modificam o resultado das aprendizagens anteriores ("extinção", "recuperação espontânea", aprendizagens discriminativas, desaprendizagem), da similaridade das situações ou dos estímulos ("transferências de aprendizagens"), etc. Os dados recolhidos sobre estas questões permanecem válidos, ainda que sejam actualmente teorizados de modo diverso.

Todavia, muitas vezes estas investigações eram acompanhadas por uma concepção geral totalmente empirista, próxima das filosofias inglesas clássicas, e segundo a qual as grandes leis da aprendizagem se aplicam a partir de uma espécie de "tábua rasa", quer dizer, da ausência de determinantes iniciais endógenos. As condições do ambiente eram consideradas quase o único factor de modificação dos comportamentos. Inúmeros trabalhos pedagógicos ou didácticos derivados destas teorias tentaram então determinar as condições mais favoráveis para a aprendizagem.

Aprendizagem

As investigações ulteriores enfraqueceram consideravelmente a ideia de "leis gerais" da aprendizagem e fragmentaram este domínio. Na verdade, tornaram evidente a diversidade dos domínios da aprendizagem e dos sistemas ou processos que os governam. Foram estudadas separadamente as aprendizagens motoras, associativas, de capacidades intelectuais, de categorizações semânticas e conceptuais, de motivações e de conteúdos afectivos, etc. Reconheceu-se a importância, referida mais acima, das interacções entre as aprendizagens e as capacidades "pré-cabeadas" – aplicando uma metáfora electrónica interpretada de forma neurobiológica. Paralelamente, a abordagem cognitiva substituiu a ideia de modificação dos comportamentos pela de modificação dos tratamentos da informação e das representações que daí resultam. Destruiu o equilíbrio entre as noções de aprendizagem e de memória a favor desta última. Numa distinção que é amplamente partilhada pela informática e pela psicologia, opôs a "memória declarativa", que se refere aos conhecimentos, e a "memória procedimental", que agrupa as formas aprendidas ou construídas de tratamento; esta oposição aplica-se também às aprendizagens. Duas outras distinções importantes, que dizem respeito ao conjunto das actividades cognitivas, são válidas também, em particular, nas aprendizagens: são as que existem entre, por um lado, as actividades "automáticas" e as actividades "deliberadas" e, por outro, entre os traços "explícitos" e "implícitos" da memória. As mudanças cognitivas automáticas e implícitas ("incidentes", segundo outra terminologia) são assim, de preferência, agrupadas sob a designação de aprendizagens. Todavia, algumas aprendizagens começam por ser deliberadas e tornam-se depois actividades automáticas. Chama-se "procedimentalização" (segundo Anderson) a esta mudança. Dois bons exemplos dela são a passagem da criança da leitura hesitante à leitura corrente e o aperfeiçoamento da condução automóvel, ao longo de milhares de quilómetros, até se obter uma condução fácil. Muitas capacidades "especializadas" no domínio profissional são fruto da procedimentalização.

Inteligência artificial

O desenvolvimento da aprendizagem por computador e dos modelos que dela dependem trouxe para o primeiro plano do domínio das aprendizagens a noção de "calculabilidade". Os sistemas de aprendizagem simbólica por computador efectuam automaticamente tratamentos muito similares às aprendizagens conceptuais humanas. No entanto, as investigações actuais concedem uma particular importância aos modelos neoconexionistas de base não simbólica, de nível de descrição elevado. São chamados também modelos de "redes neuronais", porque se inspiram no funcionamento das redes cerebrais reais. O seu princípio é o de que as aprendizagens se efectuam por modificações da força das ligações entre unidades teóricas (representativas ou "neuronais") que se supõe constituírem as redes de base da cognição. Alguns destes modelos integram a "regra de Hebb" (vd. esta entrada).

Os métodos de aprendizagem probabilista

Os métodos de aprendizagem podem ser vistos como técnicas de classificação cujo objectivo é identificar as classes a que certos objectos pertencem, partindo de certos traços descritivos. Os métodos utilizados pelos sistemas de aprendizagem são provenientes de diversos domínios científicos. Podemos separá-los, mais ou menos arbitrariamente, em dois grupos. Os métodos de natureza probabilista ou estatística e os métodos resultantes da inteligência artificial.

Os métodos estatísticos supõem que as descrições dos objectos de uma mesma classe se repartem respeitando uma estrutura específica da classe. Elaboram-se hipóteses sobre as distribuições das descrições no interior das classes e os procedimentos de classificação serão construídos com o auxílio de hipóteses probabilísticas. A variedade dos métodos resultará da diversidade das hipóteses possíveis. Estes métodos são chamados semiparamétricos. Na estatística foram igualmente propostos métodos não paramétricos (sem hipótese *a priori* acerca das distribuições).

Os métodos de aprendizagem na inteligência artificial

Os métodos derivados da inteligência artificial são não paramétricos. Distinguem-se métodos simbólicos (o procedimento de classificação pode ser escrito sob a forma de regras) e métodos não simbólicos ou adaptativos (o procedimento de classificação está fundado em redes de neurónios e em algoritmos genéticos). Segundo os tipos de interacção e as informações produzidas, distinguem-se diversos tipos de aprendizagem.

Aprendizagem por memorização (ou "de cor"). Este tipo de aprendizagem consiste em memorizar as informações deduzidas a partir de uma situação dada a fim de as recuperar mais tarde, se a mesma situação (ou uma situação análoga em sistemas mais elaborados) reaparecer. Para não ficar limitado pelas situações idênticas àquelas com que já deparou, um processo de generalização permite, por vezes, diminuir o número de informações armazenadas.

Aprendizagem por conselhos (ou por regras). É um tipo de aprendizagem em que um especialista está encarregado de fornecer do exterior conselhos, correcções e ajudas ao *software*, tendo por base conhecimentos. Num primeiro momento, o programa recebe do especialista informações (eventualmente respostas às suas questões, como, por ex., quando o programa detectou uma incoerência). Estas informações são estruturadas numa representação interna, confrontadas com os conhecimentos antigos e depois, se não houver incoerência, são memorizadas pelo sistema.

Aprendizagem a partir de exemplos (ou por indução). Um programa que aprende a partir de exemplos deve poder raciocinar a partir de aplicações particulares de regras gerais. A aprendizagem de um conceito por este método exige ter à sua disposição um grande leque de exemplos e até de contra-exemplos. A regra fundamental utilizada na aprendizagem por exemplos é a da generalização. Um método frequentemente utilizado consiste em procurar regularidades, tendências e até interacções entre valores de certos parâmetros num conjunto de dados com o auxílio de heurísticas variadas.

Aprendizagem por analogia. É uma forma de aprendizagem que exige que se façam deduções a partir das informações acessíveis. Implica o reconhecimento de uma similitude com uma estrutura memorizada e operações de abstracção e de especialização.

J.-F. Le Ny, G. Sabah

📖 Guigon, E., Dorizzi, B., Burnod, Y. & Schultz, W. (1995), "Neural correlates of learning in the prefrontal cortex of the monkey: A predictive model", *Cerebral Cortex*, 5, 135-147.
• Kearns, M. & Vazirani, U. (1994), *An introduction to computational learning theory*, Cambridge, MA, The MIT Press.
• Le Ny, J.-F. (1967), *Apprentissage et activités psychologiques*, Paris, Presses Universitaires de France.
• Mitchell, T.M. (1997), *Machine learning*, Nova Iorque, McGraw-Hill.
• Rumelhart, D.E. & Todd, P.M. (1993), "Learning and connectionist

representations", in D.E. Meyer & S. Kornblum (orgs.) (1993), *Attention and performance XIV: Synergies in experimental psychology, artificial intelligence, and cognitive neuroscience*, pp. 3-30, Cambridge, MA, The MIT Press.
• Tarpy, R.M. (1997), *Contemporary learning theory and research*, Nova Iorque, McGraw-Hill.

☞ *conexionismo, desenvolvimento cognitivo, especialização, generalização, rede de neurónios*

APRENDIZAGEM IMPLÍCITA

Capacidade que o ser humano teria, quando confrontado com um ambiente complexo que apresenta regularidades, de extrair primeiro e de utilizar depois estas regularidades sem tomar consciência das regras que construiu.

• Nesta óptica, as crianças poderiam, por exemplo, aprender as regras da linguagem unicamente por fazerem parte de um grupo de pessoas que falam uma língua sem que haja procura específica das regras da linguagem e sem tomada de consciência destas regras. Saber se os seres humanos têm ou não esta capacidade de aprender regras "implicitamente" está no centro de um domínio de investigação e continua a ser muito polémico até à actualidade.

A medida da aprendizagem implícita

Desde os anos 60, muitas pesquisas tentaram mostrar a existência, ou a não existência, de processos de aprendizagem implícita. Quase todas as pesquisas experimentais neste domínio são construídas tendo por base o mesmo princípio: numa primeira fase, expõe-se o sujeito a material que apresenta regularidades sem todavia o informar sobre a existência delas e depois, numa segunda fase, testa-se a sua sensibilidade às regras utilizadas e a tomada de consciência destas regras. De acordo com este princípio experimental, os dois paradigmas mais utilizados são a tarefa da gramática artificial e a situação de aprendizagem sequencial. No primeiro paradigma, os sujeitos estudam, numa primeira fase, séries de letras regidas por regras, e depois, à saída desta fase, são informados de que as séries que acabam de estudar tinham regras. Devem então ajuizar novas séries em termos de respeitarem ou não regras que regiam as séries da primeira fase. No segundo paradigma, os sujeitos devem antecipar a posição de um sinal num ecrã, aparecendo este segundo regras que o sujeito ignora e que determinam sequências de posições. Um grande número de investigações permitiu mostrar desta forma que na segunda fase destas experiências os sujeitos têm desempenhos compatíveis com uma aprendizagem das regras utilizadas, embora pareça que não têm consciência destas e sejam incapazes de as verbalizar. Por exemplo, nas tarefas de gramática artificial, os sujeitos conseguem ajuizar melhor se novas séries respeitam ou não as regras do que se respondessem ao acaso, mas não conseguem verbalizá-las.

Polémica sobre a interpretação dos dados experimentais

Se ninguém contesta estes resultados experimentais, há grandes polémicas quanto à interpretação que deles convém fazer. Para alguns autores, estes resultados mostram que os sujeitos dispõem de capacidades de aprendizagem implícita de regras (vd. Reber, 1989). Para outros, os resultados obtidos explicam-se unicamente por fenómenos de memorização de exemplares específicos. Os sujeitos, ao memori-

Arquitectura Cognitiva

zar os exemplares, ou partes dos exemplares, da primeira fase, poderiam ter êxito na segunda ao comparar os já memorizados com aqueles com que têm de lidar (vd. Nicolas, 1996; Redington e Chater, 1996). Actualmente, se o recurso implícito a uma regra abstracta parece mais estabelecido do que a possibilidade da sua elaboração de maneira implícita, as investigações neste domínio orientam-se para a construção de paradigmas que permitam uma maior separação entre as regras e os exemplares.

A. Didierjean

📖 Nicolas, S. (1996), "L'apprentissage implicite: le cas des grammaires artificielles", *L'Année Psychologique*, 96, 459-493.
• Reber, A.S. (1989), "Implicit learning and tacit knowledge", *Journal of Experimental Psychology: General*, 118, 219-235.
• Redington, M. & Chater, N. (1996), "Transfer in artificial grammar learning: A reevaluation", *Journal of Experimental Psychology: General*, 125, 123-138.

☞ *aprendizagem, categorização, consciência, memória implícita*

ARQUITECTURA COGNITIVA

Descrição da natureza dos subprocessos implicados na realização de uma tarefa ou de uma função cognitiva, da natureza das informações que tratam, das suas relações funcionais e da sua evolução.

• Tais arquitecturas podem ser mais ou menos complexas, mais ou menos formalizadas e até matematizadas e mesmo simuladas em computador. De qualquer forma, necessitam sempre da solução de um conjunto de questões idênticas. É necessário dispor de uma descrição precisa da situação e das características sensoriais e perceptivas de entrada (*input*), do objectivo da acção e dos parâmetros dos comportamentos observados (*output*). A natureza dos subprocessos cognitivos deve em seguida ser precisada: o formato das informações tratadas (digital / analógico, local / global, distribuído / localizado, simbólico / não simbólico, verbal / imagético, etc.), as operações de transformação efectuadas (integração, diferenciação, associação, categorização, etc.) e, por último, o formato das informações resultantes. Estes subprocessos são, portanto, construções hipotéticas, que implicam ou não um despertar da consciência e um controlo intencional, e resultam de um trabalho de investigação teórica e de modelização que visa integrar, de maneira explicativa, um conjunto importante de operações empíricas.

A disposição arquitectónica destes subprocessos deve igualmente ser descrita. Estão organizados de maneira sequencial estrita, de modo que um subprocesso não trata a informação saída de um subprocesso de nível inferior a não ser quando o tratamento deste último estiver concluído? Estão organizados "em paralelo" com um subprocesso a tratar uma fonte de informação ao mesmo tempo que outro subprocesso? Estão organizados "em cascata", funcionando os subprocessos de maneira sequencial, mas continuamente, podendo um subprocesso tratar uma fonte de informação que continua a sê-lo por outro subprocesso? A informação é transmitida de maneira ascendente (processo *bottom-up*), da entrada sensorial para a saída comportamental ou, pelo contrário, admite retroacções dos subprocessos de nível superior em direcção aos subprocessos de nível inferior (processo *top-down*)? Nas arquitecturas mais complexas de todas, podem certamente coexistir combinações variáveis destas diversas soluções. No limite, numa arquitectura altamente interactiva, a realidade mesma dos subprocessos pode ser radicalmente posta em causa, como é exemplificado pela crítica "conexionista" das arquitecturas excessivamente modularistas da cognição.

Não é menos verdade que várias arquitecturas cognitivas exerceram uma profunda influência no aparecimento e no desenvolvimento das ciências cognitivas. Citemos como exemplos as concepções arquitectónicas da memória humana fundadas na distinção entre memória de curto prazo e memória de longo prazo (Atkinson & Shiffrin, 1968), memória declarativa e memória procedimental (Anderson, 1983), memória episódica e memória semântica (Tulving, 1972). Outras arquitecturas foram propostas para actividades mais específicas, como o reconhecimento dos rostos, por exemplo (Bruce & Young, 1983), ou ainda mais gerais, como o conjunto da cognição visual (Kosslyn, 1990) e mesmo para o conjunto da cognição (Newell, 1990).

Um problema crítico é evidentemente o da articulação entre a arquitectura cognitiva e a arquitectura do cérebro (quer no plano neuroanatómico, quer no neurofisiológico). Nas ciências cognitivas, a posição mais extrema supõe que é o nosso conhecimento da arquitectura cerebral que permite seleccionar a arquitectura cognitiva pertinente entre as que estão em competição. No entanto, nada permite justificar um estatuto privilegiado dos dados neurofisiológicos relativamente a outros dados empíricos. A validação de uma arquitectura cognitiva implica antes que se faça interagir todos os níveis de análise sem privilegiar um em relação ao outro. Aliás, é esta abordagem pluricompetente que está na própria base das ciências cognitivas.

G. Tiberghien

📖 Anderson, J.R. (1983), *The architecture of cognition*, Cambridge, MA, The Harvard University Press.
• Estes, W.K. (1991), "Cognitive architecture from the standpoint of an experimental psychologist", *Annual Review of Psychology*, 42, 1-28.

• Fodor, J.A. & Pylyshyn, Z. (1988), "Connectionism and cognitive architecture: A critical analysis", *Cognition*, 28, 3-71.
• Humphreys, M.S., Wiles, J. & Dennis, S. (1994), "Toward a theory of human memory: data structures and access processes", *Behavioral and Brain Sciences*, 17, 655-692.
• Ramachandran, V.S. & Blakeslee, S. (1998), *Phantoms in the brain: Human Nature and the architecture of mind*, Londres, Fourth Estate.

☞ *cérebro, cognição, conexionismo, modelo cognitivo, modularidade da mente, neurociências cognitivas, psicologia cognitiva, rede de neurónios, simulação computacional*

ASPECTUALIDADE

☞*temporalidade e aspectualidade*

ASPERGER (SÍNDROME DE -)

☞ *autismo infantil*

ASSOCIAÇÃO

1. Conjunção. 2. Regularidade comportamental segundo a qual é dada uma resposta determinada a um estímulo determinado. 3. *Num sentido teórico*: ligação entre duas representações.

• 1. Em algumas dos seus usos, "associação" nada mais significa do que "com" ou "e". Por exemplo, num contexto de observação de um único sujeito, a frase "há uma associação de A e B" significa que se observou um estado ou acontecimento B em concomitância com A.

Associação

2. A palavra "associação" aplica-se muitas vezes a observações repetidas do aparecimento de respostas determinadas a estímulos determinados. O seu protótipo é constituído pelas associações "verbais": uma palavra (ou um grupo de palavras) é produzida a seguir a uma palavra anterior. A versão experimental ou clínica é a situação de associação "livre".

2.1. No quadro experimental, apresentam-se palavras com a instrução: "dê como resposta a primeira palavra que lhe vier à mente". Para cada palavra apresentada, chamada "indutor", recolhe-se assim, num grupo de participantes, uma multiplicidade de respostas. Uma situação aparentada é aquela em que se utiliza como indutores outros estímulos que não as palavras, por exemplo, imagens de objectos. No conjunto das respostas recolhidas para cada indutor, o habitual é não conservar senão a mais frequente no grupo, a resposta dita "dominante" ou "primária". Se o grupo amostra foi bem construído, o par indutor + resposta é considerado representativo dos hábitos verbais dos locutores da população considerada. Estes dados constituem assim "normas de associação" desta população. Estas associações não são simétricas: não há igualdade das frequências de A → B e B → A.

Podem ser investigados diversos tipos de regularidades a partir destes dados. Assim, podemos classificar as respostas associativas em diversas categorias, definidas em bases linguísticas ou psicológicas, como, por exemplo, respostas sinónimas, antónimas, superordenadas, de contiguidade (que corresponde a contiguidades no ambiente, como "mesa-cadeira"), etc. Em alternativa, as frequências associativas recolhidas experimentalmente podem ser relacionadas com as frequências de co-ocorrências no ambiente linguístico dos locutores das palavras que pertencem aos pares considerados; esta segunda frequência é geralmente fornecida por inventariação a partir de vastas bases de textos.

As associações observadas experimentalmente num grupo de participantes e as suas frequências são muitas vezes interpretadas como indicativas de associações que existem na mente de cada um dos participantes (vd. *infra*).

2.2. Uma segunda utilização da situação de associação livre enquanto técnica pode encontrar-se na psicanálise e em outras psicoterapias. Consiste em pedir a um único doente que produza um discurso espontâneo (mais raramente meras palavras) a partir de indutores que podem também eles ser muito diversos (indutores fornecidos pelo clínico, relatos de sonhos contados pelo paciente, episódios vividos por ele, etc.). As técnicas projectivas padronizam esta situação. A interpretação clínica das respostas dadas baseia-se na ideia de que permitem aceder às representações internas do paciente. Esta interpretação levanta múltiplas questões.

3. Na verdade, a noção teórica de "associação mental" antecedeu muito as observações e as técnicas dos dois tipos anteriormente descritos. Na sua versão de "associação de ideias", remonta à filosofia empirista inglesa e à tese segundo a qual toda a vida psicológica é determinada por associações internas que se formaram na mente em função do ambiente dos indivíduos. Uma parte deste ambiente é constante (ou comporta regularidades) e outra é variável, quer em relação a cada indivíduo, quer entre os indivíduos. As coocorrências dos objectos ou dos acontecimentos são encaradas como constituindo a estrutura principal. A noção modernizada de associação mental retoma esta tradição e pode ser encontrada em muitos modelos cognitivos contemporâneos e com designações diversas. Considera-se mais frequentemente que há representações que figuram na mente / cérebro (especificamente na memória de longo prazo) dos indivíduos e que estão ligadas por "associações" (no sentido teórico): as associações observadas experimentalmente constituem então uma das suas manifestações no

comportamento. Estas teorias atribuem às associações entre representações uma certa "força associativa", que é avaliada. Esta varia entre as representações e também entre os indivíduos, mas revela um nível de invariância que é suficiente para poder ser modelizada. Uma das categorias destes modelos é a das redes semânticas, particularmente na versão destas em que se supõe que os arcos entre os nós da rede são de tipo associativo (em lugar, ou complementarmente, de arcos de outro tipo, como o lógico, por ex.). Estes arcos têm valores que correspondem às forças associativas anteriormente descritas. Esta ideia pode ser simulada num computador por meio de representações, presentes na máquina, dos nós da rede e de apontadores entre estes nós. A ideia de ligações associativas está também subjacente aos modelos conexionistas. De uma maneira geral, poucos modelos cognitivos escapam à necessidade de representar associações e de as integrar de uma forma ou de outra.

J.-F. Le Ny

📖 Anisfeld, M. & Knapp, M. (1968), "Association, synonymity, and directionality in false recognition", *Journal of Experimental Psychology*, 77, 171-179.
• Ans, B. (1989), "Learning arbitrary associations: A neuromimetic model", in G. Tiberghien (org.), *Advances in cognitive science: Theory and applications*, vol. 2, pp. 62-85, Nova Iorque, Wiley.
• Dominey, P., Arbib, M. & Joseph, J.-P. (1995), "A model of corticostriatal plasticity for learning oculomotor associations and sequences", *Journal of Cognitive Neuroscience*, 7, 311-336.
• Moss, H. & Older, L. (1996), *Birbeck word association norms*, Hove, Psychology Press.

☞ *associacionismo, comportamento, rede semântica, representação*

ASSOCIACIONISMO

Metateoria que se baseia no postulado segundo o qual a associação é um conceito explicativo central para dar conta dos comportamentos e dos fenómenos cognitivos que lhes estão subjacentes.

• O associacionismo clássico era uma tentativa de descrição e de explicação dos comportamentos complexos a partir da associação entre as variações do ambiente e as dos comportamentos elementares. Esta concepção foi depois alargada às associações entre comportamentos e representações mentais e, por fim, entre as próprias representações (neo-associacionismo). A construção destas associações baseia-se em relações de similaridade, contiguidade e frequência de reforços ou de activações.

G. Tiberghien

📖 Hintzman, D.L. (1993), "Twenty-five years of learning and memory: Was the cognitive revolution a mistake?", in D.E. Meyer & S. Kornblum (orgs.), *Attention and performance XIV: Synergies in experimental psychology, artificial intelligence, and cognitive neuroscience*, pp. 359-391, Cambridge, MA, The MIT Press.
• Hull, C.L. (1943), *Principles of Behavior: An introduction to behavior theory*, Nova Iorque, Appleton-Century-Crofts.

☞ *associação, comportamento, rede de neurónios, representação*

ATENÇÃO

Aspecto selectivo da percepção. Sugere a existência de uma capacidade de tratamento limitada, mas que é variável, sem dúvida, em função do estado de alerta, de vigilância ou de esforço. A noção de capacidade limitada está intrinsecamente ligada à de selectividade.

• Os principais paradigmas experimentais utilizados no estudo da atenção implicam, quer a focagem da atenção em tarefas ou conteúdos específicos, em detrimento de outras tarefas ou conteúdos concorrentes (por ex.: tarefas de repetição vocal de uma de duas mensagens auditivas apresentadas simultaneamente, fixação numa posição específica no campo visual com exclusão das outras, variantes do teste de Stroop), quer, pelo contrário, a dispersão da atenção por diversas tarefas e conteúdos (por ex.: tarefas de procura de um alvo num conjunto de engodos no campo visual ou memorizados, detecção ou reconhecimento de vários alvos apresentados simultaneamente ou em sucessão, que é por vezes muito rápida).

Os estudos experimentais da atenção perceptiva opuseram tradicionalmente duas classes de teorias, a saber, as teorias de selecção precoce e as teorias de selecção tardia. De acordo com as primeiras, a selecção da informação a tratar far-se-ia na base de índices psicofísicos (considerando, nomeadamente, a sua origem espacial) e apenas os estímulos seleccionados seriam reconhecidos, permitindo assim o acesso à sua significação. De acordo com as segundas, todos os estímulos supraliminares seriam reconhecidos, efectuando-se a selecção com base no sentido. As investigações contemporâneas mostram que estas duas visões são demasiado extremadas. Contrariamente ao que as teorias de selecção precoce propõem, é possível procurar simultaneamente estímulos relativamente abstractos (por ex., letras). No entanto, contrariamente ao que as teorias de selecção tardia sugerem, um tal paralelismo fracassa quando os estímulos procurados são mais complexos (por ex., palavras) ou a atenção já está focada num estímulo. Estes limites comportamentais são corroborados por medidas electrofisiológicas da actividade celular e dos potenciais evocados. Assim, a atenção perceptiva parece ser caracterizada por um tratamento paralelo de capacidade limitada.

No plano cognitivo, os limites do tratamento estão frequentemente associados às capacidades restritas da memória de curto prazo (também chamada memória imediata e memória de trabalho) não tanto na sua função de armazenagem (menos de sete grupos de elementos) e mais na sua função de controlo executivo. Os estudos experimentais referentes ao período de tempo psicologicamente refractário mostram que o estádio de tomada de decisão impõe uma focagem sequencial do pensamento, a qual pode ser acompanhada, ao nível fenomenológico, por uma impressão de consciência específica. Os estudos neuropsicológicos associam frequentemente as perturbações atencionais de natureza cognitiva a patologias ao nível do lobo frontal.

S. Larochelle

📖 Baars, B. (1988), *A cognitive theory of consciousness*, Cambridge, Cambridge University Press.

• Camus, J.-F. (1996), *La psychologie de l'attention*, Paris, Armand Colin.

• Cowan, N. (1995), *Attention and memory: An integrated framework*, Nova Iorque, Oxford University Press.

• Parasuraman, R. (1998), *The attentive brain*, Cambridge, MA, The MIT Press.

• Pashler, H. (1998), *The psychology of attention*, Cambridge, MA, The MIT Press.

☞ *atributo, automatização, controlo da acção, memória de trabalho, oculometria cognitiva*

ATITUDE PROPOSICIONAL

Estado mental que tem um conteúdo representacional, ou seja, semântico e intencional (crenças, aspirações, desejos, etc.). Crer que um cão é perigoso, desejar evitá-lo, ter medo do cão, pensando que é perigoso, são exemplos de atitudes proposicionais.

· Uma atitude proposicional compreende, portanto, uma forma de modalidade (atitude, crença ou outra) e um conteúdo, que está ligado a uma proposição. Mas este conteúdo será simplesmente a *fórmula linguística* que a proposição expressa (uma proposição é verdadeira se o estado de coisas que lhe corresponde é o caso), ou será o *sentido* (o modo de apresentação associado ao referente da proposição), ou então os próprios *referentes* e as suas relações, ou, finalmente, as *condições de verdade*, aquilo que torna verdadeira ou falsa a proposição (mas dois sentidos diferentes poderiam ter as mesmas condições de verdade)?
Para além disso, quando visamos um objecto sob um certo aspecto, fá-lo-emos sempre de maneira proposicional? Podemos ver um caniche sem ver que é um caniche e é possível, sem dúvida, distinguir entre ver o caniche (sem reparar no caniche nem o ver como um caniche), ver o cão como um caniche, porque se estabelece uma analogia entre as formas, e ver que é um caniche. Se o estado de coisas visado é sempre bem expresso pela proposição "está um caniche à minha frente", a minha atitude só é proposicional no último caso. O desafio que os estudos cognitivos enfrentam é, evidentemente, não reduzir toda a actividade cognitiva à utilização de uma linguagem do pensamento.

P. Livet

📖 Davidson, D. (1984), *Inquiry into Truth and Interpretation* [trad. *Enquêtes*

sur la vérité et l'interprétation (1993), Nimes, Jacqueline Chambon].
· Engel, P. (1994), *Introduction à la philosophie de l'esprit*, Paris, Éditions la Découverte [trad. port. *Introdução à Filosofia do Espírito*, Lisboa, Piaget, 1996].
· Pacherie, E. (1993), *Naturaliser l'intentionnalité*, Paris, Presses Universitaires de France.

☞ *crença, proposição*

ATRACTOR

Estado estável num sistema dinâmico. Quando é atingido, o sistema permanece fixo neste estado. SIN.: *ponto fixo.*

· Tomemos o exemplo do seguinte sistema dinâmico:

$$x\ [t+1]\ =\ (x[t])^2$$

onde cada iteração de x o substitui pelo seu quadrado. O sistema dinâmico possui três atractores (no sentido amplo; vd. *infra*): 0, 1 e $+\infty$. Quando o sistema começa com o valor 0 ou 1, permanece nesse valor. Quando o valor inicial do sistema pertence ao intervalo $]-1, +1[$, converge para o valor 0: depois de um número infinito (enumerável) de iterações, o sistema atinge o valor 0 e permanece nele indefinidamente.
Na prática, quando os sistemas dinâmicos são implementados ou simulados por sistemas calculatórios de precisão limitada, o atractor é atingido num número finito de iterações. O conjunto dos valores $]-1, +1[$ é a bacia de atracção do atractor 0. Este atractor é estável face a perturbações, quer dizer, a maioria dos valores na bacia de atracção convergirão para o atractor quando se lhes acrescenta uma pequena quantidade chamada perturbação. O conjunto (finito) dos valores {-1,

Atribuição

+1} corresponde à bacia de atracção do atractor +1. O atractor 1 é instável, porque a adição de uma perturbação aos valores da sua bacia de atracção os faz passar para outra. Em alguns casos, o valor +1 é chamado ponto fixo de repulsão (em inglês: *"repellent fixed point"*) e o termo atractor está reservado para os valores estáveis face a perturbações. O valor + ∞ nunca é verdadeiramente atingido em teoria (não é um número, mas um limite no sentido matemático do termo); na prática, todavia, este valor corresponde ao limite de precisão das máquinas utilizadas para simular os sistemas dinâmicos.

H. Abdi

📖 Abdi, H. (1994), *Les réseaux de neurones*, Grenoble, Presses Universitaires de Grenoble.
• Abdi, H., Valentin, D. & Edelman, B. (1999), *Neural Networks*, Thousand Oaks, CA, Sage Publications.
• Bar-Yam, Y. (1997), *Dynamics of complex systems*, Nova Iorque, Addison Wesley.

☞*rede de neurónios, sistema dinâmico,*

ATRIBUIÇÃO (TEORIA DA -)

Teoria que explora os mecanismos pelos quais tentamos construir uma representação cognitiva coerente do mundo social e, mais precisamente, como procuramos interpretar as acções dos outros e as nossas próprias acções. **OBS.:** é devida a Heider (1958).

• Segundo Heider, as nossas interpretações do comportamento de outrem podem ser agrupadas em duas categoriais: pessoal e situacional. Uma atribuição é pessoal quando as razões do comportamento de uma pessoa são imputadas a características pessoais como a personalidade ou o humor. Por exemplo, "Bob abraça Bill porque é terno" é um atribuição pessoal ao comportamento de Bob. Uma atribuição é situacional quando as razões do comportamento de uma pessoa são imputadas a características do ambiente, como, por exemplo, as outras pessoas, o tipo de trabalho a fazer ou até o acaso. Por exemplo, "Bob abraça Bill porque é rico" é uma atribuição situacional ao comportamento de Bob.

Para além dos erros de atribuição que se devem às heurísticas dos juízos utilizadas pelos sujeitos, é clássico o erro fundamental de atribuição (Ross, 1977). No essencial, este erro consiste em subestimar os factores situacionais na interpretação das acções dos outros actores sociais e em sobrestimá-los na interpretação das nossas próprias acções. Esta tendência é também chamada efeito actor-observador. Uma variação do erro fundamental consiste em atribuir os nossos sucessos a causas pessoais (venci porque sou inteligente, ou porque trabalho) e os nossos fracassos a causas situacionais (fracassei neste exame porque não tenho sorte) e em inverter estes critérios na interpretação das acções dos outros actores (ela passou porque o exame era fácil; ele chumbou novamente porque é estúpido). As atribuições construídas pelos actores estão também, em parte, sob controlo social. Por exemplo, os estudantes americanos tendem a utilizar as atribuições pessoais para os comportamentos negativos que observam, enquanto que os estudantes indianos tendem a utilizar atribuições situacionais para os mesmos acontecimentos (Norenzayan & Nisbett, 2000).

H. Abdi

📖 Heider, F. (1958), *The psychology of interpersonal relations*, Nova Iorque, Wiley.
• Joule, R.V. & Beauvois, J.L. (1987), *Petit traité de manipulation à l'usage des*

honnêtes gens, Grenoble, Presses Universitaires de Grenoble.
- Norejzayan, A. & Nisbett, R.E. (2000), "Culture and causal cognition", *Current Directions in Psychological Science*, 9, 132-135.
- Ross, L. (1977), "The intuitive psychologist and his shortcomings: Distortion in the attribution processes", in L. Berkowitz (org.), *Advances in experimental social psychology*, vol. 10, pp. 174-221, Nova Iorque, Academic Press.

☞ *cognição social, heurística do juízo*

ATRIBUTO

1. Característica de um objecto ou de uma substância. 2. Função gramatical. 3. Num par atributo / valores, suporte cognitivo de um conjunto de valores ligados pela oposição "ou".

• No uso comum, a noção de "atributo" de uma entidade é frequentemente um equivalente de "característica" desta entidade. Este uso encontra-se na conceptualização gramatical: "atributo" designa nela uma função em que, no interior de uma frase, um nome ou um adjectivo está ligado quer ao sujeito da frase por meio de um verbo de uma subclasse particular ("ser", "tornar-se", "parecer", etc.), quer ao complemento de objecto por meio de um verbo de outra subclasse ("entregar", "fazer", "nomear", etc.).

No uso filosófico clássico, "atributo" é conceptualizado no quadro da sua oposição a "substância": é um equivalente de "característica (ou qualidade) essencial" da substância, quer dizer, a (ou uma das) que constitui a "essência" da substância de maneira necessária (não contingente). Em Descartes, a extensão é o atributo essencial das coisas e o pensamento o das mentes.

Nas ciências cognitivas, esta oposição entre "atributo" e "substância" deixou de ser considerada pertinente, mas outra oposição tem nelas um grande papel: é ela que fundamenta o par "atributo / valor". As características que pertencem aos diversos tipos de entidades são a partir dela considerados como variações, simultâneas ou sucessivas, que produzem diferenças cognitivas. Estas não estão isoladas, mas são aparentadas localmente: distribuem-se sobre "suportes" cognitivos que são distintos e muitas vezes identificáveis. Por exemplo, as percepções de "azul", de "vermelho", de "verde", etc., bem com as representações que as conservam na memória e os conceitos e designações que lhes correspondem são aparentados entre si de uma certa forma: distribuem-se sobre um suporte cognitivo único que é o da "cor". É o suporte constante que é chamado "atributo", ao passo que as variações que nele se distribuem são chamados "valores" deste atributo. Isto é válido para os outros tipos de diferenças: por um lado, estão ligadas entre si num atributo e, por outro, são oponíveis por uma disjunção do tipo "ou".

Esta conceptualização aplica-se também à diferença "variável / valores" ou "dimensão / valores", que é apresentada em termos mais abstractos. Não pressupõe nada quanto ao número de valores e aplica-se, aliás, ao caso em que apenas dois valores se opõem num atributo: dois exemplos são a oposição direita / esquerda e o "sexo" (ou "género") com os seus dois valores feminino *vs.* masculino.

Nas ciências cognitivas, o par "atributo / valores" é utilizado em algumas linguagens de descrição. Neste caso enunciam-se separadamente o atributo e o valor (ou a distribuição de valores) que pertencem ao objecto (ou à classe de objectos) envolvido. Poder-se-á escrever, por exemplo, < MAÇÃ > cor / (verde, ou vermelha, ou cinzenta). A relação entre o objecto e o atributo é do tipo "tem como propriedade". A exemplificação de um exemplar de uma classe (aqui, uma maçã particular) faz-se por fixação de um valor do atributo, permanecendo este constante para a classe considerada.

Na psicologia cognitiva, os conceitos naturais explícitos (ou seja, nomeáveis) podem ser repartidos em conceitos de indivíduos, de objectos ou de entidades (os canalizadores, as maças ou os números inteiros) e conceitos de propriedades. Estes subdividem-se, por sua vez, em conceitos de atributos (a cor, o tamanho, a forma, a inteligência, a divisibilidade, etc.) e conceitos de valores de atributos (verde, vermelho, azul; grande, médio, pequeno; inteligente, estúpido; gentil, mau, etc.). Esta estrutura abarca bastante bem a diversidade cognitiva do pensamento espontâneo. A linguagem utiliza-a amplamente e as aprendizagens cognitivas baseiam-se muitas vezes na aquisição de conceitos de atributos anteriormente desconhecidos.

Todavia, a utilização da estrutura atributo / valores no tratamento cognitivo está longe de se efectuar sempre de maneira explícita. A experimentação mostra que uns atributos são mais ou menos "separáveis" do que outros. Isso deve-se a que, na natureza, dois atributos pertencentes a uma mesma classe de entidades podem estar mais ou menos fortemente correlacionados. Por exemplo, o volume e o peso estão muito fortemente correlacionados em muitas categorias de objectos, a idade e o tamanho estão-no nas crianças e nos animais novos, etc. Por isso, é apenas durante o desenvolvimento cognitivo ou das aprendizagens em situação que a separabilidade dos atributos pode ser dominada mentalmente. Isto é válido em domínios cognitivos muito diferentes: por exemplo, as investigações sobre a formação dos conceitos multidimensionais (ou seja, de vários atributos) estudaram experimentalmente esta questão; a percepção analítica é a que se baseia numa separação cognitiva mais ou menos forte e explícita dos atributos dos objectos durante o tratamento, ao passo que a percepção global (tratamento por "*Gestalt*") não o faz; o mesmo tipo de diferença se encontra entre pensamento analítico e pensamento sincrético.

J.-F. Le Ny

📖 Richard, J.-F. (1990), *Les activités mentales. Comprendre, raisonner, trouver des solutions*, Paris, Colin.

☞ *categorização, heurística do juízo, representação*

AUDIÇÃO

1. Modalidade sensorial que assegura o tratamento dos sons, principalmente, mas não exclusivamente, pelo sistema auditivo, como o mostra a leitura dos sons pelos lábios ou leitura labial (em inglês *audition*). 2. Conjunto dos processos que permitem a recepção, tratamento, integração e compreensão dos sons isolados ou organizados: linguagem, música e cenas auditivas ou audiovisuais mais ou menos complexas (em inglês *hearing*).

G. Tiberghien

📖 Botte, M.-C. (1989), *L'audition*, in C. Bonnet, R. Ghiglione & J.-F. Richard (orgs.), *Traité de psychologie cognitive*, vol. l. Perception, action, langage, pp. 83-127, Paris, Dunod.
• McAdams, S. & Deliège, I. (1989), *La musique et les sciences cognitives*, Liége, Mardaga.
• McGurk, H. & MacDonald, J. (1976), "Hearing lips and seeing voices", *Nature*, 264, 746-748.
• Yost, W.A. (1994), *Fundamentals of hearing: An introduction*, San Diego, Academic Press.

☞ *escrita, Fourier (análise de -), memória de representação perceptiva, prosódia*

AUTISMO INFANTIL

Perturbação grave do desenvolvimento que aparece nos três primeiros anos de vida. Foi definido em 1943 por L. Kanner como uma perturbação precoce do contacto afectivo que afecta o desenvolvimento das relações com o mundo e com outrem.

• Esta síndrome clínica associa principalmente perturbações graves da linguagem e da comunicação não-verbal, da vida relacional e do contacto emocional; intolerância à mudança e à novidade e, portanto, busca da manutenção do ambiente e da acção; e actividades e centros de interesse restritos, estereotipados e naturalmente atípicos, privilegiando o mundo inanimado, sem acesso aos jogos simbólicos e de "fazer de conta". O grau de atraso do desenvolvimento intelectual e das aprendizagens é variável, sendo nomeadamente função dos contextos etiológicos em que se organiza a síndrome autista, que se considera hoje como um modo de resposta comum a diferentes perturbações de desenvolvimento precoce. A síndrome de Asperger designa uma patologia muito próxima e igualmente caracterizada pelas perturbações da vida relacional, mas em que a linguagem e o desenvolvimento intelectual são particularmente preservados.

Da acção
à teoria da mente

As investigações cognitivas sobre o autismo infantil desenvolveram-se muito nos últimos vinte anos, ao mesmo tempo que as investigações neurobiológicas. O primeiro eixo de investigação incidiu nas funções cognitivas perceptivas e motoras e revelou sobretudo diferentes anomalias na organização perceptiva, na filtragem dos sinais sensoriais, na integração sensoriomotora, na atenção selectiva e no controlo e na planificação da acção motora (perturbações das funções executivas). A um nível mais elevado de complexidade e de integração, evoca-se um defeito da função que assegura a "coerência central" perceptiva (U. Frith) que organizaria as representações do mundo e de outrem. O segundo domínio de investigação, mais específico, diz respeito às cognições sociais e incide nos mecanismos da comunicação e da vida relacional. Os mais conhecidos destes trabalhos dizem respeito à função da "teoria da mente", entendida como capacidade de inferir os estados mentais de outrem (Premack e Woodruff, 1978; Leslie, 1991; Frith, 1989). De facto, diferentes métodos permitiram afirmar que os sujeitos autistas revelavam mais dificuldades do que os sujeitos de controlo (emparelhados por idade de desenvolvimento) a responder correctamente a testes simples (baseados na noção de falsa crença) que avaliam esta capacidade (Wimmer & Perner, 1983). Sabe-se que as crianças conseguem realizar normalmente esta prova após a idade de três ou quatro anos. Formulou-se também a hipótese modularista segundo a qual o autismo seria devido uma ausência de "teoria da mente".

As investigações cognitivas sobre o autismo infantil formulam igualmente a hipótese de que as perturbações precoces da vida relacional, da comunicação e da linguagem, a que se segue a ausência característica de jogos simbólicos e de "fazer de conta", dependem, nestas crianças, de uma perturbação da função a que se chama "teoria da mente", função que permite representar os estados mentais (pensamentos, crenças, desejos, intenções, emoções) de outrem (função normalmente manifestada após os três anos e meio de idade).

Autismo e metacognição

A hipótese de ausência de acesso ao plano "meta-representacional", ou seja, à representação dos estados mentais, quer de si quer dos outros, e que corresponde à "teoria da mente", revelou-se fecunda na compreensão da clínica do autismo. Oferece uma releitura das anomalias da representação de si e de outrem e da distinção entre si e o mundo dos objectos ou o outro, da ausência de jogos simbólicos (que se baseiam no plano meta-representacional) e de "fazer de conta" (que se baseiam no plano intencional). Todas estas são anomalias já amplamente estudadas em psicologia clínica em termos de identidade e de intersubjectividade. Os testes da "teoria da mente" como "Sally e Anna" avaliam efectivamente a capacidade da criança representar os estados mentais de outrem, quer dizer, de se colocar "no seu lugar", ao mesmo que faz uma distinção entre os seus próprios estados mentais e os de outrem.

A um nível mais abstracto de organização cognitiva, as investigações sobre a pragmática da comunicação mostram que os desenvolvimentos da linguagem e do raciocínio natural (perturbados na criança autista) implicam igualmente a exploração de uma teoria da mente ou a capacidade de representação das acções e das intenções de outrem. A utilização e a compreensão das metáforas, tal como do humor (um e outro muitas vezes ausentes no autista), baseiam-se, em particular, na capacidade de distinguir o sentido literal de uma expressão e o "querer dizer" ou intenção do locutor. De igual modo, o raciocínio natural, nomeadamente no jogo, é guiado pela compreensão das intenções do outro e não por uma lógica formal. Ora, estes diferentes níveis de raciocínio, de linguagem e de comunicação estão perturbados de maneira muito característica no autismo. Estas perturbações poderiam estar relacionadas com uma mesma perturbação da apreensão dos estados mentais e intencionais do interlocutor. Abordagens cognitivas e trabalhos clínicos sugerem assim que há no autismo uma perturbação da empatia, ou seja, dos processos que permitem representar e partilhar os estados mentais dos outros, mantendo a distinção entre o próprio e o outro.

Autismo, cognição e cognição social

Continua, todavia, por determinar se a ausência de teoria da mente assim verificada é um mecanismo "cognitivo" explicativo da patologia ou apenas uma sua redescrição clínica nos termos de uma abordagem cognitiva social, deixando totalmente por resolver o problema da sua explicação por mecanismos elementares. Para além disso, a clínica convida a alargar a noção de perturbação autista da "teoria da mente" aos estados emocionais e aos desejos, quer dizer, ao conjunto dos estados mentais, e não apenas às crenças e intenções.

Uma primeira forma de decompor a noção de "teoria da mente" consiste em interessar-se pela constituição desta competência durante o desenvolvimento. S. Baron-Cohen definiu-a como uma função geral de "leitura mental" (*mind reading*) e sugere que se basearia na integração progressiva de diferentes precursores: o sistema de análise da direcção do olhar (manifesto aos três anos), o detector da intencionalidade (que interpreta precocemente os estímulos em movimento em termos intencionais) e a atenção partilhada, que operam nos primeiros anos de vida. De facto, são observadas regularmente nas crianças autistas anomalias das interacções precoces, em particular do olhar ou da atenção conjunta (nomeadamente protodeclarativa), bem como da imitação.

Mais geralmente, a noção de "teoria da mente" e da sua perturbação na criança autista abre o campo do estudo dos mecanismos da comunicação intencional inter-

Autismo Infantil

humana, da "psicologia popular" ou ordinária, e da empatia. Dispor de uma "teoria da mente" seria apenas uma das expressões desta função geral que integra igualmente a comunicação de intenções e de emoções. Os trabalhos recentes sobre a percepção da acção propõem compreender estes processos do ponto de vista dos sistemas de representações "partilhadas" da acção. Esta função não relevaria de um "módulo cognitivo" autónomo, mas dependeria do desenvolvimento precoce de uma função (baseada em sistemas cerebrais e cognitivos especializados) de percepção e de representação da acção motora, que permitiria partilhar com o agente observado uma representação da sua acção (objectivo, intenção) e poderia constituir uma base de desenvolvimento da empatia. Chama-se "simulacionista" a esta perspectiva que, para compreender os processos de cognição de outrem, privilegia um mecanismo inato de activação partilhada das representações motoras e intencionais, e não um processo intelectual, inferencial ou lógico (teoria). De facto, a capacidade de predizer o comportamento de outrem existe precocemente na criança e antes que esta possa fazer prova de uma "teoria da mente" explícita (Perner). Segundo Trevarthen, o desenvolvimento neurobiológico e psicológico precoce baseia-se numa capacidade mental inata no bebé para representar, na interacção, os comportamentos de outrem e os antecipar, assegurando assim estas representações uma regulação dos seus próprios comportamentos. Estas aptidões inatas do sujeito humano para interagir com outrem dependeriam de um sistema regulador do desenvolvimento neurobiológico e cognitivo: o *Innate Motive Formation*, ou IMF, que predispõe o indivíduo para a intersubjectividade e gera as condutas graças à interiorização de um "outro virtual" que permite antecipar as suas respostas. Estes mesmos sistemas neurocognitivos de representação dos comportamentos de outrem assegurariam também a representação mental das acções próprias e, a este título, poderiam ter um papel no desenvolvimento da representação do eu e na diferenciação eu / outrem, que a clínica mostra estarem profundamente alteradas no autismo.

As funções de representação da acção têm também um papel fundamental na planificação da acção, quer dizer, na capacidade de organização sequencial das diferentes etapas elementares de um comportamento complexo, em função de um objectivo. Ora, foram postas em evidência (Hugues & Russel) perturbações motoras e comportamentais no autismo e perturbações das "funções executivas" que asseguram o controlo da acção.

N. Georgieff

📖 Baron-Cohen, S. (1995), *Mindblindness*, Cambridge, MA, The MIT Press.

• Frith, U. (1989), *Autism: Explaining the enigma*, Oxford, Blackwell.

• Hochmann, J. (1994), "Cordelia ou le silence des sirènes: une relecture de 1'autisme infantile de L. Kanner", in R. Perron & D. Ribas (orgs.), *Autismes de l'enfance*, Paris, Presses Universitaires de France.

• Hughes, C., Russell, J. & Robbins, T.W. (1984), "Evidence for central executive dysfunction in autism", *Neuropsychologia*, 32, 477-492.

• Leslie, A.M., (1991), "The Theory of Mind Impairment in Autism: Evidence for a Modular Mechanism of Development", in A. Whiten (org.), *Natural Theories of Mind*, pp. 63-78, Oxford, Blackwell.

• Mundy, P. & Sigman, M. (1989), "The theoretical implications of joint attention deficits in autism", *Development and Psychopathology*, 1, 173-183.

• Perner, J., Frith, U., Leslie, A.M. & Leekam, S.R. (1989), "Exploration of the autistic child's 'theory of mind': knowledge, belief and communication", *Child Development*, 60, 689-700.

- Premack, D. & Woodruff, G. (1978), "Does the chimpanzee have a 'theory of mind'?", *Behavior and Brain Sciences*, 4, 515-526.

☞ *acção, cognição social, comunicação, simulação (teoria da -), teoria da mente*

AUTO-ASSOCIADORA

Diz-se de uma rede de neurónios (ou modelo conexionista) cuja estrutura permite associar a si mesma cada um dos estímulos a aprender.

· Em geral, uma auto-associadora compõe-se de um conjunto de neurónios simbólicos todos conectados uns aos outros por axónios ligados a sinapses modificáveis pela aprendizagem. As auto-associadoras possuem muitas propriedades que as tornam particularmente atractivas como modelos da memória e da percepção. Podem, por exemplo, completar automaticamente uma parte da informação em falta no estímulo apresentado. Podem também abstrair espontaneamente protótipos quando o material a aprender está estruturado em categorias cujos centros representam o exemplar ideal (ou protótipo).

Quando os neurónios simbólicos são lineares, estes modelos são equivalentes a uma versão dinâmica da análise em componentes principais. São utilizados para modelizar o reconhecimento dos rostos ou a semântica lexical, devido à sua grande capacidade calculadora.

Quando os neurónios simbólicos são não-lineares (e quando aprendem de maneira assíncrona, quer dizer, quando um único neurónio, num momento dado, pode dar a sua resposta e mudar os valores das suas conexões sinápticas), estas redes são muitas vezes chamadas redes de Hopfield e são utilizadas para modelizar problemas de optimização não-linear ou para aproximar problemas demasiado complexos para serem calculados explicitamente (*i.e.*, a classe dos problemas ditos "NP-completos", como o chamado "problema do caixeiro-viajante").

H. Abdi

📖 Abdi, H. (1994), *Les réseaux de neurones*, Grenoble, Presses Universitaires de Grenoble.
- Abdi, H., Valentin, D. & Edelman, B. (1999), *Neural Network*, Thousand Oaks, CA, Sage.

☞ *rede de neurónios*

AUTOMATIZAÇÃO

Transformação de um tratamento que requer recursos atencionais num tratamento que requer poucos ou nenhuns destes recursos.

· O exemplo mais comum é a aquisição de capacidades motoras, as quais passam da interpretação de conhecimentos declarativos, recebidos por informação, à execução de procedimentos compilados. Entre os critérios de tratamento automático, estão os seguintes: o desencadear involuntário e obrigatório do tratamento pelo estímulo, o carácter balístico do tratamento, que não pode ser interrompido ou modificado, a inconsciência ou incapacidade de verbalizar as etapas do tratamento, a ausência de tarefas que impliquem processos diferentes ou, pelo contrário, a existência de interferências com as tarefas que apelam às mesmas representações ou processos. Um factor propício à automatização é a existência de associações constantes e regulares entre as condições de estimulação e as respostas (*consistent mapping*). Para além de permitir ultrapassar os processos decisionais, a prática de tais condições permite, segundo algumas teorias, quer aumentar a força das associações entre os estímulos e as respostas (teorias associacionistas), quer armazenar na memória múltiplas cópias destas associações (teorias exemplaristas), o que facilita o acesso ulterior a elas. Segundo outras teorias, a automatização baseia-se numa redução da quantidade de informação tratada, quer ignorando as componentes acessórias da tarefa, quer agrupando algumas componentes (*chunking*). Um dos resultados que estas teorias tentam explicar é a função potência das curvas de aprendizagem, resultado que foi proposto como lei universal da prática. A questão está envolvida em debates sobre a natureza das tarefas cuja execução pode tornar-se totalmente automática com a prática.

S. Larochelle

📖 Logan, G.D. (1995), "The Weibull distribution, the power law, and the instance theory of automaticity", *Psychological Review*, 102, 751-756.
• Umiltà, C. & Moscovitch, M. (orgs.) (1994), *Attention and performance XV: Conscious and nonconscious information processing*, Cambridge, MA, The MIT Press.

☞ *atenção, memória declarativa, memória procedimental*

AUTONOMIA

No sentido forte, facto de dar a si mesmo a sua própria lei. No sentido fraco, capacidade de subsistir pelos seus próprios meios. Um sentido intermédio implica que possamos exercer alguma escolha pessoal destes meios.

• A ideia de autonomia retira o seu sentido da relação com outros organismos

que poderiam impor-nos restrições ou de que poderíamos depender.

Se concordarmos com Varela e Maturana, um sistema autónomo é um sistema capaz de manter, num certo intervalo de perturbações (*autopoiese*), as relações que tem com outros seres organizados.

Se concordarmos com Mele, um agente autónomo é capaz de referir a si mesmo a sua acção, os seus desejos, as suas intenções, as suas modalidades de agentividade e as suas possibilidades de escolha.

Segundo Elster, uma das motivações das nossas acções é, entre outras, a de manifestar a nossa autonomia de escolha, independentemente de qualquer outro objectivo, e isso pode conduzir-nos a renunciar a certos objectivos ao nosso alcance.

Parece que a base da autonomia é a agentividade, ou seja, em primeiro lugar, a capacidade de distinguir um movimento que tenhamos iniciado de um movimento que completemos de maneira passiva e, em segundo lugar, a capacidade de atribuirmos a nós mesmos, não só a iniciação, mas também a preparação, a decisão da execução, o controlo desta execução e até as suas correcções. A autonomia é uma das condições da atribuição da responsabilidade moral.

P. Livet

📖 Mele, A.R. (org.) (1997), *The philosophy of Action*, Oxford, Oxford University Press.

☞ *acção, agentividade, autopoiese*

AUTOPOIESE

Conjunto das propriedades dos sistemas auto-organizados (segundo Maturana e Varela).

• Nas suas interacções com o seu ambiente, estes sistemas são capazes de manter

Autopoiese

a dinâmica da rede de interacções, retroacções e regulações dos subsistemas que os constituem, nos limites compatíveis com a sua continuidade e perpetuação. Um sistema autopoiético dispõe de uma fronteira por meio da qual é assegurada a ligação com o seu ambiente. De facto, as entradas do ambiente são tratadas como perturbações do estado actual do sistema e, em lugar de formar "representações" destes acontecimentos externos, o sistema tradu-los no conjunto das reacções que restauram as condições de perpetuação do seu funcionamento. Um dos subsistemas do sistema permite-lhe reproduzir um organismo semelhante a si mesmo.

Tais sistemas podem interagir com o seu ambiente modificando-o, ao mesmo tempo que este os modifica no decurso da evolução, observando-se uma co-evolução. Assim, a visão das abelhas pôde co-evoluir com a cor dos órgãos reprodutores das flores, sendo as primeiras seleccionadas enquanto sensíveis aos ultravioletas, cor seleccionada nas segundas.

A dificuldade consiste em saber se se pode falar de sistema autopoiético a um nível inferior ao de um organismo dotado de um corpo bem definido. Assim, o sistema imunitário, se for concebido como uma constituição do Eu em reacção a perturbações (que, de contrário, seriam atribuídas ao não Eu), poderia ser analisado como um sistema autopoiético.

P. Livet

📖 Maturana, J. & Varela, F. (1980), *Autopoiesis and cognition, The realization of the living*, Dordrecht, Reidel.
• Varela, F. (1981), *Principles of Biological Autonomy*, Amsterdão, North-Holland.

☞*representação, sistema dinâmico*

B

BAYES (TEOREMA DE –)

Teorema utilizado em várias teorias no domínio das ciências cognitivas: a teoria da detecção do sinal, as teorias da escolha e os modelos da formação das atitudes. **OBS.**: o pastor inglês Thomas Bayes (1702-1761) expôs o teorema numa comunicação intitulada "Essay Towards Solving a Problem in the Doctrine of Chances", publicada em 1764 nas *Philosophical Transactions of the Royal Society of London*. Neste ensaio, relaciona dois tipos de propriedades condicionais.

• Para ilustrar o teorema de Bayes, consideremos o exemplo seguinte. Há alguém com dor de cabeça e vai visitar uma clínica especializada no seu tratamento. Nesta clínica é submetido a um teste, sendo-lhe fornecida a seguinte informação: nesta clínica, 2% dos doentes (que têm dor de cabeça) têm um tumor canceroso no cérebro. Em 100 doentes com um tumor no cérebro, 80 deles têm teste positivo. Em 100 pacientes sem tumor, 30 são positivos. O primeiro doente tem um teste positivo! Qual é a probabilidade dele ter um tumor no cérebro? Quando se pede aos sujeitos para avaliarem intuitivamente esta probabilidade, a maioria (incluindo profissionais da medicina) pensa que esta probabilidade é elevada.

A função do teorema de Bayes é responder formalmente a este género de questões. Para o fazer, é necessário definir algumas notações. Chamemos A ao acontecimento seguinte:

A = {ter um tumor canceroso no cérebro},

e $\bar{A}$ ao acontecimento complementar (não ter tumor no cérebro) e B ao acontecimento

B = {ter positivo no teste}.

O que queremos saber corresponde a $P\{A|B\}$. Conhecemos a probabilidade *a priori* de ter um tumor no cérebro $P\{A\}$= 0,02. Por complementaridade, sabemos a probabilidade *a priori* de não ter um tumor no cérebro $P\{\bar{A}\}$ = 1 – 0,02 = 0,98. Conhecemos também a probabilidade de ter um resultado positivo no teste, sabendo que se tem um tumor no cérebro:

$P\{B|A\}$ = 0,80

(porque "em 100 doentes com um tumor no cérebro, 80 deles têm teste positivo"). Por fim, conhecemos também a probabilidade de ter positivo no teste sabendo que não se tem tumor, probabilidade com a notação $P\{B|\bar{A}\}$ = 0,30 (porque "em 100 pacientes sem tumor, 30 são positivos" – são os que constituem os "falsos alarmes" ou "falsos positivos"). O teorema de Bayes combina todas estas probabilidades para obter a probabilidade condicionada que se pretende saber:

$$P\{A|B\}= \frac{P\{B|A\}P\{A\}}{(P\{B|A\}P\{A\}) + P\{B|\bar{A}\}P\{\bar{A}\}}$$

$$= \frac{0,80 \times 0,02}{(0,80 \times 0,02) + (0,30 \times 0,98)} \approx 0,0516$$

Assim, a probabilidade de ter um tumor, sabendo que se teve positivo no teste, é nitidamente mais pequena do que a intuída (se bem que a probabilidade de ter um tumor, sabendo que se teve positivo no teste, seja cerca de 2,5 vezes maior do que a probabilidade de ter um tumor quando o resultado do teste não é conhecido).

Por que razão temos tão maus resultados quando fazemos uma estimativa intuitiva das probabilidades condicionais? Segundo Kahneman e Tversky (1982), o nosso erro provém da nossa ignorância da distribuição *a priori* (*i.e.*, ignoramos o facto de que ter um tumor no cérebro é extremamente raro). Por isso, confundimos os dois acontecimentos $P\{B|A\}$ e $P\{A|B\}$.

Curiosamente, esta dificuldade de fazer estimativas correctas é atenuada desde que se substituam as probabilidades pelas frequências das ocorrências. Por exemplo, quando o sistema é apresentado da seguinte forma: "em 1000 doentes, 980 são sãos e 20 estão cancerosos, dos 20 cancerosos 16 têm teste positivo (80% de 20) e dos 980 doentes não cancerosos, 294 têm teste positivo (30% de 980)". Sabendo que o doente teve um teste positivo, a probabilidade de estar canceroso é dado pelo quociente entre o número de sujeitos cancerosos e positivos e o número de sujeitos positivos:

$$P\{A|B\} = \frac{16}{16 + 294} \approx 0,0516$$

H. Abdi

📖 "Thomas Bayes's essay towards solving a problem in the doctrine of chances", in E.S. Pearson & M.G. Kendall (orgs.), *Studies in the History of Statistics and Probability*, pp. 131-153, Londres, Griffin, 1970.
• Kahneman, D. & Tversky, A. (1982), "Subjective probability: A judgement on representativeness", in D. Kahneman, P. Slovic & A. Tversky (orgs.), *Judgement*

under uncertainty: Heuristics and biases, pp. 32-47, Nova Iorque, Cambridge University Press.
• Piattelli-Palmari, M. (1994), *Inevitable Illusions*, Nova Iorque, Wiley.
• Wolford, G. (no prelo), *False Positives Can Kill You*, Berkeley CA, University of California Press.

☞ *detecção do sinal (teoria da –), heurística do juízo*

BEHAVIORISMO

Vasto movimento científico e teórico que dominou a psicologia americana durante meio século. Desapareceu progressivamente a partir dos anos 50-60, até à extinção, sendo suplantado pelo "cognitivismo", que se impôs, à medida que alcançava sucesso, como a "psicologia cognitiva".

• O behaviorismo está inteiramente fundado na noção de comportamento. O comportamento de um organismo é o que dele é observável e nada mais: é o que ele faz. Este conceito exclui os acontecimentos ou estados subjectivos que se passam na mente, se for um ser humano, ou o que se pode supor que se passa no seu interior, se for um animal. A noção aparece esporadicamente desde o final do século XIX, mas sobretudo no início do século XX, no contexto da psicofisiologia: "*Verhalten*" em alemão, "*comportement*" em francês (com uma definição de Henri Piéron que data de 1907), "*behaviour*" em inglês da Grã-Bretanha, "*behavior*" em anglo-americano, ["comportamento", em português]. Todavia, será nos Estados Unidos que a noção será plenamente teorizada e elevada ao estatuto de doutrina.

Esta maneira de tomar em consideração apenas o real observável opõe-se a duas tendências da época: uma, dominante, que é a de considerar como primordiais os estados internos dos indivíduos (o que é percebido, sentido ou pensado), como o faz a psicologia filosófica de orientação introspectiva; a outra, já orientada para o procedimento científico, que consiste em considerar conjuntamente os acontecimentos externos e os internos. Esta última tendência não era apenas a da psicofísica, que estava ainda próxima do seu início, mas também a da patologia mental, brilhantemente praticada em França, e da primeira psicologia experimental, de origem alemã e cujo principal representante é Wundt. Será contra este que a noção de "comportamento", separada de qualquer referência a estados internos, será teorizada e aplicada com coerência nos Estados Unidos. Dali sairá uma nova "psicologia experimental" enquanto disciplina de pleno direito.

As origens do behaviorismo

Considera-se, em geral, que o behaviorismo teórico parte do artigo de J.B. Watson *"Psychology as a behaviorist views it"*, publicado na *Psychological Review* (1913). Todavia, já anteriormente trabalhos experimentais importantes, como os de Thorndike (1901) sobre as aprendizagens e a resolução de problemas nos animais, constituem uma boa ilustração da abordagem behaviorista. Quando se colocam gatos numa "caixa-problema", quer dizer, numa pequena caixa com um fecho manipulável, eles aprendem a sair para obter comida. Pode-se interpretar esta classe de factos de maneira estritamente descritiva: o animal aprende a resolver o problema em função da "recompensa" que pode obter. Na verdade, imediatamente antes ou na mesma altura, também os trabalhos de Pavlov sobre o "condicionamento clássico" relevam do estudo do comportamento, embora o autor não os conceptualize assim. Pavlov, na linha de Setchenov, considera que o que faz é fisiologia, porém, nisso divergindo profunda-

mente do seu contemporâneo Sherrington, para construir os seus conceitos relativos à "actividade nervosa superior", faz uso de um procedimento experimental que recorre ao puro comportamento. Na verdade, Watson tem esta opinião, porque ilustra a sua teoria behaviorista com factos tomados do condicionamento e porque o seu próprio trabalho experimental é realizado neste domínio.

Estas ideias difundiram-se muito lentamente. Embora o termo francês *"comportement"* seja utilizado e definido por Henri Piéron antes de ter aparecido o texto fundador de Watson, o que Piéron desenvolve em seguida são domínios como a psicofisiologia da sensação, a psicofísica, a psicologia diferencial e a psicologia aplicada, excluindo a psicologia experimental *stricto sensu*. Não existiu nenhuma corrente behaviorista em França, nem, de uma maneira geral, na Europa, e até à II Guerra Mundial a psicologia experimental também teve pouca expressão neste continente. Porém, a situação foi diferente na Alemanha, onde o behaviorismo também não teve sucesso, mas onde uma corrente científica e teórica importante, a *Gestalt-theorie*, se desenvolveu com brilhantismo até à sua destruição pelo nazismo. Fora do laboratório e numa perspectiva não behaviorista, o estudo objectivo dos comportamentos será reinventado pela etologia.

Da ortodoxia
ao radicalismo behaviorista

A contribuição experimental de Watson para a actividade de investigação não é muito notável, mas a do behaviorismo americano é-o certamente. Podemos considerar que se situa principalmente nos anos 30 a 50 e no domínio da aprendizagem animal estudada em laboratório. Podemos distinguir nela três grandes correntes: o behaviorismo E-R (estímulo-resposta), o behaviorismo E-E (estímulo-estímulo) e o behaviorismo "radical". O primeiro baseia-se na consideração dos puros observáveis, que são os estímulos e as respostas (daí E-R) e as suas relações (daí o traço de união) tal como podem ser postos em evidência pela experimentação sistemática. O rato é o seu personagem principal. O representante mais eminente desta corrente é Hull: é um teórico brilhante. Longe de se dedicar a conceitos puramente descritivos, introduz "variáveis intermédias" destinadas a explicar o que se passa entre E e R, sem nunca se referir a estados ou acontecimentos internos sentidos.

A segunda corrente, cujo melhor representante é Tolman, é oposta, mas aparentada, à precedente: considera que a explicação do comportamento deve ser investigada por meio de "conceitos hipotéticos" (*hypothetical constructs*), mais amplos do que as variáveis intermédias. Um seu exemplo é a relação criada no interior do organismo pela relação externa entre um estímulo E e um estímulo E (daí a designação de "teoria E-E"): esta relação também pode ser chamada "antecipação" (ou "expectação"). No que precede, seria suficiente falar de "representação" do estímulo para que esta concepção fosse claramente "cognitiva", mas Tolman define-se a si mesmo como "behaviorista". As duas correntes anteriores, que são dominantes na investigação experimental da época e nela obtiveram sucesso, possuem ambas uma teoria do "que se passa no meio".

Pelo contrário, a terceira corrente, da "análise do comportamento", chamado também "behaviorismo radical", rejeita qualquer conceptualização que não seja descritiva. O seu principal investigador e teórico é Skinner. Em matéria de investigação, gira muito estritamente em torno da ideia de "condicionamento operante" e das regras de reforço que se podem pôr nele em evidência, ao reinterpretar a noção pavloviana de "reforço". Esta orientação ficou célebre junto do grande público devido às tomadas de posição ousadas por parte de Skinner sobre diversas questões filosóficas e sociais, que, de resto não tinham grande relação com a investigação. É marginal em relação ao behaviorismo "clássico" das duas correntes precedentes, mas, paradoxalmente, é considerada como representativa do behaviorismo no seu todo, sobretudo quando se trata de o criticar.

Behaviorismo metodológico e cognição

O behaviorismo de investigação morre nos anos 50 e seguintes devido a duas causas convergentes: em primeiro lugar, o seu fracasso experimental e teórico, que se torna patente a partir do momento em que se procura aplicar as suas diversas versões a fenómenos mais complexos do que os estudados até então, em particular, os da psicologia humana e, nomeadamente, da linguagem. As tentativas feitas para manter vivo o behaviorismo "liberalizando-o" (por ex. com as teorias ditas "mediacionais") também fracassaram. Em segundo lugar, o behaviorismo é irremediavelmente derrotado por uma doutrina concorrente, o cognitivismo, que nasce e se desenvolve impetuosamente na mesma altura. A vitória do segundo é favorecida pelo aparecimento dos computadores e pela criação da primeira psicolinguística e, em seguida, da linguística de Chomsky. Do cognitivismo enquanto grande hipótese teórica nascerá a psicologia cognitiva moderna enquanto ciência.

Permanecerá, todavia, uma conquista do behaviorismo: a própria noção de "comportamento", critério irredutível de verificação de todos os modelos cognitivos humanos ou animais. Este aspecto das coisas, a que se chama "behaviorismo metodológico", pode ser inteiramente separado das teorias behavioristas anteriores e é um dos fundamentos da investigação na psicologia cognitiva.

J.-F. Le Ny

Bilinguismo

📖 Lowe, C.F., Richelle, M., Blackman, D.E. & Bradshaw, C.M. (1985), *Behaviour analysis and contemporary psychology*, Londres, Lawrence Erlbaum Associates.

• Siguan, M. (1987), *Comportement, cognition, conscience*, Paris, Presses Universitaires de France.

• Skinner, B.F. (1971), *L'analyse expérimentale du comportement*, Bruxelas, Dessart et Mardaga.

• Tiberghien, G. (1985), "Mais où sont les stimulus d'antan?", *Psychologie Française*, 30, 177-1.

• Tiberghien, G. (1996), "Le connexionnisme: Stade suprême du behaviorisme?", in V. Rialle & D. Fisette (orgs.), *Penser l'esprit: de la cognition à une philosophie cognitive*, pp. 27-41, Grenoble, Presses Universitaires de Grenoble.

• Watson, J.B. (1972), *Le behaviorisme* (1925), Paris, Centre d'Étude et de Promotion de la Lecture.

☞ *cognitivismo, comportamento*

BILINGUISMO

Hoje em dia, é raro encontrar quem tenha aprendido apenas uma língua ao longo da sua vida. Se para alguns o contacto com uma língua diferente da materna permanece muito escolar e, afinal, muito rudimentar, também não deixa de ser verdade que cerca de metade da população mundial utiliza quotidianamente duas línguas. Assim sendo, o locutor bilingue não deveria ser considerado uma excepção à regra.

• A modelização do locutor bilingue implica que se tomem em consideração vários factores. Primeiro, devido ao facto de uma ou outra dessas línguas ser frequentemente aprendida em contextos diferentes e por razões diferentes, as capacidades linguísticas raramente são iguais em todos os domínios. Por exemplo, uma das duas línguas pode servir essencialmente de meio de comunicação oral e de identidade social, enquanto a outra não só é falada, mas também lida, escrita e utilizada em situações de trabalho ou de aprendizagem escolar. Em segundo lugar, a expressão oral do indivíduo bilingue está estreitamente relacionada com a do seu interlocutor: quer na escolha do vocabulário quer na construção sintáctica, não se expressará de forma idêntica se se encontrar perante outra pessoa que partilhe as suas duas línguas ou perante um interlocutor que apenas partilhe uma delas. Por último, as capacidades linguísticas do bilingue estão muitas vezes em evolução. Qualquer uma das línguas pode ser "dominante" num dado momento em função do uso que o bilingue delas faz. É esta evolução das capacidades que está frequentemente na origem de investigações, bem como de controvérsias.

Existe realmente um "período crítico" para além do qual jamais poderemos atingir um nível de desempenho idêntico ao do "nativo" de uma língua? Se a resposta a esta questão continua a ser tema de debate, a experiência com uma língua exerce uma influência determinante mesmo na idade adulta. Isto é verdade quer ao nível lexical quer sintáctico, como é demonstrado por muitas investigações realizadas com bilingues "tardios", ou seja, com os que aprenderam a sua segunda língua depois da adolescência.

Léxico e bilinguismo

Ao nível lexical, mesmo em pessoas que não são peritas na sua segunda língua, pode haver acesso imediato às representações semânticas desta a partir de palavras apresentadas nela. Desde os primeiros estádios da aprendizagem, o locutor começa a estruturar o léxico da sua segunda língua de acordo com princípios de organi-

Bilinguismo

zação que em nada diferem dos utilizados na língua materna. Ou seja, quando o locutor capta (por via auditiva ou visual) uma palavra da sua segunda língua, está mais inclinado a activar outras palavras que, nesta língua, lhe estão ligadas no plano semântico e / ou associativo do que a "traduzir" tal palavra na equivalente da sua língua materna. É evidente que a extensão do léxico na segunda língua e o grau de automatismo do tratamento nesta variam em função do nível de competência do sujeito. No entanto, o acesso a esta rede não está subordinado a uma passagem pela sua língua, ou seja, a uma etapa de "tradução obrigatória". No bilingue tardio competente, há uma rede lexical rica na segunda língua, tal como na língua materna. Para além disso, a representação semântica, que parece ser comum às duas línguas do bilingue, não depende nem da semelhança ortográfica, nem de uma transparência fonológica entre as palavras das duas línguas.

Sintaxe e bilinguismo

Ao nível da análise sintáctica, observamos igualmente uma evolução dos desempenhos em função do "grau de bilinguismo" do leitor. A um nível geral de tratamento, a leitura é muitas vezes mais lenta na segunda língua do que na língua materna. Convém distinguir, todavia, a primeira leitura de uma frase das suas releituras eventuais, porque é essencialmente a medidas destas últimas que distingue a leitura na segunda língua e na materna. Os leitores têm mais tendência para reler uma frase naquela do que nesta e, por isso, têm também nela uma leitura global mais lenta. Ora, a lentidão relativa da leitura na segunda língua não significa necessariamente um tratamento diferente do que existe na língua materna. Pode significar uma dificuldade particular, tal como pode também ser devida a uma menor automatização dos processos, devido a uma prática mais reduzida com ela do que com a língua materna.

No que respeita ao tratamento sintáctico propriamente dito, investigações na língua segunda evidenciam um papel importante da experiência linguística, de acordo com o modelo de Mitchell e dos seus colaboradores, conhecido sob a designação de *linguistic tuning*. Segundo este modelo, a escolha de uma análise sintáctica é estatisticamente determinada e, portanto, susceptível de mudar em função da experiência linguística. Daí deriva que, face a uma ambiguidade sintáctica, o leitor a irá resolver a favor da estrutura mais frequentemente encontrada no passado. Este modelo fornece igualmente um quadro teórico para os desempenhos bilingues. No bilingue principiante, observamos uma influência importante das regras gramaticais da sua língua materna quando lê na segunda língua. Este fenómeno é visível quando uma estrutura sintáctica é específica à segunda língua. Neste caso, o bilingue iniciando evitará a estrutura, com o inconveniente de adoptar uma análise mais complexa na língua segunda e que corresponde às regras da sua língua materna. Observa-se a mesma "reticência" em adoptar uma análise sintáctica específica à segunda língua quando o bilingue principiante se encontra perante uma ambiguidade sintáctica.

Estes resultados evidenciam um fenómeno interessante: a dificuldade de leitura (quer dizer, de análise sintáctica) na segunda língua dependerá tanto da correspondência das regras gramaticais entre as duas línguas do bilingue como do nível de complexidade sintáctica da frase na própria língua segunda, pelo menos para os principiantes. Deste modo, frases simples do ponto de vista sintáctico na língua-alvo são percebidas como difíceis pelo principiante se a estrutura não existir na sua língua materna. Ora, se parece que os principiantes analisam as frases na segunda língua segundo "parametragens" e "hábitos linguísticos" que provêm da sua língua natal, o que acontece com os bilingues mais experimentados? Quando se trata dos "parâmetros" das regras gramaticais, os dados mostram que o bilingue mais experimentado consegue assimilar muito rapidamente estruturas específicas da sua segunda língua. Pelo contrário, quando não há regra gramatical, mas apenas "desvios estatísticos" que influenciam a resolução de uma ambiguidade, a evolução para uma resolução "nativa" na segunda língua demora sensivelmente mais tempo a instalar-se. Estas variações e evoluções representam um desafio efectivo à modelização do tratamento sintáctico.

C. Frenck-Mestre

📖 De Groot, A.M.B. & Kroll, J.F. (1997), *Tutorials in bilingualism: Psycholinguistic perspectives*, Mahwah, NJ, Lawrence Erlbaum Associates.
• Frenck-Mestre, C. (1998), "La lecture en langue maternelle et langue seconde", *Psychologie Française*, 43, 349-360.
• Frenek-Mestre, C. & Prince, P. (1997), "Second Language Autonomy", *Journal of Memory and Language*, 37, 481-501.
• Heredia, R. & Altarriba, J. (2002), *Syntactic Processing in Bilinguals*, Amsterdão, Elsevier.

☞ *comunicação, leitura, léxico mental, linguagem, linguística cognitiva, psicolinguística, semântica cognitiva*

C

CAOS

☞ *sistema dinâmico*

CATEGORIA GRAMATICAL

Uma categoria gramatical, como, por exemplo, o género, os casos, o tempo, o aspecto, as vozes, a determinação, as modalidades, necessita para a sua descrição de quatro componentes: 1. uma classe das formas gramaticais; 2. uma classe de valores semânticos (significações); 3. uma correspondência (em geral não biunívoca) entre as duas classes precedentes; e 4. uma estratégia de exploração contextual que permita atribuir um valor semântico a uma ocorrência de uma forma gramatical, tendo em conta índices presentes no contexto da forma analisada.

Formas gramaticais

Por exemplo, em francês [e em português] a categoria do género compreende as duas únicas formas "masculino" e "feminino", associadas aos quatro valores semânticos "macho", "fêmea", "nem macho, nem fêmea", "macho ou fêmea". A correspondência entre formas e valores não é biunívoca, porque se certos termos nominais masculinos como *garanhão* ou *touro* reenviam de facto para "macho" e se certos termos nominais femininos como *jumenta* ou *vaca*, ou mesmo *vitela*, reenviam para "fêmea", outros termos nominais femininos, como *lua* e *mesa*, ou masculinos como *sol* e *banco*, não reenviam nem para "macho" nem para "fêmea", mas são arbitrariamente classificados num género, ao passo que outros termos nominais classificados, por exemplo, no género feminino, como *víbora* ou *marmota*, reenviam para "macho ou fêmea".

A componente formal de uma categoria gramatical está muitas vezes organizada segundo um paradigma de formas, por exemplo, o paradigma da conjugação dos verbos e das declinações dos nomes nas línguas que têm casos morfológicos, como o russo, o alemão, o latim ou o grego antigo. As formas gramaticais (gramemas) são agrupadas em listas cujo inventário é finito e relativamente pequeno e opõem-se às formas lexicais (lexemas), que relevam de inventários abertos, ou seja, que apoiam a criatividade individual, podendo cada locutor criar uma palavra nova (por exemplo: *panthéoniser, lofteurs, supersympa*) [exemplos do francês] eventualmente a partir de empréstimos a outras línguas.

Valores semânticos

A *componente semântica* é muito mais delicada de identificar. Se para certas categorias como a de género, por exemplo, se podem utilizar traços como "macho" e "fêmea", para categorias gramaticais mais complexas como a do tempo e do aspecto, a representação sob a forma de traços como "duração", "pontualidade", "presente", "passado", etc., é muito insuficiente. É preciso então recorrer a redes de conceitos descritivos mais finos e mais elementares, introduzidos após um procedimento abdutivo que vai das observações para a introdução de elementos teóricos e explicativos plausíveis.

Correspondências entre formas gramaticais e valores semânticos

No entanto, duas formas gramaticais podem entrar em concorrência e expressar uma significação comum, certamente com matizes de segunda ordem e eventualmente estilísticas. É o caso do pretérito imperfeito e o pretérito simples, que entram em concorrência em certos contextos (por ex.: *no dia seguinte era apanhado / foi apanhado*). A descrição de uma categoria impõe, portanto, uma *correspondência explícita* entre as formas gramaticais e as significações (os valores destas formas).

Estratégia de exploração contextual

A quarta componente (*exploração contextual*) torna-se, portanto, indispensável desde que se procure construir as representações semânticas de um enunciado ou de um texto. Então, por intermédio de regras heurísticas ou até com a ajuda de esquemas predeterminados (*patterns*) associados a uma forma gramatical, requer-se o exame do contexto em que se insere, procurando aí índices linguísticos para atribuir contextualmente um só valor a uma ocorrência desta forma gramatical. Na sequência textual "*no dia seguinte era apanhado*", podemos ter, segundo os contextos, dois valores semânticos, quer o valor do novo estado: "*mau grado os esforços dos seus camaradas, no dia seguinte era (foi) apanhado*" e inferir dele "que foi efectivamente apanhado", quer o valor irreal no passado "*sem os esforços dos seus camaradas, no dia seguinte era (*foi) apanhado*" e

inferir "que não foi apanhado"; os dois índices contextuais *mau grado* e *sem* permitem superar a indeterminação semântica, o que explica por que razão a substituição de um pretérito imperfeito por um pretérito simples é possível no primeiro caso e está interdito no segundo. A estratégia de exploração contextual, que supera a indeterminação de uma forma com o uso do contexto, parece ser uma estratégia cognitiva muito geral. Parece mesmo ser necessária a qualquer construção de um sentido associado à compreensão de um texto ou de um discurso. De facto, a exploração contextual pode ser prolongada com a procura de índices pragmáticos extralinguísticos que inserem então o texto num ambiente referencial mais vasto.

Formas gramaticais e significações

Os gramáticos alimentaram durante muito tempo a ilusão de que cada forma gramatical tinha apenas uma significação. Ora, isso não é de modo nenhum verdade, mesmo se algumas das significações de uma categoria gramatical são mais típicas do que outras e, portanto, mais imediatamente memorizadas. De facto, cada forma gramatical, como a forma *-ava* do pretérito imperfeito ou os artigos *um* e *o*, remete frequentemente para várias significações. O pretérito imperfeito em português pode ter o valor de estado descritivo (*estava bom tempo nesse dia*), de processo em curso (*Pedro telefonava quando Maria chegou*), de hábito (*depois do almoço, ele fumava o seu cigarro antes...*), de um novo estado (*no dia seguinte, ele era apanhado*), sem falar dos outros valores (imperfeito de cortesia, lúdico, desportivo, etc.). O artigo indefinido do português *um* tem várias significações: o valor singular único (*apanhei uma maçã e três damascos*), o indeterminado singular (*cruzei-me na escada com um ladrão*), o indeterminado para o co-enunciador (*Maria ama um – certo –*

alemão), o valor típico (*um alsaciano* – típico – *gosta de cerveja*), um representante qualquer (*seja um triângulo*). O artigo definido *o* tem igualmente diversos valores, entre os quais o anafórico (*Um homem caminhava por uma estrada... O homem parecia fatigado...*) e o genérico (*o triângulo é uma figura geométrica*). Assim, a descrição de uma categoria, como, por exemplo, as do tempo e do aspecto ou a dos artigos, necessita do estabelecimento de uma correspondência não biunívoca entre o paradigma das formas (por ex., uma tabela de conjugação) e uma rede das significações, atribuindo a cada forma gramatical o conjunto das significações (valores semânticos) que esta forma é susceptível de expressar.

Surge imediatamente um problema teórico: pode-se determinar uma invariante semântica que transcenda todas as significações associadas aos usos de uma mesma forma gramatical ou de uma classe de formas aparentadas? Por exemplo, pode-se considerar que há uma invariante do pretérito imperfeito português (ou dos artigos *um* e *o*)? Se existe essa invariante de uma forma gramatical – alguns linguistas duvidam de que seja possível identificar tais invariantes –, esta não pode ser senão abstracta e expressa como operações ou esquemas. Uma tal invariante contribui, por um lado, para a unificação da categoria gramatical, de que se torna um elemento genérico, e, por outro, para opor esta categoria às outras que pertencem a uma mesma categoria superordenada. Pode-se então levantar uma segunda questão: esta invariante, quando existe, tem uma pertinência cognitiva que liga a categorização gramaticalizada a outras categorizações, ancoradas, por exemplo, na percepção visual ou na acção?

Categorias gramaticais e cognição

Algumas teorias linguísticas, como a análise estrutural, a gramática gerativa e as teorias computacionais da linguagem, não concederam um lugar explícito às categorias gramaticais, confundindo estas e as sintácticas, ao passo que os linguistas anteriores, por exemplo, E. Benveniste, J. Kurylowicz, R. Jakobson, E. Sapir, J. Vendryes, distinguiam nitidamente estas duas noções. As categorias sintácticas são as partes do discurso (em português: nomes, verbos, adjectivos, advérbios, artigos, preposições, conjunções, interjeições) e as classes de unidades linguísticas agrupadas em classes de equivalência que têm uma mesma distribuição na frase, ou seja, os sintagmas nominais, os sintagmas verbais, os sintagmas preposicionais.

Nas gramáticas tradicionais as categorias gramaticais foram muitas vezes reduzidas, ou apenas às formas gramaticais, em geral morfológicas, que permitiriam identificá-las, ou apenas às significações que as formas gramaticais deveriam expressar.

No primeiro caso, supunha-se que as formas gramaticais, ou gramemas, seriam elementos unicamente funcionais e "vazios de toda a significação", em suma, simples elementos instrumentais que serviriam apenas para classificar as unidades linguísticas. No segundo caso, supor-se-ia que as noções gramaticais seriam semanticamente transparentes e universais, porque dadas *a priori* à intuição, independentemente de qualquer forma significante que as expressasse na diversidade das línguas naturais.

Ora, a realidade linguística é mais complexa, porque, por um lado, as formas gramaticais remetem para significações explícitas e essenciais para compreender o funcionamento de uma língua e, portanto, as categorias cognitivas subjacentes à actividade da linguagem, e, por outro, as significações não são dadas *a priori* e não são apreensíveis e identificá-

Categorização

veis senão pela diversidade das formas gramaticais das línguas.

Ao passo que as pesquisas de comparação gramatical das línguas indo-europeias foram dedicadas à análise semântica e morfológica das categorias gramaticais, a corrente actual da semântica cognitiva, bem como as investigações sobre a tipologia das línguas e sobre os processos de gramaticalização retomam esta tradição linguística, ao procurar dar um conteúdo semântico e cognitivo às diferentes formas gramaticais que são os elementos que estruturam uma língua. De facto, não pode haver língua sem gramática e, portanto, sem categorias gramaticais, mas uma língua não pode funcionar senão com um léxico que se vem ligar às constituintes gramaticais. O conjunto das categorias gramaticais de uma língua constitui, portanto, o seu esqueleto, o seu núcleo mais fundamental, constituindo os lexemas a carne ou a crosta.

As categorias gramaticais não correspondem de língua para língua, não são universais. Por exemplo, a oposição verbo-nominal, transparente nas línguas indo-europeias, não percorre a diversidade das línguas. Para além disso, as categorias gramaticais evoluem com o tempo, dando origem a outros estados diacrónicos de uma mesma língua. Muitas vezes os processos de gramaticalização têm na sua origem lexemas que adquirem progressivamente uma significação gramatical mais abstracta (por ex.: *a face? em face de; a graça? graças a; ele vai a Lisboa? ele vai partir*; em inglês: *body? anybody*). Os linguistas preocupados com as relações entre linguagem e cognição devem então procurar definir conceitos descritivos gerais e independentes das línguas. Estes conceitos podem, eventualmente, ter uma certa pertinência cognitiva ao mostrar-se como estão fundados em categorizações utilizados na percepção, na acção ou em certos mecanismos de inferência. Os linguistas devem precisar igualmente quais os processos de gramaticalização susceptí-

veis de esclarecer certos mecanismos cognitivos e certas representações cognitivas suportadas pelas línguas, que são como outros tantos traços observáveis de um funcionamento cognitivo subjacente. As categorias gramaticais do tempo, do aspecto, das pessoas, das vozes, das anáforas (pronomes) são bons exemplos de que o espaço descritivo das significações pode apoiar-se em categorizações cognitivas de referência (temporal, espacial, espácio-temporal), de focalização, de evidenciação e de recordação de informações e, deste modo, encontrar aí uma justificação.

J.-P. Desclés

 Benveniste, E. (1967, 1974), *Problèmes de linguistique générale*, vol. I e II, Paris, Gallimard.
• Desclés, J.-P. (1997), "Systèmes d'exploration contextuelle", in C. Guimier, *Contexte et calcul du sens*, pp. 215-232, Caen, Presses Universitaires de Caen.
• Lyons, J. (1980), *Sémantique linguistique*, Paris, Larousse.
• Pottier, B. (2000), *Représentations mentales et catégorisations linguistiques*, Lovaina, Éditions Peeters.

 categorização, representação, semântica, semântica cognitiva

CATEGORIZAÇÃO

Processo que permite agrupar entidades diferentes numa mesma representação unitária com base nas suas propriedades partilhadas.

• As grandes teorias de categorização desenvolveram-se em torno do estudo experimental das categorias de objectos e foram generalizadas depois, eventualmente, a outros domínios (conceitos complexos, processos, pessoas, etc.). Fundamentalmente, elas diferem na maneira como vão *(a)* explicar a coerência categorial e *(b)* situar a relação que se cria entre o contributo informativo trazido pela categoria e a procura de economia cognitiva na actividade de categorização. Podemos estimar que actualmente são em número de quatro as grandes concepções de base, nas quais se vêm enxertar modelos híbridos, pelo menos em igual número, que misturam características formais provenientes de diversas fontes. Quanto às concepções principais, trata-se (1) da teoria clássica, (2) das teorias ditas de "ar de família", (3) das teorias do exemplar e (4) das teorias "fundadas em teorias". Para as ilustrar rapidamente com um único exemplo da categoria "cão", o modelo clássico explicá-la-ia com as suas propriedades necessárias e suficientes, enquanto para as teorias do "ar de família" tratar-se-ia de uma representação abstracta "média" dos exemplares de cães conhecidos do sujeito. Para o modelo do exemplar, a categorização operaria com base nas representações, presentes na memória, de exemplares de cães, ao passo que um modelo "fundado em teorias" centrar-se-ia no que define a "essência" do cão, apoiando-se num modelo causal das suas propriedades e sobre uma representação global das situações em que este animal desempenha um papel.

Categorias, conceitos e protótipos

A teoria clássica, a mais antiga historicamente, parte da hipótese de que a categoria é definida pela presença de propriedades individualmente necessárias e globalmente suficientes, o que explica a coerência categorial. Neste sentido, a categoria é assimilável a um conceito. É uma concepção muito claramente económica, encontrando-se limitada às propriedades necessárias e suficientes a informação trazida pela categoria. Os processos de categorização estão baseados na aplicação de regras que captam a pertença ou a não pertença da entidade à categoria: se as propriedades são verificadas, então o objecto pertence à categoria. Até aos anos 60, encontravam-se muitos exemplos desta concepção nos trabalhos experimentais sobre a "formação dos conceitos" (Bruner, Goodnow e Austin, 1966) e admitia-se que a perspectiva clássica fornecia uma descrição conveniente da categorização dos objectos do mundo. No entanto, a ausência frequente de propriedades necessárias e suficientes nos protocolos dos sujeitos durante a realização das tarefas de produção e, sobretudo, o facto, muitas vezes sublinhado, de que nem todos os elementos que pertenciam a uma categoria dada tinham a mesma representatividade (uma laranja é um melhor exemplo de fruto do que um limão) multiplicaram as dúvidas lançadas sobre a teoria clássica.

As teorias ditas do "ar de família" ou da tipicalidade registaram um desenvolvimento considerável nos anos 70 por impulso de E. Rosch (1976) e o seu quadro de aplicação ultrapassou rapidamente as categorias dos objectos. A tipicalidade (ou representatividade) é nelas um fenómeno central que é explicado pelo peso mais ou menos importante concedido às propriedades na representação da categoria. As propriedades que têm mais peso conduzem a um "ar de família" que aumenta em função da semelhança entre os objectos. Importante no "centro" da categoria (*i.e.*, nos exemplares mais típicos), será mais fraco nos elementos das margens (*i.e.*, nos exemplares não típicos). Por outro lado, para Rosch, certas divisões do mundo que os indivíduos realizam são privilegiadas devido às próprias interacções entre o nosso aparelho perceptivo e o ambiente: dão origem às categorias ditas de "nível de base".

Nesta família de teorias, se a coerência categorial se encontra sempre fundada nas propriedades partilhadas, as restrições são nela mais brandas do que na teoria clássica, na medida em que uma propriedade dada pode muito bem não se verificar em todos os exemplares. De igual modo, embora estas concepções postulem que a informação trazida pela categoria é mais ampla, permanece, no entanto, limitada às tendências centrais da categoria e aos pesos dos atributos. Neste sentido, esta concepção continua a ser económica.

Os debates e as questões levantadas incidem essencialmente em dois aspectos que desenham os limites desta abordagem: *(a)* o facto de uma informação que pertence a um exemplar poder continuar na memória e ser explorada conjuntamente com uma informação sobre as tendências centrais (sendo feitas novas proposições sobre este assunto pelas teorias do exemplar) e *(b)* a observação de que os sujeitos parecem intimamente convencidos da presença de propriedades necessárias e suficientes (o que será explorado pelas teorias "baseadas nas teorias").

Categorias e memória: episódios, esquemas e conhecimentos de segundo plano

As teorias ditas "do exemplar" devem ser relacionadas com os desenvolvimentos experimentais acerca da memória episódica, que estipulam que informações particulares são susceptíveis de permanecer na memória durante muito tempo. Nesta perspectiva, cada objecto encontrado, e até mesmo cada ocorrência de um objecto, pode potencialmente deixar um traço na memória. Numa interpretação extrema, este tipo de concepção pode não implicar nenhum processo de abstracção: a economia cognitiva é, portanto, nula e o contributo informativo é máximo, porque centrado no próprio exemplar.

Como as duas precedentes, mas de uma maneira radical, esta abordagem está fundada em cálculos de semelhança: uma entidade ilustra uma categoria na medida em que o seu traço está suficientemente próximo de uma ou de várias representações que constituem a categoria. Revela-se aqui crucial uma explicitação daquilo que funda a semelhança, podendo duas entidades ser sempre julgadas semelhantes sob algum aspecto (uma pulga e uma pedra têm ambos massa!). Em diversos modelos deste tipo insiste-se no facto de os exemplares poderem não estar inicialmente codificados ou terem sido esquecidos ao longo do tempo (por ex., Hintzman, Nosofsky) e fazem-no para responder a dois aspectos susceptíveis de levantar problemas: uma carga enorme requerida à memória e mecanismos de busca na memória que se tornam lentos devido ao volume dos dados.

É aqui que se devem assinalar teorias híbridas de categorização – por vezes designadas como *"teorias do esquema"* –, que se dedicam a construir modelos que mantêm as vantagens da teoria do exemplar, ao mesmo tempo que retêm características de economia propostas pelas teorias precedentes. McClelland e Rumelhart (1985), por exemplo, colocam-se no quadro de uma memória distribuída em que os traços específicos dos acontecimentos se sobrepõem no momento da armazenagem da informação. Esta sobreposição dos traços desemboca automaticamente numa abstracção (tendência central), se bem que possa ainda ser preservada, em certa medida, a especificidade dos acontecimentos.

Para *as teorias ditas "fundadas nas teorias"*, a estrutura conceptual não pode ser concebida simplesmente em termos de semelhança, mas também deve sê-lo em termos de conhecimentos de segundo plano, de "teorias", que os sujeitos constroem acerca do mundo. As categorias não são descritas sob a forma de meras listas de propriedades, mas de propriedades acerca das quais é necessário precisar as correlações e as dependências causais. A pertença categorial releva mais da adesão a uma "teoria", quer dizer, da adesão a um corpo constituído de relações cuja coerência é questionada: é preciso poder explicar a atribuição categorial. São várias as contribuições dos conhecimentos de segundo plano para o processo de categorização: determinar quais os atributos que são necessários e suficientes ou simplesmente críticos; acreditar que os objectos possuem uma essência comum (essencialismo psicológico) que explicaria as semelhanças de superfície, etc. Esta orientação teórica foi ilustrada experimentalmente pelo estudo das teorias biológicas ingénuas, por exemplo. Para alguns, estas concepções ainda não são precisas no que respeita aos efeitos dos conhecimentos de segundo plano na construção da estrutura conceptual.

F. Cordier

📖 Cordier, F. (1993), *Les représentations cognitives privilégiées. Typicalité et Niveau de base*, Lille, Presses Universitaires de Lille.
• Komatsu, L.K. (1992), "Recent views of conceptual structure", *Psychological Bulletin*, 112, 500-526.
• Martin, A., Wiggs, C.L., Ungerleider, L.G. & Haxby, J.V. (1996), "Neural correlates of category-specific knowledge", *Nature*, 379 (15 de Fevereiro), 649-652.
• McClelland, J.L. & Rumelhart, D.E. (1985), "Distributed memory and the representation of general and specific information", *Journal of Experimental Psychology: General*, 114, 159-188.
• Rosch, E. (1975), "Cognitive representations of semantic categories", *Journal of Experimental Psychology: General*, 104, 192-233.
• Tanaka, J.W. & Taylor, M. (1991), "Object categories and expertise: Is the basic level in the eye of the beholder?", *Cognitive Psychology*, 23, 457-482.

☞ *abstracção, atributo, categoria, conhecimento, tipicalidade*

CAUSALIDADE

Sucessão regular de dois acontecimentos contíguos que é esperada pela mente humana com base na observação.

• A abordagem empirista da causalidade tal como Hume a desenvolveu mantém duas restrições mínimas: a causa e o efeito devem aparecer como dois acontecimentos logicamente independentes, mas sucedendo-se localmente. Outros viram na causalidade uma simples instanciação de leis necessárias da natureza. Lewis quis reconduzir a causalidade a um condicional irreal: se a causa não tivesse existido, o efeito não se teria produzido. Também se desenvolveu um programa que ligava expectativa probabilista e causalidade, utilizando os dois princípios de Reichenbach: (1) se A causa C apenas por intermédio de B, então, uma vez dado B, conclui-se que A e C são estatisticamente independentes e (2) se A e B são estatisticamente dependentes e nenhum deles é causa do outro, então têm uma causa comum.

Todas estas teorias têm dificuldade em explicar a irreversibilidade da direcção da causalidade, particularmente a das leis e a dos condicionais. Restringir a causalidade a relações nomológicas estritas é embaraçoso no domínio psicológico, porque neste as leis são apenas *ceteribus paribus*. O segundo princípio de Reichenbach pode revelar-se falso. Uma inferência válida de um efeito para uma causa, de acordo com a abordagem da regularidade, exigiria que se tivessem considerado todas as outras causas possíveis.

No entanto, a nossa sensibilidade às relações causais está bem estabelecida. Por um lado, apercebemo-nos de que somos agentes das nossas acções. Sobre isso Piaget pretendeu fundar a noção de causalidade. Por outro lado, Michotte mostrou que em muitas situações a interpretação causal é imediata, e até quando não somos agentes, mas percebemos as relações de uma situação. Parece que até as crianças de tenra idade – e sem dúvida os pintainhos, etc. – têm interpretações causais dos acontecimentos, porque mostram estar espantados perante situações como pesos que se levantam por si mesmos (Spelke).

O problema torna-se ainda mais complicado quando se encara a causalidade do mental. Para terem eficácia causal, os estados mentais devem ser reduzidos aos seus substratos físicos? Ou será que um desejo, por exemplo, pode ser realizado por vários estados físicos, de modo que, excepto nos detalhes, não apenas o estado mental, enquanto acontecimento singular físico, terá o poder de provocar um comportamento, mas, enquanto acontecimento singular mental, terá o poder de se juntar, por si mesmo, a outros acontecimentos mentais do mesmo tipo, o que lhe concederia uma dupla eficácia causal? Seria assim possível compreender como um estado mental interno pode valer por toda uma série de relações similares com um ambiente externo, as quais são as únicas a dar a este tipo de estado mental o seu conteúdo. A causalidade seria então esta relação que, embora singular em cada ocorrência, é também reconhecível sob uma regularidade cognitiva geral.

P. Livet

    📖 Kistler, M. (1999), *Causalité et lois de la nature*, Paris, Vrin.
- Michotte, A. (1946), *La perception de la causalité*, Lovaina, Éditions de l'Institut de Philosophie.
- Spelke, E. (1995), "Object perception, object directed action, and physical knowledge in infancy", in M.S. Gazzaniga (org.), (1995), *The cognitive neurosciences*, Cambridge, The MIT Press.

☞ *lógica mental, representação*

CEGUEIRA À MUDANÇA

Incapacidade de identificar uma mudança entre duas cenas apresentadas sucessivamente, quando a mudança intervém durante uma interrupção visual, ainda que breve. Este fenómeno é frequente, nomeadamente quando a mudança é introduzida durante um movimento sacádico, um pestanejar ou um lapso de tempo muito curto a separar as duas cenas sucessivas. Pode haver cegueira à mudança mesmo se esta é objectivamente muito importante.

• O fenómeno da cegueira à mudança parece ser, de início, extremamente surpreendente. Por exemplo, se ocorre uma mudança entre dois planos sucessivos de um filme, ela pode não ser percebida pelo espectador, mesmo se diz respeito a uma dos dois interlocutores de uma conversa (mudança de expressão, de vestuário, etc.). Este facto exclui a hipótese de acordo com a qual cada um dos dois planos seria representado em todos os seus detalhes, dando lugar então a dois traços mnésicos distintos, que poderiam em seguida ser comparados.

As investigações experimentais relativas à cegueira à mudança utilizam diferentes paradigmas: análise dos movimentos oculares, tarefas de memória visual, *flicker paradigm*, etc. Este último paradigma consiste em apresentar brevemente uma primeira cena A (algumas centenas de microsegundos), depois uma "máscara" (durante cerca de 80 ms.) e depois ainda uma cena modificada A' durante o mesmo tempo que a cena A. Este ciclo – A / máscara / A' – é repetido até que o observador detecte a mudança. As mudanças podem ser de um objecto da cena (a sua natureza, a sua orientação, etc.) ou de certas zonas específicas (o primeiro plano, o plano de fundo, etc.). Parece que o número de ciclos requeridos é geralmente muito elevado (frequentemente várias dezenas de ciclos). No entanto, a detecção é mais rápida se a mudança incidir numa zona julgada interessante pelo observador (Hollingwood & Henderson, 2000).

Os resultados experimentais favorecem a hipótese segundo a qual o factor determinante da percepção da mudança é a atenção dirigida às diferentes partes da cena (Hollingwood, Schrock & Henderson, 2001; Simons & Levin, 2001). A detecção da mudança não é, portanto, automática. Ela exige a aplicação de processos visuais atencionais de alto nível, os quais dependem dos aspectos físicos ou semânticos que são considerados pelo observador como pertinentes e úteis. A detecção da mudança deve assim ser concebida como um processo activo de procura (Rensick, O'Reagan & Clark, 1997).

E. Marmèche

 Hollingworth, A. & Henderson, J.M. (2000), "Semantic informativeness mediates the detection of changes in natural scenes", *Visual Cognition*, 7, 213-235.
• Hollingworth, A., Schrock, G. & Henderson, J.M. (2001), "Change detection in the flicker paradigm: The role of fixation position within the scene", *Memory & Cognition*, 29, 296-304.
• Rensick, R.A., O'Regan, J.K. & Clark, J.J. (1997), "To see or not to see: The need for attention to perceive changes in scenes", *Psychological Science*, 8, 368-373.
• Simons, D.J. & Levin, T. (1997), "Change Blindness", *Trends in Cognitive Sciences*, 1, 261-267.

☞ *atenção, percepção, visão*

CEGUEIRA MENTAL

Incapacidade de representar os seus próprios estados mentais e os de outrem. Foi invocada para explicar o autismo.

 Baron-Cohen, S. (1995), *Mindblindness. An essay on autism and theory of mind*, Cambridge, MA, The MIT Press [trad. *La cécité mentale. Un essai sur l'autisme et la théorie de l'esprit* (1998), Grenoble, Presses Universitaires de Grenoble].

☞ *autismo, leitura mental, simulação (teoria da –), teoria da mente*

CÉREBRO

Conjunto estruturado de neurónios interconectados segundo um plano definido.

• Há aqui uma suposição de que as conexões principais entre neurónios estão dispostas de maneira normal e que o mecanismo que assegura esta parte do desenvolvimento funcionou correctamente. Porém, daí não decorre que o processo de fabricação de novas conexões (sinapses) ficou concluído: vai prolongar-se durante toda a vida, embora com intensidade decrescente. Todavia, esta sinaptogénese não diz respeito às conexões que foram estabelecidas durante o desenvolvimento embrionário e no início da vida extra-uterina. Já não se trata de fibras que percorrem um longo trajecto para ir ao encontro do seu alvo, mas sim de conexões de vizinhança, que permanecem lábeis e podem modificar-se segundo as necessidades em função do tráfego nas vias nervosas a que estas sinapses pertencem. Trata-se de variações que são apenas locais e não afectam a estrutura do conjunto.

As populações de neurónios e a cartografia cerebral

Os trabalhos dos histologistas de finais do século XIX, e, em primeiro lugar Ramón y Cajal, conseguiram descrever as principais conexões do cérebro graças a um conjunto de técnicas que permitiam visualizar os neurónios, os seus prolongamentos e mesmo as suas sinapses.

Dos seus trabalhos emerge um certo número de princípios que parecem governar a organização cerebral. Um destes princípios poderia definir-se assim: "o que se assemelha junta-se". Os neurónios que recebem as mesmas informações, estão conectados aos mesmos alvos e têm uma actividade funcional semelhante agrupam-se, formando o que se chama uma "população" de neurónios. No córtex cerebral, uma das primeiras formas de agrupamento reconhecidas pelos histologistas é a "camada" celular. Cada camada cortical reúne células que são maioritariamente do mesmo tipo e que, sabe-se agora, possuem conexões comuns. Os tipos celulares e a disposição das camadas são comuns a um grande número de espécies de mamíferos.

A organização do córtex em camadas (a laminação) determina uma arquitectura complexa, que serve de critério para delimitar as *áreas corticais*, ou seja, as zonas do córtex que se distinguem entre si pela espessura relativa das suas camadas celulares.

O conjunto destes trabalhos está na origem de um resultado fundamental das neurociências modernas, a realização de um mapa do córtex em função da laminação. O mapa que é sem dúvida melhor conhecido (e mais utilizado) é o de Brodmann, desenhado há 100 anos (vd. p. 100). Este mapa tem números a que se faz sempre referência. Os números não são distribuídos aleatoriamente: Brodmann teve a ideia muito original de organizar a numeração a partir de uma referência anatómica praticamente constante em todos os mamíferos, o sulco central. Pode-se assim comparar os mapas corticais de diferentes espécies animais, o que é muito útil, se pensarmos que grande parte dos nossos conhecimentos sobre o funcionamento do cérebro foi adquirida com animais.

De início, quando se desenharam os primeiros mapas, os métodos histológicos utilizavam como único critério a morfologia das células. A função de cada área cortical não podia ser definida senão depois de confrontada com outros dados. Durante muitos anos, foram os dados da patologia os utilizados para estabelecer uma correspondência entre a lesão de uma área, determinada pelos critérios histológicos, e os sintomas ou défices verificados clinicamente.

Mais recentemente, foram utilizados métodos funcionais (fundados no funcionamento e não apenas na morfologia das células) para delimitar as populações de neurónios do córtex cerebral. Estes trabalhos revelaram outros aspectos do agrupamento dos neurónios, por exemplo, de acordo com o seu metabolismo ou as suas conexões. Descrevem-se assim populações que são parcialmente comparáveis com a classificação precedente: no interior da camada IV do córtex visual (área 17), por exemplo, os neurónios que recebem a maior parte das suas conexões de um dos olhos agrupam-se em camadas de dominância ocular; estes mesmos neurónios repartem-se ainda segundo uma outra organização, visível com a ajuda de uma marcação metabólica: são os *blobs*, onde se agrupam os neurónios sensíveis à cor. Por último, no interior destas estruturas, podemos descrever módulos ainda mais pequenos, as colunas corticais, onde os neurónios são reunidos segundo o tipo de resposta que dão a um objecto apresentado no campo visual.

Um exemplo de localização cerebral: o sistema motor cortical

Compreende-se que a descrição anatómica da organização das células e das suas conexões não pode ser suficiente por si só para compreender as funções do córtex cerebral. A função reside nas relações entre o funcionamento interno do órgão cerebral

Cérebro

e o que se passa no exterior do cérebro, no corpo e no mundo envolvente.

Para definir estas relações, podemos tomar como exemplo as funções das áreas cerebrais que controlam a execução dos nossos movimentos. Os primeiros neurologistas notaram que lesões de um hemisfério cerebral podiam provocar perturbações da motricidade (paralisia ou convulsões) do lado oposto do corpo e que a localização e a extensão do défice eram condicionadas pela topografia da lesão. A partir de 1875, Charcot reuniu muitas observações que lhe permitiram desenhar um mapa cortical das perturbações da motricidade. Mas a descrição precisa deste mapa veio de outra fonte, da estimulação eléctrica directa do córtex, em primeiro lugar realizada no cão, depois no macaco e finalmente no homem. No macaco, Sherrington delimitou com grande precisão a zona motora do córtex que corresponde a cada grupo muscular. Todos os pontos cuja estimulação produz um movimento estão situados à frente do sulco central, na área 4 de Brodmann, lugar de origem da maioria das fibras do feixe piramidal que liga o córtex à medula. Depois de Sherrington, novas experiências revelaram a existência, na vizinhança da zona motora "primária", de outras zonas em que os movimentos são representados de maneira mais elaborada do que na área 4.

Os neurocirurgiões, acumulando observações sobre muitos pacientes no decurso de operações, encontraram a mesma topografia no homem. Actualmente, mesmo se a estimulação do córtex é ainda praticada (podemos agora fazê-lo com o crânio fechado por um método de estimulação magnética), existem outros métodos menos invasivos para estudar a função motora. São os métodos de neuroimagiologia funcional, que permitem visualizar no sujeito (saudável ou doente) as zonas activas para cada movimento: obtém-se assim um outro mapa fundado desta vez no metabolismo das zonas do cérebro que se tornam activas com um certo tipo de movimento. Graças aos métodos de reconstrução das imagens, pode-se dirigir o estudo apenas para a zona cortical responsável pelos movimentos dos dedos ou, pelo contrário, visualizar o conjunto das zonas activas durante a execução de um movimento do braço (no córtex e noutras zonas cerebrais como o cerebelo, por ex.). Este método permite igualmente estudar nos doentes a desorganização do mapa funcional do sistema motor por motivo de lesão. Pode-se observar então, ao longo do tempo, uma reorganização parcial que faz intervir diversos meios de substituição, em particular a intervenção de zonas corticais no hemisfério oposto que não estavam, em princípio, destinadas a esta utilização. Essa reorganização mostra bem os limites da teoria da localização das funções cerebrais. A teoria funciona para um dado equilíbrio entre as conexões que se estabelecem ao longo do desenvolvimento embrionário e desde que este equilíbrio não seja perturbado por uma lesão.

As associações entre as áreas cerebrais

As localizações cerebrais dão-nos uma imagem algo empobrecida das funções cerebrais. A função do sistema motor não consiste apenas em fazer mexer um dedo; mexe-se os dedos com uma finalidade precisa, como escrever ou tocar piano. Não há nenhuma condição natural (excepto, talvez, em experiências de laboratório) onde apenas seja activada uma região de cada vez. Os anatomistas da época clássica (1850-1900) destacaram outra característica do córtex, a existência de fibras de associação entre áreas cerebrais: fibras de associação curtas de uma circunvolução para outra, feixes de associação de um lobo para outro e comissuras entre os hemisférios. Pode-se fazer uma descrição completa do córtex nestes termos de associação. Pode-se aproximar estes trabalhos do contexto da psicologia da época

Cérebro

(o associacionismo) em que se procurava explicar as funções mentais complexas pela associação de funções mais elementares.

Um dos méritos desta época é ter chegado a uma classificação das áreas cerebrais com base nas suas conexões. Na verdade, distingue-se desde então as *áreas primárias*, as que estão conectadas directamente aos órgãos sensoriais ou motores, e as *áreas secundárias* ou *associativas*, cujas únicas conexões provêm de outras áreas cerebrais, que recebem, portanto, informação já tratada, ou seja, de algum modo, informação de segundo grau. As áreas corticais associativas distinguem-se claramente das áreas primárias. A sua extensão é mais marcada no homem do que nos outros animais, a sua maturação é mais lenta do que a das áreas primárias e, finalmente, a sua lesão provoca défices de ordem cognitiva.

Áreas associativas e actividade cognitiva: o exemplo do lobo frontal

Que sabemos nós hoje destas áreas associativas e da sua participação nas funções cognitivas? Para discutir este ponto, podemos tomar o exemplo das funções do lobo frontal. Embora esta região do córtex represente um terço da massa cortical do homem, pouca coisa se sabia desta função até ao final dos anos 30. Era uma zona silenciosa, onde uma lesão, muitas vezes, ou não provocava qualquer sintoma aparente ou provocava, por vezes, sintomas pouco característicos, como as perturbações da memória, uma depressão ou, pelo contrário, uma euforia exagerada. Um caso famoso, o de Phineas Gage, chamara a atenção para um conjunto de modificações do comportamento que constitui o que se chama agora a síndrome frontal: depois de um acidente, este operário sério e aplicado tornara-se instável, trocista, já não respeitava a hierarquia social, etc. Desde há uma dezena de anos os nossos conhecimentos sobre o papel do lobo frontal progrediram em duas direcções principais. Por um lado, o estudo da actividade dos neurónios do lobo frontal num macaco submetido a tarefas cognitivas permitiu fragmentar esta vasta região em zonas especializadas em funções bem definidas: em determinadas zonas, os neurónios activam-se em tarefas de memória a curto prazo, como a realização de sequências temporais, noutras zonas, é a novidade do objecto apresentado que desencadeia a actividade dos neurónios. Com o auxílio de testes, tenta-se quantificar estas mesmas funções elementares em doentes humanos que apresentam lesões em diversas regiões do lobo frontal. O teste da Torre de Hanói, por exemplo, revela bem as dificuldades destes doentes quanto têm de planificar uma acção com um objectivo determinado.

A neuroimagiologia dá ainda aqui uma contribuição essencial, na medida em que pode ser utilizada num sujeito normal. Podemos assim delimitar as redes de actividade nervosa em relação com as tarefas cognitivas que utilizam a memória ou o raciocínio, por exemplo. No caso do raciocínio, observa-se que a rede é diferente segundo a modalidade lógica que o sujeito utiliza para resolver o problema posto, isto é, conforme se trata de um juízo de relação entre duas proposições, de um silogismo, etc. Portanto, estamos longe do associacionismo do fim do século XIX. O que os estudos modernos nos revelam sobre as funções cognitivas é que elas usam conjuntos nervosos que são parcialmente os mesmos quando passam de uma tarefa cognitiva para outra. Para além disso, é preciso considerar que estas redes têm uma estrutura dinâmica, que evoluem em função do tempo e que, no decurso normal da actividade mental (do pensamento), o cérebro passa constante e insensivelmente de uma rede para outra.

A dualidade hemisférica:
o cérebro desdobrado

Os estudos das funções cognitivas mostram, para além disso, que a actividade dos dois hemisférios cerebrais não é simétrica. A existência de uma dualidade funcional dos hemisférios cerebrais foi afirmada desde os anos 60 do século XIX por Broca. Este último observara que as lesões responsáveis por certas perturbações da linguagem (afasia) tinham geralmente a sua sede na parte frontal do hemisfério esquerdo. Depois, cerca de um século mais tarde, trabalhos anatómicos que usavam cérebros normais de sujeitos adultos que haviam morrido de causas não neurológicas permitiram mostrar que os dois hemisférios não eram idênticos. São visíveis diferenças notáveis em várias áreas corticais. A mais relevante destas diferenças observa-se numa área associativa situada na parte superior do lobo frontal: esta região é nitidamente mais extensa do lado esquerdo do que do lado direito. Esta região corresponde a uma zona crítica cuja lesão provoca uma forma típica de afasia (a afasia de Wernicke).

A neuroimagiologia das funções da linguagem permite dissociar as diferentes redes implicadas na compreensão ou na expressão das palavras. A rede da produção de palavras implica essencialmente a área de Broca na parte inferior do lobo frontal esquerdo, o que constitui outra confirmação da descoberta de Broca. A compreensão das palavras lidas e das palavras ouvidas activam, respectivamente, regiões situadas no lobo occipital e no lobo temporal esquerdos.

Para além da observação dos efeitos de lesões cerebrais e da neuroimagiologia, há outra fonte de informação sobre as funções complementares dos dois hemisférios cerebrais – são as experiências realizadas por Sperry no início dos anos 60. Sperry teve a ideia de examinar um grupo de sujeitos que viviam na Califórnia e em que fora realizada o seccionamento cirúr-

gico do corpo caloso, a grande comissura, que contém as fibras de associação que unem os dois hemisférios. A intuição de Sperry era que, se se pudesse dirigir uma questão a apenas um dos hemisférios de cada vez e registar a sua resposta, disporíamos de um meio de conhecer as suas capacidades próprias, independentemente das do hemisfério oposto. A organização das vias nervosas de entrada e de saída torna esta experiência possível. Os doentes com o cérebro seccionado em dois forneceram assim uma colheita abundante de dados que mostraram que os dois hemisférios não executam as mesmas funções, ainda que no estado normal colaborem um com o outro e trabalhem muito raramente de maneira isolada, devido à abundância das ligações que os unem. Por um lado, os trabalhos de Sperry e da sua escola confirmam a supremacia do hemisfério esquerdo no que diz respeito à linguagem. Por outro lado, evidenciam o papel do hemisfério direito, considerado durante muito tempo como um passageiro silencioso. O reconhecimento e a expressão das emoções e a organização do comportamento no espaço são algumas das suas funções principais.

Conclusão geral
sobre as funções cerebrais

O cérebro deve as suas funções em primeiro lugar à sua organização anatómica. Todavia, a existência de plasticidade das sinapses, que permite aumentar ou diminuir a superfície de contacto entre neurónios ou criar novos contactos, é outra das suas propriedades fundamentais. Esta plasticidade tem um papel funcional importante no processo de aprendizagem que conduz à aquisição de novas capacidades. O desenvolvimento de novas conexões poderia talvez também explicar a recuperação de défices que resultam de lesões patológicas.

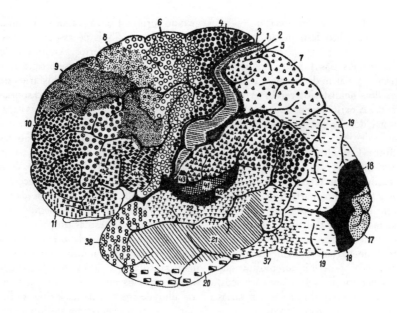

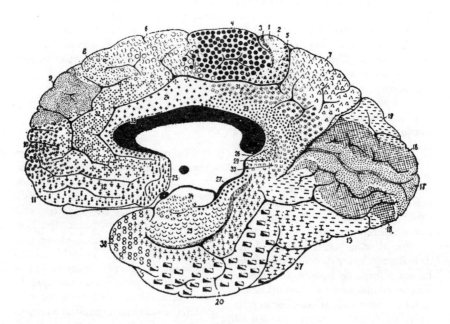

Mapa do córtex cerebral
(Brodmann, 1909)

Toda a explicação do funcionamento do cérebro deve também ter em conta a existência de múltiplas relações que o unem ao resto do corpo. Este, através dos órgãos sensoriais dispostos sobre toda a sua superfície (na pele, na retina, na cóclea, etc.) e das terminações sensíveis situadas nas vísceras, envia ao cérebro informações sobre o estado do mundo externo e interno. Em contrapartida, o cérebro controla o conjunto do organismo, não só pelas fibras nervosas que o conectam aos músculos e ao aparelho vegetativo, mas também por intermédio de sinais químicos, como as hormonas, que emite em direcção aos receptores colocados nos órgãos. Assim, influências vindas do resto do corpo podem modificar o estado cerebral e criar emoções e, de modo inverso, o cérebro contribui para a modificação do estado do corpo para o preparar para o esforço ou desencadear as reacções de *stress*, ou seja, em suma, para o adaptar às condições do ambiente.

M. Jeannerod

📖 Decety, J. (1999), "Voir le cerveau penser: Intérêt et limites des techniques de neuro-imagerie", *Annales Médico--Psychologiques*, 157 (10), 673-686.
• Farah, M.J. (1994), "Neuropsychological inference with an interactive brain: A critique of the 'locality' assumption", *Behavioral and Brain Sciences*, 17, 43-104.
• Gevins, A., Leong, H., Smith, M.E., Le, J. & Du, R. (1995), "Mapping cognitive brain function with modern high-resolution electroencephalography", *Trends in Neuroscience*, 18, 429-436.
• Grossberg, S. (2000), "The complementary brain: Unifying brain dynamics and modularity", *Trends in Cognitive Sciences*, 4, 233-246.
• Izquierdo, L & Medina, J.H. (1998), "On brain lesions, the milkman and Sigmunda", *Trends in Neurosciences*, 21 (10), 423-426.

• Jeannerod, M. (1996), *De la physiologie mentale: Histoire des relations entre biologie et psychologie*, Paris, Odile Jacob [trad. port. *Sobre a Fisiologia Mental, História das Relações entre Biologia e Psicologia*, Lisboa, Piaget, 2000].
• Ramachandran, V.S. & Blakeslee, S. (1998), *Phantoms in the brain: Human Nature and the architecture of mind*, Londres, Fourth Estate.
• Talairach, J. & Tournoux, P. (1988), *Co-planar stereotaxic atlas of the human brain*, Estugarda, Georg Thieme Verlag.

☞ *conexionismo, neurociências cognitivas, neuroimagiologia, rede de neurónios*

CHURCH-TURING (TESE DE -)

É impossível prever a paragem de uma máquina numérica teórica munida do conjunto de instruções autorizadas. **OBS.**: Turing, que demonstrou esta teoria da indecidibilidade, mostrou igualmente que os computadores numéricos são universais, porque podem imitar ou emular qualquer máquina de estados discretos. Neste sentido, segundo Turing, "é inútil construir diversas máquinas novas para executar diversos processos de cálculo. Podem ser todos executados por um único computador digital, convenientemente programado". A classe das máquinas de Turing cobre, portanto, do ponto de vista teórico, todos os computadores existentes, independentemente da sua estrutura interna.

• De facto, ainda não foi provado que não se podiam alargar as instruções admissíveis de uma linguagem de maneira a poder decidir a paragem de um programa escrito numa outra linguagem admitida numa máquina de Turing. Todavia, a

Cibernética

maioria dos investigadores pensa que não há uma linguagem que seja mais potente do que todas as outras desta classe. A tese de Church-Turing afirma que tudo o que uma máquina de Turing pode executar pode também ser executado numa linguagem desta classe. Todas estas linguagens podem emular-se umas às outras com mais ou menos esforços e parece, por isso, que não se lhes pode acrescentar qualquer capacidade conceptual suplementar.

O facto de os computadores se tornarem mais rápidos e de aumentarem as suas capacidades de armazenagem e a qualidade das entradas-saídas não contradiz em nada esta tese, enquanto as instruções das linguagens permanecerem as mesmas. Pelo contrário, à medida que se consegue obter comportamentos cada vez mais complexos com programas igualmente cada vez mais complexos, mas fazendo apelo ao mesmo conjunto de instruções, a tese encontra-se reforçada. Falamos actualmente de *rede de neurónios formais* para designar uma estrutura conexionista inspirada no cérebro que é útil em certos programas de reconhecimento das formas. Pode parecer que a execução de um destes programas faz apelo a mecanismos muito diferentes dos de Turing. Não é de modo nenhum assim, porque a implementação é feita em linguagens clássicas, tirando partido da sua potência simbólica a fim de representar os neurónios e manipulá-los como objectos abstractos e até mesmo matemáticos.

A inteligência artificial tenta tratar em computador os problemas que são resolvidos pelo homem de maneira semântica sem que este utilize um algoritmo claramente definido. Esta "simulação" tenta reproduzir, a um certo nível, as operações mentais subjacentes, construindo e manipulando *representações* que se supõe estarem de acordo com um certo modelo mental. Esta hipótese é fundamental e concorda com uma formulação reducionista da tese de Church-Turing: "*Todos os processos mentais podem ser reconduzidos a*

programas". Ela leva a considerar, como Newell e Simon (1956), que a inteligência humana é o produto de um conjunto de leis complexo, mas finito e que "*cada operação do sistema nervoso é idêntica a uma sequência de operações elementares*" (Fodor 1968).

G. Sabah

   📖 Church, A. (1936), "A note on the Entscheidungsproblem", *Journal of Symbolic Logic*, 1, 40-41 & 101-102.
   • Fodor, J. (1968), "The appeal to tacit knowledge in psychological explanations", *The Journal of Philosophy*, 20, 632.
   • Newell, A. & Simon, H. (1956), "The logic theory machine", *IRE Trans*, *IT2*, 3, 61-79.

   ☞ *inteligência artificial, simulação computacional, Turing (máquina de -)*

CIBERNÉTICA

Estudo das regulações que operam nos sistemas físicos e nos sistemas biológicos. **OBS.:** este neologismo foi criado por Wiener e Rosenblueth, cujas investigações demonstraram a importância do processo de retroacção (*feedback*) na regulação destes sistemas. Este termo de origem grega já tinha sido utilizado por Ampère (1834) para designar a "ciência do governo". Já não é considerada uma disciplina, mas foi proposta como lugar de encontro dos neurólogos e dos engenheiros e pode, neste sentido, prefigurar as ciências cognitivas.

   • Para Wiener, Rosenblueth, Bigelow, McCulloch, Pitts, Von Neumann e, mais tarde, Von Foerster, tratava-se de utilizar noções como a de *feedback*, ou ainda de recursividade, para modelizar sistemas que podiam proceder ao controlo e à correcção das suas operações em função de objectivos prefixados. A ideia de controlar foi substituída pela de governar, daí o termo cibernética. Eram reais as relações com a teoria da informação de Shannon e com diferentes métodos de análise estatística – foi nestes domínios que Wiener foi produtivo. A cibernética deu ênfase à diferença entre o domínio em que a quantidade de energia é importante e aquele em que o que conta é a gestão da informação por energias fracas. Foi McCulloch o primeiro a mostrar que neurónios simplificados podiam calcular operações lógicas, apresentando assim um primeiro tema do *computacionalismo*, mas também do *conexionismo*. A teoria dos sistemas de Bertallanfy pretende ser uma generalização da cibernética.

P. Livet

📖 Dupuy, J.P. (1985), "L'essor de la première cybernétique (1943-1953)", *Cahiers du Centre de Recherche Épistémologie et Autonomie*, 7, 7-140.
• Mirham, D. & Mirham, G.A. (1985), "The chronology of the etymology of 'Cybernetics'", *Systems Research*, 2, 165-167.
• Rosenblueth, A., Wiener, N. & Bigelow, J. (1943), "Behavior, purpose and teleology", *Philosophy of Science*, 10, 18-24.
• Wiener, N. (1948), *Cybernetics, or Control and Communication in the Animal and the Machine*, Cambridge, MA, The MIT Press.

☞ *computacional (teoria – da mente), computacionalismo, inteligência artificial, retroacção*

COGNIÇÃO

1. Função que produz o conhecimento. 2. Conjunto das actividades e das entidades que se relacionam com o conhecimento.

• A noção de "cognição" não pode ser definida *a priori*: como outras noções de nível muito elevado ("matéria", "vida", "língua", "sociedade"), forma-se e desenvolve-se numa conceptualização que é inicialmente fluida e cujo conteúdo evolui à medida que se enriquecem os conhecimentos que diversos domínios de investigação obtêm sobre ela. Na sua forma moderna, a noção tem uma origem muito recente: meados do século XX. Todavia, o seu conteúdo já evoluiu: no essencial, foi de início considerado como largamente assimilável ao que se entende por "tratamento da informação", depois a noção de "representação" ocupou nele um lugar cada vez maior.

Cognição e conhecimento

O que permanece, no entanto, imutável é a relação / oposição com a noção de conhecimento: enquanto esta última continua submetida a um valor geral, o "verdadeiro", qualquer que seja o modo como é encarado, a cognição, por seu lado, "é", simplesmente. Deste ponto de vista, a cognição associa conhecimentos, aproximações e erros em simultâneo com os mecanismos ou processos pelos quais aqueles são elaborados. As diferentes "ciências da cognição" inscrevem-se assim num quadro fundamental naturalista: trata-se, em primeiro lugar, de determinar, pelo estudo da cognição *natural*, como funciona ela e de que tipo são os seus produtos, as representações; em seguida, trata-se de fixar pela cognição racional como se devem estruturar estas representações e raciocinar acerca delas sob condições de verdade; por fim, requer-se estabelecer pela cognição *artificial* meios de copiar para computador, de maneira mais eficaz se for possível, estas representações e os seus funcionamentos.

Assim, falar de "cognição natural" é verificar que existe num fragmento do universo – os cérebros dos animais mais evoluídos e sobretudo dos seres humanos – uma *função*, no sentido biológico do termo, que tem por efeito produzir conhecimento e utilizá-lo. O termo "cognição" designa quer esta função quer os conteúdos que elabora. Uma hipótese optimista acrescenta que este equipamento cerebral, que assegura as interacções dos indivíduos com o real físico e entre os próprios indivíduos, bem como a transmissão das representações através da linguagem e ao longo da história, permite um aumento cumulativo dos conhecimentos.

Cérebro e cognição

A função da cognição é material, determinada fisiologicamente pelas estruturas e os modos de funcionamento dos cérebros, e é um resultado da evolução. Os seus produtos (representações a curto e a longo prazos, crenças, sendo algumas delas conhecimentos, etc.) são igualmente materiais, porque são acontecimentos e estados, tendo também uma realidade físico-química nos cérebros. Mas esta face da sua materialidade não esgota a sua realidade, uma vez que as podemos descrever sob a forma de "representações mentais" e transcrever para um computador sob a forma de acontecimentos e estados que têm um outro tipo de suporte físico-químico. A noção actual de "cognição" emergiu assim – depois de muitos séculos de filosofia, lógica e outros estudos do conhecimento a terem preparado – quando foi capaz de congraçar conceptualmente estes diversos aspectos: são estes que fazem com que a neurobiologia integrativa, a psicologia animal, a psicologia cognitiva humana, a linguística, a filosofia, a lógica,

a inteligência artificial e ainda outras disciplinas possam ocupar-se conjuntamente da cognição.

Foram utilizadas diversas denominações para designar este domínio de estudo, como, por exemplo, "investigação cognitiva", "ciência(s) cognitiva(s) ou "ciência(s) da cognição" (quer no singular, quer no plural), "inteléctica" (uma denominação que não teve sucesso) e, actualmente, "cognítica".

Processos cognitivos e representações cognitivas

É sem dúvida pertinente considerar que todo o domínio da cognição pode ser dividido em duas grandes categorias de realidades.

A primeira contém *modos de funcionamento*, que podem ser neurobiológicos, psicológicos, linguísticos, lógicos e informáticos e podem ser caracterizados como "mecanismos", "processos", "regras", "inferências", "procedimentos", "programas" e, em particular, "algoritmos". A ideia de nível mais elevado que aglutina todos estes modos de funcionamento e que foi fundadora da noção moderna de "cognição" é a de "tratamento da informação".

Este consiste numa série de estados, geralmente curtos, e de transformações que fazem passar de um desses estados para outro. O carácter comum destes é serem constituídos por "informação", no sentido abstracto deste termo, ou por suportes materiais desta informação.

A segunda categoria de realidades constitutivas da cognição – e cuja importância surgiu historicamente, como se disse, um tudo nada mais tarde do que a precedente – é a das *representações*. Estas podem ser mentais, conscientes ou não, linguísticas, formais e informáticas: o seu carácter comum é serem, mesmo quando muito abstractas, "representações de", quer dizer, não existirem senão em relação *àquilo* para que remetem, ou seja, ao que representam. Uma característica singular das ciências da cognição é que elas elaboram a maior parte das vezes "representações de representações" (meta-representações): enquanto as ciências da natureza, quer sejam da matéria ou dos seres vivos – a física, a química, a biologia e muitas ciências humanas e sociais – têm como objectivo científico fornecer ao pensamento representações adequadas, mas directas, de fragmentos do universo – corpos, moléculas, átomos, partículas, organismos com os seus componentes, povos e sociedades, etc. –, as ciências da cognição elaboram tipicamente representações de segundo grau. A linguística ou a lógica representam enunciados ou conteúdos de enunciados, que são eles mesmos realidades que representam; a filosofia cognitiva representa pensamentos, a psicologia cognitiva, animal ou humana, deve representar representações mentais, que se supõe existirem num cérebro ou numa mente; a inteligência artificial tem como uma das suas partes a "representação dos conhecimentos", quer dizer, também um certo tipo de representação de representações.

Dizer que as diversas ciências da cognição se inscrevem numa conceptualização que é, ao nível mais elevado, comum a todas não impede que na investigação concreta elas tenham muitas vezes uma certa dificuldade em se articular umas com as outras. A experiência de um quarto de século de investigação interdisciplinar mostra que estas dificuldades são ainda muito importantes. Todavia, admitindo que o passado dá aqui um sinal para o futuro, a marcha das ciências da cognição em direcção ao conhecimento da cognição inscreve-se historicamente num movimento de aproximação e de integração.

J.-F. Le Ny

📖 Cohen, G. (2000), "Hierarchical models in cognition: Do they have psychological reality?", *European Journal of Cognitive Psychology*, 12, 1-36.

• Eimas, P.D. & Galaburda, A.M. (orgs.), (1990), *Neurobiology of cognition*, Cambridge, MA, Bradford Book & The MIT Press.

• Jacoby, L.L. & Brooks, L.R. (1984), "Nonanalytic cognition: memory, perception, and concept learning", *The psychology of learning and motivation*, vol. 18, pp. 1-47, Nova Iorque, Academic Press.

• Morton, J. (1981), "Will cognition survive?", *Cognition*, 10, 227-234.

• Pylyshyn, Z. (1984), *Computation and cognition: Toward a foundation for cognitive science*, Cambridge, MA, The MIT Press.

• Pylyshyn, Z. (1999), "Is vision continuous with cognition? The case for cognitive impenetrability of visual cognition", *Behavioral and Brain Sciences*, 22, 341-423.

☞ *conhecimento, crença, psicologia cognitiva, representação*

COGNIÇÃO SITUADA

Diz-se dos factos cognitivos apreendidos tendo em conta o contexto (social, etc.) no qual se integram.

• No início, as ciências cognitivas estavam essencialmente fundadas no funcionalismo computacional (centrado na noção de símbolo e na relação do signo com o sentido, desembocando num modelo lógico e linguístico). A renovação das redes conexionistas incitou de seguida a comunidade a passar ao "subsimbólico". Se actualmente as duas abordagens já não se opõem directamente (visa-se agora torná-las compatíveis em modelos híbridos), tomar em consideração as dimensões sociais e organizacionais da cognição, colocando a ênfase no facto de que a significação é

Cognição Situada

relativa ao contexto em que é percebida, desemboca nas noções de conhecimento em situação e de cognição situada.

Desde há alguns anos que filósofos, linguistas, antropólogos, psicólogos e informáticos se erguem contra as antigas concepções da cognição: a relação do signo com o sentido não está fixada de uma vez por todas; ela não pode abstrair do ambiente social e é parcialmente determinada pelo contexto.

As evoluções recentes de Putman, em particular a ênfase colocada no holismo da significação, são reveladoras desta tomada em consideração da dimensão social da cognição. Do lado das ciências da linguagem, podemos citar os trabalhos de Lakoff. As obras de Norman são reveladoras da evolução da orientação da psicologia e as reflexões de Winograd e Flores ou de Clancey ilustram certas tendências actuais da comunidade informática.

Mais em geral, apercebemo-nos melhor de que a informação não era extensiva e que não deveria ser armazenada e distribuída como uma matéria qualquer. A passagem para uma civilização da informação exige, portanto, que se reformule e repense as teorias económicas sobre a produção e a troca. De igual modo, o estatuto da noção de conhecimento, que a distingue da noção de informação, também exige ser repensado neste quadro. Foi o que deu origem à noção de conhecimento em situação.

No plano tecnológico, isso significa que já não nos interessamos pela máquina isolada, entendida como simulacro ou réplica autónoma, mas pela máquina como ambiente: a questão já não é tanto a de obrigar uma máquina a fazer, mas sim a de viver com as máquinas.

Aqui o ponto-chave é compreender como os processos sociais se organizam mediante um certo número de operações efectuadas pelos actores no decurso mesmo das suas realizações. Um elemento importante é o facto de a própria realização

de uma acção ser algo que se deve ter em conta durante a sua planificação. Assim, quando elaboramos um plano, fundamo-nos numa representação do mundo que não pode deixar de ser aproximativa. Por isso, não se podem prever todas as eventualidades possíveis e é necessário conservar a capacidade de reelaborar este plano à medida que se vai desenrolando.

O inconveniente das abordagens "em situação" é, sem dúvida, a de intelectualizar excessivamente a definição de situação, bem como a do tratamento desta, por parte do interaccionismo e da fenomenologia social: definir uma situação implica uma atribuição específica de significação ou de sentido ou então uma operação cognitiva quase explícita de selecção de elementos pertinentes.

G. Sabah

  📖 Brown, J.S. (1989), "Situated cognition and the culture of learning. *Educational Researcher*, 18, 32-42.

  • Clancey, W.J. (1997), *Situated Cognition: On human knowledge and computer representations*, Nova Iorque, Cambridge University Press.

  • Schuman, L.A. (1987), *Plans and situated action*, Nova Iorque, Cambridge University Press.

  • Slezak, P. (1999), "Situated cognition: empirical issue, paradigm shift or conceptual confusion", in J. Wiles & T. Dartnall (orgs.), *Perspectives on Cognitive Science*, pp. 69-98, Nova Iorque, Ablex.

  • Tiberghien, G. (1986) (org.), "Context and cognition", *European Bulletin of Cognitive Psychology,* número especial, 6.

  ☞*cognição social, enacção*

COGNIÇÃO SOCIAL

1. *No sentido amplo*: estudo dos conhecimentos (principalmente das crenças) implicados na relação de um sujeito com o seu universo social e da organização destes conhecimentos. 2. *Num sentido restrito*: estudo das estruturas do conhecimento e dos processos que intervêm no tratamento das informações respeitantes aos "objectos sociais" (pessoas, grupos, instituições, etc.), na sua memorização e manutenção na memória, bem como na sua recuperação.

• Desde o início do século XX, a psicologia social manteve uma tradição que é tributária das problemáticas que foram reunidas sob a designação de *interaccionismo simbólico* (Beauvois, 1996). A este título, os investigadores basearam frequentemente os seus cálculos num avatar ou outro do teorema anticomportamentalista de W. Thomas: a realidade subjectiva (*vs.* objectiva) pode ser quase sempre considerada como a única realidade psicológica pertinente. A realidade de uma situação para um sujeito é, por isso, sustentada pela definição que ele dá dela com base nas suas crenças, atitudes e valores.

Esta concepção apoiou na psicologia social uma abordagem que se pode remeter para a cognição social no sentido amplo. Culminou nos anos 50, com as teorias da *consistência cognitiva*, entre as quais as *teorias do equilíbrio* (por ex. Heider, 1958) de onde emergiu a teoria matemática dos grafos. O elemento de base a que estas teorias se aplicam é a crença numa relação (positiva ou negativa) entre dois conceitos avaliados ("o *papa* – que eu aprecio – é contra a *contracepção* – que eu detesto"). Quando os conceitos estão interconectados por diversas crenças, constituem um universo que tende para uma organização estável e confortável que tem valor de norma cognitiva (estado de consistência, de equilíbrio, de congruência, de consonância, etc.). Estes universos fornecem às pessoas as suas realidades sociais. A sua organização assenta na actividade avaliadora, sendo as consistências de natureza igualmente avaliadora. Não foi por acaso que uma importante teoria da consistência foi apresentada por C. Osgood, o teórico que mais influenciou o estudo do *valor* que os conceitos encerram.

Na mesma época, Heider, ultrapassando a sua teoria do equilíbrio, elaborava o princípio das *teorias da atribuição* (teorização da explicação causal ingénua) a partir do axioma que considera que o homem é um cientista espontâneo. Mas foi num dos artigos mais citados da psicologia social que S. Asch inaugurou em 1946 a era da cognição social no sentido restrito. A sua situação experimental é uma situação de "formação de impressão": testa-se a impressão (o conhecimento) que os sujeitos constroem para si mesmos acerca de uma pessoa desconhecida com base em informações diversas que lhes são fornecidas ("traços de personalidade" nas investigações de Asch, mas podem ser comportamentos, fotografias, informações categoriais ou socioprofissionais, etc.). Não se passará muito tempo até se testar a lembrança que conservam destas informações (memória das pessoas) e a sua organização na memória. O homem, desembaraçado da sua presteza avaliadora, é entendido como um "teórico" que se dedica a conhecer com maior ou menor *exactidão* ou, pelo contrário, de maneira mais ou menos *enviesada*, e até mesmo errónea, as pessoas e os grupos, partindo das estruturas de conhecimento de que dispõe (teorias implícitas da personalidade, esquemas, estereótipos e protótipos, estruturas de redes associativas, etc.) e de informações que lhe são facultadas. Considerada à partida uma aplicação da psicologia cognitiva aos "estímulos sociais" (Hastie, 1986), o estudo da cognição social evoluiu numa direcção menos fundamentalista, com a aceitação de metáforas novas e provavelmente provisórias (o "táctico motivado": Fiske e Taylor, 1991). A metáfora heideriana do "cientista espontâneo", depressa transformado em "avaro cognitivo" ou em "computador falível", afinal tinha feito mais mal do que bem ao estudo dos processos implicados pelo conhecimento dos objectos sociais.

No entanto, até hoje, o que é mais específico neste conhecimento – a actividade avaliadora e os processos puramente cognitivos que ela implica – não é abordado frontalmente senão por tendências marginais. O estudo da cognição social nem sempre sabe tratar convenientemente a distinção entre propriedade e valor e, portanto, o conhecimento das pessoas sobre o valor dos objectos.

J.-L. Beauvois

📖 Beauvois, J.-L. (1996), "L'interactionnisme et le concept d'attitude", in J.-L. Beauvois & J.-C. Deschamps (orgs.), La *psychologie sociale. 2. Des attitudes aux attributions: sur la construction de* la *réalité sociale*, Grenoble, Presses Universitaires de Grenoble.
• Fiske, S.T. & Taylor, S.E. (1991), *Social Cognition*, Nova Iorque, McGraw-Hill.
• Hastie, R. (1986), "A primer of information-processing theory for the political scientist", in R.R. Lau & D.O. Sears (orgs.), *Political cognition*, Hillsdale, Lawrence Erlbaum Associates.
• Heider, F. (1958), *The psychology of interpersonal relations*, Nova Iorque, Wiley.

☞ *atribuição (teoria da –), cognição situada, conhecimento, crença, dissonância cognitiva, heurística do juízo, personalidade*

COGNITIVISMO

Doutrina fundada na noção de "cognição" considerada como actividade de tratamento da informação e da representação, natural ou artificial. As suas ideias influenciaram fortemente a psicologia de perspectiva científica, a linguística, a informática, a neurobiologia, a filosofia e muitas outras disciplinas. O cognitivismo deixou actualmente de ser uma doutrina para se tornar a base conceptual das "ciências cognitivas".

• O cognitivismo apareceu durante os anos 50-60 do século XX em diversos sectores da investigação. A noção de cognição, que é o seu eixo, é nele concebida como sendo, ao mesmo tempo, o núcleo da actividade psicológica humana, e nomeadamente do conhecimento, uma das funções biológicas mais importantes do cérebro humano e susceptível de ser simulada artificialmente por meio de um sistema programado em computador.

Pode-se considerar o cognitivismo como sendo o resultado de transformações muito profundas das crenças e dos conceitos de um certo número de disciplinas até então separadas e que ocorreram, mais ou menos em simultâneo, na viragem dos anos 50-60. Nesta altura, tais transformações fizeram convergir estas disciplinas para dois campos teóricos principais: o do "tratamento da informação" e o das "representações".

Do behaviorismo ao cognitivismo

No início deste período, o behaviorismo, após progressos inegáveis, estava teoricamente exausto na psicologia experimental: revelava-se incapaz de explicar as novas classes de factos que os investigadores, cansados do estudo dos comportamentos animais, desejavam agora investigar, virando-se para as actividades humanas e para o seu desenvolvimento. No primeiro plano encontravam-se os factos da linguagem, mas também os que diziam respeito à memória, à resolução de problemas, ao raciocínio, à percepção, etc. Ao mesmo tempo, a filosofia neopositivista revelava-se também insatisfatória, ao passo que se assistia ao desenvolvimento da filosofia analítica. Por último, num sector totalmente diverso, nasciam nesse mesmo momento o que se iria designar como "cibernética" e, mais importante ainda, a teoria da informação e da comunicação, que iriam fornecer os fundamentos de uma ciência e de um engenharia novas, a informática.

Um episódio inicial destas transformações teóricas e da interdisciplinaridade nascente foi a criação da "primeira psico-linguística", que reunia psicólogos, linguistas e especialistas da comunicação (Osgood e Sebeok, 1954). Um acontecimento ainda mais marcante foi a controvérsia que surgiu, precisamente acerca da linguagem, entre Skinner (1957) e Chomsky (1959). O primeiro, o mais "radical" dos defensores do behaviorismo na psicologia, propunha de maneira totalmente especulativa e caricatural uma teoria da linguagem que fazia dela um mero "comportamento verbal". O segundo, linguista formado em lógica e na formalização, opunha-lhe uma concepção da linguagem completamente diferente, estando fundada na análise das estruturas sintácticas (Chomsky, 1957), embora a linguística fosse nela encarada como uma parte da psicologia.

Todavia, um acontecimento que teve, sem dúvida, um alcance ainda maior foi o desenvolvimento fulgurante do computador enquanto máquina universal para tratar informação e também para a armazenar na memória de maneira estruturada. Os progressos ulteriores dos computadores enquanto materiais, por consideráveis que tenham sido em termos de potência e de capacidade, não trouxeram consigo

transformações conceptuais que se comparassem com as deste primeiro período. Aquilo que nesta altura se revestiu da maior importância ficou a dever-se a dois movimentos simétricos.

Por um lado, emergiu a noção de "tratamento humano da informação" (por ex., Lindsay e Norman, 1977, 1980), associada à ideia de que, numa certa perspectiva e em certa medida, a mente humana funciona "como" um computador. Este "como" foi, e é ainda, susceptível de múltiplas interpretações e, por vezes, serve apenas de base para o que se chama a "metáfora do computador". Deu lugar até hoje a muitos mal-entendidos. Todavia, esta analogia foi também utilizada como um formidável gerador de hipóteses específicas, as quais houve depois o cuidado de submeter à prova dos factos. Por outro lado, e de maneira simétrica, desenvolveu-se um movimento que, partindo da informática, culminou na pretensão de representar numericamente no computador modos de funcionamento, conhecimentos e representações até então próprios da mente humana (raciocínios automatizados, sistemas à base de conhecimentos, resolução de problemas, compreensão de segmentos da linguagem humana, etc.). Estas preocupações deram origem a novos domínios de investigação: a "inteligência artificial", a "representação dos conhecimentos", o estudo das interacções homem-máquina, etc.

Sobre esta situação foi levada a cabo uma reflexão filosófica aprofundada e alimentada por inúmeros debates. Podemos reter dela a noção de "funcionalismo", avançada por Putman, segundo a qual a cognição é uma função que pode ser realizada por suportes materiais diferentes, no caso presente o cérebro e o computador: existe uma analogia entre estes dois níveis de realidade e o par *software* / material. Fodor e Pylyshyn defenderam então e exemplificaram até hoje uma concepção da cognição que entende esta como pura actividade simbólica, ou seja, como mani-

Cognitivismo

pulação de símbolos cujo paradigma é a lógica e cuja realização natural é a linguagem. Noções desenvolvidas por Fodor, como as de "linguagem do pensamento", "modularidade" e "impenetrabilidade" dos módulos, separação da actividade perceptiva e da actividade simbólica, tiveram uma grande influência.

Cognitivismo e cognição

O conceito de "cognição" é evolutivo. Se é legítimo considerar Vygotsky, Tolman e Piaget como sendo, cada um à sua maneira, autores já cognitivistas, o "cognitivismo" dos anos 50-60 e posteriores foi, em primeiro lugar, um sistema de crenças que se opunha aos pontos de vista teóricos anteriormente existentes. O que fez a sua força foi que estas crenças veiculavam conceitos inovadores ("informação", "tratamento da informação", "representações", "estruturas de informação", "naturalização das actividades de conhecimento", "investigação neurocognitiva", etc.) e que estes conceitos inspiraram, por seu lado, investigações de carácter científico, empírico e teórico. Ou seja, ao longo destas quatro décadas, o sistema original de crenças e de conceitos que constituíam "o cognitivismo" como doutrina foi submetido à prova do real numa multiplicidade de domínios: psicologia experimental ou do desenvolvimento, gramática, semântica, inteligência artificial, neurobiologia, etc. Ao mesmo tempo, este sistema conceptual foi abundantemente triturado e analisado por toda uma corrente da filosofia muito preocupada com o rigor. Os métodos utilizados nestes trabalhos foram eles mesmos diversificados: experimentação, colheita de observações alargadas, análise nocional e raciocínios lógicos, formalização e modelização, realização de *software* e de sistemas informáticos, estudo no terreno das interacções homem-máquina, etc. No entanto, verificou-se que os seus resultados eram largamente convergentes.

No meio de um certo caos, todo este esforço intelectual conduziu assim, pelo menos na aparência, a reestruturações profundas e, afinal, coerentes, que afectaram um número significativo de disciplinas. Ele levou a que se descobrissem entre estas disciplinas afinidades que até então tinham passado desapercebidas. Fez aparecer uma "investigação cognitiva" que delimitava um largo domínio do saber, diversamente baptizado e rebaptizado durante estes anos, e em que o termo "cognítica" designa o seu mais recente avatar. O essencial é que esta evolução histórica transformou o antigo "cognitivismo" enquanto doutrina em "ciências cognitivas" enquanto amplo domínio de estudo e, progressivamente, de conhecimentos firmes. Muito poucas doutrinas terminadas em "-ismo" tiveram destino comparável.

O conceito central de "cognição" foi, desde logo, produto de toda esta investigação. O seu conteúdo evoluiu em quatro décadas e é provável que venha a evoluir ainda. A "naturalização" do conhecimento humano, quer dizer, a ideia de que este é produto de processos materiais, esteve desde o princípio no âmago deste conceito. Ela justificava a analogia entre o tratamento humano da informação e o seu tratamento pela máquina: tal como o computador, a mente humana recebe ou capta informação, formata-a, trata-a, quer dizer, transforma-a, conserva-a na memória de maneira transitória e fornece no fim do processo uma "saída" informacional que pode ser utilizada numa acção. Com elevada frequência, esta saída tem uma estrutura homóloga à do real ou do real imaginado: é então uma representação. Esta pode ser conservada duradouramente e utilizada em tratamentos ulteriores. Esta maneira de ver pode ser considerada a concepção contemporânea da inteligência: esta última palavra e a de "cognição" tornaram-se, por isso, sinónimas.

Cognitivismo, computação mental e naturalização da mente

Numa concepção um pouco diferente, a analogia com o computador pode ser repetida quando, no caso do homem e da máquina, as modalidades do tratamento são submetidas a regras que relevam da lógica e do cálculo. Pode-se ir ainda mais longe se se estipular de forma teórica que todos os tratamentos humanos "são" ou "são como" cálculos. É a versão "calculadora" (ou "computacional", para usar um anglicismo) do cognitivismo.

Todavia, nos últimos tempos, assistiu-se ao aumento das preocupações naturalistas quanto ao conteúdo do conceito de cognição, as quais já não são apenas filosóficas ou logicistas, como no passado, mas alimentam-se dos ricos contributos recentes da neurobiologia. Para os que se ocupam da cognição, não há dúvida de que o funcionamento da mente humana é, ao mesmo tempo, o funcionamento do seu órgão subjacente, o cérebro. Ora, nos níveis mais baixos da escala de descrição (os níveis atómico, molecular, celular, anatómico, funcional, etc.), o cérebro não é de modo nenhum semelhante a um computador. De uma maneira geral, enquanto o segundo é uma máquina *universal* de tratamento, o cérebro está destinado (ou "dedicado"), por causalidade natural, a funções biologicamente determinadas. O seu funcionamento depende assim, não apenas das suas restrições actuais, as que a neurobiologia explora, mas também das suas restrições passadas, as que dirigiram a evolução da espécie humana. Nesta óptica, uma outra grande família de modelos cognitivos explora, sob a forma de analogia, a correspondência de funcionamento entre o cognitivo e o neuronal: é a família dos modelos neoconexionistas (também chamados simplesmente "conexionistas", "redes neuronais", "redes de neurónios", etc.). Estes modelos assentam em ideias de base e em realizações muito diferentes das da cognição simbólica referida anteriormente. A sua importância nas ciências cognitivas é cada vez maior. A maioria deles são, aliás, de tipo calculatório.

Uma questão que continua em aberto na óptica cognitivista é a das relações entre a cognição e a consciência. Não são negados por ninguém, mas são certamente complexos. Não parece que os progressos do conhecimento objectivo nas ciências cognitivas tenham até hoje dado um contributo decisivo para a solução desta questão.

J.-F. Le Ny

📕 Broadbent, D.E. (1958), *Perception and communication*, Oxford, Pergamon.
- Chomsky, N. (1957), *Syntactic structures*, Haia, Mouton.
- Chomsky, N. (1959), "Review of Skinner's 'Verbal Behavior'", *Language*, 35, 26-58.
- Fodor, J.A. (1975), *The language of thought*, Nova Iorque, Crowell.
- Fodor, J.A. (1983), *The modularity of mind, an essay on faculty psychology*, Cambridge, MA, The MIT Press [trad., *La modularité de l'esprit, essai sur la psychologie des facultés* (1986), Paris, Éditions de Minuit].
- Lindsay, P.H. & Norman, D.A. (1977), *Human information processing*, Nova Iorque, Academic Press [trad., *Traitement de l'information et comportement humain: Une introduction à la psychologie* (1980), Montréal, Éditions Études Vivantes].
- Neisser, U. (1967), *Cognitive psychology*, Nova Iorque, Appleton Century Crofts.
- Newell, A. & Simon, H.A. (1972), *Human problem solving*, Englewwood Cliffs, NJ, Prentice-Hall.
- Osgood, C.E. & Sebeok, T.A. (orgs.) (1954), *Psycholinguistics: A survey of theory and research problems*, Baltimore, Waverly Press.

Comunicação

- Rumelhart, D.E., McClelland, J.L. & PDP Research Group (1986), *Parallel Distributed Processing, explorations in the microstructure of cognition*, vol. 1, *Foundations*, Cambridge, MA, The MIT Press.
- Schank, R.C. (1975), *Conceptual information processing*, Amsterdão, North-Holland.
- Simon H.A. (1969), *The sciences of the artificial*, Cambridge, MA, The MIT Press.
- Skinner, B.F. (1957), *Verbal behavior*, Nova Iorque, Appleton Century Crofts.

☞ *behaviorismo, cognição, psicologia cognitiva, representação*

COMUNICAÇÃO

1. Acção de comunicar alguma coisa (*comunicar algo, fazer partilhar algo, transmitir algo*) a alguém. 2. Processo mediante o qual os indivíduos comunicam entre si, se informam e se influenciam reciprocamente, em função da estrutura do grupo a que pertencem. 3. Fala-se de *sistema de comunicação* em relação a qualquer sistema que permita a transmissão de um informação de um ponto para outro (quer se trate de um lugar ou de uma pessoa).

• O quadro da comunicação impõe uma significação particular à própria noção de *compreensão*: o estudo rigoroso de conversas em situação põe em evidência a necessidade de ultrapassar o *sentido literal*: interpretar textualmente o que é dito é insuficiente para compreender realmente o interlocutor; são necessárias inferências para calcular a *significação* efectiva do seu discurso.

Por isso, é necessário determinar em que medida o contexto de enunciação influencia o sentido da frase pronunciada e como convém modificar o sentido literal para "calcular" uma significação que depende da situação. A participação em diálogos implica igualmente uma certa adaptação ao interlocutor a fim de lhe responder, tendo em consideração os seus conhecimentos, o seu nível sociocultural, as suas particularidades, etc.

Diversas teorias que concordam com esta abordagem geral consideram que o principal domínio de estudo da linguística é o discurso. Esta concepção tem a sua origem em Bakhtine, que, desde 1929 (vd. Bakhtine, 1977), considera que o objecto da linguística é o discurso enquanto sistema de interacção social. Mais tarde, Pike (1967) integra o estudo da linguagem (a língua mais o discurso) numa teoria unificada da estrutura do comportamento humano. Um pouco mais pertinentes são as concepções de Searle (1969), de Grice (1975) e de Sperber e Wilson (1986).

A primeira pretende explicitar a *função* real de um enunciado em bases eventualmente independentes de critérios sintácticos. Ligada com todos os problemas clássicos de planificação na inteligência artificial, ela já foi utilizada em diversas modelizações que deram lugar a maquetas de demonstração. Para além disso, todas estas realizações procuram respeitar os princípios da teoria de Grice que regem as conversas entre os seres humanos. Porém, devido à sua própria generalidade, esta dá lugar a interpretações relativamente variadas. Sperber e Wilson tentaram propor algumas noções para precisar as suas utilizações concretas.

Notar-se-á que os filósofos da linguagem não estão de acordo, em geral, acerca da natureza exacta dos princípios conversacionais (trata-se de uma teoria da comunicação, de uma teoria da cooperação ou, mais geralmente, de uma teoria da acção?). As várias proposições referidas acima correspondem a diversos princípios normativos que visam reduzir todos os critérios considerados a um único princípio (e deles os mais significativos parecem ser o princípio da cooperação de Grice e a noção de pertinência de Sperber e Wilson). Apresentados pelos sociólogos, há, todavia, outros princípios que governam a interacção social; por exemplo, "não fazer perder a face ao parceiro" e "não perder a face diante dele" são princípios que podem desempenhar um papel importante (Goffman, 1973).

G. Sabah

Bakhtine, M. (1977), *Le marxisme et la philosophie du langage, essai d'application de la méthode sociologique en linguistique*, Éditions de Minuit, Paris.
• Goffman, (1973), *La mise en scène de la vie quotidienne. Les relations en public*, Éditions de Minuit, Paris.
• Grice, P. (1975), *Logic and conversation, Syntax and semantics: 3. Speech acts*, Academic Press, Nova Iorque.
• Pike, K. (1967), *Language in relation to a unified theory of the structure of human behaviour*, La Hague, Mouton.
• Searle, J. (1969), *Speech acts*, Cambridge, Cambridge University Press, [trad., *Les actes de langage* (1972), Paris, Hermann].
• Sperber, D. & Wilson, D. (1986), *Relevance, communication and cognition*, Oxford, Basil Blackwell.

☞ *cognição social, compreensão, diálogo homem-máquina*

COMPORTAMENTO

Noção que adquiriu todo o seu âmbito nos Estados Unidos com o behaviorismo, sob o impulso de Watson, que propôs (1925) a definição seguinte: "o que um organismo faz e diz".

• Devemos notar a menção especial que aqui é feita à fala. Mais tarde, contudo, a utilização por Skinner (1957) da noção de "comportamento verbal" para explicar a linguagem foi um fracasso radical. No período intermédio, o estudo do comportamento foi conduzido em contextos teóricos bastante diferentes. Os mais típicos foram as investigações experimentais que abordaram prioritariamente as relações entre os estímulos e os comportamentos (ditos E-R ou "estímulo-resposta"), sendo Hull (1943-1952) o seu teórico principal, a tendência "radical" da "análise do comportamento" de Skinner (1957) e, por fim, o movimento do comportamento intencional (*purposive*), que se pode qualificar de "pré-cognitivo", e que se constituiu em torno de Tolman (1932).

A influência da noção de comportamento tal como acaba de ser descrita não se estendeu apenas à psicologia. A exigência de nos limitarmos a descrições de comportamentos sem adjunções interpretativas foi forte durante todo um período histórico em várias ciências humanas, como, por exemplo, a linguística, a sociologia, a etnologia e mesmo a lógica e a filosofia de inspiração analítica, sem falar da literatura, em particular do romance. Foi com a emergência do cognitivismo que esta exigência foi reformulada e reestruturada.

O fim do "behaviorismo", por um lado, e o aparecimento e o sucesso da psicologia e das ciências cognitivas, por outro, não levaram ao abandono da noção de "comportamento", mas à sua depuração. A sua definição não mudou, tornou-se apenas mais claro que se trata de um observável e que a sua interpretação num duplo contexto adequado, o de observação e o teórico, é perfeitamente legítima e produtiva. A investigação psicológica de orientação científica admite sempre que é necessário tomar em consideração os comportamentos; eles podem mesmo ser considerados suficientes, quer dizer, exclusivos enquanto observáveis. Isso implica então, como Watson bem viu, que se inclua o que os organismos "dizem". É um exercício difícil, porque os únicos organismos que "dizem" são os seres humanos e porque, de facto, eles não "dizem" senão por intermédio da linguagem, da verdadeira linguagem. Assim, os factos observados que certos autores ou práticos (nomeadamente muitos psicanalistas) consideram como relevando da "linguagem do corpo", ou da "linguagem" de tudo o que se quiser, são, enquanto observados, puros e simples comportamentos. Pode-se certamente procurar as suas causas, mas, na verdade, não será categorizando-os de imediato e interpretando-os de maneira não crítica. Isto vale *a fortiori* relativamente às observações dos animais.

Esta análise das causas dos comportamentos é um procedimento essencial na psicologia cognitiva de abordagem científica. Está fundada numa ideia em nítida contradição com o behaviorismo: podemos e devemos interessar-nos pelo que, na cadeia causal, precede os comportamentos. Mas devemos fazê-lo com as maiores precauções, que excluem a interpretação "espontânea" da psicologia corrente. Segundo a teoria cognitiva, estes antecedentes do comportamento consistem em tratamentos de informação; estes podem (mas apenas podem) terminar por uma "saída" de carácter comportamental. Noutros casos, o que se visa não é um tratamento ou uma fase de tratamento, mas uma representação acerca da qual temos razão para pensar *a priori* que intervém no tratamento e faz variar o comportamento terminal. Porém, a cadeia causal funciona então da mesma maneira. Trata-se de um procedimento abdutivo e encontramo-lo noutras ciências que não a psicologia, nomeadamente na linguística.

J.-F. Le Ny

📖 Hull, C.L. (1943), *Principles of behavior: an introduction to behavior theory*, Nova Iorque, Appleton Century Crofts.

• Lowe, C.F., Richelle, M., Blackman, D.E. & Bradshaw, C.M. (1985), *Behaviour analysis and contemporary psychology*, Londres, Lawrence Erlbaum Associates.

• Skinner, B.F. (1957), *Verbal behavior*, Nova Iorque, Appleton Century Crofts.

• Tolman, E.C. (1932), *Purposive behavior in animals and man*, Nova Iorque, Appleton Century Crofts.

☞ *behaviorismo*

COMPREENSÃO

1. Faculdade de representar uma palavra, uma frase, um texto, uma ideia ou um acontecimento. 2. Faculdade de determinar as causas ou os motivos de uma acção.

• Para ir um pouco mais longe, examinaremos algumas definições possíveis da própria noção de compreensão a partir do exame de um problema único que consiste em responder a questões num caso simplificado ao extremo.

Um exemplo: compreender uma questão

Se dei a informação "Pedro é o irmão de Anita" e se pergunto *(a)* "Pedro é o irmão de Anita?", basta comparar os caracteres das palavras da primeira frase com as seis palavras da segunda para poder responder sim, sem referência ao sentido das frases. Portanto, estabelecer certas correspondências de símbolos basta por vezes para "simular" a compreensão.

Os seus limites são claros: basta perguntar *(b)* "Anita tem Pedro por irmão?" para que aquele procedimento já não funcione! Torna-se então necessário construir e comparar representações relativamente independentes da própria forma das informações e das questões. Cada uma destas representações consiste num conjunto de símbolos que veiculam uma parte da significação da frase; trata-se ao mesmo tempo de uma simplificação (não é traduzido todo o sentido) e de uma uniformização desta significação (várias frases diferentes podem ter a mesma representação). Estas representações são geralmente construídas graças ao princípio da composicionalidade: os sentidos das palavras são representados por símbolos e combinam-se estes entre si a fim de representar o sentido da frase inteira (é necessário notar que este mecanismo é um pouco restritivo e não permite dar conta de todas as subtilezas da utilização da linguagem). Por exemplo, pode-se considerar que a palavra "irmão" corresponde a um predicado IRMÃO (um símbolo de lógica matemática que representa por convenção o sentido desta palavra) que se aplica a dois argumentos; a primeira frase corresponde então a IRMÃO (Pedro, Anita), o que traduz um certo nível de compreensão. Esta representação será obtida graças a uma análise linguística que determina o sujeito da frase e o complemento do nome irmão (vd. em *La Recherche*, n.º 170, Outubro de 1985, "Des machines qui comprennent notre langue"). Graças a esta análise, as duas questões *(a)* e *(b)* acima apresentadas traduzem-se então pela mesma forma [IRMÃO (Pedro, Anita)], o que permite dar facilmente a resposta.

Se se quiser responder também a "Anita é a irmã de Pedro?", já não basta testar a mera coincidência das representações. É preciso utilizar igualmente propriedades ligadas às palavras empregues (aqui, "Anita" é feminina e "irmã" e "irmão" referem-se a situações simétricas, o que permite deduzir que IRMÃO (Pedro, Anita) é equivalente a IRMÃ (Anita, Pedro). Por fim, também podem ser necessários conhecimentos gerais sobre o mundo: se pergunto "Pedro e Maria vivem na mesma casa?", vai ser preciso ter em conta os usos da vida familiar, bem como a situação no momento em que se fala ("que idade têm?", "um deles é casado?" etc.) e pôr a funcionar raciocínios mais elaborados.

Este simples exemplo, para além das dificuldades de definir a própria noção de compreensão, sugere a complexidade dos problemas científicos levantados pelo tratamento automático das línguas.

A compreensão artificial

Comunicar com o computador, utilizando uma linguagem que esteja o mais próximo possível do nosso modo natural de expressão, foi um dos problemas essenciais com que a inteligência artificial se confrontou desde os seus primórdios. Uma característica essencial das línguas em relação às linguagens artificiais da informática (linguagens de programação, linguagens de acesso a bases de dados, etc.) é que o sentido da cada uma destas expressões formais pode ser definido com precisão, ao passo que a compreensão das línguas está fundada, antes de tudo o mais, na interpretação do enunciado no seu contexto.

Para simular numa máquina este tipo de compreensão em toda a sua diversidade, há vários investigadores que consideram ser essencial situar-se no quadro das ciências cognitivas, tentando construir mecanismos de funcionamento análogos às operações mentais subjacentes, construindo e manipulando representações que se supõe estarem de acordo com um certo modelo do funcionamento mental. Deste modo, utilizar a língua implica a construção de representações que podem tomar a forma de símbolos abstractos portadores de uma significação, mas por vezes é útil à mente humana construir uma representação mais concreta e quase perceptiva das situações descritas pelos enunciados. Por exemplo, uma incoerência poderá ser mais facilmente detectada numa imagem do que numa cadeia de símbolos. Actualmente, o computador sabe converter, de maneira aproximada, enunciados numa representação simbólica facilmente manipulável pelo sistema e à qual está associado um valor semântico. Pelo contrário, até hoje poucas tentativas foram feitas para incorporar nos sistemas de compreensão artificial formas de representação analógica a que sejam atribuíveis funções similares às das imagens mentais no sujeito humano.

A compreensão das línguas

Em matéria de compreensão das línguas, distinguem-se, em geral, três níveis de dificuldade, que se referem, respectivamente, ao léxico (informações sobre as palavras e os seus sentidos), à gramática (estruturas das frases, como os sentidos das palavras se combinam) e, por último, aos conhecimentos externos (informações gerais sobre o mundo, sobre a situação particular).

Independentemente do formalismo utilizado, a representação do sentido é construída por etapas, distinguindo-se diferentes níveis de conhecimentos pertinentes, como fez, por exemplo, a linguística tradicional com a morfologia, a sintaxe e a semântica.

Então, a primeira tarefa a considerar diz respeito à análise morfológica das palavras da frase, permitindo estabelecer a relação entre as palavras e os elementos do léxico. Verifica-se assim que a forma não declinada de "rádios" é "rádio", de "cavalos", "cavalo", de "comeriam", "comer", etc., e determina-se a categoria lexical (nome, verbo, etc.) das palavras. Se se tornou possível informatizar léxicos que correspondem aos dicionários habituais (cerca de 50 000 palavras, ou seja, 350 000 formas flectidas), cobrir o conjunto dos domínios técnicos, que exige cerca de cinco milhões de palavras, continua fora do nosso alcance. O reconhecimento das palavras pode ser complicado devido à presença de erros de ortografia, de dactilografia e de construção: é difícil a um programa que não dispõe de nenhuma intuição da língua distinguir uma palavra mal ortografada de uma palavra totalmente desconhecida ou de um nome próprio.

Em seguida, reconhecer os sentidos das palavras e combiná-las para constituir o sentido literal da frase são problemas que a ambiguidade lexical ou sintáctica vêm singularmente complicar. A análise sintáctica, que procura evidenciar os papéis das diferentes palavras na frase, bem como as relações que mantêm (qual é o sujeito, qual é o verbo, onde estão os diversos complementos e quais são os seus papéis; independentemente de todos os seus sentidos possíveis, "rádio" é o sujeito em "este rádio não funciona"), é frequentemente um preâmbulo à construção de uma representação do sentido, mesmo se não existe actualmente nenhuma gramática completa de qualquer língua falada.

A semântica deverá então determinar a significação das palavras de acordo com o contexto considerado: "rádio" designará um osso em "o rádio ficou fracturado e o braço teve de ser engessado". Uma ou várias etapas de análise são portanto necessárias para construir estas representações ao nível sintáctico e semântico da frase e, eventualmente, para produzir uma representação mista.

Diversas outras características das línguas colocam em evidência a importância do contexto e o papel essencial de um bom conhecimento do domínio tratado para não nos limitarmos à compreensão de frases isoladas e compreendermos o conjunto de um texto ou intervirmos num diálogo. Assim, a coerência de um texto é traduzida por referências a objectos apresentados no discurso anterior ou imediatamente posterior. Tendo sido posto em evidência um hipotético sentido literal por uma fórmula que se considera que exprime o sentido da frase (combinação dos símbolos que representam os sentidos mais elementares das palavras da frase), resta utilizar mecanismos que permitem calcular as interpretações possíveis. Todos os nossos conhecimentos são necessários aquando da compreensão: a realidade e os seus constrangimentos, os aspectos culturais, as informações sobre a situação concreta de comunicação, que permitem descobrir os subentendidos dissimulados por trás do enunciado a tratar (fala-se então de pragmática), etc. Um outro fenómeno, que permite a grande concisão das línguas, é a presença de figuras do discurso ou tropos, ou seja, o fenómeno geral do afastamento do sentido de uma palavra em relação ao sentido próprio. Nas obras especializadas estão recenseadas várias dezenas de tropos, mas os mais correntes são a metáfora e a metonímia. Muito conhecidos e extremamente frequentes, continuam, apesar disso, praticamente ignorados dos tratamentos automáticos.

Estes implicam, aliás, uma diferença relativamente à compreensão humana em geral: não se utiliza um computador sem um objectivo preciso, não se comunica com ele unicamente por prazer! Os aspectos particulares da aplicação (os objectivos visados, a representação da tarefa, os conhecimentos específicos do domínio) são, por isso, conhecimentos úteis que permitem a utilização de programas eficazes em domínios restritos ou muito formalizados.

As primeiras ideias de aplicação automática implicaram utilizações sequenciais dos diversos conhecimentos que acabamos de referir. Este encadeamento rígido dos módulos informáticos necessários não permite simular efectivamente a compreensão humana: as frases a tratar são muito diversas e fazem surgir aspectos contingentes, o nível de compreensão depende ele mesmo da tarefa a realizar, etc. Por outro lado, é impossível prever um encadeamento dos módulos que seja adequado a todas as situações. Poder utilizar todos os seus conhecimentos no momento pertinente implica uma adaptação dinâmica que o desenvolvimento das novas arquitecturas da inteligência artificial ("quadro negro" e sistemas "multipericiais comunicantes") permitem perspectivar desde já. Os seus funcionamentos são assim muito mais coerentes com o que se sabe dos mecanismos humanos de compreensão.

G. Sabah

📖 Biederman, I. (1987), "Recognition-by-components: A theory of human image understanding", *Psychological Review*, 94, 115-147.

• Denhière, G. & Baudet, S. (1992), *Lecture, compréhension de texte et science cognitive*, Paris, Presses Universitaires de France.

• Ericsson, K.A. & Kintsch, W. (1995), "Long-term working memory", *Psychological Review*, 102, 211-245.

• Schank, R.C. (1982), *Reading and understanding: Teaching from the perspective of artificial intelligence*, Hillsdale, NJ, Lawrence Erlbaum Associates.

• Searle, J.A. (1980), "Minds, brains, and programs", *Behavioral and Brain Sciences*, 3, 417-457.

☞ *comunicação, linguagem, raciocínio, representação*

COMPUTACIONAL (TEORIA – DA MENTE)

Teoria que admite a possibilidade de construir uma máquina formal que funcione por reescrita de símbolos (uma máquina de Turing) para qualquer operação da mente que se efectue passo a passo.

• Uma tal máquina pode ser aplicada à linguística, investigando algoritmos capazes de produzir conjuntos de frases gramaticalmente bem formadas ou até mesmo que obedeçam a restrições semânticas.

Aplica-se ao pensamento, se se lhe fizer corresponder frases de uma linguagem do pensamento que também opere por reescrita de símbolos. Aplica-se à aprendizagem quando se tenta definir as propriedades exigíveis das funções de aprendizagem (sejam elas bayesianas ou não). Aplica-se à visão, quando Marr propõe repartir o trabalho em três níveis, o da definição da tarefa, com a decomposição abstracta do problema, o dos programas ou algoritmos e o da implementação física. Aplica-se ao cérebro quando se tenta fazer corresponder a uma activação de uma dada assembleia de neurónios uma função cognitiva que se supõe modular.

Esta ambição computacional suscitou críticas: uma mesma função pode ser desempenhada por uma infinidade de programas e, para além disso, é preciso encarar o facto destas funções serem apenas desempenhadas aproximativamente por dispositivos que não funcionem fundamentalmente com símbolos. Nenhuma gramática transformacional consegue gerar tudo o que, neste sentido, depende do contexto. Parece que as equações de um sistema dinâmico que utilize o contínuo descrevem melhor o comportamento do cérebro do que símbolos discretos e, mesmo nesse caso, continua por compreender a correspondência entre cada atractor dinâmico e a respectiva função semântica.

Para além disso, as teorias computacionais da mente permitem que, para uma dada tarefa cognitiva, disponhamos de pontos de referência sobre a complexidade das diferentes maneiras de a realizar.

P. Livet

  Drestke, F. (1981), *Knowledge and the flow of information*, Cambridge, MA, The MIT Press.
• Fodor, J. (1975), *The language of Thought*, Cambridge, MA, The MIT Press.
• Marr, D. (1982), *Vision*, Nova Iorque, Freeman.

☞ *computacionalismo, neurociências computacionais, quarto chinês (metáfora do –), simulação computacional, Turing (máquina de –), Turing (teste de –)*

COMPUTACIONALISMO

Conjunto das abordagens que se baseiam na teoria computacional da mente.

☞ *computacional (teoria – da mente)*

CONEXIONIISMO

Família de modelos formais desenvolvidos para a simulação de inúmeros processos cognitivos ou neurocognitivos, principalmente nos domínios da percepção, do reconhecimento e da aprendizagem. Estes modelos baseiam-se em memórias descritas como vastas redes de unidades de tratamento e interconexão total ou parcial. Estes modelos são também designados como "neuromiméticos" ou de redes de neurónios.

☞ *rede de neurónios*

CONHECIMENTO

1. Crença verdadeira e justificada. 2. Relação ou estrutura que liga entre si representações de tipo proposicional. 3. Conjunto de capacidades que reúnem representações declarativas e conhecimentos procedimentais. 4. Conjunto de conteúdos armazenados na memória de longo prazo.

Conhecimento e verdade

A noção de "conhecimento" retira a sua complexidade do seu duplo carácter natural e racional. Uma primeira maneira de a descrever, que é privilegiada pelos filósofos da cognição, com uma referência a Platão, mas que à partida pode ser aceite por todos, consiste em dizer que uma pessoa h tem um conhecimento c de conteúdo p se: (1) h crê que p (ou crê que p é verdadeiro), (2) p é verdadeiro e (3) a verdade de p pode ser justificada. O carácter racional (normativo) da noção de conhecimento deve-se às duas últimas características: p deve ser "verdadeiro" (ter um valor de verdade «1» numa conceptualização a dois valores) e a crença em p deve ser "justificada" por h. A última exigência compreende-se facilmente, porque, de contrário, quer dizer, se (1) h crê que p, (2) p é verdadeiro, mas (3) é por acaso ou por más razões que h crê que p, a crença em questão não pode ser considerada como "conhecimento". Assim, se um jogador acreditasse que o número 727 de uma lotaria seria o número ganhador e se sucedesse de facto assim, nenhuma mente racional pensaria que o jogador "o sabia" de antemão. Os pseudoconhecimentos, por vezes etiquetados como "científicos", tiram partido de confusões deste género.

Não há certamente acordo universal sobre o que é precisamente a "verdade" de uma asserção", mas admite-se com frequência que há três tipos de verdade e de justificação que lhes correspondem: (1) as verdades lógicas, que são independentes de qualquer condição ("verdadeiras em todos os mundos possíveis"), que relevam da evidência; (2) as verdades derivadas, que decorrem de maneira logicamente válida de axiomas apresentados inicialmente (por ex. na matemática), que relevam da demonstração; (3) as verdades empíricas, que são estabelecidas pelas ciências da natureza, que relevam da confrontação de representações hipotéticas com observáveis, sendo a experimentação, sempre que possível, o procedimento privilegiado. As ciências cognitivas utilizam, e ao mesmo tempo examinam, estes três tipos de abordagem.

Todavia, para além disso, estas ciências transformaram profundamente a noção de "conhecimento", absorvendo-a na de "cognição". Esta tem um conteúdo natural, factual, que precede o carácter normativo e racional inerente ao conhecimento. Por isso, a abordagem das ciências cognitivas consiste em descobrir, por um lado, como funciona a cognição, quer dizer, como se estabelece e se desenvolve de maneira natural a relação entre os indivíduos, ou os conjuntos de indivíduos, e as suas crenças e, por outro lado, quais são as regras racionais que utilizam, ou devem utilizar, para elaborar conhecimentos, dar-lhes uma estrutura, e, neste caso, formalizá-los e, finalmente, utilizá-los. As várias ciências cognitivas contribuem cada qual à sua maneira para esta investigação, utilizando a metodologia que lhes é própria.

Lógica e conhecimento

Caracterizou-se anteriormente o conhecimento a partir da noção de proposição: "h sabe que p" ou "conhece que p". Esta maneira de ver está de acordo com a ideia clássica segundo a qual a proposição é o segmento mais pequeno do pensamento (e da linguagem, enquanto expressão deste último) que é susceptível de ter um valor de verdade. Nesta óptica, todo o conhecimento se inscreve num formato proposicional. Mas os conhecimentos proposicionais atómicos têm entre si múltiplas ligações: uma maneira simples de as descrever é com o formato de *regra*, fazendo com entrem no esquema condicional que liga duas proposições: "se p então q". O conhecimento é então o facto de, em condições idênticas às precedentes, h sabe que p então q. Com este esquema podem ser expressos conhecimentos universais (quantificados para "todos"), abs-

Conhecimento

tractos, como "todos os triângulos têm a soma dos seus ângulos igual a 180 graus", ordinários, como "todos os cães são mamíferos", causais, como "qualquer desenvolvimento (superior a um certo valor) da bactéria b num organismo produz a doença d", etc. A partir de conhecimentos iniciais deste tipo pode-se então fazer derivar outros, utilizando o raciocínio. É igualmente possível, em certas condições, exprimir no mesmo formato conhecimentos que apresentam excepções, ou que se aplicam, não a "todos" os elementos envolvidos, mas apenas à "maioria" deles. "Motores de inferência" apropriados permitem raciocinar a partir deles. O que precede diz respeito ao conhecimento humano e aos seus substitutos ou aos seus auxiliares em computador. Os "sistemas à base de conhecimentos" (ou "sistemas periciais") utilizam este modo de descrição dos conhecimentos de maneira concreta em domínios de aplicação muito diversos, constituindo as suas "bases de conhecimentos" e tornando possível a sua utilização prática por meio de raciocínios efectuados pelas máquinas.

Foram também identificadas estruturas de conhecimento mais complexas do que as regras. Em primeiro lugar, encontramos os "esquemas" e várias outras estruturas que lhes são aparentadas: *"frames"*, "guiões" ou "cenários", representações (ou "modelos") de situações, etc. A sua característica principal é serem constituídas por uma parte de informação constante e por outra parte de informação variável, mas definida.

A disciplina informática de "representação dos conhecimentos" tem por objecto representar formalmente estes diversos tipos de conhecimento de acordo com as exigências da lógica e os dados estruturais da psicologia cognitiva. O seu objectivo é transferir para computador estas representações (que são assim representações de segundo grau) com a estrutura que lhe está melhor adaptada, a fim de assegurar depois os raciocínios que lhes dizem respeito.

Nos seres humanos, as estruturas de conhecimentos relevam de noções homólogas: a investigação experimental procura validar as hipóteses construídas a seu respeito. O conjunto dos conhecimentos que um indivíduo possui nos seus mente / cérebro apresenta-se então como uma base imensa de conhecimentos interrelacionados, organizada em vastos domínios.

Conhecimentos declarativos e procedimentais

Podemos alargar ainda mais a noção de "conhecimento" em relação ao que antecede. Uma distinção amplamente aceite afirma que o formato de proposição anteriormente considerado não diz respeito senão a uma parte dos conhecimentos, os que, por isso, se chamam "declarativos", ou seja, os que são expressáveis pela linguagem. Distinguem-se dos "conhecimentos procedimentais". Num computador, estes assentam nas formas como é tratada aqui a informação (processos, algoritmos, heurísticas). Podemos ter um seu equivalente nos seres humanos sob a forma de capacidades implícitas, muitas vezes significativas, mas que não são expressáveis pela linguagem: capacidades perceptivas, motoras, intelectuais, etc. A observação ordinária ou sistematizada mostra que os indivíduos sabem fazer muitas coisas que são incapazes de explicar como fazem. Muitos conhecimentos de alto nível ou formas de "especialização" relevam deste conhecimento procedimental. A investigação procura apreendê-los.

Memória e conhecimento

A psicologia cognitiva utiliza frequentemente de maneira muito ampla a noção de "conhecimento". Ela coloca entre parêntesis as exigências de verdade e de salvaguarda da verdade, que são centrais nas concepções estritamente logicistas ou normativas do conhecimento (e que são

Conhecimento Declarativo

amplamente predominantes, tanto na filosofia cognitiva, como na informática). Por outro lado, dá mais peso à ideia de que o desenvolvimento cognitivo dos indivíduos, considerado a longo prazo, está submetido a restrições naturais e que estas o impulsionam no sentido do reforço de representações verdadeiras, ainda que aproximativas. Isto é particularmente válido no caso do desenvolvimento cognitivo da criança, mas é-o também nos processos de aprendizagem, na memória semântica subjacente à linguagem e à comunicação e na própria ciência enquanto conhecimento social. Estas restrições manifestam-se na criança, mas igualmente mais tarde, devido à imposição de uma *ordem*, relativa, mas forte, que rege as aquisições de conhecimentos: muitos destes não podem ser adquiridos senão depois de terem sido já alcançados e dominados conhecimentos pré-requeridos e eles mesmos dependentes de outros conhecimentos que os devem preceder. Nos seus pormenores, a natureza destas restrições cognitivas é ainda objecto de estudo. Um bom exemplo de variável de grande importância experimental é a idade de aquisição das palavras. Deste ponto de vista, o vasto conjunto de todos os conteúdos conservados na memória de longo prazo de cada indivíduo, com as suas relações e a sua organização, constitui uma base de conhecimentos enorme e extremamente complexa.

J.-F. Le Ny

📖 Bastien, C. (1997), *Les connaissances: de l'enfant à l'adulte*, Paris, Armand Colin.
• Dretske, F.I. (1983), "Precis of knowledge and the flow of information", *Behavioral and Brain Sciences*, 6, 55-90.
• Martin, A., Wiggs, C.L., Ungerleider, L.G. & Haxby, J.V. (1996), "Neural correlates of category-specific knowledge", *Nature*, 379 (15 de Fevereiro), 649-652.
• Newell, A. (1982), "The knowledge level", *Artificial Intelligence*, 18, 87-127.

• Piaget, J. (1970), *Psychologie et épistémologie: Pour une théorie de la connaissance*, Paris, Denoël.
• Sowa, J.F. (1997), *Knowledge representations: Logical, philosophical and computational foundations*, Boston, PWS.
• Zaki, S.R. & Homa, D. (1999), "Concepts and transformational knowledge", *Cognitive Psychology*, 39, 69-115.

☞ *cognição, conhecimento declarativo, conhecimento procedimental, representação, saberes*

CONHECIMENTO DECLARATIVO

Todo o conhecimento factual ou conceptual acerca de um objecto.

• Tais conhecimentos são, em princípio, verbalizáveis e podem ser representados conscientemente. São frequentemente descritos na psicologia cognitiva e na inteligência artificial sob a forma de estruturas de representação específicas, mas sem que o seu modo de utilização seja necessariamente especificado: lista, rede semântica, esquema ou guião conceptual.

G. Tiberghien

☞ *conhecimento, memória declarativa*

CONHECIMENTO PROCEDIMENTAL

Conhecimento operatório que permite a interacção perceptivo-motora com os objectos do mundo e a manipulação mental dos símbolos e das regras.

• Tais conhecimentos não são, em princípio, verbalizáveis ou são-no muito dificilmente. Aplicam-se habitualmente de maneira automática, sem despertar específico da consciência. Na psicologia cognitiva e na inteligência artificial são frequentemente descritos sob a forma de estruturas de representação específicas: sequência de associações estímulo-resposta, esquema motor, regra de produção.

G. Tiberghien

☞ *conhecimento, memória procedimental*

CONHECIMENTO RETROSPECTIVO [*hindsight*] (ENVIESAMENTO DO –)

Tendência para sobrestimar de maneira errada a probabilidade de realização de um acontecimento quando se conhece o resultado. **OBS.**: Fishoff introduziu o estudo desta atitude que os psicólogos consideram um enviesamento cognitivo.

· Na condição de controlo, conta-se uma história aos sujeitos sem lhes dizer o fim. Pede-se-lhes então que avaliem as probabilidades de diferentes fins possíveis. Na condição de teste, conta-se a história e o seu fim e pede-se aos sujeitos (que não são os mesmos) para se recolocarem na situação em que não conheceriam o fim da história e estimarem as probabilidades dos diferentes fins. Atribuem ao fim que conhecem uma probabilidade superior à proposta pelo grupo de controlo.

Este enviesamento é maior se se considerar que o fim da história provoca emoções fortes ou tem uma grande incidência sobre a responsabilidade do protagonista. Desaparece se o fim da história é considerado muito surpreendente pelos sujeitos ou se a história se relaciona com um domínio que os toca de perto e no qual se julgam especialistas (por ex., para as mulheres, a probabilidade de ficarem grávidas). Inverte-se se o fim é bastante aguardado, mas considerado incerto (embora a sua equipa tivesse ganho, os apoiantes de uma equipa de andebol afirmam que tinha muitas probabilidades de perder).

Todavia, podemos perguntarmo-nos se este desvio é verdadeiramente irracional. O fim de uma história indica melhor as propensões de um domínio no qual o sujeito não é especialista e que ele constrói à medida que a história se desenvolve. Mesmo se se lhe pede para não tomar em consideração o fim como informação, pode fazê-lo como tendo revelado as propensões já presentes anteriormente na situação.

P. Livet

📖 Christensen-Szalanski, S. & Willham, C. (1991), "The hinsight bias: a meta-analysis, *Organizational behavior und human decision processes*, 48, 147-168.
• Fishoff, B. & Beyth, R. (1975), "'I knew that it would happen': remembered probabilities of Once-future things", *Organizational behavior and human perforrnance*, 13, 1-16.
• Roese, N.J. & Olson, J.M. (1996), "Counterfactuals, causal attributions, and the hindsight bias: a conceptual integration", *Journal of Experimental Social Psychology*, 32, 197-227.

CONSCIÊNCIA

1. *Na linguagem corrente: (a)* Facto de estar desperto (dar-se conta). *(b)* Conhecimento imediato espontâneo (perceber o mundo exterior, saber e poder raciocinar sobre o mundo). 2. *No sentido psicológico: (a)* Conhecimento imediato da sua própria actividade psíquica. *(b)* Percepção das suas próprias operações mentais (intros-

pecção: representar-se a si mesmo, bem como ao mundo exterior e raciocinar sobre estas representações). 3. *No sentido ético:* faculdade de aplicar juízos de valor aos seus actos.

• Durante muitos anos evitou-se cuidadosamente a abordagem do tema da consciência, que parecia uma noção demasiado vaga para permitir um estudo científico e fundar a cognição.

Filosofia da consciência

Dos Gregos a Descartes, as relações entre o cérebro e a mente não surgiram como um verdadeiro problema e (sem despertar um debate que o estado dos conhecimentos científicos sobre o cérebro não permitia) ou se inserem em perspectivas globalmente dualistas (o platonismo, que abre um fosso entre o sensível e o inteligível, o aristotelismo, que tirava partido da complementaridade forma / matéria, a escolástica, que prolonga este último), ou distinguem níveis diferentes de corporeidade, ou apostam na distinção corpóreo / incorpóreo (o estoicismo). Descartes, pelo contrário, confere uma acuidade muito particular à questão, introduzindo nela um dualismo radical fundado na heterogeneidade fundamental das duas substâncias, a material (o corpo, a extensão) e a espiritual (a coisa pensante), mas que é salvo pela teoria da união da alma e do corpo e a atribuição à glândula pineal (num quadro de estudos anatómicos já muito avançados) de uma função privilegiada quanto à concretização desta união. Os sucessores dualistas de Descartes (o ocasionalista Malebranche e Leibniz) concebem a ideia fantástica de um paralelo, comandado por Deus, entre o corpo e o espírito, de outro modo independentes. Depois, na ausência de novas ideias, a perspectiva dualista cede o passo a abordagens diferentes (o criticismo kantiano, a fenomenologia) ou subsiste enquanto

princípio, mas com um descrédito total das soluções outrora propostas, considerando que a abordagem do corpóreo (o cérebro) e o exame dos conteúdos de pensamento (a consciência) relevavam de géneros paralelos que não se podiam encontrar. Assim, Bertrand Russell pretendia que os resultados da introspecção não eram cientificamente utilizáveis, porque não obedeciam às leis físicas. Do igual modo, o behaviorismo, pretendendo fundar a psicologia como ciência exacta, exclui qualquer ideia de estado mental e rejeita o que diz respeito à consciência como estando fundamentalmente fora do seu domínio.

Consciência, evolução e cognição

O retomar da questão parece dever-se à teoria darwiniana da evolução, se bem que Eccles se pergunte a este propósito como é que organismos vivos adquiriram experiências mentais – não materiais – abertas para um mundo que continha tudo o que existia (*"Consciência: 'o cadáver no armário' da ortodoxia evolucionista"*). Por outro lado, o materialismo ortodoxo (não há mente sem corpo, sobre o qual só entidades físicas podem agir) desemboca inevitavelmente na conclusão de que o homem é análogo a uma máquina. Os problemas essenciais que esta concepção levanta são então os de explicar os sentimentos, a consciência e o livre-arbítrio, baseando-se unicamente nas leis da física clássica.

Pylyshyn (1986), a que se seguiu Eckardt (1993), tenta fundar a ciência cognitiva como o domínio das percepções e dos conhecimentos com um nível de representação em que se abstrai dos factores sociais e dos aspectos emocionais [este cognitivismo clássico é claramente explicitado por Gardner (1985)]. Estas hipóteses suscitaram reacções hostis e diversas contestações. Edelman (1992) argumenta

Consciência

violentamente a propósito das afirmações não provadas sobre a estrutura do mundo e dos mecanismos de categorização que estas hipóteses supõem. Baseia-se em particular em Rosch (1977), que mostrara que o mundo não está estruturado em categorias clássicas, categorias que as nossas percepções nos dariam como são, mas segundo categorias construídas mais ou menos dinamicamente em torno de protótipos. Para além disso, Searle (1985) considera escandaloso que uma ciência que pretende estudar a mente ignore os aspectos ligados à consciência.

Cérebro e consciência

A propósito do cérebro, recordemos em primeiro lugar alguns números bem conhecidos: há cerca de 10^{10} neurónios no córtex, estes neurónios contam um total de 10^{15} conexões, o que, noutros termos, corresponde a 10^9 conexões por mm^3, tudo isto para fazer notar que há $10^{vários\ milhões}$ de combinações possíveis de estados do cérebro.

Para além disso, uma característica da mente é a de ser capaz de se referir a outros seres ou a outros objectos num mundo que muda sem cessar. O observador modifica assim as suas próprias observações e este ponto torna-se crucial quando quer examinar o funcionamento do próprio cérebro. Em consequência, os métodos científicos usuais não estão adaptados ao estudo do ser vivo: torna-se essencial ter em conta a complexidade psicológica dos observadores.

Assim, para além da impossibilidade quantitativa de representar o estado do cérebro pelo conjunto dos estados dos seus neurónios (em face dos números acima referidos seriam necessários 100 mil milhões de *bits* por segundo!), o cérebro muda continuamente as suas próprias características em função das suas relações com o mundo: é completamente impossível reencontrar de forma idêntica um estado anterior.

A essência da personalidade deve então ser concebida como um feixe de experiências vividas às quais o cérebro confere uma certa unidade. (*Exactamente como?* Bem, isso continua uma questão em aberto.) Uma pessoa não é o conjunto das suas experiências e dos seus pensamentos (e ainda menos apenas dos resultados destes), mas sobretudo esta unidade: assim, ao contrário de um computador, no ser humano não se pode separar a armazenagem da execução.

Atributos da consciência

Pode-se igualmente sublinhar a existência de dois tipos fundamentalmente distintos de processos mentais. Quando pensamos, umas vezes podemos dizer qualquer coisa acerca da maneira como certas operações foram efectuadas, bem como das suas interacções (qualificaremos tais processos como "conscientes"), outras vezes não nos damos conta senão do seu resultado (os processos são então "inconscientes", actuam neste caso apenas como máquinas lógicas e a sua actividade releva do reflexo). Como Baars (1988) acentua, os dois tipos de processos opõem-se claramente. Os primeiros são rápidos, sujeitos às interferências de outros processos conscientes, tratam volumes limitados e, por isso, permanecem seriais e conservam uma grande coerência interna. Pelo contrário, os segundos são eficazes na sua tarefa específica (são rápidos, cometem poucos erros, não estão sujeitos às interferências, tratam grandes volumes, podem operar em paralelo, mas num domínio muito preciso e limitado).

Harth (1993) identifica na consciência os atributos seguintes: selectividade, exclusividade, encadeamento e unidade.

Selectividade. É o facto de no conjunto das actividades nervosas nem tudo chegar à consciência (percepções, sensações, sentimentos). Assim, uma função da consciência (ligada ao livre-arbítrio) seria seleccionar entre os elementos aleatórios aqueles que podem conduzir a pensamentos "interessantes".

Exclusividade. Não se pode estar consciente senão de uma coisa de cada vez (vd., por ex., as duas figuras bem conhecidas, onde se pode reconhecer, segundo a nossa vontade, um pato ou um coelho, mas não os dois simultaneamente, ou então uma jovem ou a cabeça de uma velha). Portanto, a consciência produz um efeito de sequenciamento (assim, por ex., podemos tornar consciente o que faremos como máquina de von Neumann clássica, mas não enquanto máquina paralela). Ora, manifestamente, há actividades diversas que decorrem no cérebro em paralelo; portanto, nem todos os níveis podem ser conscientes.

Encadeamento. Em consequência dos pontos precedentes, os acontecimentos conscientes são tratados em série e várias das ligações entre eles são (re)construídas. Por isso mesmo, a consciência tem uma função construtiva que consiste em agrupar resultados díspares produzidos pelos processos inconscientes.

Unidade. É o que faz com que a mente seja um todo e o que une todos os elementos do mundo exterior. Para o efectuar, a consciência recria ou modifica, quer os resultados das percepções, quer os próprios dados: numa experiência em que um ponto verde se ilumina algumas décimas de segundo depois de um ponto vermelho situado alguns centímetros à sua esquerda, constrói-se sistematicamente um ponto intermediário que vai de um ao outro e que no meio muda de cor.

Teorias da consciência

As hipóteses que se encontram correntemente acerca da consciência são as seguintes:

A hipótese da activação (um elemento é consciente quando a sua activação ultrapassa um certo limiar). Todavia, esta definição não é geralmente a interpretação dada à própria actividade. Ela também não explica como se perde a consciência dos acontecimentos repetidos e predizíveis (o que deve ser relacionado com a aprendizagem). A noção de activação é mais uma maneira de modelizar a probabilidade que um acontecimento tem de se tornar consciente do que a própria consciência.

A hipótese da novidade. Com este conceito ligado à noção de informação considera-se que apenas se tornariam conscientes os elementos que trazem efectivamente consigo informação.

A hipótese da ponta do icebergue. O que é consciente não é senão a emergência de todo um conjunto de experiências inconscientes, associada ao facto de que as nossas capacidades conscientes são muito limitadas (em relação a outras capacidades intelectuais). Os próprios limites da consciência são então uma característica importante que exige ser explicada.

A hipótese do teatro. A consciência é aqui vista como o lugar da apresentação dos resultados produzidos pelos tratamentos saídos dos nossos sentidos (vd. Platão e a sua caverna ou o "teatro cartesiano" da consciência, que supõe que há um lugar no cérebro onde são recolhidas as informações para as tornar conscientes).

G. Sabah

📖 Baars, B. (1988), A *cognitive theory of consciousness*, Cambridge, Cambridge University Press.
• Delacour, J. (1994), *Biologie de la conscience*, Paris, Presses Universitaires de France.

- Eckardt, B. von (1993), *What is cognitive science?*, Cambridge, MA, The MIT Press.
- Edelman, G. (1992), *Biologie de la conscience*, Paris, Éditions Odile Jacob.
- Gardner, H. (1985), *The mind's new science: A History of the Cognitive Revolution*, Nova Iorque, Basic Books.
- Harth, E. (1993), *The creative loop: How the brain makes a mind*, Nova Iorque, Addison-Wesley.
- Pylyshyn, Z. (1986), *Computation and cognition: Toward a foundation of cognitive science*, Cambridge, MA, The MIT Press.
- Rosch, E. (1977), "Human categorization: Studies in cross-cultural psychology", in N. Warren (org.), *Studies in cross-cultural Psychology*, pp. 1-49, Nova Iorque, Academic Press.
- Searle, J. (1985), *Du cerveau au savoir*, Paris, Hermann.

☞ *activação, conhecimento, memória, percepção, representação*

CONSTRUTIVISMO

Teoria geral segundo a qual a experiência perceptiva não se limita apenas às características dos dados sensoriais, mas é elaborada ou "construída" pelo sistema cognitivo.

· Há vários construtivismos. O mais extremista defende que tudo aquilo a que chamamos "realidade" é de facto o resultado de construções sociais (Von Glaserfeld, Bloor). Torna-se então difícil saber o que é uma investigação científica, em contraste com um projecto de engenharia ou simplesmente uma associação de vizinhança, porque, como tudo se constrói, o único critério passa a ser a participação social na construção que nos propomos fazer.

Se nos afastarmos um passo deste extremo (que não é válido senão no estudo das instituições), encontramos o construtivismo da escola de Palo Alto. Segundo Watzlawick, temos de reinventar constantemente a realidade, quer dizer, de redesenhar as nossas categorias, porque o essencial nas nossas interacções é o quadro delas e que este é construído. Mas Watzlawick não diz nada de preciso sobre as interacções não intersubjectivas.

O conceito de enacção

Neste domínio, Varela defendeu a ideia de que os sistemas orgânicos se ligam ao seu ambiente por uma "enacção" mediante a qual o modificam e seleccionam as suas propriedades, na mesma medida em que o ambiente as selecciona. As abelhas percebem os ultravioletas e muitas flores têm os seus estames e pistilo muito visíveis no espectro dos ultravioletas. Esta "enacção", diríamos nós, acontece muitas vezes, mas não funciona sempre, porque o ambiente pode perturbar fortemente os organismos e fazê-los desaparecer. Ao contrário do que pensava Varela, não se segue que possamos prescindir da noção de representação, porque é uma vantagem um organismo antecipar as perturbações vindas do ambiente e que tais antecipações satisfaçam plenamente a definição das representações (referência a um estado de coisas ou a um objecto sob um certo aspecto).

O construtivismo de Varela é, de facto, um determinismo interactivo entre organismos e ambiente sem que se possa predizer em que direcção irá este determinismo muito complexo. O construtivismo de Piaget, por seu lado, está condicionado pela referência à normatividade da lógica e da teoria dos conjuntos. A ideia de base é que a inteligência de um sujeito consiste na assimilação e na acomodação, o que poderíamos traduzir por expansões de conhecimentos e da acção e revisões de crenças e de planos de acção, em função das reacções do ambiente. Esta ideia parece correcta. O importante em Piaget é que se trata de um re-construtivismo, porque a inteligência é o que é capaz de se reconstruir segundo diferentes estádios. Piaget pretendia que as etapas desta reconstrução fossem inversamente paralelas à evolução das concepções lógico-matemáticas, começando a criança pelas noções menos restritivas e mais abstractas, mas esta tese maximalista não parece validada pela repetição das suas experiências.

Construtivismo e realismo

Um construtivismo mais pragmático é o de Van Fraassen, que se baseia nos compromissos dos cientistas em trabalhar num quadro de hipóteses, compromisso que continua defensável enquanto permitir a adequação à experiência (sem aspirar à verdade).

Em princípio, o construtivismo opõe-se ao realismo, porque um constrói o que o outro descobre. No entanto, parece difícil pretender que construímos totalmente o que descobrimos e o próprio Varela tem de supor o ambiente para compreender a interacção com o organismo. O verdadeiro adversário do realismo é o intuicionismo, no sentido que este termo tem na teoria das matemáticas: a verdade não é independente dos meios ou das possibilidades que temos de a tornar acessível e de a pôr à prova.

P. Livet

📖 Piaget, J. (org.) (1967), *Logique et connaissance scientifique*, Paris, Gallimard.
• Van Fraassen, B. (1980), *The scientific image*, Oxford, Clarendon Press [trad., *Lois et symétrie* (1989), Paris, Vrin].
• Varela, F., Thomson, E. & Rosch, E. (1993), *L'inscription corporelle de l'esprit*, Paris, Seuil.
• Watzlawick, P. (1988), *L'invention de la réalité*, Paris, Seuil.

☞ *desenvolvimento cognitivo, epistemologia genética*

CONTROLO DA ACÇÃO

Princípio de base do funcionamento do sistema nervoso que se baseia na sua capacidade de tomar em consideração o seu próprio funcionamento. O reconhecimento deste princípio herdado da era cibernética, mas ainda hoje operacional, funda-se na comparação entre a produção real do sistema e a sua produção esperada ou "desejada".

• Examinemos o papel deste mecanismo na regulação da acção motora. A teoria postula que, de cada vez que os centros motores enviam para a periferia um sinal de comando para produzir um movimento, é conservada uma cópia deste comando (a cópia da eferência). Os sinais de retorno (visuais, proprioceptivos) que provêm da execução do movimento são comparados com a cópia. Se se verifica uma discordância entre os dois tipos de sinal, são enviados novos comandos até que o movimento real corresponda ao movimento desejado.

A característica essencial deste mecanismo é a sua natureza preditiva. Ele contém um "modelo interno" (uma representação) que antecipa os acontecimentos futuros. São assim feitas predições sobre a interacção entre o efector e o ambiente, bem como sobre os efeitos desta interacção sobre o estado do sistema. Os conhecimentos e a experiência adquiridos durante as acções anteriores servem para reconstruir esta representação. As teorias mais recentes consideram mesmo que o papel causal dos comandos motores pode ser simulado na representação sem mesmo esperar os efeitos de retorno do movimento, ou até sem que este seja executado (Wolpert *et al.*, 1995). Este mecanismo é, portanto, a combinação de dois processos.

Controlo da Acção

O primeiro deles funda-se numa estimativa do estado actual do sistema e do comando motor para prever o estado seguinte, ao simular o movimento. O segundo simula as aferências sensoriais de retorno. A diferença entre os resultados destas duas simulações permite a reactualização da estimativa.

Estabilização do mundo visual e localização dos objectos

Entre as aplicações fisiológicas potenciais deste modelo, uma das primeiras a ser proposta foi a estabilização da percepção visual durante os movimentos dos olhos.

Sperry (1950) observou que um peixe cuja visão fora invertida por uma rotação cirúrgica do olho em 180° em torno do seu eixo óptico tinha tendência para nadar em círculos quando era colocado num ambiente visual estruturado. A sua interpretação deste comportamento de rotação forçada era que existia uma desarmonia entre o sinal retiniano produzido pelo movimento do animal e um mecanismo compensador extra-retiniano destinado a manter a estabilidade do campo visual na retina.

Segundo Sperry o sistema nervoso central emitia uma descarga que atingia os centros visuais de cada vez que se produzia um comando para deslocar os olhos (daí a expressão descarga corolária). Desta forma, os centros visuais podiam distinguir entre um deslocamento do campo visual na retina produzido por um movimento do animal e de um deslocamento proveniente da cena visual. Os deslocamentos retinianos resultantes de um movimento do animal eram assim anulados por uma descarga corolária da mesma amplitude e do mesmo sinal que o movimento e, portanto, não provocavam resposta comportamental da parte do animal. Em contrapartida, se a descarga corolária não correspondia ao deslocamento retiniano (como

depois de uma inversão da visão), este deslocamento não era anulado e, pelo contrário, era lido pelo sistema como tendo a sua origem no mundo visual envolvente: daí o movimento do animal na direcção deste deslocamento aparente do mundo visual.

O papel deste sinal que antecipava a ocorrência de um movimento foi alargado a outras funções visuomotoras, entre as quais a localização de um alvo visível no espaço. Com efeito, a posição de um alvo na retina não pode ser suficiente para localizar este alvo no espaço, porque os movimentos dos olhos em relação à cabeça e dos movimentos da cabeça em relação ao corpo fazem com que várias posições retinianas do alvo possa corresponder à mesma posição do objecto no espaço. A reconstrução da posição do alvo no espaço requer assim que a posição retiniana deste alvo seja modulada em função da posição dos olhos e da cabeça relativamente ao corpo.

Este processo de reconstrução é de natureza dinâmica. Guitton e os seus colegas apresentaram uma demonstração directa, ao mostrarem que certos neurónios do colículo superior – os neurónios *tectum-reticulares* – codificam as variações do erro motor do olho (o desvio entre a sua posição real na órbita e a sua posição desejada) durante o próprio movimento. Antes que o movimento comece, alguns destes neurónios, aqueles cujo vector preferido corresponde à posição desejada do olho, serão activados e influenciarão o comando oculomotor. À medida que o movimento progride e que o erro motor tende para zero, outros neurónios *tectum-reticulares* com vectores preferidos mais curtos serão por sua vez activados, até que o erro seja nulo. Por fim, neurónios com um vector igual a zero manterão o olho na sua posição de fixação.

Estes autores postulam, portanto, a existência de uma representação interna da variação da posição do olhar cuja comparação com a posição desejada dá o erro motor instantâneo. Daí a hipótese de Guitton de uma zona de activação que se desloca à superfície do colículo desde a região caudal, onde os neurónios têm grandes vectores, até à região rostral, onde se encontram vectores de amplitude muito fraca utilizáveis pela fixação (vd. Guitton, 1992).

A representação do objectivo de um movimento

Um comportamento orientado para um objectivo supõe que a acção deve continuar enquanto este não é atingido. Uma representação motora deve conter, portanto, não apenas os mecanismos de antecipação para dirigir a acção, mas também os que controlam o seu curso e verificam o seu termo. Este mecanismo de correcção do desvio implica uma armazenagem a curto prazo da informação tratada em cada etapa da geração da acção. Dado que os sinais sensoriais de retorno no decurso da execução são necessariamente posteriores aos sinais de comando, o comparador deve produzir uma estimativa antecipada do desenrolar do movimento. Esta estimativa é em seguida utilizada para calcular a posição real do efector em relação ao alvo.

Esta hipótese levanta um problema, o da compatibilidade dos sinais sensoriais de retorno acerca da execução com os sinais de comando: os dois tipos de sinais devem ser codificados na mesma linguagem para que se possa estabelecer uma concordância entre eles. Von Holst e Mittelstaedt (1950) tinham proposto que os sinais de retorno eram a imagem em espelho dos sinais de comando, um pouco como o positivo e o negativo da mesma fotografia: quando os dois sinais estivessem perfeitamente sobrepostos, anular-se--iam e a concordância estaria assim realizada. Esta hipótese tem uma certa validade fisiológica: o sinal proprioceptivo proveniente do músculo agonista durante um movimento (devido à coactivação dos motoneurónios gama) é a cópia exacta do comando motor enviado aos motoneurónios alfa, que asseguram a contracção do músculo (Miles e Evarts, 1979).

Foi proposto que a informação armazenada no comparador codifica, não apenas o movimento, mas o estado final da acção. Quer dizer, seria o objectivo da acção, e não o seu desenrolar, que seria representado. Esta ideia de uma representação do estado final do sistema é sustentada por argumentos experimentais como os de Desmurget *et al.* (1995). Dois sujeitos recebem a ordem de pegar numa alavanca colocada numa certa orientação. Quando esta orientação é modificada de maneira inesperada no início do movimento vê-se a configuração do braço modificar-se progressivamente desde aquela que corresponde à orientação inicial da alavanca até à que corresponde à nova orientação. A comparação dinâmica (durante o movimento) entre posição final desejada e posição actual permite esperar que se atinja automaticamente a boa orientação.

A supervisão da acção

A um nível mais elevado, o das acções dirigidas para objectivos complexos e a prazo mais longo, foram considerados mecanismos semelhantes para comparar a representação da acção projectada e a sua realização, bem como para compensar eventuais discordâncias entre as duas. Estudos de neuroimagiologia tentaram identificar estruturas nervosas que pudessem preencher esta função de comparador ou de sistema de detecção de desvios. O giro cingular anterior, uma região na superfície média do córtex frontal, poderia ser uma dessas estruturas. Carter *et al.* (1998) mostraram que esta região modifica a sua actividade numa tarefa de detecção que apresenta riscos de erro: a actividade aumenta quando há respostas erróneas, mas também respostas correctas dadas num contexto em que existe uma forte competição entre diversas respostas possíveis. Daí a ideia de que o giro cingular anterior detectaria as situações onde podem ocorrer erros, para além dos próprios erros. O mecanismo de supervisão da acção anteciparia o surgimento inesperado de erros, graças à representação dos efeitos da acção sobre o mundo exterior.

Este mesmo mecanismo poderia igualmente representar um meio poderoso para determinar se um acontecimento sensorial é consequência da nossa acção ou de uma mudança exterior. Blakemore *et al.* (1998) compararam a actividade cerebral durante o tratamento de sons produzidos ao acaso e de sons idênticos resultantes de uma acção autoproduzida pelo sujeito. Observaram uma activação mais importante da parte inferior do lobo temporal direito quando os sons eram produzidos ao acaso do que quando resultavam de uma acção autoproduzida. Este resultado sugere que a actividade do lobo temporal seria inibida aquando da audição de sons previsíveis, devido à sua relação com uma actividade do sujeito. Para além deste resultado, podemos levantar a questão dos efeitos de uma disfunção deste mecanismo inibidor. É o que poderia explicar a atribuição errónea de uma acção autoproduzida a uma origem exterior, como se observa durante alucinações sentidas por doentes psicóticos. Estes doentes apresentam de facto um forte aumento da actividade das áreas auditivas do lobo temporal durante as suas alucinações auditivas, que atribuem sistematicamente a um locutor exterior (Diersks *et al.*, 1999).

M. Jeannerod

📖 Blakemore, S.J., Rees, G. & Frith, C.D. (1998), "How do we predict the consequences of our actions? A functional imaging study", *Neuropsychologia*, 36, 521-529.

• Carter, C.S., Braver, T.S., Barch, D.M., Botwinick, M.M., Noll, D. & Cohen, J.D. (1998), "Anterior cingulate cortex, error detection and the online monitoring of performance", *Science*, 280, 747-749.

• Desmurget, M., Prablanc, C., Rossetti, Y. Arzi, M. Paulignan, Y., Urquizar, C. & Mignot, J.C. (1995), "Postural and synergic control for three-dimensional movements of reaching and grasping", *Journal of Neurophysiology*, 74, 905-910.

• Dierks, T., Linden, D.E.J., Jandl, M., Formisano, E., Goebel, R., Lanferman, H. & Singer, W. (1999), "Activation of Heschl's gyrus during auditory hallucinations", *Neuron*, 22, 615-621.

• Guitton, D. (1992), "Control of eye--head coordination during orienting gaze shifts", *Trends in Neuroscience*, 15, 174-179.

• Holst, E. von & Mittelstaedt, H. (1950), "Das Reafferenzprinzip. Wechselwiskungen zwischen Zentralnervensystem und Peripherie", *Naturwis*, 37, 464-476.

• Jeannerod, M. (2002), *La nature de l'esprit*, Paris, Éditions Odile Jacob [trad. port. *A Natureza da Mente*, Lisboa, Piaget, 2004].

• Miles, F. & Evarts, E.V. (1979), "Concepts of motor organization", *Annual Review of Psychology*, 30, 327-362.

• Sperry, R.W. (1950), "Neural basis of the spontaneous optokinetic response produced by visual inversion", *Journal of Comparative and Physiological Psychology*, 43, 482-489.

• Wolpert, D.M., Ghahramani, Z. & Jordan, M.I. (1995), "An internal model for sensorimotor integration", *Science*, 269, 1880-1882.

☞ *acção, representação, representação da acção*

CONVOLUÇÃO

Operação matemática que permite combinar dois acontecimentos numa representação única.

• Dois acontecimentos quaisquer podem ser codificados sob a forma de dois vectores numéricos independentes. A convolução consiste em determinar a matriz resultante do produto destes dois vectores e em construir um terceiro vector, somando os valores da matriz segundo as suas diagonais. Este vector é dito "convoluto". Codifica cada dos dois acontecimentos iniciais e a sua relação eventual sob uma forma única e integrada. A correlação é a operação inversa que consiste em encontrar um dos vectores iniciais a partir do produto vectorial entre o outro vector inicial e o vector convoluto.

Este método permitiu modelizar e simular os processos de associação e de representação dos traços compósitos na memória. Torna possível a modelização cognitiva dos fenómenos de representação, armazenagem e recuperação na memória: recordação indiciada, reconhecimento, generalização e formação de protótipos. É utilizado em vários modelos conexionistas da memória conhecidos com o nome de modelos de emparelhamento global (*global matching models*).

G. Tiberghien

☞ *conexionismo, correlação, rede de neurónios*

COOPERAÇÃO (*VS*. COMPETIÇÃO)

Esforço coordenado e voluntário de um grupo em vista de um objectivo comum: há sinergia, em conformidade com o adágio que diz "o todo é maior do que a soma das partes". Pelo contrário, a competição consiste, em princípio, numa concorrência que se estabelece entre espécies independentes quando as fontes de vida lhes são fornecidas em quantidade limitada.

• A emergência da faculdade de cooperação no ser humano segue as seguintes etapas (segundo E. Nielsen):
– comportamento associal (a criança é indiferente ao trabalho dos outros)
– comportamento egocêntrico (a criança defende-se contra a intervenção do outro)
– comportamento socializado (adaptação recíproca ocasional, depois discutida, e tomada de iniciativas). Este último estádio não começa a predominar senão por volta dos 7-8 anos.

A interacção dos organismos vivos visa monopolizar os recursos limitados de um dado meio e implica, na maioria das vezes, o domínio de um indivíduo ou de um grupo de indivíduos, de uma espécie ou de um grupo de espécies.

Em robótica, a cooperação corresponde a uma situação onde um grande número de *robots* móveis autónomos podem planear e executar diferentes tipos de tarefas, partilhando o mesmo ambiente e os mesmos recursos. A competição é também um modo de interacção em que os *robots* podem ter objectivos opostos e agir em consequência para os atingir, eventualmente em detrimento dos outros.

De igual modo, estas definições foram aplicadas ao caso dos sistemas multi-agentes em que as diversas interacções dos agentes podem tomar a forma de colaboração ou de competição. Para resolver eventuais conflitos, cada agente deve raciocinar acerca das intenções e dos conhecimentos dos outros agentes, utilizando representações heterogéneas, o que implica métodos complexos de comunicação (quadros negros ou trocas de mensagens).

G. Sabah

Correlação

☞ *cognição social, inteligência artificial, robótica*

CORRELAÇÃO

Operação entre dois vectores (também chamada "coeficiente de correlação"). Intuitivamente, o coeficiente de correlação, com a notação r, mede a semelhança ou similaridade entre dois vectores das mesmas dimensões.

• Este coeficiente toma um valor no intervalo $[-1, +1]$. Quando $r^2 = 1$ então os dois vectores são proporcionais, isto é, um pode ser obtido por combinação linear do outro. Um valor de $r = 0$ indica que os vectores são ortogonais (formam um ângulo recto). Um valor de $r = -1$ indica que os vectores são opostos (*i.e.*, os valores elevados de um deles correspondem aos valores baixos do outro e vice--versa). Quanto mais elevado é o valor de r^2 mais próximos estão os vectores. Formalmente, o coeficiente de correlação corresponde ao co-seno do ângulo formado pelos dois vectores centrados (*i.e.*, um vector está centrado quando a sua média é nula, o que se obtém por subtracção da média do vector a cada um dos valores).

Em notação matricial, o coeficiente de correlação entre dois vectores $\mathbf{x}$ e $\mathbf{y}$ é dado por:

$$r_{xy} = \frac{(\mathbf{x} - \bar{\mathbf{x}})^T (\mathbf{y} - \bar{\mathbf{y}})}{||(\mathbf{x} - \bar{\mathbf{x}})|| \times ||(\mathbf{y} - \bar{\mathbf{y}})||}$$

(em que ^{T} denota a transposição, $\bar{\mathbf{x}}$ um vector da mesma dimensão que $\mathbf{x}$ com a média de $\mathbf{x}$ como elementos e onde $\bar{\mathbf{x}}$ representa a norma euclideana). Com uma notação algébrica padrão, o coeficiente de correlação entre duas séries de medidas com a notação x_i e y_i (medidas nos mesmos sujeitos, com o índice $i = 1, ..., I$) é dado por

$$r_{x,y} = \frac{\Sigma (x_i - \bar{x})(y_i - \bar{y})}{\sqrt{\Sigma (x_i - \bar{x})^2 \Sigma (y_i - \bar{y})^2}}$$

(em que $\bar{x}$ denota a médias dos valores x_i)

O quadrado do coeficiente de correlação interpreta-se, em geral, como a parte da variância comum às duas variáveis. Pode-se utilizá-lo também para avaliar a semelhança de duas formas. As matrizes de correlação obtidas entre duas séries de variáveis são estudadas com a técnica da análise em componentes principais. Para testar se um coeficiente de correlação é real (*i.e.*, diferente de zero), utiliza-se a técnica da análise da variância.

H. Abdi

📖 Abdi, H. (1987), *Introduction au traitement des données expérimentales*, Grenoble, Presses Universitaires de Grenoble.

☞ *análise da variância, análise em componentes principais, convolução*

CORRELATO NEURONAL

Estado particular de activação ou de inibição de uma região cerebral associada a um comportamento ou a uma actividade cognitiva ou emocional.

• Se as activações dos nossos neurónios são o que nos permite perceber, recordar, imaginar, pensar, desejar, querer e agir, então deveríamos poder identificar correlatos neuronais destas diferentes actividades em geral ou mesmo de uma actividade específica, como recordar-me do chapéu da minha avó, para fazer uso do exemplo de Changeux. Há um neurónio "avó"? Dispomos hoje de diferentes métodos de investigação neste domínio reunidos sob a designação de "neuroimagiologia".

Tomemos três exemplos. Desde logo o registo dos neurónios-espelho. Depois de ter treinado um macaco para uma determinada tarefa, registam-se diferentes neurónios até que se identifiquem aqueles que se activam, quer quando o macaco executa esta acção, quer quando vê o experimentador executá-la. Pode-se pensar que a activação do neurónio é o correlato da visão da acção interpretada pela capacidade de a executar. Mas seriam possíveis outras respostas: o neurónio ligar dois outros grupos de neurónios, um para a acção, outro para a percepção, ou até este neurónio ser excitado pela activação destes dois grupos em conjunto, mas a excitação deste neurónio não ter, de facto, nenhum efeito pertinente. Parece no mínimo difícil decidir entre as duas primeiras hipóteses.

Outro exemplo: pode-se mostrar a correlação de um movimento com um certo "atractor" ou *pattern* da actividade neuronal e quando se passa para outro movimento há destabilização deste atractor, a que se segue a reconstituição de um outro atractor (Varela e Renaud). Verifica-se que: *(a)* o fenómeno é regular, *(b)* pode-se associar a diferença entre os dois movimentos com uma diferença entre os dois cálculos ou atractores e *(c)* parece muito difícil que um tal acoplamento entre diferenças possa ser produzido se os componentes da diferença calculada não representam a activação neuronal para o primeiro e para o segundo movimentos. Estas três condições levam, portanto, a pensar que estamos perante um correlato neuronal da diferença entre as duas actividades. Mas é muito mais delicado reconhecer nisso um correlato neuronal de uma ou de outra actividade separada.

Passemos, por fim, à ideia de um correlato neuronal da consciência. Logothetis *et al.* propuseram a um macaco uma imagem à esquerda de uma grelha horizontal e à direita de uma grelha vertical.

Quanto a nós, vemos as duas imagens alternar. O macaco é treinado a assinalar qual a grelha que percebe. Nas áreas inferiores da visão são activados 20 a 30% dos neurónios em correlação com uma ou outra imagem, independentemente da visão consciente. Nas áreas superiores quase todos os neurónios estão correlacionados com a resposta dada. Também neste caso, a diferença de correlato neuronal está associada a uma diferença entre informação perceptiva e percepção consciente. Pode-se então dizer que a diferença de activação é um correlato neuronal entre tratamento inconsciente e consciente.

P. Livet

📖 Libet, B. (1995), *Neurophysiology of Consciousness*, Boston, Birkhaüser.
• Logothetis, N. & Schall, J. (1989), "Neuronal correlates of subjective visual perception", *Science*, 245, 761-763.
• Rizzolatti, G. & Gallese, V. (1997), "From action to meaning", in J.L. Petit (org.), *Les neurosciences et la philosophie de l'action*, Paris, Vrin.

☞ *cérebro, neuroimagem*

CRENÇA

Atitude epistémica (de conhecimento) que se diferencia do saber. Platão falava de *doxa* ou de "opinião supostamente verdadeira". Os lógicos das modalidades distinguem crença e saber pelo facto de se supor que uma crença é verdadeira, mas poder ser falsa, enquanto o saber é verdadeiro de acordo com o seu próprio estatuto. Ou, se se preferir, aquilo em que se acredita é verdadeiro em pelo menos um dos mundos possíveis que são acessíveis a partir do nosso, enquanto aquilo que se sabe é verdadeiro em todos esses mundos acessíveis. Como fora das matemáticas parece ser difícil assegurar a verdade de uma tese, a filosofia da mente fala então de "crenças". As crenças religiosas fazem parte delas, mas também a crença de base de que estou a ler um livro, etc.

• Uma crença comporta pelo menos dois aspectos: o seu conteúdo, como, por exemplo, que está um livro à minha frente, e a atitude em que consiste a crença propriamente dita, por exemplo, que a presença do livro à minha frente é para mim indubitável. A atitude pode variar e a confiança que temos na presença do conteúdo ou na sua verdade apresenta graus. É tentador considerar estes como graus de probabilidade, entendendo por tal, não uma frequência, mas uma probabilidade subjectiva, que pode ser revista quando acedemos a novas informações que levam a ponderar a nossa primeira estimativa.

Crença e desejo

Ramsey propôs que se considerasse os graus de confiança na validade de uma crença como sendo tais graus de probabilidade. Propôs sobretudo um procedimento para identificar estes graus de crença. O problema é que para verificar esse grau, temos de nos basear no comportamento dos sujeitos. Ora, este comportamento não é guiado apenas por crenças, mas também por desejos. Há, aliás, uma ligação entre crença e desejo: se um agente for racional e acredita que p, então está disposto a agir de maneira que, se p fosse o caso, o seu desejo associado a p seria satisfeito; identicamente, se deseja p, então está disposto a agir de uma forma que o agente crê que é susceptível de produzir p. Mas, nestes casos, trata-se de disposições que podem nunca ter de se manifestar num comportamento. A ideia de Ramsey é partir de crenças condicionais

(creio que p se q) e determinar crenças neutras, indiferentes em termos de desejos (entre p se q e não p se q, não manifesto preferência). Depois, propondo apostas ao sujeito (ganhar X se p, ganhar Z se não p) e frustrando o seu desejo, pode-se detectar o grau de crença do sujeito por comparação com as posições que ele considerava como crenças indiferentes.

Não é certo que se possa assim distinguir a parte de desejo da parte das crenças, se as probabilidades são, como supõe Jeffrey, maneiras de apresentar sob um dado aspecto um dado único, que é a desejabilidade, e que associa a novidade que a informação traz consigo e o seu carácter desejável. Para além disso, o conteúdo da crença também não é fácil de identificar. Quine defendeu a tese do holismo das significações, mas ela é válida também para as crenças. Não é possível definir o conteúdo de uma crença sem ter de supor uma pletora de outras crenças que formam uma rede com a primeira. Se alguém utilizar a palavra "crença" sem parecer que sabe que é preferível não se considerar o que se deseja como sendo uma crença fundada, posso duvidar da sua compreensão do termo crença, a menos que estejamos a falar da sua religião preferida. Quando muito, pode-se esperar que esta rede seja finita e que cada crença não reenvie para uma outra. Em caso contrário, dado que podemos ter continuamente novas crenças, nunca poderíamos atribuir uma dada crença aos nossos semelhantes.

Crença e cognitivismo

O cognitivismo clássico admite que o holismo é apenas local e que nas crenças podemos ver causas que ditam os nossos comportamentos e, em particular, as escolhas, ao seguir um procedimento próximo do de Ramsey ou de Savage. Segundo a tese da linguagem da mente, as crenças são representadas por sequências de símbolos, implementadas nas activações dos nossos neurónios e que obedecem a regras de transformação – regras sintácticas – que asseguram a sua correspondência com restrições semânticas. Em função destas restrições, as sequências de símbolos que estão na nossa "caixa de crenças" têm certos efeitos causais sobre outros símbolos que estão na nossa "caixa de desejos" e nos levam a fazer escolhas e a tomar decisões que se traduzem em acções (nem que seja apenas a de falar). As crenças e os desejos são portanto diferenciados pelo que se chama os seus "papéis funcionais" e que são especificados pelas regras segundo as quais os símbolos que se encontram numa caixa podem influenciar o que se encontra noutra, o que se pode traduzir por restrições de programação. Estes papéis funcionais determinam não só a influência do conteúdo da crença, mas também o seu grau de fiabilidade para o sujeito.

Subsiste, todavia, um problema que consiste em a maior parte destes mecanismos poder ser "subdoxástica", ou seja, estes mecanismos poderem ocorrer aquém do acesso que o próprio sujeito possa ter ao que tem consciência de crer. As ponderações das ligações da rede de crenças não são representadas na consciência. Podemos até perguntar se os graus de confiança são representados na consciência sob a forma com que influenciam as decisões. Inversamente, sabe-se desde as experiências de Kahneman e Tersky que a maneira como uma situação é apresentada modifica os nossos juízos e, provavelmente, as crenças. Aceder às crenças como papéis funcionais não é, portanto, uma tarefa fácil. Alguns autores, como os Churchland, mas também Stich, puseram em dúvida a utilidade, para uma ciência da mente, desta identificação das crenças e até o uso deste conceito demasiado próximo da psicologia popular. Todavia, há que dizer que qualquer outro conceito proposto para substituir o de crença teria de satisfazer as mesmas restrições.

Alguns "defeitos" das crenças permitem imaginar modos de experimentação.

É o caso, em particular, do facto de uma frase do género "Creio que p" padecer de opacidade referencial. A proposição p (por ex., creio que "as crenças fazem parte da psicologia popular") é considerada pelo sujeito da crença num sentido em que outros a considerariam? Isso depende do que o sujeito sabe sobre a psicologia popular e ele pode muito bem ter sobre o assunto ideias muito diferentes das nossas. Mas, a partir daí, podemos esperar detectar diferenças nas escolhas e nos comportamentos que não se relacionam com a proposição p, mas com um conteúdo de crença divergente que se manifestará nessa ocasião.

Crença, vontade e desejo

Uma outra área de investigação consiste em examinar as relações entre crença, vontade e desejo. É certamente racional distinguir as nossas crenças daquilo que desejamos, se pretendemos permanecer ajustados à realidade. Mas não será útil acreditar que podemos saltar uma fenda se isso nos permite ultrapassar a inibição que nos bloqueia os músculos? Neste caso, a crença pode ainda ser objectiva. Todavia, a confiança que Colombo tinha na possibilidade de descobrir directamente as Índias ao dirigir-se para Ocidente, embora mal dirigida, permitiu-lhe descobrir a América. O mero objectivo de termos mais confiança em nós, se formos pacientes, permite-nos realizar coisas que até então eram consideradas inacessíveis. O problema é que para crer porque queremos crer é necessário esquecer que acreditámos porque o desejámos, de contrário duvidaremos ainda da sua crença. Ora, um mecanismo similar conduz a posições irracionais quando queremos esquecer uma característica perturbadora de uma situação e acabamos por acreditar que ela não existe ou que podemos substituí-la por outra mais aceitável, por exemplo, quando acreditamos que tal rival obteve o lugar que desejávamos devido a nepotismo

Criatividade

– o que, aliás, nos permite substituir a nossa inveja, de que poderíamos ter vergonha, por uma virtuosa indignação. Este auto-engano com que nos iludimos a nós mesmos é também um efeito de uma influência do querer (querer evitar tal pensamento, tal emoção) sobre o crer.

Mesmo quando queremos crer, é necessário que a crença se estabeleça involuntariamente. Pelo contrário, parece possível ter um outro estado epistémico, a aceitação, que consiste em "actuar como se se acreditasse" de maneira voluntária e porque se espera algum benefício prático desta atitude. Assim, o advogado actua como se o seu cliente estivesse inocente, o cientista actua como se a sua teoria aventurosa fosse verdadeira e, desta forma, explora melhor o domínio possível do saber do que o faria quem se restringisse apenas às suas crenças mais bem fundadas. A diferença entre a aceitação e a crença é que se pode rever a primeira para passar a uma aceitação diferente de maneira consciente e voluntária e que os motivos da revisão são essencialmente uma melhor satisfação dos nossos objectivos práticos no momento, ou seja, mudamos de aceitação ao mudar de objectivo. Em contrapartida, quando revemos as nossas crenças, um processo involuntário – e em grande parte inconsciente – elimina as contradições mais salientes com as novas informações, tentando conservar o máximo de crenças julgadas importantes de um ponto de vista epistémico. Parece que esta hierarquia epistémica não deve mudar demasiado rapidamente. No entanto, encontramos atitudes que são bastante similares às aceitações, na medida em que exigem mudanças bastante rápidas do sistema de crenças prioritárias ou de normalidades em que nos baseamos. São as atitudes que temos em relação a condicionais hipotéticos, como, por exemplo, "se não houvesse gravidade, flutuaríamos no ar", que exige que mudemos muitas das normalidades do nosso mundo. Pode-se considerar, por-

tanto, uma espécie de variação por graus entre as crenças bem enraizadas, que não mudamos senão muito raramente e no termo de uma maturação inconsciente, as crenças susceptíveis de revisão mais rápida, as aceitações que se podem rever em função de uma mudança de objectivos, numa lista de objectivos que ele mesma não muda, e os condicionais hipotéticos, que nos permitem fazer de conta que ficções afastadas daquilo que pensamos ser a nossa realidade de base são válidas. Ora, é ao imaginar tais condições hipotéticas que, colectivamente, conseguimos melhorar as nossas sociedades.

P. Livet

Dokic, J. & Engel, P. (2001), *Vérité et succès*, Paris, Presses Universitaires de France.
• Engel, P. (1995), "Les croyances", in D. Kambouchner (org.), *Notions de philosophies*, II, Paris, Gallimard.
• Engel, P. (1994), *Introduction à la Philosophie de l'esprit*. Paris, La Découverte [trad. port. *Introdução à Filosofia do Espírito*, Lisboa, Piaget, 1996].

☞ *conhecimento, psicologia popular*

CRIATIVIDADE

Capacidade de produzir uma ideia expressável de uma forma observável ou de realizar uma produção (composição pictórica, escultórica, musical; texto literário, científico, publicitário; esboço, plano ou maquete de um objecto técnico, etc.) que seja ao mesmo tempo inovadora (e inesperada), adaptada à situação e considerada como tendo valor.

• A criatividade dá lugar a inúmeras definições. A tónica começou por ser posta no carácter "misterioso" e, por vezes, até místico da criatividade. Assim, o dicionário Webster's (1880) relaciona a definição de criatividade com a do verbo "criar", definido como *"to bring into being, to form out of nothing, to cause to exist [...]"*. Esta definição evoluiu evidentemente em função de contributos de diferentes abordagens (vd. Lubart, 1994): abordagem "psicodinâmica", que dá ênfase às tensões entre a realidade consciente e aspirações inconscientes; abordagem cognitiva, centrada no raciocínio e nos conhecimentos; abordagem "sociopsicológica", focada nas variáveis relacionadas com a personalidade, a motivação e o ambiente sociocultural; até abordagens que sublinham o carácter multidimensional da criatividade.

O processo criativo

O carácter inovador não reside unicamente na própria produção, mas também no processo criativo. A análise deste processo pode ser efectuada em quadros diversos:

- *"micro-ondas"* construídas artificialmente de maneira a permitir, quer a maleabilidade das acções, quer o controlo das respostas possíveis – vd. os trabalhos de Hofstadter *et al.* (1995) sobre a "fluidez conceptual", *i.e.* a emergência de novos conceitos por deslizamentos conceptuais;
- "tarefas cognitivas gerativas", indo de situações imaginárias (como a elaboração de desenhos que representam criaturas extraterrestres) até situações realistas ou reais (como as actividades de concepção) que permitem estudar a criatividade em relação com a especialização num domínio;
- estudos de casos realizados junto de artistas, cientistas ou inventores.

Foram assim estudados diferentes processos cognitivos que contribuem para a criatividade, como, por exemplo:

- os processos perceptivos que podem conduzir os criadores (artistas, inventores de novos objectos, etc.) a reinterpretar as produções em curso e a definir novos objectivos;
- a construção de analogias e a definição de constrangimentos que permitem abrir ou restringir o espaço de investigação de novas ideais e orientar o percurso do pensamento no espaço-problema considerado (Bonnardel & Marmèche, 2001);
- os processos avaliativos (avaliação da sua produção pelos próprios criadores) que desempenham igualmente um papel determinante no percurso da resolução do problema.

A aplicação destes processos e, de uma maneira mais geral, a construção (e a reconstrução) da representação mental do problema revelam-se dependentes de vários factores, tais como a natureza do problema a tratar, os pontos de vista adoptados pelos criadores e o seu nível de competência no domínio considerado.

Podendo a criatividade ser considerada uma capacidade multidimensional (vd. Lubart, 1994), para além dos aspectos cognitivos, foram analisados outros factores que contribuem para ela, como os aspectos conativos e ambientais.

A avaliação da criatividade

Como foi enunciado na definição apresentada precedentemente, a produção deve ser *adaptada à situação* (em particular, respeitar os limites do problema) e ter *um certo valor*. Sendo os problemas criativos mal definidos por natureza e admitindo uma variedade de soluções, a avaliação de uma produção inovadora depende de critérios explícitos e implícitos que se tomam em consideração em dado momento e da ponderação que lhes é atribuída. As avaliações podem variar segundo o contexto (por ex., as outras produções consideradas), o auditório (por ex., juízes "sem competência especial" *vs.* peritos num domínio) e o ambiente sociocultural em que a criatividade se manifesta. Uma produção inovadora pode parecer destituída de valor num dado momento ou numa dada época e suscitar interesse ulteriormente ou, também, ser valorizada em certas culturas, mas não noutras. Certos modelos de criatividade acentuam o facto de que a sociedade enquanto auditório da criatividade e os especialistas que são "guardas do domínio" intervêm na definição do que é criativo (vd., por ex., Csikszentmihalyi, 1996).

Questões complementares

Quem pode ser criativo? A criatividade foi descrita, por vezes, como o que caracteriza certas pessoas e que não pode ter lugar a não ser em domínios bem determinados. Foi também considerada como resultante de processos de pensamento habituais, podendo ser posta em acção em situações de resolução de problemas quotidianos. A ideia mais difundida é que todos os seres humanos são capazes de ter pensamentos criativos, mesmo se alguns o são mais do que outros.

No quadro das ciências cognitivas, a questão "Quem pode ser criativo?" pode ser alargada aos sistemas informáticos (e / ou robóticos). Podemos interrogarmo-nos então se a criatividade é própria do ser humano ou se pode ser produzida artificialmente. O célebre *robot* Aaron (Cohen, 1988), que faz desenhos originais, fornece um exemplo particularmente interessante de produção artificial que se poderia qualificar de criativa. Neste contexto, falar de produção criativa impõe que o sistema informático tenha uma certa autonomia e que o resultado a que conduz seja, não apenas inovador e considerado como possuindo valor, mas igualmente inesperado.

Como medir a criatividade? Foram elaboradas diferentes técnicas para medir a criatividade: testes cognitivos [como os Testes de pensamento criativo de Torrance (Torrance & Presbury, 1984)], testes específicos de personalidade (que permitem definir perfis e "personalidade criativa"), inquéritos sobre os centros de interesse ou as atitudes, a consideração de juízos emitidos por pares ou especialistas, a notoriedade e as distinções honoríficas obtidas, etc. Todas estas técnicas podem suscitar interrogações ou dar lugar a certas críticas. Assim, podemos interrogarnos a natureza do que é medido pelos testes utilizados. Por exemplo, no caso dos testes cognitivos, pode tratar-se da capacidade de produzir diferentes ideias, da originalidade destas ideias e do seu nível de descrição ou da capacidade de descobrir relações entre noções *a priori* afastadas umas das outras. No entanto, isto cobre apenas alguns aspectos da criatividade. Em função das técnicas, podem ser efectivamente (ou aparentemente) tomados em consideração diferentes aspectos, mas em que medida estão realmente ligados à criatividade?

Podemos também interrogarmo-nos sobre o nível a que a criatividade deve ser apreciada: será ao nível do indivíduo, da sua produção e / ou do processo criativo? Se pretendemos compreender a dinâmica da criatividade, a análise deveria incidir nestes diferentes níveis.

Que factores influenciam a criatividade? Certos factores podem favorecer a criatividade, como a sugestão de fontes de inspiração *a priori* afastadas do objecto a conceber ou a criar (Bonnardel & Marmèche, 2001) ou o factor dito de incubação (*i.e.* uma interrupção na reflexão que pode revelar-se eficaz para sair de um impasse ou de um período de bloqueio). Outros factores são, pelo contrário, susceptíveis de inibir a criatividade. Pode tratar-se de factores sociais (por ex., o facto de se encontrar numa situação competitiva) ou de factores cognitivos (por ex., uma rigidificação da actividade, consecutiva à aquisição de uma competência). Para além disso, certas investigações actuais visam facilitar a criatividade individual ou colectiva, graças a uma interacção com o sistema informático. Nesta perspectiva, os ambientes informáticos poderiam tornar-se apoios do pensamento criativo ou mesmo contribuir para a geração de ideias novas, por exemplo, suscitando o estabelecimento de novas relações analógicas.

N. Bonnardel

   📖 Bonnardel, N. & Marmèche, E. (2001), "Creative design activities: the evocation process and its evolution with regard to expertise", in J. Gero & M.L. Maher (orgs.), *Computational and Cognitive Models of Creative Design V*, pp. 189-204, University of Sydney, Australia, Key Centre of Design Computing and Cognition.
   • Cohen, A. (1988), "How to draw three people in a botanical garden", *Proceedings of the Seventh International Conference on Artificial Intelligence*, pp. 846-855, San Mateo, CA, Morgan Kaufman.
   • Csikszentmihalyi, M. (1996), *Creativity: Flow and the Psychology of Discovery and Invention*, Nova Iorque, Harpper Collins.
   • Hofstadter, D., and the Fluid Analogies Research Group (1995), *Fluid Concepts and Creative Analogies: Computer Models of the Fundamental Mechanisms of Thought*, Nova Iorque, Basic Books.
   • Lubart, T.I. (1994), "Creativity", in R.J. Sternberg (org.), *Thinking and Problem Solving*, pp. 289-332, Nova Iorque, Academic Press.
   • Torrance, E.P. & Presbury, J. (1984), "The criteria of success used in 242 recent experimental studies of creativity", *Creative Child and Adult Quarterly*, 9, 238-242.

   ☞ *especialização, pensamento, raciocínio, resolução de problemas*

CRONOMETRIA MENTAL

Conjunto de métodos experimentais que consistem em medir tempos de comportamento para inferir deles modos de funcionamento cognitivo.

   • Os métodos cronométricos são um dos instrumentos importantes do estudo dos tratamentos cognitivos. Baseiam-se todos em medidas de períodos de tempo de diversos tipos, em que um dos termos é um comportamento. Na sua utilização moderna, visam permitir inferir, na maior parte das vezes de acordo com um modelo, modos de funcionamento mental.

Princípio e método da taquistoscopia

Uma técnica de medida do tempo por limitação é a "taquistoscopia". O princípio é fazer ver ("*scope*") muito rapidamente ("*tachisto*", superlativo grego de "*tachis*", depressa) um estímulo S, apresentando-o durante uma período muito curto, e de recolher em seguida o resultado da percepção, registando que o participante na experiência "percebeu" S. Esta técnica incluía originalmente a utilização de diversas espécies de aparelhos denominados "taquistoscópios". Um procedimento comum é o chamado "método ascendente": começa-se por tempos de apresentação muito curtos durante os quais os participantes nada podem detectar. Em ensaios sucessivos aumenta-se a duração da apresentação até que o participante dê respostas que indicam que detectou correctamente o estímulo. Utiliza-se um critério estatístico determinado previamente que fixa a frequência de respostas correctas que se exigem. A duração da apresentação correspondente a este critério constitui, por definição, o "limiar" de detecção do estímulo. Na conceptualização cognitiva, os limiares estabelecidos pelos métodos taquistoscópicos são considerados as durações mínimas necessárias à realização dos tratamentos internos requeridos pela detecção do estímulo.

Pode ser realizado um grande número de comparações nesta base: estas permitem estudar os efeitos de certas características das classes de estímulos apresentados ou das condições – por ex., de contexto – em que a percepção é efectuada. Modelos hipotéticos sobre as modalidades de tratamento podem ser testados desta forma.

Um dos interesses da técnica taquistoscópica é que ela curto-circuita algumas actividades perceptivas e, em alto grau, os movimentos dos olhos. Imediatamente antes do estímulo experimental, apresenta-se sempre um "ponto de fixação" sobre o qual o olhar do participante se deve conservar no momento em que sobrevém o estímulo experimental. Muitas vezes é apresentada outra estimulação, chamada "máscara", logo depois, ou muito pouco depois, do estímulo experimental: deve impedir os efeitos de perseveração sensorial e os tratamentos perceptivos que tornam possíveis.

Um caso particular é aquele em que interessa estudar efeitos subliminares que se produzem com valores temporais inferiores ao do limiar de detecção. Por exemplo, uma palavra estimuladora pode não ser identificada pelo participante, mas a sua significação pode afectar a percepção de uma segunda palavra apresentada imediatamente depois daquela. Estes efeitos são geralmente interpretados em termos de actividades cognitivas pré-conscientes.

A análise dos tempos de latência

Uma segunda categoria de métodos cronométricos é constituída pelas técnicas de medida dos tempos de latência. Consistem estes métodos em medir o tempo que decorre entre o início da apresentação de um certo estímulo e o início da emissão da resposta que lhe foi associada pela instrução (esta acrescenta geralmente: "deve responder o mais rapidamente pos-

sível, mas sem errar"). Hoje em dia, a resposta exigida é, na maioria das vezes, tocar num botão, numa pinça ou numa tecla do computador. Devem ser tomadas diversas precauções experimentais (preferência manual, boa posição das mãos, fixação de um determinado critério *a priori*, sempre muito baixo, de erros tolerados, etc.).

A utilização e, sobretudo, a interpretação dos métodos de medida das latências variaram sensivelmente na história da psicologia experimental. O ponto de partida foi a medida dos "tempos de reacção simples": a situação comportava apenas um único estímulo, por exemplo, um som breve, ou o acender de uma luz, ou um contacto num ponto do corpo. No século XIX, o objectivo sonhado era medir a "velocidade de condução do influxo nervoso" ao longo dos nervos desde o órgão sensorial até ao cérebro. Porém, apareceram rapidamente variações consideráveis, nomeadamente interindividuais. Uma segunda utilização prevaleceu desde então, relevando da psicologia experimental: caracterizar os indivíduos em função do seu tempo de reacção numa tarefa padronizada.

Uma outra classe de situações aparentada à precedente pareceu mais interessante: a dos tempos de reacção "discriminativa" ou de "escolha". No primeiro caso, são apresentados dois estímulos ao participante (por ex. duas cores ou dois sons): ele deve responder a um, mas não ao outro. No segundo caso, de facto muito próximo do anterior, deve responder de certa forma ao primeiro estímulo e de outra ao segundo. Actualmente, utiliza-se com frequência este esquema experimental com estímulos complexos e um par de respostas "sim / não": "se o estímulo que lhe é apresentado for um X (determinado pela instrução), tocará em tal tecla (por ex. o "*p*" de um teclado, significando "sim"), se for um Y (igualmente definido), tocará noutra tecla (por ex. o "*a*" do teclado, significando "não")". Recolhe-se a natureza e a latência da resposta por meio de um programa de computador.

Nestas situações experimentais, utiliza-se de preferência a designação "tempo de ..." como sinónimo de "latência". A expressão é então completada por uma palavra que caracteriza a tarefa que é pedida ao participante: "tempo de resposta" (preferida a "tempo de reacção") ou, mais especificamente, "tempo de reconhecimento", "de sondagem", "de decisão" (neste caso com um adjectivo, como acontece, por exemplo, em "tempo de decisão lexical"), etc. Apenas os dados que dizem respeito a "sim" são em geral utilizados, sendo ignorados os outros: não se podem comparar os tempos de resposta "sim" e de resposta "não".

Inicialmente, as distribuições interindividuais observadas nestas situações foram exploradas, como se disse, com objectivos de psicologia diferencial e aplicada, o mesmo acontecendo com as que diziam respeito aos tempos de reacção simples. Testes cronométricos padronizados e aferidos permitem classificar os indivíduos em função do seu tempo de reacção individual médio. Estas classificações têm, e tiveram sempre, aplicações evidentes no domínio laboral. Para certos empregos, a selecção é feita nesta base: nas intervenções iniciais é preferível que um maquinista do metropolitano – e hoje em dia um maquinista de comboio de alta velocidade ou um piloto de avião – seja capaz de reacções rápidas.

Porém, nomeadamente com o desenvolvimento da psicologia cognitiva, tornou-se evidente que a variabilidade interindividual, que é real e por vezes importante, mas não se encontra apenas nos tempos de resposta e se encontra sempre no tempo de realização de qualquer tarefa, não pode constituir o essencial. Nas observações imediatas esta variabilidade interindividual é confundida com a variabilidade intra-individual. Porém, se para um indivíduo, ou uma amostra de indivíduos, for possível neutralizar as características temporais individuais, bem como a variabilidade aleatória, pode-se fazer sobressair uma outra espécie de variações, a que depende especificamente dos estímulos e das condições experimentais. Ora, a acumulação das experiências revelou que esta dissociação das variabilidades pode ser efectuada e que as variações devidas aos estímulos e às condições da experiência são importantes, relativamente estáveis e muito instrutivas. Fornecem dados sobre a *maneira* como o dispositivo cognitivo *trata* mentalmente os estímulos e as condições e fá-lo através do *tempo* que este dispositivo leva a efectuar estes tratamentos. A variabilidade interindividual é então considerada como não pertinente na experiência. É encarada como sendo simplesmente uma parte da variabilidade aleatória, um simples "ruído". Na maior parte das vezes por meio de análises da variância, é retirada estatisticamente a variabilidade relativa aos estímulos e às condições experimentais, sendo esta interpretada em termos de "tempo de tratamento mental".

Do tempo de reacção à cronometria mental

Foi assim introduzida pela perspectiva cognitiva uma transformação teórica completa na utilização dos métodos de cronometria mental. Esta mudança de abordagem foi corroborada pelas experiências cronométricas: aparecem as invariâncias cognitivas sob a variabilidade das medições. Elas permitem submeter todos os tipos de modelos cognitivos à prova dos factos: dado que frequentemente os tempos de resposta variam estritamente com a duração do tratamento mental efectuado no decurso da tarefa, a sua medida permite que se raciocine sobre a natureza das operações mentais que constituem o tratamento, se se retirarem as outras fontes de variação.

Em determinada época, raciocinou-se na psicologia cognitiva em termos de modelos *seriais* de tratamento mental, devido

Cronometria Mental

a uma forte analogia com o tratamento por computador. Por isso, podia-se considerar que o tempo total de tratamento mental era simplesmente a soma dos tempos dedicados a operações mentais elementares. Os diversos "tempo de ...", analisados por meio de métodos subtractivos aplicados a planos experimentais engenhosos, podiam desde logo justificar a esperança de que se pudesse identificar pouco a pouco estas operações elementares.

Mas parece actualmente que um grande número de tratamentos cognitivos funciona de forma paralela, repartida ("distribuída") e interactiva, o que torna muito complexo o quadro que deles se pode dar. Ao mesmo tempo, pareceu que os tempos de resposta podiam constituir um indicador fiável do "nível de activação" de uma representação que estivesse a ser tratada, constituindo este "nível de activação", na ocorrência, um quase-sinónimo do grau de atenção interna dedicada à representação em causa. Assim a análise cronométrica continua a ser um instrumento de eleição na abordagem experimental por parte da psicologia cognitiva.

J.-F. Le Ny

📖 Luce, R.D. (1986), *Response times: Their role in inferring elementary mental organization*, Nova Iorque, Oxford University Press.

• McClelland, J.L. (1979), "On the time relations of mental processes: An examination of systems of processes in cascade", *Psychological Review*, 86, 287-330.

• Ratcliff, R., Van Zandt, T. & McKoon, G. (1999), "Connectionist and diffusion models of reaction time", *Psychological Review*, 106, 261-300.

• Sternberg, S. (1969), "The discovery of processing stages: Extensions of Donders' methods", *Acta Psychologica*, 276-315.

• Schweickert, R. & Giorgini, M. (1999), "Response time distributions: Some simple effects of factors selectively influencing mental process", *Psychonomic Bulletin & Review*, 6, 269-288.

• Van Zandt, T. (2000), "How to fit a response time distribution", *Psychonomic Bulletin & Review*, 7, 424-465.

☞ *activação, arquitectura cognitiva, dissociação cognitiva*

D

DECISÃO LEXICAL

Decisão que consiste em determinar se uma série de letras é ou não uma palavra de uma dada linguagem.

• É geralmente admitido que uma tal decisão necessita de um acesso ao léxico mental. Essa é a razão por que a tarefa que esta decisão implica é uma das mais utilizadas para estudar o acesso lexical.

Nesta tarefa, os sujeitos vêem uma combinação aleatória de palavras e de pseudopalavras que são apresentadas isolada e sucessivamente e devem tocar o mais rapidamente possível numa das duas teclas pré-designadas para indicar se a série de letras vista na altura é uma palavra ou uma pseudopalavra. Para que uma decisão lexical implique o acesso ao léxico mental é imperativo que as pseudopalavras utilizadas sejam legais do ponto de vista ortográfico e fonológico. Quando não é esse o caso, a decisão pode basear-se unicamente na familiaridade visual. Os tempos de decisão lexical são afectados pela frequência das palavras, sendo as de elevada frequência reconhecidas mais rapidamente dos que as de baixa frequência. Este resultado deixa supor que as representações lexicais são organizadas em função da frequência da ocorrência das palavras. Para além disso, os tempos de decisão lexical são também afectados pela similaridade ortográfica, fonológica e semântica das palavras. De facto, a decisão é mais rápida quando diz respeito a uma palavra precedida de outra que lhe está associada ortográfica, fonológica ou semanticamente do que quando diz respeito a uma palavra precedida de outra que não lhe está associada.

Se os resultados convergem, a sua interpretação nem sempre é evidente, porque alguns investigadores supõem que a decisão lexical implica não apenas o acesso ao léxico, mas também processos de decisão pré-lexicais.

A. Rouibah

📖 Chumbley, J.I. & Balota, D.A. (1984), "A word's meaning affects the decision in lexical decision", *Memory & Cognition*, 12, 590-606.

☞ *léxico mental, linguagem, semântica*

DENOTAÇÃO

1. Relação existente entre uma palavra ou uma expressão de uma língua e o que estas visam no exterior da linguagem. 2. Operação pela qual se instaura esta relação.

• Um dos usos da palavra "denotação" insere-se na oposição entre *Sinn* e *Bedeutung* estabelecida por Frege (1892): *Sinn* traduz-se em português por "sentido" e *Bedeutung* pode sê-lo, neste contexto, por "denotação". (Em francês, foi a opção de C. Imbert na sua tradução de 1971 dos *Escritos Lógicos e Filosóficos* de Frege com os termos "sens" e "dénotation".) Dir-se-á

Denotação

então que, no exemplo de Frege, as duas expressões "estrela da tarde" e "estrela da manhã" têm uma denotação única que é o objecto Vénus (o *denotatum*). Actualmente prefere-se em geral traduzir *bedeutung* por "referência". Este último termo e o de "denotação" reenviam, portanto, neste contexto, para o mesmo conceito. Nos casos em que se quer falar da relação entre um nome (ou uma expressão nominal) genérico e o conjunto dos indivíduos, objectos ou entidades a que se aplica, "denotação" é equivalente a "extensão". Considera-se que certas palavras, nomeadamente os adjectivos, denotam propriedades. Podemos alargar esta maneira de ver a conjuntos de acontecimentos ou de acções: falar-se-á então da denotação dos verbos ou de algumas das categorias destes. No caso de um nome próprio, a denotação é uma designação que visa directamente o indivíduo (pessoa, lugar, etc.) assim denotado. Alguns autores defenderam que os nomes próprios tinham apenas denotação e não "sentido" (na acepção de Frege).

Denotação e conotação

Noutro tipo de contexto, "denotação" opõe-se a "conotação". Esta oposição teve diversos avatares, mas é hoje tomada com mais frequência à maneira de Stuart Mill. Este desenvolveu a ideia de que as palavras ou expressões, para além de designarem realidades exteriores à linguagem, veiculam também "uma significação confusa" que "envolve" a significação central. As conotações são consideradas vagas, difíceis de caracterizar, frequentemente impregnadas de afectividade e muito variáveis entre os indivíduos. Pelo contrário, a denotação de uma palavra ou expressão é susceptível de ser caracterizada de maneira relativamente precisa, por exemplo, por ostensão, mostrando o ou os objectos denotados, ou então dando uma definição da palavra, enunciando as propriedades dos indivíduos, objectos ou entidades respectivos ou explicitando as suas condições de pertença ao conceito veiculado pela palavra. Supõe-se que todas estas operações, desde que conduzidas com rigor, podem garantir às denotações um carácter constante e partilhado entre os diversos locutores da comunidade. Torna-se assim possível o conhecimento racional, nomeadamente de tipo científico, a validade dos raciocínios e mesmo, no melhor dos casos, a formalização.

Denotação e significação

Considera-se, por vezes, que a denotação constitui a "parte cognitiva" da significação, sendo o excedente ignorado ou condenado. Os dados da psicologia cognitiva sublinharam o carácter "natural", ou seja, mental, das denotações: estas constituem, de facto, a parte central das representações que, na memória de longo prazo dos locutores e nomeadamente no seu léxico mental, são associadas às palavras e às expressões da língua. Não relevam de simples propriedades formais. As conotações que se lhes associam são essencialmente de dois tipos, sendo umas de carácter afectivo e as outras de carácter associativo. Tal como as conotações, mas certamente com menor variabilidade, as denotações dependem da história dos locutores e das interacções que estes têm com o seu ambiente físico e a sua comunidade linguística.

J.-F. Le Ny

📖 Frege, G. (1892), *Sinn und Bedeutung, Zeitschrift für Philosophie und philosophisches Kritik*, 100.
• Frege, G. (1971), *Écrits logiques et philosophiques*, Paris, Seuil.

☞ *léxico mental, sentido*

DEPRESSÃO

Devemos distinguir dois quadros de estudo cognitivo da depressão.

Os estudos clínicos

Estes estudos dedicam-se à depressão caracterizada como perturbação do "tratamento da informação", alteração da representação do mundo e perturbação do juízo. Os trabalhos de Beck (1977) postulam uma distorção cognitiva (enviesamento) responsável pelo tratamento preferencial das informações de uma qualidade particular ("negativa") pelo deprimido. Mas é difícil estabelecer se esta distorção é uma descrição dos efeitos da depressão, ou uma perturbação elementar de valor explicativo dos factos clínicos.

A exploração neuropsicológica

Esta exploração procura detectar os correlatos do estado depressivo ao nível das operações cognitivas elementares subjacentes aos factos clínicos.

Os inúmeros trabalhos consagrados aos distúrbios cognitivos da depressão evidenciam perturbações de diversas funções cognitivas, a memória sobretudo, mas também os processos atencionais (Austin *et al.* 1992, Cohen *et al.* 1982). A memória de longo prazo explícita é perturbada, ao passo que a implícita e a memória de curto prazo seriam preservadas (Danion *et al.* 1991). Foram formuladas diversas hipóteses relativamente a níveis de tratamento cognitivo mais complexos: alteração das capacidades de raciocínio lógico, de abstracção e da codificação semântica. O conjunto dos trabalhos sobre a depressão deu origem assim à ideia de uma alteração preferencial dos processos controlados pela atenção ou dela dependentes que são utilizados na memória de longo prazo e explícita ou da estruturação da informa-

ção semântica (Weingartner *et al.* 1981), poupando as tarefas mais automáticas. Os distúrbios cognitivos são reversíveis e estão correlacionados com a intensidade e a gravidade da patologia.

Por fim, uma última abordagem privilegia a lentificação psicomotor depressivo. Este é um facto clínico (lentificação ideica e motora), mas também uma alteração cognitiva experimentalmente verificada. Para Widlöcher *et al.* (1983), o abrandamento é o sinal de uma alteração cognitiva elementar que afecta, quer a concentração intelectual, a memória, quer a fluidez do comportamento. A lentificação depressivo é o sinal de um esgotamento da capacidade de iniciar quaisquer actos, sejam eles motores, linguísticos ou mentais. As bases neurobiológicas desta perturbação explicariam a sensibilidade da sintomatologia aos psicotrópicos. A lentificação seria mesmo um testemunho ou um alvo privilegiado da acção dos antidepressivos. Concebido como um sistema de acções que diz respeito ao conjunto da actividade e opondo-se à actividade maníaca, a lentificação é global e afecta o conjunto das actividades do sujeito (motoras, ideicas). No entanto, depende de acontecimentos psicológicos. Modalidade particular de actividade cognitiva, o abrandamento seria uma resposta adaptativa que teria a sua finalidade própria, uma resposta emocional de base aos acontecimentos eventuais que desencadeiam a depressão (perda, luto). O abrandamento tem, por isso, relação com o desespero aprendido (*learned helplessness*), observada nos animais, e os efeitos de carências de reforço social.

Do ponto de vista da regulação da acção, a lentificação parece consistir, não num prolongamento da duração dos próprios actos, mas dos tempos de pausa entre os actos (por ex, do tempo de pausa na fala ou *speech pause time*) e está relacionado com uma desorganização das etapas precoces de preparação da acção. A tomada de decisões, a iniciação e a preparação

Descarga Corolária

da acção seriam mais perturbadas do que a sua realização. Tratar-se-ia, portanto, de uma perturbação da planificação da acção. Assim, durante uma prova de escolha de estímulos em que se distinguem tempos de reconhecimento do estímulo e tempos de movimento, o tempo de reconhecimento (tempo de iniciação do acto) surge prolongado nos deprimidos, ao passo que o próprio tempo de execução seria normal. Este prolongamento do tempo de resposta está correlacionado com a importância da lentificação e reduz-se com as melhorias clínicas.

N. Georgieff

📖 Austin, M.P., Ross, M. & Murray, C. (1992), "Cognitive function in major depression", *Journal of Affective Disorders*, 25, 21-30.
• Beck, A.T. (1977), *Depression: Clinical, experimental and theoretical aspects*, Hagerstown, Harper & Row Publishers Inc.
• Danion, J.M., Willard Schroeder, D., Zimmermann, M.A. *et al.* (1991), "Explicit memory and repetition priming in depression. Preliminary findings", *Archives of General Psychiatry*, 48, 707-711.
• Widlöcher, D. (1983), "Psychomotor retardation: clinical, theoretical and psychometric aspects", in H. Akiskal (org.), *The psychiatric clinics of North America*, vol. 6, pp. 27-40, Philadelphia, Saunders, W.B.

☞ *atenção, emoção, memória, neuropsicologia cognitiva, psiquiatria cognitiva*

DESCARGA COROLÁRIA

Diz-se da actividade neuronal eferente enviada por uma estrutura do sistema nervoso central para outra.

• Na maior parte das vezes, esta descarga é de natureza motora. É encaminhada para os centros motores do tronco cerebral e da espinal-medula e uma cópia (fala-se de cópia eferente) é enviada para o cerebelo, para o córtex cerebral ou para outra estrutura central.

D. Boussaoud

☞ *controlo da acção*

DESENVOLVIMENTO COGNITIVO

Evolução, relacionada com a idade, dos processos que permitem adquirir conhecimentos.

• "Actualmente, não há nenhuma teoria dominante do desenvolvimento cognitivo. Os limites dos grandes quadros teóricos – piagetianos, neopiagetianos, de tratamento da informação, etológicos, ambientalistas e neonativistas – são suficientemente importantes e visíveis para explicar o facto de nenhum deles conseguir obter a adesão de todos os investigadores [...]". Esta citação, que se deve a Siegler (1996), mostra que o ecletismo é a regra da hora actual no domínio do desenvolvimento cognitivo e que esta situação corre o risco de se prolongar. Tentaremos aqui precisar as principais hipóteses teóricas a que os investigadores recorrem, ilustrando-as com alguns dos resultados dos trabalhos mais representativos.

As teorias "estruturalistas" do desenvolvimento

As teorias estruturais fundam-se na hipótese da presença de mudanças qualitativas, de rupturas, ao longo do desenvolvimento. Foram dominantes durante várias décadas, sobretudo na Europa. O vector do desenvolvimento é explicado por elas

Desenvolvimento Cognitivo

como uma adaptação da criança ao ambiente social (Wallon) ou físico (Piaget), adaptação orientada para um estado estável (o adulto) que serve de ponto de preferência.

Para a psicologia genética piagetiana, a insistência deve ser posta nas estruturas operatórias que procedem da acção e desembocam nela e na actividade reorganizadora do sujeito. O desenvolvimento consiste na substituição de um tipo de estruturação por outro por efeito de processos dinâmicos que são a equilibração (acomodação ao real e assimilação deste), a abstracção reflexiva, a generalização, etc. O objectivo da psicologia genética é, assim, "o estudo da adaptação humana a longo prazo [...] pela transformação epistémica da acção em conhecimento – conhecimento de tipo lógico-matemático" (Bideau & Houdé, 1991).

Se é a análise fina da arquitectura operatória que é visada pelos trabalhos da escola de Genebra que descrevem os estádios sensoriomotor, pré-operatório, operatório concreto e, depois, formal, isso deixa ao mesmo tempo na penumbra o estudo das representações que "habitam" esta arquitectura. Na pletora de trabalhos que exemplificam esta concepção teórica, é certamente no estudo do raciocínio lógico que as hipóteses piagetianas continuam mais actuais, ainda que as competências da criança neste domínio pareçam ser mais precoces do que Piaget supunha e as capacidades de raciocínio não se possam de modo algum separar dos conhecimentos do domínio em que estas capacidades são exercidas. Acresce que, por exemplo, a capacidade de representar hipóteses alternativas e de as testar e também a compreensão da covariação de factores se revelam fracas até aos 11-12 anos, idade em que aparecem a sistematização das estratégias e o controlo do raciocínio (Kuhn, 1989).

As teorias "cognitivistas" do desenvolvimento

Para além disso, foi essencialmente por influência de trabalhos americanos que os conceitos fundadores da psicologia cognitiva foram aplicados ao estudo do desenvolvimento. Dado que estes trabalhos privilegiam o estudo das representações – da sua natureza e da sua organização –, bem como dos processos de tratamento da informação e das suas restrições (ligadas à atenção, à memória), a semântica das representações tem, nesta perspectiva teórica, mais importância do que a análise das operações cognitivas. Estes trabalhos, afastando-se da hipótese de que haveria rupturas qualitativas marcadas pelo desenvolvimento, colocam a ênfase na existência de continuidade na evolução das estratégias de aquisição e dos conteúdos dos conhecimentos. Os processos de aprendizagem em que sobressaem as capacidades de memória e de tratamento, que evoluem com a idade, são considerados importantes.

Podemos encontrar inúmeros exemplos destes trabalhos no estudo do desenvolvimento precoce do bebé ou nas análises da evolução das categorias semânticas.

Acerca do segundo ponto, por exemplo, Mandler (1993) considera que a formação das categorias pressupõe uma redescrição do dado perceptivo num outro formato. O formato de representação proposto é o da imagem-esquema, que pode ser definido como uma representação abstracta (a imagem-esquema é mais abstracta do que a imagem no sentido em que a significação reside na estrutura), dinâmica, susceptível de codificar mudanças contínuas, informações analógicas, relações espaciais. Ao constituir a base de um vocabulário das significações, a imagem-esquema permite dar conta, entre outros, de conceitos como de "continente-conteúdo", "parte-todo", "relação", "força", etc.

Isto constitui uma introdução ao estudo das primitivas semânticas. A tradução linguística da informação pertinente que foi abstraída permite analisar com mais detalhe as diferentes espécies de organização do material: conseguiu-se mostrar que as crianças de dois anos que tinham um léxico rico em nomes, verbos e adjectivos não organizavam os seus objectos da mesma maneira que as crianças que tinham um léxico mais pobre. Por outro lado, considerar características subjacentes à categorização (características perceptivas como a cor e a forma, estruturais como as relações parte-todo ou funcionais, no uso dos objectos) autoriza o teste de hipóteses de pormenor acerca do desenvolvimento das capacidades das crianças pequenas.

Teorias neo-estruturalistas e neocognitivistas

As teorias estruturais, como as teorias cognitivistas, pecam pela insistência num aspecto da cognição em detrimento do outro. Os dois tipos de explicação têm um papel a desempenhar na compreensão do desenvolvimento. É preciso reconhecer no aparecimento das teorias neo-estruturalistas (muito diversas, entre as quais as de Case, Pascual-Leone, Karmiloff-Smith) e neocognitivistas (de tipo conexionista) tentativas para reconciliar numa visão sintética os dois pontos de vista.

Certas proposições (Mounoud) aliam pressupostos nativistas (existência previamente ao nascimento de uma organização sensoriomotora complexa) às hipóteses neo-estruturais. Para além das suas especificidades, as arquitecturas complexas que são propostas tentam explicar, quer as mudanças desenvolvimentistas a longo e a curto prazos, quer a variabilidade das competências, omnipresente no desenvolvimento cognitivo. Hoje em dia é ainda difícil avaliar, comparativamente, o alcance heurístico destas diferentes teorias.

Os métodos na psicologia do desenvolvimento

Se considerados em pormenor, são múltiplos os métodos adoptados na psicologia do desenvolvimento cognitivo, estando relacionados com a idade (por ex., no estudo do desenvolvimento do bebé, o paradigma mais usado actualmente é decerto o da habituação e da reacção à novidade) e com as competências estudadas (por ex., a tarefa de emparelhamento com um alvo está relacionada com o estudo da categorização, pegar com a mão permite o estudo do gesto).

Mais em geral, podemos sublinhar a expansão de métodos ditos microgenéticos em paralelo com métodos mais tradicionais. Os métodos tradicionais baseiam-se na comparação de indivíduos de idades diferentes mediante cortes longitudinais (as mesmas crianças são seguidas e testadas a intervalos definidos) ou transversais (grupos de crianças de idade diferente são comparados entre si) para registar as mudanças, analisá-las e determinar a sua dinâmica. Na utilização destes métodos, a mudança é inferida a partir dos diferentes desempenhos das crianças ou dos desempenhos da mesma criança em idades diferentes (a segunda situação parece mais satisfatória). Os métodos microgenéticos, por seu lado, têm a ambição de abordar a mudança no próprio momento em que se produz e obedecem para tal a três princípios fundamentais *(a)* as observações referentes à competência estudada cobrem todo o período durante o qual se produzem mudanças rápidas, *(b)* o número requerido de observações é muito elevado e *(c)* as observações são submetidas a uma análise por ensaio extremamente aprofundada. A alguns investigadores este tipo de método parece ser o mais indicado para abordar os processos de transição tão de perto quanto possível.

Por último, precisemos que a definição de estado adulto como um período em que a estabilidade seria a regra já não

Detecção do Sinal

colhe a unanimidade dos investigadores. O termo "desenvolvimento" tende a aplicar-se para além da infância para cobrir todas as idades da vida.

F. Cordier

📖 Bideaud, J. & Houdé, O. (1991), *Cognition et développement. Boîte à outils théoriques*, Berne, Peter Lang.
• Goswani, V. (1998) *Cognition in children*, Hove, Psychology Press.
• Siegler, R.S. (1996), *Emerging minds: the process of change in children's thinking*, Oxford, Oxford University Press.

☞ *envelhecimento cognitivo, epistemologia genética, representação*

DETECÇÃO DO SINAL (TEORIA DA –)

Teoria formalizada da detecção perceptiva e do reconhecimento mnésico. **SIN.**: TDS.

• Frequentemente, a aprendizagem ou a memória são testadas com uma *prova de reconhecimento*. Apresenta-se a um sujeito uma sucessão de itens e pergunta-se-lhe se o item referido foi visto anteriormente. Este método distingue-se da *recordação* em que se pede ao sujeito que mostre o item aprendido. De facto, a recordação confunde a memória do item com a capacidade de mostrar o item em questão. Este problema é particularmente claro no estudo da cognição não-verbal ou não humana: é extremamente difícil pedir aos sujeitos, mesmo se treinados, para que recordem um rosto (*i.e.*, o desenharem) ou um fragmento musical (cantá-lo, tocá-lo ao piano, escrever a partitura, etc.); analogamente, um animal tem poucas possibilidades de nos dizer que se *recorda* de ter visto uma dada imagem na semana passada.

A situação de detecção

Na verdade, a questão deu lugar a inúmeros modelos e teorias, sendo a mais conhecida desta últimas a teoria da detecção do sinal. Esta teoria começou por ser desenvolvida no quadro da detecção de um sinal de presença de ruído (Green & Swets, 1966). O exemplo típico original corresponde ao problema de um operador de radar que tem de decidir se a configuração presente no ecrã indica a existência de um avião, ou a mera presença de parasitas, ou o voo de gerifaltes. A TDS tornou-se em seguida um instrumento de base da psicofísica (Tiberghien, 1984) e depois um instrumento de base para as investigações sobre a memória. Neste último caso, um sujeito aprende um conjunto de estímulos (como rostos, por ex.) e depois pede-se-lhe, durante o período de teste, que identifique os estímulos que lhe são familiares e os que lhe parecem novos. Na terminologia da TDS, diz-se que o sujeito identifica os estímulos antigos e os novos ou que utiliza a resposta "sim" quando reconhece o estímulo e "não" quando não o reconhece (as respostas sim e não correspondem à presença ou à ausência de um sinal na formulação de origem).

Num primeiro momento, pode-se contar o número de vezes em que o sujeito respondeu correctamente "sim" quando o sinal estava presente: é o número de reconhecimentos correctos (*hits* em inglês). Pode-se contar também o número de vezes em que o sujeito respondeu correctamente "não" quando o sinal estava ausente: é o número de rejeições correctas. O número de vezes que o sujeito respondeu "sim" quando o sinal estava ausente dá o número de falsos "mais" (abreviado como FA). Finalmente, o número de vezes que o sujeito responde "não" quando o sinal estava presente dá o número de falsos "menos" (*misses* em inglês). As frequências ou proporções correspondentes a estes diferentes casos não são inde-

Detecção do Sinal

pendentes e podem resumir-se num quadro como o que se segue:

REALIDADE	DECISÃO (RESPOSTA DO SUJEITO)	
	Sim	Não
Sinal presente	reconhecimentos correctos	não detectado
Sinal ausente	FA	rejeição correcta

Toda a informação presente neste quadro pode ser reconstituída com as proporções de acertos e de falsos alarmes (porque a soma das linhas do quadro é iguala um). No entanto, o número de acertos ou de falsos alarmes não permite descrever de forma satisfatória o desempenho dos sujeitos. De facto, não só a proporção de acertos e de falsos alarmes depende da estratégia adoptada pelo sujeito, mas, para além disso, estas duas proporções não são independentes. Por exemplo, um sujeito muito conservador evitará cometer o erro correspondente aos falsos alarmes. A melhor maneira de os evitar é dar sempre a resposta não (desta forma não registará nenhum falso alarme, mas também nenhum acerto). A tendência inversa corresponde a um sujeito muito liberal que quer detectar sempre o sinal: neste caso, a melhor estratégia é dar sempre a resposta "sim" (desta maneira não falhará nenhum, mas também não rejeitará nenhum correctamente).

Discriminabilidade e decisão

Portanto, o desempenho dos sujeitos depende de dois factores independentes: em primeiro lugar, da clareza do sinal (*i.e.*, da intensidade do sinal em relação ao ruído) e, em segundo lugar, da estratégia do sujeito. O objectivo da TDS é estimar estes dois factores das respostas dos sujeitos. Para o fazer, constrói um modelo de decisão do sujeito. Na sua versão mais simples, supõe que o sinal se adiciona ao ruído (*hipótese da aditividade*) e que a intensidade do ruído está distribuída com uma lei normal (*hipótese de normalidade*).

Estas duas hipóteses (actividade e normalidade) implicam que o sinal esteja distribuído normalmente com a mesma variância que o ruído. A separação entre o sinal e o ruído é expresso pelo parâmetro d': corresponde à distância entre as médias da distribuição do ruído e do sinal. A estratégia do sujeito corresponde à colocação do critério de decisão, também chamado enviesamento da decisão.

O modelo da TDS é ilustrado pela figura abaixo (p. 151). Tomemos o exemplo do reconhecimento de um rosto. A abcissa representa a familiaridade evocada por ele. Em média, um rosto conhecido será mais familiar do que um rosto desconhecido, mas alguns rostos novos parecem familiares e alguns rostos conhecidos não o parecem. A ordenada representa a probabilidade associada a cada valor da familiaridade. Tradicionalmente, a distribuição do ruído está centrada no valor 0 e, portanto, a distribuição do sinal está centrada no valor d'. O critério adoptado pelo sujeito corresponde ao limiar de decisão: para um valor de familiaridade abaixo deste limiar o sujeito decide que o rosto é desconhecido, para um valor de familiaridade acima deste limiar o sujeito decide que o rosto é conhecido. No exemplo precedente, supomos que a distribuição do sinal está centrada no valor 1 (*i.e.*, $d' = 1$) e que o critério do sujeito está colocado 2 unidades acima da distribuição do ruído (e, portanto, uma unidade acima da distribuição do sinal). Um sujeito com estes parâmetros de resposta dirá, portanto, que o rosto é conhecido quando o seu valor de familiaridade é superior (ou igual) a 2 e responderá que é desconhecido quando a familiaridade deste rosto é inferior a 2.

A partir destes dados da figura podem calcular-se os parâmetros utilizados pela TDS. Exprimem, por um lado, a intensidade do sinal em relação ao ruído (d') e,

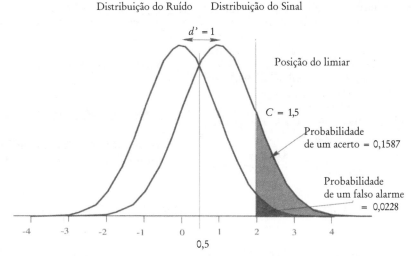

A teoria da detecção do sinal

por outro lado, a posição do limiar de decisão do sujeito (C). A diferença entre a média da distribuição do sinal e a do ruído dá o valor d'. Há várias maneiras de expressar o critério. Tradicionalmente, determina-se o parâmetro C, que expressa a posição do limiar em relação ao *observador ideal*. O observador ideal corresponde a um sujeito que minimiza o custo global dos erros quando FA e omissões têm um custo equivalente. Pode-se mostrar então que o critério deve encontrar-se no ponto de intersecção das curvas do sinal e do ruído: a meio caminho entre as duas curvas. O sinal C indica, portanto, a estratégia do sujeito: para $C = 0$ o sujeito corresponde ao observador ideal, um valor de C negativo indica um sujeito *liberal* e C positivo um sujeito *conservador*.

Um exemplo da enologia

Na prática, não se conhece nem d' nem o critério C e os únicos dados observáveis correspondem às proporções de acertos e de FA. O problema reconduz-se então à estimativa dos parâmetros da TDS a partir destas proporções.

Tomemos o exemplo de um provador de vinho que tem de detectar a presença de Gamay num vinho proveniente da Pinot Noir. Aqui, o sinal corresponde à presença de Gamay. Depois de ter provado 20 copos de vinho (10 com e 10 sem Gamay), obtemos o seguinte quadro de resultados:

REALIDADE	DECISÃO (RESPOSTA DO SUJEITO)		TOTAL
	Sim (Gamay)	Não (Pinot)	
Sim (Gamay) presente	reconhecimentos correctos = 9	não detectado = 1	10
Sim (Gamay) ausente	FA = 2	rejeição correcta = 8	10

As proporções de acertos e de FA são, respectivamente, 0,9 e 0,2. Para encontrar os valores dos parâmetros, é preciso agora inverter as fórmulas do parágrafo precedente. Depois de simplificação, encontramos as fórmulas seguintes, que ilustramos com os valores numéricos do exemplo. Adoptamos Z_p como notação do valor de uma variável normal centrada reduzida cuja probabilidade é igual a p (*i.e.*, é a inversa da função N (Z); vd. Abdi, 1987, ou McNicols, 1972). Notando com Z_h e Z_{FA} os valores correspondentes às proporções de acertos (H de *hit*) e de FA, a estimativa de d' obtêm-se como segue:

$$d' = Z_H - Z_{FA} = Z_{0,9} - Z_{0,2} = 1,28 - (-0,84) = 2,12.$$

A estimativa de C é dada por:

$$C = -\tfrac{1}{2} [Z_H + Z_{FA}]$$
$$= -[Z_{0,9} + Z_{0,2}] = -\tfrac{1}{2} [1,28 - 0,84]$$
$$= -0,22$$

A TDS faz hoje parte dos instrumentos padrão das ciências cognitivas. Está na origem de toda uma família de modelos de reconhecimento perceptivo ou mnésico e pode generalizar-se de muitas maneiras (vd. Wickens, 2002, para um recente ponto de situação). Foi aplicada a muitos domínios: interpretação de imagiologia médica, diagnóstico médico, investigação e reconhecimento em bases de dados muito grandes e detecção e vigilância em situações de alto risco.

H. Abdi

📖 Abdi, H. (1987), *Introduction au traitement des données expérimentales*, Grenoble, Presses Universitaires de Grenoble.

Green, D.M. & Swets, J.A. (1966), *Signal detection theory and psychophysics*, Nova Iorque, Wiley.

• McNicol, D. (1972), *A primer of signal detection theory*, Londres, George Allen & Unwin.

• Tiberghien, G. (1984), *Initiation à la psychophysique*, Paris, Presses Universitaires de France.

• Wickens, T.D. (2002), *Elementary signal detection theory*, Oxford, Oxford University Press.

☞ *psicofísica, reconhecimento*

DIÁLOGO HOMEM-MÁQUINA

☞ *ergonomia cognitiva, inteligência artificial, interface homem-máquina*

DIDÁCTICA (DAS CIÊNCIAS)

Elaboração de modelos do funcionamento dos processos de transmissão e de aquisição dos saberes para determinar as condições da sua reprodutibilidade.

• Consideraremos aqui o caso da didáctica das disciplinas científicas. Este domínio de investigação, que teve início por volta dos anos 60-70, tem por objecto o estudo dos processos de transmissão e de aquisição dos saberes científicos e técnicos no que têm de específico relativamente a estes mesmos saberes. Uma das problemáticas da didáctica das ciências é a das relações entre o funcionamento cognitivo de um aluno e as situações de ensino ou de formação (Johsua e Dupin, 1993) Um conceito da didáctica das ciências amplamente partilhado ao nível internacional é o da "concepção" dos alunos. Este conceito cobre a invariante dos conhecimentos mobilizados por uma ampla maioria de uma dada população nas suas respostas a um conjunto de questões sobre a interpretação ou a previsão de um conjunto dado de situações materiais – lançar um objecto, pôr uma viatura em funcionamento, queda de um objecto, etc. (para uma bibliografia, vd. Pfundt & Duit, 1999). Estas concepções remetem em particular para a questão da articulação entre conhecimentos ingénuos e conhecimentos científicos (Tiberghien *et al.*, 2002).

O estudo dos processos de aquisição pelos alunos em situação de ensino ou, mais geralmente, de formação situa-se a altos níveis de cognição. Este estudo necessita não só de tomar em consideração os processos da cognição de níveis mais baixos, mas também hipóteses sobre os processos em jogo na construção pelo aluno do sentido dos conhecimentos científicos envolvidos na situação. Estas hipóteses devem ter em consideração a longa duração da aprendizagem conceptual (de semanas a anos) e a curta duração da construção pelo aluno da significação de certos elementos de uma situação de aprendizagem. A elaboração destas hipóteses é actualmente objecto de pesquisa (Duit & Treagust, 1998). Estas hipóteses remetem para análises epistemológicas do saber, bem como psicológicas e linguísticas (Collet, 2000). Por exemplo, se uma hipótese afirma que um processo de aquisição é o relacionar de elementos de conhecimento, é então necessário que outra hipótese incida no que funda a separação do conhecimento em elementos. Por isso, são essenciais as relações entre didáctica, ciências da linguagem e psicologia cognitiva.

A. Tiberghien

📖 Collet, G. (2000), *Langage et modélisation scientifique*, Paris, CNRS Éditions.
• Duit, R. & Treagust, D.F. (1998), "Learning in Science. From Behaviourism towards Social Constructivism and beyond", in B.J. Fraser & K.G. Tobin (orgs.), *International Handbook of Science Education*, pp. 3-25, Dordrecht, Kluwer Academic Publishers.
• Johsua, S. & Dupin, J.-J. (1993), *Introduction à la didactique des sciences et des mathématiques*, Paris, Presses Universitaires de France.
• Pfundt, H. & Duit, R. (1999), *Bibliography: Students' alternative frame-*

works and science education. Kiel, Alemanha, Institut für Die Pädagogik der Naturwissenschaften (IPN).
• Raisky, C. & Caillot, M. (1996), *Audelà des didactiques, le didactique. Débats autour de concepts fédérateurs*, Bruxelas, DeBœck Université.
• Tiberghien, A., Buty, C., Coquidé, M., Cordier, F., Cornuéjols, A., Laborde, C., Rogalski, J., Veillard, L. & Bourchard, R. (2002), *Des connaissances naïves au savoir scientifique*, Paris, Programme École et Sciences cognitives.

☞ *aprendizagem, conhecimento, saberes*

DIGITAL (CÓDIGO)

☞*analógica (codificação)*

DISCURSO

Ligando frases entre si, é pronunciado por um locutor numa situação dialógica *real* (há interlocutores presentes) ou *virtual*. Pressupõe o conhecimento de um ou vários contextos que não explicita e manifesta ou envolve intenções do locutor que age com o seu discurso; corresponde a uma estratégia de investigação da informação ou de persuasão.

• Os trabalhos acerca do discurso incidem, portanto, sobre (1) o que nas frases indica as suas relações com as frases precedentes ou que se seguem: os conectores como "portanto" "mas" e os correferentes ou anáforas – pronomes, entre outros, (2) o que indica a relação do discurso com quem o enuncia e os que o ouvem: os indexicais, os deícticos e, em geral, os marcadores pragmáticos, (3) os domínios de entidades visadas – os domínios do discurso – e as categorias mobilizadas ou pressupostas, (4) as proposições que não são ditas, mas apenas são acessíveis pelas inferências que seguem princípios não lógicos, como as máximas de Grice, necessárias para analisar as implicaturas, ou o princípio da pertinência de Sperber e Wilson, (5) os actos de linguagem que são realizados na situação dialógica, (6) as alternâncias de intervenção entre locutores numa mesma conversa, (7) a estrutura atencional do discurso – qual é o centro ou o foco, qual é o comentário e (8) a estrutura argumentativa que relaciona entre si as inferências e a estrutura retórica, que difere conforme se visa este ou aquele público.

P. Livet

📖 Kamp, H. & Reyle, U. (1993), *From Discourse to Logic: An Introduction to Model-Theoretic Semantics of Natural Language. Formal Logic and Discourse Representation Theory*, Dordrecht, Kluwer.
• Searle, J. (1972), *Les actes de langage*, Paris, Hermann.
• Sperber, D. & Wilson, D. (1989), *La pertinence*, Paris, Éditions de Minuit.

☞ *análise proposicional, linguagem, linguística cognitiva, proposição, psicolinguística*

DISSOCIAÇÃO COGNITIVA

Conjunto de métodos experimentais e estatísticos que permitem evidenciar, opondo-os, dois ou mais processos ou subprocessos cognitivos hipotéticos que determinam um comportamento normal ou patológico.

• A aplicação destes métodos e a validade das conclusões que deles decorrem supõem necessariamente uma independência total ou, pelo menos, parcial (independência dita probabilista ou estocástica) entre os subprocessos ou processos estudados. Na prática, resumem-se a evidenciar um efeito de interacção simples ou complexo. Se um factor experimental não tem o mesmo efeito sobre duas medidas comportamentais, pode-se supor que não envolvem o (ou os) mesmo(s) processo(s) cognitivo(s). Por exemplo, se o grau de organização facilita a recordação, mas não tem efeito sobre o reconhecimento mnésico, podemos avançar a hipótese de que um processo hipotético sensível à organização intervém na recordação, mas não no reconhecimento. Foi aplicada sistematicamente uma tal estratégia para propor diferentes subsistemas de memória. Neste caso, podemos falar de dissociação funcional simples, que é aqui de tipo comportamental.

A análise cronométrica permite igualmente aplicar esta estratégia de pesquisa. Ao postular durações de tratamento específicas de certos processos e ao propor hipóteses sobre a sua organização sequencial e aditiva, é possível diferenciá-los com base nos tempos de resposta nas situações definidas. Por exemplo, foi possível mostrar que a variação do contexto entre a memorização e o reconhecimento exercia um efeito perturbador nas respostas lentas, mas não nas respostas rápidas. Um tal resultado pode ser interpretado invocando processos hipotéticos no reconhecimento, na familiaridade e na rememoração, em que apenas o último seria sensível às variações contextuais. Se se supuser, para além disso, que a latência de duas respostas não difere senão na aplicação de um só processo cognitivo, é possível por simples subtracção determinar a sua duração. Este *método subtractivo* teve um grande êxito nas ciências cognitivas e a sua lógica foi aplicada também, mais recentemente, em neuroimagiologia. Falar-se-á, neste caso, de dissociação funcional simples de tipo cronométrico.

Foram igualmente desenvolvidos modelos probabilistas (ou estocásticos). Por exemplo, Tulving e Thomson (1973) estudaram a relação entre a probabilidade do reconhecimento e a probabilidade do fracasso do reconhecimento de informações que podem ser recordadas. Puderam assim rejeitar quer a hipótese da dependência quer da independência total entre a recordação e o reconhecimento. Puseram em evidência uma "independência estocástica" entre estes: na maior parte das vezes, a recordação utiliza processos cognitivos que são independentes dos que caracterizam o reconhecimento, mas, ocasionalmente e de maneira probabilista, no reconhecimento pode intervir, em certas condições, um processo de recordação. Jacoby (1991) desenvolveu, aliás, um procedimento de dissociação de processos (dito PDP) que se baseia num método subtractivo a fim de dissociar dois processos cognitivos que se supõe que intervêm no reconhecimento, na familiaridade e na rememoração. Falar-se-á nestes casos de *dissociação estocástica*.

Por último, a neuropsicologia cognitiva desenvolveu sistematicamente um método que compara o efeito de uma lesão cerebral que perturba um comportamento e não tem efeito sobre outro comportamento com o efeito de uma outra lesão que apresenta o perfil inverso. Se cada comportamento faz intervir um processo cognitivo específico, estes terão sido dissociados e, para além disso, ter-se-ão identificado as estruturas cerebrais que são responsáveis por eles. Podemos falar aqui de *dupla dissociação* quer funcional quer estrutural. Compreende-se que esta metodologia tenha desempenhado um grande papel no desenvolvimento de uma concepção modularista da mente, procurando sistematicamente a localização cerebral das funções cognitivas. O desenvolvimento da neuroimagiologia acentuou ainda mais esta tendência: o método subtractivo é nela utilizado para determinar as regiões cerebrais associadas a um determinado processo cognitivo.

A dissociação cognitiva é o "escalpelo" das ciências cognitivas. Permitiu um progresso incontestável no domínio da investigação. Todavia, levanta problemas metodológicos complexos que são, por vezes, subestimados. De facto, as conclusões obtidas numa dissociação comportamental não demonstram, *ipso facto*, a validade da sua interpretação cognitiva. Para além disso, tais dissociações baseiam-se no postulado da independência, pelo menos estocástica, dos processos cognitivos subjacentes e no postulado da aditividade dos efeitos. Ora, sabe-se agora que a arquitectura cognitiva e a organização cerebral não se baseiam nestes princípios, mas, pelo contrário, implicam paralelismo, interacção e compensação. Os metapostulados do método são, portanto, muito restritivos e foram aceites, em parte, por razões pragmáticas. A metodologia de dissociação possui um excelente valor heurístico, mas a sua utilização imprudente pode também dar origem a conclusões esquemáticas e até erradas.

G. Tiberghien

📖 Crowder, R.G. (1989), "Modularity and dissociations in memory systems", in H.L. Roediger & F.I.M. Craik (orgs.), *Varieties in memory and consciousness: Essays in honour of Endel Tulving*, pp. 271-294, Hillsdale, NJ, Lawrence Erlbaum Associates.
• Farah, M.J. (1994), "Neuropsychological inference with an interactive brain, A critique of the 'locality' assumption, *Behavioral and Brain Sciences*, 17, 43-104.
• Jacoby, L.L. (1991), "A process dissociation framework: Separating automatic from intentional uses of memory", *Journal of Memory and Language*, 30, 513-541.
• Hirshman, E. (1998), "On the logic of testing the independence assumption in the process-dissociation procedure", *Memory & Cognition*, 26, 857-859.

☞ *cronometria mental, domínio (especificidade pelo –), neuroimagiologia, neuropsicologia cognitiva*

DISSONÂNCIA COGNITIVA

Sensação desagradável experimentada quando as nossas cognições (atitudes, crenças) e acções divergem. **OBS.**: a teoria da dissonância cognitiva, proposta por Léon Festinger (1957), baseia-se na premissa de que pretendemos ser coerentes connosco mesmos. Em particular, tentamos ter atitudes e comportamentos congruentes.

• Para reduzir esta dissonância, os sujeitos dispõem de várias estratégias. Podem negar ou esquecer as suas acções, mas se forem públicas, isso é-lhes impossível. O *desvio da coerência cognitiva* poderá então levá-las a mudar as suas atitudes ou crenças a fim de restaurar a sua coerência ou consonância cognitiva.

Por exemplo (Festinger & Calsmith, 1959), um experimentador pede aos sujeitos que realizem uma série de tarefas longas e maçadoras e depois que apresentem essas tarefas a outros sujeitos como sendo interessantes. A alguns deles é pago muito pouco (um dólar), a outros nitidamente mais (20 dólares). Segundo a teoria da dissonância cognitiva, os sujeitos que recebem uma grande soma de dinheiro não sentem dissonância (são bem pagos). Pelo contrário, os sujeitos mal pagos encontram-se em estado de dissonância cognitiva e como a sua acção é pública, não podem reduzir a dissonância graças a uma mudança de atitude. Esta previsão é verificada. Quando se pede aos sujeitos que avaliem as tarefas que realizaram, verifica-se que os sujeitos mal pagos as acham muito mais interessantes do que os bem pagos. Este resultado paradoxal é reencontrado em muitos contextos, experimentais ou não. Por exemplo, os membros de uma seita cujo líder prevê o fim do mundo ou a chegada de extraterrestres serão mais prosélitos *depois* de a previsão se ter revelado errada do que antes (reduzem a dissonância, procurando mais apoio social e pensando que as suas acções ou orações salvaram o mundo; Festinger, Riecken & Schacter, 1964). Analogamente, procuramos mais informações que confirmem uma escolha importante (pessoal, como um casamento, ou material, como a compra de um automóvel ou de uma casa) *depois* de ter sido tomada a decisão do que antes.

Desde a primeira formulação de Festinger (1957), a teoria refinou-se e centrou-se nas condições necessárias para que os sujeitos sentissem o estado de dissonância cognitiva (Harmon-Jones & Mills, 1999). Antes de mais, é importante que os sujeitos percebam que têm liberdade de escolher (e de recusar). Para além disso, as acções dissonantes devem implicar consequências negativas (Cooper & Fazio, 1984) de que os sujeitos se devem sentir responsáveis. Por fim, os sujeitos têm de sentir-se fisicamente excitados (em inglês: *aroused*) e devem atribuir este estado emotivo à sua decisão.

Se bem que a teoria da dissonância cognitiva continue a ser uma das teorias da cognição social mais poderosas, o seu preciso domínio de aplicação é ainda objecto de debate, em parte porque parece que alguns sujeitos não sentem (sempre) a pressão do desvio da coerência que é necessária para que experimentem o estado de dissonância cognitiva.

H. Abdi

📖 Cooper, J. & Fazio, R.H. (1984), "A new look at dissonance theory", in L. Berkowitz (org.), *Advances in experimental social psychology*, 17, New-York, Academic Press.

Domínio

- Festinger, L. (1957), *A theory of cognitive dissonance*, Stanford (CA), Stanford University Press.
- Festinger, L. & Carlsmith, J.M. (1959), "Cognitive consequences of forced compliance", *Journal of Abnormal and Social Psychology*, 58, 203-210.
- Festinger, L., Riecken, H.W. & Schacter, S. (1964), *When prophecy fails*, New-York, Harper & Row.
- Harmon-Jones, E. & Mills, J. (1999), *Cognitive dissonance: Progress on a pivotal theory in social psychology*, Washington (DC), American Psychological Association.

☞ *atitude proposicional, cognição social, crença*

DOMÍNIO (ESPECIFICIDADE PELO -)

Afectação específica das funções cognitivas a domínios diferenciados. **OBS.**: a sua realidade, objecto de debate, é postulada por Fodor. Um módulo de funcionamento relativamente automático e pouco permeável a tipos de informação diferentes daqueles de que trata está necessariamente dedicado a um certo domínio da actividade cognitiva.

· Pensamos desde logo na linguagem e, em particular, nas capacidades de construção sintáctica. Mas a especificidade pelo domínio tem diferenças que são, simultaneamente, mais detalhadas e mais amplas do que a noção de módulo.

Apoiando-se na metodologia da dupla dissociação (uma lesão destruiu a capacidade da tarefa T1, mas não a de T2, outra lesão destruiu a capacidade T2, mas não T1), ela permite, por exemplo, distinguir uma capacidade de reconhecimento visual dos rostos e, no interior desta, um reconhecimento da organização global e um

reconhecimento dos traços isolados. Pode-se então tentar distinguir os diferentes domínios da visão, como, por exemplo, o acabamento das fronteiras entre sombras e luz para fazer os bordos das formas fechadas, a atribuição de movimento aos objectos ou a si mesmo, etc.

Mas tratar-se-á, de facto, de domínios separados? Os neurónios que detectam o movimento servem também para separar forma e fundo. Portanto, nem sempre é fácil poder identificar um domínio, o que significa estabelecer a correspondência estreita entre um tipo de objectos identificáveis e manipuláveis com uma capacidade e um procedimento particulares de tratamento da informação.

Podemos pensar nos números, nas imagens mentais quando estas procedem a rotações de objectos, ou ainda nas imagens mentais motoras e no raciocínio espacial, mas pode-se proceder por mapa mental ou por pontos de referência de acordo com uma lista de pontos de passagem. Dispomos de uma psicologia ingénua que nos permite distinguir os artefactos dos seres animados e ser surpreendidos perante as infracções à lei da gravidade e à permanência dos objectos. Também foi proposto que considerássemos que as nossas capacidades de interacção com outrem relevavam de uma especificidade de domínio. Somos muito melhores a desconstruir os encaixes complicados de crenças sobre crenças quando se trata de histórias de maridos enganados. Disporíamos, diz a "teoria-teoria", de uma capacidade de construir representações sobre representações (meta-representações) muito mais desenvolvida neste domínio do que noutros. De maneira mais básica, Baron-Cohen mostrou que possuímos automatismos para seguir o olhar dos outros e mesmo para o atrair na direcção do nosso olhar.

O desenvolvimento de domínios diferentes afasta-nos do protótipo da especificidade que liga uma capacidade supostamente inata a um tratamento de informações e à produção de um resultado comu-

Domínio

nicável ou que se pode mostrar (quando se trata de um objecto e não de uma frase). Fala-se de especificidade de domínio, quer porque os objectos do domínio têm uma certa similaridade de comportamento, quer porque se tem informações mais precisas sobre os procedimentos de tratamento da informação, quer porque alguns aspectos dos objectos não são sempre integrados noutros aspectos. São várias as razões para unificar e diferenciar os domínios e é preciso estar atento à variedade do seu estatuto.

P. Livet

 📖 Baron-Cohen, S. (1995), *Mindblindness*, Cambridge, MA, The MIT Press [trad., *La cécité mentale: Un essai sur l'autisme et la théorie de l'esprit* (1998), Grenoble, Presses Universitaires de Grenoble].

• Carey, S. (1985), *Conceptual change in chilhood*, Cambridge, MA, The MIT Press.
• Cosmides, L. & Tooby, J. (1994), "Origins of domain specifity", in L.A. Hirschfeld & S.A. Gelman (orgs.), *Mapping the Mind: Domain specifity in cognition and culture*, Nova Iorque, Cambridge University Press.
• Fodor, J. (1986), *La Modularité de l'Esprit*, Paris, Les Éditions de Minuit.
• Karmiloff-Smith, A. (1992), *Beyond Modularity*, Cambridge, MA, The MIT Press.

☞ **dissociação cognitiva, modularidade da mente**

E

ELIMINATIVISMO

Concepção que contesta a validade de qualquer ciência da mente que utilize as categorias da psicologia popular. No essencial, o que se visa são as crenças e os desejos e até mesmo as emoções e as motivações em geral. Não se trata de encontrar um meio de reduzir estes supostos estados ou processos mentais à sua realização física. Para o eliminativismo não há nada a reduzir, porque esses estados não existem; são categorias mal concebidas tal como outrora a de "flogisto".

• Foram apresentadas duas formas de eliminativismo: a dos Churchland, que elimina os estados mentais clássicos em benefício dos dados das neurociências, e a de Stich, que pretende refundir as categorias conceptuais utilizadas para pensar a mente e rejeita em particular a ideia de crença, mas não defende por isso que tudo deva ser reduzido ao nível neurológico.

O argumento dos primeiros encontra-se também em Kim numa versão mais flexível. Se se pode reduzir em qualquer caso os estados mentais a estados físicos e se deve fazê-lo para chegar a dar uma explicação causal dos fenómenos mentais, então vale mais prescindir de uma explicação supranumerária em termos psicológicos, dado que a única explicação verdadeiramente causal é a explicação física, neste caso, a neurofisiológica. Para além disso, ao nível neuronal, as coisas processar-se--iam de forma análoga aos sistemas conexionistas, enquanto ao nível psíquico parece que funcionam segundo símbolos discretos. Ora, devemos escolher a explicação mais próxima das entidades com que podemos experimentar, os neurónios.

O argumento de Stich deriva das críticas de Quine e das depois de Davidson. Como identificar uma crença? Não basta fazer apelo à metáfora da linguagem do pensamento e supor que são implementados símbolos no nosso cérebro cujo funcionamento causal, sintáctico, respeita as propriedades semânticas da crença. Para identificar uma crença é preciso relacioná-la com outras cuja lista está sempre em aberto. Para Stich, é preciso identificar as regras de transformação dos estados concretos (símbolos ou imagens) no nosso cérebro e abandonar significações a que a psicologia popular associa as crenças.

Para responder aos Churchland, dir--se-á que o método utilizado em imagiologia cerebral consiste realmente num vaivém entre a definição de tarefas diferenciadas ao nível da psicologia popular e a identificação de zonas activas do cérebro. Sem este ponto de partida não há progresso possível. Se nos disserem que certo neurónios da fóvea tratam de determinado contraste, do qual os neurónios da periferia não podem tratar, vamos poder relacionar com isso certas características da nossa experiência psicológica que até aí não eram salientes. Em resposta a Stich, dir-se-á que é praticamente impossível não partir de diferenças semânticas para verificar, para uma mesma semântica, as divergências sintácticas, e reciprocamente. Também

Emergência

aqui aquilo que o eliminativismo pretende eliminar é-lhe necessário pelo menos como momento intermédio que não pode ser eliminado do procedimento experimental.

P. Livet

📖 Churchland, P. (1981), "Eliminative materialism and the propositional attitudes", *Journal of Philosophy*, 78, 67-90.
• Churchland, P. (1986), *Neorophilosophy*, Cambridge, MA, The MIT Press.
• Stich, S. (1983), *From Psychology to Cognitive Science*, Cambridge, MA, The MIT Press.

☞ *neurociências cognitivas, psicologia popular, representacionalismo*

EMERGÊNCIA

Acontecimento que parece ser descontínuo em relação aos acontecimentos anteriores e que não é explicado pelos seus constituintes.

• Assim, fala-se de emergência a propósito do aparecimento de uma função com origem noutra que constitui o seu estádio prévio (por ex., os conceitos geométricos elementares enraízam-se nas imagens e nas figuras e emergem, portanto, destas).

Em termos estruturais, "emergência" é o equivalente de "aparecimento de uma estrutura no interior de uma estrutura precedente", onde a sucessão lógica delas pareceria impossível de estabelecer. Em psicologia, fala-se de emergência a propósito da passagem de um comportamento ou de um processo cognitivo para outro na linha de crescimento normal de um organismo vivo. Em biologia, referimo-nos com este termo ao aparecimento (muitas vezes por mutação) de um órgão novo ou de propriedades novas de ordem superior. Em inteligência artificial, a questão da emergência dos símbolos num sistema automático está relacionada com a da sua ancoragem, quer dizer, com a possibilidade de conservar um traço da sua relação com os acontecimentos que lhes deram origem. A significação é um percurso numa rede de reenvios recíprocos que apenas a experiência empírica pode ancorar e validar. A emergência do símbolo não se faz, portanto, a partir do reagrupamento em formas segundo regras sintácticas, mas mediante esta ancoragem empírica e pragmática. Os sistemas simbólicos têm simultaneamente um carácter individual e um carácter social; para a sua emergência é necessário, para além disso, capacidades de auto-organização e mecanismos de evolução dinâmica.

G. Sabah

☞ *estruturalismo, sistema dinâmico*

EMERGENTISMO

Concepção epistemológica que insiste nas propriedades emergentes dos fenómenos e, em particular, dos fenómenos cognitivos.

☞ *emergência*

EMOÇÃO

Conceito geral usado para descrever estados cognitivos particulares, incluindo, entre outros, o medo, a cólera, a alegria, a tristeza, a aversão e a surpresa.

• Mau grado as investigações e debates suscitados na psicologia pelo conceito de emoção e o recente retomar do interesse das neurociências pelas funções afectivas,

Emoção

não existe ainda uma definição consensual da natureza das emoções, nem teoria dominante para explicar a sua função. Esta dificuldade deriva, em parte, de que uma experiência emocional é um fenómeno complexo que comporta pelo menos três aspectos: fisiológico, somático e afectivo.

Emoção sem cognição?

A emoção e a cognição foram consideradas durante muito tempo como domínios separados. A questão mais debatida era a de saber se os mecanismos emocionais precediam ou se seguiam aos tratamentos cognitivos (vd. Cornelius, 1996). Para James (1984) e Lange (1885) a emoção seria a consequência das modificações fisiológicas (viscerais) geradas directamente pela percepção de um ambiente agradável ou desagradável. Pelo contrário, para Canon (1927) seria a interpretação cognitiva, ao nível cortical, que daria origem às emoções; as reacções viscerais e as expressões motoras das emoções (nomeadamente faciais) seriam desencadeadas quase simultaneamente com a emergência central das emoções.

A emoção:
uma forma de cognição?

Actualmente, a emoção é considerada uma parte integrante da cognição. Assim sendo, a questão é mais a de saber a que nível do funcionamento cognitivo, precoce ou tardio, com o despertar da consciência ou não, intervém a cognição. Muitas pesquisas mostram, aliás, a grande diversidade da manifestação das emoções (Damásio, 1995; Dantzer, 1988; Sherer, 1993).

Assim, a emoção pode designar um estado motivacional, simples activação neurovegetativa associada a estados do corpo. Esta associação permitiria a atribuição muito rápida e automática do carácter agradável ou desagradável do objecto indutor sem fornecer outras informações a seu respeito. Esta forma de emoção permitiria, nomeadamente, o desencadeamento rápido de reacções de aproximação ou de evitamento. Uma outra forma de emoção mais "cognitiva" não se relacionaria unicamente com modificações neuro-vegetativas, mas sobretudo com um estado mental baseado numa avaliação da situação. Neste caso, a emoção não poderia ser sentida a não ser que houvesse atribuição causal ao acontecimento desencadeador.

Por isso, é actualmente admitido que os mecanismos emocionais são de natureza cognitiva. São essenciais ao funcionamento cognitivo. Exercem influências muito diversas, devido ao seu carácter mais ou menos precoce, automático ou consciente. Desempenham um papel na atenção selectiva (Lang et al., 1998), na memorização a longo prazo (Bower, 1994; Versace et al., 2002), na tomada de decisões (Damásio, 1995) e, de maneira mais geral, em qualquer evolução, consciente ou não, do nosso ambiente (ingl.: appraisal. Vd. Scherer, 1993). Psicologia e neurociências concordam em atribuir um valor adaptativo às emoções no desenvolvimento do indivíduo, na comunicação interindividual e nas interacções sociais.

A medida das emoções

São vários os indicadores da emoção. O aspecto fisiológico inclui modificações das funções vegetativas (ritmo cardíaco e respiratório, secreção de suor, tensão arterial, etc.) e a libertação de diversas hormonas. O aspecto somático cobre um conjunto de respostas motoras específicas a cada espécie (expressões faciais, entoações vocais e posturas) e de actos motores (fugir ou aproximar-se, por ex.). O aspecto emotivo corresponde ao vivido subjectivo e, no homem, à experiência consciente e aos sentimentos e comportamentos que a acompanham. Estes múltiplos aspectos fazem com que não exista uma maneira padronizada de medir as emoções, privilegiando cada estudo experimental a avaliação de uma ou outra das facetas da experiência emocional.

Estes indicadores são recolhidos em situações variadas em que é preciso, quer avaliar os estímulos emocionais (por ex., juízo agradável *vs.* desagradável), quer categorizar ou identificar estímulos sem que haja uma relação directa com a sua valência afectiva, quer ainda nas situações de activação emocional. A construção de paradigmas adaptados ao estudo das diferentes formas de emoção segundo o seu nível de intervenção no funcionamento cognitivo é um tema actual importante.

Neuroanatomia da emoção

No plano neuroanatómico, as emoções são ainda frequentemente associadas ao "sistema límbico", sob a influência de uma teoria proposta por Papez em 1937 e retomada e desenvolvida a partir de 1949 por Mac Lean. Demonstrou-se depois que o circuito de Papez, que liga o hipocampo ao córtex cingular *via* tálamo e corpos mamilares, era mais importante para a formação de novas recordações do que para a das emoções. Embora alargado de forma a incluir diversas outras estruturas ligadas ao circuito de Papez, o conceito de sistema límbico é hoje considerado pouco produtivo para compreender as emoções. Tal como as outras funções mentais, estas envolvem, provavelmente, vastas redes cerebrais pelas quais as informações sensoriais de conotação emocional (por ex., as expressões faciais) podem influenciar as funções vegetativas, motoras e cognitivas. Os dados acumulados na segunda metade do século xx dão ênfase a um circuito que liga a amígdala, no lobo temporal médio, ao córtex orbital-frontal, no lobo frontal. Segundo os modelos actuais, a amígdala poderia detectar e avaliar o conteúdo afectivo da percepção e contribuir para a modulação emocional da memória. Em interacção com a amígdala, o córtex orbital poderia assegurar a adaptação do comportamento às flutuações do contexto socioemocional.

M. Meunier, R. Versace

📖 Bower, G.H. (1994), "Some relationship between emotions and memory?" in P. Ekman & R.J. Davidson (orgs.), *The nature of the emotion: Fundamental questions*, pp. 303-305, Nova Iorque, Oxford University Press.
• Cornelius, R.R. (1996), *The science of emotion*, Upper Saddle River, NJ, Prentice Hall.
• Damásio, A.R. (1995), *L'erreur de Descartes*, Paris, Odile Jacob. [trad. port.: *O Erro de Descartes: Emoção, Razão e Cérebro Humano*, Mem Martins, Europa-América, 2005].
• Dantzer, R. (1988), *Les émotions*, Paris, Presses Universitaires de France.
• Ekman, P. & Davidson, R.J. (orgs.) (1994), *The nature of emotion: Fundamental questions*, Oxford, Oxford University Press.
• Lang, P.J., Bradley, M.M. & Cuthbert, B.N. (1998), "Emotion and attention: Stop, look, and listen", *Current Psychology of Cognition*, 17, 997-1020.
• LeDoux, J.E. (1996), *The Emotional Brain*, Nova Iorque, Simon & Schuster.
• Scherer, K.R. (1993), "Les émotions: Fonctions et composantes", in B. Rimé & Scherer, K.R. (orgs.), *Textes de base en psychologie: Les émotions*, pp. 97-133, Neuchâtel, Delachaux et Niestlé.
• Versace, R., Nevers, B. & Padovan, C. (2002), *La mémoire dans tous ses états*, Marseille, Solal.

☞ *amígdala, cognição, consciência, hipotálamo, motivação, sistema límbico*

EMPIRISMO LÓGICO

Orientação dos trabalhos dos membros do círculo de Viena (Carnap, Neurath e Schlick). Tratava-se de partir da experiência sensível e de analisar, recorrendo à lógica, os modos de construção, ou seja, as categorias que nos permitem dar conta desta experiência de maneira científica.

• Carnap começou por tentar uma análise extensional, baseada em classes de semelhança. Mas esta análise pode em certos casos produzir uma classe comum a mais ("comunidade imperfeita") ou, pelo contrário, esquecer uma classe comum que acompanha constantemente as outras (corporação). Para além disso, o princípio de reduzir o significante ao verificável esbarra com a noção de disposição (um certo açúcar pode nunca se encontrar com a água para mostrar que se pode dissolver nela). Por isso, Carnap desviou-se um pouco da empiria para examinar os problemas das relações entre a linguagem e a metalinguagem e, depois, para definir equivalências ou sinonímias entre termos que satisfizessem as mesmas regras semânticas e explicassem até as modalidades (necessidade, possibilidades, saber, crença). Tentou, por fim, definir uma lógica probabilista da indução, que raciocina, não directamente sobre a relação entre uma hipótese e a realidade, mas sobre a relação entre dois enunciados, sendo a probabilidade interpretada aqui como o grau de confirmação com que um enunciado de observação contribui para um enunciado universal. Podem-se comparar os diferentes graus de confirmação de duas hipóteses ou até os graus de aumento de confirmação que um novo enunciado particular traz às duas hipóteses.

Estes programas sucessivos foram criticados por Quine, que questiona a oposição categórica entre analítico e sintético pressuposta por Carnap e que defende que a verificação se faz colocando em causa a totalidade de uma teoria, embora a significação de um termo já não seja identificável isoladamente, e por Goodman, que mostra que certas categorias têm um comportamento estranho na indução (a categoria das esmeraldas como pedras que são verdes até agora e azuis em seguida é, de facto, verificada indutivamente pelas esmeraldas que vi e são verdes até agora).

Reencontramos hoje tentativas que visam, não reconstruir os conceitos científicos a partir do sensível, mas identificar os diferentes tipos de ontologia capazes de descrever os diferentes domínios dos objectos, utilizando critérios de tipo lógico. Os trabalhos desta ordem (Simons, Varzi, Smith, Casati) utilizam uma combinação de merologia (teoria dos todos e das partes) e de topologia (teoria das vizinhanças e das continuidades) para descrever os nossos conceitos perceptivos, os nossos artefactos, as fronteiras dos territórios, etc.

P. Livet

📖 Carnap, R. (1956, 1997), *Signification et nécessité*, Paris, Gallimard.
• Jacob, P. (1980), *L'empirisme logique*. Paris, éditions de Minuit.
• Proust, J. (1986), *Questions de forme*, Paris, Fayard.
• Simons, P. (1987), *Parts*, Oxford, Clarendon Press.

☞ *crença, linguagem, semântica cognitiva*

ENACÇÃO

Carácter "encarnado" da cognição, decorrendo dele que: (1) a percepção e a acção são inseparáveis, (2) a cognição emerge dos esquemas sensório-motores e (3) há codeterminação entre o mundo e a nossa acção. **OBS.:** este

Encapsulação

neologismo foi proposto por F. Varela para caracterizar uma visão da cognição oposta à que fez desta uma simples representação do mundo.

📖 Varela, F.J. (1996), *Invitation aux sciences cognitives,* Paris, Seuil.
• Varela, F.J., Thomson, E. & Rosch, E. (1993), *L'inscription corporelle de l'esprit: sciences cognitives et expérience humaine,* Paris, Seuil.

☞ *acção, cognição, cognição situada, construtivismo*

ENCAPSULAÇÃO

1. Propriedade hipotética dos sistemas de tratamento periféricos da informação sensorial, cujo funcionamento não seria afectado por processos cognitivos de nível mais elevado de organização (atribuição de sentido, crença). 2. Integração dos dados informáticos e dos procedimentos de *software* que se aplicam numa entidade que aparece como uma cápsula "opaca" ao utilizador.

• 1. Designam-se estes processos encapsulados com o nome de módulos (percepção da cor, das formas, do espaço, etc.). Esta propriedade dos processos modulares está na base de uma teoria da modularidade da mente concebida por Fodor, cuja influência no desenvolvimento das ciências cognitivas foi considerável.
2. Na inteligência artificial, a programação orientada para o objecto é uma operação que consiste em reagrupar em entidades distintas (objectos), os dados e os procedimentos (métodos) que os manipulam. É graças à encapsulação que se alcança a independência dos objectos. A encapsulação facilita igualmente a manipulação destes, porque dissimula aos utilizadores os métodos e os dados que não têm de tomar em consideração durante a programação. A encapsulação permite restringir os efeitos das mudanças, envolvendo todos os dados com um conjunto de instruções que constituem o único acesso a eles. Em oposição à programação clássica (em que os utilizadores de um dado são responsáveis pela escolha dos operadores que actuam sobre ele), aqui é ao dado (e aos seus fornecedores) que é atribuída esta responsabilidade: chama-se objecto a um tal dado e aos seus meios de acesso. Esta noção deve ser relacionada com a de herança. É totalmente nova em relação às linguagens tradicionais, porque permite recuperar conjuntos de instruções que já existem. A programação de um novo objecto não começa do nada, mas sim da indicação de um objecto genérico que ela herda e das suas diferenças em relação ao objecto.

G. Sabah, G. Tiberghien

📖 Fodor, J.A. (1986), *La modularité de l'esprit: Essai sur la psychologie des facultés,* Paris, Éditions de Minuit.

☞ *modularidade da mente, penetrabilidade cognitiva*

ENVELHECIMENTO COGNITIVO

Estudo da evolução (aumento, diminuição ou manutenção) dos desempenhos cognitivos com a idade e das causas desta evolução.

• Estes estudos, conduzidos em participantes dos 20 aos 90 anos, mostraram que os desempenhos cognitivos diminuem com a idade na maior parte dos domínios da cognição. Esta diminuição é contínua, começando desde o início da segunda década e pode atingir 50% dos desempenhos iniciais. As actividades cognitivas mais afectadas utilizam processos cognitivos ditos de alto nível, como a memória ou o raciocínio; as menos afectadas baseiam-se em processos automatizados, como a linguagem. Acresce que o envelhecimento cognitivo é mais marcado quando o participante realiza a tarefa em situações de tensão (por ex., necessidade de a executar rapidamente). Para além disso, mesmo se todos são afectados pelo envelhecimento cognitivo, há grandes diferenças individuais: alguns indivíduos têm um envelhecimento cognitivo muito precoce e acelerado, outros mantêm-se alerta até tarde.

Os determinantes do envelhecimento cognitivo

Para além das bases biológicas, cinco categorias de factores são determinantes no envelhecimento cognitivo. Com a idade *(a)* a nossa velocidade de tratamento da informação decresce (abrandamento cognitivo), *(b)* as nossas capacidades de armazenar e de tratar temporariamente informações diminuem (redução dos recursos da memória de trabalho), *(c)* temos cada vez mais dificuldade em permanecer focados em informações pertinentes e a não estar distraídos (diminuição das capacidades atencionais), *(d)* temos cada vez mais dificuldade em utilizar as estratégias cognitivas mais eficazes (variações estratégicas) e *(e)* as nossas capacidades sensoriomotoras e perspectivas deterioram-se (variações sensoriomotoras). O conjunto destes factores, que caracterizam os recursos de tratamento, combina-se para provocar uma diminuição dos desempenhos cognitivos com a idade.

As capacidades cognitivas conservadas com a idade

Há capacidades cognitivas relativamente poupadas pela idade. Estas capacidades utilizam processos automatizados (como a memória implícita), são regularmente mobilizadas (como a linguagem) ou são objecto de uma competência (como o raciocínio espacial dos arquitectos). Para além disso, certos mecanismos de compensação permitem contrariar ou atrasar o envelhecimento cognitivo. A adaptação (*i.e.*, a aceitação da diminuição do potencial cognitivo e o reajustamento dos comportamentos e objectivos) e a optimização (*i.e.*, a substituição dos mecanismos defeituosos por mecanismos intactos) constituem dois exemplos de mecanismos de compensação que permitem ao organismo continuar adaptado ao seu ambiente. Capacidades poupadas combinadas com a utilização de mecanismos de compensação concorrem para manter para autonomia da pessoa idosa e a um bom envelhecimento.

P. Lemaire

    📖 Kausler, D.H. (1994), *Learning and memory in normal aging*, Nova Iorque, Academic Press.
    ● Lemaire, P. (1999), *Le vieillissement cognitif*, Paris, Presses Universitaires de France.
    ● Stuart-Hamilton, I. (2000), *The Psvchology of ageing*, Londres, Jessica Kingsley Publishers.

    ☞ *cognição, desenvolvimento cognitivo, memória de trabalho*

EPISTEMOLOGIA GENÉTICA

Teoria da ontogénese do conhecimento e do desenvolvimento da inteligência elaborada por Jean Piaget.

Ergonomia

• Esta teoria colocou em correspondência, de forma sistemática, a lógica do desenvolvimento científico e a do desenvolvimento do conhecimento desde a primeira infância até à idade adulta. Esta contribuição exerceu uma influência muito grande na psicologia genética e antecipava, de certa forma, o programa das ciências cognitivas, quer pela amplitude do seu objecto de estudo (a cognição), quer pela abordagem pluricompetente que necessariamente exigia (psicologia, lógica, biologia, matemáticas, inteligência artificial).

A teoria piagetiana é uma forma de construtivismo cujos axiomas de base são os seguintes: (1) a origem e o desenvolvimento do conhecimento inscrevem-se num processo geral de adaptação biológica, (2) o desenvolvimento do conhecimento obedece funcionalmente às leis da evolução e (3) não há diferenças estruturais entre os vários tipos de conhecimento em função da sua natureza, do seu momento de aparecimento na filogénese, da variabilidade cultural e do desenvolvimento individual.

O desenvolvimento do conhecimento realiza-se com base numa interacção entre a criança e o seu ambiente, de acordo com um processo de assimilação e de acomodação permanente que a faz passar de um estado de equilíbrio para outro e cujo grau de integração e de complexidade é crescente.

A teoria piagetiana conheceu um declínio bastante acentuado depois do desaparecimento de Jean Piaget e com o surto do cognitivismo, que aderiu muitas vezes a uma epistemologia nativista. A teoria de Piaget gerou, porém, uma família de teorias neoconstrutivistas, afirmando algumas que o que é construído são as estruturas do conhecimento (Pascual-Leone, Case) e outras que são as representações (Karmiloff-Smith, P. Mounoud).

G. Tiberghien

    Bideaud, J. (1999), "Psychologie du développement: les avatars du constructivisme", in J.-F. Richard & G. Tiberghien (orgs.), *Épistémologie et Psychologie. Psychologie Française*, 44, 205-220.

• Carey, S. & Gelman, R. (orgs.) (1991), *Epigenesis of mind*, Hillsdale, NJ, Lawrence Erlbaum Associates.

• Karmiloff-Smith, A. (1992), *Beyond modularity: A developmental perspective of cognitive science*, Cambridge, MA, The MIT Press.

• Piaget, J. (1970), *Psychologie et épistémologie: Pour une théorie de la connaissance*, Paris, Denoël.

• Piaget, J. (1970), *L'épistémologie génétique*, Paris, Presses Universitaires de France.

☞ *construtivismo, desenvolvimento cognitivo, nativismo*

ERGONOMIA

Tecnologia utilizada para optimizar *a interacção homem-máquina.* **OBS.:** nesta expressão, "máquina" tem o sentido amplo de qualquer dispositivo técnico utilizado para realizar uma tarefa (utensílios e máquinas, mas também locais, móveis, habitáculos, vestuário, etc., sem esquecer todos os documentos técnicos em papel ou em suporte electrónico, etc.). O trabalho é especialmente visado, mas as actividades domésticas, os desportos, os jogos, etc., são-no também.

• A ergonomia juntou-se à selecção psicotécnica e à formação. Estas duas tecnologias adaptam o homem à máquina. Nos anos 40, nos Estados Unidos, rapidamente se revelaram insuficientes face às necessidades crescentes do exército, sobretudo em pilotos. Para baixar o limiar de selecção e diminuir o esforço de formação

Ergonomia

revelou-se então necessário adaptar a máquina ao homem, em vez do inverso. Actualmente, conceber a máquina para que a sua utilização seja menos constrangedora e acessível a mais pessoas e a sua aprendizagem seja mais rápida continua a ser a função da ergonomia.

Da ergonomia física à ergonomia cognitiva

Tendo uma perspectiva prática, a ergonomia acompanhou a evolução industrial. Ocupando-se de início com tarefas em que dominava o aspecto manual, procurou adaptar a máquina segundo critérios fisiológicos (dimensionamento dos postos de trabalho). Fala-se de *ergonomia física* para a caracterizar. No entanto, com a automatização e o emprego massivo do computador, na maioria das tarefas assistiu-se a uma diminuição da parte física em relação à parte constituída pela actividade cognitiva. Desenvolveu-se então uma *ergonomia cognitiva* (EC), fundada na psicologia experimental. Para além disso, perante o desenvolvimento das tarefas de supervisão (controlo de instalações automatizadas, controlo aéreo, etc.), o behaviorismo deixou a ergonomia impotente; por isso, esta adoptou muito cedo o cognitivismo. A ergonomia cognitiva é, aliás, considerada um dos factores que favoreceram a reemergência de uma teoria cognitivista na psicologia experimental (Anderson, 1990, p. 9).

A ergonomia cognitiva tem por objectivo optimizar a interacção homem-máquina, agindo sobre as funcionalidades do dispositivo de tal forma que sejam compatíveis com o funcionamento cognitivo do utilizador. Assim sendo, salvo excepções, o objectivo do utilizador não é a interacção com o dispositivo. O seu verdadeiro objectivo é agir sobre uma situação no seu ambiente: o dispositivo não é senão um intermediário. Por outro lado e antes de mais, o ergonomista deve tomar em consideração a interacção primordial, a que tem lugar entre a pessoa e a situação (os objectos da sua actividade), tendo em conta, porém, o condicionamento da situação pelo objectivo dela. Ora, a interacção pessoa-situação é precisamente o objecto da psicologia cognitiva. Esta constitui, portanto, a ciência fundamental da EC.

Os seus conceitos chaves são os mesmos. Assim, numa dada situação, a representação mental construída na memória de trabalho e os conhecimentos na memória de longo prazo, activadas para esta construção, são conceitos centrais para a EC.

No entanto, a EC privilegia certos temas da psicologia cognitiva. Ela insiste em particular nas especificidades de uma representação construída para *agir* numa situação relativamente a uma representação construída simplesmente para a *conhecer*. A EC preocupa-se sobretudo com a primeira. A EC beneficiou dos desenvolvimentos recentes da investigação sobre a representação pericial (por ex. Ericsson & Kintsch, 1995), nomeadamente porque os dispositivos técnicos têm de ser concebidos com mais frequência pelos especialistas de uma tarefa (no sentido amplo de pessoas com experiência).

Ergonomia e representação

No quadro teórico da representação, a problemática da EC é de investigação da compatibilidade entre duas representações. De facto, a EC trata dos casos em que a representação é construída, não por percepção directa da situação, mas por intermédio de dispositivos que constituem, muitas vezes, os únicos acessos possíveis a esta: painéis de bordo, painéis de controlo, documentos, etc. Ora, os intermediários são concebidos por outrem e resultam, portanto, de uma representação, a de quem os concebe. Ou seja, do conjunto dos elementos, propriedades e relações que se podem distinguir na situação,

Ergonomia

quem os concebe não apresenta senão uma selecção, segundo uma certa estruturação (hierarquização dos elementos, ordem espácio-temporal da sua apresentação, etc.). Analogamente, permite uma selecção de acções entre as que se podem exercer sobre a situação. Por último, apresenta estes dados com uma determinada codificação, seleccionada entre as que são possíveis e, em particular, escolhe entre codificação da linguagem e codificação analógica. Esta apresentação da situação limita a actividade de construção da representação desta por parte do utilizador e, portanto, também dos seus tratamentos.

Tarefa prescrita e tarefa efectiva

Metodologicamente, a intervenção ergonómica baseia-se na análise da tarefa e da actividade cognitiva correspondente. Foi feita uma distinção essencial entre o que o agente "supostamente faz e o que faz realmente" (Ombredane e Faverge, 1955). Também se pensa actualmente em termos de *tarefa prescrita* e *tarefa efectiva*, que diferem muitas vezes: muito dispositivos técnicos revelam-se insuficientes (sendo causas de lentidão, erros, incidentes e até acidentes, etc.), porque concebidos apenas a partir da tarefa prescrita.

A análise da tarefa utiliza técnicas de observação e de entrevista dos agentes que permitem decompor a tarefa global (por ex. o controlo do tráfego aéreo) em subtarefas, eles mesmo decompostas, etc. Uma tarefa é expressa por um objectivo a condizer com as condições da sua realização. Obtém-se uma árvore de decomposição hierárquica da tarefa. Esta análise permite, entre coisas, assinalar as subtarefas para as quais é necessária uma análise da actividade cognitiva. *A análise da actividade* baseia-se em métodos da psicologia experimental. A representação mental e as estruturas de conhecimentos na memória de longo prazo são inferidas a partir de comportamentos espontâneos observados (por ex., medida dos tempos de resposta, do número de erros, registo dos movimentos oculares).

Todavia, para inferir o *conteúdo* da representação e dos conhecimentos, é muitas vezes necessário provocar comportamentos observáveis, não espontâneos, durante a tarefa. Tal é possível com técnicas pouco custosas (o que é essencial na prática) saídas do arsenal da psicologia experimental (Bisseret, Sebillotte & Falzon, 1999). Os resultados destas análises permitem ao ergonomista decidir as especificações do dispositivo, possibilitando uma compatibilidade óptima entre a representação que o dispositivo supõe e a representação que, em qualquer caso, o perito constrói para si mesmo.

Frequentemente, o ergonomista é chamado a intervir num dispositivo existente. Fala-se de *ergonomia de correcção*. No entanto, corrigir as inadaptações é custoso e, por vezes, impossível. Hoje em dia, adopta-se uma *ergonomia de concepção*, que intervém desde as primeiras fases da concepção do dispositivo. Esta adopção implica uma colaboração estreita entre a EC e a engenharia (em particular do *software*).

Herdeira, antes do mais, da psicologia cognitiva, a EC apoia-se cada vez mais noutras ciências cognitivas. A linguagem desempenha um grande papel nos dispositivos técnicos modernos (tecnologias da informação e da comunicação). A este respeito, deve ser sublinhado o contributo crucial da psicolinguística, ramo da psicologia cognitiva. A linguística, menos directamente envolvida, começou a ser utilizada, ou, pelo menos, um dos seus ramos, a pragmática. Por último, a informática dos sistemas interactivos é um factor de progresso essencial da EC, em particular através da aplicação de técnicas de inteligência artificial.

A. Bisseret

Anderson, J.R. (1990), *Cognitive psychology and its implications*, S. Francisco, Freeman.

• Bisseret, A. (1995), *Représentation et décision experte: Psychologie cognitive de la décision chez les aiguilleurs du ciel*, Toulouse, Octarès Éditions.

• Bisseret, A., Sebillotte, S. & Falzon, P. (1999), "Techniques pratiques pour l'étude des activités expertes, Toulouse, Octarès Éditions.

• Ericsson, K.A. & Kintsch, W. (1995), "Long-term working memory", *Psychological Review*, 102, 211-245.

• Ombredane, A. & Faverge, J.-M. (1955), *L'analyse du travail*, Paris, Presses Universitaires de France.

☞ *especialização, inteligência artificial, interface homem-máquina, representação, resolução de problemas*

ESCRITA

Procedimento de que nos servimos para imobilizar, para fixar, a linguagem articulada, fugitiva por essência (Higounet, 1986). A concepção das relações entre a língua e a sua escrita foi e é ainda objecto de discussões e de polémicas. As classificações reflectem diferenças teóricas na análise dos sistemas de escrita.

• A primeira dificuldade é demarcar a diferença entre *sistemas de notação visuais* e o sistema da escrita. Um critério que parece reunir unanimidade é a relação convencional estável entre a língua e os sinais escritos. A tarefa da tipologia baseada em relações grafolinguísticas é a determinação das unidades linguísticas que residem num sistema dado de escrita. Coulmas (1996) propõe uma distinção entre o sistema "Plerémico" e o sistema "Cenémico", apoiando-se nas unidades mínimas representadas (morfemas, sílabas, fonemas) e na sua organização. Os signos "Plerémicos" registam quer o sentido quer a forma linguística. Estes signos registam unidades determinadas pelo sentido (morfemas e lexemas). Os signos "Cenémicos" são desprovidos de sentido e registam apenas a forma linguística. Operam mediante unidades mínimas não significativas (fonemas e sílabas). Coulmas propõe que se classifique as escritas hitita, hieroglífica, suméria, acádica e chinesa como escritas do tipo "Plerémico" e as escritas alfabéticas e silábicas como escritas do tipo "Cenémico".

A segunda dificuldade diz respeito aos diferentes *sistemas alfabéticos* e às suas relações com a língua, ou seja, como os fonemas são traduzidos em grafemas e estes são distribuídos na escrita da língua. Assim, o grafema é definido como uma unidade que pode ser composta, quer por uma única letra, quer por várias letras. Tem por função principal registar as unidades sonoras. Cada grafema pode ter três valores: um valor de base, que codifica a sua relação com um sistema fonológico dado, um valor de posição, que é a realização fonética do grafema num contexto específico (em português, *s* pronuncia-se /z/ entre vogais) e um valor formativo quando é usado um grafema para pronunciar o grafema que o precede de uma maneira específica. Em português, o "u" de "guitarra" exemplifica este valor.

A terceira dificuldade é a da oposição entre as *escritas fonéticas* e *ortográficas*, sendo citados o italiano e o servo-croata como exemplo do primeiro caso e o francês e o inglês como exemplos do segundo. Esta oposição conduz a falar de ortografia de superfície ou ortografia transparente *vs.* ortografias profundas ou opacas. No entanto, como nota Coulmas (1996), não se deve confundir um sistema de transcrição fonética com o sistema de escrita de uma língua, que é sempre, num dado momento, uma análise de um dos aspectos desta. Apresentar as diferenças de escrita

Escrita

alfabética como restrições gráficas apenas (escreve-se *foto* em italiano, mas *photo* em francês) arrisca-se a esclarecer a escrita unicamente na sua dimensão visual (teríamos uma escrita afastada da audição em certas línguas). Escrever uma língua não é apenas escrever a sua fonologia, trata-se de uma análise que esclarece unidades fonológicas e unidades morfológicas. Ora, se algumas línguas não têm categorias morfológicas distintas das categorias sintácticas (Bloomfield, 1970), outras apresentam alternâncias vocálicas de valor morfológico. Por exemplo, em francês /o/ alterna com /ɛ/ nas oposições de género /bo/ – /bɛl/, /nuvo/ – /nuvɛl/. Portanto, o /o/ nestas sequências acumula as funções fonológica e morfológica (a sequência /bo/ compreende o morfema lexical /b-/ e o morfema gramatical /-o/), e uma única função (fonológica) na palavra /mo/ em que não há nenhuma alternância vocálica: apenas a sequência /mo/ é um morfema lexical. Os dois sons [o] não têm o mesmo "valor" linguístico e não se escrevem da mesma maneira. De facto, as restrições observadas nas escritas reflectem estruturas morfológicas diferentes. Assim, as escritas transparentes apresentam um sistema morfológico transparente (as formas de base dos morfemas são as formas sonoras de superfície) e as escritas opacas reflectem um sistema morfológico em que as formas de base não correspondem directamente às formas sonoras de saída. Assim, um sistema de escrita é por definição um sistema imperfeito, evolutivo, baseando-se numa focalização de certas características da língua em detrimento de outras.

O tipo de escrita determinará uma dificuldade específica na aprendizagem da tarefa da leitura-escrita? O reconhecimento das palavras escritas necessitará de uma actividade linguística ou de um processo de aprendizagem em que o sujeito não recorra necessariamente a informações linguísticas? Isto é, a língua será absoluta-

mente necessária para compreender os processos cognitivos com que a leitura se efectua? Como é que os processos de base na leitura reflectem as estruturas características da linguagem e da língua? Pode-se dizer a mesma coisa relativa à aprendizagem da escrita? O estudo do reconhecimento das palavras escritas peloo adulto forneceu muitos modelos no domínio da psicologia experimental e integra o módulo fonológico e, mais recentemente, o módulo morfológico, dando assim um papel fundamental à estrutura da língua nas estratégias de leitura. Na língua francesa, as disfunções de leitura na criança levaram, por exemplo, a comparar as estratégias de activação na criança disléxica e na criança testemunha. Diferentes autores tentaram então integrar estes resultados clínicos nos modelos de leitura.

Duas questões se levantam então: (1) as escritas "Plerémicas" geram processos de leitura diferentes das escritas "Cenémicas"? (2) A distinção estabelecida na literatura entre "escritas transparentes" e "escritas opacas" dá conta de estratégias de leitura diferentes? Segundo Seidenberg (1992), os processos de base devem ser universais porque os seres humanos partilham capacidades perceptivas e cognitivas similares. Todavia, ainda segundo este autor, coexistem muitos sistemas de escrita e influenciam certamente estratégias de leitura. Três pontos reúnem consenso unânime: (1) as actividades de leitura-escrita são apresentadas como um desenvolvimento das actividades de linguagem e não como uma actividade paralela, (2) a consciência fonológica está relacionada com esta aprendizagem e (3) o tipo de escrita condiciona as modalidades de leitura, mas não gera capacidades específicas.

V. Rey

📖 Bloomfield, L. (1970), *Language* (1.ª edição, 1933), Paris, Payot.

Espaço

- Coulmas, F. (1996), "Writing systems", *The Blackwell Encyclopedia*, Oxford, Blackwell Publishers.
- Higounet, C. (1955), *L'écriture*, Paris, Presses Universitaires de France.
- Seidenberg, M.S. (1992), "Beyond Orthographic Depth in Reading: Equitable Division of Labor", in R. Frost & L. Katz (orgs.), *Orthography, Phonology, Morphology and Meaning*, pp. 85-118, Amsterdão, Elsevier Science Publishers.

☞ *leitura, linguagem*

ESPAÇO (ORGANIZAÇÃO LINGUÍSTICA DO –)

Representação do espaço pelas línguas naturais no interior do seu sistema gramatical próprio, segundo uma organização cognitiva subjacente, de que alguns signos linguísticos (deícticos, etc.) trazem a indicação.

• As expressões linguísticas portuguesas como *aqui, além, algures* formam um sistema egocentrado, chamado *sistema da deixis espacial* (*deixis* deriva do grego e significa "mostrar", "designar"), que são *embayeurs* (*shifters* em R. Jacobson) da linguagem, com estes últimos a relacionar as representações utilizadas por uma língua com referenciais dos utilizadores desta: *aqui* designa uma região espacial qualitativa que integra o enunciador (*aqui, nesta sala*) ou, mais em geral, uma região organizada em redor de um objecto apontado pelo enunciador (*aqui, neste mapa*); *além* representa uma região espacial que integra, quer o enunciador, quer o seu co-enunciador (*olha além*); *algures* remete para uma região espacial que exclui o enunciador e o seu co-enunciador. Cada condição de utilização pragmática destes signos determina regiões espaciais particulares. Enquanto a maior parte das gramáticas descreve este sistema deíctico com o auxílio de traços como "próximo" e "longínquo", observações mais sistemáticas e generalizações das línguas indicam antes que este sistema deíctico de base está estreitamente correlacionado *com a oposição visível / não visível*: AQUI = "região visível pelo enunciador (EU)"; ALÉM = "região visível quer pelo enunciador (EU) quer pelo co-enunciador (TU)"; ALGURES = "região não visível nem pelo enunciador nem pelo co-enunciador", de que resulta a correlação estreita entre as pessoas e a deixis espacial. A actividade da linguagem aparece então como estando ancorada na percepção do espaço, fenómeno que admite generalizações por metaforização dele.

Língua, espaço e pontos de referência

As representações tradicionais do espaço pelas línguas são caracterizadas por uma dissimetria entre um *referenciado* (objecto, lugar) e um *ponto de referência* (lugar) melhor determinado, o que leva a orientar o espaço a partir deste ponto. Nas línguas, coexistem em graus diversos vários tipos de referência e de orientação: (1) pontos de referência absolutos geocentrados (por ex.: *Chaves é no Norte de Portugal*) que organizam o espaço a partir de pontos de referência cardinais (leste – levante, oeste – poente, norte, sul) e de pontos de referência fixos (*diante da montanha / atrás da montanha / para além do rio / diante do rio*, etc.); (2) pontos de referência relativos egocentrados, que tomam o enunciador ou o co-enunciador como ponto de referência inicial (por ex.: *o livro está à tua direita / aqui estamos bem*): (3) pontos de referência internos na cena representada, onde um ponto de referência possui uma orientação intrínseca saliente (um diante / um atrás, um alto / um baixo, etc.); (4) orientações antropocentradas, tendo por modelo as orientações associadas ao corpo (orien-

171

Espaço

tações: diante / atrás = "costas"; alto = "cabeça" / baixo; direita / esquerda, fundada na lateralização); (5) consideração das regiões organizadas segundo a distância (próximo / longínquo); (6) organização dinâmica de regiões espaciais por movimentos de aproximação (*ir*, *dirigir-se para*, *esperar*), de afastamento (*deixar*), de evitação (*contornar*), de passagem (*atravessar*).

A coexistência dos sistemas de referenciação que acabamos de mencionar não parece tão universal quanto se poderia pensar. Dados de sistemas linguísticos não indo-europeus levaram a matizá-la (Brown e Levinson, 1993; Haviland, 1996; Levinson, 1996; Ozanne-Rivierre, 1998). De facto, certas línguas parecem preferir utilizar um só sistema com orientações e referenciações absolutas determinadas pelo meio geográfico ("a montante / a jusante"; "para terra / para o mar"; direcção da corrente de um rio) ou por uma ordem cósmica rigorosa (em relação a um lugar sagrado). Assim, nestas línguas, a referenciação egocentrada "o livro que está à tua direita" é expressa por uma referenciação geocentrada "o livro que está do lado da montanha". Por exemplo, nas línguas malaio-austronésias (*Malgache*, Ozanne-Rivierre, 1998, p. 84), a orientação organiza-se a partir de pontos de referência exteriores inscritos na paisagem envolvente (eixos: mar / terra; a montante / a jusante; direcção dos ventos dominantes).

A referenciação do espaço entre um ponto de referência e outro mais saliente é gramaticalizada por meio de sistemas deícticos, de jogos de sufixos locativos pós-nominais, por exemplo, casos morfológicos locativos, preposições, prefixos pré-verbais.

A topologia dos pontos de referência ou dos referenciados parece igualmente desempenhar um papel bastante importante na codificação gramaticalizada das relações espaciais. De facto, a topologia introduz determinações mais específicas ao distinguir a interioridade, a exterioridade, as fronteiras ou margens, o fechamento de um lugar. As línguas possuem expressões que são marcadores linguísticos de referenciação – inclusão, contiguidade ou adjacência, eventuais sobreposições de lugares, etc. – e de determinação topológicas. A um objecto está associado uma família de lugares eles mesmos associados: o seu lugar próprio, lugares periféricos, lugares de visibilidade (Desclés, 1990, 1998). Por exemplo, ao objecto /carro/ estão associados vários lugares expressos por: *no carro / sobre o carro / à frente do carro*; à entidade /Lucas/ corresponde uma família de lugares expressa por: *em cima de Lucas / ao lado de Lucas / à esquerda de Lucas / diante de Lucas / atrás de Lucas / em direcção a Lucas / por cima de Lucas*, etc.

Certas proposições são traços linguísticos de determinação topológica espacial; combinadas com um relator binário abstracto estático como "ser" ou "encontrar-se", constituem um relator mais complexo entre uma entidade e um lugar determinado por características topológicas; combinadas com um verbo que assinala uma situação evolutiva, contribuem para exprimir uma relação dinâmica. Assim, a preposição portuguesa *em* remete para o fechamento de um lugar (*estar / encontrar-se em Lisboa*); *dentro de* para o interior de um lugar (*dentro de Lisboa*); *fora de* para o exterior de um lugar; *sobre* para a fronteira de um lugar (*o livro está sobre a mesa*). A preposição *perto de* evidencia uma vizinhança topológica e *longe de* uma região no exterior de um lugar. As preposições *através de* e *por* (*sair pela janela*) estão associadas a várias referenciações sucessivas em relação: (1) ao fechamento do interior; (2) ao lugar de passagem com atravessamento de fronteiras; (3) ao fechamento de um lugar pelo exterior. Em certas línguas, um certo número de morfemas codificam quase directamente valores topológicos de aderência, de contacto à superfície (limite ou fronteira do lugar determinado por uma entidade).

Espaço

Os cortes cognitivos associados às preposições variam segundo as línguas (Bowerman, 1996). Em inglês, temos (a) *apple in bowl*; (b) *handle on pan*; (c) *bandaid on leg*; (d) *ring on finger*; (e) *fly on door*; (f) *picture on wall*; (g) *cup on table*, que correspondem, respectivamente, às situações espaciais do português: (a) *maçã numa tigela*; (b) *maçaneta de uma porta*; (c) *penso numa perna*; (d) *anel no dedo*; (e) *mosca no tecto*; (f) *quadro na parede*; (g) *chávena sobre a mesa*. Devido a estas diferenças, o inglês, o português, o finlandês, etc., têm codificações diferentes também.

As preposições espaciais podem combinar-se com os verbos, seja sob a forma de pós-verbos (inglês), quer sob a forma de pré-verbos (línguas eslavas – russo, polaco, búlgaro, etc. –, grego antigo, etc.). Estes fenómenos de preverbação associados encontram-se igualmente em português: *voar* ? *sobrevoar, vir* ? *sobrevir, devir, convir*, etc. Notemos que se *sobrevoar* mantém uma significação espacial ("voar por cima de"), o mesmo não se passa com *sobrepujar*, embora *sobrepujar as dificuldades* permaneça relacionado com a passagem de uma fronteira nocional. Assim, as significações associadas às preposições espaciais combinam-se com as significações verbais e dão origem a relações espaciais estáticas mais complexas (em *A casa encontra-se na colina*, "a casa" entra no domínio da visibilidade de qualquer observador que percorra "a colina" com o olhar) ou a significações dinâmicas como nos exemplos simples seguintes: *Lucas entra na sala / Lucas sai da sala / Lucas chega a Lisboa / O carro surgiu à minha frente* (não estando antes visível, o carro penetrou no meu domínio de visibilidade).

Língua, espaço e movimento

A corrente da semântica cognitiva actual faz apelo, para descrever as significações verbais do movimento, a noções abstractas como as de "caminho" que vai de uma fonte em direcção a um objectivo (Lakoff, Jackendoff) ou de "fase" (fases iniciais, intermédias, finais) associadas a um movimento espácio-temporal. Esta corrente renova a abordagem "localista" da linguagem, que remonta aos estóicos, que privilegiava o espaço como modos fundamentais de representação, cujas categorias gramaticais (temporalidade, aspectualidade, modalidade, funções gramaticais do sujeito, objecto, etc.) seriam derivadas. De facto, os casos morfológicos como o genitivo e o acusativo do grego antigo (e de muitas línguas indo-europeias) exprimem respectivamente o lugar de partida e o de chegada de um movimento e, ao mesmo tempo, indicam funções gramaticais de complementos de nome e de objecto. No entanto, a hipóteses localista que atribui um papel central à espacialidade não trouxe consenso à comunidade dos linguistas, embora tenha sido "redescoberta" em diferentes épocas (na bizantina com Planúdeo, no século XIX com os trabalhos comparativos sobre o indo-europeu, no início do século XX com L. Hjemslev, depois, mais recentemente, com as abordagens localistas da semântica gerativa e, actualmente, da gramática cognitiva, com R. Jackendoff).

Os locutores humanos têm a faculdade de memorizar itinerários (planos de apartamentos, planos de redes de transporte) descritos pelos mapas e depois de verbalizar circulações; inversamente, um sujeito humano é capaz de desenhar um itinerário a partir de enunciados em língua natural que o verbalizem. Isto leva a considerar a capacidade cognitiva que permite mudar as representações do espaço e de passar de uma representação simbólica expressa numa língua a uma representação figurativa ou o inverso. Isto levou a inúmeras experiências na psicologia cognitiva.

J.-P. Desclés

Especialização

📖 Bloom, P., Peterson, M.A., Nadel, L. & Garette, M.F. (orgs.), (1996), *Language and Space*, Cambridge, MA, The MIT Press.

• Desclés, J.-P. (1994), "Relations casuelles et schèmes sémantico-cognitifs", *Langages*, 113, 113-125.

• Lucy, J.A. (1992), *Language diversity and thought. A reformulation of the linguistic relativity hypothesis*, Cambridge, Cambridge University Press.

• Miller, G.A. & Johnson-Laird, P.N. (1976), *Language and Perception*, Cambridge, MA, Harvard University Press.

• Ozanne-Rivierre, F. (1998), "Systèmes d'orientation: quelques exemples austronésiens", in C. Fuchs & R. Stéphane (orgs.), *Diversité des langues et représentations cognitives*, pp. 81-92, Paris, Ophrys.

• Pütz, M. & Dirven, R. (orgs.), (1996), *The Construal of Space in Language and Thought*, GravenHage, Mouton.

• Talmy, L. (1983), "How language structures space", in H.P. Lick, Jr. & L.P. Acredolo (orgs.), *Spatial orientation: Theory, research, and application*, pp. 225-282, Nova Iorque, Plenum Press.

☞ *categoria gramatical, linguagem, percepção, semântica cognitiva, temporalidade*

ESPECIALIZAÇÃO

Capacidade de avaliação e de actividade que se baseia num domínio de competências fora do comum num domínio particular de conhecimentos. **OBS.**: a especialização neste sentido demarca-se do mero domínio de uma área específica de competências e de que um indivíduo pode dar provas.

• Estas competências decorrem da organização de inúmeros conhecimentos específicos na memória de longo prazo.

Estes permitem ao perito detectar muito rapidamente os pontos-chave das situações e restringir consideravelmente o espaço do problema a encarar. Para além disso, intervêm processos automáticos no seu exercício. Os tempos de decisão podem então ser extremamente curtos para tratar situações familiares: "um mestre (de xadrez) não procura o bom lance, vê-o." (de Groot, 1965).

A especialização diz respeito a domínios de conhecimento muito variados: a física, o piano, o diagnóstico médico, o basquetebol, etc. Os conhecimentos específicos adquiridos com a especialização são evidentemente muito diferentes segundo os domínios, quer se trate de conceitos de referência, estratégias, procedimentos ou competências sensoriomotoras ou visuoespaciais a aplicar. Todavia, é possível detectar características comuns da especialização, quer ao nível da descrição das competências, quer ao nível da arquitectura cognitiva e funcional subjacente (vd. Ericsson, 1996). Assim, independentemente do domínio, a especialização adquire-se progressivamente, depois de muitos anos de estudo e de prática. Não remete essencialmente para os processos subentendidos pela "inteligência geral" tal como pode ser medida pelos testes psicométricos. A especialização é limitada a um domínio particular. Está relacionada, quer com o desenvolvimento de processos perceptivos, mnésicos e de resolução de problemas, específicos do domínio de conhecimentos, quer, paralelamente, com o desenvolvimento de automatismos. Para além disso, explicar a especialização consiste, em primeiro lugar, em definir a estrutura e a organização das unidades de conhecimento representadas na memória de longo prazo.

A maior parte dos trabalhos consagrados à especialização são derivados dos trabalhos sobre o jogo de xadrez. Este jogo constitui, na verdade, um caso exemplar de domínio complexo cuja mestria necessita de vários anos de prática e de estudo.

Especialização

A especialização está apenas tenuamente relacionada com a "inteligência geral". Por exemplo, não se observa superioridade das capacidades perceptivas, mnésicas ou antecipatórias dos peritos do jogo de xadrez, excepto no seu domínio de especialização.

As investigações experimentais dedicam-se essencialmente ao estudo das capacidades mnésicas dos especialistas (de Groot, 1965; Chase & Simon, 1973). Assim, os paradigmas experimentais utilizados consistem mais frequentemente em provas de recordação de posições de jogo apresentadas num tabuleiro de xadrez. Um resultado fundamental é que o número de peças correctamente recordado varia com a força dos jogadores, com os especialistas a colocar um número de peças significativamente maior do que os noviços. Mas tal não é verdade se as posições a recordar têm "sentido escaquístico" (remetendo, por exemplo, para partidas efectivamente jogadas).

De facto, este resultado já praticamente não se observa se as peças forem dispostas aleatoriamente. A hipótese é que a percepção dos especialistas é estruturada por posições particulares das peças, armazenadas na memória de longo prazo. Estas posições são *chunks* que podem integrar, quer relações semânticas entre as peças, quer aspectos estratégicos. São a utilização e a organização de um reportório muito extenso de tais *chunks* que permitirão aumentar consideravelmente as capacidades da memória de trabalho e poderiam explicar as competências excepcionais dos especialistas.

As simulações cognitivas colocam a tónica na representação e na organização dos conhecimentos na memória de longo prazo. A componente de base do conjunto dos modelos é o *chunk*, definido como uma unidade integrada de conhecimentos que pode incluir elementos semânticos e estratégicos (Gobet, 2001). Os *chunks* são reunidos numa rede de conhecimentos. As simulações consistem em formalizar as interacções entre esta rede de conhecimentos, as informações que são armazenadas na memória de trabalho e os processos de resolução que são activados pelo tratamento das situações. O modelo CHREST (*Chunk Hierarchy and REtrieval STructure*; Gobet, 1993) é representativo desta abordagem e apresenta o interesse de integrar componentes dinâmicas na representação e na utilização dos conhecimentos, bem como de incluir uma componente de aprendizagem.

As investigações experimentais realizadas, bem como as simulações cognitivas que são propostas, revelam certos mecanismos gerais da especialização que ultrapassam os domínios particulares. Assim, encontram-se sempre no centro da análise cognitiva da especialização as estruturas de conhecimentos específicos que são organizadas na memória de longo prazo. Estas constituem o filtro decisivo dos processos de resolução que são aplicados pelo tratamento de uma situação particular, conforme esta é mais ou menos familiar.

E. Marmèche

   📖 Chase, W.G. & Simon, H.A. (1973), "Perception in chess", *Cognitive Psychology*, 4, 55-81.

   • de Groot, A.D. (1965), *Thought and Choice in Chess*, The Hague, Mouton Publishers.

   • Ericsson, K.A. (1996), *The Road of Excellence*, Mahwah, NJ, Lawrence Erlbaum Associates.

   • Gobet, F. (1993), *Les mémoires d'un joueur d'échecs*, Friburgo, Éditions Universitaires.

   • Gobet, F. (2001), "Chunking mechanisms in human learning", *Trends in Cognitive Sciences*, 5, 236-243.

   ☞ *atenção, automatização, conhecimento, resolução de problemas, sistema pericial*

ESQUEMA

1. Desenho, figura, plano ou descrição de um objecto, de um mecanismo ou de uma situação numa forma simplificada que destaca o essencial. 2. Representação mental abstracta que permite resolver problemas e guiar a acção, omitindo os detalhes (*script*).

• Na informática, e mais especificamente na inteligência artificial, a noção designa uma estrutura de dados utilizada para representar conhecimentos relativos a um conceito, uma entidade ou uma classe de objectos por meio de uma descrição do conjunto dos seus usos possíveis (*frame*). Os esquemas revelam os modos típicos de utilização dos conceitos, não descrevem instâncias típicas destes conceitos. As descrições são geralmente fundadas na noção de atributo-valor: um esquema é considerado como a reunião de um conjunto de atributos que descrevem um conceito nos seus diversos aspectos (forma, constituintes, matéria, usos, etc.), podendo ser indicado um valor preciso, um valor por defeito ou um intervalo de valores para cada um destes atributos.

Num sistema de gestão de base de dados (SGBD), trata-se de uma descrição de uma base de dados criada por meio da linguagem de definição de dados proposta pelo SGBD. No esquema, utilizam-se símbolos ou elementos gráficos para representar as entidades, as relações e os atributos que são os elementos principais usados na modelização da base de dados.

Na psicologia, um esquema representa o conjunto dos caracteres de um objecto que são eficazes no determinismo da reacção instintiva, na interpretação da informação perceptiva ou então o que, numa acção, se pode transferir para as mesmas situações ou generalizável a situações análogas.

G. Sabah

📖 Alba, J.W. & Hasher, L. (1953), "Is memory schematic?", *Psychological Bulletin*, 93, 203-231.

• Arbib, M.A. (1986), "Schemas and perception: Perspectives from brain theory and artificial intelligence", in E.C. Schwab & H.C. Nusbaum (orgs.), *Pattern recognition by humans and machines*, vol. 2, *Visual perception*, pp. 121-157, San Diego, CA, Academic Press.

• Marshall, S.P. (1995), *Schemas in problem solving*, Cambridge, Cambridge University Press.

☞ *conhecimento, representação, tipicalidade*

ESQUIZOFRENIA

A forma mais frequente e mais típica das psicoses do adulto, que começa na maioria das vezes depois da adolescência. Associa de maneira variável uma *síndrome de desorganização (dissociativo)* que afecta a vida mental e emocional, a linguagem e o comportamento, *perturbações da representação* de si (alterando a identidade), mas também dos outros, e *perturbações da relação* com o mundo ou os outros (alterando a comunicação): o *autismo esquizofrénico*. Sintomas característicos, alucinações e delírios, frequentemente presentes, expressam estas alterações que culminam numa perda da distinção entre si e os outros (Schneider, 1959).

• Devido à complexidade desta patologia, as pesquisas cognitivas a ela dedicadas incidem, quer nos mecanismos cognitivos perceptivos e atencionais elementares, quer na pragmática da comunicação ou nas "cognições sociais", definidas noutros planos de complexidade. Em seguida, estas "pesquisas cognitivas" começaram por recensear de maneira descritiva as diferentes anomalias cognitivas que se supunha serem efeitos da patologia e propuseram depois alterações mais específicas (da comunicação, da consciência de si e dos outros, da agentividade) que se supunha, desta vez, constituírem possíveis mecanismos de produção explicativos dos sintomas.

As explorações do funcionamento cognitivo efectuadas com estes doentes começaram por relatar de maneira regular diferentes anomalias, em que as principais são perturbações da organização da informação perceptiva, da memória e da atenção (selecção das informações perceptivas e das respostas pertinentes), perturbações das funções frontais e nomeadamente da planificação da acção e, finalmente, perturbações da representação do contexto (ou dos dados situacionais) (Frith, 1992; Georgieff, 1995). Algumas destas alterações das funções perceptivas, atencionais e da planificação são consideradas hoje como os sinais de uma vulnerabilidade cognitiva particular, quer dizer, de um terreno que a tal predispõe, presente nos doentes, mas também em alguns sujeitos que aparentemente não estão doentes. Estas alterações constituiriam assim "marcadores" de uma vulnerabilidade ela mesma de origem genética e ambiental.

Acção e esquizofrenia

A referência aos modelos da acção da neuropsicologia cognitiva propõe que se integrem estas perturbações que atingem a memória, a atenção e a percepção no quadro mais geral das anomalias da regulação da acção, regulação que implica a interacção da percepção e da memória na organização de um plano de acção e controlo da sua execução (Frith, 1992; David & Cutting, 1994).

Esta abordagem distingue de maneira esquemática três níveis de estudo da patologia esquizofrénica, que se podem fazer correspondor, de forma grosseira, a três ordens de sintomas. O primeiro é o da desorganização da acção ou das perturbações da sua planificação, correspondendo na clínica à dissociação do pensamento e da linguagem esquizofrénicas. O segundo é o das perturbações do ajustamento da acção à situação ou ao contexto, que corresponde na clínica às alterações da relação com a realidade e, mais especificamente, no que respeita à linguagem, às perturbações da pragmática da comunicação referenciados nestes doentes. O terceiro é o das anomalias da consciência da acção própria e alheia, quer dizer, do plano de intencionalidade e das cognições sociais, que correspondem na clínica às perturbações da consciência de si e dos outros.

Estes modelos propõem, em primeiro lugar, uma releitura da "dissociação" esquizofrénica que se expressa nas perturbações do pensamento, da linguagem e da comunicação. Ela resultaria, com efeito, de uma desorganização da acção (relacionada como uma perturbação do seu controlo ou planificação) que atinge os diferentes sectores do pensamento, da linguagem, da memória e da motricidade. A perturbação do controlo consistiria mais precisamente numa perturbação do ajustamento da acção à situação e aos índices contextuais, nomeadamente em situações de comunicação que impliquem um ajustamento às acções e aos estados mentais (ou intencionais) dos outros. O controlo da acção baseia-se, na verdade, num confronto, em cada etapa sucessiva, entre informações endógenas (representação central da acção em curso e do seu objectivo, ou seja, antecipação dos efeitos desta acção) e das informações exógenas (dados sensoriais). Segundo os autores, este processo depende de um comparador ou sistema de controlo (*monitoring*) da acção. Foram por isso propostos diferentes modelos de alteração do controlo da acção na esquizofrenia: perturbação do comparador entre dados endógenos (memória, antecipações) e dados exógenos sensoriais, per-

Esquizofrenia

turbações da iniciação e do controlo da acção voluntária (Frith, 1992), perturbações da planificação da acção e do ajustamento à situação (contexto).

Alguns estudos privilegiam uma perturbação mais "central" do controlo ou da planificação da acção de que dependeriam as anomalias de representação do contexto, enquanto outros privilegiam uma perturbação do tratamento situacional ou de análise do contexto numa vertente mais perceptiva. Todavia, a organização da acção e a análise situacional ou perceptiva são interdependentes: se o controlo da acção necessita de um ajustamento permanente ao contexto e depende da análise situacional, esta representação de um contexto depende, reciprocamente, da acção em curso de realização e dos planos de acção disponíveis, porque são estes últimos que conferem sentido à situação. Este modelo relaciona, portanto, as perturbações da vertente perceptiva e da organização de uma representação da situação (em termos mais clínicos, da relação com a realidade) com a desorganização da acção.

O último nível de análise proposto pelos modelos da acção é sobre as perturbações da experiência subjectiva e intersubjectiva, que são a priori, no entanto, as mais dificilmente redutíveis a perturbações cognitivas elementares. Na verdade, estes modelos sugerem que se relacione a consciência de si e de outrem com a consciência e a representação da acção do sujeito ou percebida em outrem.

A consciência de si está assim relacionada com a consciência de agir ou a experiência de ser agente da acção (ou agentividade) que se expressa pela atribuição da acção a si ou a outrem. Esta capacidade de reconhecimento das acções próprias (incluindo a actividade mental e não apenas a motora), quer dizer, de metaconhecimento ou meta-representação, participaria da representação de si e da diferenciação entre si e os outros e, mais amplamente, entre actividade mental e percepção da realidade exterior.

A hipótese de uma alteração específica da consciência da acção na esquizofrenia aplica-se, portanto, em particular, aos sintomas de "primeiro nível" (Schneider, 1959) característicos desta patologia e que se referem à diferenciação entre si e o mundo externo ou outrem: despersonalização, delírio e alucinações, experiência paranóide. Diferentes autores consideraram já estes sintomas como os efeitos de uma perturbação da percepção ou do reconhecimento pelo sujeito da sua própria actividade mental ou do seu discurso interior. Os trabalhos recentes que convidam a que se considere a alucinação auditiva como uma acto de linguagem sugerem que a perturbação é da consciência da acção, a capacidade do sujeito identificar esta actividade para a atribuir a si mesmo e não a uma fonte externa. No caso da síndrome do "automatismo mental" é o próprio pensamento que é atribuído pelo doente a uma força ou agente exterior. Por último, no caso do delírio de influência ou das alucinações psicomotoras, o doente declara que é manipulado por uma acção estranha, como se uma força externa controlasse o seu pensamento ou os seus actos. Alguns estudos de imagiologia funcional nos sujeitos que sofrem do delírio de influência registam anomalias de activação de diferentes áreas cerebrais (córtex parietal e cingular) implicadas no controlo da acção motora, bem como na representação diferenciada dos espaços corporal e extracorporal.

Estas experiências patológicas mostram uma dissociação entre consciência da acção (conservada) e consciência de ser agente da acção (alterada). Segunda esta perspectiva, uma alteração do reconhecimento (ou identificação) da acção própria explicaria a estranheza do discurso ou do pensamento, ou experiência delirante de ser manipulado por uma acção ou vontade exterior. Houve estudos que exploraram nestes pacientes a confusão entre representação e percepção ou entre acção e representação mental da acção, sugerindo

Esquizofrenia

que uma perda da capacidade de ajuizar a fonte, interna ou externa, do acontecimento poderia estar presente na fisiopatologia das alucinações ou do delírio. Foi encontrada uma perturbação da identificação das acções motoras próprias em situações experimentais com alguns esquizofrénicos que sofriam de sintomas de "primeiro nível" (Franck *et al.*, 2001).

Acção, consciência e comunicação

Foram propostas diferentes hipóteses para explicar estas perturbações. Uma postula uma perturbação da consciência das intenções motoras (Frith, 1992) e faz depender directamente a representação da acção dos mecanismos que asseguram a sua execução e controlo. Outra hipótese sugere, pelo contrário, que os sintomas esquizofrénicos de primeiro nível colocariam em questão a experiência da acção num esquema de interacção entre um agente e outra pessoa, relevando de um sistema de representação específico. Segundo esta hipótese, o nível de representação da acção, alterado nos sujeitos psicóticos, relevaria de um sistema de representações da acção "social" ou "partilhada", activado, quer pelas próprias acções, quer pelas acções percebidas em outrem (Georgieff & Jeannerod, 1998). Este modelo dá conta dos dois aspectos da patologia esquizofrénica imputável a uma perturbação da atribuição das acções: por defeito (perda de auto-atribuição), mas também por excesso, nos sujeitos delirantes, convencidos de que as suas intenções ou as suas acções comandam os acontecimentos do mundo ou que exercem influência sobre o pensamento e as acções de outrem.

As perturbações esquizofrénicas da identidade e da relação poderiam expressar uma patologia da consciência da acção que convida a levantar a questão do "quem" (*who system* ou sistema do "quem") na interacção e na partilha social das acções, quer dizer, do agente da acção, dissociado da consciência desta (Georgieff & Jeannerod, 1998).

A evidenciação recente de "neurónios-espelho", activados de maneira idêntica quando o sujeito se prepara para executar um acto e quando vê executar este mesmo auto por outra pessoa (Rizzolatti), sugere a existência de um tal sistema de codificação transitiva da acção utilizado nas interacções sociais. Este sistema geraria "representações partilhadas", no sentido de representações comuns ao que executa e ao ou aos que percebem a acção. Graças a uma activação comum dos sistemas de acção, de uma relação transitiva entre indivíduos, baseada na partilha de intenções e de actos, de acordo com a hipóteses "simulacionista" da imitação, o sistema de codificação da acção poderia ser, deste modo, o suporte das cognições sociais: teoria da mente e empatia. Poderia também estar implicado na função do "quem", ou seja, a atribuição a si ou a outrem.

Uma desorganização deste processo de representação mútua de si e do outro na e pela acção poderia estar subjacente aos sintomas "positivos" da esquizofrenia, que expressam uma relação indiferenciada entre si e o outro, e também às perturbações da comunicação observadas nestes doentes no plano da pragmática da comunicação e na utilização de uma "teoria da mente". Estes sintomas constituiriam assim diferentes aspectos de uma patologia da empatia e da constituição das representações de si e de outrem, empenhados num modo particular de acção mútua.

N. Georgieff

📖 David, A.S. & Cutting, J.C. (1994), *The neuropsychology of schizophrenia*, Hove, Lawrence Erlbaum Associates.

• Franck, N., Farrer, C., Georgieff, N., Marie-Cardine, M., Daléry, J., d'Amato, T. & Jeannerod, M. (2001), "Defective recognition of one's own

Estrutura

actions in patients with schizophrenia", *American Journal of Psychiatry*, 158, 454-459.

• Frith, C.D. (1992), *The cognitive neuropsychology of schizophrenia*, Hove, Lawrence Erlbaum Associates.

• Georgieff, N. (1995), *La schizophrénie*, Paris, Flammarion.

• Georgieff, N. & Jeannerod, M. (1998), "Beyond consciousness of external reality. A conceptual framework for consciousness of action and self consciousness", *Consciousness and Cognition*, 7, 465-477.

• Jeannerod, M. (1997), *The cognitive neuroscience of action*, Oxford, Blackwell.

• Jeannerod, M., Farrer, C., Franck, N., Fourneret, P., Posada, A., Daprati, E. & Georgieff, N. (2003), "Action recognition in normal and schizophrenic subjects", in A.S. David (org.), *The self and schizophrenia: A neuropsychological perspective*, Cambridge, MA, Cambridge University Press.

• Rizzolatti, G., Fadiga, L., Gallese, V. & Fogassi, L. (1996), "Premotor cortex and the recognition of motor actions", *Cognitive Brain Research*, 3, 131-141.

• Schneider, K. (1959), *Clinical psychopathology*, Nova Iorque, Grune & Stratton.

☞ *acção, agentividade, autismo, consciência, delírio, emoção, alucinação, identidade pessoal, neurónio espelho, personalidade, representação partilhada, simulação (teoria da -), teoria da mente*

ESTRUTURA

Conjunto de relações entre os elementos relacionado com a definição de operações que permitem manipular estes elementos (de os substituir uns pelos outros, de os transformar noutros, de os deslocar, etc.).

• O termo foi utilizado nos anos 1960--1980 na linguística, na antropologia e até na filosofia para designar abordagens que consideravam os seus objectos não em si mesmos, mas segundo as relações que apresentavam, principalmente relações de oposição e de substituibilidade ou não substituibilidade (entre fonemas ou morfemas, entre papéis em sistemas de parentesco, entre elementos de mitos, ou no interior de sistemas de representação ou de estratos epistémicos segundo a ordem sintáctica da sucessão dos termos ou a ordem paradigmática da escolha dos termos). A ideia era que qualquer modificação da posição de um elemento induzia modificações em cadeia em todo o sistema para respeitar as relações estruturais. Mas as operações em causa nunca foram tão bem definidas como na noção matemática de estrutura.

Isto deixou o campo livre a outras perspectivas, centradas justamente nas funções que estas operações realizam. Este é um traço importante do programa cognitivista e, mais precisamente, do programa computacionalista. Ora, uma vez tendo entrado no estudo preciso do funcionamento das operações consideradas, a possibilidade de as organizar, bem como aos seus objectos, num sistema definível de maneira unívoca parecia estar cada vez mais longe. Contudo, a noção de estrutura continua sempre válida, por exemplo, no estudo da visão, onde é preciso reconstituir a partir de uma informação a duas dimensões objectos em três dimensões e onde parece que utilizamos para tal repertórios de estruturas a três dimensões.

P. Livet

📖 Foucault, M. (1989), *L'archéologie du savoir*, Paris, Gallimard.

• Lévi-Strauss, C. (1958), *L'anthopologie structurale*, Paris, Plon.

• Saussure (de), F. (1965), *Cours de Linguistique Générale*, Genebra, Droz.

Estruturalismo

• Ullman, S. (1979), *The Interpretation of Visual Motion*, Cambridge, MA, MIT Press.

☞ *estruturalismo*

ESTRUTURALISMO

Corrente de pensamento que abrange várias problemáticas aplicadas a objectos diferentes. Têm em comum o interesse pela estrutura ou organização do seu objecto de estudo.

• Entre os linguistas, ela já se aplica aos trabalhos de Blomfield, que consistiam em definir unidades mínimas – fonemas ao nível fonético, morfemas ao nível semântico –, identificadas a partir da análise das variantes possíveis e das suas oposições; aos de Saussure, que recusa a relação directa entre significante e significado e pretende analisar o conjunto dos significantes como um sistema em que uma modificação provoca uma cadeia de outras; aos de Hjemslev, que propunha aplicar este método de identificação das unidades distintivas ao nível dos semas, desenvolvendo assim uma semiótica retomada por outras vias por Greimas, que, por seu lado, tentou identificar as funções do discurso e da narrativa. O ponto comum a Bloomfield e Saussure era já não abordarem o estudo da língua orientando-se pelos conteúdos do pensamento, mas pelas posições e relações entre símbolos. Porém, o primeiro alardeava um behaviorismo a que o segundo não aspirava.

Inspirado pelo estruturalismo linguístico, Levi-Strauss desenvolveu uma antropologia estrutural que interpreta os sistemas de parentesco como sistemas de trocas e que exige também que qualquer modificação de uma relação num sistema de parentesco implique como que reequilíbrios em toda a rede de relações. Aplicou este esquema de análise ao estudo dos mitos,

tentando reconduzir as suas variantes a sistemas de oposições binárias. Por fim, na filosofia, Foucault apresentou-se como estruturalista, na medida em que propunha uma análise das redes de conceitos próprios da "episteme" de uma época como estratos epistémicos que não podiam relacionar-se entre si por influências locais, mas apenas com uma reorganização completa da rede de conceitos. Lacan também aderiu a esta corrente, referindo-se à linguagem como o grande Outro. Era preciso pensar o sujeito a partir da estrutura e não o inverso –, mas Foucault acabou por analisar os processos de subjectivação. Apenas Levi-Strauss remeteu a estrutura para as capacidades cognitivas dos nossos cérebros.

Podemos, aliás, considerar o cognitivismo como uma espécie de deslocamento das operações sobre os símbolos do sistema da língua para as operações da mente e, portanto, ver nele um descendente do estruturalismo, mas que renuncia a uma análise da língua completamente autónoma em relação às actividades mentais.

P. Livet

📖 Bloomfield, L. (1933), *Language*, Nova Iorque, Henry Holt.
• Foucault, M. (1966), *Les mots et les choses*, Paris, Gallimard.
• Lévi-Strauss, C. (1958), *Anthropologie structurale*, Paris, Plon.
• Saussure (de), F. (1965), *Cours de Linguistique générale*, Genebra, Droz.

☞ *antropologia cognitiva, behaviorismo*

ETOLOGIA COGNITIVA

Os termos "etologia" e "cognição" designam realidades diferentes. Etologia é o estudo do comportamento,

Etologia Cognitiva

principalmente o comportamento dos animais, mas também o do animal humano. Por cognição entende-se aqui os estados mentais de um indivíduo e a capacidade que terá de representar o meio em que vive. A associação dos termos "etologia" e "cognição" na expressão *etologia cognitiva* define uma abordagem integradora onde se trata de compreender como um indivíduo elabora as suas condutas a partir de estados mentais e representações.

• Todavia, é muito difícil objectivar este "mental" no ser humano e ainda mais no animal. É a análise do comportamento em condições particulares que permite inferir propriedades mentais. A etologia cognitiva partilha com a psicologia animal esta investigação do mental, no entanto a história destas duas disciplinas não seguiu as mesmas vias. A etologia cognitiva privilegia as investigações sobre os estados mentais que acompanham a vida de relação que os animais mantêm na natureza com o seu meio físico e social. O comportamento e a cognição são considerados principalmente como estratégias adaptativas que permitem aos indivíduos aumentar as suas possibilidades de sobrevivência e de sucesso reprodutivo. A etologia cognitiva distingue-se também de uma parente próxima, a psicologia cognitiva, devido a uma abordagem diferente, como é sublinhado por Bekoff (1955). Os etólogos, como todos os biólogos, estão interessados na diversidade de soluções que os organismos encontraram para resolver problemas similares; os psicólogos, por seu lado, fazem comparações entre as espécies para explicar os mecanismos gerais aplicados em situações diferentes.

Comportamento animal e evolução

O comportamento foi definido pelos pais fundadores da etologia (Lorenz e Tinbergen) como um produto da evolução: é o resultado de uma selecção natural e de uma selecção sexual, ao mesmo título que a morfologia e a fisiologia.

Desde a origem, os etólogos questionaram-se quanto à maneira como o animal *representa o mundo para elaborar a sua vida de relação*. Por exemplo, os mecanismos de reconhecimento dos congéneres, parceiros sexuais, companheiros, pais e jovens foram objecto de estudos aprofundados.

Os etólogos "objectivistas" postularam a existência de mecanismos inatos de reconhecimento, de pulsões e de instintos para descrever os processos internos do sistema nervoso que permitem reconhecer sinais e adaptar o comportamento às situações encontradas. Afrontaram, durante os anos 50, uma psicologia experimental de inspiração behaviorista que reinava muitas vezes como senhora do domínio de estudo do comportamento animal e humano. Para muitos behavioristas, os estados mentais não ofereciam grande interesse a quem quisesse compreender o comportamento e as aprendizagens. De facto, por um lado, estes estados internos são muitas vezes inacessíveis e, por outro, o estudo das condições e dos reforços que ligam um estímulo a uma resposta eram suficientes, do seu ponto de vista, para compreender o comportamento.

Durante os anos 60-70, os estudos e os debates sobre a aprendizagem e a ontogénese dos comportamentos predominaram, por isso, sobre os relativos aos estados mentais e a neuroetologia, em pleno desenvolvimento, encarregou-se de explicitar a maneira como o animal percebia o seu meio.

Comportamento animal e estados mentais

Quando vemos um animal, é mais fácil objectivar o seu comportamento do que os seus estados mentais. Romanes

Etologia Cognitiva

(1883, *Animal Intelligence*) sabia-o bem, ele que, na linha de Darwin, investigava a evolução dos estados mentais para mostrar a continuidade entre o homem e o animal. Para Romanes o comportamento era "o embaixador" do mental. É sem dúvida nesta tradição que se deve recolocar a abordagem de Griffin (1976), autor da expressão "etologia cognitiva", quando diz que os conceitos de consciência, intencionalidade, crença, desejo e inteligência podem ser vantajosamente utilizados para compreender o comportamento. Griffin rejeita a ideia de que, neste caso, se trataria de objectos que não seriam cientificamente abordáveis, postulando que se podem construir hipóteses refutáveis. Os animais possuiriam não apenas estados mentais, mas também uma certa "consciência" destes estados. O que é o pensamento animal? O que é a vida subjectiva dos animais? Eis questões centrais que este autor aborda graças a três eixos de investigação: (1) a plasticidade adaptativa face a situações novas revela os recursos da cognição animal: quando um animal procura apropriar-se de comida por vários meios nunca antes expressos, revela-nos as suas capacidades cognitivas; (2) pode ser defendida a existência de processos mentais idênticos no homem e no animal se os correlatos neurofisiológicos particulares associados a estes estados mentais se encontram quer num quer no outro; (3) a comunicação animal é um meio de investigação privilegiado, um animal não grunhe para indicar o seu estado fisiológico, mas para fornecer informações semânticas sobre as suas emoções, sentimentos e pensamentos. É com base nesta última abordagem que primatólogos, depois de muitas observações e experimentações, propuseram novas maneiras de conceber o comportamento dos macacos em obras com títulos apelativos: *How Monkeys see the World: Inside the Mind of another Species* (Cheney & Seyfarth, 1990), *Machiavellian Intelligence: Social Expertise and the Evolution of Intellect in Monkeys, Apes and Humans*

(Byrne & Whiten, 1988). Estas interrogações sobre o pensamento animal conduziram igualmente à questão levantada por Premack: "Os animais são capazes de atribuir estados mentais aos outros? Existe uma 'teoria da mente' no animal?"

Muitos autores mantêm-se, todavia, reticentes a tais abordagens "mentalistas". Perguntam-se, de um ponto de vista evolutivo, em que é que a capacidade de estar consciente de um estado mental seria mais vantajoso do que o contrário. Aliás, mesmo no ser humano, a consciência não pode ser o factor causal a partir do qual se elabora, se decide, o comportamento. A consciência poderia não ser mais do que um epifenómeno, um subproduto da actividade cerebral, não desempenhando senão um papel menor nos determinismos comportamentais.

Para Bekoff o jogo e os comportamentos que o acompanham são um revelador das intenções no animal. Por exemplo, um animal finge apanhar uma presa, escapar a um predador, reproduzir-se. Para diferenciar estas condutas da verdadeira caça a uma presa, da fuga diante de um predador ou da cópula com um parceiro, os indivíduos utilizam sinais que indicam que se trata apenas de um jogo: comunicam a sua "intenção de jogar" e estes sinais dissolvem qualquer ambiguidade. Em muitos carnívoros e canídeos o animal que convida o outro para brincar baixa as patas dianteiras mantendo o seu traseiro bem elevado. O desejo de brincar é tal que se o companheiro solicitado não responder ao apelo o animal pode redirigir o seu comportamento para si mesmo e brincar com a cauda ou para um substituto como, por exemplo, um brinquedo. Bekoff sublinha igualmente que o desenvolvimento da etologia cognitiva foi acompanhado de revindicações relativas aos direitos dos animais e ao seu bem-estar. De facto, se um animal possui estados mentais, se pode sentir prazer e dor, temos obrigação de evitar as práticas que os fazem sofrer e instalam-se novas regras éticas.

Etologia
e psicologia cognitiva

Os etólogos utilizam cada vez mais conceitos e técnicas da psicologia cognitiva a fim de melhor compreenderem a maneira como os animais representam o seu meio físico e social quando estão no meio natural. Para tal trabalham muitas vezes em laboratório com espécies selvagens. Os métodos do tipo *go / no go* ou "habituação / desabituação", que fazem tradicionalmente parte da panóplia dos psicólogos, entram hoje em dia na dos etólogos. Está demonstrado que os animais não percebem o mundo sob a forma de estímulos, mas que possuem a capacidade de categorizar sinais de comunicação acústicos e visuais. Nem todos os indivíduos possuem necessariamente as mesmas categorias. Para um pássaro, o seu próprio canto ou o dos seus familiares são mais representativos (protótipos) da categoria "canto da sua espécie". Regras de transformação e de funcionalidade permitiriam incluir e excluir sinais numa categoria.

Muitos autores empenharam-se em estudos comportamentais que diferenciam da abordagem etológica tradicional. A ecologia comportamental (*behavioural ecology*) procura as causas últimas dos comportamentos, estudando como o animal gera o melhor possível os seus investimentos de "tempo e energia", os seus "custos e benefícios energéticos" a fim de aumentar as suas possibilidades de sobrevivência, de reprodução e de transmissão dos seus genes à geração seguinte. Nesta perspectiva, há autores que propõem uma "ecologia cognitiva" (Dukas, 1998) que mostraria como a evolução selecciona os mecanismos mentais que optimizam a adaptabilidade (*fitness*). Shettleworh (1998), por seu lado, atém-se a uma ciência da cognição cujo objecto não é preocupar-se com a existência ou não da consciência animal: Shettleworh retoma preocupações clássicas relativas à percepção, à aprendizagem, à memória, à tomada de decisão, mas num contexto natural. Ela procura compreender tudo o que permite ao animal captar e tratar informações sobre o seu meio para agir.

As ciências cognitivas transformaram profundamente a compreensão do comportamento animal, que, por vezes, não era mais do que um meio para compreender mecanismos mentais. As diferentes abordagens integrativas convergem e divergem em função do lugar que concedem à capacidade que os animais têm de se adaptar ao seu meio ou de elaborar estados mentais.

M. Kreutzer

📖 Dukas, R. (1998), *Cognitive Ecology*, Chicago, University of Chicago Press.
• Griffin, D.R. (1976), *The question of Animal Awareness: Evolutionary Continuity of Mental Experience*, Nova Iorque, Rockefeller University Press.
• Shettleworth, S.J. (1998), *Cognition, Evolution, and Behavior*, Nova Iorque, Oxford University Press.

☞ *comportamento, psicologia cognitiva animal, representação*

EXPLORAÇÃO COGNITIVA

Actividade cognitiva de busca de informação.

• Dois tipos de fenómenos se podem produzir com a entrada de informação num dispositivo de tratamento de informação: 1. A informação "cai" no dispositivo e é captada por ele, desde que as suas características correspondam às que pré-existem no filtro de entrada; 2. O dispositivo procura activamente a informação que lhe convém e selecciona-a em função das suas exigências cognitivas actuais. A melhor ilustração deste último caso é a exploração perceptiva: nos domínios olfactivo, auditivo e visual esta deve-se frequentemente ao facto do dispositivo de entrada ter certas limitações espaciais. Fala-se de exploração cognitiva quando esta exploração é puramente interna e não inclui a utilização específica de receptores sensoriais: por exemplo, na interpretação de uma palavra ambígua (polissémica) durante a compreensão, é necessário que, em certos contextos, o dispositivo cognitivo do compreensor explore as diferentes acepções da palavra para determinar a que é pertinente no contexto em causa.

A exploração perceptiva fornece sem dúvida uma boa analogia para a exploração cognitiva: ela analisa-se em quatro estádios, a informação inicial, a exploração propriamente dita, a avaliação da nova informação recebida e a decisão de interromper ou de continuar a exploração. Na exploração ocular, o olhar – correspondente à parte muito pequena do ambiente visual que se encontra, no momento presente, na fóvea e não em qualquer outro lugar da retina – desloca-se em virtude dos programas que governam as actividades musculares do globo ocular. As fixações permitem avaliar a adequação da informação captada com as exigências do tratamento perceptivo em curso: por exemplo, a procura de um objecto, ou de uma pessoa, ou da palavra informativa seguinte na leitura. Este mecanismo geral encontra-se num grande número de actividades cognitivas: a avaliação faz-se em função das antecipações actuais do tratamento cognitivo e baseia-se num processo de emparelhamento da informação que entra e da informação esperada. Enquanto este emparelhamento não se realizar a exploração continua; logo que é atingido, a exploração interrompe-se ou passa para outra etapa. Na desambiguação de palavras polissémicas pelo contexto durante a compreensão da linguagem, mostrou-se que se o processador semântico não acedeu directamente à acepção correcta, explora as diversas acepções da palavra que

estão disponíveis no seu léxico mental e pára na que é compatível com o contexto. A interpretação das metáforas baseia-se sem dúvida num processo general análogo. Todavia, a maneira como funcionam em detalhe estes processos de exploração cognitiva continua a ser mal conhecida.

J.-F. Le Ny

📖 Posner, M.I. & McLeod, P. (1982), "Information processing models: In search of elementary operations", *Annual Review of Psychology*, 33, 477-514.

☞ *atenção, rememoração*

EXTERNALISMO

Ponto de vista dos que, como Putnam, Evans, Burge e MacDowell, defendem que um conteúdo do pensamento comporta sempre pelo menos um aspecto que não é redutível à interioridade de uma mente: o aspecto referencial.

• Para os mais radicais entre eles, é mesmo impossível separar uma componente externa e uma componente interna de um conteúdo. A componente interna, dizem os internalistas (como Searle) é necessária se queremos poder pensar a mesma coisa sem nos preocuparmos com a nossa relação com um ambiente particular. Paradoxalmente, são os pensamentos mais subjectivos, os pensamentos que são *meus* enquanto eu mesmo, e não os de um outro, que são indexicais, ao passo que a tese internalista parecia partir de um sujeito solipsista para quem, por exemplo, não pode haver diferenças entre uma alucinação perfeita e uma percepção de um objecto interno, porque são as minhas representações e elas têm forma idêntica. Porém, não se pode entender como os

Externalismo

pensamentos indexicais (os que posso ter enquanto eu sou eu mesmo e me situo no tempo, neste lugar, face a estes objectos) poderiam deixar de ter uma ancoragem externa, nem que fosse apenas a minha pessoa.

O externalismo levanta problemas a uma concepção computacionalista, porque uma parte do sentido reside no mundo e escapa a uma simples manipulação de símbolos. Está em fase com a ideia de uma *cognição situada*, que, precisamente, pode basear-se no ambiente como conjunto de pontos de referência e de conteúdos sempre disponíveis.

P. Livet

📖 Putnam, H. (1990), *Représentation et réalité*, Paris, Gallimard.
• Evans, G. (1982), *The varieties of reference*, Oxford, Clarendon Press.

☞ *cognição situada, computacional (teoria – da mente), computacionalismo, pensamento, referência, sentido*

F

FALA

☞ *audição, discurso, linguagem, morfologia, neurolinguística, prosódia, psicolinguística*

FAMILIARIDADE

Estado cognitivo que acompanha o reconhecimento perceptivo ou mnésico. Caracteriza-se pelo seu aparecimento automático, não consciente, o seu carácter irreprimível e a sua evidência fenomenológica particular.

• A familiaridade é uma forma rápida de despertar da consciência específica que acompanha o conhecimento, quer dizer, o facto de saber o que é ou não um objecto ou de saber tê-lo já percebido ou não antes (Claparède, 1911; Mandler 1980). Ela resulta de uma activação automática das representações perceptivas (*fluência perceptiva* na expressão de Jacoby) ou mnésicas (*knowing*, na expressão de Gardiner). Opõe-se à *rememoração*, que é outro estado cognitivo caracterizado por um acesso controlado, consciente e deliberado, supondo uma pesquisa e uma elaboração na memória de longo prazo (*remembering*).

Muitas investigações tentaram separar estas duas componentes do reconhecimento, identificando variáveis que agem de maneira selectiva sobre a familiaridade, a rememoração ou ambas. É assim que a frequência de repetição, a frequência de associação ou o ser recente agem sobre a familiaridade, enquanto o contexto de memorização e a profundidade de tratamento afectam a rememoração. No reconhecimento clássico, que faz intervir a familiaridade ou a rememoração, segundo as condições, os tempos de resposta são mais curtos do que no reconhecimento do contexto espacial ou temporal da memorização (dito "reconhecimento da fonte"). Procedimentos formalizados de dissociação destes dois processos foram aliás desenvolvidos e suscitam ainda actualmente muitas pesquisas (Jacoby *et al.*, 1993).

No domínio neuropsicológico, a amnésia afecta principalmente a rememoração e, em menor medida, o reconhecimento baseado na familiaridade. É assim verosímil que o hipocampo seja crítico para a rememoração e o giro para-hipocâmpico para a familiaridade. Por fim, as pesquisas em neuroimagiologia tentam evidenciar correlatos cerebrais destas duas formas de consciência. A assinatura electrofisiológica da familiaridade, no reconhecimento mnésico, poderia ser detectada no córtex frontal entre 300 e 500 ms depois da apresentação da informação e da rememoração no córtex parietal entre 400 e 800 ms (Curran, 2000). Se se compara o reconhecimento a curto prazo (que não faz intervir senão a familiaridade) e o reconhecimento episódico a longo prazo de rostos não familiares (que faz intervir, quer a familiaridade, quer a rememoração), verifica-se que a activação do córtex pré-frontal inferior direito é comum às

Filosofia da Mente

duas tarefas (correlato da familiaridade), mas que a activação do córtex pré-frontal anterior direito não se observa senão na segunda tarefa (correlato da rememoração) (Tulving *et al.*, 1996).

G. Tiberghien

    ⌑ Claparède, E. (1911), "Récognition et moïté", *Archives de Psychologie*, 11, 79-90.
    • Curran, T. (2000), "Brain potentials of recollection and familiarity", *Memory & Cognition*, 28, 923-938.
    • Gardiner, J.M. & Java, R.I. (1993), "Recognizing and remembering", in A.F. Collins, S.E. Gathercole, M.A. Conway & P.E. Morris (orgs.), *Theories of memory*, pp. 163-188, Hove, Lawrence Erlbaum Associates.
    • Jacoby, L.L., Toth, J.P. & Yonelinas, A.P. (1993), "Separating conscious and unconscious influences of memory: Measuring recollection", *Journal of Experimental Psychology*, General, 122, 139-154.
    • Mandler, G. (1980), "Recognizing: The judgment of previous occurrence", *Psychological Review*, 87, 252-271.
    • Tulving, E., Markowitsch, H.J. *et al.* (1996), "Novelty and familiarity activations in PET studies in memory encoding and retrieval", *Cerebral Cortex*, 6, 71-79.

    ☞ *consciência, fluência perceptiva, reconhecimento, rememoração*

FILOSOFIA COGNITIVA

☞ *filosofia da mente*

FILOSOFIA DA MENTE

    Filosofia especificamente consagrada à mente (*mind*), que não se deve confundir com "alma", nem com o "pensamento".

    • Podemos considerá-la como uma reacção à crítica da noção de mente levada vigorosamente a cabo por Ryle, que queria mostrar, em consonância com o behaviorismo, que não teríamos feito mais do que introduzir um "fantasma" na máquina ao reificar expressões da linguagem aplicadas fora do seu domínio de uso e pertinência.

    Todavia, o desenvolvimento propriamente dito da filosofia da mente está relacionado com o computacionalismo e o funcionalismo, que admitem que se analisem as actividades mentais como operações de transformação de símbolos, relacionadas com funções em que a mais geral é a do tratamento da informação, partindo do tratamento do sinal necessário à percepção para chegar às inferências e aos raciocínios articulados.

    Se a mente é o conjunto destas actividades, podemos considerar uma divisão do trabalho entre a psicologia cognitiva e a filosofia da mente. A primeira propõe critérios para distinguir actividades mentais e a segunda utiliza as experiências sobre os tempos de reacção, os desvios cognitivos e as lesões (método da dupla dissociação) para assinalar a maneira como a mente humana realiza estas diferentes actividades.

    É preciso identificar, em primeiro lugar, uma actividade mental ou um estado mental. Pode-se utilizar para isso um conteúdo, que se define pelas condições da sua realização (condições de verdade ou de satisfação). Estas implicam identificar o seu referente e o aspecto sob o qual este referente é apresentado. O facto de a mente ser sensível aos diferentes aspectos de um referente evidencia o que, desde Brentano, se chama *intencionalidade*. Pode-se também identificar um estado mental pelo papel que tem nas inferências e, em geral, nas operações cognitivas que o utilizam, tendo em consideração o seu conteúdo, ou seja, pelo que Block e outros chamam um papel inferencial.

Internalismo e externalismo

Quanto ao próprio referente, numa posição *internalista* (Searle), apenas importam os modos de identificação do referente de que o sujeito dispõe. Numa posição *externalista* (Putnam), o conteúdo pode mudar se o referente no ambiente difere sem que o sujeito o saiba.

Kripke observou que certos conteúdos, como os dos nomes próprios, remetem directamente para um referente através de uma cadeia causal que, uma vez estabelecida, fixa a identidade do referente de maneira "rígida", quer dizer, em todos os mundos possíveis. Poderíamos assim enraizar todo o nosso conhecimento no nosso ambiente por intermédio de tais cadeias causais.

Embora admitindo finalmente o externalismo, Fodor quis conservar um conceito estrito (interno) de conteúdo, porque sem isso a explicação psicológica teria de utilizar todas as relações com o ambiente, o que parece estar fora de alcance.

Este problema é menos grave se se admitir, de acordo com Davidson, que as regularidades psicológicas não dão lugar a verdadeiras leis (anomalismo do mental), mas neste caso a relação entre filosofia da mente e a psicologia cognitiva distende-se. A filosofia da mente fica então mais próxima de uma teoria racional das actividades cognitivas e práticas e Davidson acaba por se apoiar mais na teoria da escolha racional do que na psicologia quando afirma que para poder dar um sentido às frases que ouvimos outrem pronunciar, temos de as supor verdadeiras e racionais na maior parte do tempo (princípio da caridade), de maneira a poder coordenar de maneira coerente as suas frases e as suas acções com as que me servem para sondar as suas significações.

A favor ou contra o eliminativismo

O psicológico pode ser analisado de maneira autónoma relativamente ao seu suporte biológico (neurofisiológico)? Alguns, como os Churchland, defendem teses *eliminativistas*. Para eles, por um lado, as boas explicações são neurofisiológicas e, por outro, as regularidades psicológicas são descritas no vocabulário da psicologia ordinária em termos de crenças e de desejos, ora estes conceitos não são formados segundo uma metodologia científica.

Mas pode-se criticar a psicologia ordinária e desejar substituir os seus conceitos sem por isso ser eliminativista (é o caso de Stich). De facto, parece difícil pretender substituir a explicação a um nível psíquico por outra em termos de relações físicas. De facto, embora todos admitam que não pode haver diferenças entre fenómenos psicológicos se não houver diferenças entre os substratos físicos subjacentes (é o que se chama a "superveniência" do mental relativamente ao físico), actividades mentais extremamente similares podem ser realizadas por operações físicas muito diferentes (é a multi-realizabilidade). Foi o que a analogia entre calcular mentalmente e por computador revelou. Os fenómenos físicos classificam-se independentemente dos fenómenos psíquicos, pelo que as relações físicas apenas não nos permitem adivinhar quais são as actividades mentais implicadas. É preciso, de facto, dispor de transformações físicas regulares em correlação repetida com modificações mentais para que possamos defender que uma sucessão de activações neuronais corresponde a uma mudança da actividade mental. Mas se não dispomos de critérios para distinguir as actividades mentais, não poderemos encontrar os bons recortes dos fenómenos físicos que nos permitem identificar as actividades físicas, suportes das actividades mentais.

Escolhas racionais
e teleo-semânticas

Tal como é necessária a teoria da escolha racional (ou um modelo de racionalidade na decisão) para identificar as razões das acções dos agentes e, portanto, a sua significação, e é necessária a identificação das condições de verdade ou de satisfação de uma frase (em particular os seus referentes tais como são dados no ambiente) para identificar as actividades mentais portadoras de intencionalidade, também são necessárias as categorias de atitudes mentais (como crer, desejar, estar emocionado) para poder começar a identificar os substratos fisiológicos das actividades psicológicas que correspondem a estas atitudes. A mente estuda-se, portanto, no cruzamento de quatro estudos, o estudo sobre as racionalidades, estudo sobre os conteúdos mentais, o estudo sobre as actividades psicológicas e o estudo sobre as actividades fisiológicas, relacionadas com o ambiente físico. Se nos falta um deles, já não podemos apreender a mente em toda a sua complexidade.

Podemos também estudá-la na sua evolução natural: é o contributo das teorias ditas de *teleo-semântica*. Trata-se de construir cenários minimalistas para o aparecimento de uma sensibilidade às significações (logo, aos conteúdos intencionais). Podemos invocar o esquema de Drestke. Uma activação de um processo interno de um organismo serve como indicador de uma propriedade do ambiente, se há uma correlação certa entre a activação do detector e a presença da propriedade. Esta correlação permite ao detector controlar certas respostas do organismo que lhe dão vantagens, quer na sua sobrevivência e reprodução (filogenética), quer na sua aprendizagem pessoal (ontogenética). Este processo tem então uma função própria, diria Millikan, que lhe permite representar a propriedade. Um tal cenário permite encontrar uma característica da intencionalidade, que é a de poder dar lugar a representações falsas, porque pode-se captar um referente sob um aspecto, ao passo que ele apresenta um outro. Um puro detector de sinal, em contrapartida, não se engana quando confunde dois aspectos, revela simplesmente que ele só estava bem definido com a sua disjunção. No cenário evolucionista, se o nosso processo se desencadeia devido a uma propriedade que não é aquela que foi causa da vantagem selectiva ou da aprendizagem, então há de facto erro.

Qualia e consciência

Os filósofos da mente dedicam-se hoje a dois pontos que oferecem muita resistência, o das experiências qualitativas na primeira pessoa, os *qualia* (que não parecem poder ser definidos por condições de verdade, etc.) e o da consciência.

Jackson afirmou que um cientista que conhecesse tudo acerca da percepção das cores e fosse cego teria, no entanto, uma experiência nova (qualitativa) se lhe fosse restituída a vista. Os *qualia* devem-se certamente a maneira particular como os nossos conteúdos intencionais são realizados no nosso sistema cognitivo, mas isso implica que o modo de realização possa modificar a singularidade do conteúdo, o que exige ajustamentos importantes em relação à tese funcionalista.

O problema da consciência é, entre outros, o de saber qual é o contributo para uma operação cognitiva o facto desta dar lugar a uma evocação qualitativa. A consciência não se reduz à diferença de tratamento entre o centro focal da atenção e o segundo plano, em que qualquer elemento se pode tornar, por sua vez, centro de atenção (tanto o foco como o segundo plano são ao mesmo tempo acessíveis e fenomenais, segundo a distinção de Block). Mas deve-se, sem dúvida, à realização, em paralelo do tratamento do segundo plano em função do que emergiu como centro de atenção e em que constitui o que Dennett chamou uma "edição múltipla". Parece difícil, em contrapartida, reduzir a consciência a uma construção cultural, como Dennett faz, ou, menos ainda, a um epifenómeno.

As análises da filosofia da mente já não podem mais limitar-se a importar distinções da filosofia da linguagem, elas têm de tentar encontrar critérios de identificação em terrenos mais movediços, como o das emoções, dos *qualia* ou da consciência.

P. Livet

📖 Block, N. (1995), "On a confusion about the function of consciousness", *Behavioral and Brain Sciences*, 18, 227-247.
• Churchland, P. (1999), *Matière et Conscience*, Seyssel, Champ Vallon.
• Davidson, D. (1993), *Action et événements*, Paris, Presses Universitaires de France.
• Dennett, D. (1993), *La conscience expliquée*, Paris, Odile Jacob [trad. port.: *Tipos de Mentes: para uma compreensão da consciência*, Lisboa, Rocco, 2001].
• Drestke, F. (1988), *Explaining behavior*, Cambridge, MA, The MIT Press.
• Fisette, D. & Poirier, P. (2000), *Philosophie de l'esprit*, Paris, Vrin.
• Jacob, P. (1980), *De Vienne à Cambridge*, Paris, Gallimard.
• Kripke, S. (1980), *Naming and necessity*, Oxford, Blackwell [trad. P. Jacob & F. Récanati (1982), *La logique des noms propres*, Paris, Éditions de Minuit].
• Jacob, P. (1997), *Pourquoi les choses ont-elles un sens*, Paris, Odile Jacob.
• Millikan, R. (1984), *Language, Thought and other Biological Categories*, Cambridge, MA, The MIT Press.
• Pacherie, E. (1993), *Naturaliser l'intentionnalité*, Paris, Presses Universitaires de France.
• Proust, J. (1997), *Comment l'esprit vient aux bêtes*, Paris, Gallimard.
• Putnam, H. (1990), *Représentation et réalité*, Paris, Gallimard.

• Ryle, G. (1976), *La notion d'esprit*, Paris, Payot.
• Searle, J. (1985), *L'intentionalité*, Paris, Éditions de Minuit.

☞ *cognitivismo, computacional (teoria – da mente), psicologia cognitiva, psicologia popular, representacionalismo*

FLUÊNCIA PERCEPTIVA

Aumento da facilidade ou da velocidade de tratamento de uma informação perceptiva em função da sua presença anterior.

• Poderia ser um dos mecanismos de base do reconhecimento perceptivo e da memória implícita, além de determinar o sentimento de familiaridade sentido nestas situações. No entanto, o conceito de familiaridade é mais amplo do que o de fluência perceptiva, porque inclui também a *fluência conceptual* (facilitação do tratamento da significação).

G. Tiberghien

📖 Poldrack, R.A. & G.D., Logan (1997), "Fluency and response speed in recognition judgments", *Memory & Cognition*, 25, 1-10.

☞ *activação, familiaridade, reconhecimento*

FOURIER (ANÁLISE DE –, TRANSFORMADA DE –, TRANSFORMADA RÁPIDA DE –)

Instrumento matemático muito útil na psicologia (como modelo da percepção), na física quântica e no tratamento do sinal.

• A análise de Fourier tem a sua fonte na célebre memória proposta por si à Academia das Ciências de Paris, em 1807, e que foi publicada em 1822. Laplace, por outro lado, haveria de inventar a transformada de Fourier. Uma etapa importante foi a aplicação das transformadas ao problema das equações diferenciais em meados do século XIX por William Thompsom (*alias* Lord Kelvin). Todavia, a verdadeira popularização da análise de Fourier depende da chegada dos computadores e da adaptação deste conceito ao seu modo de cálculo pela transformada rápida de Fourier (em inglês *Fast Fourier Transform* ou FFT), inventada por Cooley e Tukey em 1965 (mas também por Gauss um século antes).

A ideia de base da análise de Fourier indica que toda a função periódica pode ser representada como uma soma (infinita) de funções seno e co-seno correctamente ponderadas. Os valores dos coeficientes ponderadores são encontrados integrando o produto da função de origem pelas funções seno e co-seno. As funções seno e co-seno são, portanto, as bases ortogonais que permitem representar o conjunto das funções periódicas. O conjunto dos valores dos coeficientes ponderadores assim calculados dá a série de Fourier da função de origem. Pode-se mostrar igualmente que a maioria das funções não periódicas podem ser decompostas desta maneira e que estas funções podem ser representadas por uma nova função (chamada transformada de Fourier da função de origem). A vantagem da transformada de Fourier é permitir transpor o domínio de origem de uma função (que é frequentemente o tempo) para outro domínio (senos e cosenos ou "frequências"). Pode-se então analisar a função de origem de acordo com os coeficientes de ponderadores dos senos e dos co-senos. Fala-se então da composição frequencial ou espectral da função de origem. Por exemplo, para um som, as frequências elevadas representam os agudos e as frequências baixas, os graves.

Reconstruindo aproximativamente a função de origem com uma parte das frequências, filtra-se a função de origem. Pode-se aplicar igualmente a análise de Fourier a imagens, falando-se então de decomposição em altas e baixas frequências espaciais. As altas frequências dão os detalhes das cenas e as baixas, as formas.

Para as ciências cognitivas a decomposição de Fourier fornece um modelo para a audição (pensa-se que a cóclea realiza um tratamento do sinal próximo de uma transformada de Fourier) e para a visão. As extensões recentes da abordagem de Fourier em termos de ondinhas (*wavelets* em inglês) substituem as funções seno e co-seno por outras funções (as ondinhas) que permitem provavelmente criar modelos mais fiéis da percepção.

H. Abdi

📖 Cooley, J.W. & Tukey, J.W. (1965), "An algorithm for the machine calculation of complex Fourier series", *Mathematics of Computation*, 19, 297-301.

• Hubbard, B.B. (1998), *The world accordingy to Wavelets* (2.ª edição), Wellesley, MA, Peters.

• Lex College (1995), *Who is Fourier? A mathematical adventure*, Belmont, MA, Language Research Foundation.

• Morrison, N. (1994), *Introduction to Fourier analysis*, Nova Iorque, Wiley.

☞ *audição, percepção, sensação, visão*

FRAME PROBLEM

Necessidade de precisar tudo o que não muda durante a realização de uma acção e, portanto, de determinar quais são as acções que têm um efeito secundário e quais são as que não o têm (por ex., quando se desloca um objecto, tal muda a sua posição, mas não modifica [necessariamente] a sua forma, a sua cor ou o número de objectos presentes). Este aspecto aumenta muito o número de regras a introduzir nos sistemas de raciocínio automático.

• Na inteligência artificial, provou-se que todos os conhecimentos necessários ao raciocínio e à compreensão devem ser explicitados, mesmo quando são perfeitamente evidentes e intuitivos.

De igual modo, quando um sistema automático pretende efectuar uma acção, o que estava representado como verdadeiro num dado momento pode já não o ser no momento da acção, se as consequências exactas das acções precedentes não foram todas explicitadas.

Segundo Fodor (1987), esta questão está relacionada com a da modularidade (encapsulamento informacional). Segundo ele, quanto mais os processos que subjazem às nossas crenças estão encapsulados (vd. este termo), menos estamos conscientes destas crenças (e, portanto, menor será a probabilidade de serem verdadeiras). O aparecimento do *frame problem* decorre também do facto dos processos necessários a uma inteligência efectiva não serem modulares e da explicitação de todas as interferências que existem entre eles parecer impossível. Uma maneira de o abordar seria representar (de maneira económica, se tal for possível) as interacções potenciais entre os elementos representados numa cena e de as integrar quando se tomam em consideração mudanças possíveis.

Pelo contrário, McDermott defende que a maioria dos actos deixa inalterados a maioria dos factos. Basta portanto ocuparmo-nos apenas com mudanças não evidentes, supondo que tudo o mais permanece inalterado (estratégia do *sleeping dog*). Para ser realmente eficaz, tal mecanismo exige uma estratégia que permita determinar quais são os factos pertinentes no momento de uma acção (e para a inte-

ligência artificial isso deve ser feito com base na forma das representações canónicas).

Gérard Sabah

    📖 Fodor, J. (1987), "Modules, Frames, Fridgeons, Sleeping Dogs and the Music of Spheres", in J. Garfield (org.), *Modularity in Knowledge Representation and Natural Language Understanding*, pp. 25-36, Cambridge, MA, The MIT Press.
• McDermott, D. (1987), "A critic of pure reason", *Computational Intelligence*, 3, 151-160.

☞ *acção, raciocínio*

FRENOLOGIA

Teoria desenvolvida por Franz Josef Gall (1758-1828), segundo a qual as faculdades mentais estão associadas a regiões cerebrais precisas, correspondendo a forma do crânio à forma do cérebro.

• Gall pensava que era possível inferir as capacidades mentais, as emoções e mesmo a personalidade de uma pessoa a partir do exame da forma global da cabeça e das suas deformações locais.

Foram utilizadas diversas designações da frenologia: cranoscopia, cranioscopia, craniologia, cefalalogia, organologia ou cranognomonia. Esta teoria não tem hoje senão um interesse histórico e epistemológico, ainda que alguns charlatães afirmem ainda segui-la. Não passa de uma pseudociência.

Todavia, as ideias que Gall desenvolveu sobre as faculdades mentais (críticas da noção de faculdade "geral", especificidade das faculdades por domínios de informação, determinação genética das faculdades, localização cerebral, etc.) prepararam

Funcionalismo

e anteciparam conceitos e métodos que as ciências cognitivas tornaram familiares (modularidade da mente e encapsulação, por ex.). Ler ou reler Gall devia prevenir generalizações precipitadas sobre a localização cerebral das funções cognitivas.

G. Tiberghien

📖 Gall, F.J. & Spurzheim, J.C. (1809), *Recherches sur le système nerveux en général, et sur celui du cerveau en particulier*, Paris, Schoell et Nicolle.
• Jeannerod, M. (1996), *De la physiologie mentale: Histoire des relations entre biologie et psychologie*, Paris, Odile Jacob [trad. port. *Sobre a Fisiologia Mental, História das Relações entre Biologia e Psicologia*, Lisboa, Piaget, 2000].
• Lanteri-Laura, G. (1970), *Histoire de la phrénologie: L'homme et son cerveau selon F.J. Gall*, Paris, Presses Universitaires de France.
• Uttal, W.R. (2001), *The new phrenology: The limits of localizing cognitive processes in the brain*, Cambridge, MA, The MIT Press.

☞ *cérebro, domínio (especificidade pelo -), localização cerebral, modularidade da mente, neuroimagiologia*

FUNCIONALISMO

Posição epistemológica segundo a qual os estados mentais são estados funcionais. Opõe-se, portanto, ao fisicalismo e ao estruturalismo. Por extensão, este termo designa qualquer programa de investigação nas ciências cognitivas sobre as leis de funcionamento da cognição, e não dos conteúdos dos estados cognitivos.

• O funcionalismo é à partida a tese de Putman segundo a qual, dado que uma Máquina de Turing Universal pode simular qualquer outra máquina, todo o pensamento efectivo pode ser calculado por uma tal máquina, de onde se deduz que podemos associar um pensamento com uma lista se símbolos de entrada (de programa de uma máquina de Turing) e uma lista de símbolos de saída.

Como recorda Fodor, tomando o exemplo da moeda, uma mesma função simbólica pode ser realizada por um grande número de entidades materiais diferentes. Podemos definir, todavia, categorias monetárias sem nos preocuparmos com a sua implementação material e deveríamos poder fazer o mesmo com as categorias psicológicas.

A vantagem do funcionalismo é permitir-nos ir um pouco mais longe do que os *inputs* e *outputs* comportamentais do behaviorismo. Podemos construir diferentes programas que simulam a actividade simbólica da nossa mente numa certa tarefa, registar as diferenças de tempo de cálculo em circunstâncias diversas, manifestadas por estes diferentes programas e ver se a mente humana apresenta diferenças de tempos de reacção mais próximas de um ou de outro programa. O funcionalismo, através desta variante computacional, permite, portanto, associar uma diferença de comportamento com uma diferença de programa, de maneira a alargar a grelha de análise behaviorista. Evidentemente, esta extensão comporta os seus riscos, porque as diferenças em questão não são independentes das versões dos programas nem da sua sintaxe particular. O funcionalismo deve passar por um estado sintáctico, em vez de poder limitar-se ao nível das significações, porque é a este nível que define uma explicação que segue as influências causais de uma transformação de símbolos sobre outra transformação ou sobre uma acção.

Os críticos do funcionalismo partem da neurofisiologia e da fenomenologia. Não se vê bem como ligar o funcionamento sintáctico dos símbolos com o funcionamento neuronal. A indiferença em relação à neurofisiologia não deveria ser aceite num programa científico. Acresce que o funcionalismo é, por um lado, demasiado específico nos seus instrumentos e não é suficientemente refinado nas suas capacidades. É demasiado específico, porque se pode realizar uma mesma função com uma infinidade de programas diferentes. Ora, o computacionalismo passa pelos programas e, portanto, talvez tome em consideração diferenças não pertinentes. É demasiado pouco refinado, porque dois sistemas funcionais poderiam, no entanto, não ter as mesmas experiências fenológicas qualitativas (invoca-se com frequência a inversão do espectro das cores que não seria relevante do ponto de vista funcional, mas sê-lo-ia qualitativamente entre a impressão do vermelho e a do verde). Aliás, um teria experiências qualitativas (um ser humano) e o outro não (um programa). O apólogo do quarto chinês, da autoria de Searle, pretende mostrar que um ser humano que segue as regras de um programa de reescrita dos caracteres chineses de maneira a simular uma conversa chinesa não atribui, por esse mero facto, um sentido a estes signos. Mas poderíamos satisfazer-nos com uma hipótese mais fraca: tudo o que podemos conhecer experimentalmente nas nossas psicologias são os funcionamentos diferenciais que apresentam.

P. Livet

📖 Proust, J. (1997), *Comment l'esprit tient aux bêtes*, Paris, Gallimard.
• Pacherie, E. (org.) (1995), "Fonctionnalismes", *Intellectica*, 21.
• Putnam, H. (1975), *Minds and Machines: Mind, Language and Reality*, Cambridge, Cambridge University Press.
• Fodor, J. (1980), "Les sciences particulières (l'absence d'unité de la science, une hypothèse de travail)", in P. Jacob (org.), *De Vienne à Cambridge*, Paris, NRF.

☞ *eliminativismo, estruturalismo*

G

GENE-AMBIENTE
(INTERACÇÃO –)

Os debates que andam à volta desta relação retomam e prolongam, apoiando-se nos resultados científicos modernos, o antigo debate filosófico que opõe os defensores do inatismo (para os quais pré-existem à experiência na mente humana, virtualmente pelo menos, conteúdos do pensamento, esquemas mentais, o conhecimento de princípios lógicos e até saberes) e os empiristas para os quais a mente humana, antes da experiência, é apenas uma "tábua rasa". Nessa medida, convirá opor gene e cultura, ou gene e ambiente, como se opôs o inato ao adquirido, correndo o risco de aceitar ambos?

• É certamente sem referência filosófica explícita que grande número de investigadores em psicologia ou em etologia utilizam a noção de inato, traduzindo assim as palavras inglesas *nature* e *inate*, opondo-as à de adquirido [vd., por ex., os excelentes trabalhos sobre o canto dos pássaros de Marlwer, Zoloth & Dooling (1981)].

Mas podemos perguntar se o recurso a este conceito é apropriado, tendo em conta o estado dos conhecimentos da genética e, pior ainda, se a sua utilização não contribui para veicular um certo número de ideias falsas.

Em primeiro lugar, devemos ter em atenção que o termo "inato" é polissémico e quer dizer, entre outras coisas, "o que se tem ao nascer". Nesta acepção, não tem sentido opô-lo a adquirido: sabe-se perfeitamente que certas características possuídas à nascença são adquiridas durante a vida uterina (assim, certas malformações não são genéticas, mas consequência de factores ambientais teratogénicos que agem sobre o feto; o feto aprende durante a sua vida uterina, etc.). As consequências de acontecimentos ocorridos durante a vida pré-natal não se limitam ao período perinatal (vd. os efeitos a longo prazo do *stress* pré-natal; os trabalhos experimentais com ratos que mostraram os efeitos a longo prazo de variações do ambiente maternal pré-natal sobre o desenvolvimento e sobre a aprendizagem; vd. Carlier, Roubertoux & Wahlsten, 2000).

Uma segunda razão para abandonar o termo inato é que explica muito mal como os genes se exprimem, porque conduz a um pensamento determinista que não corresponde à realidade. Não há gene que seja exterior a um ambiente, seja ele biológico ou social, e este ambiente modula a expressão dos genes. Estes últimos exprimem-se em certos momentos e não em outros, de tal maneira que podem ter efeitos desde o princípio da vida, mas também durante e no fim dela. Interagem com outros genes e podem assim estar na origem de uma cascata de acontecimentos que tornam impossível o relacionamento simples do gene e da sua expressão fenotípica, excepto em casos muito raros que se caracterizam pela sua simplicidade (certas doenças de expressão dominante ou recessiva devidas a um só gene que se expressa nos doentes em 100% dos casos).

O fenómeno de *splicing* alternativo (que conduz à produção de proteínas diferentes por um mesmo gene), cuja importância foi subestimada, contribui também para aumentar a variabilidade dos fenótipos associados a um mesmo gene.

Como deveremos então repensar as relações entre gene, ambiente e fenótipo? Em primeiro lugar, é preciso renunciar a procurar determinar a parte que é devida aos genes e a que é devida ao ambiente (e, em particular, a estimar esta parte com percentagens de variância como o coeficiente de heritabilidade; Carlier & Roubertoux, 1999). Depois, é necessário repensar as relações gene-fenótipo à luz dos dados novos. É claro que não se pode ignorar que há configurações de genes que caracterizam as espécies e que diferenças entre espécies são sua consequência. Assim, graças à sequenciação do genoma do chimpanzé, podemos conhecer o número de sequências de ADN codificador que diferem entre esta última espécie e a nossa: 1,32% (Hacia, 2001). Iremos ter rapidamente a possibilidade de desenhar um mapa genético que mostre qual é o gene que "causa" o aparecimento da linguagem ou a posição erecta? Infelizmente, isso é pouco provável! Sabemos já, de facto, que esta diferença de 1,32% induz modificações de expressão de 40% dos genes comuns às duas espécies. No que diz respeito ao genoma humano, sabe-se que contém cerca de 40 000 genes, com 20% a expressar-se provavelmente no cérebro. Se acrescentarmos que a expressão de grande número destes genes é pontual durante o desenvolvimento, somos forçados a concluir que não há genes suficientes para imaginarmos uma relação simples entre os genes e os fenótipos, em particular os fenótipos comportamentais. As manipulações do genoma (invalidação de um gene, quer dizer, impedimento da sua expressão; transgenose, ou seja, transferência de um gene de um indivíduo para o genoma de outro, na maior parte das vezes de espécie diversa) e a utilização de *puces* de ADN (que permitem conhecer ao mesmo tempo a expressão de múltiplos genes numa estrutura cerebral, por ex.) deveriam conduzir, dentro de alguns anos, a uma ideia mais clara sobre as relações entre genes e fenótipos.

Interessando-se muitos investigadores por fenótipos comportamentais, podemos esperar num futuro próximo compreender melhor as relações que existem entre os genes e os comportamentos (incluindo a cognição). É evidente a partir de agora que o pensamento probabilista será aceite e essa é a razão por que a utilização do termo "inato" deveria ser abandonada.

M. Carlier, P.L. Roubertoux

📖 Carlier, M., Roubertoux, P.L. & Wahlsten, D. (2000), "Maternal effects in behavior genetic analysis", in B.C. Jones & P. Mormède (orgs.), *Neurobehavioral genetics Methods and applications*, pp. 187- -197, Boca Raton, CRC Press.
• Carlier, M. & Roubertoux, P.L. (1999), "L'origine des différences individuelles", in P.Y. Gilles (org.), *Psychologie différentielle*, pp. 267-325, Rosny sous Bois, Bréal.
• Hacïa, J.G. (2001), "Genome of the apes", *Trends in Genetics*, 17, 637-645.
• Marler, P.S., Zoloth, S. & Dooling, R. (1981), "Innate programs for perceptual development: An ethological view", in G. Gollin (org.), *Developmental Plasticity: Behavioral and Biological Aspects of Variations in Development*, pp. 135-172, Nova Iorque, Academic Press.

☞ *aprendizagem, construtivismo, nativismo*

GENERALIZAÇÃO

1. Processo pelo qual uma representação é tornada aplicável a uma

Generalização

multiplicidade de exemplares ou a um conjunto alargado destes. 2. *Generalização do estímulo*: fenómeno que releva do domínio do condicionamento e segundo o qual estímulos não anteriormente condicionados podem suscitar uma resposta condicional.

• O tipo de generalização mais familiar é a generalização conceptual, que tem por resultado representações gerais, ou mais gerais do que anteriormente, igualmente chamados "conceitos" ou, em psicologia cognitiva, "categorias". Representações gerais como as de "cão", "saltar", "por cima de" constituem três exemplos. O facto de serem mais ou menos gerais (o "grau de generalidade"), ao mesmo tempo que mais ou menos abstractos, é uma característica fundamental dos conceitos. É frequentemente conceptualizada segundo um dos seus aspectos lógicos, em termos de "extensão" de um conceito (e para além de uma representação), quer dizer, do conjunto dos exemplares, coisas, indivíduos, acontecimentos, situações, relações, etc., a que o conceito é aplicável. O processo de generalização consiste, portanto, inicialmente, numa mudança que produz generalidade, partindo, quer de um exemplar único, quer de um pequeno conjunto de exemplares. Esta mudança pode também modificar o grau de generalidade anterior, por exemplo, por alargamento ou por restrição. Falar-se-á de "sobregeneralização" quando a representação ou o conceito são aplicados de maneira inapropriada a um conjunto demasiado grande de exemplares. Este fenómeno é frequente na criança pequena, mas existe muito para além dessa fase.

Os processos de generalização continuam a dar lugar a muitas pesquisas e a teorias diferentes na psicologia cognitiva. A sua modelização e sua utilização em computador, por meio de sistemas formais, constituem também um domínio importante da inteligência artificial. Em particular, os modelos conexionistas permitem uma excelente simulação do processo de generalização e da abstracção de categorias a partir de um conjunto de exemplares.

Generalização do estímulo. No domínio do condicionamento, foi observado muito cedo por Pavlov que estímulos que nunca haviam sido apresentados, mas que têm algum tipo de similaridade com um estímulo condicionante anteriormente estabelecido, produzem a resposta condicionada. A força desta resposta diminui quando a similaridade decresce ("gradiente de generalização"). Este fenómeno é um meio de estudo da similaridade enquanto propriedade perceptiva ou cognitiva.

J.-F. Le Ny

📖 Le Ny, J.-F. (1963), "La généralisation dans une épreuve de jugement social", *L'Année Psychologique*, 63, 333-350.
• Marmèche, E. & A. Didierjean (2001), "Is generalisation conservative? A study with novices in chess", *European Journal of Cognitive Psychology*, 13, 475-491.
• Perrett, D.I., Oram, M.W., *et al.* (1998), "Evidence accumulation in Cell populations responsive to faces: an account of generalization of recognition without mental transformations", *Cognition*, 67, 111-145.
• Richard, J.-F. (1965), *Généralisation du signal et de la réponse*, Paris, Presses Universitaires de France.
• Rumelhart, D.E. & Todd, P.M. (1993), "Learning and connectionist representations", in D.E. Meyer & S. Kornblum, *Attention and performance XIV: Synergies in experimental psychology, artificial intelligence, and cognitive neuroscience*, pp. 3-30, Cambridge, MA, The MIT Press.

☞ *aprendizagem, categorização, rede de neurónios, representação*

GOSTO

Aquilo a que chamamos *gosto* integra, de facto, três sistemas: o olfacto, o gosto propriamente dito e o sistema trigeminal. A fim de diferenciar o gosto *stricto sensu* da designação comum, os especialistas falam de "sabor" (*flavor* em inglês). De facto, quando saboreamos um alimento, *os aromas* presentes na comida ou na bebida (o gosto *stricto sensu*) podem excitar as células olfactivas, seguindo a via *retronasal* que vai da boca para a cavidade nasal (Holley, 1999). As sensações olfactivas são integradas no gosto propriamente dito e nas informações químicas e tácteis transmitidas pelo "nervo trigémeo".

O gosto

As *papilas gustativas*, que contêm as *células gustativas*, estão situadas em estruturas específicas chamadas *papilas*, localizadas na sua maior parte na língua. As fibras nervosas que provêm das células gustativas juntam-se ao nervo facial e ao nervo glossofaríngeo. Depois de uma primeira sinapse ao nível da espinal-medula, as células gustativas contactam o tálamo. Depois, a informação gustativa passa do tálamo para o córtex gustativo (Shepherd, 1994).

O código neuronal é ainda objecto de controvérsia. Uma primeira teoria indica que o gosto é codificado pela configuração de activação ao nível das células gustativas. Uma segunda alternativa indica que cada receptor não responde senão a um dado gosto. Se bem que a primeira teoria pareça actualmente ser a mais provável, a segunda continua a ser plausível.

Ao nível perceptivo, o conjunto dos paladares possíveis parece ser limitado por alguns gostos de base como o salgado, o doce, o ácido e o amargo, aos quais se deve provavelmente juntar o glutamato.

O sistema trigeminal

É a terceira componente do sabor. O nervo trigémeo inerva a face. Comporta três ramos principais, oftálmico, mandibular e maxilar, participando todos os três no sabor. O código neuronal do trigeminal é ainda obscuro. Sabe-se que o trigeminal colhe informação química, táctil, calórica, proprioceptiva e nociceptiva a partir de terminações livres localizadas na cavidade bucal e nasal. Mas é igualmente possível que certos receptores próximos dos do olfacto sejam utilizados por pelo menos algumas destas terminações.

O nervo trigémeo tem um primeiro contacto sináptico ao nível da medula e da ponte, depois a informação sensorial que ele transmite chega ao tálamo e finalmente às zonas sensoriais correspondentes à face ao nível das áreas faciais do córtex sensitivo. A informação transmitida pelo sistema trigeminal inclui a textura da comida e também a sensação de irritação transmitida por certos alimentos. De facto, o trigémeo pode ser estimulado por uma grande paleta de substâncias químicas, entre as quais se encontram, por exemplo, os álcoois, o amoníaco, a capsaicina (presente nos pimentos) e quase todas as demais substâncias concentradas. O sistema trigeminal é também responsável pelos gostos metálicos e a percepção das "bolhas" das bebidas gasosas, da cerveja e do champanhe. Parece que uma das funções do sistema trigémeo é proteger o organismo dos efeitos deletérios das substâncias nocivas, como o indica a reacção típica de sobre-estimulação trigeminal: choros, dores, suores, etc. Para além disso, a estimulação do sistema trigeminal parece envolver a inibição do olfacto (talvez para o proteger da sobre-estimulação).

Todavia, embora o sistema trigeminal aja como um detector rápido de substâncias potencialmente tóxicas, os seres humanos parecem procurar activamente a sua estimulação, como o indica o interesse de muitas culturas por produtos irritantes

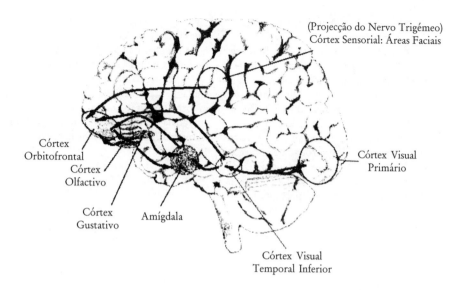

As zonas cerebrais implicadas no sabor (segundo Abdi)

como o pimento, a mostarda ou as bebidas gasosas de todos os géneros. Foram avançadas várias explicações (não exclusivas) para esta propensão paradoxal: psicológicas (condicionamento social ou pavloviano, pressão social para o conformismo, gosto pelo risco ou mesmo masoquismo) ou fisiológicas (comportamento vicioso, produção de endorfinas).

O sabor

O sabor coloca, portanto, em jogo pelo menos três sistemas: olfacto, gosto e trigeminal (a visão talvez também intervenha). Um conjunto de trabalhos recentes sugere que a experiência do sabor é criada pela integração da informação proveniente destes sistemas (Abdi, 2002). Esta integração parece depender do córtex orbitofrontal. O papel desta estrutura é evidenciado pela imagiologia cerebral do homem (Royet et al., 1999), as medições directas da actividade neuronal nos primatas (Rolls, 1999) e noutros mamíferos (Schoenbaum, Chiba & Gallagher, 1999).

De facto, o córtex orbitofrontal recebe projecções provenientes do córtex olfactivo, do córtex gustativo, das zonas sensitivas que correspondem ao rosto ao nível das áreas faciais do córtex sensitivo, da amígdala e do córtex visual temporal inferior (vd. figura). O córtex orbitofrontal é o primeiro ponto de encontro em que as informações que provêm do gosto, do olfacto, do tacto (*i.e.*, do trigémeo) e da visão podem interagir.

De acordo com esta interpretação, certos neurónios do córtex orbitofrontal não só são capazes de integrar a informação proveniente destas diferentes modalidades perceptivas, mas, para além disso, reagem à *valência afectiva* da comida. Assim, o córtex orbitofrontal aparece como candidato altamente qualificado para criar o "sabor" por integração perceptiva.

H. Abdi

📖 Abdi, H. "What can cognitive psychology and sensory evaluation learn form each other", *Food Quality and Preference*, 13.

Gosto

- Holley, A. (1999), *Éloge de l'odorat*, Paris, Odile Jacob.
- Kandel, E.R., Schwartz, J.H. & Jessell, T.M. (2000), *Principles of Neural Science* (4.ª edição), Nova Iorque, McGraw-Hill.
- Rolls, T.E. (1999), *The brain and emotion*, Oxford, Oxford University Press.
- Royet, J.P., Koenig, O., Gregoire, M.C., Cinotti, L., Lavenne, F., Le Bars, D., Costes, N., Vigouroux, M., Farget, V., Sicard, G., Holley, A., Mauguiere, F., Comar, D. & Froment, J.C. (1999), "Functional anatomy of perceptual and semantic processing for odors", *Journal of Cognitive Neurosciences*, 11, 94-109.
- Shepherd, G.M. (1994), *Neurobiology*, Oxford, Oxford University Press.
- Schoenbaum, G., Chiba, A.A. & Gallagher, M. (1999), "Neural encoding in orbitofrontal cortex and basolateral amygdala during olfactory discrimination learning", *The Journal of Neurosciences*, 19, 1876-1884.

☞ *olfacto*

H

HEBB (REGRA DE –, LEI DA APRENDIZAGEM DE –)

Lei segundo a qual "quando um neurónio da célula A está suficientemente próximo para poder excitar a célula B de maneira repetida ou persistente, então deve observar-se, quer um fenómeno de crescimento quer uma mudança metabólica numa, noutra ou em ambas as células, pelo que a eficácia da célula A para excitar a célula B é aumentada" (Hebb, 1949, p. 69, trad. de Abdi, 1994, p. 47). **OBS.**: resulta dos trabalhos do neuropsicólogo canadiano Donald Hebb. Na sua obra, publicada em 1949, *The Organization of Behavior* ("A Organização do Comportamento"), propunha-se definir as condições teóricas que permitem ao cérebro aprender as regularidades estatísticas que provêm do ambiente.

• A ideia principal de Hebb é situar a aprendizagem ao nível dos neurónios que podem estar activos ou inactivos num dado momento. Estes neurónios estão ligados por sinapses cuja intensidade pode ser modificada pelos neurónios para implementar a aprendizagem. Segundo Hebb, estes neurónios podem aprender as regularidades do ambiente através da sua correlação temporal, se aumentarem o valor das suas conexões sinápticas sempre que estão no mesmo estado (activos ou passivos) e se o diminuem sempre que estão em estados diferentes (um activo e o outro inactivo). Após um tempo de aprendizagem suficientemente longo, pode-se mostrar que as conexões sinápticas tomam um valor proporcional ao coeficiente de *correlação* calculado entre os neurónios.

A regra de aprendizagem de Hebb é utilizada em inúmeros modelos de redes de neurónios (para uma análise da questão vd. Abdi, Valentin & Edelman, 1999). Corresponde a uma aprendizagem dita não supervisionada, porque as células não necessitam senão da informação presente no ambiente para que aprendam (não têm necessidade de informação exterior ao ambiente). Controversa na sua época, considera-se actualmente que a regra de aprendizagem de Hebb reflecte um mecanismo real de aprendizagem cerebral. Por exemplo, a aprendizagem de estilo hebbiano pela potenciação a longo prazo (descoberta nos anos 70) de certos neurónios do hipocampo (que utilizam o receptor do N-metil-D-aspártico ou NMDA) é considerado um exemplo espectacular da importância teórica e da visão dos trabalhos de Hebb.

H. Abdi

📖 Abdi, H. (1994), *Les réseaux de neurones*, Grenoble, Presses Universitaires de Grenoble.
• Abdi, H., Valentin, D. & Edelman, B. (1999), *Neural Networks*, Thousand Oaks (CA), Sage Publications.

Heurística

• Hebb, D. (1949), *The organization of Behavior*, Nova Iorque, Wiley.

☞ *aprendizagem, cérebro, rede de neurónios*

HEURÍSTICA

Na programação informática, procedimento fundado num princípio geral ou numa regra de bom senso que permite escolher entre várias opções durante a resolução de um problema. **OBS.**: ao contrário de um algoritmo, uma heurística não garante que se chegue a uma solução num tempo finito.

• A pesquisa heurística fornece um método menos custoso do que a exploração exaustiva do conjunto dos caminhos para encontrar os caminhos óptimos. O princípio é o seguinte: durante qualquer pesquisa, há muitos caminhos incompletos à espera de ser examinados. Desenvolve-se o melhor (no sentido de uma certa função de avaliação *heurística*) deles no nível seguinte para criar tantos novos caminhos incompletos quantos ramos existem. Consideram-se então todos estes novos caminhos parciais, em simultâneo com os antigos que restam e desenvolve-se novamente o melhor deles. Repete-se o processo até que um dos caminhos chega a um termo.

Em certos casos, a eficácia da pesquisa heurística pode ser grandemente melhorada se se utilizar, para além do caminho já percorrido, estimativas dos custos dos caminhos que estão por percorrer. Portanto, é lógico desenvolver ao máximo o caminho de melhor custo estimado até que a estimativa se encontre suficientemente modificada que outro itinerário se torne o melhor caminho. Se as estimativas fossem perfeitas, esta abordagem permitiria que a cada momento nos encontrássemos no caminho óptimo, mas uma má avaliação (sobrestimação) num lugar qualquer do verdadeiro caminho óptimo pode desviá-lo sem esperança de regresso. Pelo contrário, uma subestimação não pode impedir que se siga o caminho óptimo.

Há diferentes procedimentos de pesquisa heurística:

– A programação dinâmica: suponhamos que o caminho que vai de um ponto fonte F até um ponto intermédio I não influencia a escolha dos caminhos que vão de I a um fim M. Então o melhor caminho para ir de F a M passando por I é a concatenação do melhor caminho que vai de F a I e do melhor caminho que vai de I a M.

– Procedimento A*: é uma pesquisa heurística com estimativa da distância restante, combinada com o princípio da programação dinâmica. Se a estimativa da distância restante é uma minoração da distância real, então conduz a soluções óptimas.

As vantagens respectivas das diferentes pesquisas de optimização são as seguintes:

– A pesquisa exaustiva é eficaz quando a árvore de análise é pequena.

– A pesquisa heurística é eficaz quando a árvore é grande e os maus caminhos se revelam rapidamente como tais.

– A pesquisa heurística com estimativas minorantes é eficaz quando há uma boa estimativa minorante da distância restante entre um nó qualquer e o fim.

– A programação dinâmica é eficaz quando muitos caminhos conduzem a nós idênticos.

– O procedimento A* é eficaz quando uma pesquisa heurística com estimativas minorantes e a programação dinâmica também o são.

G. Sabah

☞ *algoritmo, heurística do juízo, resolução de problemas*

HEURÍSTICA DO JUÍZO

Temos necessidade em muitos casos de tomar decisões muito rápidas ou de emitir juízos com base em informações incompletas. Nestes casos utilizamos muitas vezes aproximações. Estas soluções aproximadas são chamadas *heurísticas do juízo*. São frequentemente eficazes, mas podem também ser ineficazes ou perigosas e conduzir a juízos, decisões ou acções irracionais.

• A origem dos trabalhos sobre as heurísticas remonta a Heider (1958) e à sua *teoria da atribuição*. Mas Kahneman e Tversky estão na origem da abordagem actual (vd. Kahneman, Slovic & Tversky, 1982). Estes autores descrevem em detalhe várias destas heurísticas e as suas consequências potencialmente desastrosas. Por exemplo, *a heurística de disponibilidade* reduz-se a estimar a probabilidade de um acontecimento a partir da sua disponibilidade na memória (Plous, 1993). Esta heurística é particularmente enganadora com acontecimentos raros: por exemplo, muitos de nós temos mais medo de viajar de avião do que de automóvel... embora este seja nitidamente mais mortífero do que aquele. Uma consequência desta heurística conduz a ignorar as probabilidades *a priori* (em inglês chama-se *base-rate fallacy* a este erro) e explica talvez por que é difícil ter uma boa estimativa intuitiva dos problemas bayesianos.

Outra heurística é a *heurística da representatividade*: julgamos a probabilidade (ou verosimilhança) de um acontecimento em função da tipicalidade. Por exemplo, depois de ter lido a descrição seguinte,

"Linda tem 31 anos. É solteira, brilhante e nada tímida. Tem um mestrado em filosofia. Quando era estudante, militava contra o racismo, as desigualdades sociais e a utilização das armas nucleares. Era (e é ainda) ferozmente partidária da reciclagem. Descreve-se a si mesma como estando muito próxima dos ecologistas",

a maioria dos sujeitos pensa que é provável que Linda seja uma banqueira feminista e não uma banqueira (Tversky & Kahneman, 1982; Kahneman, Slovic & Tversky, 1982). Ora, isso é paradoxal, porque todas as banqueiras feministas são banqueiras e, portanto, é necessariamente mais provável que Linda seja banqueira do que banqueira feminista!

No conjunto, as pesquisas sobre as heurísticas do juízo mostraram que podemos ser notavelmente irracionais nos nossos juízos. Estes enviesamentos do juízo são, aliás, muitas vezes utilizados para fins de manipulação... mais ou menos honestos (para um ponto de situação aliciante destes problemas vd. Joule & Beauvois, 1987).

H. Abdi

📖 Heider, F. (1958), *The psychology of interpersonal relations*, Nova Iorque, Wiley.

• Kaheman, D., Slovic, P. & Tversky, A. (Eds), (1982), *Judgment under uncertainty: Heuristics and biases*, Cambridge, Cambridge University Press.

• Joule, R.V. & Beauvois, J.L. (1987), *Petit traité de manipulation à l'usage des honnêtes gens*, Grenoble, Presses Universitaires de Grenoble.

• Plous, S. (1993), *The psychology of judgment and decision making*, Nova Iorque, McGraw-Hill.

☞ *atribuição (teoria da -), Bayes (teorema de -), cognição social, heurística*

HIPOCAMPO

Estrutura cerebral cortical (que deve o nome à sua semelhança com o cavalo marinho) situado na parte posterior do lobo temporal médio, por trás da amígdala.

• A formação hipocâmpica dos primatas humanos e não humanos compreende o corno de Ammon, constituído por quatro campos ammónicos (CA 1-4), o giro denteado e o subículo. Está junto aos córtices entorrinal e perirrinal, à frente, e o córtex para-hipocâmpico, atrás. Em anatomia, o termo hipocampo designa apenas o corno de Ammon. Este termo é, todavia, utilizado muitas vezes como modo expedito de designar a formação hipocâmpica, isoladamente ou com os córtices rinais e para-hipocâmpico adjacentes.

Um circuito trissináptico liga o giro denteado ao CA3 (*via* fibras musgosas), o CA3 ao CA1 (*via* colaterais de Schaeffer), depois o CA1 ao subículo. A formação hipocâmpica possui conexões recíprocas com a amígdala e muitas regiões corticais *via* córtices entorrinal e para-hipocâmpico e com regiões subcorticais *via* fórnix.

Depois de Scoville e Milner terem descrito em 1957 a amnésia anterógrada apresentada pelo doente H.M. na sequência da ablação bilateral do lobo temporal médio, a formação hipocâmpica foi considerada durante muito tempo como o substrato essencial da formação de novas recordações. Esta posição teve de ser matizada, em particular depois de estudos em animais que mostraram que certos défices antes atribuídos a uma lesão do hipocampo estavam relacionados com o ataque dos córtices rinais e para-hipocâmpico adjacentes e estudos de imagiologia funcional no homem que mostraram que as funções associadas ao hipocampo envolvem, na verdade, vastas redes cerebrais. O papel do hipocampo continua a ser objecto de debate, mas os modelos actuais concordam em limitá-lo a uma forma específica de memória (episódica ou relacional, por ex.).

M. Meunier

📖 *Behavioural Brain Research,* vol. 127, Dezembro de 2001 (número especial que apresenta um balanço da evolução das concepções do funcionamento do hipocampo).

☞ *amnésia, memória, sistema límbico*

HOLISMO

Posição epistemológica ou filosófica que insiste na irredutibilidade do todo às partes ou então na necessidade de recorrer ao todo para compreender as partes.

• O primeiro holismo é um *holismo ontológico* e encontra-se sobretudo na sociologia, onde os factos sociais e as normas colectivas aparecem como dados que se impõem aos indivíduos sem que se saiba verdadeiramente como poderiam produzi-los. No domínio biológico o holismo associa-se ao *emergentismo* que, na sua forma forte, afirma que a um nível definido é apenas quando um certo número de interacções estão reunidas que aparecem novas propriedades, irredutíveis à soma destas interacções, e, na sua forma fraca, que estas propriedades não existem senão a este nível e são uma função não-linear destas interacções, exigindo que seja atingido um certo patamar. A teoria da *Gestalt* afirmava que configurações de elementos produziam efeitos de conjunto (assim, agrupamos pontos em colunas ou em linhas de acordo com os seus intervalos). Este é um holismo do funcionamento da percepção. Se chegássemos a identificar claramente as leis destas formas, este holismo reduzir-se-ia a um emergentismo fraco.

Na filosofia da mente, o holismo remete sobretudo para as teses sobre a evolução do conhecimento científico, as significações e as crenças. Quine referiu-se com frequência à tese de Duhem segundo a qual quando um enunciado de observação saído de um experiência é contraditório com uma teoria é na totalidade desta que incide a questão de saber que proposição(ões) modificar, o que torna a questão não determinada à partida. Quine defendeu também – e Davidson na sua esteira – que não podemos determinar o sentido de uma frase sem tecer hipóteses, pelo menos implícitas, sobre a organização ontológica e lógica subjacente à língua em questão. Não sabemos à partida se uma palavra designa um indivíduo ou uma fase temporal do indivíduo ligada a determinada circunstância. O *holismo das crenças* afirma que não podemos atribuir uma crença a um sujeito sem lhe atribuir também toda uma rede de crenças. Fodor pensa que este holismo leva a fazer das crenças simples interpretações e a renunciar a saber se as crenças existem realmente nas nossas mentes, porque não poderíamos identificar as crenças que o outro tem se para o fazer tivéssemos de lhe atribuir um grande número de outras crenças. De facto, o realismo das crenças não está aqui em perigo, porque há muitas coisas que não podemos separar e identificar estritamente. Todavia, a psicologia cognitiva não pode atribuir aos sujeitos das suas experiências senão uma família, uma união disjuntiva de crenças. Procura em seguida precisar que intersecções de tais crenças não se realizam, propondo experiências que mostram a impossibilidade de chegar a certas inferências. Portanto, o holismo não interdita a actividade científica no domínio cognitivo, como Fodor temia.

P. Livet

📖 Engel, E. (1994), *Introduction à la Philosophie de l'Esprit*, Paris, Éditions La Découverte [trad. port. *Introdução à Filosofia do Espírito*, Lisboa, Piaget, 1996].

• Fodor, J. & Le Pore, E. (1992), *Holism. A shoper's guide*, Oxford, Blackwell.

• Quine, W.V.O. (1951), "Two dogmas of empiricism", *The Philosophical Review*, 60, 20-43 [trad., "Les deux dogmes de l'empirisme", in P. Jacob (1980), *De Vienne à Cambridge*, pp. 219-240, Paris, Gallimard].

☞ *estruturalismo, filosofia da mente, sistema dinâmico*

HUMOR

1. *Em psiquiatria*: atitudes afectivas a longo prazo, como a depressão, a excitação maníaca e a ansiedade, que incidem no conjunto dos objectos do ambiente do sujeito. É possível, por vezes, mas não sempre, encontrar uma causa desencadeadora para elas (um luto pode desencadear uma depressão). 2. *Na vida corrente*: estado afectivo transitório que não está relacionado com nenhuma característica particular da nossa situação. Opõe-se às emoções ocorrentes, que, na maior parte das vezes, visam um objecto particular ou uma característica da situação sob um certo aspecto.

• A angústia foi muitas vezes descrita como um humor, porque o seu objecto nem sempre é especificado (contrariamente ao medo). Mas podemos estar angustiados com a ideia de ter de cumprir uma determinada tarefa e a angústia parece estar relacionada com a ideia de que vamos encontrar dificuldades que poderíamos ter problemas em resolver ou que, simplesmente, não podemos á partida dizer quais irão ser. O humor supõe este problema da incerteza regrada: ou não há incerteza (para o melhor ou para o pior), ou não há, para o ansioso, senão uma certeza: nunca estarão assegurados o sucesso e a boa resposta.

Algumas atitudes afectivas são mais gerais do que os humores, como a alexitimia ou a anedonia (o enfraquecimento das afecções de prazer e de dor). Devemos também poder diferenciar os humores que são adaptações temporárias a situações – por exemplo, na depressão, um retraimento para proceder a uma actualização – dos humores que se devem a temperamentos típicos de todas as condutas do sujeito (como a ansiedade).

P. Livet

📖 Cattell, R.B. (1973), *Personality and mood by questionnaire*, S. Francisco, Jossey Bass.
• Ey, H., Bernard, P. & Brisset, C. (1989), *Manuel de psychiatrie*, Paris, Masson.
• Forgas, J.P. & Bower, G.H. (1987), "Mood effects on person-perception judgments", *Journal of Personality and Social Psychology*, 53, 53-60.
• Heidegger, M. (1986), *Être et temps*, Paris, Gallimard.
• Joiner, T. & Coyne, J.C. (1999) (orgs.), *The interactional Nature of Depression*, Washington, DC, American Psychological Association.
• Kuiken, D. (org.) (1991), *Mood and Memory*, London, Sage.
• Lazarus, R.S. (1966), *Psychological Stress and the coping process*, NewYork, McGraw-Hill.

☞ *depressão, emoção, psiquiatria cognitiva*

HUNTINGTON (COREIA DE –)

Doença genética, progressiva e crónica que provoca uma deterioração da motricidade voluntária acompanhada de deterioração mental.

☞ *acção*

I

IDENTIDADE PESSOAL

Como podemos ter garantida a nossa própria identidade ao longo do tempo? Locke pensava que a possibilidade presente a qualquer instante – mas realizada sucessivamente – de nos recordarmos de uma das nossas experiências precedentes bastava para nos dar essa garantia.

• Todavia, tal não basta para garantir a transitividade da nossa identidade, na medida em que não só tem de se basear na permanência de uma entidade, mas também no facto desta entidade sermos nós mesmos. O velho general recorda-se bem de ter sido um tenente brilhante, mas não de ter sido um capitão cobarde, embora o capitão se recordasse de ter sido esse tenente. As recordações unem-nos sucessivamente, mas não na ordem correcta. Podemos não nos reconhecer (num espelho) ou não reconhecer que o que acontece a este tipo que "arrasta" um saco de farinha furado e cujo rasto seguimos é a nós que acontece.

É necessário, por isso, distinguir a *identidade numérica* (ser uma única entidade), a *identidade "sortal"* (ser o mesmo enquanto homem) e a *ipseidade* (a identidade de si a si mesmo). É necessário admitir, para além disso, uma *identidade diferencial* pela qual distinguimos, por exemplo, os movimentos do nosso olho dos movimentos de um objecto exterior. Mesmo que já não tenhamos consciência de nós enquanto tais, é possível que tais dis-

positivos que nos permitem distinguir-nos dos outros objectos e dos outros congéneres sejam o fundamento do nosso sentimento de identidade. Perry supôs que registamos as informações especificando a sua indexicalidade (se são ou não as *nossas* informações), dado que foram os nossos dispositivos perceptivos, motores, etc., que os registaram. Todavia, tal não assegura a ipseidade, porque podem enganar-nos – por ex. quando fazem vibrar os nossos tendões, sentimos um movimento (ilusório) como nosso, mas estranho. Mas nada mais o garante.

P. Livet

📖 Chauvier, S. (2001), *Dire "Je"*, Paris, Vrin.
• Perry, J. (org.) (1975), *Personal Identity*, Berkeley, CA, University of California Press.
• Perry, J. (1999), *Problèmes d'indexicalité*, Paris, CLSI Éditions.

☞ *consciência, memória, memória episódica*

IMAGIOLOGIA CEREBRAL FUNCIONAL, IMAGIOLOGIA FUNCIONAL DO CÉREBRO

☞ *cérebro, neuroimagiologia*

IMAGIOLOGIA MENTAL

☞*representação*

INATO-ADQUIRIDO (CONROVÉRSIA DO –)

☞ *gene-ambiente (relação –), psicologia evolucionista*

INDIVIDUALISMO

☞*internalismo*

INIBIÇÃO

1. Processo biológico que caracteriza o funcionamento neuronal e cujo efeito é de se opor à excitação. 2. Conceito teórico destinado a explicar o desaparecimento ou a ausência de uma resposta ou de uma fase do tratamento cognitivo. 3. *Em psiquiatria e psicanálise*: processo que concorre para o estado patológico. 4. *Inibição retroactiva, proactiva*: interferência.

• 1. A inibição neuronal é um processo biológico da mesma natureza que a excitação nervosa, mas cujos efeitos se opõem a esta. A observação permite evidenciá-la de maneira relativamente directa, ao nível celular ou nível macroscópico, por meio de um conjunto de técnicas.

2. A inibição psicológica é uma noção teórica que não corresponde à precedente senão de maneira mediata e, por vezes, incerta: a existência de fenómenos de inibição é sempre inferida a partir de dados do comportamento sem que o seu substrato neuronal possa ser necessariamente identificado.

A noção de inibição, na sua segunda versão, foi historicamente utilizada, no essencial, em dois pares de conceitos. O primeiro foi o par excitação / inibição, introduzido por Pavlov: a inibição é a noção teórica que permite explicar o desaparecimento da reacção condicional na sequência de não reforços (extinção) e do seu reaparecimento depois de um intervalo (recuperação espontânea), bem como o aparecimento de diferenciações entre estímulos positivos (condicionais) e negativos (que não produzem a reacção), também chamada "aprendizagem discriminativa". Este mesmo par foi retomado com designações um pouco diferentes nas teorias behavioristas da aprendizagem.

O segundo par de conceitos é o que relaciona e opõe activação e inibição na psicologia cognitiva. De facto, tem muitos pontos comuns com o precedente: supõe-se que a inibição, por vezes rebaptizada "supressão", termina, ou impede, uma fase de activação durante um tratamento cognitivo.

Por exemplo, numa experiência de reconhecimento de palavras, podem ser utilizadas pseudopalavras (sequências de letras obtidas por modificação de uma única letra numa palavra real): observa-se nesta situação que as latências das respostas "não" (que significa que "não é uma palavra") variam em algumas dezenas de milissegundos em função de características bem definidas das palavras originais (quer dizer, aquelas a partir das quais se construíram as pseudopalavras). A interpretação é então a seguinte: a apresentação da pseudopalavra produziu de início na mente / cérebro do participante uma activação breve da representação da palavra original (incitando à resposta "sim") e depois uma quantidade de inibição mais ou menos grande, necessária para se opor a esta incitação e conduzir à resposta "não". Os tempos de resposta foram tanto mais prolongados quanto a inibição requerida era maior. Muitas pesquisas mostram que este processo de inibição está associado, em tarefas diversas, a uma activação de certas regiões do córtex pré--frontal.

3. Na psiquiatria, a noção de inibição corresponde à descrição ou à explicação de estados patológicos duradouros dos doentes. Em psicanálise esta noção é sobretudo utilizada para explicar fenómenos como o recalcamento. Assim, na psicologia popular, muitas vezes inspirada na psicanálise, a noção de inibição contém frequentemente uma componente ligeiramente patológica, pejorativa. Em psicologia cognitiva, pelo contrário, a inibição é considerada como um processo essencial à precisão dos tratamentos de informação, dos pensamentos e dos comportamentos. O processo afectivo de "repressão" não traduziria apenas um mecanismo de defesa psicológica, mas manifestaria também a acção de um processo de controlo mnemónico.

4. De maneira descritiva, chamou-se "inibição retroactiva" ou "proactiva" a fenómenos de diminuição do desempenho nas aprendizagens em que há uma competição forte entre estímulos, ou entre respostas, ou, na teorização contemporânea, entre tratamentos. "Inibição" é actualmente substituída, em princípio, por "interferências".

J.-F. Le Ny

📖 Anderson, M.C. & Green, C. (2001), "Suppressing unwanted memories by executive control", *Nature*, 410, 366-369.
• Posner, M.I. & Snyder, C.R.R. (1975), "Facilitation and inhibition in the processing of signals", in P.M.A. Rabbit & S. Dornic (orgs.), *Attention and performance*, V, pp. 669-682, Londres, Academic Press.

☞ *activação, aprendizagem, atenção, psiquiatria cognitiva*

INTELIGÊNCIA ARTIFICIAL

Disciplina baseada na hipótese fundamental segundo a qual os processos de pensamento são mecanizáveis e podem ser simulados em computador. A prática corrente na inteligência artificial consiste em modelizar um pensamento racional a partir de deduções elementares, mais reduzidas, mas também elas racionais. A inteligência artificial tenta precisamente tratar em computador os problemas que são resolvidos pelo homem de maneira semântica, sem que este utilize algoritmos claramente definidos.

• A hipótese em que a IA está fundada resume-se a considerar que a inteligência humana é o produto de um conjunto de leis complexo mas finito e que cada operação do sistema nervoso é idêntica a uma sequência de operações elementares. Esta inteligência manifesta-se ao transformar informação e ao produzir resultados apropriados a partir de dados. O tipo de modelização da IA resume-se a supor que o nível mais elevado da mente (a capacidade de pensar) não decorre senão de uma actividade racional de tratamento da informação sem níveis mais profundos não racionais.

Podemos distinguir no homem as actividades cerebrais formais (geralmente científicas) das que são informacionais (e a linguagem parece fazer parte destas!). No caso destas últimas parece que operamos directamente sobre significações sem passarmos por qualquer formalismo. A adequação do formal aos tratamentos automáticos das línguas deve então ser examinado cuidadosamente. Assim, quaisquer que sejam, os dados são sempre constituídos, por um lado, pela sua forma (o seu suporte material) e, por outro lado, pelo seu sentido (o que se passa no cérebro do que interpreta a forma); há, então, dois modos de tratar dados, consoante utiliza-

Inteligência Artificial

mos um formalismo (abstracção, inferências sintácticas e depois interpretação) ou passamos directamente pelo sentido (inferências semânticas).

IA: diversos métodos de simulação

São possíveis várias interpretações dos métodos de simulação da IA: imitar os resultados sem nos preocuparmos em reproduzir os processos ou tentar reproduzir, a um certo nível fixado *a priori*, as operações mentais subjacentes, construindo e manipulando representações que se supõe de acordo com um certo modelo mental.

De maneira mais ou menos independente da classificação precedente, podemos distinguir três modos de pensamento distintos, correspondentes a tipos de métodos e de implementação diferentes.

1) A primeira abordagem, praticamente fundadora da disciplina, segundo a qual as entidades em jogo podem ser descritas sem referência ao cérebro e podem ser colocadas em correspondência com os símbolos que os computadores sabem manipular (analogia forte entre, por um lado, as representações que supostamente existem no cérebro humano e as representações simbólicas da inteligência artificial e, por outro lado, entre os processos mentais e manipulações de símbolos). Como nota Haugeland, é necessário e suficiente que os símbolos manipulados possuam uma interpretação inteligível para que o comportamento do programa simule a inteligência. Os símbolos formais de um programa são apenas entidades cuja manipulação obedece a regras sintácticas (quer dizer, incidindo unicamente sobre a forma) fixadas de maneira externa pelo programador. Estes símbolos têm, para além disso, um sentido para este programador que supõe, portanto, um isomorfismo entre o comportamento dos símbolos na máquina e a interpretação que deles fazemos.

O conhecimento é assim identificado com o par formado pela sua representação e pelas leis sintácticas que permitem manipulá-lo. Como é sublinhado por Laurière, representar é compreender.

2) A metáfora das redes: a mente é reconduzida ao funcionamento do cérebro e a inteligência é concebida como difusão de activações não simbólicas em redes. Baseadas nas pesquisas da neurobiologia e da neuropsicologia, as investigações sobre o conexionismo tentam desenvolver técnicas eficazes para o tratamento das informações fluidas ou incertas. Embora estejamos ainda muito longe de uma real analogia do funcionamento cerebral, as possibilidades de colaboração entre as técnicas conexionistas e os sistemas simbólicos continuam a ser bastante prometedoras (sistemas ditos híbridos).

3) O pensamento é concebido como um fenómeno colectivo produzido por muitos acontecimentos elementares, o que desemboca principalmente nas técnicas actuais de inteligência artificial distribuída, que tentam ultrapassar os algoritmos genéticos e as redes conexionistas, permanecendo ou não no quadro simbólico: a ideia essencial parece-me mais ter a ver com a interpretação dos sistemas biológicos e sociais. Embora muito recente na inteligência artificial e nas ciências cognitivas, esta ideia tem já uma longa história na biologia e na antropologia.

IA: críticas e paradoxos

É principalmente no primeiro ponto que se baseiam os ataques mais célebres à inteligência artificial. Saídas de uma tradição epistemológica estranha ao mundo da informática, estas críticas sublinham que os desempenhos do homem, particularmente em tudo o que diz respeito à compreensão, estão intimamente associados à sua experiência sensorial, elementos fundamentalmente não formalizáveis. A partir daí, Dreyfus (1972, 1979), inspirando-se

Inteligência Artificial

na filosofia de Heidegger (1962), não só explica por que a inteligência artificial não satisfez as suas esperanças demasiado optimistas do início, mas predisse sobretudo que não poderá ser de outro modo. Compara a inteligência artificial à alquimia medieval (testando diversas combinações de substâncias sem dispor de nenhuma teoria satisfatória) e retira desta analogia argumentos para a condenar, sem querer considerar, como faz notar Winograd (1977), que estas primeiras experiências estão na origem da curiosidade e dos dados necessários à elaboração de um verdadeira teoria científica.

Winograd aproximou-se, porém, um pouco da posição de Dreyfus, como podemos ver no cepticismo que transparece no livro que escreveu com Flores (Winograd & Flores, 1986): já não acredita que a semântica seja formalizável e considera que a noção de empenhamento está na base da linguagem; daqui conclui que, sendo assim, as máquinas nunca poderão ser inteligentes.

Por último, podemos citar igualmente Weizenbaum (1976), que, depois de ter sido um pioneiro famoso neste domínio, sublinhou as diferenças fundamentais entre o homem e a máquina e, num juízo sobretudo ético, considerou que certas tarefas deveriam ser deixadas ao homem.

Msmo sem sermos tão hostis à inteligência artificial, podemos sublinhar que ela se funda num certo paradoxo. De facto, é a própria linguagem que dá ao homem as suas faculdades de representação e de raciocínio, faculdades que aumentam significativamente as suas capacidades cognitivas (que, por seu lado, servem para adquirir uma linguagem cada vez mais elaborada, que permite desenvolver novas capacidades, etc.). Citemos Dennett a este propósito: "A linguagem inflecte os nossos pensamentos a todos os níveis. As palavras são catalizadores que precipitam fixações do conteúdo no momento em que uma parte do cérebro comunica com outra. As estruturas da gramática impõem

uma disciplina aos nossos hábitos de pensamento [...] As estruturas das histórias que aprendemos levam-nos a apresentar as questões que têm mais hipóteses de ser pertinentes nas circunstâncias do momento" (Dennett, 1993).

Mais em geral, muitas análises desenvolvem a impossibilidade teórica de um inteligência desencarnada. A memória humana está organizada em torno das coisas importantes e permite-nos estruturar o mundo para que não tenhamos de nos recordar das coisas inúteis (não se trata de organização *a priori*, mas dos meios de aceder directamente informação pretendida: como é que uma descrição nos permite navegar na memória e encontrar muito rapidamente os elementos pretendidos?). A memória humana não é só associativa, mas é também prospectiva e reflexiva. A língua é que é, entre outras coisas, um meio de representação do mundo, que nos dá acesso às representações simbólicas, as quais, por sua vez, nos permitem resolver os nossos problemas mais eficazmente.

Por outro lado, a inteligência artificial e, na sua sequência, os tratamentos automáticos das línguas procuraram desenvolver *a priori* instrumentos informáticos gerais de representação e de raciocínio e depois pretenderam utilizá-los para realizar operações sobre a língua e simular os mecanismos de compreensão e de raciocínio. Os seus principais temas de pesquisa são, na verdade, a melhoria das técnicas de pesquisa heurística, demonstradores de teoremas, novas concepções da lógica e a modelização de uma linguagem do pensamento. Por interessantes que sejam estas pesquisas, negligenciam os aspectos perceptivos e o papel essencial da aprendizagem nos fenómenos de adaptação. A máxima de Minsky ("Para que um programa seja capaz de aprender alguma coisa, é preciso, em primeiro lugar, que lho possamos dizer") situa igualmente a linguagem no centro dos processos cognitivos.

Assim, sem um tal mecanismo de activação recursiva, pode ser que a inteligência artificial seja por natureza impossível. Tal não quer dizer que o problema levantado pela inteligência artificial. É impossível tal qual, mas apenas que NÃO é a via escolhida pela natureza. Se a via actual da inteligência artificial é possível, então é provavelmente a boa, mas não se deve esquecer que não é senão uma hipótese para qual não encontrámos ainda fundamentos irrefutáveis!

É natural pensar, poranto, que esteja errada a hipótese segundo a qual podemos construir *a priori* mecanismos de raciocínio sem uma capacidade de aprendizagem que desemboque numa capacidade simbólica e de linguagem. Uma questão essencial – que ainda não teve resposta clara – é então a seguinte: que estrutura pré-definida permitiria que se produzisse um tal processo de activação recursiva? O futuro da inteligência artificial reside, talvez, na resposta a esta questão.

G. Sabah

📖 Dennett, D. (1993), *La conscience expliquée*, Paris, Odile Jacob [trad. port.: *Tipos de Mentes: para uma compreensão da consciência*, Lisboa, Rocco, 2001].
• Dreyfus, H. (1972), *What computer can't do*, Nova Iorque, Harper Row.
• Dreyfus, H. (1979), "From microworlds to knowledge representation: AI at an impasse", in J. Haugeland (org.), *Mind design*, pp. 161-204, Cambridge, MA, The MIT Press.
• Heidegger, M. (1962), *Being and time*, Nova Iorque, Harper & Row.
• Weizenbaum, J. (1976), *Computer power and human reason: from judgment to calculation*, S. Francisco, W.H. Freeman.
• Winograd, T. (1977), "On some contested suppositions of generative linguistics about the scientific study of language", *Cognition*, 5, 151-179.

• Winograd, T. & Flores, F. (1986), *Understanding computers and cognition*, Norwood, NJ, Ablex Publishing Corporation.

☞ *algoritmo, conhecimento, pensamento, raciocínio, rede de neurónios, resolução de problemas*

INTENCIONALIDADE

Propriedade de certos estados cognitivos de se referirem a objectos, estados ou acontecimentos do ambiente.

• Uma vez combinadas certas posições de Brentano, Frege, Russell e Evans, a intencionalidade implica a referência a um objecto sob um certo aspecto ou modo de apresentação (por ex., a este cão como perigoso ou apenas como cão). Um dos testes de intencionalidade é, portanto, a possibilidade de representar mal o objecto, por exemplo, de tomar um gato por um cão. É possível também referir objectos inexistentes *via* um modo de apresentação (o actual rei de França). Brentano afirmava, portanto, que temos na mente um "objecto intencional". Via nisso a diferença que separava o mundo físico do mundo mental, mas a noção de objecto intencional implica uma espécie de intermediário entre o sujeito e o objecto real e, portanto, não é clara. Pode-se também exigir que nos refiramos a um objecto sob um aspecto e, para além disso, de acordo com uma determinada atitude (por ex. de crença, de assentimento ou de desejo, o que se chama atitude proposicional nos dois primeiros casos e pró-atitude no terceiro). Uma intenção de acção é, portanto, apenas um caso particular de intencionalidade (um movimento realizado com um determinado objectivo). Um conteúdo intencional é também "intensional", ou seja, podemos defini-lo não só pela colecção, a extensão dos indivíduos a que se refere, mas também pela propriedade ou aspecto sob o qual se se lhe refere.

Os estados intencionais são redutíveis ao domínio interno da nossa mente? A teses externalista de Putnam defende que não, porque se pode imaginar duas pessoas que têm estados mentais internos exactamente idênticos face a um líquido que apresenta todos os aspectos da água, mas que, de facto, e sem o conhecimento de ambas, têm uma composição química diferente nos dois casos, se bem que os conteúdos dos seus estados mentais sejam diferentes, porque cada um deles remete para uma realidade exterior diferente. É difícil então para o experimentador identificar um conteúdo intencional sem ter em conta relações do sujeito com o seu ambiente e mesmo com a história da sua aprendizagem.

Podemos naturalizar a intencionalidade, quer dizer, reconstruir uma génese plausível da sua aquisição em termos de mecanismos biológicos? Drestke propõe fazê-lo assim: num organismo, um detector adquire uma função de indicação de uma propriedade do ambiente se estiver em correlação próxima de 1, em termos de probabilidade, com esta propriedade e se ele é causa do controlo de um comportamento motor que proporciona ao organismo vantagens na evolução (reprodução) ou no seu próprio desenvolvimento. Explica-se deste modo a possibilidade de desprezo, porque num ambiente diferente o detector pode sempre funcionar indicando a propriedade para que foi seleccionado (com o organismo que o tem). Mas segue-se disto que funcionamentos inadaptados e fósseis teriam ainda uma intencionalidade para o organismo actual, o que parece estranho. Para além disso, é preciso ainda garantir a identidade ou uma similaridade suficiente entre conteúdos intencionais adquiridos em circunstâncias diferentes, o que parece ter de pressupor o aspecto sob o qual os juntamos e, portanto, a intencionalidade. A naturalização da intencionalidade é um problema apaixonante, mas difícil.

P. Livet

   ☐ Drestke, F. (1988), *Explaining Behavior*, Cambridge, MA, The MIT Press.
   • Jacob, P. (1997), *Pourquoi les choses ont-elles un sens*, Paris, Éditions Odile Jacob.
   • Millikan, R. (1984), *Language, Thought and other Biological Categories*, Cambridge, MA, The MIT Press.
   • Pacherie, E. (1993), *Naturaliser l'intentionnalité*, Paris, Presses Universitaires de France.
   • Proust, J. (1997), *Comment l'esprit vient aux bêtes*, Paris, Gallimard.

   ☞ *atitude proposicional, crença, representação*

INTERFACE HOMEM-MÁQUINA

1. *No sentido geral*: ligação funcional, instrumental e cognitiva entre um utilizador humano e qualquer dispositivo técnico. 2. *Informática e inteligência artificial*: conjunto de instrumentos desenvolvidos e colocados à disposição do utilizador de um *software* que lhe permite interagir e dialogar com um sistema informático. A interface permite fazer entrar os dados que serão tratados por um programa e visualizar depois o resultado do tratamento. As interfaces actuais são essencialmente gráficas.

• Fala-se igualmente de "interface inteligente" quando o seu comportamento é cooperante e comparável ao de um ser humano que tenta compreender as questões e as reacções de outro ser humano (aceitar frases agramaticais ou elípticas, detectar pressuposições falsas, compreender as in-

Internalismo

tenções do interlocutor ou antecipar a suas questões são exemplos de acções que caracterizam a atitude cooperativa de uma interface).

Quer procure informações, queira manipulá-las ou fornecê-las à máquina, ou ainda que espere desta maneira uma ajuda para a realização de um acção, o utilizador estabelece um certo tipo de relação entre si e o sistema. Assim, dado que apareceram muitas aplicações informáticas interactivas relativas a tarefas cognitivas, a interacção homem-máquina tornou-se uma das tarefas essenciais da informática e da inteligência artificial.

Vários domínios chave correspondem a estas necessidades: em primeiro lugar, a engenharia das línguas (que cobre o tratamento da linguagem escrita ou falada, com as suas aplicações principais na comunicação falada, na edição numérica, na velha tecnologia e na gestão de patrimónios científicos e técnicos). As questões de pragmática (quer dizer, a influência do contexto sobre o sentido das intervenções dos interlocutores) são essenciais aqui, porque desempenham um papel primordial, quer na apropriação da língua, quer nas interacções dialógicas. Por esta razão, o diálogo (que não pode tratar da linguagem a não ser em situação) levanta estes problemas com acuidade e o diálogo homem-máquina, que exige que nada fique implícito nos modelos que utiliza, é, bem entendido, o lugar privilegiado do estudo destes fenómenos.

Todavia, as interacções devem igualmente produzir-se *via* informação multimédia enriquecida; as faculdades da linguagem devem, portanto, ser articuladas com as outras modalidades de percepção e de comunicação, atribuindo um lugar importante ao tratamento de imagens (interpretação, síntese, visão por computador).

Depois, para além deste aspecto multimodal, o papel comprovado dos gestos no diálogo natural leva a considerar que é necessário uma análise simultânea de diversos sistemas de signos para uma comunicação homem-máquina eficaz e geral, de que resulta a importância particular da interpretação dos gestos (quer se trate dos signos, quer de movimentos dos membros, dos olhos ou da cabeça).

Depois, é preciso ultrapassar estes primeiros níveis elementares de cada modalidade a fim de tratar as questões essenciais de construção da significação e da referência, em particular não se limitando a aspectos puramente formais. As diversas interacções de todas estas modalidades entre si e com o mundo levantam uma questão capital quanto às arquitecturas de integração: como fazer colaborar o melhor possível o conjunto dos módulos necessários, quer a uma comunicação eficaz, quer a processos de aquisição e de aprendizagem.

G. Sabah

☞ *comunicação, ergonomia cognitiva, inteligência artificial*

INTERNALISMO

Concepção segundo a qual os estados psicológicos dos indivíduos devem estar claramente diferenciados do seu ambiente físico ou social. O objecto de estudo da psicologia deve ser limitado ao conteúdo dos estados psicológicos individuais sem pressupor os dos outros indivíduos. Esta concepção assemelha-se a uma variedade de solipsismo metodológico. **SIN.**: individualismo.

☞ *externalismo*

K

KLÜVER-BUCY
(SÍNDROME DE –)

Perturbações emocionais consecutivas a uma lesão da amígdala.

☞ *amígdala, emoção*

KORSAKOFF (SÍNDROME DE –)

Disfunção importante da memória que constitui uma das formas da amnésia.

• Observa-se na maioria das vezes nos alcoólicos crónicos (carência grave de vitaminas B). Traduz-se numa amnésia anterógrada mais ou menos grave em função da extensão das lesões cerebrais. É a memória declarativa que é mais afectada, sendo mais ou menos poupada a memória procedimental. No plano neuroanatómico, a síndrome de Korsakoff caracteriza-se por uma lesão do sistema temporal médio diencefálico que se alarga ao tálamo médio e aos corpos mamilares.

G. Tiberghien

☞ *amnésia, memória*

L

LEITURA

Conjunto de actividades oculomotoras e cognitivas que, a partir da extracção de informações gráficas, conduz à compreensão de um enunciado.

• A actividade oculomotora é descrita como uma sucessão de deslocamentos rápidos (os movimentos sacádicos) e de pausas (ou fixações oculares). A sacada é breve (50 milissegundos) e de amplitude variável (entre 5 e 10 caracteres em média). Permite colocar o centro do olho (a fóvea) nas palavras da linha. É durante a fixação ocular, cuja duração média é de cerca de 250 milissegundos, que o leitor pode extrair informação gráfica.

Ler uma página de texto não supõe a capacidade de distinguir precisamente todas as palavras da página. A acuidade visual difere, de facto, em função das zonas da retina sobre as quais são projectadas as palavras: enquanto na região central a acuidade é importante e permite uma discriminação fina (estende-se a cerca de 3 caracteres à esquerda e à direita de um ponto de fixação), decresce consideravelmente na região panfoveal e periférica. Isso explica por que deslocamos os nossos olhos constantemente na leitura, de modo a colocar a fóvea na parte do texto que pretendemos ler. Mas se a visão foveal tem um papel essencial no tratamento da informação, ela não é suficiente.

Há, de facto, muitas provas de que, para além de um tratamento foveal da palavra, é extraída e utilizada na leitura a informação periférica e parafoveal. Houve estudos que mostraram que sem visão periférica a exploração visual se torna errática e a visão parcelar. Pensa-se que as duas zonas preenchem funções diferentes: esquematicamente, o estímulo coberto pela zona foveal seria objecto de uma análise perceptiva detalhada para ser identificado e as informações parafoveais forneceriam principalmente informações acerca da forma e o comprimento da palavra que vai ser fixada, permitindo assim efectuar um pré-tratamento e guiar o olho para os pontos de fixação seguintes. Dado que a aquisição da informação se efectua unicamente durante as fixações, afirma-se geralmente que cada uma destas vai fornecer uma nova visão do texto.

A noção de amplitude de leitura intervém aqui para designar a região em volta do ponto de fixação que influencia o comportamento ocular. A conclusão que emerge de muitos estudos (manipulando a afixação) é que os leitores ingleses tratam o texto a partir de uma janela atencional relativamente pequena, limitada à linha de texto que está a ser lida e que se estende aproximadamente do início da palavra fixada até 14-15 caracteres para a direita da letra fixada. No caso das línguas lidas da direita para a esquerda, esta amplitude poderia inverter-se e tornar-se assimétrico à esquerda.

A duração de uma fixação ocular depende do nível do leitor (é mais longa no leitor principiante) e a dificuldade do texto lido. Mas o tempo de fixação é igualmente

Léxico Mental

sensível a variações linguísticas locais: por exemplo, se o comprimento for igual, um nome é, em média, fixado durante menos tempo do que um verbo. Estas observações indicam que a velocidade de leitura está sob o controlo da actividade cognitiva. Pelo contrário, parece difícil imaginar que o tempo de fixação numa palavra reflicta completamente o tempo investido na sua codificação, recuperação do sentido e tratamentos sintácticos e semânticos. Apesar das controvérsias actuais sobre este assunto, o tempo de fixação (ou da exposição à leitura) é utilizado (com a ajuda de técnicas de registo dos movimentos oculares ou de auto-apresentação segmentada) como indicador comportamental (observável) da actividade cognitiva empenhada durante a leitura. Os movimentos oculares, ajustando-se às características textuais durante a leitura, representam, de facto, uma interface entre os processos de tratamento da informação e o texto a compreender.

Podemos decompor o tratamento cognitivo em duas etapas principais: o *reconhecimento das palavras* e a *construção da significação das frases*. O reconhecimento das palavras (ou acesso ao léxico) consiste em associar a informação extraída visualmente à contida no léxico mental. Este léxico mental ou "dicionário mental" representa a soma de conhecimentos (ortográficos, fonológicos, morfológicos, semânticos e sintácticos) que um leitor interiorizou acerca das palavras da sua língua. O estudo do seu funcionamento suscitou inúmeras questões a respeito nomeadamente da natureza da informação gráfica utilizada (letras, grupos de letras, forma da palavra), a do código sob o qual é transformada (grafémico e / ou fonológico) e a influência do contexto em que a palavra se situa. Por fim, o leitor recupera a significação das palavras e procede em tempo real à compreensão de frases e textos. Esta etapa utiliza regras sintácticas e semânticas.

S. Ducrot

📖 Baccino, T. & Colé, P. (1995), *La lecture experte*, Paris, Presses Universitaires de France.
• Besner, D. & Humphreys, G.W. (orgs.), (1991), *Basic processes in reading: Visual word recognition*, Hillsdale, NJ, Lawrence Erlbaum.
• Rayner, K. & Pollatsek, A. (1989), *The psychology of reading*, Englewood Cliffs, NJ, Prentice-Hall.

☞ *compreensão, escrita, léxico mental, linguagem, oculometria cognitiva*

LEITURA MENTAL

☞ *autismo, cegueira mental*

LÉXICO MENTAL

Estrutura mental hipotética em que se projectariam os conhecimentos linguísticos relativos às palavras isoladas, quer estas sejam percebidas auditiva ou visualmente.

• O léxico mental é um sistema de tratamento mnésico que permite armazenar e recuperar as representações das palavras. Estas representações contêm informações sobre a forma ortográfica e fonológica das palavras, o seu sentido e as suas propriedades gramaticais.

Três questões fundamentais relativas ao léxico mental são ainda objecto de debate. A primeira diz respeito ao acesso ao léxico, quer dizer, os tratamentos pré-lexicais necessários para aceder às representações lexicais. A maioria dos investigadores concorda em considerar que as palavras devem ser codificadas (ou recodificadas) ortográfica e fonologicamente antes de se poder atingir a sua representação lexical respectiva. Estes tratamentos pré-lexicais são também chamados "processos de entrada". Existe uma contrapartida destes processos de entrada, os "processos de saída", que permitem à representações lexicais serem utilizadas para efectuar uma tarefa particular (por ex. a pronúncia em voz alta de uma palavra escrita necessita da aplicação de um tratamento fonológico pós-lexical que é um processo de saída).

A segunda questão é a da natureza das próprias representações lexicais. Notar-se--á em particular que é extremamente complexo dissociar experimentalmente a ortografia da fonologia e a semântica da sintaxe. Esta complexidade confere às representações lexicais uma parte do seu carácter obscuro. Para além disso, dado que as codificações ortográfica e fonológica são geralmente consideradas pré-lexicais, as representações de superfície que resultam destas codificações estão, supostamente, armazenadas numa estrutura distinta do léxico. Esta hipótese leva a considerar, ou que as representações lexicais contêm unicamente informações semânticas e gramaticais, ou que há dois léxicos: um para as representações ortográficas e um outro para as representações semânticas e gramaticais. Esta última hipótese é raramente explícita, dado que os investigadores concordam em singularizar "o" léxico.

Por fim, qualquer que seja a natureza das representações lexicais, é necessário definir a sua organização. Quatro eixos de pesquisa permitem actualmente responder, pelo menos em parte, a esta questão. Em primeiro lugar, as pesquisas em psicolinguística que permitiram pôr em evidência uma organização em rede, utilizando o paradigma da activação e estudando índices comportamentais (como o tempo de resposta) em sujeitos que não apresentavam qualquer défice. Em segundo lugar, os trabalhos de neuropsicologia que evidenciaram os défices lexicais particulares associados a anomalias cerebrais nos sujeitos afásicos. Mais recentemente, as investigações que medem os índices electrofi-

siológicos (como os potenciais evocados) ou que utilizam os métodos de neuroimagiologia funcional (tomografia por emissão de positrões e imagiologia funcional por ressonância magnética) ofereceram uma terceira pista de investigação a não negligenciar. Por fim, as pesquisas em modelização matemática, que tentam simular a organização lexical, deixam supor que as representações lexicais são distribuídas, e não localizadas.

A. Rouibah

  📖 Morton, J. (1970), "A functional model for memory", in D.A. Norman (org.), *Models of human memory*, New-York, Academic Press.
  • Segui, J. (1992), "Perception du langage et modularité", in D. Andler (org.), *Introduction aux sciences cognitives*, pp. 131-152, Paris, Gallimard.

  ☞ *memória, representação, semântica*

LÍMBICO (SISTEMA -)

Conceito anatomofuncional impreciso que designa um conjunto de estruturas cerebrais, corticais e subcorticais interconectadas, situadas na parte média do cérebro e que se presume que participam em funções mais "primitivas" do que as do neocórtex.

• Inicialmente, o termo "límbico" foi utilizado pelos anatomistas para descrever a maneira como certas regiões corticais, filogeneticamente antigas, formam o bordo (*"limbus"* em latim) interno dos hemisférios cerebrais.

A primeira conotação funcional foi introduzida por Broca, em 1878, que agrupou as estruturas olfactivas, a formação hipocâmpica e o córtex cingular no "grande lobo límbico", a que atribuiu um

Linguagem

papel na olfacto, de que deriva o termo rinencéfalo (do grego "*rhinos*", nariz) ainda hoje utilizado.

Em 1937 emerge uma orientação nova. Papez especula então que o circuito que liga o córtex cingular ao hipocampo *via* tálamo e corpos mamilares forma uma interface entre o hipotálamo e o neocórtex, que constitui a base anatomofisiológica das emoções.

Nesse mesmo ano, Klüver e Bucy redescobrem no macaco uma síndrome já observada em 1888 por Brown e Schaefer. Caracterizada por uma reactividade emocional anormal, esta síndrome é produzida por lobectomias temporárias que incluem, entre outros, o hipocampo e a amígdala.

Inspirando-se quer na teoria de Papez quer nas observações de Klüver e Bucy, Mac Lean desenvolveu em 1949 a teoria do cérebro visceral como sede das emoções. Anatomicamente, o cérebro visceral correspondia ao circuito de Papez, no seio do qual as células piramidais do hipocampo constituíam as teclas de um "teclado emocional". Em 1952, o mesmo autor introduziu a expressão "sistema límbico" como equivalente de cérebro visceral. Considerando-se que a unidade do sistema límbico se baseava na participação presumida nas funções afectivas, Mac Lean alargou o seu conteúdo anatómico para nele incluir as estruturas conectadas ao circuito de Papez, como a amígdala, o septo e o córtex pré-frontal.

As pesquisas do fim dos anos 50 mostraram que é a amígdala, e não o hipocampo, que é largamente responsável pelas perturbações emocionais ditas de Klüver--Bucy. Estabelecerão igualmente que o hipocampo e o circuito de Papez estão de facto implicados na formação das recordações novas, introduzindo assim uma terceira associação funcional entre sistema límbico e memória.

Esta evolução histórica explica as utilizações muito diversas do qualificativo "límbico" e do conceito de "sistema límbico". Anatomicamente, o termo "sistema límbico" pode designar apenas a amígdala e o hipocampo, ou o circuito de Papez ou mais de uma vintena de estruturas, que vão do córtex cingular à espinal medula. Funcionalmente, o termo "límbico" está cheio de pressupostos variáveis relacionados, em função dos autores, à olfacto, às funções afectivas ou à memória. Esta dupla imprecisão desencadeou vivas críticas e muitos são os especialistas que consideram que o conceito de sistema límbico é inútil, e até nefasto, para a compreensão do cérebro. O conceito não deixa, porém, de estar presente na literatura científica como um modo prático de designar qualquer estrutura intermediária entre o hipotálamo e o neocórtex cujas funções são mal conhecidas.

M. Meunier

📖 Kotter, R. & Stephan, K.E. (1997), "Useless or helpful? The 'limbic system' concept", *Reviews in Neurosciences*, 8, 139-45.

☞ *memória, representação, semântica*

LINGUAGEM

1. Função natural específica dos seres humanos que permite uma comunicação fundada em representações semânticas e que serve de suporte ao pensamento. 2. Sistema construído por símbolos dotados de uma sintaxe e de uma semântica (linguagem formal).

• 1. A linguagem não pertence senão aos seres humanos. Apesar do seu carácter essencialmente social, é considerada "natural" quando se quer distingui-la das linguagens artificiais. Devemos colocá-la no seu devido lugar no seio da comunicação: esta existe também em muitas espécies

Linguagem

animais e, nos seres humanos, pode passar por outros canais que não a linguagem.

O estudo da comunicação animal revelou a sua diversidade e, por vezes, a sua riqueza. Por outro lado, as tentativas de ensinar uma verdadeira linguagem a antropóides fizeram aparecer desta maneira capacidades insuspeitadas. Todas as pesquisas fizeram salientar, todavia, o estatuto excepcional da linguagem humana.

Esta é possível devido à existência de capacidades vocais e perceptivas específicas aos seres humanos, que foram manifestamente seleccionadas em seu benefício pela evolução, e de várias regiões cerebrais especializadas. Mas as possibilidades cerebrais que se desenvolveram assim ultrapassam em muito esta linguagem natural com a função de comunicação. Uma primeira prova disso é fornecida pela capacidade humana de adquirir uma ou mais segundas línguas e de aprender a ler: estas capacidades adquiridas não podem naturalmente depender directamente da evolução. Os estudos da imagiologia cerebral sugerem que elas "se instalam" no cérebro de maneira relativamente variável com os indivíduos. Mas uma segunda prova, ainda mais fundamental, deve-se às relações estreitas entre a linguagem e o que se chama comummente "pensamento". A natureza exacta destas relações é há muito objecto de debates, ásperos, por vezes; o desenvolvimento das ciências cognitivas permite hoje situar estas discussões no terreno do conhecimento científico, com a colheita, análise e interpretação de muitas categorias de factos relativos à linguagem, particularmente dos que se relacionam coma a semântica.

A distinção introduzida por F. de Saussure entre *língua* e *fala* mantém ainda hoje a toda sua força: a língua é um sistema de signos, alguns deles desprovidos de semântica, os sons, ou melhor, os fonemas, e outros dispondo de uma semântica, as unidades lexicais, em particular as palavras. São os arranjos particulares destas últimas de acordo com as regras de uma sintaxe que constituem a fala, veículo do sentido. Por vezes, emprega-se mais amplamente o termo "discurso", superordenado à "fala", para designar esta na sua totalidade, quer dizer, na sua forma inicial, oral, e nas suas tradições escritas. A ideia sassureana segundo a qual a ligação somsentido inscrita no "signo" é "arbitrária" – de facto, é convencional, ou melhor, socialmente adquirida – volta a ser encontrada sob a designação de "símbolo" na acepção que decorre de Peirce: "símbolo", neste sentido, tende a substituir "signo".

A distinção língua / fala foi reinterpretada por Chomsky com as noções de *competência*, situada então na mente do locutor, e de *desempenho*, manifestada sob a forma de comportamentos. Chomsky mostrou como, com um repertório relativamente limitado (muito limitado no caso das unidades sonoras, os fonemas, bastante limitado no caso das unidades lexicais, as palavras), a língua permite construir de maneira gerativa uma infinidade de enunciados. A sintaxe é o conjunto das regras que governam os arranjos das unidades linguísticas.

A língua distribui-se por um grande número de sistemas linguísticos diferentes: constituem AS línguas, chamadas também "línguas naturais". A concepção cognitiva parte geralmente da hipótese de que todas as línguas e todas as utilizações que delas são feitas relevam de um certo número de regularidades, ou mesmo de leis, de carácter universal: todas têm uma morfologia, um léxico ou vocabulário, regras sintácticas, semântica, modos de utilização pragmáticos. A questão de saber se existe um núcleo semântico, ou seja, conceptual, comum a todos os seres humanos é particularmente importante. Fala-se a este propósito de "universais".

Esta possibilidade deixa que se mantenha a realidade das diferenças entre as línguas: é um facto que as pesquisas cognitivas sobre a linguagem ficaram restritas, no essencial, até hoje, a um pequeno número de línguas, as dos países economicamente desenvolvidos, com o inglês a ocupar o primeiro lugar. No entanto, a hipótese de existirem estruturas universais comuns a todas as línguas, portanto, cognitivamente fundamentais, não foi até hoje infirmada: um seu exemplo é a estrutura proposicional-predicativa, descrita noutro lado. Todavia, a maneira e o grau em que a semântica das diferentes línguas naturais determina o pensamento dos locutores que as praticam permanece uma questão em aberto.

2. A partir das ideias abstractas tiradas da análise das características gerais da linguagem, elaborou-se a ideia teórica de "linguagem formal". Paralelamente, em ligação como o aparecimento e o desenvolvimento dos computadores, foram especificamente construídas "linguagens" (que de facto são línguas) artificiais. Estas são utilizadas nos tratamentos informáticos com uma preocupação maior ou menor concedida às interacções homem-máquina. Destas linguagens, as que incorporaram a maior quantidade de conhecimentos cognitivos são as utilizadas na representação dos conhecimentos e na inteligência artificial.

J.-F. Le Ny

   📖 Daneman, M. & Merikle, P.M. (1996), "Working memory and language comprehension: A meta-analysis", *Psychonomic Bulletin & Review*, 3, 422-433.
   • Dubois, D. (1994), "Identity and autonomy of psychology in cognitive sciences: Some remarks from language processing and knowledge representation", *World Futures*, 42, 71-78.
   • Le Ny, J.-F. (1989), *Science cognitive et compréhension du langage*, Paris, Presses Universitaires de France.
   • Miller, G.A. (1956), *Langage et commnunication ("Language and communication"*, Nova Iorque, McGraw-Hill, 1951), Paris, Presses Universitaires de France.

   • Smolensky, P., Legendre, G. & Myata, Y. (1993), "Integrating connectionist and symbolic computation for the theory of language", *Current Science*, 64, 381-391.

   ☞ *linguagem formal, linguística cognitiva, neurolinguística, psicolinguística, semântica, semântica cognitiva, sentido*

LINGUAGEM FORMAL

   Linguagem constituída por símbolos cujas associações são regidas por regras fixas e que permite a representação e a manipulação de uma base de conhecimentos explícitos. As regras de associação formam a *sintaxe* da representação. Se a toda a expressão sintacticamente correcta da representação se fizer corresponder uma situação do universo de referência, junta-se uma *semântica* a este formalismo de representação.

   • Uma tal semântica é então dada com o conjunto das constantes do universo (chamado *domínio*) e uma interpretação das funções e dos predicados. Estes não são, de facto, senão identificadores que não possuem nenhuma interpretação semântica *a priori*. Assim, será necessário precisar, por exemplo, no caso do predicado *dar*, que ele faz intervir três variáveis, que *dar* (x, y, z) quer dizer "x dá z a y". Apenas quando se indicou o sentido de todas estas funções e de todos estes predicados poderemos dizer que as fórmulas representam efectivamente uma significação. Mais formalmente, este "quer dizer" corresponde, para além da definição dos conectores nas tabelas de verdade, a colocação em evidência para cada predicado *n-ário* de uma relação com Dn e para cada função n-ária de uma função Dn em D (falar-se-á então de sistemas formais interpretados, quer dizer, de sistemas a que um indivíduo atribui do exterior uma semântica).

Esta semântica exprime-se frequentemente em termos booleanos: a situação representada é verdadeira (no universo considerado) ou não é verdadeira. Respeita também frequentemente o princípio da composicionalidade: está articulada de tal maneira com a sintaxe que a significação de um elemento é calculado a partir das estruturas sintácticas que a compõem (partindo dos itens lexicais para chegar à frase). Quando uma representação está munida de uma semântica formal, dir-se-á que é coerente se tudo o que é representado (ou representável) corresponde a uma situação verdadeira no universo de referência. Dir-se-á que é completa se tudo o que é verdadeiro no universo é representável neste formalismo.

Extensões da lógica clássica

Foram concebidas diversas extensões da lógica clássica para tratar problemas particulares, muitas vezes no quadro do tratamento automático das línguas.

As *lógicas modais* foram introduzidas para modelizar a noção de causalidade de uma maneira mais conforme à nossa intuição. A noção de modalidade permite igualmente considerar muitos outros aspectos da representação de conhecimentos e, em particular, dos estatutos distintos que diversas afirmações podem tomar. Poderemos distinguir o que é contingente (Estrasburgo fica na França) do que não pode ser falso (um quadrilátero tem quatro lados). Diversas interpretações das modalidades dão lugar a aplicações distintas, entre as quais as mais importantes nos parecem ser as lógicas epistémicas (Moore 1984, Konolidge 1988) e as lógicas temporais (Allen 1981, McDermott 1982). A propósito da interpretação das modalidades, podemos perguntar-nos, mais geralmente, quais são as relações exactas que

existem entre as diferentes lógicas que vimos. Em particular, são variantes nocionais ou os fenómenos considerados são fundamentalmente distintos? A questão está longe de resolvida. Parece simplesmente que não existe interpretação polivalente finita das lógicas modais. Actualmente, de modo nenhum dispomos de resultados mais gerais. Os artigos originais de Kripke (1963, 1972) são uma excelente apresentação dos fundamentos da lógica modal, enquanto a obra de Bradley e Swartz (1979) é uma boa introdução ao conceito de mundos possíveis e mostra a sua aplicação às lógicas modais.

As *lógicas polivalentes* (apresentadas de maneira sintética em Rosser e Turquette, 1958) também permitem interpretar A → B de uma maneira mais próxima da nossa intuição (absurda quando A é falso). Elas explicam um certo número de paradoxos ligados a fenómenos de transitividade não estrita, como "os amigos dos meus amigos [...]" ou o problema do "monte de areia": se se retira um grão a um monte de areia, continua a ser um monte de areia. Se estas afirmações são demasiado utilizadas tornam-se falsas. Uma solução consiste em dizer que um conjunto de grãos de areia é um monte, proposição que terá um valor de verdade f (n), "função monótona crescente de n" (quanto mais grãos de areia houver, mais será um monte!). Vimos que outros paradoxos relacionados com as questões de pressuposições são explicáveis, ao passo que a lógica clássica os trata com dificuldade.

As *lógicas de p valores* permitem igualmente modelizar a semântica de certos qualificativos que se referem a uma grandeza mensurável (tamanho, peso, idade, riqueza, etc.). Tentou-se também incluí-las numa interpretação de advérbios escalares como "muito", "mais ou menos", "antes", mas os resultados obtidos são muito duvidosos (o que se fica a dever ao facto de não se tratar neste caso de grandezas mensuráveis). Por fim, tentou-se também aplicar estas lógicas à interpretação dos quantificadores como "certos", "a maior parte", "geralmente". Estes trabalhos enfrentam várias oposições devidas aos aspectos intuitivos subjacentes ("mas afinal de onde vêm todos estes valores numéricos?" [McCarthy, 1977]) e à confusão entre intuitivo e impreciso.

Teoria das lógicas difusas

Estas pesquisas influenciaram a teoria das *lógicas difusas*: partindo de uma lógica polivalente cujo conjunto de valores de verdade é o intervalo [0,1], Zadeh (1975) propõe que se vá mais longe, substituindo estes valores de verdade pelos subconjuntos difusos deste intervalo. Todavia, não os admite todos, por causa da "complexidade fenomenal" que daí resultaria. Limita-se a um conjunto enumerável de subconjuntos de [0,1] a que chama valores de verdade linguísticos e redefine a partir daí os conectores clássicos, bem como a própria noção de inferência.

Os resultados teóricos actuais (ausência de resultados de coerência e de completude, falta de regras de inferência precisas, etc.) levaram Haack (1978) a dizer que é difícil continuar a falar de lógica! A ambição destas lógicas de formalizar as línguas pode então ser posta em causa (não se sabe como interpretar os valores numéricos manipulados), se bem que não se possa ignorar de forma alguma os fenómenos de graduação que muito poucos outros formalismos permitem explicar. Notemos, todavia, na esteira de Turner (1986), que "muitos formalismos foram utilizados com bastante sucesso, embora os seus fundamentos conceptuais estivessem num triste estado". Podemos então, com algum pragmatismo, julgar sobretudo as aplicações, e não tanto as bases da teoria.

As *lógicas não monótonas* permitem igualmente simular o raciocínio por defeito ("enquanto não se demonstrar ¬P, supomos P", que é um tipo de raciocínio que se utiliza por vezes, mesmo nas mate-

máticas – embora neste caso isso não se confesse, em geral!). Estas lógicas foram também utilizadas por um certo tratamento dos quantificadores difusos (a maioria dos x tem a propriedade P interpreta-se como "podemos supor P (x), "excepto se se puder provar o contrário"). A abordagem é aqui complementar das lógicas polivalentes que, por seu lado, fornecem uma medida. Infelizmente, não há nenhum quadro único que reúna estas lógicas e esta complementaridade continua pouco utilizável.

G. Sabah

📖 Allen, J. (1981), "An interval-based representation of temporal knowledge", pp. 221-226, *Comm. IJCAI VII*, Vancouver.

• Bradley, B. & Swartz, M. (1979), *Possible worlds*, Oxford, Oxford University Press.

• Haack, S. (1978), *The philosophy of logics*, Cambridge, Cambridge University Press.

• Konolidge, K. (1988), "Reasoning by introspection", in P. Maes & D. Nardi (orgs.), *Metalevel Architectures and Reflection*, pp. 61-74, Amsterdão, North Holland.

• Kripke, S. (1963), "Semantical considerations on modal logic", *Acta Philosophica Fennica*, 16, 83-94.

• Kripke, S. (1980), *Naming and necessity*, Oxford, Blackwell [trad. P. Jacob & F. Récanati (1982), *La logique des noms propres*, Paris, Éditions de Minuit].

• McCarthy, J. (1977), "Epistemological problems of artificial intelligence. *Actes IJCAI V*, pp. 1038-1044, Cambridge, MA, The MIT Press.

• McDermott, D. (1982), "A temporal logic for reasoning about plans and actions", *Cognitive Science*, 6, 101-155.

• Hobbs, J. & Moore, R. (orgs.), (1985), *On Formal theories of the common sense world*, Norwood, NJ, Ablex Publishing Corporation.

- Rosser, J.B. & Turquette, A.R. (1958), *Many valued logics*, Amsterdão, North Holland.
- Turner, R. (1986), *Logiques pour l'intelligence artificielle*, Paris, Masson.
- Zadeh, L. (1975), "Fuzzy logic and approximate reasoning", *Synthese*, 30, 407-428.

☞ *conhecimento, linguagem, modelo cognitivo, representação*

LINGUÍSTICA COGNITIVA

Corrente da linguística que se desenvolveu em dois ramos distintos: o primeiro reúne o que é designado como *gramáticas cognitivas* e a segunda constitui a corrente actual da *gramática gerativa* de Chomsky, com o seu "programa minimalista".

· As gramáticas cognitivas distinguem-se explicitamente da corrente das gramáticas formais por características comuns aos diferentes linguistas que dela se reclamam directa ou indirectamente.

As gramáticas cognitivas

De facto, as gramáticas formais podem ser caracterizadas por: (1) uma análise fina das configurações essencialmente sintácticas e morfológicas; (2) a afirmação da autonomia da linguagem – hipótese modular de Fodor – e da gramática (assimilável por vezes apenas à sintaxe); (3) representações semânticas exclusivamente lógico-computacionais; (4) a identificação de universais formais constitutivos por um "núcleo inato" da linguagem, com suportes neurobiológicos precisos e específicos à espécie humana (Chomsky); e (5) relações privilegiadas entre a filosofia da mente e abordagens computacionais da linguagem.

Em contrapartida, a linguística cognitiva possui outras características: (1) as conceptualizações semânticas tornam-se o tema principal das investigações; (2) a actividade da linguagem entra em interacção com outras actividades cognitivas, como a percepção, em particular a percepção visual; (3) as representações utilizadas são figurativas – e até icónicas – e não lógico-computacionais; (4) as invariantes da linguagem são cognitivas e transcendem a diversidade tipológica das línguas; (5) as descrições linguísticas já não procuram separar-se das pesquisas antropológicas, retomando neste aspecto os trabalhos de E. Sapir; para além disso, inspiram-se, por vezes, nos trabalhos da psicologia da forma (a *Gestalt*) e tomam em consideração, explicitamente, os trabalhos psicológicos sobre a categorização (os de Rösch em particular) e a teoria dos protótipos; reivindicam – especialmente Lakoff – processos de analogia e de metaforização para estruturar as categorias semânticas a partir de protótipos.

As gramáticas cognitivas insistem no primado sobre a sintaxe das representações semânticas, analisadas numa perspectiva cognitiva, que não considera a linguagem como uma actividade inteiramente autónoma, mas sim entrando em *interacção* com as da percepção, acção, memorização e inferência.

Em reacção aos métodos estritamente empiristas (análise estrutural e distribucional, por ex.), às gramáticas formais (sintagmáticas, categoriais, transformacionais, etc.), às pesquisas lógicas vericondicionais dos lógicos (Montague) e, mais geralmente, ao programa da Gramática gerativa de Chomsky, foi desenvolvido um programa de investigação que acentua as propriedades semântico-cognitivas da linguagem, os processos de categorização e as interacções entre a actividade da linguagem e as outras actividades cognitivas, como a percepção e a acção, que se exercem no ambiente extralinguístico.

Esta corrente desenvolveu-se nos Estados Unidos nos anos 70 com linguistas como Jackendoff, Lakoff, Langacker e Talmy, mas não está afastada das pesquisas que já se tinham iniciado na Europa, cerca de trinta anos antes, com a psicomecânica da linguagem de Guillaume e que são actualmente desenvolvidas por Pottier, nem das pesquisas sobre as invariantes cognitivas da linguagem em relação às variações das configurações observadas nas línguas, empreendidas, por exemplo, por Seiler em Colónia, Wildgen em Bremen, Verhagen em Utrecht, Levinson no Instituto Max Planck de Nimega, ou por Culioli, Desclés e Victorri em Paris. Estas pesquisas retomam as diferentes correntes "localistas" – desde os estóicos até Hjemslev, passando pelo bizantino Máximo Planúdeo – que procuraram estabelecer uma analogia forte entre as representações espaciais e espacializadas, por um lado, e os esquemas gramaticais das línguas e também as pesquisas mais antigas iniciadas por Humboldt, por outro.

A corrente da semântica cognitiva americana, todavia, contrariamente às correntes europeias, negligenciou incluir nas suas descrições tudo o que releva da enunciação, que atribui um lugar explícito aos utilizadores – enunciadores e co-enunciadores – dos sistemas linguísticos, incluindo-os nas próprias representações metalinguísticas sob a forma de parâmetros enunciativos correlacionados: sujeito enunciador e diferentes locutores, processos de enunciação, lugares ou sítios de enunciação.

A hipótese da interacção é contrária à hipótese segundo a qual a gramática constituiria um domínio separado, inato, próprio à espécie humana (como "um órgão mental", segundo Chomsky), com as suas próprias primitivas e os seus modos de descrição formal. Pelo contrário, na abordagem das gramáticas cognitivas, *the symbolic alternative* de R. Langacker considera que as estruturas gramaticais, os esquemas e as restrições não necessitam de nada mais do que dos elementos simbólicos, quer dizer, dos emparelhamentos entre estruturas semânticas e estruturas fonológicas.

Assim, o que é estruturado pela gramática das línguas aparece como inteiramente compatível com as estruturações operadas por outros domínios cognitivos como a percepção visual (Pottier, Talmy) e a capacidade sensoriomotora.

As categorizações operadas pelas línguas são então consideradas como estando ancoradas nas categorizações operadas pela percepção (em particular a visual, mas não exclusivamente) do ambiente, pelas modalidades da acção sobre o ambiente, pela explicação causal e por certos modos de inferência abductiva. As estruturas gramaticais são intrinsecamente significativas, e não compostas de elementos puramente formais e "vazios de sentido", elas estão estreitamente associadas a esquemas que reenviam para experiências mentais de percepção ou de acção sobre o mundo, o que leva Langacker e Pottier, por exemplo, a identificar a semântica com a conceptualização.

O "programa minimalista" de Chomsky

O segundo ramo da linguística cognitiva, com o actual programa cognitivo das pesquisas de Chomsky, visa responder às questões seguintes: (1) Como caracterizar o saber linguístico dos locutores, quer dizer, a sua "língua interna" ou língua interiorizada? (2) Como se desenvolve nos locutores a "língua interna"? (3) Como se utiliza na prática a "língua interna"? (4) Quais são os mecanismos neurobiológicos e fisiológicos que suportam a "língua interna", o seu desenvolvimento e a sua utilização?

Segundo esta concepção, a linguística tornou-se um ramo da psicologia cognitiva. Responder à primeira questão é caracterizar tão precisamente quanto possível a "língua externa" dos locutores, ao especificar propriedades fonéticas, morfológicas, sintácticas e semânticas, de maneira a precisar as propriedades da mente e as especificidades funcionais do cérebro dos locutores, relacionando-as com as "línguas internas", que dependem de factores históricos, sociológicos, políticos, etc.

A "língua interna" caracteriza-se pelo domínio de um conjunto de computações sintácticas que exprimem os saberes sintácticos e interpretativos que um locutor associa automática e inconscientemente aos enunciados da sua língua. Esta "língua interna", sempre segundo a concepção chomskyana, não seria objecto de nenhuma verdadeira aprendizagem que implicasse memorizações, repetições e correcções, porque o saber linguístico dos locutores é subdeterminado pelos factos a que as crianças são expostas no seu ambiente: a aquisição da "língua interna" não é, portanto, o resultado de uma mera aprendizagem.

A faculdade da linguagem pode ser razoavelmente considerada como um "órgão mental", no sentido em que se fala do sistema imunitário ou do sistema visual de órgãos do corpo: "este subsistema da mente / cérebro é parte integrante de praticamente todos os aspectos da vida, do pensamento e das interacções do homem e deve desempenhar uma função importante no sucesso biológico espectacular da espécie humana" (N. Chomsky). A faculdade da linguagem e a "língua interna" que ela torna possível constituem um módulo autónomo em relação às outras faculdades cognitivas responsáveis pela inteligência em geral, mas se aquela encaixa na arquitectura geral da mente / cérebro, deve relacionar-se com outros sistemas cognitivos que lhe impõem condições que tem de satisfazer, sem o que ela não poderia ser desencadeada (na aquisição pela criança), desenvolvida até à sua maturação e utilizada.

O linguista tem então por tarefa construir um modelo abstracto do funcionamento biológico e fisiológico (da linguagem) a que não tem acesso directo. Este modelo da "língua interna" é representacional e computacional. Na sua versão minimalista, considera-se que dominar uma língua é ter uma dupla capacidade, a de construir um conjunto finito de representações a partir dos termos do léxico mental – conjunto de itens acompanhado de propriedades fonológicas, sintácticas, morfológicas e semânticas em termos de traços de diferentes espécies – e a de efectuar computações óptimas com estas representações. A componente computacional cria recursivamente (logo, em número infinito) as estruturas sintácticas a partir da combinação das unidades do léxico mental. Ela é universal pela sua própria forma. A teoria geral da linguagem deve satisfazer a condição de adequação explicativa quando se mostra como as propriedades de todas as línguas podem ser deduzidas de um sistema invariante de princípios gerais com um ajustamento de parâmetros específicos a determinada língua. As propriedades de uma língua são dedutíveis de uma escolha particular de valores destes parâmetros.

J.-P. Desclés

📖 Desclés, J.-P. (1990), *Langages apllicatifs, languages naturelles e cognition*, Paris, Hermès.

• Fauconnier, G. (1984), *Les espaces mentaux*, Paris, Éditions du Seuil.

• Givon, T., (1979), *On understanding grammar*, Nova Iorque, Academic Press.

• Jackendoff, R. (1987), *Consciousness and the computationul mind*, Cambridge, MA, The MIT Press.

• Lakoff, G. (1987), *Women, fire, and dangerous things: What categories reveal about the mind*, Chicago, University of Chicago Press.

• Langacker, R. (1987, 1991), *Foundations of cognitive grammar*, vol. 1. *Theoretical prerequisites*; vol. 2, *Descriptive application*, Stanford, CA, Stanford University Press.

Lista

- Pollock, J-Y. (1997), *Langage et cognition: Introduction au programme minimaliste de la grammaire générative*, Paris, Presses Universitaires de France.
- Pottier, B. (2001), *Représentations mentales et catégorisations linguistiques*, Lovaina, Éditions Peeters.
- Rastier, F (1991), *Sémantique et recherches cognitives*, Paris, Presses Universitaires de France.
- Rudzka-Ostyn, B. (org.), (1988), *Topics in cognitive linguistics*, Atnsterdam, John Benjamins.

☞ *categoria gramatical, linguagem, semântica cognitiva*

LISTA (ESTRUTURA DE -)

Representação de um conjunto de conhecimentos sob a forma de uma sequência ordenada e entre parêntesis de unidades elementares.

· Os conhecimentos declarativos podem ser representados, por exemplo, sob a forma de uma lista de proposições compostas por um termo relacional e uma lista de argumentos.

G. Tiberghien

☞ *conhecimento declarativo*

LOCALIZAÇÃO CEREBRAL

Se o cérebro é a sede da cognição, levanta-se a questão de saber se ele intervém na sua totalidade em qualquer actividade ou se algumas das suas partes são dedicadas a actividades precisas.

· Gall defendeu a segunda tese, mas, infelizmente, associando ao desenvolvimento de funções intelectuais diferentes volumes morfológicos, observados segundo as bossas do crânio. Broca (1861) e depois Wernicke (1876) mostraram que as afasias, quer na produção quer na compreensão da linguagem, estavam relacionadas com lesões do lobo temporal esquerdo. O debate causou estragos entre os que pretendiam encontrar uma localização cerebral para esta actividade e os que, como Lashley (1929), pretextavam a capacidade de um cérebro lesado recuperar funções que, portanto, passavam a ser asseguradas por outras regiões, para concluírem pela equipotencialidade, pelo menos parcial, de certas regiões. Por exemplo, utilizaram-se estimulações por eléctrodos em ratos para tentar identificar numa dada região do hipotálamo o centro do prazer e na amígdala o do medo. Damásio mostrou que lesões frontais (particularmente no córtex cingular anterior) enfraqueciam, por um lado, a capacidade de elaborar planos e de os realizar num prazo mais ou menos longo e, por outro, a de sentir emoções de maneira adequada.

O problema do estudo das localizações de funções cognitivas, afectivas ou motoras apenas por meio das lesões foi sempre o de que, sendo estas fruto de acidentes (pondo de parte as lobotomias frontais!), a sua localização nos seres humanos pode ter efeitos que variam de um doente para outro e, por isso, dificilmente estes acidentes podem substituir uma investigação mais metódica, que é possível realizar com o rato. A construção de instrumentos como a RMN ou a PET permitiu definir planos de experiências mais precisas. No entanto, a localização, que é um dos objectivos destes métodos de imagiologia cerebral, deve ser considerada com precaução. De facto, os métodos de imagiologia cerebral localizam apenas as regiões mais activas numa certa tarefa. Para além disso, o essencial da nossa actividade mental não consiste em tarefas facilmente separáveis umas das outras.

P. Livet

☐ Damásio, A. R. (1995), *L'erreur de Descartes*, Paris, Odile Jacob. [trad. port.: *O Erro de Descartes: Emoção, Razão e Cérebro Humano*, Mem Martins, Europa-América, 2005].

• Dehaene, S. (org.), (1997), *Le cerveau en action: Imagerie cérébrale fonctionnelle en psychologie cognitive*, Paris, Presses Universitaires de France.

• Jeannerod, M. (1996), *De la physiologie mentale: Histoire des relations entre la psychologie et la biologie*, Paris, Odile Jacob [trad. port. *Sobre a Fisiologia Mental – História das Relações entre Biologia e Psicologia*, Lisboa, Piaget, 2000].

☞ *cérebro, frenologia, neuroimagiologia*

LÓGICA MENTAL

Muitos teóricos pressupõem que possuímos um equipamento de base para levar a bom termo um subconjunto particular de inferências lógicas. Actualmente, a literatura reconhece principalmente dois sistemas de regras mentais: trata-se, por um lado, da *lógica mental* (Braine & O'Brien, 1998), conhecida antigamente com a designação de "lógica natural" e, por outro, do *sistema dedutivo natural* (Rips, 1983). Embora estas abordagens não suponham necessariamente que os homens sejam perfeitamente lógicos, acentuam a capacidade fundamental dos seres humanos de realizar certas inferências lógicas. Nesta definição deter-nos-emos na lógica mental, acerca da qual podemos dizer que foi a mais discutida das abordagens de regras mentais.

• O modelo da lógica mental é sobretudo desenvolvido para o raciocínio proposicional. Parte da hipótese de que há 11 esquemas lógicos fundamentais, como o *modus ponens* (dado *Se P então Q* e *P*, pode-se concluir *então, Q*), a *eliminação da disjunção* (*P ou Q; não Q // então, P*) e a *detecção da contradição* (*P; não-P // Contradição*), e postula também que os seres humanos dispõem de um programa que permite integrar estas inferências. Evidentemente, entre os 11 esquemas lógicos fundamentais não se encontram certas inferências lógicas. Apenas se incluem as que podem ser reduzidas a uma única etapa relativamente fácil. Um outro aspecto importante é o peso relativo de cada esquema: os esquemas têm todos custos computacionais diferentes. Por exemplo, o *modus ponens* é mais fácil de executar do que a eliminação da disjunção.

O programa que explica como são procuradas e aplicadas as inferências é uma rotina de raciocínio directo. Trata-se de um sistema universalmente disponível que aplica um esquema logo que tal é necessário. As conclusões produzidas pela aplicação do esquema são acrescentadas à base de dados. Depois, o programa continua com as novas colecções de informações.

A abordagem da lógica mental descreve igualmente como as outras inferências lógicas, que não são consideradas básicas no nosso repertório, se tornam disponíveis. Por exemplo, um ser humano mais sofisticado (quer dizer, com alguma instrução) pode aprender uma rotina de raciocínio *indirecto*, como a *reductio ad absurdum* e com isso realizar uma inferência lógica como o *modus tollens* (*Se P então Q; não-Q // então não-P*). Esta inferência requer, de facto, diversas etapas em que supomos *P*, acrescentamo-lo ao conjunto das premissas, estabelecemos que isso conduz a uma contradição e, finalmente, somos forçados a rejeitar a suposição *P*. Considera-se que este tipo de estratégia não está universalmente disponível.

Uma maneira simples de evidenciar experimentalmente a lógica mental consiste em apresentar aos sujeitos problemas elementares de raciocínio e pedir depois aos participantes que escrevam todas as consequências possíveis, como no exemplo seguinte, em que, como os outros, diz respeito a letras escritas num quadro oculto. As frases acima da linha são premissas, a que está abaixo dela é uma conclusão que quem raciocina deve avaliar:

Há um N ou um P.

Não há N.

Se há um P, então há um H.

___

Não há H.

De acordo com as duas primeiras premissas (*N ou P*; *não-N*), vemos que podemos concluir *P*. O *P* é, portanto, acrescentado à colecção de premissas. Vemos depois que se pode dizer que há um *H* (*Se P então H*; *P*). Finalmente, podemos detectar que há uma contradição (*H*; *não-H*). Quase todos os que participam em experiências que empregam este tipo de problemas escrevem as inferências antecipadas pela lógica mental (Braine, O'Brien, Noveck, Samuels, *et al.*, 1995).

Outros trabalhos mostraram como as inferências lógicas são geradas em contextos mais naturais, como o da compreensão de textos. Por exemplo, demonstrou-se que as pessoas tratam muitas vezes as suas produções lógicas como se estivessem explicitamente expressas no texto (Lea, O'Brien, Fisch, Noceck *et al.*, 1990). Trabalhos recentes mostraram como as inferências lógicas fundamentais são feitas *rápida* e *automaticamente* durante a leitura de textos (Lea, 1995) e como esta abordagem funciona para a lógica de predicados (Rips, 1994).

I. Noveck

📖 Braine, M.D.S. & O'Brien, D.P. (1998), *Mental logic*, Mahway, NJ, Lawrence Erlbaum Associates.
• Braine, M.D.S., O'Brien, D.P., Noveck, L.A., Samuels, M.C. *et al.* (1995), "Predicting intermediate and multiple conclusions in propositional logic inference problems: Further evidence for a mental logic", *Journal of Experimental Psychology*, General, 124, 263-292.
• Lea, R.B. (1995), "On-line evidence for elaborative logical inferences in text", *Journal of Experimental Psychology, Learning, Memory, and Cognition*, 21, 1469-1482.
• Lea, R.B., O'Brien, D.P., Fisch, S.M., Noveck, I.A. *et al.* (1990), "Predicting propositional logic inferences in text comprehension", *Journal of Memory and Language*, 29, 361-387.
• Rips, L. (1994), *The psychology of proof: Deduction in human thinking*, Cambridge, MA, The MIT Press.
• Rips, L.J. (1983), "Cognitive processes in propositional reasoning", *Psychological Review*, 90, 38-71.

☞ *modelos mentais (teoria dos –), raciocínio, resolução de problemas*

M

MAPA COGNITIVO

Representação atribuída ao animal que consegue determinar a posição ou a direcção de um sinal presentemente invisível a partir de elementos cujas relações espaciais aprendeu pela visão ou pelo percurso.

• Tolman introduziu esta noção, ao ensinar a ratos o caminho da comida num labirinto e ao observar que, uma vez cortado o caminho, os ratos tomavam, não o caminho mais próximo daquele que aprenderam, mas o que conduzia mais directamente à comida. No entanto, pode ser suficiente diminuir a altura das paredes do labirinto para já não se obter este resultado. Diversas experiências com animais e com seres humanos mostraram que se podem construir diferentes modos de sinalização deste género, isto é, sinais organizados globalmente segundo uma espécie de mapa, sinais organizados em sequência ao longo de um caminho.

Mais fundamentalmente, um mapa supõe um sistema de referência, que pode estar centrado no sujeito (egocentrado) ou em indícios exteriores (exocentrado). Um dos problemas consiste em gerir a transformação da posição, quer memorizando as deslocações e representações (egocentrado), quer ligando as deslocações aparentes ou mesmo os desaparecimentos dos sinais (exocentrado). Os cegos de nascença têm menos facilidade em construir mapas mentais, o que pode ficar a dever-se ao facto de os que podem ver estarem continuamente confrontados com modificações do fluxo óptico (o conjunto dos vectores dos movimentos aparentes dos objectos quando nos deslocamos) e que têm de relacionar. Foi possível identificar no hipocampo células que se activam apenas para reconhecer um lugar. Mas, para além disso, é preciso fazer o cálculo das relações entre os lugares, o que é possível teoricamente com manipulações de vectores, cálculos que não necessitam de outra informação para além da distância a certos sinais e a direcção da cabeça.

A riqueza de organização desta espacialidade visuomotora sugeriu a Proust (1997) que poderíamos adquirir à distância uma noção da realidade dos objectos (em vez de os reduzir aos seus traços nas nossas superfícies sensoriais), realizando uma integração dos diferentes pontos de referência sensoriais, integração que se apoia na prioridade conferida a esta estruturação espacial.

P. Livet

O'Keefe, J. & Nadel, L. (1978), *The hippocampus as cognitive map*, Oxford, Oxford University Press.

• Proust, J. (1997), *Comment l'esprit vient* aux bêtes, Paris, Gallimard.

• Tolman, E.C. (1948), "Cognitive maps in rats and man", *Psychological Review*, 55, 189-208.

☞ *acção, aprendizagem, representação*

MASCARAMENTO

Método de estudo experimental dos processos cognitivos que consiste em perturbar a percepção de um estímulo breve (o *alvo*) pela apresentação, num intervalo de tempo curto, de um outro estímulo (a *máscara*).

• O mascaramento existe qualquer que seja a modalidade sensorial (visual, auditiva, olfactiva, etc.), mas é principalmente estudado na visão. O mascaramento resulta das características temporais dos tratamentos: quando os tratamentos do alvo e da máscara usam canais similares e coincidem temporalmente, pelos em parte, são instauradas interacções activadoras e inibidoras complexas entre as duas codificações, o que degrada a percepção do alvo (Breitmeyer & Ogmen, 2000; Breitmeyer, 1986; vd. também Enns & Di Lollo, 2000; Bachmann, 1994).

Distinguem-se diferentes tipos de mascaramento segundo a ordem de apresentação do alvo e a sua cobertura espacial. Consoante a máscara precede ou sucede ao alvo, falar-se-á, respectivamente, de mascaramento proactivo e retroactivo, quando a máscara o encobre espacialmente (por ex., quando se trata de uma máscara ruído composta de píxeis de níveis aleatórios de cinzento ou então de uma máscara padrão, uma estrutura espacial aleatória não significativa). Nas mesmas condições, falar-se-á de paracontraste e de metacontraste quando a máscara é adjacente ao alvo (por ex. um anel contíguo a um alvo circular).

Há vários factores que afectam a eficácia do mascaramento: o tipo de máscara, a ordem de apresentação alvo / máscara, a sua relação de energia, o intervalo que os separa, a sua similaridade, a focalização ou não da atenção sobre o alvo, etc. Há duas funções de mascaramento típicas para o mascaramento retroactivo ou o metacontraste: a função monótona, segundo a qual o mascaramento se atenua à medida que o intervalo alvo / máscara aumenta e uma função em U, mais contra-intuitiva, segundo a qual o mascaramento está ausente nos tempos de espera mais curtos ou mais longos, mas é máximo nos intermédios. Nesta última situação, as interacções alvo / máscara precoces não perturbam o tratamento do alvo, mas sim o da máscara.

Foram propostos vários modelos de mascaramento. Distinguem-se principalmente pela profundidade das interacções postuladas entre o alvo e a máscara. Os modelos "precoces" postulam que a máscara interage com os tratamentos elementares do alvo (de tipo extracção das primitivas) por integrações e, sobretudo, inibições no interior e entre as duas grandes vias neuronais magno e parvocelulares de propriedades espácio-temporais distintas. Neste quadro, se o alvo atingiu um nível de integração elevado antes da intervenção da máscara, já não pode ser perturbado. Outros modelos "tardios" propõem, pelo contrário, que as interacções tardias, de tipo atencional, sucedem às mais precoces, por exemplo, por um mecanismo de substituição do objecto (Enns & Di Lollo, 1997). É apenas neste último quadro que o mascaramento pode ser concebido como um instrumento que permite estudar o acesso à consciência do estímulo mascarado (Bachmann, 1994) e as suas implicações no campo muito controverso da percepção subliminar (Holender, 1986). De facto, é apenas se as interacções de mascaramento tardias podem ser dissociadas das mais precoces que é concebível que um estímulo mascarado active os diferentes níveis de representações armazenadas na memória sem aceder à consciência.

O paradigma do mascaramento apresenta, portanto, campos teóricos múltiplos: é estudado por si mesmo em psicofísica para elucidar os aspectos espaciais e temporais da percepção, mas é também utilizado em muitos estudos sobre a acti-

Memória

vação como um simples instrumento que permite tornar subliminal um estímulo.

S. Delord

📖 Bachmann, T. (1994), *Psychophysiology of Visual Masking. The Fine Structure of Conscious Experience*, Commaek, NY, Nova Science Publishers, Inc.
• Breitmeyer, B.G. (1984), *Visual Masking: An Integrative Approach*, Oxford, Clarendon Press.
• Breitmeyer, B.G. & Ogmen, H. (2000), "Recent models and findings in visual backward masking: A comparison, review and update", *Perception and Psychophysics*, 62, 1572-95.
• Enns, J.T. & Di Lollo, V. (2000), "What's new in visual masking", *Trends in Cognitive Sciences*, 4, 345-352.
• Holender, D. (1986), "Semantic activation without conscious identification in dichoptic listening, parafoveal vision, and visual masking: a survey and appraisal", *Behavioral and Brain Sciences*, 9, 1-66.

☞*percepção, psicofísica, visão*

MATRIZ

☞ *vector*

MEMÓRIA

Capacidade dos organismos vivos e de certos artefactos codificarem, guardarem e recuperarem informação. 1. *Memória biológica* ou *filogenética*: conjunto dos processos e sistemas de conservação de qualquer resposta adquirida e das actividades pelas quais um organismo modifica o seu comportamento em função da sua experiência. 2. *Memória "no sentido amplo"*: subconjunto da memória biológica constituído pelos processos e sistemas de conservação dos esquemas de acção ou de conhecimento e dos processos que se modificam com a repetição, ou seja, hábitos. 3. *Memória "no sentido estrito"*: subconjunto da memória "no sentido amplo" constituído pelo conjunto dos processos e sistemas que determinam a capacidade de armazenar, transformar e reactualizar as lembranças singulares e autobiográficas, quer dizer, as que se referem explicitamente ao passado do indivíduo (por ex. aquando da recordação ou do reconhecimento) [Piaget, 1968]. 4. O conceito de memória é frequentemente utilizado de maneira mais específica ainda para designar: *(a)* um sistema hipotético para armazenar informação (a memória de curto prazo, por ex.); *(b)* a natureza da informação guardada (a memória verbal, por ex.); *(c)* uma propriedade particular desta informação guardada (a memória episódica, por ex.); *(d)* um processo particular de recuperação desta informação (a memória de reconhecimento, por ex.); *(e)* um estado particular de consciência que acompanha a actividade mnésica e a diferencia de outros actos cognitivos (a memória como rememoração, por ex.) [Tulving, 2000].

• Duas grandes concepções da memória opõem actualmente os investigadores neste domínio, consoante consideram que a memória é um sistema unitário ou um sistema que deve ser decomposto em diversos subsistemas.

Os primeiros postulam que é uma combinação variável e mutável de processos (atenção, codificação, armazenagem, recuperação, etc.), alguns dos quais controlados conscientemente (pilotados pelos conceitos, explícitos: lembranças) e outros não conscientes (pilotados pelos dados

Memória

sensoriais, implícitos: conhecimentos) que explicam a diversidade das respostas mnésicas (Gardiner, 1993; Jacoby, 1983; Roediger, 1990).

Os segundos opõem sistemas de memória definidos pela natureza das representações mnésicas (perceptivas, procedimentais, semânticos, episódicos) [Tulving, 1989]. Se a noção de separação da memória em diferentes subsistemas é actualmente a mais popular, a questão é ainda objecto de inúmeras discussões teóricas e de controvérsias empíricas.

Memória de curto prazo e memória de longo prazo

Uma distinção correntemente aceite separa a *memória de curto prazo* da *memória de longo prazo*. Assim William Janes, em 1890, distinguia uma memória primária – que ele identifica com a consciência – de uma memória secundária ou memória verdadeira. Sugeria que estas duas memórias diferem não apenas no tempo de conservação da informação, mas também na sua capacidade. A capacidade ou a amplitude da memória primária corresponde ao número limitado de ideias conscientes num dado momento. Esta fraca capacidade contrasta com o conjunto nitidamente mais amplo das nossas memórias e que corresponde à capacidade da memória secundária (que hoje se chama memória de longo prazo).

Freud também sugeriu uma tal separação no seu artigo, pouco conhecido, intitulado "Uma nota sobre a pequena ardósia negra". Uma ardósia mágica é constituída por uma folha de seda aplicada sobre uma camada de cera dura. Quando se "escreve" com um estilete, a folha de seda colase à cera e a escrita aparece com a cor desta. Quando se descola o papel de seda, a folha volta a ficar limpa. Aqui a folha de seda representa a memória de curto prazo. Ela guarda uma marca temporária que corresponde à marca escrita. A cera

corresponde à memória de longo prazo que integra as marcas temporárias numa marca compósita. Este modelo é curiosamente moderno e pode interpretar-se como o ancestral dos modelos holográficos (chamados também *"de emparelhamento global"*) como, por exemplo, o TODAM 2 de Ben Murdock (1993).

No entanto, o estudo específico da memória de curto prazo não se tornou central senão passadas algumas décadas. Hebb, a partir de 1949, sugeriu por razões teóricas a existência de dois mecanismos neurológicos diferentes de armazenagem da informação. Mas a existência de uma memória de curto prazo não foi verdadeiramente aceite senão depois de se ter evidenciado um "dupla dissociação" proveniente da neuropsicologia clínica.

De facto, encontram-se doentes cuja memória de curto prazo parece intacta, mas cuja memória de longo prazo está afectada e encontram-se outros doentes em que sucede o inverso. O caso mais célebre de uma afecção da memória de longo prazo corresponde a um doente conhecido na literatura com as iniciais H.M. Este doente foi estudado em primeiro lugar pela psicóloga canadiana Brenda Milner (1966). Para acalmar as suas crises incuráveis de epilepsia aceitou submeter-se a uma cirurgia cerebral para lhe ser destruída uma parte do sistema límbico (núcleo amigdalino, giro para-hipocâmpico e os dois terços anteriores do hipocampo). A operação foi um sucesso quanto às crises de epilepsia. Em contrapartida, teve uma consequência inesperada para H.M. Ficou incapaz de criar novas memórias, de aprender novos nomes, de reconhecer novas pessoas. Parecia que não aprendera nada (na memória de longo prazo) depois da sua operação. A sua memória de curto prazo parecia normal. Podia repetir uma frase que acabasse de ouvir (se não se distraísse antes da recordação) e a sua amplitude mnésica a curto prazo (cerca de oito algarismos) era perfeitamente normal. Todavia, veremos

Memória

mais adiante que certas capacidades de aprendizagem foram preservadas.

Outros doentes, como K.F., por exemplo, estudado por Shallice e Warrington (1970), revelam uma memória de curto prazo extremamente lábil (esquecimento muito rápido, amplitude mnésica de 1 ou 2 algarismos), associada com uma memória de longo prazo normal. O estudo aprofundado destes últimos doentes esclarece a função da memória de curto prazo: teria o papel de uma memória de trabalho. Baddeley (1998) considera que a memória de trabalho é composta de módulos parcialmente independentes: uma componente atencional (o processador central), uma componente fonológica (o circuito fonológico) e uma componente visual e espacial (o caderno de esboços). O circuito fonológico permite armazenar cerca de 3s de palavras. Este módulo parece ser utilizado para a compreensão da linguagem, a aprendizagem da língua escrita e línguas estrangeiras. O caderno de esboços permite efectuar tarefas espaciais como a rotação mental de objectos. A componente atencional é mais difícil de estudar, mas parece exercer uma actividade de controlo sobre as outras componentes da memória de trabalho para a tornar compatível com a codificação utilizada por estas estruturas. Parece que a memória de trabalho comporta outras componentes que podem ser recrutadas por esta componente atencional.

Subsistemas da memória de longo prazo

A memória de longo prazo parece igualmente poder ser decomposta em diferentes sistemas. Turving (1984), por exemplo, distingue a *memória procedimental* da *memória declarativa* ou *proposicional*. A memória procedimental corresponde ao "saber fazer" ou capacidade (saber provar o vinho, tocar guitarra). A memória proposicional ou declarativa corresponde às lembranças (memória episódica) e aos conhecimentos (memória semântica). A dissociação entre memória proposicional e procedimental apoia-se na possibilidade intacta nos amnésicos de aprender novos procedimentos (como os *puzzles*), ao passo que são incapazes de criar novas lembranças ou aprender novos conhecimentos.

Paralelamente, encontramos a distinção importante entre memória – ou aprendizagem – *implícita e explícita*. De facto, os doentes amnésicos revelam um nível de desempenho normal num certo número de tarefas: aprendizagens procedimentais (evocadas mais acima), condicionamento clássico e activação. Demonstra-se um efeito de activação ao mostrar-se que ter efectuado uma tarefa precedentemente facilita a execução subsequente. Por exemplo, numa tarefa de completar palavras, os sujeitos que leram a palavra FOIE [fígado] completarão a palavra parcial FO– como FOIE, mas completarão aquela mesma palavra como FOIN [feno] se tiverem visto antes esta palavra. Estas activações implícitas parecem envolver sistemas anatómicos diferentes como o indicam as dissociações clínicas e as técnicas de imagiologia cerebral (TEP, IRMf). Por exemplo, os efeitos de activação semântica (facilitação da leitura de MANTEIGA depois da leitura de PÃO) são acompanhados de uma redução da actividade cerebral do córtex frontal interior esquerdo que reflectiria esta facilitação. Os efeitos de activação poderiam também explicar certos efeitos curiosos no reconhecimento da familiaridade do material aprendido. É o caso, por exemplo, de certos falsos reconhecimentos que se criam experimentalmente, pedindo aos sujeitos que memorizem a lista de palavras seguinte: *mel, doce, soda, creme gelado, amargo, branco, louro, compota, caramelo.* Uma grande proporção de sujeitos reconhecerá ulteriormente a palavra "açúcar" como fazendo parte da lista aprendida, embora não seja o caso.

Memória

SISTEMAS HIPOTÉTICOS	TAREFAS	ESTADOS DE CONSCIÊNCIA	ESTRUTURAS CEREBRAIS
Memória de trabalho	implícitas	vigília flutuante	córtex pré-frontal dorsolateral córtex pré-frontal ventrolateral
Memória declarativa > memória semântica	implícitas	não consciente (familiaridade)	córtex occipitotemporal córtex temporal córtex pré-frontal esq.
> memória episódica	explícitas	consciente (rememoração)	córtex temporal médio córtex pré-frontal dir.
Memória procedimental	implícitas	não consciente	cerebelo lateral direito área motora suplementar córtex pré-frontal
Memória perceptiva (PRS)	implícitas	não consciente	córtex pré-frontal extra-estriado córtex pré-frontal inferior

Uma teoria estrutural da memória (Tulving): a memória é composta de subsistemas muito individualizados

A dissociação entre *memória semântica* e *memória episódica* foi apresentada, sob designações diferentes, por vários autores, mas é geralmente atribuída a Tulving (1972; 1983, p. 9). A memória semântica identifica-se com os conhecimentos (explicitáveis) do sujeito. A memória episódica contém as lembranças pessoais. Houve uma particular dedicação a modelizar a memória semântica na inteligência artificial e, mais recentemente, com redes de neurónios. Neste quadro, o problema essencial diz respeito ao modo de representação dos conhecimentos e à sua organização. As técnicas clássicas da inteligência artificial favorecem conhecimentos explícitos organizados na forma de árvores ou de grafos cuja estrutura orienta a busca na memória. As redes de neurónios favorecem, em contrapartida, uma representação da informação distribuída por um conjunto de micro-características com a actualização dos conhecimentos a corresponder a uma resposta estatística de um sistema que reconstrói uma configuração a partir de um índice de recuperação. O problema de saber se as dissociações comportamentais observadas entre a memória semântica e a memória episódica reflectem a existência de sistemas independentes ou de diferentes estratégias de armazenagem e de recuperação adaptadas a diferentes tipos de informação permanece objecto de controvérsia. Na verdade, a informação episódica e a informação semântica diferem em muitas dimensões que podem, por si apenas, explicar as diferenças comportamentais: os episódios são autobiográficos, datados, únicos e são organizados temporalmente, ao passo que os conhecimentos reflectem o mundo exterior, são organizados conceptualmente e são sobreaprendidos.

É possível que nos próximos anos as técnicas de imagiologia cerebral sejam capazes de esclarecer as polémicas actuais e arbitrar entre as concepções funcionais unitárias e as teorias estruturais da memória. De qualquer forma, as técnicas de imagiologia cerebral desempenharão, sem dúvida, um papel importante na confirmação ou refutação da realidade dos processos ou sistemas mnésicos invocados.

H. Abdi, G. Tiberghien

📖 Abdi., H. (1985), "La mémoire sémantique: une fille de l'intelligence artificielle et de la psychologie", in C. Bonnet, J.M. Hoc & G. Tiberghien, *Psychologie, intelligence artificielle et automatique*, pp. 139-151, Liége, Mardaga.
• Gabrieli, J.D.E. (1998), "Cognitive neuroscience of human memory", *Annual Review of Psychology*, 49, 87-115.
• Gardiner, J.M. & Java, R.I. (1993), "Recognizing and remembering", in A.F. Collins, S.E. Gathercole, M.A. Conway & P.E. Morris (orgs.), *Theories of memory*, pp. 163-188, Hove, UK, Lawrence Erlbaum Associates.
• Jacoby, L.L. & Kelley, C. (1992), "Unconscious influences of memory, dissociations and automaticity", in A.D. Milner & M.D. Rugg (orgs.), *The neuropsychology of consciousness*, pp. 201-233, Londres, Academic Press.
• Nyberg, I. & Tulving, E. (1996), "Classifying human long-term memory: Evidence from converging dissociations", *The European Journal of Cognitive Psvchology*, 8, 163-184.
• Piaget, J. & Inhelder, B. (1968), *Mémoire et intelligence*, Paris, Presses Universitaires de France.
• Roediger, H.L., Weldon, M.S. & Challis, B.H. (1989), "Explaining dissociations between implicit and explicit measures of retention: a processing account", in H.L. Roediger & F.I.M. Craik (orgs.), *Varieties of memmory and consciousness:*

Essays in honour of Endel Tulving, pp. 3--41, Hillsdale, New Jersey, Lawrence Erlbaum Associates.
• Tiberghien, G. (1997), *La mémoire oubliée*, Liége, Mardaga.
• Tulving, E. (2000), "Concepts of memory", in E. Tulving & F.I.M. Craik (orgs.), *The Oxford handbook of memory*, pp. 33-43, Oxford, Oxford University Press.

☞ *memória de curto prazo, memória de longo prazo, memória de trabalho, memória declarativa (proposicional), memória episódica, memória explícita, memória implícita, memória procedimental, memória semântica*

MEMÓRIA DE CURTO PRAZO

1. *No homem*: memória que conserva a informação durante uma duração muito curta depois de exposição perceptiva. Tem capacidade limitada (5 a 9 informações unitárias). A informação armazenada em MCP não pode ser mantida mais de 10 a 15 segundos sem revisão mental. 2. *Na inteligência artificial*: memória de um motor de inferência que não mantém a informação senão o tempo necessário para a solução de um problema definido e apagando-a em seguida.

☞ *memória, memória de trabalho*

MEMÓRIA DE LONGO PRAZO

1. *No homem*: memória em que a informação armazenada está disponível de maneira permanente, mesmo se a sua acessibilidades não está sempre garantida. 2. *Na inteligência artificial*: memória de um motor de inferência

que conserva o traço das operações anteriores e que apenas apaga as informações erradas.

☞ *memória, memória de curto prazo*

MEMÓRIA DE REPRESENTAÇÃO PERCEPTIVA

Subsistema de memória que armazena representações perceptivas que são descrições estruturais da forma visual ou auditiva dos objectos e das palavras.

• É uma memória implícita, não consciente, que daria conta dos fenómenos de activação perceptiva. É uma forma especial de aprendizagem perceptiva que permite identificar os objectos e as palavras como entidades físicas estruturadas. Toda a exposição a um objecto qualquer facilita a sua identificação ulterior e a dos objectos similares.

Os métodos de estudo deste subsistema da memória são principalmente a activação (*"priming"*) e a completação (de palavras, fragmentos de palavras, frases, objectos). O córtex occipital está associado ao funcionamento do PRS. Certas substâncias químicas como o Lorazepam, por exemplo, agem, de facto, sobre esta região cerebral e inibem fortemente a activação.

G. Tiberghien

📖 Schacter, D.L., Cooper, L.A., Delaney, S.M., Peterson, M.A. & Tharan, M. (1991), "Implicit memory for possible and impossible objects, constraints on the construction of structural descriptions", *Journal of Experimental Psychology: Learning, Memory and Cognition*, 17, 3-19.
• Tulving, E. & Schacter, D.L. (1990), "Priming and human memory systems", *Science*, 247, 301-306.

☞ *activação, fluência perceptiva, memória*

MEMÓRIA DE TRABALHO

Consoante os domínios de investigação, o conceito de memória de trabalho pode designar realidades diferentes. 1. *Na psicologia animal*: capacidade de reter a informação durante vários ensaios numa mesma sessão experimental. Portanto, trata-se aqui sobretudo de uma variedade da memória de longo prazo. 2. *Na inteligência artificial*: memória transitória dinâmica com capacidade não limitada *a priori* de um sistema de produção. São as regras de produção momentaneamente activadas pela resolução de uma tarefa. 3. *Na psicologia cognitiva da memória*: subsistema de memória temporária, com capacidade limitada, necessária para manter o acesso à informação pertinente para a realização de tarefas cognitivas complexas. É este último sentido que tende a impor-se nas ciências cognitivas e que será aqui desenvolvido.

• O conceito de Memória de Trabalho (MT) emergiu dos trabalhos *princeps* de Baddeley e de Hitch (1974), que colocaram em dificuldades a teoria dualista, dominante na época, ao opor memória de curto prazo (MCP) e memória de longo prazo (MLP). Segundo esta teoria, a MCP não poderia conservar senão um número limitado de informações e que seriam sensíveis à interferência e rapidamente esquecidas se não fossem "revistas". Ora, as pesquisas de Baddeley e de Hitch mostraram que uma actividade interferente não perturbava o desempenho numa tarefa de raciocínio. Ela não se traduzia senão por um simples aumento do tempo de resolução. A teoria dualista predizia uma degradação do desempenho em função do aumento da interferência. Foi para explicar dados experimentais desta natureza que o conceito de MT foi desenvolvido.

O controlo da actividade cognitiva é uma característica essencial da MT. O modelo de Baddeley e os que lhe estão próximos explicam que um "administrador central" controla o funcionamento de dois sistemas dependentes de tratamento e armazenagem temporária da informação: um módulo dedicado à informação visuoespacial (cor, forma, posição) ou "bloco-notas visuoespacial" e um outro módulo dedicado à informação fonológica ("circuito articulatório"). Este controlo é a consequência das restrições impostas pela quantidade limitada de recursos atencionais gerais.

A capacidade da MT mede-se classicamente por testes de amplitude em situação de competição ou de interferência (por ex.: a situação de supressão articulatória numa medida da amplitude ou a recordação de prosa). Os resultados obtidos são frequentemente correlacionados com os desempenhos de compreensão ou de raciocínio. Estas pesquisas fizeram aparecer uma correlação positiva notável entre as medidas da MT e a compreensão dos textos. Para além disso, existe uma correlação elevada entre o quociente intelectual (QI) e a MT. Por último, o envelhecimento afecta fortemente a MT. A variabilidade interindividual observada em certos desempenhos é principalmente atribuída a diferenças no controlo da actividade.

O funcionamento da MT implica interacções complexas entre diferentes sistemas cerebrais: o córtex pré-frontal (dorsolateral no caso do tratamento efectuado pelo administrador central e ventrolateral na manutenção nos dois subsistemas dependentes), o córtex parietal (posterior esquerdo para a armazenagem no circuito articulatório e posterior direito para a armazenagem no bloco-notas visuo-espacial), o córtex motor e pré-motor (para a revisão mental e a activação de representações por imagens, respectivamente, cada um dos dois sistemas dependentes) e também o hipocampo (O'Reilly, Braver & Cohen, 1999). De um ponto de vista cognitivo, os dois modelos mais citados, considerando a MT como uma parte activa da memória de longo prazo (Just & Carpenter, 1992) ou como um conjunto de funções de que a activação da memória a longo prazo faz parte (Baddeley, 1992).

Ericsson e Kintsch (1995) introduziram mais recentemente o conceito de memória de trabalho de longo prazo (MTLP). O seu controlo seria restringido, não apenas pela quantidade limitada de recursos atencionais, mas também por uma capacidade adquirida, específica da tarefa (conhecimentos relativamente ao domínio). Assim, as diferenças interindividuais ou as dificuldades ligadas ao envelhecimento cognitivo a lesões cerebrais poderiam ser explicadas, não apenas em termos de défice dos recursos atencionais, mas também em termos de défice das competências requeridas, diminuindo estas com a idade, estando patologicamente perturbadas ou não tendo sido adquiridas.

A memória de trabalho é, portanto, um conceito explicativo importante, que dá lugar, aliás, a inúmeras pesquisas e discussões teóricas. Todavia, várias observações experimentais ou clínicas não são ainda claramente explicadas pela MT e as interacções precisas entre a MT e MLP têm ainda de ser elucidadas (Braddely, 2000).

C. Bellisens, G. Tiberghien

📕 Baddeley, A. (1995), "Working memory", in M. Gazzaniga (org.), *The cognitive neurosciences*, pp. 755-764, Cambridge, MA, The MIT Press.

• Baddeley, A. (2000), "The episodic buffer, a new component of working memory?", *Trends in Cognitive Sciences*, 4 (11), 417-423.

Memória Declarativa

- Ericsson, K.A. & Kintsch, W. (1995), "Long-term working memory", *Psychological Review*, 102, 211-245.
- Gaonac'h, D. & Larigauderie, P. (2000), *Mémoire et fonctionnement cognitif: La mémoire de travail*, Paris, Armand Colin.
- Just, M.A. & Carpenter, P.A. (1992), "A capacity theory of comprehension: Individual differences in working memory", *Psychological Review*, 99, 122-149.
- O'Reilly, R.C., Braver, T.S. & Cohen, J.D. (1999), "A biological based model of working memory", in A. Miyake & P. Shah (orgs.), *Models of Working Memory: Mechanisms of Active Maintenance and Executive Control*, pp. 375-411, Nova Iorque, Cambridge University Press.

☞ *memória, memória de curto prazo*

MEMÓRIA DECLARATIVA

Subdivisão da memória humana que agrupa o conjunto das representações semânticas ou episódicas acessíveis na memória de longo prazo e susceptíveis de serem tratadas na memória de trabalho (palavras da língua, conceitos, factos, imagens mentais, episódios autobiográficos). O acesso a esta memória supõe uma codificação operada pela linguagem, o que implica um despertar da consciência específica. A memória declarativa desenvolve-se por acumulação de novos episódios e por estruturação do *stock* mnésico. Responde à questão: "Saber o quê?"

• A memória declarativa, por vezes chamada *proposicional* ou *explícita*, deve ser distinguida da memória procedimental. Pode-se defender a hipótese de uma relação mono-hierárquica entre memória declarativa e memória procedimental, não sendo a primeira senão um subconjunto da segunda ou, se se preferir, a expressão da memória declarativa, supondo sempre a aplicação de procedimentos de recuperação e de produção. No entanto, a distinção entre memória declarativa e memória procedimental é difícil de isolar de outras oposições teóricas: memória directa *vs.* memória indirecta ou memória implícita *vs.* memória explícita. Estas dicotomias revelam um desacordo teórico importante entre os investigadores que concebem a memória quer como um sistema unitário a que se acede de maneira implícita (automática, não consciente) ou explícita (deliberada, consciente), quer como um conjunto de subsistemas neurocognitivos bem diferenciados (Tulving, 2000).

Historicamente, os métodos de estudo da memória declarativa são os mais antigos. A memória episódica foi estudada sobretudo com o contributo da recordação (livre ou indiciada) e do reconhecimento. A memória semântica foi-o sobretudo com tarefas de geração de palavras, de vocabulário e de associação categorial de palavras.

Os sistemas cerebrais temporal médio e diencefálico têm um papel crítico na memória declarativa. Uma lesão do sistema temporal médio e do diencéfalo provoca sempre uma amnésia mais ou menos grave segundo a extensão da lesão. O funcionamento da memória declarativa é fortemente perturbado por lesões desta região e, em particular, do núcleo CA 1 do hipocampo, enquanto a memória procedimental permanece relativamente intacta (Squire, 1992). É o caso na síndrome amnésica, mas também nas de Korsakoff e Alzheimer. A neuroimagiologia confirmou amplamente a importância das regiões temporais médias no acesso intencional à memória declarativa. Mas a interacção entre estas estruturas e o neocórtex (parieto--temporal e frontal) é também determinante para a memória declarativa como o demonstram, por exemplo, os efeitos do envelhecimento e a muito grande especificidade das anomias (Gabrieli, 1998).

G. Tiberghien

📖 Gabrieli, J.D.E. (1998), "Cognitive neuroscience of human memory", *Annual Review of Psychology*, 49, 87-115.

• Squire, L.R. (1992), "Declarative and nondeclarative memory: Multiple brain systems supporting learning and memory", *Journal of Cognitive Neuroscience*, 99, 195-231.

• Tulving, E. (2000), "Concepts of memory", in E. Tulving & F.I.M. Craik (orgs.), *The Oxford Handbook of Memory*, pp. 33-43, Oxford, Oxford University Press.

☞ *conhecimento declarativo, memória, memória episódica, memória procedimental, memória semântica*

MEMÓRIA EPISÓDICA

Sistema hipotético declarativo de armazenagem dos acontecimentos pessoais vividos e do seu contexto espacial e temporal. **OBS.**: conceito proposto e desenvolvido por E. Tulving (1972, 1983), em contraste com o conceito de memória semântica.

• O acesso à memória é acompanhado de um despertar específico da consciência mnemónica chamado *rememoração*. Esta experiência consciente de rememoração (lembrança) é muito diferente de outras formas de consciência que acompanham, por exemplo, a percepção, a idealização mental, a resolução de problemas ou o tratamento semântico. A memória episódica permite a evocação ou a recognição de experiências pessoais. Está estruturada em função de um tempo subjectivo cuja organização e percepção podem variar segundo os indivíduos. É por isso inseparável do "eu" (*self*) e muito sensível aos afectos. A codificação temporal e espacial tem nela um papel muito vincado e está fortemente submetida às variações contextuais que lhe determinam amplamente a acessibilidade. A memória episódica é também uma memória autobiográfica. Foi designada por Tulving como consciência "autonoética". Esta possibilidade do ser humano de "viajar" no seu próprio passado e de o reactualizar é um dos critérios que, do ponto de vista da filogénese, o diferencia do animal, cujo "eu" se considera inseparável do seu presente perceptivo. A origem ontogenética da memória episódica é tardia, o que explica sem dúvida que não tenhamos, ou quase, lembranças autobiográficas da nossa primeira infância (amnésia infantil). Para além disso, é o sistema de memória que se deteriora mais rapidamente com o envelhecimento.

Os problemas de recuperação da informação na memória episódica foram recentemente objecto de uma renovação do interesse por parte da psicologia cognitiva aplicada por causa do problema das falsas memórias. De facto, o sistema de memória episódica pode cometer dois tipos de erros (omissão e comissão). Quando a informação aprendida não pode ser recuperada isso corresponde ao esquecimento, mas acontece, por vezes, que os sujeitos confundem diferentes fontes de informação na memória episódica (fala-se então de amnésia de fonte) e, por exemplo, que confundam o que ouviram, leram, ou até simplesmente confabularam com as memórias reais. Estes problemas são particularmente importantes nos testemunhos e num certo número de casos (em particular nos Estado Unidos) são descritas na literatura falsas memórias. Podem-se também criar falsas memórias experimentalmente (Schacter, 2001).

As pesquisas na neuropsicologia e os dados da neuroimagiologia mostraram que o lobo temporal médio e as estruturas diencefálicas, cuja lesão bi-

Memória Explícita

lateral produz uma amnésia global, são críticas para a memória episódica. As regiões corticais pré-frontais esquerdas intervêm igualmente na codificação episódica e as regiões pré-frontais direitas estão implicadas na recuperação de certos aspectos temporais das experiências pessoais. As regiões frontais parecem assim desempenhar um papel importante na memória episódica, no despertar da consciência automática e na gestão mnemónica do futuro (planos, intenções).

Notemos que o conceito de memória episódica é muito difícil de simular numa memória artificial e os conceitos de "memória de caso" ou "memória de vocabulário" não se aproximam senão bastante imperfeitamente do conceito de memória episódica tal como foi definido para o homem. Assim, um "episódio" em inteligência artificial representa sobretudo uma sequência de acções primitivas que entram na composição de um guião (Kolodner, 1993). São as pesquisas sobre a definição e a implementação da gestão da variabilidade contextual por um sistema de inteligência artificial que levantam os problemas mais próximos dos que o conceito de memória episódica evoca na psicologia cognitiva.

G. Tiberghien, H. Abdi

📖 Kolodner, J. (1993), *Case-based reasoning*, San Mateo, CA, Morgan Kaufmann.
• Schacter, D. (2001), *The seven sins of memory*. Nova Iorque, Houghton-Mifflin.
• Tulving, E. (1972), "Episodic and semantic memory", in E. Tulving & W. Donnaldson (orgs.), *Organisation of memory*. Nova Iorque, Academic Press.
• Tulving, E. (1983), *Elements of episodic memory*. Oxford, Oxford University Press.

• Tulving, E. (2002), "Episodic memory, From mind to brain. *Annual Review of Psychology*, 53, 1-25.

☞ *memória, memória semântica*

MEMÓRIA EXPLÍCITA

Forma da memória episódica que implica a rememoração consciente de um episódio autobiográfico. Manifesta-se em todas as situações onde há uma acesso intencional a um conteúdo que foi armazenado na memória num contexto espácio-temporal definido.

• A memória explícita é frequentemente chamada *memória objecto*. Opõe-se à memória implícita. O seu acesso é controlado de maneira intencional e caracteriza-se por um estado fenomenológico particular, acompanhado de um sentimento de esforço: a *rememoração*. É frequentemente descrita em termos de elaboração e de reconstrução mentais (*remembering*). É medida de maneira directa nas situações de recordação indiciada ou de reconhecimento de ocorrências.

Ela implica o córtex temporal e o córtex parietal, mas também o córtex pré-frontal direito. Endel Tulving e os seus colaboradores emitiram a hipótese segundo a qual o córtex pré-frontal esquerdo está mais envolvido do que o direito na codificação, armazenagem e recuperação semânticas (familiaridade). O córtex pré-frontal direito estaria mais envolvido do que o esquerdo na recuperação episódica (*remembering*). Este modelo é conhecido com o nome de modelo HERA (*Hemispheric Encoding and Retrieval Asymmetry*) e é muito discutido. Alguns investigadores mostraram, aliás, que o córtex pré-frontal esquerdo é também activado nas situações de memória episódica em que há uma componente reflexiva importante na recordação livre e no reconhecimento do contexto, por exemplo.

G. Tiberghien

📖 Nolde, S.F., Johnson, M.K. & Raye, C.L. (1998), "The role of prefrontal cortex during tests of episodic memory", *Trends in Cognitive Sciences*, 2 (10), 399-406.
• Schacter, D.L. (1987), "Implicit memory, history and current status", *Journal of Experimental Psychology: Learning, Memory, and Cognition*, 13, 501-518.
• Schacter, D.L. (1993), "Understanding implicit memory: A cognitive neuroscience approach", in A.F. Collins, S.E. Gathercole, M.A. Conway & P.E. Morris (orgs.), *Theories of memory*, pp. 389-413, Hove, UK, Lawrence Erlbaum Associates.

☞ *memória, memória episódica, memória implícita*

MEMÓRIA IMPLÍCITA

Forma de memória perceptiva, semântica e procedimental que não implica o acesso consciente a um episódio autobiográfico. Manifesta-se geralmente de maneira facilitadora, mas também, por vezes, de maneira inibidora na realização de tarefas cognitivas mais ou menos complexas.

• A memória implícita é muitas vezes designada como *memória ferramenta*. Age automaticamente sem despertar da consciência. Caracteriza-se por um estado fenomenológico particular: a *familiaridade*. É descrita muitas vezes em termos de facilitação perceptiva (fluência perceptiva) e de facilitação dos processos de activação dos conhecimentos (*knowing*). É medida de maneira indirecta, mostrando que a exposição perceptiva a uma informação facilita o seu reconhecimento ou o seu tratamento ulterior a curto, médio ou longo prazos. Os testes indirectos de memória mais clássicos são a habituação, o condicionamento, a aprendizagem, a reaprendizagem e a activação. O córtex pré-frontal anterior esquerdo parece desempenhar um papel importante na manifestação desta memória.

G. Tiberghien

📖 Richardson-Klavehn, A. & Bjork, R.A. (1988), "Measures of memory", *Annual Review of Psychology*, 39, 475-544.
• Roediger, H.L., Weldon, M.S. & Challis, B.H. (1989), "Explaining dissociations between implicit and explicit measures of retention: a processing account", in H.L. Roediger & F.I.M. Craik (orgs.), *Varieties of memory and consciousness: Essays in honour of Endel Tulving*, pp. 3-41, Hillsdale, New Jersey, Lawrence Erlbaum.
• Rovee-Collier, C. (1997), "Dissociations in infant memory: Rethinking the development of implicit and explicit memory", *Psychological Review*, 104, 467-498.

☞ *memória, memória explícita, memória procedimental, memória semântica*

MEMÓRIA PROCEDIMENTAL

Subdivisão da memória humana que agrupa representações perceptivas, motoras e cognitivas armazenadas na memória de longo prazo e susceptíveis de ser tratadas na memória de curto prazo. Trata-se de representações dinâmicas que permitem a aquisição e a realização de diversas aptidões sensoriomotoras (como as que estão implicadas na escrita ou no exercício de um desporto, por ex.) e de resolução de problemas (como as que são aplicadas na prática do xadrez, por ex.). O acesso a esta memória não é, em geral, verbalizável ou é-o muito dificilmente; é automático e não envolve o despertar da consciência. Não se desenvolve por acumulação, mas por ajustamento progressivo da acção a um objectivo (*tuning*). A memória procedimental responde à questão "saber como?"

· A memória procedimental, por vezes chamada *memória não declarativa* ou *implícita*, deve ser distinguida da *memória declarativa*. Todavia, é por vezes difícil encontrar critérios não ambíguos de distinção das representações mnésicas procedimentais e declarativas. O grau de automatização do acesso a estas representações é sem dúvida o que as distingue mais. Foram sobretudo utilizadas tarefas motoras para estudar a memória procedimental, como o desenho em espelho ou as tarefas de seguimento visuomotor. Foram também utilizadas tarefas de raciocínio para estudar os procedimentos cognitivos, a mais célebre das quais é o problema da Torre de Hanói.

As disfunções da aprendizagem e da memória procedimental sensoriomotora que se observam na coreia de Huntington e na doença de Alzheimer acompanham as lesões dos núcleos da base e também do cerebelo. Os doentes amnésicos que têm perturbações da memória declarativa não apresentam aquelas disfunções, pelo menos na memória procedimental. Por exemplo, Squire & Knowlton (1995) mostraram que os amnésicos não diferem dos controlos numa tarefa de categorização de palavras (procedimento cognitivo), mas são-lhe inferiores no reconhecimento episódico destas mesmas palavras (tarefa declarativa). A memória procedimental, baseada na aplicação de regras, é igualmente perturbada por lesões ao nível dos lobos frontais, lateral médio e dorso-lateral (Markowitsch, 1995).

G. Tiberghien

   📖 Markowitsch, H.J. (1995), "Anatomical basis of memory disorders", in M.S. Gazzaniga (org.), *The cognitive neurosciences*, pp. 765-779, Cambridge, MA, The MIT Press.

☞ *memória, memória declarativa, memória implícita*

MEMÓRIA SEMÂNTICA

Sistema hipotético declarativo de armazenagem e de recuperação dos factos, das ideias e dos conceitos.

· A memória semântica é classicamente contraposta à *memória episódica*. É a memória necessária à compreensão e à produção do sentido e, por consequência, da linguagem. Podemos descrevê-la como um *thesaurus* mental que compreende as palavras, os símbolos verbais, as significações, os referentes, os conceitos e as suas regras de manipulação. O acesso à memória semântica é acompanhado de um despertar específico da consciência ("eu sei"), denominado "saber" ou "familiaridade", consoante as teorias. Foi denominada por Tulving consciência "noética".

A memória semântica permite a evocação dos factos e dos conhecimentos gerais. Não é estruturada pelo tempo subjectivo, mas pela referência ao mundo. Portanto, as representações na memória semântica não codificam nem armazenam os aspectos temporais da informação (ou apenas de maneira indirecta); são pouco sensíveis às variações contextuais entre a armazenagem e a recuperação, bem como aos factores afectivos. A sua vulnerabilidade é bastante mais fraca do que a da memória episódica, quer em condições normais de envelhecimento cognitivo, quer nas condições patológicas, como nas diversas formas de amnésia, por exemplo.

As pesquisas em neuropsicologia e os dados da neuroimagiologia mostraram que as regiões implicadas na armazenagem da informação semântica implicam sobretudo as regiões temporais com uma especificidade bastante grande. Assim, por exemplo, a activação do lobo temporal está correlacionada com a representação dos nomes próprios associados aos rostos, o córtex temporal médio inferior esquerdo e o córtex pré-motor esquerdo à dos nomes dos instrumentos, o córtex temporal ventral ao dos nomes das cores, etc. Lesões localizadas precisamente nestas regiões geram agnosias que podem ser muito específicas, como, por exemplo, a agnosia dos rostos (prosopagnosia). O córtex pré-frontal esquerdo está implicado no processo de recuperação na memória semântica, em particular em tarefas de associação, de categorização ou de classificação semânticas. O córtex pré-frontal direito, por seu lado, está muito mais implicado no reconhecimento episódico. Podemos ser tentados a ver nele o critério de distinção entre a memória episódica e a memória semântica. No entanto, alguns investigadores propuseram uma hipótese mais complexa segundo a qual o córtex pré-frontal esquerdo estaria mais implicado na recuperação de informações na memória semântica e, simultaneamente, na codificação dos aspectos novos da informação encontrada na memória episódica. O córtex pré-frontal direito estaria mais implicado na recuperação na memória episódica (Nyberg *et al.*, 1966). Todavia, esta diferença inter-hemisférica poderia ser também atribuída, pelo menos em parte, à componente decisional que diferencia igualmente a memória semântica da memória episódica (sentimento de esforço, sucesso do acesso à memória). Estas questões continuam ainda a ser objecto de debate.

Em razão da sua referência objectiva ao mundo, as representações na memória semântica podem ser organizadas e descritas por diversas linguagens formais. Não surpreende, portanto, que a sua simulação em sistemas de inteligência artificial tenha dado lugar a múltiplas tentativas. Estas podem limitar-se a representar conhecimentos numa base de dados de maneira a permitir uma recuperação óptima, rápida e eficaz. Outras tentativas mais ambiciosas no reconhecimento automático e na robótica, por exemplo, tentam simular algumas das propriedades da memória semântica em artefactos inteligentes. A simulação da memória semântica levanta rapidamente o problema da sua organização. De facto, os conhecimentos da memória semântica estão relacionados uns com os outros e esta organização permite uma recuperação óptima dos conhecimentos. Estes efeitos são explorados na psicologia cognitiva por paradigmas de activação em que se mostra que a activação de um conceito (por ex., "pão") torna os conceitos próximos (por ex., "manteiga") mais facilmente acessíveis.

G. Tiberghien, H. Abdi

📖 Foster, J.K. & Jelicic, M. (orgs.) (1999), *Memory: Structure, function or process?*, Oxford, Oxford University Press.

• Nyberg, L., Cabeza, R. & Tulving, E. (1996), "PET studies of encoding and retrieval: The HERA model", *Psychonomic Bulletin & Review*, 3, 135-148.

• Rodet, L. & Tiberghien, G. (1994), "Towards a dynamic model of associative semantic memory", *Journal of Biological Systems*, 2, 401-411.

• Tulving, E. (1972), "Episodic and semantic memory", in E. Tulving & W. Donnaldson (orgs.), *Organization of memory*, Nova Iorque, Academic Press.

☞ *linguagem, memória, memória episódica, representação*

MENTALÊS

Neologismo que designa o sistema de codificação e de representação hipotética dos estados mentais. Na sua acepção mais forte, a de Jerry Fodor, o mentalês é concebido como uma linguagem: é a linguagem do pensamento. Neste quadro epistemológico, as representações mentais são, portanto, estruturadas segundo regras formais, ou seja, sintácticas. É um dos postulados essenciais das teorias "representacionais" da mente.

📖 Engel, P. (1991), "Psychologie populaire et explication cognitive", in J.N. Missa (org.), *Philosophie de l'esprit et sciences du cerveau*, pp. 135-146, Paris, Librairie Philosophique Vrin.
• Fodor, J.A. (1986), *La modularité de l'esprit: essai sur la psychologie des facultés*, Paris, Éditions de Minuit.

☞*representacionalismo*

METACOGNIÇÃO

1. Capacidade essencial da inteligência que consiste em conhecer as suas próprias actividades cognitivas e em reflectir acerca delas. O prefixo "meta" significa depois e implica um processo de segunda ordem. A metacognição vem necessariamente depois da cognição e reflecte o conhecimento dos conteúdos e processos cognitivos. O prefixo aplica-se a funções como a atenção (*meta-atenção*), a memória (*metamemória*), a compreensão (*metacompreensão*), a resolução de problemas (*meta-resolução de problemas*). Designa então, não a atenção da atenção, a memória da memória, etc., mas o conhecimento da atenção, da memória, etc. A metacognição é um caso particular de cognição, tomando-se a si mesma como objecto. 2. Campo de estudo de todas as ciências cognitivas, naturais e artificiais, reunidas em torno de um objectivo comum que é precisamente o "conhecimento do conhecimento". Muitos sistemas de inteligência artificial utilizam conhecimentos cujo objecto são outros conhecimentos (*metaconhecimentos*) ou regras que permitem especificar a utilização de outras regras ou escolher entre várias regras (*meta-regras*).

• O conceito aparece, nos anos 70, na psicologia do desenvolvimento com as contribuições, nomeadamente, de J.H. Flavell e A.L. Brown (1987). A análise dos trabalhos desenvolvidos desde então levou a isolar duas componentes de base: (1) o conhecimento dos estados, conteúdos e processos cognitivos; (2) o controlo e a regulação das actividades em vista de um objectivo.

As componentes derivam naturalmente dos constituintes da cognição: os conhecimentos e os processos de tratamento da informação. Para um indivíduo, o conhecimento relaciona-se com três tipos de objectos: (1) o funcionamento do sistema cognitivo em geral ou, ainda, as teorias ingénuas ou crenças (eventualmente erróneas e partilhadas socialmente); (2) as informações específicas disponíveis durante um acto cognitivo, provenientes de uma análise situacional, de uma tomada de consciência e de uma vigilância em directo das operações e conteúdos mentais; (3) o conteúdo e os processos cognitivos próprios ao indivíduo.

Conhecimentos metacognitivas e experiências

Esta classificação permite distinguir, com Flavell, os conhecimentos metacognitivos das experiências metacognitivas. Entre os conhecimentos das variáveis que influenciam o desempenho, este autor separa os que dizem respeito ao sujeito (intra-individuais, interindividuais e universais), às tarefas e material e às estratégias. As experiências metacognitivas são sentimentos e reacções que emergem durante a acção e que não são necessariamente explicitáveis (sentimento de não compreender, de saber, de se lembrar).

O controlo remete para os processos executivos que acompanham as actividades de tratamento da informação. Para Brown (1987), elas englobam a planificação da acção, a verificação / avaliação do resultado, o controlo da aprendizagem, a vigilância / gestão dos processos. Estas operações não são obrigatoriamente voluntárias e acessíveis à consciência.

Metacognição, controlo e desempenho

Há uma relação complexa entre as duas dimensões da metacognição. Segundo Nelson e Narens (1994), um sistema metacognitivo possui duas características principais. Em primeiro lugar, estrutura-se em pelo menos dois níveis: o nível do objecto e o metanível que contém ele mesmo um modelo imperfeito do primeiro nível. Em segundo lugar, existe uma relação de domínio entre os dois níveis que especifica a direcção do fluxo de informação. Esta segunda característica permite distinguir mecanismos de *monitoring* (vigilância) e mecanismos de controlo independentes. A noção de *monitoring* sugere que o metanível é informado pelo que se passa ao nível do objecto, o que contribui para modificar no modelo da situação. A noção de controlo implica uma modificação dos processos ao nível do objecto, iniciando, modificando ou terminando uma acção. Está estabelecida uma distinção similar na inteligência artificial entre um nível de base, em que se realizam as operações de tratamento e de

resolução de problemas, e um nível meta, que examina e age retroactivamente sobre estas operações, utilizando metaconhecimentos (Pitrat, 1990).

A hipótese subjacente a uma tal concepção é que a metacognição serve para optimizar o desempenho. Reflectindo sobre os seus próprios processos, o sujeito pode seleccionar as melhores estratégias para resolver uma tarefa, avaliar o desvio entre o seu desempenho e o seu objectivo, corrigir comportamentos inadaptados, etc. Todavia, muitos trabalhos mostram que a qualidade dos metaconhecimentos nem sempre garante um melhor desempenho. Isso deve-se, em parte, à confusão entre os aspectos de conhecimento e de controlo da metacognição. Na verdade, um desempenho medíocre pode resultar igualmente, quer de lacunas nos conhecimentos, quer de uma má utilização de conhecimentos adequados.

Para além disso, para apreender de maneira completa os fenómenos metacognitivos, é útil tomar em consideração outros aspectos do psiquismo, tais como os estados afectivos, a personalidade ou a motivação. De facto, há relações muito fortes entre estes elementos conativos, a representação de si (auto-eficácia e estima de si) e a análise cognitiva de uma situação e o controlo comportamental (decisões de acção, empenho nas tarefas, perseverança).

C. Combe-Pangaud

📖 Lafortune, L. & Saint-Pierre, L. (1998), *Affectivité et métacognition dans la classe*, Bruxelas, De Boeck.

• *Metacognition: Process, Function and Use* (Actes du Colloque) (1999), Clermont-Ferrand, 6-8 de Setembro de 1999.

• Metcalfe, J. & Shimamura, A.P. (orgs.) (1994), *Metacognition: Knowing about knowing*, Cambridge, MA, The MIT Press.

• Noël, B. (1997), *La métacognition*, Bruxelas, De Boeck.

Metamemória

- Pitrat, J. (1990), *Métaconnaissance. Futur de l'intelligence artificielle*, Paris, Hermès.
- Romainville, M. (1993), *Savoir parler de ses méthodes. Métacognition et performance à l'Université*, Bruxelas, De Boeck.
- Weinert, E. & Kluwe, R.H. (orgs.) (1987), *Metacognition, motivation and understanding*, Hillsdale, NJ, LEA.

☞ **cognição, metamemória, reflexividade**

METAMEMÓRIA

Componente da metacognição que faz com que os processos mnésicos sejam acompanhados de operações de avaliação que controlam e regulam o seu funcionamento.

· Flavell e Wellman (1977) distinguem dois tipos principais de metamemória. O primeiro tipo é composto pelo conjunto dos factos que se podem conhecer acerca da memória. Inclui os conhecimentos das possibilidades e dos limites da sua própria memória (componente do sujeito), o conhecimento das exigências mnésicas das diferentes tarefas (componente da tarefa), assim como da eficácia das diferentes estratégias mnemónicas (componente da estratégia). O segundo tipo de metamemória diz respeito sobretudo aos mecanismos de avaliação dos conteúdos específicos da memória: sentimento de saber, juízo de aprendizagem e juízo de certeza.

As pesquisas actuais incidem na natureza das representações da metamemória, na maneira como se desenvolvem e na sua relação com o desempenho mnésico.

M. Izaute

📖 Flavell, J.H. & Wellman, H.M. (1977), "Metamemory", in R.V. Kail & J.W. Hagen (orgs.), *Perspectives on the development of memory and cognition*, Hillsdale, NJ, Erlbaum.
- Tulving, E. & Madigan, S.A. (1970), "Memory and verbal learning", in P.H. Mussen & M.R. Rosenzweig (orgs.), *Annual Review of Psychology*, Palo Alto, CA, Annual Reviews.
- Nelson, T.O. & Narens, L. (1990), "Metamemory: A theoretical framework and new findings", in G. Bower (org.), *The psychology of learning and motivation*, vol. 26, Nova Iorque, Academic Press.

☞ **memória, metacognição, sentimento de saber**

MODELO COGNITIVO, MODELIZAÇÃO COGNITIVA

Representação formal de um fenómeno cognitivo que pode, eventualmente, ser simulado num sistema computacional.

· Não há ciências cognitivas sem modelos. São, de facto, intermediários obrigatórios desde que se queira pôr à prova hipóteses sobre actividades que são, por definição, inacessíveis a uma observação directa. O modelo inicial é sempre, portanto, o da caixa negra, consistindo a tarefa em relacionar as entradas e as saídas observadas. É claro que com a imagiologia cerebral podemos pretender aceder às actividades neuronais, mas são sempre dados observáveis que é preciso poder relacionar com operações cognitivas e uma dada activação neuronal não significa necessariamente que está a realizar, por exemplo, determinada operação de cálculo ou de identificação de uma forma. Para testar estas hipóteses e obter, portanto, informações sobre o que se passa na caixa negra, é preciso dispor de vários modelos da realização efectiva de uma operação cognitiva, relevar as diferenças de desempenho entre os modelos que possam servir de critério da similaridade com tal modelo e não com outro e verificar se nos dados observáveis – os tempos de realização de uma tarefa, os efeitos da activação simultânea de duas tarefas, as lesões de tal região cerebral, etc. – podemos encontrar os critérios ligados a um modelo e não os ligados a outro. Portanto, a pesquisa cognitiva procede sempre diferencialmente, mesmo se os seus resultados não são sempre apresentados desse modo.

Os modelos computo-simbólicos

O modelo que permitiu que as ciências cognitivas começassem foi o modelo computacional. Apoia-se na noção de *Máquina de Turing*. Uma tal máquina, que pode ler símbolos nas casas de uma banda e que aplica uma lista de instruções para reescrever estes símbolos na banda, pode calcular qualquer função recursiva. Basta então pensar que tudo o que é efectivamente calculável se reduz a este cálculo das funções recursivas e que todo o pensamento rigoroso deve ter uma versão calculável para que se possa dizer que se deve poder confrontar qualquer pensamento real com o modelo que esta versão calculável constitui. Os computadores e sobretudo as linguagens formais informáticas permitem-nos definir o modelo de uma operação cognitiva e as etapas por que deve passar. Podemos então confrontar um tal modelo com o funcionamento cognitivo humano. Dispomos, aliás, de vários modelos (como é necessário), porque para uma função cognitiva dada (por ex., um cálculo) há sempre várias operações que a realizam e que as linguagens informáticas não realizam todas a mesma função com as mesmas operações, o que induz diferenças nos seus desempenhos. Podemos tentar, então, construir experiências que nos digam a que modelo computacional o funcionamento humano é mais aparenta-

do. Este género de modelo orientou mais a pesquisa para as actividades cognitivas próximas da "resolução de problemas" (Newell, Simon), utilizando o formalismo das "regras de produção" (se tais condições, então tal acção ou operação), desde que se dispusesse de sistemas formais – motores de inferência – que pudessem activar todas as regras cujas condições estavam realizadas e calcular o resultado desta multiactivação.

Este modelo não parece muito adaptado à análise de funções cognitivas como a percepção ou a conduta da actividade motora, porque supõe que as informações tratadas estejam já isoladas sob a forma de símbolos que se podem combinar e descombinar *ad libitum*, desde que se sigam as regras de combinação. Ora, o tratamento da informação na percepção parece ser, ao mesmo tempo mais fluido e mais agregativo, porque, uma vez dada uma ilusão perceptiva numa forma global, é muito difícil regressar separadamente aos elementos que constituem a forma.

Os modelos conexionistas

A partir de modelos físicos (sobre os *spins*, a magnetização das partículas, Hopfield) e modelos de cálculo distribuído numa rede, desenvolveram-se os *modelos conexionistas*, depois outros *modelos evolucionistas* e, em geral, modelos que se apoiam na simulação de sistemas dinâmicos complexos (nos quais as dependências entre vários processos que evoluem em paralelo são definidas por equações diferenciais).

Os modelos conexionistas são constituídos por unidades (que realizam funções com limiar, desencadeando uma resposta desde que a soma das activações recebidas o ultrapassem) e é sobre a força dos laços entre estas unidades (o multiplicador da activação transmitida) que incidem as modificações que dependem do grau de sucesso da tarefa (à saída da rede) e asseguram uma forma de aprendizagem (Hinton). O conteúdo informacional activo está assim distribuído pelas unidades da rede e pelas conexões. Tais redes podem chegar a aproximar um número elevado de funções. Podem mesmo tornar-se sensíveis não só às informações recebidas no momento, mas às informações que as precederam e à maneira como são tratadas, se as dotarmos de uma recorrência (uma parte das suas entradas é então constituídas pelas saídas da etapa precedente) (Elman). O problema destas redes é que uma vez combinadas as informações, já não podem descombiná-las com facilidade (Smolensji). Para isso, devem já ter feito a aprendizagem inversa desta descombinação (Jordan). Mas continua a ser possível isolarmos os símbolos com uma tal dupla aprendizagem. É tentador, por isso, combinar modelos conexionistas para operações perceptivas e modelos simbólicos para operações sintácticas ou certas inferências.

Os modelos híbridos

Podemos também combinar estes dois modelos com um modelo evolucionista como os algoritmos genéticos (Holland). Partimos de sequências de símbolos, realizam-se mutações e recombinações destes símbolos e construímos de cada vez a rede a que estes símbolos servem, de alguma forma, de genes (ou de regras a aplicar), depois atribuem-se as possibilidades de reprodução destas regras em função dos resultados da rede. Portanto, a aprendizagem reside aqui numa selecção dos dispositivos com melhor desempenho e a exploração cognitiva é deixada às mutações e recombinações.

Os modelos de *inteligência artificial distribuída* retomam esta ideia, mas aplicando-a a populações de agentes que são todos definidos por algumas funções de reacção ao ambiente e às acções dos outros agentes. Não podemos prever o resultado das interacções entre todos estes agentes; temos de simular a evolução da sua população. Evidentemente, retemos destas simulações os valores dos parâmetros que permitem observar a emergência de grupos similares entre si, mas diferenciados dos outros, ou ainda dinâmicas contrastadas onde os comportamentos populacionais apresentam mudanças significativas, mas estas situações que nos parecem significativas apresentam-se sobre um fundo de muitas outras simulações cujos resultados nos parecem erráticos ou pouco variados. É possível que os nossos sistemas cognitivos sejam construídos para reter essencialmente certos contrastes e certas diferenças, negligenciando o resto, embora estes contrastes sejam de facto produzidos pelas mesmas regras operacionais que também produzem o que consideramos ruído. Assim sendo, não teríamos acesso directo às regularidades das interacções, mas apenas a certas das suas saliências.

Teoria da escolha racional e da cognição

É possível pensar então que certas saliências vão ser retidas pelos nossos sistemas cognitivos como pontos de referência normativos e que a nossa cognição não consiste apenas em categorizar a realidade, mas também em orientá-la em função destas direcções normativas.

Neste espírito, podemos aplicar a teoria da escolha racional à cognição. As nossas decisões e as nossas acções revelam tanto as nossas crenças como as nossas preferências e em função das relações entre as modificações das situações e as das nossas acções, podemos tentar distinguir as crenças e as preferências. Identificamos assim os conteúdos significantes dos actos de outrem (Davidson). Mas estes comportamentos decisionais podem também desviar-se destes modelos de escolha racional e levar-nos a interrogarmo-nos sobre a validade dos seus axiomas (os trabalhos de

Modelos Mentais

Tversky e Kahneman, o paradoxo de Allais, as observações, nas situações de interacção, dos comportamentos mais cooperativos do que a teoria dos jogos prevê conduziram economistas como Selten a tentar ajustar teoria e comportamento experimental). O mesmo se passa quando se encaram as modalidades de revisão que ultrapassam o quadro da revisão bayesiana – que revê as proporções dos dados que entram nas diferentes categorias, mas sem jamais pôr em causa estas últimas – e que se tenta modelizar a revisão de um conjunto de relações entre situações normais e excepções de acordo com outra concepção que redistribui estas relações (revisão de uma teoria, não apenas por uma informação, mas por outra teoria, como se pode pretender em certas semânticas de lógicas ditas "não monotónicas", ou seja, abertas à revisão).

Inversamente, para analisar a comunicação, é possível partir do pressuposto de que numa comunicação o material fornecido é informativo e pertinente, o que filtra as interpretações possíveis. Se, como fizeram Sperbe e Wilson, relacionarmos esta filtragem com a ideia de que economizamos nos nossos esforços cognitivos e, portanto, que preferimos as inferências menos complexas, mas que proporcionam mais conclusões, podemos conceber o modelo cognitivo numa dupla perspectiva: as situações óptimas (mais conclusões por menos operações cognitivas) são, por um lado, pressupostos normativos (a comunicação deve em princípio tentar realizá-las) e, por outro, atractores, umas vez tidas em conta as limitações das nossas operações cognitivas. O modelo é-o no duplo sentido de simulação destes limites e de horizonte para que tende.

Isto confirma, aliás, a ideia de que não podemos satisfazer-nos com um modelo cognitivo, que para interpretar uma experiência é preciso dispor sempre de um diferencial entre dois modelos (aqui tudo se joga entre as limitações inferenciais e a optimalidade da pertinência). Todavia,

isso implica também que os resultados das ciências cognitivas sejam sempre relativos a este diferencial e, portanto, não digam respeito directamente às capacidades ou operações cognitivas em si mesmas, mas às suas características tais como as revelam as relações diferenciais entre dois modelos em relação. Os resultados das ciências cognitivas não são separáveis desta relatividade aos modelos e entre os modelos.

P. Livet

📖 Anderson, J.R. (1993), *The adaptative character of thought*, Hillsdale, NJ, Lawrence Erlbaum Associates.

• Elman, J.L. (1991), "Distributed representations, simple recurrent networks and grammatical structure", *Machine Learning*, 7, 194-220.

• Holland, J.M. (1992), *Adaptation in natural and artifical systems*, Ann Arbor, University of Michigan Press, 1992.

• Marr, D. (1982), *Vision*, Nova Iorque, Freeman.

• McClelland, J.L. & Rumelhart, D.E. (orgs.) (1986), *Parallel distributed processing*, Cambridge, MA, The MIT Press.

• Newell, A. & Simon, H. (1972), *Human problem-solving*, Englewood Cliffs, NJ, Prentice-Hall.

• Pylyshyn, Z. (1984), *Computation and cognition*, Cambridge, MA, The MIT Press.

☞ *arquitectura cognitiva, computacional (teoria – da mente), linguagem formal, rede de neurónios*

MODELOS MENTAIS (TEORIA DOS -)

Teoria segundo a qual construímos representações mentais que são imagens do mundo exterior. Estas imagens são, portanto, modelos analógicos da realidade (ou modelos mentais) que intervêm no conjunto da actividade cognitiva. **OBS.**: desenvolvida pelo psicólogo britânico Philip N. Johnson-Laird (1983), diz respeito a diversos aspectos centrais da cognição, como a representação, a compreensão da linguagem e o raciocínio (Ehrlich, Tardieu & Cavaza, 1993; Johnson-Laird, 1994).

• Um modelo mental – representação de uma possibilidade ou de uma situação que pode resultar do discurso, da percepção ou da imaginação – é estruturalmente idêntico à possibilidade que representa e contém um conjunto de "ocorrências" (*tokens*) que correspondem às entidades desta possibilidade. Trata-se, portanto, de uma representação que convém distinguir de uma representação linguística. No entanto, na compreensão do discurso, a teoria estipula que uma etapa de representação linguística precede a construção do modelo. Este situa-se, portanto, a um nível de representação mais aprofundado. A ambiguidade do discurso pode, no entanto, bloquear a construção do modelo e limitar a representação ao nível linguístico.

Teoria dos modelos mentais e raciocínio

No domínio do raciocínio (Johnson-Laid & Byrne, 1991), a teoria é parecida com uma abordagem *semântica*. Opõe-se à *lógica mental* segundo a qual o mente humana dispõe de regras de inferência sintácticas que aplica à forma lógica das premissas. Segundo a teoria dos modelos, os indivíduos raciocinam a partir do sentido das premissas e o conhecimento que têm do seu conteúdo. A teoria baseia-se no princípio seguinte: uma conclusão é válida se nenhum modelo das premissas permite refutá-la. A um nível mais específico, o raciocínio desenrola-se em três etapas:

construção do modelo, *produção* de uma conclusão e *avaliação*. A etapa da construção obedece a um princípio de *verdade* que é também um princípio de *economia*; os indivíduos não representam de maneira explícita senão o que é verdadeiro, mas não o que é falso. A segunda etapa implica três restrições extralógicas que vão pesar na conclusão produzida a partir do modelo construído: a conclusão deve ser *parcimoniosa, não trivial e semanticamente informativa*. A terceira etapa consiste em procurar um contra-exemplo da conclusão inicial, construindo um modelo "alternativo" a partir das premissas. Se tal modelo existir, a conclusão inicial deve ser rejeitada e deve ser retirada outra a partir deste modelo. O procedimento prossegue assim até à obtenção de uma conclusão compatível com todos os modelos possíveis das premissas. Os erros resultam de uma construção incompleta do conjunto dos modelos. Decorre disso a previsão seguinte: quanto maior for o número de modelos a construir, maior é a dificuldade do problema. A teoria aplica-se ao raciocínio silogístico, relacional, proposicional, contrafactual, modal, não monotónico e probabilista.

Teoria dos modelos mentais e linguagem

No domínio da linguagem, a teoria dos modelos mentais propõe-se expressar a interpretação dos enunciados verbais por meio de uma *semântica procedimental* que constrói para cada um deles uma representação analógica única da sua referência. A abordagem interpretativa é, portanto, extensional: o sentido é materializado por um modelo mental que se supõe constituir um exemplo representativo do conjunto dos modelos teóricos susceptíveis de satisfazer as asserções do discurso analisado (quer dizer, um dos mundos possíveis).

Modelos Mentais

As significações das unidades lexicais das línguas são, portanto, concebidas como procedimentos de verificação dos seus valores de verdade em relação a um modelo mental do mundo de referência, que é constantemente adaptado de maneira a preservar a sua coerência com o texto analisado. Estes procedimentos pretendem concretizar as funções referenciais abstractas da lógica formal que ligam as expressões lógicas e os modelos teóricos dos mundos possíveis (Tarsli, 1972).

Segundo Johnson-Laird (1988/1994), a compreensão de um enunciado verbal faz-se em duas etapas. Em primeiro lugar, as frases são analisadas para produzir uma representação proposicional da sua significação, sem a intervenção dos conhecimentos gerais do sistema. Depois, estas representações são utilizadas como entradas para uma semântica procedimental que se encarrega de construir modelos mentais.

Segundo Johnson-Laird, a hipótese da autonomia psicológica das intensões é indefensável. Argumenta que a menos que se considere a atribuição dos referentes, não se pode explicar correctamente certos fenómenos essenciais à compreensão de enunciados verbais, nomeadamente a resolução das ambiguidades lexicais, a particularização das palavras em contexto e as propriedades lógicas das relações espaciais. A sua teoria atribui, por isso, uma importância capital aos aspectos referenciais do sentido. Considera-se que as propriedades semânticas dos signos linguísticos emergem das suas condições de verdade. Esta maneira de proceder enfrenta, no entanto, diversos obstáculos que podem infirmar a preeminência cognitiva da referência.

A construção do sentido apela a funções referenciais que seria necessário precisar para dar uma verdadeira explicação operacional dos mecanismos de compreensão de enunciados verbais.

Para poder derivar a organização associativa de uma língua a partir da denotação das suas unidades lexicais, seria necessário que os modelos mentais fossem relativamente fáceis de construir e os procedimentos referenciais independentes uns dos outros.

Para manter a unicidade da representação semântica, a concepção denotativa dos modelos mentais pretende que é suficiente eliminar as interpretações que não satisfazem os valores de verdade definidos pelas funções referenciais associadas às unidades lexicais da língua. Mas os mecanismos de reconstrução recursivos que Johnson-Laird propõe são muito pouco precisos para permitir uma interpretação preferencial ao nível global.

Johnson-Laird não precisou como integrar o contexto cognitivo ao processo de análise das frases, embora reconheça a sua importância. As representações proposicionais que suportam a construção dos modelos mentais ficam, portanto, por legitimar.

Mau grado estas insuficiências, há diversos aspectos desta teorias que são fundamentais, em particular para a análise automática das línguas, nomeadamente a unicidade da impressão referencial e as consequências que a limitação da memória de trabalho tem sobre o desenvolvimento da compreensão. Utiliza-se também a noção de modelo mental em teoria da didáctica como uma espécie de esquema que utiliza as propriedades relacionais de objectos concretos para tornar acessíveis noções muito mais abstractas (Kleer & Williams, 1983).

J.-B. Van der Henst, P. Livet, G. Sabah

📖 Ehrlich, M-F., Tardieu, H. & Cavaza, M. (orgs.), (1993), *Les modèles mentaux. Approche cognitive des représentations*, Masson, Paris.

• Johnson-Laird, P.N. (1983), *Mental Models*, Cambridge, Cambridge University Press.

• Johnson-Laird, P.N. (1994), *L'Ordinateur et l'Esprit*. Odile Jacob, Paris (*The*

Computer and the Mind, Harvard University Press, Cambridge, MA, 1988).

- Johnson-Laird, P.N. & Byrne, R.J.M. (1991), *Deduction*, Hove, UK, Lawrence Erlbaum Associates.
- Kleer (de), J. & Williams, B. (orgs.), (1983), *Qualitative reasoning about physical systems, II*, Amsterdão, Elsevier.
- Tarski, A. (1972), *Logique, sémantique, métamathématiques (1923-1944)*, Colin, Paris.
- Site Internet: *http://www. tcd.ie/ Psychology/RuthByrne/mentalntodels/*

☞ **compreensão, linguagem, lógica mental, raciocínio, representação**

MODULARIDADE DA MENTE

O problema da organização do cérebro e da actividade mental está no centro das ciências cognitivas. A mente deve ser descrita como um sistema unitário e homogéneo ou, pelo contrário, como um conjunto de faculdades autónomas e especializadas? No segundo caso, tais faculdades tratariam dos conjuntos de informações limitadas e muito específicas. Determinariam o que chamamos habitualmente "o pensamento", mas seriam distintas e independentes dele. Tal hipótese, que defende uma forma de "psicologia das faculdades", é conhecida com o nome da hipótese da modularidade da mente humana.

• A hipótese da modularidade da mente foi defendida por Fodor, cujo programa de pesquisa foi publicado num livro intitulado *A Modularidade da Mente* (1983). Este livro exerceu uma profunda influência no desenvolvimento das ciências cognitivas. Fodor afirmou que certas actividades cognitivas, como a visão, a audição, a linguagem, eram realizadas por módulos (ou sistemas periféricos). Estes

últimos realizam tratamentos obrigatórios, específicos e não conscientes. Diversos critérios permitem, em princípio, identificar estes módulos: (1) pertencem a um domínio de tratamento (percepção da cor, da forma, dos rostos, etc.; (2) as suas operações são obrigatórias e não podem, portanto, ser controladas intencionalmente; (3) são rápidos; (4) são insensíveis às influências dos outros módulos (diz-se que são "encapsulados"); (5) inscrevem-se fisicamente em sistemas neuronais fixos; (6) apresentam falhas específicas relacionadas com lesões neurológicas bem localizadas; (7) são inatos e a sua evolução ontogenética é característica. A linguagem, por exemplo, poderia ter o conjunto destas características e constituir assim uma faculdade representativa de uma organização modular.

As informações saídas do funcionamento destes módulos são integradas em sistemas "centrais" não-específicos. Estes últimos integram, portanto, em simultâneo, informações saídas de módulos diferentes. As operações dos sistemas centrais são inscritas em muitos circuitos neuronais distintos e não especializados. Os sistemas centrais permitem inferências conscientes e racionais, a fixação das crenças, a memória e, mais em geral, aquilo a que chamamos pensamento. Não podem, para além disso, modificar o funcionamento dos módulos.

Esta descrição implicaria que as ciências cognitivas se preocupassem unicamente com mecanismos da linguagem e da percepção sem pretenderem confrontar-se com o problema do exame dos processos cognitivos centrais, porque neste caso tudo poderia servir para tudo e tornar-se-ia impossível identificar tarefas e modos precisos de tratamento da informação. A hipótese da modularidade rejeita assim a concepção de um funcionamento global do cérebro e da mente (concepção conhecida sob a designação de "holismo"). Ela gerou uma estratégia de pesquisa fundada na dupla dissociação dos processos cognitivos e contribuiu largamente para a aproximação da psicologia cognitiva, da neuropsicologia e das neurociências.

Todavia, uma concepção modular estrita dos processos periféricos não é compatível com o conjunto dos dados empíricos. A concepção fodoriana dos sistemas centrais afigura-se ser ela mesmo dificilmente sustentável. De facto, certos processos centrais têm propriedades que os aproximam dos módulos sem serem encapsulados (a memória semântica ou a consciência, por ex.). Desenvolveu-se assim a ideia da especificidade por domínios, que supõe que certos conjuntos de situações desencadeiam tipos de actividades, disposições para tratar a informação de uma maneira e não de outra. Por outro lado, teve de reconhecer-se que os "módulos" se influenciam grandemente entre si. Por exemplo, os neurónios-espelho são activados, quer na preparação motora de uma acção, quer na mera percepção desta acção. Para além disso, os neurónios da área visual que tratam o movimento são utilizados, quer para a separação entre figura e fundo, quer para seguir um objecto em movimento.

A teoria de Fodor não pode portanto ser defendida em todo o seu rigor original. Os critérios de definição dos sistemas modulares aplicam-se de maneira desigual aos diferentes níveis de tratamento e aos diferentes domínios. Para além disso, os sistemas centrais apresentam propriedades que partilham, por vezes, com os módulos. Por último, apenas os três últimos critérios de Fodor permitem diferenciar claramente um módulo de uma simples capacidade sobreaprendida (automatismo). A modularidade acabou por tornar-se, portanto, mais um método de investigação do que uma tese sobre a realidade de sistemas de cognição cerebral relativamente independentes.

P. Livet, G. Tiberghien

📕 Fodor, J.A. (1986), *La modularité de l'esprit: essai sur la psychologie des facultés*, Paris, Éditions de Minuit.

• Karmiloff-Smith, A. (1992), *Beyond modularity: A developmental perspective on cognitive Science*, Cambridge, MA, The MIT Press.

• Pacherie, E. (1996), "Domaines conceptuels et modularité", in V. Rialle & D. Fisette (orgs.), *Penser l'esprit: de la cognition à une philosophie cognitive*, pp. 175-185, Grenoble, Presses Universitaires de Grenoble.

☞ *arquitectura cognitiva, dissociação cognitiva, domínio (especificidade pelo –), penetrabilidade cognitiva*

MORFOLOGIA

Em linguística: análise da linguagem ao nível do morfema.

• As línguas oferecem aos linguistas diversas maneiras de apreender a sua estrutura. A linguística reconhece então diferentes domínios como a fonologia, a morfologia e a sintaxe. A morfologia situar-se-á sempre entre a fonologia e a sintaxe. Cada um destes domínios desenvolve unidades específicas. No caso da morfologia, tratar-se-á dos morfemas, as primeiras unidades significativas de uma língua. Tradicionalmente, reconhecem-se dois conjuntos de unidades morfológicas: os morfemas lexicais e os morfemas gramaticais. Os primeiros obedecem ao princípio da denominação (denomino um objecto "maçã"), os segundos referem-se ao princípio da designação (relação entre os objectos). Desenvolver-se-ão então duas tendências em linguística.

Morfossintaxe e morfofonologia

Em primeiro lugar, pode tratar-se de descrever as regras de formação das unidades lexicais e das regras de combinação dos sintagmas em frases. É a morfossintaxe, domínio em que se estuda a formação das sequências e a ordem destas últimas. Os morfemas são estudados integrando-os na frase. As pesquisas chegam a gramáticas didácticas e depois às gramáticas formais que tomam por objecto as combinações de unidades num léxico, ordenadas numa sintaxe. O estudo das formas significativas (os morfemas) gera o estudo das suas funções na frase (Selkrik, 1982; Spencer & Arnold, 1988).

Todavia, é também possível privilegiar numa frase o estudo das formas significativas em relação à das funções (Bloomfield, 1970; Chomsky, 1965; Aronoff, 1994). Quais são os meios fonológicos de que dispõe a morfologia? A resposta pertence à morfofonologia, que explora a estrutura fonológica dos morfemas e o valor morfológico das alterações fonológicas (como as alternâncias consonânticas).

Porquê estas duas abordagens?

Duas razões, pelo menos, explicam esta dicotomia. Em primeiro lugar, são os próprios factos das línguas que produzem descrições num ou noutro domínio por causa da estrutura da língua. Assim, certas línguas apresentam flexões morfológicas: os morfemas têm formas (isto é, significantes) que se modificam em contacto com outros morfemas. Em francês, por exemplo, o morfema /le/ [o] indica o número no paradigma nominal, mas pronuncia-se /lez/ [*les*: os] perante /waso/ [*oiseaux*: pássaros] e /le/ [o] perante /tru/ [*trou*: buraco].

É necessário, portanto, fazer escolhas para definir este morfema. As línguas que apresentam estas características são línguas flexionais. É caso das línguas români-

cas e germânicas, mas também das línguas banto. Neste contexto, descrever os morfemas unicamente à luz da sintaxe priva a descrição de tais línguas de uma parte da sua riqueza morfológica, a saber, a sua morfofonologia.

Outras famílias de línguas como as austro-asiáticas (vietnamita, por ex.) apresentam morfemas sem variação de significante. Estas línguas são por vezes chamadas aglutinantes, porque compilam séries de morfemas. Nestes casos, o estudo morfológico em si mesmo dá apenas um inventário de formas lexicais e a sintaxe dará a organização destas formas. Estas línguas levam os investigadores a estudar o léxico e a morfossintaxe. Assim, o léxico e a sintaxe analisam estas línguas. A descrição destas línguas não necessita do contributo da morfofonologia.

Em segundo lugar, para as línguas flexionais, é privilegiado um dos eixos de análise linguística. Se as unidades forem estudadas em si mesmas, a sua coordenação na linearidade da fala não é apreendida. Se a abordagem for paradigmática, a análise das formas morfológicas baseia-se na computação das unidades num mesmo paradigma, enquanto as outras unidades permanecem fixas. Os problemas levantados pela co-articulação dos morfemas levam os linguistas a falar de neutralização de fonemas em certos contextos e de alomorfos perante diferentes formas de um mesmo morfema.

Porém, as unidades destacadas pela análise paradigmática podem ser novamente consideradas pela análise sintagmática. Trata-se então de explicar através de regras os diferentes significantes de um morfema. Esta análise sistemática, inicialmente blommfieldiana e depois gerativa, enuncia a necessidade de separar as formas de base dos morfemas e as regras que asseguram as suas realizações fonológicas de superfície. É isto que constitui a morfofonologia.

A língua e a análise da sua estrutura segundo tal eixo teórico influenciam as especializações da morfologia, quer em di-

Motivação

recção à fonologia, quer em direcção à sintaxe. Como ela constitui o primeiro módulo da constituição do sentido, faculta aos investigadores uma base, não apenas para descrição das línguas e a sua comparação contemporânea (tipologia) e histórica (genealogia das línguas), mas também para a descrição dos processos cognitivos no domínio da neuropsicolinguística, em que estas unidades são testadas. Por exemplo, os trabalhos actuais sobre o género reflectem os efeitos atencionais do locutor (validados pelo seu tempo de reacção numa tarefa-alvo) durante a escuta de uma sucessão de sintagmas nominais em que um apresenta um erro morfológico (por ex.: o gato, o livro, *a* canto). A descrição (paradigmática e sobretudo sintagmática) constitui, portanto, um terreno fértil para a aplicação de protocolos experimentais em neuropsicolinguística.

V. Rey

📖 Aronoff, M. (1994), *Morphology by myself*, Cambridge, The MIT Press.
• Bloomfield, L. (1970), *Language* (1.ª edição: 1933), Paris, Payot.
• Chomsky, N. (1965), *Aspects of the Theory of Syntax*, Cambridge, The MIT Press.
• Selkirk, E.O. (1982), *The Syntax of Words*, Cambridge, The MIT Press.
• Spencer, A. & Arnold, Z. (orgs.) (1988), *The Handbook of Morphology*, Oxford, Blackwell Publishers.

☞ *linguística cognitiva, psicolinguística*

MOTIVAÇÃO

Estado interno, fisiológico e cognitivo de um organismo que incita a agir (*drive*) e determina a escolha da acção e a gestão das suas características (amplitude, intensidade, etc.) em função das propriedades apetitivas ou de aversão do ambiente e da natureza dos reforços.

• O conceito de motivação foi utilizado, por vezes, para tomar distâncias em relação ao behaviorismo, que simplificava a relação estímulo-resposta, e para se basear em "condutas" (Nuttin) definidas em função de uma gama de objectivos. Mas no outro extremo, é muitas vezes utilizado em etologia para explicar a influência decisiva de certas mudanças metabólicas nos factores desencadeadores da modificação dos comportamentos. Assim, a produção de um certo nível de hormonas sexuais nos ratos muda completamente a atitude de certas fêmeas em relação aos machos ou, também, os cordeiros que não identificaram a assinatura olfactiva e gustativa da mãe desde a primeira mamada – e tem de haver um reconhecimento recíproco da ovelha em relação aos seus cordeiros – tem depois bastante dificuldade em sobreviver no rebanho.

O conceito de motivação pode, portanto, ser compreendido como um efeito de limiar que faz oscilar entre uma e outra gama de comportamentos. Mas pode implicar também uma orientação antecipadora, sendo a reacção função da antecipação da situação em que serão realizados os objectivos para os quais a sua atenção foi orientada. Não há aqui nada de finalista. Na robótica, os engenheiros sabem controlar um sistema dotado de motricidade, não apenas determinando, em primeiro lugar, as condições iniciais que o orientam para um alvo e utilizando depois os sinais obtidos na execução de um movimento para corrigir a orientação final deste movimento através de um *feedback*, mas vão ainda mais longe ainda, propondo um controlo que não é retrospectivo, mas prospectivo. O sistema motor ao iniciar uma acção pode desencadear antecipações às reaferências que irá perceber e continuará no seu trajecto inicial

Motivação

sem mudar nada enquanto as reaferências efectivas correspondam às reaferências antecipadas, ou corrigirá o movimento. Podemos imaginar, portanto, circuitos motivacionais que tenham esta mesma capacidade de tomar por recompensa ou por satisfação, não o resultado final valorizado (como no condicionamento operante), mas o desenrolar de uma actividade em conformidade com as antecipações. Seguramente, um tal sistema deve ter já efectuado pelo menos partes desta actividade para ser capaz de uma tal motivação. Para ser capaz de invenção e estar motivado para a exploração e para a novidade, é preciso, para além disso, poder encontrar a sua satisfação não só no sucesso de uma classificação ou de uma categorização, mas também na sua colocação em causa, e para isso é preciso dispor da antecipação das reorganizações das categorias no momento em que tudo fica no seu lugar, depois de uma interferência temporária. Parece que a utilização "às cegas" dos símbolos, na condição de ter à saída uma nova interpretação, pode constituir para os seres humanos uma tal motivação abstracta.

A noção de motivação, ao transformar o que é inicialmente um impulso não dirigido numa retroacção que começa desde o lançamento das antecipações de uma actividade orientada, aparece como uma nova etapa na via de uma reconstrução não finalista dos fenómenos telológicos.

P. Livet

📖 Gallistel, C.R. (1980), *The organization of Action. A new synthesis*, Hillsdale, NJ, Lawrence Erlbaum Associates.
• Gallistel, C.R. (1990), *The organization of learning*, Cambridge, MA, The MIT Press.
• Nuttin, J. (1985), *De la motivation humaine*, Paris, Presses Universitaires de France.

☞ *aprendizagem, emoção*

N

NATIVISMO

Concepção segundo a qual os determinantes genéticos da cognição predominam sobre as influências relacionadas com as aprendizagens individuais.

• A controvérsia entre o inato e o adquirido data pelo menos de Locke e de Leibniz. O segundo afirmava que sem ideias inatas não se poderia explicar o poder generalizador do conhecimento e o primeiro que uma base inata comum (o nativismo) provocaria muito maior convergência dos homens e das culturas do que aquela que se observa. Chomsky voltou a restabelecer a legitimidade do nativismo. A linguagem, argumentou ele, exige uma capacidade de combinação de símbolos que permite produzir e reconhecer uma infinidade potencial de frases e, quando são bem construídas, poder sempre apreender o seu sentido, embora não se tenha qualquer experiência prévia delas. Sendo infinita a geratividade da linguagem, não se vê como é que a experiência adquirida pelas crianças de tenra idade, que não pode ter, como qualquer experiência, senão um número finito de dados, poderia por si apenas permitir-lhes adquirir esta capacidade de tratar as combinações linguísticas em toda a sua diversidade. Para além disso, os pais dão aos seus filhos muito poucas informações sobre as regras sintáctico-semânticas da sua língua e, no entanto, isso basta-lhes para erguer estas construções complexas que permitem transferir uma subparte de uma árvores sintáctica para outro lugar, como o fazem as regras de transformação da voz activa em voz passiva, regras que exigem uma complexidade de cálculo elevada. Portanto, é necessário, pelo menos, que as crianças humanas possuam à partida as capacidades correspondentes a esta complexidade.

O problema é então o de saber quais são estas capacidades inatas. Consistem elas apenas nesta capacidade de cálculo de um nível elevado de complexidade (mas de que, curiosamente, carecemos en algumas das nossas inferências, por ex., sobre as disjunções) ou são específicas a domínios particulares? A linguagem é um destes domínios específicos? Evidentemente, quanto mais se multiplicam as capacidades inatas específicas mais tudo isso parece *ad hoc*. A *antropologia cognitiva* mostrou que há maneiras práticas (e não linguísticas) de classificar os animais, as plantas e os géneros alimentares que são relativamente estáveis nas várias culturas. Um tal transculturalismo pode ser um argumento a favor do nativismo. É também muito plausível que o funcionamento dos nossos aparelhos perceptivos, em particular os visuais, seja definido muito cedo no desenvolvimento e observamos que depois todos são submetidos às mesmas limitações e às mesmas ilusões. No entanto, as capacidades inatas que se considera que a linguagem supõe não são transparentes, porque há muito poucas coisas que sejam consensuais em linguística. Isso parece indicar que as "regras inatas" são de facto

Naturalismo

maneiras de reunir regularidades em classes comuns e que a sua descoberta e o seu reconhecimento estariam relacionados, portanto, com a prática da comunicação. Poderíamos ter apenas as capacidades inatas de ser sensíveis a certas regularidades na comunicação – regularidades que não seriam absolutas – sem ter por isso a gramática das nossas línguas já prefiguradas nos nossos genes.

P. Livet

📖 Chomsky, N. (1990), *Le langage et la pensée*, Paris, Payot.
• Fodor, J. (1981), *Representations: Philosophical Essays on the Foundation of Cognitive Science*, Cambridge, MA, Cambridge University Press.
• Pinker, S. (1999), *L'instinct du langage*, Paris, Odile Jacob.

☞ *construtivismo, desenvolvimento cognitivo, epistemologia genética, genes-ambiente (relação –), inato- -adquirido (controvérsia –)*

NATURALISMO

Uma teoria da mente é *naturalista* quando se propõe explicar os fenómenos mentais em termos que estão próximos das ciências naturais e, em particular, da biologia. Ela é *antinaturalista* quando se esforça por demonstrar que tal redução é impossível.

• Pretendeu-se naturalizar a epistemologia, a intencionalidade e a consciência. A naturalização da epistemologia proposta por Quine era coerente com a sua posição nominalista (os nominalistas admitem o menor número possível de entidades distintas dos indivíduos concretos). Propunha, por exemplo, que se estudasse a linguagem nas crianças pequenas e que se

observasse como se constituía assim, pouco a pouco, um aparelho lógico capaz de distinguir nomes de massa, nomes de indivíduos, etc. De igual modo, sugeria que se observasse as condições de interpretação de uma linguagem até então desconhecida para poder ver como reconstruir a ontologia implícita e o recorte categorial desta linguagem. O seu quadro de pensamento a respeito destas aprendizagens empíricas era behaviorista: tratava-se de partir dos enunciados de observação que descrevem comportamentos percebidos empiricamente. Mas visava também evidenciar a importância de uma estrutura lógica que Quine pensava canónica, uma espécie de núcleo no interior da relatividade das ontologias. Quine pensava também que poderíamos utilizar a relação de similitude para reagrupar os elementos estáveis do nosso mundo em categorias que seriam espécies naturais – quer dizer, que seriam ou definitivamente estáveis, ou susceptíveis de revisão unicamente segundo os princípios de uma investigação científica. Podemos pensar que uma parte deste programa corresponde a uma psicologia cognitiva do desenvolvimento, ainda que ela não tenha encontrado a sucessão entre termos de massa e termos de indivíduos que Quine supunha (Carey).

Para a naturalização da intencionalidade, remetemos para o respectivo verbete. A naturalização da consciência é mais complicada, porque se trata de encontrar a função natural da consciência – tomada como acesso fenomenal a dados susceptíveis de voltar a ser examinados –, ou seja, trata-se, ao mesmo tempo, de explicar a especificidade de um tratamento consciente em relação a um tratamento inconsciente e de dar uma explicação desta função específica em termos diferentes dos de um fim que seria precisamente estar consciente das coisas e de as observar. Parece que a consciência teria por especificidade unir num mesmo campo, mas com zonas atencionais diferentes, informações de segundo plano e informações focalizadas que são submetidas a tratamentos mais detalhados. A sua função seria permitir, de maneira contínua e conforme às orientações da investigação do sistema cognitivo, idas e vindas entre as duas zonas do campo. No domínio da linguagem, poderia haver várias zonas (fonética, semântica, da palavra, da frase, contextuais, etc.). Mas se se vê a vantagem evolutiva que um tal sistema pode proporcionar, não se sabe ainda como definir os mecanismos naturais e materiais que lhe permitem o funcionamento.

P. Livet

     Logothetis, N. & Schall, J. (1989), "Neuronal correlates of subjective visual perception", *Science*, 245, 761-763.
- Pacherie, E. (1993), *Naturaliser l'intentionnalité*, Paris, Presses Universitaires de France.
- Proust, J. (1997), *Comment l'esprit vient aux bêtes*, Paris, Gallimard.
- Quine, W. (1977), *Naturaliser l'épistémologie*, Paris, Aubier.

☞ *cognição, intencionalidade, neurociências cognitivas, representacionalismo*

NEUROCIÊNCIAS COGNITIVAS

Conjunto das disciplinas que têm por objecto estabelecer a natureza das relações entre a cognição e o cérebro.

• O acto de nascimento das ciências modernas do cérebro data dos primeiros anos do século XIX. Franz-Josef Gall elaborou então, a partir do estudo anatómico detalhado do cérebro humano, uma "doutrina" revolucionária: o cérebro, pensava ele, é uma federação de órgãos em que cada um deles controla uma das faculdade da mente. Percebe-se bem que uma teoria que, ao mesmo tempo que renunciava à ideia de uma unidade da mente, atribuía a cada uma das suas subdivisões uma sede material, não podia deixar de levantar múltiplas oposições da parte das instituições centralizadoras da época. De facto, Gall foi perseguido pelas suas ideias e teve de deixar a Áustria, exilando-se em Paris. Mau grado os seus detractores, a teoria fez o seu caminho e suscitou um conjunto de pesquisas que, a partir de 1860, chegou a um conceito estável, embora periodicamente posto em causa, o de localização cerebral.

Anatomia patológica e localização cerebral

Os primeiros laboratórios não eram, muitas vezes, mais do que anexos de grandes cadeiras de disciplinas clínicas que reuniam à volta dos doentes meios de investigação científica. O principal era o laboratório de anatomia patológica, sede da verdade em que, durante a autópsia, a lesão verificada e descrita pelos métodos da anatomia e da histologia assumiam o estatuto de explicação causal da perda da função verificada em vida do doente. Assim se completava progressivamente um *corpus* de conhecimentos sob a forma de um atlas das localizações cerebrais reconstituídas a partir do défice neurológico. As ciências do cérebro incluíam também no seu campo de competências a psiquiatria nascente. Ao passo que a lesão localizada caracterizava a doença neurológica, a psiquiatria destacava-se pela lesão invisível, a lesão funcional. Os primeiros laboratórios de pesquisa independentes da clínica, principalmente na Alemanha e na Inglaterra, deram à ideia de localização a sua caução experimental e os seus fundamentos objectivos. Os trabalhos de estimulação eléctrica do cérebro do macaco, realizados por C.S. Sherrington, e os da descrição da arquitectura celular do córtex

Neurociências Cognitivas

cerebral, realizados por K. Brodmann, na viragem para o século XX, são ainda hoje considerados como aquisições praticamente definitivas sobre as localizações cerebrais.

Das neurociências integradas às neurociências cognitivas

As neurociências cognitivas saíram de um conjunto mais vasto, o das neurociências integradas. Este termo refere-se ao estudo de sistemas complexos cujas funções (o sono, as emoções, as regulações neuroendócrinas) foram consideradas durante muito tempo como irredutíveis a mecanismos elementares. Todavia, os trabalhos ao nível celular e molecular derrotaram muitas vezes este argumento. Em última análise, são as funções cognitivas que oferecem mais resistência a uma abordagem reducionista, daí o deslizamento para uma designação que toma em consideração esta realidade: referimo-nos, portanto, às ciências cognitivas, as que visam estabelecer uma relação entre o funcionamento de uma região cerebral e a cognição. Neste sentido, o objectivo que perseguem situa-se bem na linha que os precursores das neurociências modernas traçaram: é o quadro conceptual, a metodologia e o contexto destas pesquisas que mudaram radicalmente durante os três ou quatro últimos decénios.

Entre os factores que estão na origem deste renovamento, o recurso massivo à psicologia por parte dos investigadores das neurociências não foi o menos importante. Mais do que continuar a interpretar as funções cognitivas a partir dos efeitos de lesões patológicas (ou experimentais), as neurociências cognitivas exploraram, a partir dos anos 70-80, os paradigmas da psicologia cognitiva. As funções estudadas pela psicologia cognitiva são definidas a partir da noção de resolução de problemas: quais são, por exemplo, os elementos operacionais necessários à realização de um plano de acção, à formação de uma intenção, à identificação do sentido de um objecto, ao reconhecimento de um rosto, etc. Surgiram assim conceitos novos a partir da decomposição das funções mais globais tomadas em consideração pelos estudos clássicos. A memória de trabalho, o cálculo das referências espaciais de uma acção, a codificação da familiaridade das palavras ou dos rostos, etc., são outras tantas funções cognitivas elementares que se pode procurar traduzir em termos de funcionamento de conjuntos neuronais e de redes.

Um segundo contributo foi representado pela renovação completa dos métodos da neurofisiologia animal, que tornou possível registar a actividade de neurónios isolados nos animais despertos e livres nos seus movimentos. A famosa preparação dita do "macaco desperto", obra de pioneiros americanos como Evarts e Mountcastle (por volta de 1970) está assim na base da maioria dos nossos conhecimentos actuais sobre o córtex cerebral, não apenas do macaco, mas também, graças aos esforços dos anatomistas, do próprio homem. A estratégia é simples: reúne-se a actividade, neurónio por neurónio, de uma zona do córtex. Esta actividade é relacionada com diversos elementos de uma tarefa em que o animal foi treinado. Pode-se assim identificar, numa mesma população, os neurónios que estão activos durante a apresentação do estímulo, durante a resposta motora e, sobretudo, durante as etapas intermédias entre as duas, por exemplo, as que retêm a informação pertinente no tempo em que o animal prepara a sua resposta. Estes dados, que têm a vantagem de ser objectivos e quantificáveis, vão muito no sentido de uma fragmentação cada vez mais fina das funções cognitivas.

A neuroimagiologia funcional

Mas o alvo principal das neurociências cognitivas é o estudo da cognição humana. Aquilo que há apenas um vintena de anos não parecia abordável senão por métodos da psicologia ou através das funções desorganizadas pela lesão de uma zona do cérebro (a neuropsicologia), torna-se progressivamente acessível por um conjunto de técnicas, ainda em pleno desenvolvimento, e que constituem a neuroimagiologia funcional. O termo "funcional" indica que se trata, já não de indicações sobre a anatomia do cérebro (este problema está resolvido com a RMN, utilizada para o diagnóstico clínico desde há vários anos), mas sim de índices do funcionamento cerebral à escala dos conjuntos neuronais.

As técnicas de neuroimagiologia estão em grande parte na origem do desenvolvimento das neurociências cognitivas: ver o cérebro normal funcionar praticamente em tempo real, registar a actividade cognitiva no estado puro sem necessidade para os sujeitos de fornecerem índices desta actividade, como era o caso na psicologia, são outros tantos progressos decisivos. Os primeiros resultados confirmaram, certamente, os da neuropsicologia clássica. Porém, rapidamente apareceram novos dados. Antes do seu aparecimento, como teria sido possível conhecer o funcionamento cerebral durante um movimento imaginado ou durante certas etapas da memória ou do reconhecimento? Para além disso, estas técnicas revelaram aos investigadores das neurociências um novo princípio de funcionamento do cérebro: o do funcionamento em rede. As localizações já não são o que eram: estão integradas em redes que se fazem e desfazem em função da tarefa cognitiva em que o sujeito está envolvido. Mais inovador ainda, as mesmas zonas do cérebro servem diversas funções e podem fazer parte sucessivamente de várias redes funcionais diferentes. Ou seja, uma zona cerebral dada não tem uma função única: os seus recursos são colocados à disposição de estratégias cognitivas diferentes.

Neurociências cognitivas e ciências cognitivas: a naturalização da mente

Fortalecidas com estas novas possibilidades, as neurociências cognitivas encontram-se, no entanto, confrontadas com um programa que as ultrapassa: descodificar os mecanismos da mente, compreender o funcionamento do pensamento, da memória, da afectividade. Para tal realizar, devem fundir-se com um novo domínio científico, o das ciências cognitivas, que engloba também a psicologia, as ciências da linguagem e certos ramos da informática.

Os filósofos, que se interessam em número cada vez maior por esta evolução, propuseram o termo naturalização para definir este programa, que deveria consistir, segundo eles, em tratar os estados mentais como objectos naturais, que dizer, redutíveis a relações de causalidade. "Os fenómenos mentais – escrevia John Searle em 1983 – são biologicamente fundados: são causados pelos mecanismos cerebrais e realizados na estrutura do cérebro. Nesta perspectiva, a consciência e a intencionalidade relevam da biologia humana ao mesmo título que a digestão ou a circulação sanguínea." Mesmo ignorando o lado provocador desta afirmação, vemos desenhar-se com ela, quer a especificidade das neurociências cognitivas, quer a sua continuidade em relação às neurociências mais biológicas.

Como vimos, umas e outras partilham o programa de naturalização (embora a níveis de descrição diferentes), mas não o aplicam com o mesmo objectivo. Esta abordagem diferente é ilustrada pelas pesquisas sobre o autismo infantil: enquanto as neurociências moleculares perseguem a causa última da desordem sináptica que provoca o conjunto dos sintomas da doença, as neurociências cognitivas vêem nele sobretudo um modelo, um paradigma, para compreender o funcionamento da mente. Se um paciente portador desta doença não compreende as

Neurociências Cognitivas

acções dos outros e não pode inferir delas as suas intenções, é porque existe, no estado normal, um módulo cognitivo que torna possível esta compreensão em cada um de nós. De igual modo, a descrição deste módulo pode ser continuada pelas técnicas de neuroimagiologia e abrir a via a uma abordagem biológica da cognição social e da comunicação entre os indivíduos.

Resta a questão de saber se este programa de naturalização deve comportar limites e quais serão eles. Quanto ao aspecto científico da questão, os únicos limites do estudo dos estados mentais ou afectivos dizem respeito à pertinência do problema posto. Este ponto é ilustrado por um estudo recente sobre a rede implicada na experiência religiosa: as regiões cerebrais activadas são regiões conhecidas por participarem também em operações mais elementares tais como a memória visual, a preparação da acção, etc. O que este estudo nos ensina é que qualquer estado mental, mesmo tão complexo e pessoal como uma experiência religiosa, se constrói a partir de tijolos cognitivos que são afinal banais e comuns a muitos outros estados.

Todavia, a questão acima comporta igualmente um aspecto ético relacionado com os possíveis limites que se pode querer impor a uma curiosidade científica que em princípio não os tem. De facto, como proteger a identidade pessoal de um sujeito que se presta a um tal estudo da experiência religiosa, para continuarmos com este exemplo? Sob reserva de uma discussão mais completa, digamos que, ainda que o conteúdo semântico (o sentido) deste estado experimentado por um tal sujeito particular esteja enraizado, como tudo o resto, no domínio biológico, escapa a uma descrição objectiva. Pelo simples facto de cada indivíduo ter uma história diferente (e, em consequência, um cérebro diferente), o conteúdo dos seus estados mentais e a sua tradução cerebral permanecerão inacessíveis a um observador externo.

As neurociências cognitivas tornaram-se um domínio científico completo, possuindo agora as suas instituições, as suas práticas e os seus objectivos. Encontram-se num face a face desigual com a outra parte das neurociências, as neurociências celulares e moleculares, que seguiram também a sua própria evolução. Esta desigualdade não favorece uma aproximação entre as duas componentes que, mesmo se fosse desejada, teria mais inconvenientes do que vantagens.

O risco para as neurociências cognitivas seria o de tornar-se um mero auxiliar das neurociências mais biológicas e ser encarregadas da fisiologia posterior ao genoma, quer dizer, da identificação dos défices ou das modificações comportamentais ou cognitivas criadas pelos mágicos dos genes. Na mente de alguns tecnocratas pôde germinar a ideia de que bastaria manter um mínimo de pesquisas neste domínio para prosseguir um conhecimento prático comportamental e cognitivo. É uma ideia de vistas curtas. Seria reduzir o conjunto da pesquisa nas neurociências a uma biologia utilitária e, em última análise, privá-la de um questionamento insubstituível acerca de si mesma.

M. Jeannerod

📖 Cooper, W.E. (1985), "Foresight and application in cognitive science", Cognition, 20, 265-267.

• Roy, J.-M. (2001), "L'émergence de la neuroscience cognitive", *Cahiers Alfred Binet*, 667, 9-33.

• Searle, J. (1983), *Intentionality* [trad., *L'intentionnalité* (1983), Paris, Éditions de Minuit].

☞ *cérebro, naturalismo, neuroimagiologia, neuropsicologia, neuropsicologia cognitiva, psiquiatria cognitiva*

NEUROCIÊNCIAS COMPUTACIONAIS

Neurociências que propõem uma modelização e uma simulação calculatória do funcionamento do cérebro e, mais precisamente, da maneira como os sinais bioquímicos podem codificar e representar os estados mentais.

• As neurociências computacionais devem ser aproximadas da teoria computacional da mente: o cérebro, como a mente, é considerado uma variedade de computador ou, mais exactamente, uma variedade de máquina de Turing. O problema é então o de descrever e explicar a codificação e a manipulação de símbolos formais numa linguagem de descrição neurofisiológica. O conexionismo radical recusa esta metáfora computacional.

G. Tiberghien

📖 Churchland, P.S. & Sejnowski, T.J. (1992), *The computational brain*, Cambridge, MA, The MIT Press.
• Dror, I.E. & Gallogly, D.P. (1999), "Computational analyses in cognitive neuroscience: In defense of biological implausibility", *Psychonomic Bulletin & Review*, 6, 173-182.
• Globus, G.G. (1992), "Toward a noncomputational cognitive neuroscience", *Journal of Cognitive Neuroscience*, 4, 299-310.
• Pylyshyn, Z.W. (1980), "Computation and cognition: Issues in the foundations of cognitive science", *Behavioral and Brain Sciences*, 3, 111-169.

☞ *computacional (teoria – da mente), neurociências cognitivas, neurociências computacionais, rede de neurónios, simulação computacional*

NEUROIMAGIOLOGIA

Conjunto de técnicas de exploração da actividade cerebral associada à actividade cognitiva utilizada em diversas tarefas que implicam, geralmente, mas não necessariamente, uma resposta comportamental.

• Podemos distinguir vários métodos de neuroimagiologia (ou imagiologia cerebral) baseados em sinais de natureza física diferente. Distinguem-se:
– As técnicas que medem a actividade eléctrica e magnética das colunas de neurónios corticais: as técnicas ditas electromagnéticas (a electroencefalografia ou EEG, a magnetoencefalografia ou MEG). A sua resolução temporal é da ordem do milissegundo. São as únicas que seguem em tempo real a cronologia das operações mentais e a dinâmica dos fenómenos cerebrais.
– As técnicas, mais recentes, que medem parâmetros relacionados com o metabolismo das zonas cerebrais activadas: as técnicas hemodinâmicas (a tomografia por emissão de fotões isolados ou TEFI, a tomografia por emissão de positrões ou TEP, a imagiologia funcional por resolução magnética ou fRMN). Tem uma resolução espacial da ordem de alguns milímetros.

Técnicas electromagnéticas

As correntes pós-sinápticas ao nível das dendrites das células podem ser captadas maioritariamente à superfície do crânio (escalpe), onde criam um potencial eléctrico e um campo magnético. Os sinais captados resultam da sincronização no tempo e no espaço de um conjunto da ordem dos 10^4 neurónios. A soma das correntes emitidas pelos neurónios não pode dar uma grandeza macroscópica, a não ser que se produza de maneira aditiva. A orientação do sinal depende da sua origem: as activações que emanam dos giros do

Neuroimagiologia

córtex orientar-se-ão perpendicularmente à superfície da cabeça (dipolo radial) e as activações que emanam dos sulcos orientar-se-ão tangencialmente à superfície da cabeça (dipolo tangencial). As estruturas internas mais profundas, como os núcleos cinzentos de base, estando mais afastados dos receptores, induzem correntes que não se propagam até à superfície do escalpo.

A electroencefalografia (EEG)

O primeiro traçado EEG foi recolhido em 1924 por Hans Berger. Em 1929, descreveu dois ritmos cerebrais: o ritmo alfa (frequência de 8-12 ciclos/segundo) e o ritmo beta (frequência 12-20 ciclos/segundo). O princípio de medida permaneceu o mesmo até hoje, embora os meios técnicos tenham evoluído. Eléctrodos ou receptores (de 20 a 256) são dispostos em diversos pontos do escalpe, correspondendo a uma localização anatómica do cérebro (frontal, parietal, temporal, occipital), simetricamente em relação a uma linha mediana que vai do nariz ao *occiput*. Regista-se o potencial de cada eléctrodo em relação ao potencial de um eléctrodo de referência. Os eléctrodos estão ligados a um sistema de filtragem-amplificação e o sinal é em seguida analisado por computador.

A EEG foi utilizada como um meio auxiliar de diagnóstico. Permitiu assim detectar e localizar anomalias ou danos cerebrais (epilepsia, tumores, perturbações do sono, etc.). Os potenciais registados situam-se em geral na gama dos 10 a 100 microvolts. A EEG mede a actividade eléctrica espontânea sob a forma de ondas de frequência diferente (alfa, beta, etc.).

É igualmente possível estudar uma mudança em relação aos ritmos espontâneos durante a execução de uma tarefa que implique processos cognitivos. Trata-se do método dos potenciais ou respostas evocadas: respostas evocadas em tempos fixos por uma estimulação sensorial e constituídas por uma sucessão de ondas negativas e positivas. Têm componentes precoces que intervêm entre 50 e 155 ms depois do estímulo, associadas à percepção sensorial do estímulo e das componentes mais tardias (cerca de 300 ms) associadas a outros processos cognitivos subjacentes. É igualmente possível construir mapas de campos de potenciais e de densidades radiais de corrente no escalpo a partir destas respostas. Representa-se assim em cada mapa a topografia da amplitude da resposta eléctrica do cérebro a uma latência dada e para uma frequência igualmente dada. Pode-se observar a evolução do campo de potenciais sobre o escalpe a partir de diversos mapas topográficos sucessivos. Outros instrumentos de análise que visam estudar as interacções no interior de uma rede permitem, aliás, análises de correlação entre as diferentes áreas corticais.

A magnetoencefalografia (MEG)

Uma corrente eléctrica gera sempre um campo magnético, que pode ser medido à superfície do crânio. A MEG permite captar este campo magnético induzido pela actividade eléctrica cerebral intracelular. Mas estes campos magnéticos são extremamente fracos (mil milhões de vezes mais fracos do que o campo terrestre) e são necessários receptores extremamente sensíveis. O seu registo faz apelo a SQUID (*superconducting quantum interference devices*), desenvolvidos por Jacques Zimmerman em 1970, que transformam o fluxo magnético em tensão eléctrica e que funcionam a -269° no hélio líquido. Multireceptores permitem registar a actividade cerebral do conjunto da camada cortical. A MEG deve ser instalada numa sala blindada para estar isolada das perturbações electromagnéticas do ambiente. O conjunto destas restrições explica que a MEG seja mais custosa e, em consequência, menos corrente do que a EEG.

O primeiro registo de MEG foi realizado em 1968 por David Cohen. O traçado obtido evidenciava o ritmo alfa, já descrito pela técnica da EEG. Mas foi com a construção dos SQUID que a MEG se pôde desenvolver. Tal como no caso da EEG, é possível registar os sinais espontâneos e evocados e estabelecer cartas topográficas dinâmicas.

EEG e MEG:
diferenças, vantagens e limites

A MEG é mais selectiva para as fontes tangenciais (sulcos), ao passo que a EEG capta todos os sinais qualquer que seja a sua orientação. O sinal MEG dá uma resposta focal, ao passo que o sinal EEG dá uma resposta mais difusa. Finalmente, os sinais recolhidos na MEG são menos deformados pelos tecidos cerebrais do que os recolhidos pela EEG.

A EEG e a MEG são técnicas não invasivas de resolução temporal elevada. No entanto, estas técnicas electromagnéticas não captam senão os sinais corticais próximos a superfície do crânio e têm uma resolução espacial muito limitada. É igualmente muito difícil determinar a origem do sinal eléctrico. Para o conseguir é preciso resolver o que se chama, em física, o "problema inverso". A partir dos registos EEG e MEG, pode-se recalcular a posição e a orientação das fontes eléctricas (geradores) que reflectem a actividade espontânea e / ou evocada do cérebro. Isso baseia-se numa modelização matemática da transmissão do campo electromagnético no interior do cérebro e da caixa craniana. Novos sistemas que utilizam registos simultâneos MEG / EEG permitem uma localização mais precisa destas fontes.

Técnicas hemodinâmicas

A activação neuronal ao nível sináptico requer um suplemento de energia (glucose) necessário ao funcionamento do cérebro assegurado pelo sistema sanguíneo. A relação entre o aumento da actividade cerebral e o aumento local do fluxo sanguíneo no cérebro foi sugerida por Roy e Sherrington (1890). As técnicas hemodinâmicas baseiam-se, portanto, no princípio segundo o qual o metabolismo neuronal e o débito sanguíneo estão estreitamente associados no tempo e no espaço. A observação dos acontecimentos neuroquímicos, metabólicos e hemodinâmicos necessita de recorrer a um marcador destes acontecimentos cuja concentração em cada local do cérebro deve ser detectável do exterior.

As principais técnicas são a tomografia por emissão de positrões (TEP), a tomografia por emissão de fotões isolados (TEFI) e a imagiologia por ressonância magnética (RMN anatómica e funcional). Elas dão uma medida indirecta da actividade cerebral. A imagem funcional é obtida por comparação estatística das imagens adquiridas durante as fases de repouso e de activação, depois é sobreposta à imagem anatómica obtida durante o mesmo exame.

Tomografia por emissão
de positrões (TEP)

A TEP, desenvolvida no fim dos anos 40, permite obter imagens em corte representando a distribuição temporal, regional e quantitativa de um traçador radioactivo emissor de positrões (electrões positivos). Os marcadores são marcados por radioisótopos emissores de positrões e tornam-se assim radiomarcadores. O positrão uma vez emitido vai viajar até ao encontro de um electrão livre. O choque vai aniquilar os dois e gerar a emissão de dois fotões que se afastam um do outro segundo um ângulo de 180°. Estes fotões serão detectados por câmaras de positrões dispostas circularmente em volta do paciente. A reconstrução das imagens é baseada na propriedade que o positrão tem de

Neuroimagiologia

emitir dois fotões a 180°. Um sistema informático permite efectuar estudos estatísticos, dinâmicos e tomográficos que possibilitam a reconstrução da imagem da repartição do traçador no espaço estudado por estas câmaras e no tempo.

O marcador é injectado por via venosa e difundido passivamente nas células cerebrais. É aí transformado pelo metabolismo natural das células e fica cativo. A sua presença é assim proporcional ao débito sanguíneo cerebral local no momento da injecção. O marcador mais utilizado é o 2-deoxi-D-glucose (2-DG), análogo à glucose marcada com flúor 18F (FDG). Este marcador imita a glucose biológica: é integrado nas células cerebrais e a seguir fosforilado. Esta nova conformação vai impedi-lo de se degradar depois pelas vias metabólicas específicas da glucose e impedi-lo de sair do neurónio. As moléculas do marcador não captadas pelas células são eliminadas por via renal. Não resta, portanto, senão o marcador integrado, que emite positrões. A obtenção das imagens começa 30 a 40 minutos depois da injecção intravenosa do marcador e dura 15 a 20 minutos. Os marcadores têm uma duração de vida muito curta e, portanto, são produzidos junto do tomógrafo por um pequeno ciclotrão. A utilização do FDG pode também fornecer informações sobre o consumo de glucose pelo cérebro. Todavia, em função do marcador utilizado, é igualmente possível seguir a evolução do débito sanguíneo, utilizando água marcada pelo 15°, a distribuição dos receptores dopaminérgicos com a racloprida marcada com Carbono 11 ou receptores das benzodiazepinas com o flumazenilo marcado com Carbono 11 ou ainda a síntese de dopamina com a dopa marcada com flúor 18F.

Estes diferentes modos de investigação encontraram aplicações clínicas importantes na detecção de certas patologias neurodegenerativas como as doenças de Alzheimer e de Parkinson.

Tomografia por Emissão de Fotões Isolados (TEFI)

Esta técnica, chamada também tomocintigrafia por emissão monofotónica (TEM) e que surgiu no início dos anos 60, baseia-se, como a TEP, na detecção *in vivo* da distribuição tridimensional de um marcador radioactivo. Os marcadores utilizados têm a particularidade de ser "portadores" de radioisótopos emissores de fotões isolados, contrariamente à TEP. São vários os radioisótopos utilizados: tecnésio 99m, iodo 123, tálio 201, índio 111, etc. O mais utilizado é o tecnésio 99m. A sua semivida de eliminação é de seis horas, o que é compatível com o tempo necessário para a obtenção de imagens. Esta obtenção demora em média 30 minutos. Os dois traçadores mais utilizados actualmente são o HMPAO (hexametilpropileno amina oxima) e o ECD (dímero de etilcisteinato).

Esta técnica, menos custosa e mais simples do que a TEP, está mais difundida no meio hospitalar. Tem, porém, certos limites relacionados com a panóplia dos radiotraçadores disponíveis e com a sua sensibilidade mais reduzida, necessitando de um tempo de obtenção de imagens mais longo.

Imagiologia funcional por ressonância magnética (fRMN)

A RMN deriva de uma aplicação da técnica de análise química por ressonância magnética nuclear (RMN), cuja descoberta remonta a 1946. O princípio da RMN baseia-se no facto de que certos átomos podem entrar em ressonância na presença de um campo magnético: é o caso do átomo de hidrogénio, que, sendo um dos elementos da molécula de água, está presente em grande quantidade no corpo humano (60 a 75% do corpo). Quando os átomos de hidrogénio entram em ressonância, absorvem energia: quanto mais hidrogénio há, maior é a absorção de energia. Quando pára o fenómeno da ressonância, a energia é restituída e depois recuperada sob a forma de informações que servem para sintetizar uma imagem. Variando a quantidade de água nos tecidos, mas também no interior de um mesmo tecido segundo o estado fisiológico, é possível assim distinguir, por exemplo, a substância branca da substância cinzenta e localizar as diferentes regiões corticais e subcorticais.

Nos últimos anos, o desenvolvimento de técnicas ultra-rápidas de obtenção e de tratamento de dados permitiu realizar imagens em tempos suficientemente curtos para acompanhar certos aspectos do metabolismo. Trata-se da RMN funcional. Esta técnica está baseada na diferença de reacção a um campo magnético do sangue oxigenado (zonas em actividade) e do sangue desoxigenado (zonas de repouso) (técnica BOLD: *Blood Oxygenation Level Dependent*) durante a activação cerebral. A activação de uma zona do cérebro provoca um aumento importante do seu fluxo sanguíneo cerebral local (50%) que se associa a um aumento do consumo de oxigénio bastante menos importante (5%). Na fRMN, o marcador é a desoxihemoglobina (dHb), uma molécula normalmente presente nos glóbulos vermelhos do sangue venoso e cuja concentração varia com o débito de sangue local e, portanto, com a actividade cerebral. Num sujeito colocado no interior de um campo magnético intenso (1,5-3 Tesla), a dHb pode ser detectada por via externa, porque é paramagnética: a sua presença gera na sua vizinhança uma perturbação ténue do campo magnético que os aparelhos de IRM são capazes de cartografar com uma precisão milimétrica.

TEP e fRMN: diferenças, vantagens e limites

A principal vantagem da fRMN face à TEP é o facto de não ser necessária qualquer injecção de substâncias radioactivas. A IRMf oferece, para além disso, uma resolução temporal mais importante do que a TEP. Avalia-se o tempo de obtenção de um *scan* completo (que cobre o conjunto do cérebro) com a RMN em um segundo, enquanto com a TEP são necessários pelo menos 40 segundos. A fRMN oferece igualmente uma melhor resolução espacial, da ordem do milímetro (contra cinco milímetros com a TEP). No entanto, a RMN apresenta certos inconvenientes menores. Trata-se, nomeadamente, do barulho gerado pela aparelhagem, mas sobretudo a fRMN continua a ser uma técnica muito sensível aos mais pequenos movimentos, que criam distorções muito importantes e incómodos para a leitura dos *scans*. A TEP apresenta, para além disso, a vantagem não negligenciável de poder dar informações sobre a distribuição e a densidade de certos neurotransmissores.

Perspectivas

A TEP e a fRMN podem dar tanto informações funcionais como espaciais a respeito da totalidade do cérebro. No entanto, estas duas técnicas oferecem uma resolução temporal limitada e são o reflexo de uma medida indirecta da actividade cerebral. Os campos electromagnéticos evocados têm uma excelente resolução temporal e são gerados pelos fluxos de corrente sináptica (medida directa da actividade cerebral). No entanto, não permitem obter informações senão sobre a actividade cortical e a localização dos seus geradores intracranianos é ambígua. Os trabalhos ulteriores beneficiarão, portanto, da integração destes diferentes métodos complementares na exploração do funcionamento do cérebro humano. A fusão

Neurolinguística

dos dados da EEG-MEG e da TEP-fRMN vai permitir a prazo a obtenção de verdadeiros mapas cerebrais espácio-temporais das actividades mentais.

F. Hadj-Bouziane

    📖 Cabeza, R. & Nyberg, L. (2000), "Imaging Cognition II: An empirical review of 275 PET and fMRI studies", *Journal of Cognitive Neuroscience*, 12, l-47.
    • Heeger, D.J. & Ress, D. (2002), "What does fMRI tell us about neuronal activity?", *Nature Reviews Neuroscience*, 3, 142-151.
    • Koelsch, B.C., Gunter, T.C. & Friederici, A.D. (2001), "Musical syntax is processed in Broca's area: an IMEG study", *Nature Neuroscience*, 4, 540-545.
    • Mazziotta, J.C., Toga, A.W. & Frackowiak, R.S.J. (2000), *Brain Mapping: the Trilogy*, Nova Iorque, Academic Press.
    • Rosen, B.R., Buckner, R.L. & Dale, A.M. (1998), "Event-related functional MRI: Past, present and future", *Proceedings of the National Academy of Sciences of the USA*, 95, 773-780.
    • Rowe, J.B., Toni, I., Josephs, O., Frackowiak, R.S.J. & Passingham, R.E. (2000), "The prefrontal cortex: response selection or maintenance within working memory", *Science*, 288, 1656-1660.
    • Talairach, J. & Tournoux, P. (1988), *Coplanar Stereotaxic Atlas of the Human Brain*, Estugarda, Thieme.

    ☞ *correlato neuronal, dissociação cognitiva, neurociências cognitivas, neuropsicologia, neuropsicologia cognitiva*

NEUROLINGUÍSTICA

Estudo das relações mútuas do cérebro e do comportamento verbal. **SIN.**: *neuropsicolinguística.*

    • Como as outras partes da neuropsicologia humana, ocupa desde a origem uma posição chave, na confluência das neurociências e das ciências cognitivas, e constitui a declinação moderna da eterna interrogação humana sobre a natureza dos laços que relacionam o corpo e a mente e, mais especificamente, os que relacionam o cérebro e a linguagem no *Homo sapiens*.

Excepção feita aos escritos – muito especulativos – de diversos precursores (vd. Lecours & Lhermitte, 1979, para uma recensão), a neurolinguística recebe as suas primeiras cartas de nobreza, no meio clínico (neurológico), com a publicação por Broca, em 1861, das "Remarques sur le siège de la faculté du langage articulé, suivies d'observations d'aphémie (perte de la parole)" [Notas sobre a sede da faculdade da linguagem articulada, seguidas de observações de afemia (perda da fala)], no *Bulletin de la Société d'Anthropologie*. Nesta publicação fundadora, Broca relaciona explicitamente as perturbações linguísticas do seu doente (Sr. "Tan") com uma lesão do hemisfério esquerdo situada "na segunda ou terceira circunvolução frontal, mais provavelmente nesta última". Depois de ter observado vários doentes similares, Broca postulou, a partir de 1865, a existência de uma assimetria funcional entre os dois hemisférios cerebrais, assimetria que o conduziu a localizar "a faculdade da linguagem articulada" no hemisfério esquerdo dos destros (Broca, 1865). Se a disciplina nasce em 1861, a sua denominação não será oficializada senão vários decénios mais tarde com o termo "neuropsicologia" (Jennerod, 1994) e cerca de um século mais tarde como o termo "neurolinguística" (Stemmer & Whitaker, 1998).

A abordagem anatomoclínica

Em século e meio, e ao mesmo tempo que mantinha o objectivo geral estabelecido de início por Paul Broca, a neurolinguística conheceu várias etapas, cada uma delas partindo de escolhas teóricas e metodológicas particulares. Em linha com os trabalhos pioneiros de Broca, uma primeira geração de trabalhos visavam estabelecer correlações tão estreitas quanto possível entre, por um lado, a sede anatómica das lesões cerebrais (*via* observações anatomopatológicas *post mortem*) geradoras de perturbações da linguagem no adulto (genericamente reunidas sob a designação de afasia) e, por outro lado, a natureza, ainda mal definida, das disfunções da produção e / ou da compreensão da linguagem oral e / ou escrita decorrentes de tais lesões. Na base de um tal "método anatomoclínico", foram identificadas as primeiras síndromes afásicas, entre as quais, em primeiro lugar: (1) a *afasia de Broca*, de sintomatologia essencialmente expressiva (por ex. anartria, agramatismo), gerada por uma lesão da parte posterior da terceira circunvolução frontal (classicamente chamada "área de Broca"); (2) a *afasia de Wernicke*, que afecta massivamente a compreensão da linguagem e provocando igualmente uma produção abundante (logorreica), muitas vezes indecifrável ("jargonafasia") consequente a uma lesão retro-rolândica ("área de Wernicke").

Afasia e linguística

Uma segunda geração de trabalhos, com a mesma inspiração que a precedente, porque também ela preocupada em identificar as correlações anatomoclínicas, tirou proveito da evolução importante da linguística e da fonética para oferecer uma descrição cada vez mais precisa dos sintomas afásicos (Alajouanine, Ombredane & Durand, 1939). Num tal contexto, o eminente linguista R. Jakobson (1956) propôs uma argumentação linguística da sintomatologia dos dois grandes tipos de afasia. Segundo ele, os afásicos de Broca sofrem predominantemente de "perturbações de contiguidade", quer dizer, de uma deficiência da gestão (combinatória) das "relações sintagmáticas" da língua (as que relacionam, *via* sintaxe, os elementos linguísticos presentes numa mesma mensagem), enquanto os afásicos de Wernicke apresentam "perturbações da similaridade" e vêem assim perturbada a gestão das "relações paradigmáticas", as que condicionam a selecção de dois grandes tipos de unidades linguísticas, os fonemas e os morfemas, no seio da língua.

Estas duas primeiras gerações de trabalhos permitem um desenvolvimento substancial do que os neurólogos chamaram então a afasiologia, a qual, quebrando as compartimentações disciplinares, começaram a atrair especialistas vindos de instituições universitárias diferentes: os neuroanatomistas (anatomopatologistas) localizaram as lesões afasiogénicas, os clínicos – mais frequentemente neurologistas, ortofonistas e, por vezes (muito raramente), linguistas – especificaram cada vez maior detalhe os sintomas afásicos. A maior limitação desta neurolinguística da primeira e da segunda gerações, num período que cobriu cerca de um século, foi a ausência de características interpretativas e explicativas. A neuropsicologia "cognitiva" – e, portanto, a neuro(psico)linguística cognitiva – vai tentar compensar essa carência a partir de finais dos anos 60.

A neurolinguística cognitiva

Sob o impulso dos pais fundadores das ciências cognitivas, reunidos pela primeira vez durante o Simpósio Hixon, em 1948, desenvolveu-se uma nova abordagem do tratamento da informação no cérebro / mente humano cujo objectivo foi (1) romper definitivamente com o descritivismo behaviorista, até então triunfante em psicologia, para (2) tentar caracterizar – no que não era até então senão uma inacessível "caixa negra" – a arquitectura

Neurolinguística

funcional da linguagem, ou seja, a organização e o funcionamento das representações mentais que sustentam a produção e a compreensão da linguagem. No contexto do que alguns chamaram a "revolução cognitiva", a neuropsicologia e a neurolinguística – de terceira geração – ocuparam um lugar de eleição. De facto, se a identificação das diferentes componentes que o comportamento verbal supõe não é fácil de realizar através da simples observação das manifestações linguísticas de superfície, em particular no sujeito normal, as perturbações, por vezes selectivas, de determinado componente em determinado doente irão permitir à neurolinguística contribuir amplamente para a compreensão do funcionamento da linguagem, não apenas no cérebro / mente humano dos sujeitos com lesões cerebrais, mas também, por extensão, no dos sujeitos normais ("postulado da transparência").

Muitos investigadores das ciências da linguagem e da cognição viraram-se então para a neurolinguística à procura de validação das arquitecturas estruturais cuja existência postulam nos seus modelos teóricos. As "duplas dissociações" que por vezes saem da comparação de vários doentes – em que um apresenta uma perturbação de uma componente A, enquanto uma componente B permanece intacta e outro doente apresenta a dissociação inversa – são então interpretadas *(a)* como demonstrativas da existência de duas entidades funcionais distintas – A e B – no interior da arquitectura funcional que o comportamento verbal supõe e *(b)* parecendo dar um certo crédito a uma visão "fraccionada", modular, da linguagem humana ("postulado da modularidade").

Uma tal abordagem, qualificada de "cognitiva", está na origem de progressos importantes na neurolinguística e, mais amplamente, na neuropsicologia. Todavia, na sua versão forte, "funcionalista", o determinismo subjacente dos fenómenos da linguagem observados não é apreendido senão em termos lógicos e de modo nenhum biológicos, em suma, levada ao extremo, uma tal abordagem conduz a privilegiar a mente (o *software*) e a negligenciar o cérebro (o *hardware*), o qual, no entanto, alberga funções mentais superiores como a linguagem.

O regresso do cérebro: neurolinguística cognitiva e imagiologia cerebral

Começou então uma quarta etapa na evolução da neurolinguística, uma etapa que reintroduziu, de alguma forma, o cérebro no domínio desta disciplina. Crucial nesta nova evolução foi a disponibilidade para clínicos e investigadores de meios tecnológicos cada vez mais poderosos que permitiram realizar investigações sobre o substrato biológico da fala e da linguagem (Dehaene, 1997).

Sem negar os resultados minuciosos da neuropsicologia cognitiva, esta nova abordagem parecia retomar a problemática geral da frenologia de Gall e Spurzheim (1810) e, mais seriamente, com a investigação de correlações anatomoclínicas dos inícios da neuropsicologia. A vantagem destes novos e sofisticados instrumentos (potenciais evocados auditivos e visuais, tomografia por emissão de positrões, imagiologia por ressonância magnética, magnetoencefalografia), era (1) a sua precisão, uma vezes temporal, outras espacial, permitindo seguir a actividade cerebral relativa a determinada tarefa de activação e (2) o seu carácter não (ou pouco) invasivo, o que tornava estas metodologias aptas a ser utilizadas com sujeitos normais, e não apenas patológicos (Brown & Hagoort, 1999). Para serem optimizados dos pontos de vista informativo e de fiabilidade, tais abordagens requeriam, evidentemente, que fossem tão controlados quanto possível (1) as características linguísticas das estruturas linguísticas utilizadas como estímulos e (2) os processos específicos que se considerava serem mobilizados nas diferentes tarefas em causa, etc., o que está bem longe de acontecer sempre!

Por agora, no dealbar desta quarta geração de trabalhos de neurolinguística, certos resultados vêm corroborar os dados anteriormente recolhidos em sujeitos com lesões cerebrais, graças ao método anatomoclínico clássico, e, por vezes, parecem dar crédito a uma visão modular do funcionamento de certos aspectos (frequentemente os mais periféricos) do comportamento verbal.

Outros estudos, que são os mais numerosos, colocam em evidência a activação concomitante de diversas zonas cerebrais, sublinhando o carácter "em rede" das operações cerebrais em curso. Estes últimos dados parecem dar razão aos neurolinguistas conexionistas que defendem o funcionamento distribuído do tratamento da informação no cérebro /mente humano/a (Hinton & Shallice, 1991), ainda que alguns dos sítios significativamente activados em certas tarefas permanecem ainda "inexplicados", porque "não correlacionáveis" com dados anatomopatológicos existentes.

Estas quatro etapas na evolução da neurolinguística, cada uma delas com a sua especificidade, não devem ser consideradas mutuamente exclusivas. Pelo contrário, merecem ser tanto quanto possível "integradas" nos futuros trabalhos, tal como o merecem ser maximamente as diferentes disciplinas que se preocupam em explicar o funcionamento da linguagem no ser humano: linguística, psicolinguística, neuropsicologia, neuroanatomia funcional, neurofisiologia, neuroimagiologia, modelização neuromimética.

Para além do aprofundamento dos trabalhos já iniciados, grandes desafios esperam a neurolinguística, em particular a consideração da diversidade das línguas humanas na perspectiva da "unidade do cérebro" (Nespoulous, 1997), o tratamento de várias línguas por um mesmo cérebro nos poliglotas e até mesmo nos intérpretes simultâneos.

J.-L. Nestpoulous

📖 Alajouanine, T., Ombredane, A. & Durand, M. (1939), *Le syndrome de désintégration phonétique dans l'aphasie*, Paris, Masson.

• Brown, C.M. & Hagoort, P. (orgs.) (1999), *The neurocognition of language*, Oxford, Oxford University Press.

• Dehaene, S. (1997), *Le cerveau en action: imagerie cérébrale fonctionnelle et psychologie cognitive*, Paris, Presses Universitaires de France.

• Hinton, G.E. & Shallice, T. (1991), "Lesioning an attractor network: investigation of acquired dyslexia", *Psychological Review*, 98, 74-95.

• Jakobson, R. & Halle, M. (1956), *Fundamentals of language*, Haia, Mouton.

• Jeannerod, M. (1994), "Les fondements historiques et philosophiques de la neuropsychologie, in X. Séron & M. Jeannerod (orgs.), *Neuropsychologie humaine*, pp. 15-34, Bruxelas, Mardaga.

• Lecours, A.R. & Lhermitte, F. (1979), *L'Aphasie*, Paris, Flammarion.

• Nespoulous, J.-L. (1997), "Invariance et variabilité dans la symptomatologie linguistique des aphasiques agrammatiques. Le retour du comparatisme?", in C. Fuchs & S. Robert (orgs.), *Diversité des langues et représentations cognitives*, Paris, Ophrys.

• Stemmer, B. & Whitaker, H. (orgs.) (1998), *Handbook of neurolinguistics*, San Diego, Academic Press.

☞ *linguagem, neuropsicologia, neuropsicologia cognitiva, psicolinguística*

NEURÓNIO ESPELHO

Neurónio activado logo que executamos uma acção, quando nos preparamos para a executar ou quando vemos esta acção ser executada por outrem.

☞ *controlo da acção, correlato neuronal, esquizofrenia, simulação (teoria da -)*

NEURÓNIO FORMAL

Abstracção computacional de um neurónio natural.

• A origem da noção remonta aos trabalhos de McCulloch e Pitts (1943). No essencial, um neurónio formal é um integrador elementar que combina (no interior de uma certa janela temporal) a informação que provém do meio exterior a fim de mudar o seu estado de activação. Para o realizar, o neurónio possui um certo meio de resposta (*i.e.*, uma propensão a estar activo ou inactivo). Recebe informação proveniente de axónios de outros neurónios formais por meio de conexões sinápticas ponderadas cujo valor pode ser modificado pela aprendizagem. Cada sinapse age como um amplificador, ou seja, o valor da activação que é transmitida através desta sinapse é multiplicado pelo peso da sinapse. A forma mais simples de integração temporal é a soma. Neste caso, o neurónio formal calcula a sua activação num momento dado como a soma, ponderada pelos valores sinápticos, da activação proveniente das células conectadas, valor a que se junta o enviesamento de resposta do neurónio. Em resposta, este valor de activação é depois transformado por uma *função de transferência* (Abdi, 1994). As funções de transferência mais utilizadas são a linear, a logística e a de Gauss (ou lei normal), ou função "em escada" ou binarização (em inglês: *step function*). McCulloch e Pitts mostraram que conjuntos de neurónios formais binários podiam implementar o conjunto das funções lógicas.

H. Abdi

📖 Abdi, H. (1994), *Les réseaux de neurones*, Grenoble, Presses Universitaires de Grenoble.

• Abdi, H., Valentin, D. & Edelman, B. (1999), *Neural Networks*, Thousand Oaks, CA, Sage Publications.

• McCulloch, W.S. & Pitts, W. (1943), "A logical calculus of the ideas immanent in nervous activity", *Bulletin of Mathematical Biophysics*, 5, 115-133.

☞ *neurociências computacionais, rede de neurónios, simulação computacional*

NEUROPSICOLOGIA

1. Disciplina que trata das funções mentais superiores nas suas relações com as estruturas cerebrais (Hécaen, 1972; Hécaen e Albert, 1978; Beaumont, Kenealy e Rogers, 1996). 2. Ciência que tenta estabelecer pontes entre as neurociências e a ciências cognitivas (Seron e Jeannerod, 1994).

• Apercebemo-nos de imediato, por um lado, que se trata de um campo fundamentalmente interdisciplinar, situado no cruzamento dos domínios cobertos pela psicologia (e de várias das suas componentes: psicologia experimental, psicolinguística) e as neurociências (neurologia, neuroanatomia, neurofisiologia, neuroquímica, neuroimagiologia funcional). Por outro lado, a neuropsicologia é caracterizada por uma relação muito estreita entre a investigação fundamental e as suas implicações clínicas, a saber, o diagnóstico (vd. Hécaen, 1972) e a reeducação (Seron & Van der Linden, 2000, vol. 2).

Como qualquer ciência, a neuropsicologia apareceu quando o clima filosófico e científico se lhe tornou propício, e é sempre arriscado – e sem dúvida vão – datar o nascimento de uma disciplina científica.

No entanto, é habitual considerar que os trabalhos de Broca e depois de Wernicke, em meados do século XIX, constituem o seu acto fundador. Através de observações anatomoclínicas, estes neurologistas estabeleceram uma relação fiável entre um local cerebral lesionado – a terceira circunvolução frontal esquerda para Broca, a parte posterior da primeira circunvolução temporal esquerda para Wernicke – e o défice de uma função cognitiva específica – a produção da linguagem articulada para Broca, a compreensão da linguagem oral para Wernicke.

No seguimento destes precursores e durante um século a neuropsicologia será o estudo dos pacientes adultos com lesões cerebrais com a finalidade de estabelecer ligações entre estruturas cerebrais (lesionadas) e processos cognitivos (perturbados), uma abordagem científica largamente herdada da frenologia defendida por Gall e Spurzheim no início do século XIX.

Para além do seu contributo para a investigação fundamental, estes trabalhos terão sobretudo um objectivo de diagnóstico: antes do aparecimento das técnicas contemporâneas de imagiologia cerebral, mas em relação directa com o método anatomoclínico (autópsia) que os precederam, a neuropsicologia foi, com efeito, um meio de eleição nas mãos dos neurologistas para localizar *in vivo* as lesões cerebrais, graças à evidenciação de associações sistemáticas entre conjuntos de sintomas (ou síndromes) e estruturas cerebrais.

Desde há uma trintena de anos, todavia, esta função de diagnóstico da neuropsicologia passou para segundo plano, após a entrada em funcionamento de técnicas de imagiologia médica que permitem, quer a localização "directa" das lesões nos pacientes, quer a activação específica de estruturas cerebrais no sujeito empenhado em actividades cognitivas bem precisas (*scanner*-X, potenciais evocados, magnetoencefalografia, tomografia por emissão de positrões, ressonância magné-

tica, ressonância magnética funcional, estimulação magnética transcraniana: Dehaene, 1997; Houdé *et al.*, 2002; Posner & Raiche, 1994). A neuropsicologia construiu então para si mesma um domínio de acção específico, o da reavaliação das perturbações cognitivas que resultam de um ataque cerebral de origem traumática, infecciosa, tumoral, tóxica ou vascular (Seron & Van der Linden, 2000, vol. 2).

A partir do período entre as duas guerras, existiu, porém, uma neuropsicologia "do sujeito normal" em paralelo com a do doente com lesão cerebral, principalmente no início dos estudos dos sujeitos "com cérebro fendido", ou "comissurotomizados", ou, ainda, *split brain* (Gazzaniga, 1976): de acordo com os estudos de doentes com uma lesão focal, estas pesquisas colocavam em evidência uma assimetria hemisférica funcional das áreas cerebrais secundárias ou associativas nos sujeitos em que os hemisférios estavam desconectados entre si. Será a época, nos anos de 1960 a 1980, do estudo das "diferenças laterais" que procuravam uma assimetria ou uma dominância hemisférica para várias actividades cognitivas. Estes trabalhos estarão na origem de toda uma série de teorias mais ou menos fundadas nas competências respectivas do hemisfério esquerdo e do hemisfério direito (vd. Sergent, 1990). Mais recentemente ainda, desenvolveram-se outros domínios de pesquisa no sujeito normal, em particular o estudo dos efeitos do envelhecimento normal, sobre o funcionamento cognitivo (Van der Linden & Hupet, 1994) e a aplicação das técnicas de imagiologia cerebral funcional referidas mais acima. Todas estas abordagens são fundamentalmente complementares e os seus resultados convergentes (por ex., Bruyer, 2000).

R. Bruyer

Neuropsicologia Cognitiva

📖 Bruyer, R. (2000), *Le cerveau qui voit*, Paris, Odile Jacob.

• Dehaene, S. (org.) (1997), *Le cerveau en action: imagerie cérébrale fonctionnelle en psychologie cognitive*, Paris, Presses Universitaires de France.

• Gazzaniga, M.S. (1976), *Le Cerveau dédoublé*, Bruxelas, Dessart et Mardaga.

• Hécaen, H. (1972), *Introduction à la Neuropsychologie*, Paris, Larousse.

• Houdé, O., Mazoyer, B. & Tzourio Mazoyer, N. (orgs.) (2002), *Cerveau et Psychologie: introduction à l'imagerie cérébrale anatomique et fonctionnelle*, Paris, Presses Universitaires de France.

• Posner, M.I. & Raichle, M.E. (1994), *Images of Mind*, Nova Iorque, Freeman [trad. *L'Esprit en Images* (1998), Bruxelas, DeBoeck], [trad. port.: *Imagens da Mente*, Porto, Porto Editora, 2002].

• Sergent, J. (1990), "Les dilemmes de la gauche et de la droite: opposition, cohabitation ou coopération?" in X. Seron (org.), *Psychologie et Cerveau*, Paris, Presses Universitaires de France, pp. 121-151.

• Seron, X. & Jeannerod, M. (Eds), (1994), *Neuropsychologie humaine*, Bruxelas, Mardaga.

• Seron, X. & Van der Linden, M. (Eds) (2000), *Traité de Neuropsychologie clinique, vol. 2, Rééducation*, Marselha, Solal.

• Van der Linden, M. & Hupet, M. (Eds) (1994), *Le Vieillissement cognitif*, Paris, Presses Universitaires de France.

☞ *neurociências cognitivas, neurolinguística, neuropsicologia cognitiva*

NEUROPSICOLOGIA COGNITIVA

1. *No sentido amplo*: disciplina que estuda as relações ou tenta fazer a ponte entre as funções mentais e as estruturas cerebrais, ou entre as neuro-ciências e as ciências cognitivas. A fronteira entre a neuropsicologia cognitiva e as neurociências cognitivas torna-se, todavia, cada vez mais ténue. 2. *Em psicologia*: método que explora uma via real" na colocação em evidência das representações mentais que constituem o cerne da psicologia cognitiva. Assim, pela técnica da dupla dissociação (Teuber, 1955), a neuro-psicologia cognitiva testa (valida ou falsifica) as predições dos modelos da psicologia cognitiva e, de maneira interactiva, oferece-lhe proposições teóricas alternativas (Seron, 1993; Shallice, 1988).

O método da dupla dissociação

Esta técnica da dupla dissociação permitiu validar ou revelar uma dissociação empiricamente fundada entre, por exemplo, a memória de curto prazo e a memória de longo prazo (Warrington & Shallice, 1969), ou entre diferentes sequências de operações mentais que conduzem à leitura em voz alta (a via por "endereçamento" e a via por "montagem" [*assemblage*]; vd. Marshall & Newcombe, 1973). O princípio do método para validar a dissociação entre a operação mental A e a operação mental B consiste em referir uma condição α que perturba a operação A, deixando intacta a operação B e uma condição β que perturba a operação B, deixando intacta a operação A (Shallice, 1988). Estas condições α e β serão geralmente duas lesões cerebrais, mas podem igualmente ser: dois estádios do envelhecimento normal; duas condições experimentais no sujeito são; ou, ainda, a activação de duas estruturas cerebrais diferentes – medida pelas técnicas modernas de imagiologia cerebral funcional – nos sujeitos sãos. Notemos, todavia, que a pertinência da dupla dissociação, quando é aplicada a estudos de grupos, foi posta em questão e foram propostas alternativas (Dunn & Kisner, 1988).

No que respeita ao estudo de doentes com lesões cerebrais, a dupla dissociação só atinge o seu pleno valor quando é investigada por meio de "casos únicos", ou seja, comparando dois sujeitos singulares, e não comparando dois grupos de sujeitos, considerados homogéneos quanto à sua lesão cerebral (por ex.: um grupo com lesão parietal esquerda e outro com lesão parietal direita) e / ou a sua síndrome clínica (por ex.: um grupo com uma afasia de expressão e um grupo com uma afasia de compreensão). A razão para tal é que os grupos não são homogéneos senão aparentemente (Caramazza, 1986; Shallice, 1998). Esta abordagem com casos únicos continua, porém, a ser relativamente negligenciada nos Estados Unidos, onde os investigadores desenvolvem antes uma investigação "neuropsicométrica" (Bruyer, 1979): esta abordagem visa o estabelecimento de normas para testes ou provas em que as componentes cognitivas utilizadas são amplamente ignoradas e / ou se combinam de tal maneira que é quase impossível identificar a(s) componente(s) perturbada(s) em caso de resultado insuficiente.

O postulado da modularidade em neuropsicologia cognitiva

Um postulado essencial da neuropsicologia cognitiva é o da modularidade. Uma parte importante da cognição seria constituída por módulos, dispositivos (ditos "verticais") de tratamento que não são activados senão por uma categoria muito precisa de estímulos, mas de uma maneira inevitável e que estão encapsulados, isto é, são insensíveis a qualquer influência do resto da cognição (os dispositivos ditos "horizontais" como a atenção ou a memória); estes módulos teriam uma contrapartida na organização funcional do cérebro,

pré-cabeada de maneira inata (Fodor, 1983; Pylyshun, 1999).

Outro postulado da neuropsicologia cognitiva, mais controverso, é o da transparência. Segundo este postulado – e tendo em consideração a modularidade –, os desempenhos de um doente com lesão cerebral numa tarefa dada são a expressão do funcionamento normal de um sistema de tratamento da informação em que um (dos) subsistema(s) ou conexão(ões) entre subsistemas está (estão) danificado(a)(s).

R. Bruyer

📖 Bruyer, R. (1979), "Neuropsychologie et psychométrie: limites et voisinage", *Acta Psychiatrica Belgica*, 79, 274-299.

• Caramazza, A. (1986), "On drawing inferences about the structure of normal cognitive systems from the analysis of patterns of impaired performance: the case for single-patients studies", *Brain and Cognition*, 5, 41-66.

• Dunn, J.C. & Kirsner, K. (1988), "Discovering functionally independent mental processes, the principle of reversed association", *Psychological Review*, 95, 91-101.

• Fodor, J.A. (1983), *The Modularity of Mind*, Cambridge, MA, The MIT Press.

• Marshall, J.C. & Newcombe, F. (1973), "Patterns of paralexia: a psycholinguistic approach", *Journal of Psycholinguistic Research*, 2, 175-199.

• Pylyshyn, Z. (1999), "Is vision continuous with cognition? The case for cognitive impenetrability of visual perception", *Behavioral and Brain Sciences*, 22, 341-423.

• Seron, X. (1993), *La Neuropsychologie cognitive*, Paris, Presses Universitaires de France.

• Shallice, T. (1988), *From Neuropsychology to Mental Structure,* Cambridge, Cambridge University Press [trad., *Symptômes et modèles en neuropsychologie: des schémas aux réseaux* (1995), Paris, Presses Universitaires de France].

Neuropsicologia Cognitiva

- Teuber, H.L. (1955), "Physiological Psychology", *Annual Review of Psychology*, 6, 267-296.
- Warrington, E.K. & Shallice, T. (1969), "The selective impairment of auditory verbal short-term memory", *Brain*, 92, 885-896.

☞ *dissociação cognitiva, neuropsicologia, neurociências cognitivas, psicologia cognitiva*

O

OCULOMETRIA COGNITIVA

Técnica de registo dos movimentos dos olhos que consiste em assinalar em tempo real a posição do olhar por intermédio de um detector óptico ou de uma câmara de vídeo, que são regulados para um reflexo emitido por um raio infravermelho enviado para a córnea ocular.

• Este dispositivo acoplado a um sistema informático esquadrinha por amostragem regular a posição espacial do olho e, em certos casos, o diâmetro pupilar. A quantidade considerável de dados registados é depois reduzida para apenas reter as pausas dos olhos (fixações) que indicam os tratamentos cognitivos e os saltos de uma fixação para a seguinte (movimentos sacádicos) mais controlados pela percepção e pelos mecanismos oculomotores. As fixações e as sacadas representam os elementos fundamentais do estudo oculométrico a partir dos quais são calculadas diversas medidas espaciais e temporais do deslocamento do olhar: as medidas espaciais são distâncias sacádicas, localizações ou o traçado das zonas inspeccionadas pelo olhar (*scanpath*), as medidas temporais dizem respeito às durações das fixações globais ou limitadas a uma informação precisa.

Oculometria e representação mental

Um desafio importante no estudo da cognição humana consiste muitas vezes em encontrar traços observáveis da actividade mental. Estes traços devem estar relacionados com as operações cognitivas de maneira relativamente directa, estável e em quantidade suficiente para permitir interpretações fiáveis.

Os traços (ou indicadores cognitivos) derivam de dois tipos de medidas, as que correspondem ao resultado de um tratamento cognitivo (*Medidas Off-Line*) e as que seguem os processos durante o seu desenrolar (*Medidas On-Line*). A análise dos movimentos dos olhos (ou oculometria) pertence a esta última categoria. É utilizada frequentemente no estudo dos comportamentos para os quais a obtenção de informações visuais é determinante na elaboração das representações mentais subjacentes. É por essa razão que a oculometria é utilizada para interpretar as actividades cognitivas que precisam de recorrer a um comportamento de leitura, de procura de informação ou de reconhecimento de objectos e para descrever as estratégias de exploração, de raciocínio e de aprendizagem.

A vantagem essencial da oculometria é fornecer um decréscimo temporal e espacial das operações cognitivas que se encadeiam aquando da realização de uma actividade cognitiva. Em particular, ela permite distinguir os tratamentos cognitivos iniciais (as primeiras fixações) das operações ulteriores de controlo, verificação ou integração da informação (releituras). Por exemplo, na leitura de uma frase sintacticamente ambígua, o leitor empenha-se na interpretação, considerando a frase como constituída por uma estrutura sujeito / verbo / complemento, e quando descobre a ambiguidade sintáctica (a palavra do complemento corresponde ao sujeito de uma nova proposição), recuos do olhar assinalam o aparecimento de procedimentos de verificação semântica e a utilização de uma nova estrutura sintáctica.

Oculometria e atenção

Para além da actividade de leitura, a oculometria no estudo da cognição pode explicar os deslocamentos da atenção que guiam muitas vezes a recolha de informação e determinam o tipo de tratamento realizado. O método oculométrico aplica-se plenamente às situações que colocam em jogo estratégias de resolução de problemas (jogos, problemas aritméticos, resolução de conflitos), de busca de informação (navegação na *web*), de aprendizagem (documento, *software* didáctico) ou que implicam uma actividade de reconhecimento (rostos, objectos, cenas visuais). A oculometria não é usada no estudo da cognição senão desde os anos 70, sendo, portanto, uma técnica bastante jovem, que continua a evoluir em função dos avanços tecnológicos e da precisão dos modelos cognitivos.

T. Baccino

📖 Baccino, T. & Colombi, T. (2000), "L'analyse des mouvements des yeux sur le web", *Revue d'Intelligence Artificielle*, 14, 127-148.
• Rayner, K. (1998), "Eye movements in reading and information processing: 20 years of research", *Psychological Bulletin*, 124, 372-422.

☞ *leitura, psicolinguística, visão*

OLFACTO

Função sensorial que permite a detecção e o reconhecimento à distância do odor das substâncias químicas.

• Tudo começa no nariz quando uma molécula odorífera se prende na membrana de uma *célula olfactiva* (cf., por ex., Kandel, Schwartz & Jessell, 2000). Estes neurónios especializados estão localizados numa pequena superfície do epitélio, na parte superior do nariz. Bipolares, flutuam numa fina cada de muco e as suas dendrites são consteladas de receptores químicos altamente especializados. Os axónios destas células olfactivas formam depois sinapse ao nível do bolbo olfactivo com os neurónios chamados células mitrais. Estas conexões são feitas nos *glomérulos*, ligados entre si por células *periglomerulares*, cuja função parece ser a de "limpar" o sinal (Laurent *et al.*, 2001). Os axónios das células mitrais agrupam-se em seguida para constituir o *tracto olfactivo lateral*, que liga o bolbo olfactivo ao resto do cérebro. Os axónios do tracto olfactivo contactam directamente com várias estruturas cerebrais, entre as quais o *núcleo olfactivo anterior*, o *tubérculo olfactivo*, o *córtex piriforme* e o *córtex entorrinal*. A partir destas estruturas, a informação olfactiva pode atingir a *amígdala*, o *hipotálamo*, o *tálamo*, o *hipocampo* e o *córtex orbitofrontal* (Doty, 2001). Estas estruturas são particularmente importantes para o tratamento cognitivo dos odores (percepção, memória, emoção, decisão) e a sua integração com as outras sensações químicas (gosto e estimulação trigeminais) no que se chama o *sabor* dos alimentos (Rolls, 1999).

Como são codificados os odores? Actualmente há acordo em pensar que uma célula olfactiva não exprime nas suas sinapses senão apenas um receptor químico de um conjunto possível de um milhar de receptores (Holey, 1999; Mombaerts,

Olfacto

2001). É provável que o grau de especificidade dos receptores varie: certos receptores podem ser muito específicos e outros muito pouco. A existência de receptores específicos permite explicar a existência de anosmias (perdas do olfacto) específicas em que certos sujeitos não podem perceber senão um pequeno número de odores ou até um apenas. Neste caso, um só receptor estaria não-funcional e o odor ou a pequena classe de odores que ele codifica não podem ser percebidos. Assim, a maioria dos odores são codificados por uma configuração de activação nervosa ao nível das células olfactivas. Ao nível do bolbo olfactivo, cada glomérulo colhe a informação que provém de células que exprimem um só e mesmo receptor ao nível da sua sinapse (um glomérulo corresponde, portanto, a um só receptor). Também aqui os odores são representados por uma configuração de activações ao nível dos glomérulos.

A fim de compreender a codificação da informação por um sistema perceptivo, a estratégia clássica é tentar relacionar as propriedades físicas (ou químicas, no caso presente) com a resposta perceptiva. Até agora, esta estratégia parece ter fracassado no estudo da olfacto e isto essencialmente por duas razões: em primeiro lugar, moléculas muito parecidas podem ter odores muito diferentes; em segundo lugar, moléculas muito diferentes podem ter o mesmo odor. De facto, parece que a estrutura de similitude perceptiva dos odores não reflecte a sua estrutura físico-química, mas sim a sua função ecológica (por ex., um odor a podre quer dizer "não comer").

H. Abdi

    Doty, R.L. (2001), "Olfaction", *Annual Review of Psychology*, 52, 423-452.
* Holley, A. (1999b), *Éloge de l'odorat*, Paris, Odile Jacob.
* Kandel, E.R., Schwartz, J.H. & Jessell, T.M. (2000), *Principles of Neural Science* (4.ª edição), Nova Iorque, McGraw-Hill.
* Laurent, G., Stopfer, M., Friedrich, R.W., Rabinovich, M.I., Volkovskii, A. & Abarbanel, H.D.I. (2001), "Odor encoding as an active, dynamical process: Experiments, computation, and theory", *Annual Review of Neurosciences*, 24, 263-297.
* Mombaerts, P. (2001), "How smell develops", *Nature Neuroscience*, 4, 1192-1198.
* Rolls, T.E. (1999), *The brain and emotion*, Oxford, Oxford University Press.

☞ *cérebro, emoção, gosto, percepção, sabor*

P

PALAVRA DEBAIXO DA LÍNGUA (FENÓMENO DA -)

Incapacidade momentânea de recuperar da memória uma palavra conhecida, estando-se muito próximo de a encontrar. Diz-se comummente que ela está "debaixo da língua".

• Brown e McNeill (1966) designaram e estudaram este fenómeno, utilizando uma paradigma que consiste em pedir a palavra correspondente a definições raras. Os seus resultados mostraram que, mesmo que não se acedamos à palavra, dispomos, todavia, de informações parciais sobre ela (por ex., a sua primeira letra ou o número de sílabas). O fenómeno é um dado empírico que confirma a intervenção de dois processos na denominação: um processo de recuperação da representação léxico-sintáctica da palavra (lema) e um processo de recuperação da sua especificação fonológica (lexema). Todavia, não se pode confundir a impressão fenomenológica da palavra-debaixo-da-língua com o processo de recuperação de uma etiqueta lexical (Schwartz, 2002).

M. Izaute

📖 Brown, R. & McNeill, D. (1966), "The 'tip-of-the-tongue' phenomenon", *Journal of Verbal Learning and Verbal Behavior*, 5, 325-337.
• Schwartz, B.L. (2002), *Tip-of-the-tongue states. Phenomenology, mechanism, and lexical retrieval*. Mahwah, Lawrence Erlbaum Associates.

☞ *léxico mental, linguagem, memória, metamemória*

PANDEMÓNIO

Modelo metafórico da cognição, assimilado a uma reunião demoníaca. **Nota:** foi proposto por Selfridge em 1958, desenvolvido por Neisser (1967) e popularizado por Lindsay e Norman (ver também a muito boa introdução de Anderson e Rosenfeld, 1988).

• O modelo do Pandemónio influenciou não apenas as ciências cognitivas, mas também a informática (os famosos "demónios" do Unix são descendentes do Pandemónio). Na Liturgia, o Pandemónio (literalmente: "lugar de todos os demónios") é um lugar onde reina uma desordem infernal. No modelo de Selfridge, os demónios do Pandemónio são uma metáfora da cognição. Cada demónio representa uma função (encapsulada como dirá mais tarde Fodor). Cada demónio especializa-se numa tarefa (por ex., reconhecer as linhas horizontais) e não recolhe senão a informação necessária para esta tarefa. Certos demónios dependem da informação fornecida por outros demónios para efectuar a sua própria tarefa. Por exemplo, para o reconhecimento das formas complexas que são as letras, um demónio decisional utiliza, para identificar uma letra descrita por componentes, a informação que provém de vários demónios em que cada um reage a uma componente precisa.

O Pandemónio representa uma arquitectura totalmente paralela em que se pode mudar o valor das conexões entre unidades (entre demónios) por aprendizagem, mas em que também se pode mudar por aprendizagem o número ou a função das unidades de base (neurónios numa rede de neurónios ou um demónio no Pandemónio). As ideias que estão na base do Pandemónio continuam a ser utilizadas activamente nas ciências cognitivas.

H. Abdi

📖 Anderson, J.A. & Rosenfeld, E. (1988), *Neurocomputing*, Cambridge, MA, The MIT Press.
• Lindsay, P.H. & Norman, D.A. (1977), *Human information processing: an introduction to psychology*, Nova Iorque, Academic Press.
• Neisser, U. (1967), *Cognitive Psychology*, Nova Iorque, Appleton-Century-Croft.
• Selfridge, O.G. (1959), "Pandemonium: A paradigm for learning", in D.V. Blake & A.M. Uttley (orgs.), *Proceedings of the National Physical Laboratory on the mechanisation of thought processes*, pp. 511-529, Londres, H.M. Stationary Office.

☞ *arquitectura cognitiva, encapsulação, rede de neurónios*

PENETRABILIDADE COGNITIVA

Na teoria da *modularidade* (limitada à linguagem e aos mecanismos perceptivos) e na sua versão alargada às actividades cognitivas centrais, a da *especificidade por domínio*, os módulos são considerados "encapsulados" e, portanto, relativamente impermeáveis às influências do resto da mente. A *penetrabilidade cognitiva* é o efeito inverso deste encapsulamento e apresenta-se sob formas diversas.

• Assim, uma vez conhecida a ilusão de Müller-Lyer (os segmentos dotados de flechas reentrantes ou salientes), continuamos a ver um segmento maior do que o outro, mas já não nos enganamos quanto ao resultado da sua medida.

Num sistema relativamente autónomo como a linguagem, os seus tratamentos sintácticos são sensíveis aos conhecimentos semânticos e aos contextos pragmáticos de enunciação. Quando um termo tem dois sentidos, ambos são activados, incluindo o menos frequente, excepto se a frase dá indícios da preeminência contextual do termo mais frequente.

Considerando apenas processos centrais, as crenças são em muitos casos – mas dentro de certos limites, quando são muito firmes – permeáveis aos desejos devido ao fenómeno do *wishful thinking* ou ainda do "querer acreditar". Nestes casos, a penetrabilidade é real, mas marginal, contrariamente ao que uma perfeita penetrabilidades das funções centrais pressuporia.

Por último, quando a especificidade pelo domínio consiste na utilização de uma teoria ingénua, os diversos aspectos dos próprios objectos asseguram a permeabilidade externa, digamos assim, fazendo-nos passar de uma teoria e de um domínio para outro.

P. Livet

📖 Karmiloff-Smith, A. (1992), *Beyond Modularity*, Cambridge, MA, The MIT Press.

- Pylyshyn, Z. (1999), "Is vision continuous with cognition? The case for cognitive impenetrability of visual cognition", *Behavioral and Brain Sciences*, 22, 341-423.

☞ *domínio (especificidade pelo -), encapsulação, modularidade da mente*

PENSAMENTO

Conjunto das operações mentais de manipulação de símbolos (imagens, palavras, conceitos, etc.) implicados em muitas actividades cognitivas (memória, resolução de problemas, aprendizagem, etc.). As três questões seguintes são centrais para as ciências cognitivas: (1) quais são as diferentes formas de pensamento na ordem biológica? (2) Quais são a filogénese e a ontogénese do pensamento? (3) Os sistemas artificiais são capazes de "pensamento" e em que é que este último difere do "pensamento" dos organismos vivos, em particular dos mais complexos?

• Podemos distinguir fundamentalmente dois tipos de pensamento: o pensamento intuitivo, que nos revela as realidades singulares de seres e objectos concretos, e o raciocínio, que se baseia essencialmente em conceitos, em ideias gerais e abstractas.

Intuição, pensamento discursivo e raciocínio

A intuição e o raciocínio têm ambos o seu lugar no pensamento. Na vida corrente, a intuição traz ao conhecimento a matéria, ao passo que o raciocínio exerce-se sobre os dados fornecidos pela intuição, que representam a parte essencial do bom senso. Mesmo no domínio do pensamento puramente abstracto, a intuição desempenha um papel importante nas orientações dos raciocínios (os formalismos do raciocínio foram comparados aos parapeitos das pontes, que impedem que se caia, mas não fazem com que se avance!).

Podemos igualmente salientar um tipo de pensamento particular: o pensamento discursivo, essencialmente baseado na linguagem. Não apenas é considerado mais pesado e mais lento do que a intuição, mas seria também mais superficial, porque não permite conhecer senão relações entre as coisas, ao passo que a substância mesma destas coisas releva da intuição, que é a única a poder apreendê-las do interior ("a inteligência discursiva não explica o universo senão substituindo-o por uma rede de símbolos", Bergson). Convém, todavia, sublinhar que a intuição não releva do próprio mundo, mas que passa necessariamente pelos órgãos sensoriais. É, portanto, fundamentalmente subjectiva.

Assim, o pensamento não é somente concebido como uma representação simbólica construída de forma composicional, mas também como uma modificação do contexto cognitivo. O efeito dos signos elementares é guiar a interpretação das percepções, tornando mais acessíveis as entidades semânticas que fazem parte da interpretação. Uma auto-regulação competitiva relacionada com as acessibilidades dos conhecimentos (um nível cognitivo subliminar não controlado) basta então para explicar a preferência semântica no contexto, quer dizer, a focalização da percepção consciente nas interpretações mais pertinentes. Os objectivos do sistema têm igualmente uma influência determinante no próprio desenrolar do processo da compreensão (as tarefas geram expectativas que influenciam a pertinência das interpretações). A compreensão não se funda apenas num conjunto de critérios lógicos de avaliação: ela emerge também de processos cognitivos, talvez não racionais, que não sabemos necessariamente descrever de uma maneira algorítmica.

As duas etapas do pensamento

Assim, a interpretação desenrola-se em duas etapas, em primeiro lugar, uma análise passiva ao nível subliminar, depois um tratamento racional activo ao nível consciente. A análise intuitiva funda-se no carácter associativo dos conhecimentos semânticos (nomeadamente para focar a atenção do sistema). Esta associatividade pode também afectar o pensamento racional, porque as interferências racionais fundam-se, é claro, nos mesmos conhecimentos: essa é a razão por que se pode afirmar que a língua estrutura o pensamento, ainda que sobre este assunto permanecem sem resposta definitiva diversas questões (quais são os pontos comuns entre pensamento e linguagem?, porque razão o pensamento é mais flexível do que a linguagem?, o pensamento tem lugar num sistema simbólico?, etc.).

As percepções em curso de tratamento podem admitir várias interpretações candidatas construídas em paralelo. Individualmente, procedem de maneira sequencial e ascendente (dirigidas pelos dados). No entanto, colectivamente, o contexto faz convergir o sistema para uma interpretação resultante, quase sempre única. De facto, as interpretações são desenvolvidas com uma velocidade variável, que depende da plausibilidade do ramo explorado, quer dizer, em última análise, da acessibilidade dos conhecimentos que o sustentam. Esta maneira de operar permite separá-las, porque não têm todas as mesmas possibilidades de prosperar. O estado do contexto cognitivo age então como um feixe de hipóteses que favorecem o desenvolvimento das interpretações mais coerentes. Trata-se de um mecanismo de predição tecnicamente muito diferente das análises clássicas, realizado por processos totalmente automáticos (quer dizer, não controlados nem reflexivos).

É claro que o pensamento racional participa também na interpretação, mas apenas após uma primeira interpretação espontânea (no tratamento da língua, em particular, esta divisão permite diferenciar as "verdadeiras" ambiguidades levantadas pela comunicação, que uma planificação dinâmica racional deveria resolver, e as ambiguidades artificiais, que permanecem desapercebidas sem um estudo linguístico aprofundado). Este segundo aspecto, autocontrolado e planificado, permite o tratamento de todos os imprevistos e desemboca na aprendizagem de novos conhecimentos e de novos processos.

Modelos formais do pensamento

A inteligência artificial utiliza vários formalismos para simular estes mecanismos do pensamento e que são, basicamente:

– o formalismo simbólico mais ou menos fundador da disciplina em que as entidades em jogo podem ser descritas sem referência ao cérebro e podem ser postas em correspondência com os símbolos que os computadores sabem manipular;

– as redes neuronais: a mente é reconduzida ao funcionamento do cérebro e a inteligência é concebida como a difusão de activações, não simbólicas, em redes;

– o pensamento é concebido como um fenómeno colectivo produzido por muitos acontecimentos elementares, o que desemboca principalmente nas técnicas actuais da inteligência artificial distribuída.

G. Sabah

📕 Johnson-Laird, P.N. (1982), "Ninth Bartlett memorial lecture. Thinking as a skill", *Quarterly Journal of Experimental Psychology*, 34A, 1-29.

☞ *cognição, compreensão, conhecimento, consciência, crença, criatividade, linguagem, mentalês,
modularidade da mente, raciocínio, representação, saberes*

PERCEPÇÃO

Função e mecanismos por meio
dos quais um organismo toma conhecimento do mundo e de si mesmo a
partir dos dados dos sentidos.

• Face a abordagens que se podem
qualificar de "directas" e que se centram
nas relações entre os aspectos fenomeno-
lógicos da percepção e na estrutura das
estimulações que reflectiriam (Gibson, os
gestaltistas), a psicologia cognitiva defende uma concepção mais mecanicista e
construtivista segundo a qual a percepção
é um conjunto de sistemas de tratamento
de informação. A compreensão dos seus
mecanismos progrediu com base nos
contributos das três disciplinas-pilares das
ciências cognitivas: psicologia, neurociências e inteligência artificial.

Mecanismos seriais e paralelos

Segundo esta problemática, a percepção implica uma sucessão de operações de
elaboração das informações sensoriais em
que se podem distinguir três grandes etapas: uma etapa de codificações locais ou
de segmentação das características (*features*),
uma etapa de agrupamento ou ligação destas características a uma escala cada vez
maior e, por último, uma etapa de interpretação das informações. As primeiras
etapas destes tratamentos são automáticas
e pré-cognitivas. São frequentemente caracterizadas como dependentes do estímulo, embora resultem essencialmente das
propriedades dos sistemas sensoriais. A
questão de saber a que nível podem inter-

vir as retroacções muitas vezes ditas dependentes dos conceitos (ou das representações) permanece amplamente em aberto
e a resposta poderia ser diferente consoante as modalidades sensoriais.

Por rápidos que sejam, por exemplo,
os mecanismos de reconhecimento, estes,
considerados à escala temporal do funcionamento neuronal, não são imediatos.
A impressão de imediatez que sentimos e
sobre a qual insistiram os gestaltistas
deve-se a que a escala de tempo destas impressões é muito mais longa do que a dos
tratamentos subjacentes. Tanto os dados
da neurofisiologia, como as medidas dos
tempos de reacção (cronometria mental)
apoiam uma concepção globalmente hierárquica dos tratamentos perceptivos, o
que não exclui de modo algum que certas
etapas dos tratamentos possam realizar-se
em paralelo.

Assim, no que respeita à percepção visual, impôs-se a concepção de um duplo
sistema tratando em paralelo características diferentes e orientado para funções diferentes (Milner & Goodale, 1995). Um
primeiro sistema dito parvocelular ou
ventral trata essencialmente as informações relativas à forma dos objectos (orientação dos contornos, frequências espaciais, cor) e conduz ao reconhecimento dos
objectos, dos rostos, etc. O segundo sistema, dito magnocelular ou dorsal, trata as
informações espaciais de profundidade e
de movimento. Está implicado na percepção visual do movimento e do espaço,
bem como na preparação e no controlo
das acções.

Percepção e representação

A interpretação das informações elaboradas nos primeiros níveis de tratamento implica o recurso a representações e a
conhecimentos armazenados na memória
de longo prazo com que estas informações serão comparadas. É na percepção
visual que o seu estudo foi levado mais

longe. Estas representações seriam nela também de duas ordens: conceptuais e pragmáticas. As representações conceptuais participam nos mecanismos de reconhecimento dos objectos e decompõem-se em representações estruturais, lexicais (ou fonológicas) e semânticas. Esta dissociação baseia-se em argumentos que provêm principalmente da neuropsicologia e da neuroimagiologia. As representações estruturais dizem respeito à aparência dos objectos. As representações lexicais ou fonológicas referem-se ao acesso ao léxico mental e à designação nominal dos objectos. Por último, as representações semânticas cobrem as significações e associações evocadas por estes objectos.

Neste quadro, uma das questões principais é a de determinar se as representações estruturais são ou não invariantes do ponto de vista sob o qual o objecto-estímulo é apresentado. Para discriminações intercategoriais, o modelo de Reconhecimento por Componentes, de Biederman (1987), advoga esta invariância. O sistema disporia de um alfabeto de elementos volumétricos (geões) cujas combinações permitiriam descrever e aceder às representações estruturais. No entanto, nas discriminações intracategoriais, parecem necessárias diversas representações, correspondentes a diversos pontos de vista (Tarr & Bülthoff, 1998). Debate-se ainda o formato destas representações estruturais, opondo concepções de tipo proposicional a concepções analógicas.

Haveria também representações estruturais "pragmáticas" ligadas à cinética dos movimentos visuais que, por exemplo, nos permitiriam reconhecer os gestos e as acções efectuadas por personagens de que apenas são visíveis alguns pontos luminosos situados nas articulações. De igual modo, a eficácia dos índices de profundidade chamados "pictóricos", como a perspectiva linear ou aérea na percepção das distâncias e do relevo, poderia depender de tais representações.

A noção de representações perceptivas perde cada vez mais as suas conotações puramente mentalistas. Concebidas como traços mnésicos estruturados, elas são activadas por informações sensoriais de acordo com modelos mais próximos dos modelos conexionistas do que dos sistemas periciais. Estariam engramadas nas mesmas estruturas corticais que as que são utilizadas no tratamento dos estímulos perceptivos, como o indicam cada vez mais muitas experiências de neuroimagiologia. Assim, as imagens fixas de sujeitos cuja atitude evoca um movimento corporal vão activar, entre outras, as regiões da via dorsal habitualmente activadas pela apresentação de estímulos retinianos de movimento. Não será o caso durante a apresentação de imagens de sujeitos em repouso. A neuropsicologia, a neuroimagiologia e as neurociências impõem, portanto, uma concepção de tratamentos distribuídos e localizados no cérebro que permitem tratamentos hierárquicos, mas também paralelos.

C. Bonnet

📖 Bonnet, C. (1998), "La Perception", in J.L. Roulin (org.), *Psychologie Cognitive*, pp. 72-136, Paris, Éditions Bréal.

• Bruce, V. & Green, P. (1993), *La perception visuelle: physiologie, psychologie et écologie*, Grenoble, Presses Universitaires de Grenoble.

• Delorme, A. & Fluckiger, M. (orgs.) (2003), *Perception & Réalité. Une introduction à la psychologie des perceptions*, Montréal, Gaëtan Morin Éditeur.

• Gibson, J.J. (1979), *The Ecological Approach to Visual Perception*, Boston, Houghton Mifflin.

• Milner, A.D. & Goodale, M. (1995), *The visual brain in action*, Oxford, Oxford University Press.

• Tarr, M.J. & Bülthoff, H.H. (1998), *Object recognition in man, monkey, and machine*, Cambridge, MA, The MIT Press.

☞ *conhecimento, consciência, psico-física, reconhecimento, reconhecimento dos objectos, reconhecimento dos rostos, representação, sensação, visão*

PERCEPTRON

Nome dado por Rosenblatt (1961) a um dos primeiros modelos de rede neuronal capazes de aprender. **OBS.**: uma variante proposta por Widrow, *Adaline*, continua a ser popular no domínio do tratamento do sinal (*Adaline* é o acrónimo inglês de *Adaptive Linear Unit*, que quer dizer "componente linear adaptativa").

• Como o seu nome indica, o *Perceptron* foi concebido originalmente como um modelo da actividade perceptiva. Deveria reconhecer formas a partir da sua configuração de iluminação de uma retina (relativamente primitiva pelos nossos padrões contemporâneos, porque não teria mais do que algumas centenas de elementos).

As células da retina do *Perceptron* são receptores binários (têm os valores 0 ou 1). Estão ligadas a uma única camada de células compostas por *neurónios* formais binários por intermédio de conexões sinápticas ponderadas cujo valor pode ser modificado pela aprendizagem. Cada sinapse age como um amplificador, ou seja, o valor de activação que transmite através desta sinapse é multiplicado pelo peso da sinapse. Estas células chamam-se células de saída do *Perceptron*. Cada célula de saída calcula a sua activação num momento dado como a soma ponderada pelos valores sinápticos das activações que provêm das células da retina. Se este valor for superior a um limiar, a célula de saída torna-se activa, senão torna-se inactiva (Abdi, 1994).

As células de saída podem aprender a mudar o valor das conexões sinápticas por

aprendizagem supervisionada, também chamada aprendizagem de *Widrow-Hoff*. Para o fazer, a célula de saída deve conhecer o valor desejado (ou valor teórico) que deveria fornecer para a configuração de entrada considerada. Se a resposta for correcta, os valores das conexões sinápticas não são modificados. Se a resposta não for correcta, a célula calcula um *sinal de erro* que é igual à diferença entre o valor teórico e a resposta dada. Em seguida, a célula muda o valor das conexões sinápticas das células activas da retina (as células inactivas não são corrigidas, porque não participaram no cálculo da activação da célula de saída e não são, assim, "responsáveis" pela activação e, portanto, pelo erro). Para o fazer, a célula de saída propaga o sinal de erro em direcção às sinapses e adiciona uma fracção deste sinal a cada sinapse.

Na prática, isto reforça a influência das células da retina cujo valor da activação ia no mesmo sentido que o valor desejado, e diminui a influência das células da retina cuja activação ia no sentido inverso do valor desejado.

Os *Perceptrons* são redes de neurónios com apenas uma camada. São capazes de aprender o conjunto das funções lógicas linearmente separáveis (vd. Abdi, Valentin e Edelman, 1999). No caso das funções lógicas com dois valores de entrada, tal significa que o *Perceptron* pode aprender 14 das 16 funções lógicas possíveis. As duas funções que não podem ser aprendidas (porque não são linearmente separáveis) são a função XOR e a função SE E SOMENTE SE. Para poder aprender uma classe mais ampla de funções (de facto, o conjunto das funções de valores reais), é preciso acrescentar *camadas ocultas* (intermediárias entre a retina e a camada de saída) de células com funções de transferência (que, em resposta, transformam a activação da célula) mais sofisticadas (função logística). É preciso assim generalizar a regra de aprendizagem de Widrow-Hoff. O algoritmo mais popular é a *retropropagação* do erro, inventado por diversas

Personalidade

equipas nos anos 80 (sendo o grupo PDP em torno de McClelland & Rumelhart a equipa mais conhecida).

As pesquisas sobre o *Perceptron*, intensas nos anos 60, declinaram quando os limites calculatórios destes modelos se tornaram claros, no fim dessa década. A descoberta da retropropagação do erro voltou a fazer aumentar o interesse por elas nos anos 80. Este interesse não se esgotou desde então.

H. Abdi

📖 Abdi, H. (1994), *Les réseaux de neurones*, Grenoble, Presses Universitaires de Grenoble.
• Abdi, H., Valentin, D. & Edelman, B. (1999), *Neural Networks*, Thousand Oaks, CA, Sage Publications.
• McCulloch, W.S. & Pitts, W. (1943), "A logical calculus of the ideas immanent in nervous activity", *Bulletin of Mathematical Physics*, 5, 115-133.
• Rosenblatt, F. (1961), *Principles of neurodynamics*, Washington, DC, Spartan Books.
• Rumelhart, D. & McClelland, J. (1986), *Parallel distributed processing: Explorations in the structure of cognition*, Cambridge, MA, The MIT Press.

☞ *aprendizagem, neurónio formal, rede de neurónios*

PERSONALIDADE

Disposições para condutas cognitivas e práticas, interacções sociais, reacções afectivas, que permanecem estáveis durante toda a vida e se manifestam desde a infância.

• A utilização dos termos varia, mas tende-se a falar: (1) de *carácter*, para indicar uma organização muito genérica de traços disposicionais considerados como normais, (2) de *temperamento*, para definir espécies nestes géneros, mas também para tratar mais particularmente das disposições para ter emoções, (3) de *personalidade*, para designar variantes que podem ser individuais, mas também para insistir nas disposições cognitivas ou patológicas (personalidade ansiosa, depressiva).

Contrapõem-se igualmente os *traços* (de carácter, de personalidade) como disposições permanentes, modos de funcionamento observável (suspeitoso, alexitímico, empático, anedónico, etc.) aos *estados* que são episódicos (um momento de depressão).

Foram propostas diversas grelhas de avaliação dos traços típicos dos caracteres e das personalidades: as listas sucedem-se desde Le Senne e os seus caracteres (emotivo, activo, primário, etc.) ou, ainda, a distinção entre cerebrotónico, viscerotónico e somatotónico, Eysenck (introversão / extroversão e tendência neurótica), ou Cattell, que distingue os traços de capacidade, de temperamento emocional e os traços dinâmicos. Os sujeitos extrovertidos são mais inclinados a expressar as suas emoções, quando se induz um humor positivo, e os sujeitos neuróticos a expressá-las, quando se induz um humor negativo. As pessoas constroem-se também com a auto-atribuição ou não dos valores das consequências dos seus actos. A responsabilidade é vivida mais fortemente quando o sujeito pensava controlar de maneira interna o seu acto do que quando atribui o resultado a um controlo exterior.

A teoria dos *estilos cognitivos* distingue entre as pessoas dependentes do campo, que tratam a informação a partir de pontos de referência externos, e as pessoas independentes do campo, que não consideram os elementos exteriores à tarefa.

Nas experiências que utilizam o fenómeno da activação (*priming*), mostrou-se também que uma decisão sobre a questão de saber se uma de duas palavras está conotada positiva ou negativamente é mais rápida quando se refere a um traço de personalidade, para valências do mesmo sinal entre elas ou de um traço sem relação (apenas para a valência positiva) e mais lenta quando os traços de personalidade são de valência oposta.

Tudo isto confirma uma ideia já feita: a avaliação positiva ou negativa, o relacionamento do afectivo e do cognitivo, é decisiva para a definição de uma personalidade.

P. Livet

📖 Cattell, R.B. (1965), *The scientific analysis of personality*, Baltimore Penguin Books.

- Cottraux, J. & Blackburn, I.M. (1996), *Thérapies cognitives des troubles de la personnalité*, Paris, Masson.
- Croizet, J.-C. (1998), "Unconscious perception of affective information and its impact on personality trait judgement", *Current Psychology of Cognition*, 17, 53-70.
- De Bonis, M. (1996), *Connaître les émotions humaines*, Bruxelas, Mardaga.
- Dubois, N. (1987), *La psychologie du contrôle*, Paris, Presses Universitaires de France.
- Eyzenck, H.J. (1982), *Personality genetics and behavior*, Nova Iorque, Preager.
- Huteau, M. (1985), *Les conceptions cognitives de la personnalité*, Paris, Presses Universitaires de France.
- Jouvent, R. (1995), "La personnalité et la distinction trait / état revisitée par la neurobiologie", in J.D. Guelfi, V. Gaillac & R. Dardennes (orgs.), *Psychopathologie quantitative*, Paris, Masson.
- Weiner, B., Russell, D. & Lerman, D. (1978), "Affective consequences of causal ascriptions", in J.H. Harvey, W. Ickes & R.F. Kidd (orgs.), *New directions in attribution research*, vol. 2, pp. 59-90, Hillsdale, NJ, Lawrence Erlbaum Associates.
- Weiner B., Russell, D. & Lerman, D. (1979), "The cognition-emotion process in achievement-related contexts", *Journal of Personality and Social Psychology*, 37, 1211-1220.

☞ *alexitimia, cognição social, depressão, emoção, humor*

PREDICADO

1. *Função*: unidade semântica que, num enunciado, é afirmada de uma outra entidade. 2. *Estrutura*: unidade semântica, constituída por uma parte preenchida (constante) e uma parte vazia (variável). Esta é constituída por um conjunto de elementos possíveis cuja exemplificação permite construir uma proposição.

· A análise tradicional (aristotélica) do funcionamento da frase baseia-se na tríade sujeito / cópula / predicado. O seu protótipo é a frase adjectival simples ("este lápis é azul"): a unidade semântica expressa pela palavra predicado é afirmada (ou declarada verdadeira) da unidade semântica expressa pela palavra sujeito. Este esquema pode-se aplicar aos verbos intransitivos ("Tiago corre").

Desde Frege, realiza-se outra análise do funcionamento das frases: ela baseia-se na ideia de unidades semânticas cujo conteúdo consiste em duas partes estruturalmente distintas: uma parte cheia e, em certa medida, constante, que constitui o núcleo da significação e uma ou várias partes vazias, que constituem outros tantos "lugares" destinados a ser preenchidos por outras unidades semânticas ou "argumentos". Uma sua boa ilustração é fornecida pelos predicados binários, como alguns adjectivos relativos ("superior a, x, y") ou os verbos transitivos ("abrir, x, y"). Há também predicados unários (como "azul" ou "correr") ou predicados ternários (como "vender, x, y, z"). Frege caracterizou como "insaturados" os predicados

Produção

na sua forma livre. Se forem reunidos a unidades semânticas convenientes, tornam-se "saturados" e formam uma proposição, como, por exemplo, "Maria abriu a porta". A "predicação" é a operação com que se constrói uma proposição a partir de um predicado.

As análises semânticas recentes, por exemplo as dos predicados verbais, salientam a complexidade da estrutura predicativa e a interdependência entre os predicados e os seus argumentos.

J.-F. Le Ny

📖 Anderson, J.R. & Bower, G.H. ((974), "A propositional theory of recognition memory", *Memory & Cognition*, 2, 406-412.
• Denhière, G. & Baudet, S. (1992), *Lecture, compréhension de texte et science cognitive*, Paris, Presses Universitaires de France.
• Frege, G. (1971, trad. fr.), *Écrits logiques et philosophiques*, Paris, Seuil.
• Groen, G., Frederiksen, C. & Dillinger, M. (1984), "A propositional analyst's assistant", *Behavior Research Methods, Instruments & Computers*, 16, 154-157.
• Kintsch, W. (1988), "The use of knowledge in discourse processing: A construction-integration model", *Psychological Review*, 95, 163-182.
• Le Ny, J.F. (1979), *La sémantique psychologique*, Paris, Presses Universitaires de France.
• Newell, A. (1982), "The knowledge level", *Artificial Intelligence*, 18, 87-127.

☞ *análise proposicional, linguagem, proposição, sentido*

PRODUÇÃO (SISTEMA DE -)

Sistema de inteligência artificial composto por um motor de inferência e uma base de conhecimentos.

• Este sistema esteve na origem de muitos modelos de simulação cognitiva, em particular da memória humana (vd. a classe dos modelos ACT* e ACT-R desenvolvidos por Anderson).

G. Tiberghien

📖 Anderson, J.R. (1983), *The architecture of cognition*, Cambridge, MA, Harvard University Press.
• Anderson, J.R. (1993), *Rules of the mind*, Hillsdale, NJ, Lawrence Erlbaum Associates.
• Newell, A. & Simon, H.A. (1972), *Human problem solving*, Englewood Cliffs, NJ, Prentice-Hall.

☞ *inteligência artificial, memória, memória de trabalho, simulação computacional, sistema à base de conhecimentos*

PROPOSIÇÃO

1. *Na gramática*: frase elementar, parte de uma frase complexa. 2. *Na lógica*: unidade elementar de conteúdo abstracto a que pode ser associado um valor de verdade. 3. *Na psicologia e nas ciências cognitivas*: unidade mental elementar que se supõe constitutiva da cognição e da linguagem.

• 1. A gramática tradicional analisa o discurso em proposições, concebidas como frases elementares que podem aparecer isoladas ou ligadas por coordenação ou subordinação no interior de frases complexas. O critério é a presença de um verbo no modo pessoal ou impessoal.

294

2. A lógica moderna considera a proposição como a unidade mais pequena da linguagem a que é possível atribuir um valor de verdade (habitualmente o verdadeiro e o falso). É o conteúdo, ou seja, a unidade de sentido assim definida, que é considerado. Assim, a duas frases elementares de duas línguas diferentes tendo (por hipótese) o mesmo sentido corresponde uma única proposição. A proposição lógica é uma unidade abstracta a que não é dado qualquer suporte natural. Há toda uma parte da lógica, o cálculo proposicional, que se baseia nesta análise.

Na concepção moderna, desde Frege, qualquer proposição é analisável numa unidade básica, o predicado, a que são associados um ou mais argumentos. A partir de um predicado, por exemplo "pesado (x)", ou "perseguir (x, y)", podem ser construída uma multiplicidade – no limite, uma infinidade – de proposições por exemplificação de x ou de x, y.

3. A psicologia cognitiva contemporânea, a linguística e as outras ciências cognitivas retomaram a concepção precedente no quadro da "hipótese proposicional". Segundo esta, a proposição constitui realmente a unidade de base, a componente mental, do pensamento e da linguagem, quer dizer, da cognição. Todas as teorias cognitivas adoptam hoje esta hipótese, pelo menos em parte, sob a forma de concepção proposicional: não só a linguagem ou o fluxo do pensamento são compostos de proposições, mas a memória é-o igualmente, bem como, para alguns autores, a percepção. A relação entre proposições e valores de verdade é muito enfraquecida nesta maneira de ver em benefício de considerações de estrutura (da memória, do discurso, do pensamento, etc.). O modo experimental pode ser utilizado para pôr à prova hipóteses mais precisas. Um debate importante, não resolvido, é o de saber se, para além do formato proposicional, há outros formatos cognitivos, não proposicionais, baseados, por exemplo, nas imagem mentais.

Uma certa visão do cognitivismo, considerada, por vezes, como "clássica", associa à ideia de que a estrutura do pensamento é proposicional uma outra ideia mais específica. Segundo esta, a melhor maneira de descrever o funcionamento do pensamento é formalmente, quer dizer, homóloga ao funcionamento da lógica. Esta perspectiva opõe-se a outra grande corrente cognitiva, a que é mais frequentemente classificada sob a etiqueta "conexionista". Para o conexionismo a hipótese proposicional não se deve rejeitar necessariamente, mas a descrição das bases do funcionamento da cognição deve ser dada em termos de processos homólogos aos do funcionamento cerebral.

J.-F. Le Ny

📖 Anderson, J.R. (1983), *The architecture of cognition*, Cambridge, MA, Harvard University Press.

• Frege, G. (1971, trad. fr.), *Écrits logiques et philosophiques*, Paris, Seuil.

• Kintsch, W. (1974), *The representation of meaning in memory*, Hillsdale, NJ, Lawrence Erlbaum Associates.

• Le Ny, J-F. (1979), *La sémantique psychologique*, Paris, Presses Universitaires de France.

• Le Ny, J-F. (1989), *Science cognitive et compréhension du langage*, Paris, Presses Universitaires de France.

• Quine, W.V. (1972), *Méthodes de logique (*1950), Paris, Armand Colin.

☞ *análise proposicional, conexionismo, linguística cognitiva, lógica formal*

PROSÓDIA

Na Grécia antiga entendia-se por *prosôdia* os traços da fala não indicados pela ortografia e, em particular, o acento melódico lexical. Nos séculos em que a arte da língua era tida por uma das mais elevadas, "prosódia" designava as regras métricas que regiam a leitura da poesia em voz alta. Ainda hoje se pode dizer de maneira metafórica da prosódia que ela descreve a "música da língua". Mais rigorosamente, a palavra designa um domínio de pesquisa das ciências da linguagem de cuja importância nos apercebemos cada vez mais e que se poderia definir, de acordo com A. Di Cristo (2000), da seguinte maneira: "A prosódia (ou prosodologia) é um ramo da linguística consagrado à descrição (aspecto fonético) e à representação formal (aspecto fonológico) dos elementos da expressão oral tais como os acentos, os tons, a entoações e a quantidade, cuja manifestação concreta na produção da fala está associada às variações de frequência fundamental (F0), da duração e da intensidade (parâmetros prosódicos físicos), sendo estas variações percebidas pelo auditor como mudanças de altura (ou de melodia), de duração e sónicas (parâmetros prosódicos subjectivos)".

• Estes parâmetros permitem definir as primitivas e as construções de dois subconjuntos descritivos frequentemente separados pela análise, a *entoação* e a *métrica*. A *entoação* designa as variações melódicas da voz (as suas mudanças de altura). Para a descrever, os analistas definem tons e padrões melódicos associados aos enunciados. As abordagens que privilegiam a descrição de entidades discretas e abstractas relevam do que se chama a *fonologia auto-segmental*. Outros modelos preferem descrever padrões de entoação (chamados *entoemas* ou *morfemas entoativos*) que funcionam como signos linguísticos no sentido de Saussure, estando cada forma associada a uma função.

A *métrica*, por seu lado, descreve a organização rítmica da língua, ou seja, as formas de recorrência das proeminências prosódicas chamadas *acentos*.

As funções prosódicas

As formas prosódicas separadas pela análise assumem funções variadas, sendo estas por vezes diversas no caso de uma mesma forma. As funções podem reagrupar-se em quatro grandes domínios: as de *estruturação da fala*, as de *expressão do afecto*, as de *identificação do locutor* e as *interactivas*.

Função de estruturação: a linearização no fluxo da fala de uma informação linguística muito hierarquizada é a mais bem conhecida das funções assumidas pela prosódia. É muitas vezes abordada pela descrição do seu papel nos mecanismos da produção e de percepção da fala.

No seu modelo de produção da fala, Levelt (1989) coloca o gerador prosódico no interior do módulo responsável pela codificação fonológica. O seu papel é o de preparar as formas de superfície, métricas e melódicas, que vão permitir a transmissão linear e sequencial da mensagem linguística. Estes "moldes" prosódicos que organizam a produção dos morfemas são as primeiras formas memorizadas pela criança na aquisição da sua língua materna e poderiam ser as últimas a desaparecer nas doenças degenerativas que afectam a linguagem, porque nunca foi assinalada qualquer alteração da prosódia nos balanços da linguagem oral dos que sofrem destas doenças.

Para além disso, muitos estudos recenseados por Cutler (1997) mostraram a importância destes esquemas prosódicos nos mecanismos da compreensão. Foi possível evidenciar o papel destes esquemas na utilização das representações mnésicas, bem como a importância perceptiva dos limites temporais dos enunciados. Do ponto de vista perceptivo, a prosódia assume, de facto, diversos papéis: auxilia na segmentação em palavras, graças, essencialmente, às variações das durações segmentares e à estrutura rítmica; ajuda na resolução de ambiguidades sintácticas; por último, a prosódia contribui para evidenciar a hierarquia informacional, graças à acentuação da informação focalizada.

Função da expressão do afecto: evidentemente, na fala é a prosódia que veicula tanto as atitudes (codificadas) como as emoções (espontâneas) expressas pelo locutor. Mas os trabalhos sobre estas questões são ainda balbuciantes, nomeadamente devido à imprecisão dos conhecimentos que temos actualmente sobre as próprias emoções.

Função de identificação do locutor: os índices prosódicos podem ser interpretados como marcadores atributivos que permitem a identificação do locutor. O timbre (composição harmónica do espectro acústico), em particular, é específico de cada locutor. Mas as variações da F0, da duração e da intensidade dão também informações sobre as características físicas do falante, como a sua idade, o seu sexo, o seu estado de saúde, sobre as suas particularidades psicológicas, como a sua personalidade ou o seu estado afectivo do momento e, por último, dão eventualmente informações sobre, por exemplo, a profissão do locutor ou a sua classe social.

Função interactiva: ao nível interactivo foi possível mostrar como a prosódia intervém na gestão das inflexões da fala pelos interlocutores ou como o mimetismo prosódico é capaz de veicular a empatia necessária à interacção.

Essencial à função comunicativa da fala, a prosódia desempenha também um papel importante no funcionamento mental da linguagem, porque parece que há uma prosódia silenciosa da leitura. Não só esta hipótese, mas também a existência de uma prosódia da língua dos signos tendem a confirmar a existência de uma representação subjacente da prosódia que é independente da substância. Enfim, devemos mencionar a importância da prosódia para a sintetização da voz, que, sem ela, não pode ter a flexibilidade e a naturalidade da voz humana. Muitos trabalhos são consagrados à definição dos padrões prosódicos implementáveis a fim de melhorar a síntese.

C. Portes

📖 Cutler, A., Dahan, D. & van Donselaar, W. (1997), "Prosody in the Comprehension of Spoken Language: A literature review", *Language and Speech*, 40, 141-201.

• Levelt, J.M. (1989), *Speaking: from intention to articulation*, Cambridge, MA, The MIT Press.

☞ *linguagem, psicolinguística*

PROSOPAGNOSIA

Forma de agnosia que se traduz pela incapacidade de reconhecer os rostos familiares e mesmo, em certos casos, o próprio rosto.

☞ *agnosia, reconhecimento dos rostos*

PROTÓTIPO

Segundo Rosch *et al.* (1976), o protótipo de uma categoria representa esta categoria e pode ser utilizado para a representar em muitas tarefas cognitivas.

• Por exemplo, para a categoria das aves, o protótipo é uma pequena ave que canta e voa (não é nem uma avestruz, nem um pinguim, nem um frango). De acordo com Rosch, apenas as categorias representadas pelo seu *nível de base* possuem um protótipo.

Muitas vezes o protótipo é utilizado para pensar acerca da categoria, porque possui os elementos característicos dela. Por exemplo, para tomar uma decisão sobre a pertença de um novo exemplar a uma categoria existente basta compará-lo com o protótipo. Se a semelhança é grande, o exemplar pertence à categoria. De igual modo, pensamos que as propriedades de um protótipo são propriedades por defeito dos exemplares da categoria (se pensamos numa ave indefinida, pensamos por defeito que é pequena, que voa e que canta).

H. Abdi

📖 Rosch E., Mervis, C.B., Gray, W.D., Johnsen, D.M. & Boyes-Braem, P. (1976), "Basic objects in natural categories", *Cognitive Psychology*, 8, 382-440.

☞ *categorização, tipicalidade*

PSICOFÍSICA

Disciplina de investigação quantitativa das sensações e da percepção que estuda experimentalmente as relações entre estímulos definidos e respostas (verbais e comportamentais) com o objectivo de inferir os mecanismos que explicam estas relações. **OBS.**: foi inventada por Gustav Fechner (1860).

• Os métodos psicofísicos (Bonnet, 1986; Gescheider, 1997; Tiberghien, 1984) dizem respeito à medida de diversos tratamentos sensoriais sempre fundada nas distribuições estatísticos de resposta obtidas em condições padronizadas. A detecção é definida como a intensidade do estímulo que constitui estatisticamente o limite da capacidade de referenciar a presença de uma estimulação de uma modalidade dada

(limiar de detecção). É postulada uma relação inversa entre limiar de detecção e sensibilidade. Para intensidades mais elevadas do estímulo, medem-se os limiares de identificação ou de reconhecimento. A discriminação é definida como a capacidade de distinguir estatisticamente duas intensidades vizinhas. É mais frequentemente expressa pelo limiar diferencial.

Inicialmente, o objectivo dos psicofísicos era medir sensações e a determinação de leis que relacionassem as intensidades dos estímulos físicos com as das sensações (escalas de sensação). Para Lechner, a sensação não pode ser medida directamente, mas apenas indirectamente. A sua unidade métrica seria o limiar diferencial relativo ou relação de Weber e a escala de sensação obtida (lei logarítmica de Fechner) seria assim uma escala de intervalo. Thurstone (1927) retomou e formalizou o princípio destas escalas, por vezes chamadas escalas de confusão, desenvolvendo as suas leis do juízo comparativo. Inspirando-se nos trabalhos de Plateau (1872), Stevens (1975) propõe, por seu lado, construir escalas directas de sensação na base de juízos quantitativos dados pelos sujeitos. Para ele, as suas escalas de sensação seriam escalas de relação e a lei psicofísica uma função de potência. Muitos debates opuseram os defensores da psicologia fechneriana, dita também objectiva, e os da psicofísica de Stevens, dita também subjectiva, que são actualmente consideradas como essencialmente complementares.

Na base dos trabalhos de Cattell (1886 no laboratório de Wundt), Piéron desenvolveu uma abordagem da questão fundada na medida dos tempos de reacção. Foi demonstrado em todas as modalidades sensoriais que o tempo de reacção diminuía em função da potência da intensidade simuladora (lei de Piéron; vd. Bonnet & Dresp, 2001). Assim, fundada nestas medidas de tempos de reacção, pôde surgir uma terceira perspectiva, embora o seu desenvolvimento tenha sido muito travada pelos preconceitos dos behavioristas.

Entre os métodos psicofísicos, interessa distinguir *métodos de escolha* em que em cada ensaio os sujeitos têm de escolher um número limitado de eventualidades (geralmente duas) e *métodos de juízo* em que as respostas avaliadoras são mais livres. Os métodos de escalas directas (Stevens), também ditas subjectivas, estão relacionados com uma tradição introspeccionista. Não podem ter por objecto senão as sensações conscientes. Os métodos de juízo categorial são intermédios ente as duas classes, na medida em que o número de categorias propostas ao sujeito é limitado. Os métodos de escolha, que medem limiares de detecção, limiares diferenciais ou tempos de reacção (Luce, 1986) são mais indirectos e não distinguem o carácter consciente ou não dos acontecimentos medidos. Na medição dos limiares de detecção ou dos limiares diferenciais, a tarefa do sujeito consiste em escolhas dicotómicas (maior ou menor). É a partir da distribuição estatística das respostas que é determinado o limiar. No caso dos tempos de reacção simples, o sujeito deve assinalar o mais rapidamente possível o aparecimento do estímulo. A variação do tempo de reacção médio com a intensidade da estimulação é o índice utilizado. Para além disso, estas duas classes de métodos tomam em conta a variabilidade intrínseca das respostas, ao passo que para Stevens, pelo menos, esta é um "ruído" indesejável. A simplicidade de utilização dos métodos subjectivos fez deles um instrumento metrológico amplamente difundido nos domínios de aplicação, apesar das questões que se podem levantar sobre a sua validade.

A questão da construção de escalas de sensação já não está no centro das preocupações dos psicofísicos cognitivistas que se preocupam prioritariamente, na perspectiva do tratamento da informação, em explicitar e modelizar os processos responsáveis pelas medidas obtidas. Desde a origem, de facto, houve relatos dos efeitos de factores não sensoriais como a certeza, a extensão das intensidades utilizadas, a frequência do seu aparecimento, etc., e contra os quais os investigadores procuravam acautelar-se com artifícios metodológicos. Por exemplo, foram levados a considerar que o limiar sensorial (fisiológico) é diferente do limiar de resposta (medida psicofísica). A Teoria da Detecção do Sinal (TDS; vd. Swets, 1996) formalizou uma concepção que acentuava que qualquer medida psicofísica tinha pelo menos duas ordens de determinantes. Uma delas, sensorial, reflecte as restrições de funcionamento do sistema sensorial estudado. A outra é mais cognitiva e depende principalmente das estratégias de resposta que o sujeito aplica. Ou seja, qualquer resposta psicofísica implica uma *decisão* de resposta, um juízo do sujeito sobre o processo sensorial. O modelo e os modelos desenvolvidos pela TDS permitem a evolução dos efeitos separados destas duas ordens de factores (sensorial e de decisão). Foram desenvolvidos outros modelos que têm o mesmo objectivo, por exemplo, para a discriminação e os tempos de reacção (Link, 1992).

Estes modelos levam a conceber qualquer medida psicofísica, e ainda mais qualquer medida comportamental, como necessariamente compósita e não podendo reflectir directamente a acção de um factor apenas. Na verdade, em muitas experiências as variabilidades tanto intra como interindividuais são frequentemente a consequência, não de uma mudança de sensibilidade, mas de uma mudança de estratégia de resposta. Para além disso, a psicofísica sensorial também tem por objectivo determinar qual é, ou quais são, o(s) factor(es) da situação que determina(m) as respostas sensoriais. Com efeito, as dimensões do estímulo, definidas *a priori* pelo experimentador, não são necessariamente todas igualmente eficazes para gerar as respostas observadas.

C. Bonnet

Psicolinguística

   📖 Bonnet, C. (1986), *Manuel Pratique de Psychophysique*, Paris, Éditions Armand Colin.

   • Bonnet, C. & Dresp, B. (2001), "Investigations of sensory magnitude and perceptual processing with reaction times", *Psychologica*, 28, 63-86.

   • Gescheider, G.A. (1997), *Psychophysicis: Method, theory, and applications* (3.ª edição), Hillsdale, NJ, Lawrence Erlbaum Associates.

   • Link, S. (1992), *The wave theory of difference and similarity*, Hillsdale, NJ, Lawrence Erlbaum Associates.

   • Luce, R.D. (1986), *Response time: Their role in inferring elementary mental organization*, Nova Iorque, Oxford University Press.

   • Stevens, S.S. (1975), *Psychophysics*, Nova Iorque, Wiley.

   • Swets, J.A. (1996), *Signal detection theory and ROC analysis in Psychology and diagnostics*, Mahwah, NJ, Lawrence Erlbaum Associates.

   • Tiberghien, G. (1984), *Initiation a la psychophysique*, Paris, Presses Universitaires de France.

   ☞ *detecção do sinal (teoria da –), percepção, sensação*

PSICOLINGUÍSTICA

Estudo dos processos cognitivos operativos no tratamento da linguagem (produção, percepção, compreensão, aquisição).

• A psicolinguística ocupa uma posição intermédia entre a linguística, que estuda a estrutura e o funcionamento da língua, e as neurociências, que se interessam pela arquitectura do sistema nervoso central (e nomeadamente pelas estruturas cerebrais implicadas no tratamento da linguagem). As fronteiras entre estas três disciplinas são, aliás, difíceis de traçar, apoiando-se cada uma delas nas outras duas e tendo, por vezes, por adquirido o que, para os especialistas, é objecto de debate. Portanto, é perigoso e provavelmente ilusório para o psicolinguista permanecer teoricamente neutro em relação às grandes correntes da linguística, tal como é perigoso e ilusório para o linguista e para o psicolinguista ignorar os avanços recentes das neurociências em relação ao funcionamento do cérebro.

As bases: Noam Chomsky

Uma etapa decisiva no processo de onde haveria de emergir a psicolinguística como disciplina autónoma foi franqueada em 1965 com o aparecimento de *Aspects of the Theory of Syntax*. Nesta obra, Noam Chomsky define a linguística como um "ramo da Psicologia Cognitiva" e propõe a ideia de que as estruturas sintácticas não seriam estáticas, mas, pelo contrário, poderiam ser alvo de "transformações". Esta ideia teve um impacto considerável. Mesmo se a noção de transformação sintáctica foi depois abandonada, tratava-se da primeira tentativa séria para explicar operações cognitivas implicadas no tratamento da linguagem. Este impacto repercute-se, aliás, ainda hoje nos trabalhos de certos psicolinguistas da Costa Leste dos Estados Unidos.

A esta abordagem, que parte de hipóteses estruturais para explicar o funcionamento psicolinguístico, opõe-se a de outros psicolinguistas (sobretudo localizados na Costa Oeste dos Estados Unidos) que se interessa mais pelo uso da língua em situações reais de comunicação e pela influência que estas poderia exercer na própria língua. Juntam-se neste domínio aos seus colegas linguistas que se reclamam da "linguista cognitiva", cujo objectivo é encontrar os traços da actividade cognitiva nas estruturas linguísticas (em que medida os fenómenos linguísticos são motivados por operações cognitivas?) Encontramos esta oposição entre "Costa Leste" e "Costa Oeste" deste lado do Atlântico, e nomeadamente em França, onde a linguística cognitiva encontrou um eco favorável ente os linguistas formados na tradição da linguística da enunciação.

Questões incontornáveis

Qualquer que seja a escola a que pertençam, os psicolinguistas não podem escapar a certas questões embaraçosas, que se relacionam com a posição intermédia da sua disciplina, na fronteira entre a língua e o cérebro. O que é descrever o "tratamento" psicolinguístico senão descrever o funcionamento do cérebro? Que conhecimentos são mobilizados pelo locutor senão a própria língua? Estas questões, que se juntam às que Chomsky formula sobre a oposição entre "competência" e "desempenho", podem ser transpostas para outros objectos da língua e para outras espécies que não a humana. Que conhecimentos é necessário supor na térmita, por exemplo, para explicar a arquitectura espantosa de uma termiteira? A resposta é bastante decepcionante (para a térmita). Todo o conhecimento, ou quase, se encontra na termiteira. Os conhecimentos da térmita podem ser todos representados por um autómato com estados finitos muito simples. Em nenhum momento é representado no "sistema cognitivo" da térmita o que poderia ser equivalente a um plano da termiteira. Aquele contenta-se em executar algumas acções elementares repetitivas. A magia deve-se ao facto de uma mesma acção poder ter consequências diferentes em função do estado de avanço do trabalho. Ou seja, a termiteira é o resultado da interacção da térmita com... a própria termiteira.

Para além de exemplificar uma noção importante da linguística, a saber, a recursividade, esta metáfora explica bastante bem a situação do psicolinguista que procura compreender as relações entre língua e cérebro nos comportamentos linguísticos. Ao mesmo que não ignora nada da estrutura da térmita, nem da da termiteira, deve distinguir bem os dois aspectos nas suas descrições do processo que permite a passagem de uma para a outra. Evidentemente, a situação é mais confortável para o neurocientista, que se coloca prudentemente do lado da térmita, ou para o linguista que se coloca sabiamente do lado da termiteira.

Modularidade e conexionismo em psicolinguística

Duas abordagens são de novo possíveis. A primeira, que se poderia qualificar de analítica, é herdada directamente da psicologia experimental e apoia-se, no plano teórico, na noção de modularidade. A segunda, mais globalizante, está relacionada com os desenvolvimentos recentes do conexionismo e visa explicar interacções complexas que caracterizam qualquer situação relativa à linguagem. Todas estas abordagens podem reivindicar êxitos importantes (vd. os trabalhos de McWinney e dos seus colaboradores sobre a aquisição da morfologia do alemão ou os realizados no círculo de Frazier e Clifton sobre a compreensão das frases). Não são, aliás, contraditórias. A noção de modularidade não exclui a existência de interacções entre módulos e a noção de interacção não exclui a modularidade (para que haja interacção é preciso que haja elementos de base susceptíveis de interagir). No entanto, na literatura psicolinguística, continuam vivas as polémicas entre modularistas e interaccionistas. Isso explica-se, em parte, pela natureza dos fenómenos estudados, mesmo se as questões de fronteira entre disciplinas, evocadas acima, afloram, por vezes, nos debates. O que significa, na verdade, a noção de modularidade, tratando-se de um processo de tratamento? A situação é mais fácil para as neurociências ou a linguística, que dis-

Psicolinguística

põem de objectos relativamente referenciáveis: os neurónios, os sons, as palavras, etc. Para estas disciplinas, a abordagem modular é mais ou menos evidente. Antes de descrever as interacções de um circuito no interior de uma rede mais vasta, o neurocientista irá procurar isolá-lo do resto do sistema nervoso central. De igual modo, o linguista irá procurar descrever determinado aspecto da língua (fonológico, sintáctico, semântico, pragmático, etc.) independentemente dos outros níveis.

Para introduzir a modularidade no seu objecto de estudo, os psicolinguistas terão de se apoiar nos dois domínios conexos nos quais a noção é mais segura. Todos admitirão facilmente que a arquitectura do sistema nervoso central, por um lado, e a estrutura da língua, por outro, impõem certas restrições aos locutores. A posição defendida por alguns (e contestada por outros) é que as restrições são suficientemente fortes para que seja possível formular hipóteses precisas sobre os processos de tratamento utilizados pelos locutores. Tomemos o exemplo da leitura de uma linha de texto. O raciocínio é o seguinte: sendo dadas as restrições impostas pelo sistema oculomotor (acuidade visual que restringe a algumas letras a zona de percepção clara durante cada fixação ocular, pressão temporal relacionada com as capacidades reduzidas da memória de trabalho, etc.), o locutor terá tendência para estruturar o enunciado o mais rapidamente possível. Nestas condições, e se a língua o permitir (se existir, por ex., uma possibilidade de estruturação sintáctica independentemente do sentido), o vector vai ser levado a proceder por etapas sucessivas (estruturação sintáctica, em primeiro lugar, e interpretação semântica, depois) e deverá ser possível isolar experimentalmente estas etapas de tratamento.

A psicolinguística "em tempo real"

O teste de hipóteses desta natureza supõe a utilização de técnicas de experimentação relativamente pesadas, que permitem seguir em "tempo real", quer dizer, no próprio momento em que se produzem, as diferentes etapas de tratamento consideradas. Tratando-se da percepção da palavra, os trabalhos actuais recorrem geralmente ao registo dos potenciais corticais evocados (ou ERP, em inglês), a única técnica realmente adaptada à modalidade auditiva. O procedimento pode ser esquematicamente assim descrito: suponhamos, por hipótese, que existe um módulo A e um módulo B. O primeiro está especializado no tratamento de um certo tipo de informações de entrada (com a notação "a") e o segundo no tratamento de outro tipo de informações (com a notação "b"). Em resposta a uma estimulação do tipo a, o módulo A produz o comportamento a' (por ex., tal componente identificável num fluxo de ondas corticais). Em resposta a uma estimulação do tipo b, o módulo B produz o comportamento b'. Suponhamos que se apresenta ao sistema um estímulo de tipo b e que a resposta não seja b', mas a'', uma variante de a'. Em tal situação, seremos levados a rejeitar a hipótese de partida: A e B não são módulos independentes. É necessário, provavelmente, considerar a existência de um módulo AB, que agrupe os dois precedentes.

Tratando-se da modalidade visual, há muito (mais de vinte anos) que se recorre ao registo dos movimentos dos olhos. A análise dos diferentes parâmetros de exploração ocular (duração e posição das fixações, direcção e tamanho dos movimentos sacádicos) fornece, de facto, uma boa indicação das operações cognitivas realizadas à medida que o olhar avança na linha do texto. As regressões amplas, que correspondem a um regresso a alguns elementos do texto, serão, por exemplo, interpretadas como uma indicação de que o sistema chegou a um impasse e, portanto, que se esqueceu, eventualmente, de tratar certas informações, que, no entanto, estavam presentes no enunciado. Tais fenómenos, quando se produzem, trazem, evidentemente, água ao moinho dos modularistas, para os quais os dados linguísticos devem necessariamente ser tomados em conta pelo leitor ou o auditor numa certa ordem.

Estes trabalhos, geralmente realizados com locutores adultos, normais e monolingues, são utilmente acompanhados por comparações interlínguas. De facto, é importante determinar se os processos revelados numa dada língua podem ou não ser explicados pelas particularidades desta. As comparações entre locutores monolingues e bilingues permitem, para além disso, determinar se podem ser transferidas de uma língua para outra. O estudo de sujeitos com lesões cerebrais permite, por último, determinar se os procedimentos de tratamento estudados são afectados por determinada lesão do sistema de tratamento.

P. Pynte

📖 Chomsky, N. (1965), *Aspects of the theory of Syntax*, Cambridge, MA, The MIT Press.
• Frazier, L. & Clifton, C. (1996), *Construal*, Cambridge, MA, The MIT Press.
• McWinney, B., Leinbach, J., Taraba, R. & McMonald, J. (1989), "Language learning: cues or rules", *Journal of Memory and Language*, 28, 255-277.

☞ *comunicação, linguagem, linguística cognitiva, neurolinguística, psicologia cognitiva*

PSICOLOGIA COGNITIVA

Domínio da psicologia científica que se dedica ao estudo dos processos e das estruturas da cognição, quer no homem, quer no animal. Os processos estudados são também, por vezes, chamados faculdades cognitivas ou psicológicas: percepção, atenção, memória, linguagem, actividades intelectuais, decisão, etc. Estes processos cognitivos foram, por vezes, opostos a processos não cognitivos como a emoção, a afectividade, a motivação ou a personalidade. Mas esta oposição não deve ser exagerada, porque, em situações concretas de laboratório ou da vida quotidiana as componentes afectivas e propriamente cognitivas estão em interacção constante.

• A psicologia cognitiva, a par de outras disciplinas, contribuiu amplamente para o desenvolvimento das ciências cognitivas e continua a ocupar uma posição central. Nasceu da crise teórica que afectou a psicologia do comportamento (behaviorismo) nos anos 1940-1950. Esta crise fora largamente preparada por teorias dissidentes que apareceram na psicologia experimental entre 1920 e 1940: a *Gestaltheorie* (Köhler), a psicologia topológica do campo (Lewin) e a epistemologia genética (Piaget). Todavia, a contestação também veio do interior do próprio behaviorismo. Em particular, as pesquisas de Tolman e depois de Hull deram origem, a partir dos anos 1920-1930, a um neobehaviorismo que postulava estádios representacionais e mesmo intencionais que tinham um papel crítico na determinação dos comportamentos no animal. O simpósio Hixon (1948) e as conferências da Fundação Macy (1946-1953), nos Estados Unidos, foram um poderoso revelador da oposição entre o behaviorismo e o cognitivismo: os modelos da psicologia do comportamento revelaram-se incompatíveis

Psicologia Cognitiva

com os dados da neurofisiologia, por um lado, e com a teoria da informação, por outro. Deste encontro iria emergir a psicologia cognitiva, cujo desenvolvimento se tornará irresistível no decénio 1950--1960. Foi uma verdadeira revolução teórica que se deu em dois momentos.

A cognição como sistema de tratamento da informação

A *primeira revolução cognitiva* consistiu, primeiro, em afirmar que o psiquismo pode ser considerado como um sistema de tratamento de informações (STI) composto por subsistemas funcionais autónomos, especializados e dispostos numa arquitectura controlada por um sistema de supervisão (por ex.: codificação, armazenamento e recuperação da informação). Evidentemente, isto significava aceitar um modelo do pensamento fundado em princípios de organização sequencial ou paralela (processos *bottom-up*) e de retroacção (*feedback*, processos *top-down*) que consagra a influência da teoria da informação, dos modelos da memória, mas também do projecto da primeira cibernética.

Esta primeira revolução cognitiva permitiu, em seguida, definir o objecto de estudo da psicologia: a representação mental. Decorria disso, claro, que o comportamento perdia esse estatuto e que já não era então senão um meio de acesso objectivo que permitia a reconstrução das propriedades dos estados mentais. Este novo paradigma tornou possível o estudo teórico e experimental de todas as questões cuja abordagem fora suspensa, ou apenas esboçada, pela psicologia do comportamento: a percepção (Broadbent), a atenção (Norman), a memória (Norman, Quillian), a representação dos conhecimentos e a categorização (Anderson, Rosch), a linguagem (Chomsky, Miller) e o raciocínio (Bruner). Os dois decénios seguintes confirmaram o estatuto dominante do cognitivismo na psicologia científica.

Esta primeira revolução foi fortemente correlacionada com os progressos da neurofisiologia e da neurologia, cujas descobertas permitiram definir em novos termos as questões das relações entre o cérebro e a mente. A revolução tecnológica provocada pelo aparecimento dos primeiros computadores, que realizaram, com o teorema de Gödel e a máquina de Turing, um integração operacional das matemáticas, da lógica e da programação binária, foi também um factor essencial. Nesta época, a psicologia científica recusou, no entanto, a forma de neobehaviorismo neuronal que a primeira cibernética lhe sugeria e efectuou uma segunda revolução cognitivista.

A descrição simbólica dos estados mentais

De facto, se com a psicologia cognitiva se tornava teoricamente possível estudar a representação mental, era necessário propor para ela uma descrição operacional. Isso foi precisamente o que a *segunda revolução cognitiva* realizou, ao descrever as representações mentais sob a forma de símbolos, cuja inscrição física no cérebro era postulada.

A mente podia então ser apresentada como o produto de uma manipulação formal dos símbolos operada pelo cérebro, ele mesmo assimilado a um sistema de tratamento da informação, a uma máquina computacional. Portanto, o pensamento estava estruturado como uma linguagem formal de que não constituía apenas uma variante, um "mentalês", para retomar a expressão de Fodor e Pylyshyn, em 1988. Se o comportamento não permitia chegar ao pensamento, era necessário inventar um instrumento epistémico que permitisse objectivá-lo. Ao reduzir o pensamento a uma linguagem, o cognitivismo realizava duas coisas: definia um verdadeiro "objecto" de estudo e encontrava assim um indicador observável susceptível de ser modelizado e simulado em computador. A representação mental, simbólica, torna-va-se assim o conceito central da psicologia cognitiva, cuja evolução iria ser por isso muito influenciada pelos desenvolvimentos da inteligência artificial (IA).

A psicologia cognitiva hoje e o seu futuro

A psicologia cognitiva pode ser, portanto, caracterizada como uma psicologia geral não behaviorista. Isso significa que a psicologia cognitiva não tem por objecto o estudo do comportamento, mas que se funda num estudo objectivo do comportamento a fim de inferir as propriedades da cognição. A psicologia científica rompeu desde há bastante tempo com a introspecção e a psicologia continua a recusá-la. No laboratório, aplica uma metodologia experimental e desenvolve, no terreno, métodos quantitativos e qualitativos de observação sistemática. A sua epistemologia de referência é o cognitivismo e foi construída a partir da hipótese da modularidade da mente. O psicólogo da cognição admite, para além disso, que qualquer acontecimento cognitivo é ao mesmo tempo um acontecimento cerebral, o que não implica necessariamente que os modos cognitivos possam reduzir-se pura e simplesmente a modelos estritos do funcionamento neuronal. Mas são as interacções causais entre os diferentes níveis de descrição e de modelização da cognição, simbólica e neuronal, por exemplo, que fundam precisamente o domínio das ciências cognitivas.

A psicologia cognitiva é actualmente confrontada com o problema da natureza dos processos de controlo (automáticos e intencionais) da cognição e, por conseguinte, a definição operatória da consciência. Para além disso, na psicologia cognitiva continua intacta a questão da organização e da emergência das representações simbólicas (referência, intencionalidade).

Se a psicologia cognitiva desempenhou um papel determinante no desenvolvimento das ciências cognitivas, é verosímil que estas, reciprocamente, lhe permitirão progredir para a solução destes difíceis problemas.

G. Tiberghien, J.-F. Le Ny

Anderson, J.R. (1980), *Cognitive psychology and its implications*, S. Francisco, Freeman.
• Bonnet, C., Ghigtione, R. & Richard, J.-F. (orgs.), (1990), *Traité de psychologie cognitive* (3 vol.), Paris, Dunod.
• Caverni, J.-P., Bastien, C., Mendelsohn, P. & Tiberghien, G. (orgs.) (1988), *Psychologie cognitive: Modèles et méthodes*, Grenoble, Presses Universitaires de Grenoble.
• Estes, W.K. (1991), "Cognitive architecture from the standpoint of an experimental psychologist", *Annual Review of Psychology*, 42, 1-28.
• Neisser, U. (1967), *Cognitive Psychology*. Nova Iorque, Appleton-Century--Crofts.
• Tiberghien, G. (1999), "La psychologie cognitive survivra-t-elle aux sciences cognitives?", *Psychologogie Franyaise*, 44, 265-283.

☞ *behaviorismo, cognição, cognitivismo, conhecimento, representação*

PSICOLOGIA COGNITIVA ANIMAL

Subdisciplina da psicologia cognitiva cujo objecto é o estudo comparativo da cognição animal.

· A psicologia cognitiva animal tem a sua origem nas proposições de Darwin (1871) segundo as quais haveria continui-

Psicologia Cognitiva Animal

dade evolutiva entre as faculdades mentais animais e humanas. Este autor sublinhou também a existência de rupturas fortes, como o aparecimento da linguagem e da faculdade moral. Todavia, propõe deliberadamente a tese continuísta como o objectivo explícito de estudar as premissas da actividade mental humana nos animais que estão mais próximos do homem. Assim, desde a sua origem darwiniana, a psicologia animal foi desenvolvida com uma abordagem comparativa. O seu objecto é a mente (*mind*) dos animais. O programa comparativo de Darwin foi continuado por investigadores como Romanes, Morgan e Thorndike, cujos trabalhos contribuíram amplamente para a construção de um conjunto de técnicas como as caixas-problemas ou os labirintos espaciais. Estes instrumentos de pesquisa permitiram em seguida o desenvolvimento da abordagem behaviorista de Watson e depois de Skinner.

A psicologia behaviorista e o animal

O behaviorismo adoptou, no entanto, uma posição muitas vezes radical, que conduziu a circunscrever o estudo do comportamento ao das relações existentes entre as estimulações do ambiente e as respostas do organismo. O projecto de Watson era, na verdade, afastar a psicologia do mentalismo saído de uma verificação não objectiva das ideias de Darwin sobre o comportamento dos animais. O objecto desta ciência ficaria desde então limitado apenas aos fenómenos observáveis. A redução watsoniana teve muitas consequências sobre a evolução ulterior da psicologia experimental e sobre o estudo do pensamento, porque, durante anos, desconsiderou *a priori* qualquer tentativa de "interrogar" o seu conteúdo.

Alguns psicólogos de orientação gestaltista como Koehler (1925) ou behaviorista como Tolman (1932) ignoraram, todavia, os interditos "objectivistas" impostos por Watson. A partir da análise do comportamento espacial de ratos nos labirintos experimentais, Tolman postulou a existência de variáveis intermédias que regulam as trocas entre as entradas sensoriais e as saídas motoras. Estas revisões teóricas da aprendizagem levaram a propor conceitos novos como os de "mapa cognitivo", "esperas" e "hipóteses". Estes conceitos registaram uma renovação considerável do interesse no início dos anos 1980, nomeadamente com os trabalhos de O'Keefe e Nadel (1978) sobre a organização cerebral, considerando o hipocampo como um "mapa cognitivo". As tentativas de Tolman e da sua Escola (Hunter e Tinklepaugh) não abalaram, todavia, com gravidade a posição maioritária na psicologia animal, que foi mantida até ao fim dos anos 1950, quer dizer, para além do período em que a psicologia humana renunciara ao behaviorismo radical e começara a incluir as abordagens cognitivas na sua perspectiva.

A psicologia cognitiva e o animal

Sob a influência das teorias da informação, a psicologia cognitiva humana constitui já uma psicologia comparada entre o homem e a máquina. Assim, o seu alargamento ao estudo do animal não levantou problemas particulares. O organismo (animal ou humano) é concebido como um extractor, um calculador de informações e um gerador de inferências, desde os níveis mais elementares da integração sensoriomotora até às actividades complexas como a resolução de problemas e de raciocínio. O estudo contemporâneo da cognição animal recorre, aliás, de maneira deliberada, a metáforas segundo as quais o animal *conhece*, transformando informação e tomando decisões. A psicologia animal integrou o rigor metodológico desenvolvido pelo behaviorismo e os conceitos cognitivistas (como o de representação) saídos de uma reflexão mais recente. São aplicados métodos e teorias para explicar o funcionamento da máquina e do organismo vivo. O psicólogo dos animais contemporâneo já não se refugia na manipulação de estímulos e respostas, bem como das restrições de reforço. De facto, procede geralmente em duas etapas. Primeiro, utilizando um procedimento clássico de reforço, induz uma resposta no animal em função de um estímulo ou de uma categoria de estímulos. Em segundo lugar, e nisso reside a sua originalidade, testa a transferência da resposta adquirida para novos estímulos. Para se certificar de que o animal adquiriu realmente um comportamento que tem um estatuto cognitivo, as tarefas de transferência, para além do carácter de novidade do estímulo, devem respeitar certos critérios, como a ausência de reforço diferencial ou, ainda, não tomar em consideração senão a primeira resposta ao novo estímulo. A partir dos desempenhos observados nos testes de transferência, é assim possível testar a solidez das aquisições do animal e inferir o grau de abstracção e de generalização cognitiva de tais transferências.

Um modelo geral da cognição animal

As principais contribuições significativas da psicologia animal são o produto de uma fertilização cruzada entre os modelos das teorias da aprendizagem e das teorias da informação. O aparelho mental animal é associado a um sistema de tratamento de informações. A perspectiva darwiniana implicava, é claro, que as espécies animais difeririam no grau de eficácia neste tratamento, mas a abordagem cognitivista propõe um modelo geral da cognição animal. Na sequência das afirmações de Roitblat (1982) e de Gallistel (1990), este modelo apoia-se no conceito de representação, definido como uma correspondência entre

um ou mais aspectos do ambiente e dos processos (comportamentais e nervosos), permitindo adaptar o comportamento do animal ao seu ambiente. Nesta perspectiva, qualquer animal constrói e utiliza representações do seu ambiente a fim de se comportar nele de maneira adaptada. Estas representações conduzem-no assim a antecipar relações espaciais ou temporais entre certas características do ambiente e a antecipar as consequências das suas acções. Esta abordagem pode ser qualificada de computacional na medida em que a adaptação ao ambiente implica operações (*cálculos* ou *procedimentos combinatórios*) efectuados com operandos resultantes dos diferentes tratamentos perceptivos realizados pelo animal. Devemos notar que o uso de conceitos como o de representação ou de memória pelos psicólogos cognitivistas não implica de modo algum a referência à consciência ou a experiências mentais subjectivas como são propostas por alguns teóricos da etologia cognitiva (por ex. Griffin, 1992).

Praticamente toda a agenda da psicologia cognitiva humana foi objecto de estudos no animal. É o caso, por exemplo, do tratamento da informação nas tarefas de discriminação, na resolução de problemas, no tratamento de imagens, no raciocínio inferencial, na construção de categorias e de conceitos, sem esquecer, evidentemente, os trabalhos muito mediáticos sobre a aprendizagem dos rudimentos da linguagem por antropóides e as pesquisas directamente inspiradas pela teoria piagetiana.

Entre as contribuições mais recentes da psicologia da cognição animal, devem ser mencionadas as pesquisas relacionadas com a "teoria da mente". Esta expressão foi proposta de início por Premack e Woodruff (1978) nos seus trabalhos sobre as competências dos chimpanzés em atribuir saberes e pensamentos a outros (chimpanzés e humanos). Este domínio de investigação, que, no mundo animal, diz respeito essencialmente aos primatas,

Psicologia Cognitiva Animal

incide, entre outros temas, sobre a compreensão que um indivíduo pode ter das consequências da experiência de outro. Para além disso, com o auxílio de testes, são estudadas as relações causais entre a percepção visual e o conhecimento de um objecto num contexto de troca entre um parceiro humano e um macaco. Os dados empíricos acumulados em torno desta temática deram origem a muitas críticas sobre a pertinência das interpretações mentalistas de saberes e intenções. A objecção principal dirige-se ao facto de os autores empenhados nestas pesquisas não se terem apetrechado com os meios que permitissem distinguir entre as interpretações fundadas no controlo das respostas a partir dos dados observáveis (cf. modelos clássicos de aprendizagem) e as que implicam a atribuição de estados mentais.

Cognição animal, evolução e sistema nervoso

As investigações actuais na psicologia cognitiva animal são marcadas, por um lado, pela preocupação de inserir os comportamentos estudados num quadro adaptativo e, por outro, de relacionar os comportamentos evidenciados pelos animais com o seu substrato nervoso.

No que respeita ao primeiro ponto, desenvolveram-se reflexões e pesquisas empíricas desde 1990 com o objectivo de detectar as fontes evolutivas dos processos cognitivos. Neste domínio da psicologia evolucionista, pesquisas espectaculares evidenciaram, por exemplo, a existência de competências numéricas espontâneas nos primatas. São sugeridas assim novas pistas, em particular sobre o papel da linguagem, para compreender melhor a origem destas competências no homem e o seu desenvolvimento na criança.

A hipótese de trabalho proposta por Darwin sobre a continuidade mental entre espécies é adoptada (muitas vezes mais implícita do que explicitamente) pela grande maioria dos psicólogos que trabalham com animais. O que é muito recente é o acervo de conhecimentos acumulados, quer sobre o comportamento animal, quer sobre o funcionamento do sistema nervoso dos animais e do homem. Estes progressos permitiram estabelecer as fundações de verdadeiros modelos animais do comportamento e da cognição humana. Estes modelos são particularmente eficazes, nomeadamente para compreender o papel do hipocampo e das estruturas nervosas associadas na memória espacial ou o do córtex frontal nos processos atencionais durante actividades de categorização perceptiva. Para além disso, muitas espécies animais, mas sobretudo os primatas, apresentam assimetrias hemisféricas que são em grande parte comparáveis às observadas no homem. A consequência da relativa independência da organização cerebral humana em relação à linguagem (pelo menos na sua forma moderna) diz respeito à presença de especializações hemisféricas funcionais ao nível da filogénese, como, aliás, ao nível da ontogénese. Estas semelhanças entre primatas humanos e não-humanos podem conduzir a novos desenvolvimentos, não só na psicologia animal, mas também para fundar uma neuropsicologia comparada da cognição.

J. Vauclair

📖 Boakes, R. (1984), *From Darwin to Behaviorism*, Nova Iorque, Cambridge University Press.

• Doré, F. & Mercier, P. (1992), *Les fondements de l'apprentissage et de la cognition*, Lille, Presses Universitaires de Lille.

• Gatlistel, C.R. (1990), *The organization of learning*, Cambridge, MA, The MIT Press.

• Vauclair, J. (1995), *L'intelligence de l'animal*, Paris, Éditions du Seuil.

• Vauclair, J. (1996), *Animal cognition, recent developments in modern comparative psychology*, Cambridge, MA, Harvard University Press.

☞ *behaviorismo, etologia cognitiva, psicologia cognitiva, psicologia evolucionista*

PSICOLOGIA EVOLUCIONISTA

Corrente psicológica cuja ideia de base é que os comportamentos humanos (individuais ou sociais) são submetidos às leis da evolução darwiniana da mesma maneira que o conjunto das estruturas fisiológicas ou biológicas dos organismos.

• Noutros termos, os comportamentos humanos ou animais podem ser analisados como órgãos (o coração, a mão, etc.) em termos de valor adaptativo e em termos de função para aumentar a propagação dos genes do organismo que os possui. Por exemplo, os comportamentos altruístas explicar-se-ão como podendo aumentar a propagação dos genes que o doador partilha com o beneficiário da acção. De facto, como Hamilton (1963) mostrou, os membros de uma dada espécie podem favorecer a propagação dos seus genes ao ajudar os indivíduos que lhe são aparentados. É possível então que o ganho (com a notação K) da acção altruísta seja inferior ao custo para o doador, ponderado pela proximidade genética entre o beneficiário e o doador (com a notação r). De maneira mais formal, para que um gene altruísta se possa propagar, basta que satisfaça a fórmula clássica de Hamilton: $K > 1/r$. Por exemplo, os membros de uma mesma fratria possuem em comum (em média) metade dos seus genes, logo, o seu coeficiente de proximidade será igual a $r = 1/2$ e um comportamento altruísta para com os membros de uma mesma fratria poderá propagar-se se o ganho para o beneficiário

for superior ao dobro do custo para o doador (para parodiar Hamilton, podemos sacrificar-nos por pelo menos dois irmãos ou quatro primos).

Evolução, neodarwinismo e modularidade cognitiva

De maneira geral, os adeptos da psicologia evolucionista defendem que as actividades cognitivas devem ser modulares. A argumentação baseia-se numa ideia de optimização: se actividades estão correlacionadas ou dizem respeito a um mesmo domínio, exigem soluções específicas e não a utilização de soluções gerais. Por exemplo, como os rostos humanos representam uma categoria importante de estímulos sociais, devem ser tratados por um sistema específico e não por um sistema geral de reconhecimento dos objectos. Para além disso, como o reconhecimento das emoções está separado do reconhecimento das pessoas, estas duas actividades devem corresponder a sistemas neuronais diferentes (vd. nomeadamente Haxby *et al.*, 2000). É preciso sublinhar, todavia, que a previsão de sistemas neuronais modulares (ou anatomicamente independentes) não é específica da psicologia evolucionista.

Como acontece muitas vezes, o psicólogo americano William James teve um papel precursor. Na sua obra clássica, *Principles of Psychology*, sugere que as funções mentais têm a mesma função que a morfologia ou a fisiologia: assegurar uma melhor adaptação do organismo ao seu meio.

A abordagem moderna tem a sua origem nas obras de Williams (1966) e Dawkins (1982). Estes autores, que definem o "neodarwinismo", integram os contributos recentes da genética (ciência balbuciante na época de James) e defendem que a noção de adaptação deve ser compreendida em termos de propagação dos genes (por oposição à noção de sobrevivência da espécie ou de adaptação do grupo social ao seu ambiente), no ambiente ancestral (em inglês: *ancestral environment* ou *environment of evolutionary adaptness*) da espécie considerada. Para uma espécie social, o ambiente ancestral deve, evidentemente, ter em conta os congéneres e as suas estratégias.

No caso preciso da espécie humana, o ambiente ancestral é muito diferentes do ambiente actual e, portanto, certas adaptações desenvolvidas neste contexto arriscam-se a ser inapropriadas no ambiente actual. No essencial da sua história, os seres humanos evoluíram enquanto nómadas (caça e recolecção) e, por conseguinte, os comportamentos humanos devem ser interpretados neste contexto. Desde logo, comportamentos que parecem inadaptados no mundo moderno podem ser compreendidos como "fósseis psicológicos". Por exemplo, o nosso gosto imoderado pelo açúcar e as gorduras é responsável por taxas inquietantes de obesidade e de diabetes nas sociedades ocidentais. Como este comportamento aumenta os riscos de mortalidade, parece pouco adaptado, mas recolocado no seu contexto original torna-se adaptativo. De facto, não se encontrando praticamente nunca o açúcar em estado puro na natureza, é relativamente raro e fornece calorias rapidamente assimiláveis. Não havia risco de o seu abuso e as suas consequências nefastas ocorrerem no ambiente ancestral e, portanto, não houve pressão selectiva para controlar a sua apetência. De igual modo, o estudo das fobias mostra que as mais frequentes correspondem a perigos que não são mais considerados salientes. Assim, partilhamos com os chimpanzés o medo das serpentes e das aranhas (são as duas fobias mais frequentes), mas perigos muito mais importantes criam muito menos fobias. O tabaco, o álcool, os automóveis, embora muito mais destrutivos do que as serpentes, geram poucas fobias. Isso deve-se ao facto de os perigos recentes não terem tido tempo de modelar os comportamen-tos, enquanto os perigos mais antigos deixaram os seus traços no repertório comportamental. Para a espécie humana o ambiente ancestral corresponde aproximativamente ao Plistoceno (período que estende de 1 800 000 a 11 000 a.C.). Isso significa que os nossos comportamentos (pelo menos os que estão sob controlo genético) evoluíram num ambiente muito diferente do mundo actual.

Ambiente actual e ambiente fóssil

A hipótese da psicologia evolucionista implica, portanto, que os comportamentos humanos evoluíram para estarem optimizados num ambiente que já não existe agora e que, para além disso, não é sempre fácil de reconstituir. Em particular, os comportamentos sociais são para a nossa espécie os determinantes mais importantes das pressões selectivas, mas como não deixaram vestígios arqueológicos observáveis, o seu efeito não pode ser avaliado. Isto cria um problema metodológico importante para a psicologia evolucionista.

Uma maneira de contornar o problema consiste em reconstruir as características prováveis do ambiente ancestral e depois mostrar como estas características tornam óptimo o comportamento estudado. Por exemplo, o gosto amargo de certos alimentos faz com que os rejeitemos. Um grande número de alimentos naturais amargos é tóxico (a maioria dos alcalóides é tóxica e amarga). Portanto, o gosto amargo evoluiu para que os rejeitemos. Esta rejeição será ainda mais marcada durante a gravidez, porque os alcalóides podem ter um efeito deletério sobre o feto. Uma outra abordagem consiste em mostrar que certos comportamentos estão presentes em todos os membros de uma espécie (em condições normais) e, portanto, que fazem parte do seu repertório comportamental.

Evolução, sexo e violência

Para a espécie humana esta abordagem é delicada, porque a variabilidade cultural dos comportamentos não permite com facilidade extrair deles as constantes. Como quer que seja, o sexo e a violência são dois temas favoritos da psicologia evolucionista, não apenas por causa do seu poder mediático, mas também porque estas duas actividades têm repercussões evidentes na propagação (ou na destruição) dos genes do organismo que as pratica.

Assim, por exemplo, num primeiro momento, observando que na maior parte das culturas os homens (qualquer que seja a sua idade) preferem ter mulheres novas como parceiras sexuais (se o puderem), conclui-se que esta preferência reflecte a maior fertilidade delas e, portanto, que representa uma adaptação comportamental.

De igual modo, a menopausa pode ser interpretada em termos de adaptação comportamental, se se tomar em consideração que no ambiente ancestral cada nascimento correspondia a um risco (sem ajuda médica, o risco de morte no parto é da ordem dos 20% nos seres humanos) e, portanto, que a partir de uma certa idade a mulher tem maiores probabilidades de proteger os seus genes educando os seus filhos ou os seus netos do que gerando outros.

De igual modo também, os cânones de beleza feminina podem ser interpretados como signos de fertilidade e os cânones de beleza masculina como signos de posição social dominante (e, portanto, de recursos potenciais para os descendentes eventuais). O perigo aqui é inferir a partir da sua suposta universalidade que um comportamento é completamente determinado geneticamente. Por exemplo, todos os seres humanos cozinham, qualquer que seja a sua cultura. Isso não prova que exista um gene de cozinheiro. Em contrapartida, o facto sugere que cozinhar (bem) confere uma vantagem!

As derivas da psicologia evolucionista

No entanto, como os exemplos precedentes mostram, a impossibilidade de reconstituir precisamente o ambiente ancestral implica que o raciocínio se arrisca muitas vezes a ser circular: um comportamento explica-se pelas particularidades do ambiente ancestral, cuja existência é justificada pelo comportamento estudado. É um problema real sublinhado por alguns críticos (como Gould, 1997) que sugerem que os perigos epistemológicos da psicologia evolucionista a aproximam da psicanálise: com demasiada frequência são apresentadas hipóteses inverificáveis e circulares como explicações. Ramachandran (1998, p. 289) ilustra este perigo quando descreve como se divertiu a publicar um artigo que afirmava que a preferência dos "senhores pelas mulheres louras" podia ser explicada em termos de estratégia reprodutiva. Segundo ele, no essencial, é mais fácil detectar a idade, o embaraço social (e, portanto, a mentira) e os sinais de parasitismo nas mulheres louras do que nas morenas (?). Logo, a preferência pelas mulheres louras é genética e representa uma adaptação comportamental funcional (!).

Em conclusão, a psicologia evolucionista é uma disciplina jovem, em pleno desenvolvimento, com muitas promessas, mas também com uma grande necessidade de rigor metodológico para evitar certos deslizes explicativos.

H. Abdi

📖 Dawkins, R. (1982), *The extended phenotype*, S. Francisco, Freeman.
• James, W. (1890), *Principles of psychology*, Nova Iorque, Holt, Rinehart and Winston.
• Hamilton, W.D. (1963), "The evolution of altruistic behavior", *The American Naturalist*, 97, 354-356.

Psicologia Popular

- Haxby, J.V., Ungerleider, L.G., Horwitz, B., Maisog, J.M., Rapoport, S.I. & Grady, C.L. (1996), "Face encoding and recognition in the human brain", *Proceedings of National Academy of Sciences USA*, 93, 922-927.
- Jeannerod, M. (1997), "Vers un darwinisme mental. La pensée évolutionniste en neurosciences", in P. Tort (org.), *Pour Darwin*, pp. 288-307, Paris, Presses Universitaires de France.
- Ramachandran, V.S. & Blakeslee, S. (1998), *Phantoms in the brain*, Nova Iorque, Morrow.
- Williams, G.C. (1966), *Adaptation and natural selection*, Princeton University Press.

☞ *gene-ambiente (relação –), sociobiologia*

PSICOLOGIA POPULAR

Usar a psicologia popular (*folk psychology*) é invocar as razões que usamos comummente para compreender os comportamentos humanos ("ela enganava-o, ele deixou-a") ou, para além deste recurso imediato, é abstrair destas razões alguns conceitos fundamentais, como os de crença e de desejo, e supor que dão lugar a estados ou acontecimentos mentais que são as causas destes comportamentos.

• Uma parte do programa cognitivista assenta na ideia de que as explicações cognitivas consistirão apenas em fornecer bases formais e experimentais a tais explicações, mas alguns autores denunciam esta hipótese. Os seus argumentos são que as categorias da psicologia ordinária não são coerentes com as categorias da física e da biologia e, por isso, deverão ser abandonadas numa explicação científica (eliminativismo dos Churchland) ou também que eles estão mal organizadas e não permitiram progressos desde há milénios (Stich). Outro argumento visa uma utilização da psicologia popular como "teoria-teoria". Seríamos dotados de um módulo que nos permitiria ter uma teoria sobre o que são as crenças e os desejos e aplicá-lo-íamos para compreender os comportamentos dos outros seres humanos. Goldman e outros autores defenderam que a boa maneira de compreender os comportamentos de outrem e de os prever é colocar-nos no seu lugar e utilizar a nossa própria maneira de reagir, o que não exige inferências teóricas, mas apenas uma simulação. De acordo com Davidson pode-se também considerar que as hipóteses sobre as crenças e os desejos, bem como a sua utilização racional na maioria dos casos, são hipóteses indispensáveis quando, numa interacção social, queremos compreender o que nos dizem os nossos semelhantes a partir daquilo que fazem. Esta versão da psicologia popular dar-nos-ia, então, não tanto explicações, mas sobretudo os pressupostos de qualquer compreensão. Mas Davidson afirmou também que vemos de facto as intenções (mistos de crenças e de desejos) como causas das nossas acções. Simplesmente estas explicações podem quando muito evidenciar algumas regularidades, mas não podem pretender ser leis. Portanto, não há dúvida de que uma psicologia que pretendesse propor leis deveria utilizar conceitos mais finos (ou mais grosseiros) do que os da psicologia popular.

P. Livet

📖 Engel, P. (1994), *Introduction à la philosophie de l'esprit*, Paris, Éditions la Découverte [trad. port. *Introdução à Filosofia do Espírito*, Lisboa, Piaget, 1996].
- Engel, P. (1996), *Philosophie et Psychologie*, Paris, Gallimard.

- Goldman, A. (1993), "The Psychology of Folk Psychology", *Behavioral and Brain Sciences*, 16, 15-28.
- Stich, S. (1983), *From Folk Psychology to Cognitive Science, The Case Against Belief*, Cambridge, MA, The MIT Press.

☞ *cognitivismo, filosofia da mente, intencionalidade, psicologia cognitiva, representacionalismo*

PSICONEUROIMUNOLOGIA

Estudo das relações causais entre o cérebro, o sistema imunitário e a cognição.

• Trata-se de uma disciplina cujo lugar nas ciências cognitivas deveria, em princípio, aumentar. As pesquisas em psiconeuroimunologia visam explicar as relações entre a doença, as emoções, o *stress*, a depressão e, mais genericamente, as interacções entre os estados mentais, conscientes ou não, e os fenómenos somáticos.

G. Tiberghien

📖 Maier, S.F. & Watkins, L.R. (1998), "Cytokines for psychologists: Implications of bidirectional immune-to-brain communication for understanding behavior, mood, and cognition", *Psychological Review*, 105, 83-107.

☞ *cérebro, emoção, neurociências cognitivas, psiquiatria cognitiva*

PSICOPATOLOGIA COGNITIVA

☞ *psiquiatria cognitiva*

PSICOSSOMÁTICA

☞ *psiconeuroimunologia*

PSIQUIATRIA COGNITIVA, PSICOPATOLOGIA COGNITIVA

Campo de investigação aberto pelo encontro do estudo da patologia mental e das ciências cognitivas.

• Cobre, no entanto, diferentes domínios, segundo o sentido que se dá ao termo "cognitivo". Ora, o termo é polissémico.

Patologia mental e enviesamento cognitivo

Se o definimos em primeiro lugar (de acordo com uma acepção frequente da "cognição") como o plano dos conteúdos de pensamento acessíveis à consciência e como o nível dos conhecimentos, juízos e raciocínios, o contributo cognitivo para a psiquiatria consiste numa investigação descritiva dos correlatos intelectuais da patologia mental. A descrição das perturbações específicas ("enviesamento cognitivo") do juízo de valor "positivo" ou "negativo" acerca dos acontecimentos em sujeitos que sofrem de depressão ou de angústia é um exemplo (Beck). No entanto, se estas perturbações são consideradas como explicativas da patologia, estando os processos mentais reduzidos às representações acessíveis à consciência, este tipo de abordagem inspira uma psicopatologia que define a patologia mental como o resultado de erros de juízo, de desconhecimento ou de défices "cognitivos". Esta abordagem gerou diversos modelos da depressão e da ansiedade, bem como métodos terapêuticos destinados a corrigir o que se considera ser perturbações do juízo ou os défices da "cognição" (no sentido de conhecimento, de modo de pensa-

Psiquiatria Cognitiva

mento ou de raciocínio) em causa, num quadro clínico que é designado naturalmente com o termo "psiquiatria cognitiva". Foi proposto também que o autismo infantil resulta de um défice específico da função "cognitiva" chamada "teoria da mente".

No entanto, decorre desta perspectiva uma contradição clássica entre a "abordagem cognitiva" e a abordagem psiquiátrica clínica que, em contrapartida, privilegia a afectividade e as emoções e sobretudo o sentido ou a intencionalidades dos sintomas e os mecanismos ou processos não conscientes que os geram. A questão é, de facto, a de saber se os défices ou as anomalias cognitivas do pensamento, do juízo, da consciência ou do conhecimento que são observados nas patologias mentais são causas ou apenas efeitos do processo psicopatológico.

A psiquiatria cognitiva experimental

A esta necessidade junta-se outra, mais geral, de distinguir o objecto das ciências cognitivas de "cognição" no sentido clássico, necessidade que se impõe tanto à psicologia moderna como às ciências cognitivas. Sabe-se, de facto, que as ciências cognitivas não se reduzem a uma psicologia do conhecimento, ao estudo das propriedades do pensamento e do juízo da mente (quer dizer, a "cognição").

Numa segunda acepção, o termo "cognitivo" designa o estudo experimental de diferentes funções mentais elementares e dos seus mecanismos não conscientes (memória, percepção, atenção, tomada de decisão, aprendizagens, etc.). Esta abordagem experimental propõe um modo de exploração específico das perturbações psiquiátricas, que é complementar da análise clínica. Observam-se assim na depressão, nos estados ansiosos e na esquizofrenia perturbações mais ou menos específicas da atenção selectiva, da memória

de trabalho, da memória de longo prazo explícita, da codificação ou da organização das informações. Ao descrever de maneira regular estas diversas disfunções perceptivas, mnésicas e atencionais correlacionadas com as patologias mentais, esta abordagem "cognitiva" experimental (de "pesquisas cognitivas em psiquiatria") levantou de novo, no entanto, a mesma questão: trata-se de consequências pouco específicas da patologia, de índices das repercussões da depressão ou da esquizofrenia sobre o "funcionamento cognitivo" (definido desta vez ao nível dos mecanismos mentais elementares) ou de anomalias relacionadas intrinsecamente com o processo patológico?

Estas anomalias são observadas em doentes não tratados e consideradas como marcadores de estado ou de vulnerabilidade persistente depois da cura. Podemos portanto supor que elas não são consequências não-específicas da doença, mas os signos de disfunções cognitivas de base relacionadas com a patologia.

A psicopatologia cognitiva

A referenciação destas anomalias cognitivas elementares "profundas" contribuiu assim para abrir um terceiro campo de pesquisas, o da "psicopatologia cognitiva", cujo objectivo é definir os mecanismos cognitivos (no sentido das operações mentais elementares) e as suas disfunções subjacentes à produção dos estados patológicos e dos sintomas psiquiátricos. Esta perspectiva é mais conforme com uma definição ampla e contemporânea do termo "cognitivo", segundo a qual as ciências cognitivas têm por objecto as operações (não conscientes e inacessíveis à observação directa) de produção das formações mentais, conteúdos e processos de pensamento, quer dizer, os mecanismos elementares da vida mental e da acção. São assim reunidas as pesquisas conduzidas no campo da psicologia experimental

Psiquiatria Cognitiva

e da neuropsicologia, mas também as pesquisas teóricas saídas da psicologia cognitiva, da linguística e da filosofia da mente.

Ciências cognitivas
e patologia mental

Segundo esta última perspectiva, as ciências cognitivas propõem um estudo funcional de mecanismos elementares (atenção, memória, percepção, processos sensório-motores, mecanismos de controlo e de regulação da acção) e de processos mais complexos (linguagem, comunicação e interacção, processos de representação de si e do outro ou meta-representação), cuja aplicação à psiquiatria, ou seja, ao estudo da patologia mental, responde a dois objectivos principais.

O primeiro é um melhor conhecimento das perturbações elementares da actividade mental subjacentes à patologia do adulto (psicoses, depressão e perturbações do humor, ansiedade), da criança e do adolescente (autismo infantil e psicoses, deficit da atenção e hiperactividade, deficiências intelectuais, desarmonias, perturbações do desenvolvimento, perturbações da linguagem e das aprendizagens).

Para além do seu interesse pela pesquisa fundamental (contribuição para um estudo pluridisciplinar da doença mental, dos seus mecanismos psicológicos e neurobiológicos), estes conhecimentos são susceptíveis de gerar diversas implicações na prática clínica: de prevenção, de despistagem, diagnósticos, de avaliação (criação de instrumentos), nosográficos (de ordem categorial: descrição de subtipos diagnósticos ou dimensionais) e terapêuticas directas ou indirectas: compreensão dos mecanismos de acção dos medicamentos psicotrópicos, conhecimento dos mecanismos mentais utilizados pelas psicoterapias e as práticas pedagógicas.

O segundo objectivo é uma contribuição do estudo destas anomalias para o conhecimento do funcionamento mental

normal e do desenvolvimento. De facto, à semelhança das perturbações neurológicas estudadas pela neuropsicologia, a clínica psicopatológica pode mostrar dissociações funcionais (por ex., entre a consciência da acção e a sua atribuição a si, no caso de certos sintomas esquizofrénicos). Pode igualmente permitir a referenciação e a descrição de funções específicas (por ex., as meta-representações ou a "teoria da mente" descritas a propósito do autismo infantil). Leva igualmente estas pesquisas a orientar-se para os processos cognitivos subjacentes aos estados afectivos ou emocionais, relativamente negligenciados até aqui pela neuropsicologia cognitiva. O campo psicopatológico e a clínica das perturbações mentais oferecem portanto às ciências cognitivas um domínio de investigação indispensável a uma compreensão geral do funcionamento mental, que assume uma importância crescente nestas pesquisas. Trata-se portanto de uma sinergia entre estes trabalhos e a psiquiatria.

Patologia mental
e operações cognitivas

Neste quadro, devemos agora distinguir o estudo das correlações entre sintomatologia clínica e operações cognitivas (investigando os mecanismos de produção de certos sintomas) e o das correlações entre operações cognitivas e funcionamento cerebral (colocando em questão os mecanismos cerebrais subjacentes, nomeadamente os sistemas monoaminérgicos moduladores, alvo dos medicamentos psicotrópicos e o circuito de interconexões fronto-estriatal do controlo da acção). As pesquisas cognitivas poderiam assim permitir uma articulação dos dados clínicos e neurobiológicos (nomeadamente da psicofarmacologia), entre os quais elas criam uma interface funcional.

Do ponto de vista das correlações cognitivo-clínicas, as pesquisas cognitivas incidem prioritariamente num nível de

Psiquiatria Cognitiva

organização infraclínico do funcionamento mental, correspondente às operações elementares do tratamento da informação sensorial e da organização da acção.

A análise da patologia mental revela perturbações da organização perceptiva, do pensamento, da linguagem e da acção, que constituem objectos de estudo experimentais e de modelização teórica. Os modelos da lentificação depressiva, da inibição ansiosa, da desorganização da acção e da perturbação da sua representação na esquizofrenia e no autismo infantil são exemplos disso. A exploração neuropsicológica e cognitiva desta clínica específica pode permitir aprofundar o conhecimento da patologia mental, mas também, tomando em consideração estas anomalias, a compreensão dos mecanismos gerais de organização e de representação da acção.

A patologia mental constitui deste ponto de vista uma patologia específica da acção no sentido amplo (acção motora, mas também linguagem, processo de pensamento ou actividades de representação). Os factos psicopatológicos têm por característica associar perturbações da organização da acção (por ex. a inibição ansiosa, a lentificação depressiva ou a desorganização psicótica) e as perturbações da sua experiência e da sua consciência (da experiência afectiva, a ansiedade, por ex., e da consciência intencional ou consciência de si: alucinação, crença delirante, perturbações da identidade). Estas perturbações clínicas justificam, portanto, uma dupla abordagem cognitiva: anomalias dos mecanismos de produção, organização e regulação da acção e das alterações da sua experiência subjectiva, intencional ou emocional. A primeira abordagem levanta a questão das relações entre a organização da acção e o tratamento da situação que lhe é inerente, quer dizer, o ajustamento ao meio ou ao contexto situacional, de que se conhecem as perturbações específicas em psicopatologia (perturbações da relação com a realidade e da comunicação). Ambas levantam o problema das relações funcionais de dependência entre a organização da acção e da actividade mental e a representação (consciente e afectiva) destas.

A patologia mental da criança e do adolescente conduz, por fim, a considerar estes diferentes aspectos segundo a perspectiva do desenvolvimento e das suas perturbações. A questão do desenvolvimento faz naturalmente convergir pesquisas cognitivas e pesquisas psicopatológicas.

N. Georgieff

📖 David, A.S. (1993), "Cognitive neuropsychiatry?", *Psychological Medicine*, 23, 1-5.

• Frith, C.D. (1992), *The cognitive neuropsychology of schizophrenia*, Hove, Lawrence Erlbaum Associates.

• Widlöcher, D. (org.), (1992), *Traité de psychopathologie*, Paris, Presses Universitaires de France.

• Widlöcher, D. (1993), "Intentionnalité et Psychopathologie", *Revue Internationale de Psychopathologie*, 10, 193-224.

• Widlöcher, D. & Hardy-Baylé, M.C. (1989), "Cognition and control of action in psychopathology", *European Journal of Cognitive Psychology*, 9, 583-61.

☞ *neurociências cognitivas, neuropsicologia, neuropsicologia cognitiva, personalidade, psicologia cognitiva, psiconeuroimunologia, teoria da mente*

Q

QUALIA

Experiências qualitativas tais como nos aparecem, tais como as vivemos.

• Uma redução da actividade da mente a funções bem definidas (por ex. segundo um modelo computacional) não chega a dar conta dos *qualia*. Como diz Jackson, um neurologista que soubesse tudo sobre as cores no plano funcional, mas fosse cego de nascença teria uma experiência completamente nova se lhe fosse devolvida a visão das cores. Por outro lado, se invertêssemos as nossas conexões neuronais de maneira a que o vermelho nos parecesse verde e reciprocamente, sem que as nossas respostas aos estímulos vermelhos e verdes diferissem no que quer que fosse, a nossa experiência seria, apesar disso, diferente. Não podemos ter a experiência do que é ouvir por ecolocalização, como os morcegos.

Mas então que função podem ter os *qualia*? Serão epifenómenos das nossas actividades cognitivas (como seria também a consciência dos mesmos *qualia*)? E deveremos nós desesperar de explicar os *qualia*? Poderá existir uma diferença nos *qualia*, embora não haja diferença no funcionamento físico do nosso sistema cognitivo?

A resposta quanto a este ponto parece negativa. Drestke propôs que se considerasse nos *qualia* o modo de funcionamento das nossas representações quando foi adquirido no decurso da formação do nosso sistema cognitivo pela evolução. Para este autor, podemos ter a representação do que é perceber por radar, dado que podemos ter a representação das propriedades a que um radar pode ser sensível. Todavia, o nosso sistema não evoluiu para nos dar de imediato esta sensibilidade. Temos de construir acerca dela uma representação por conceitos, obtida por aprendizagem pessoal.

Portanto, é possível ver nos *qualia* o efeito do funcionamento específico de um sistema cognitivo incarnado, funcionando em interacções com o ambiente que são sempre singulares. Dado que a própria possibilidade de relacionar cada experiência particular com outras, por similaridade ou abstracção, ocorre sempre de maneira singular, também os conceitos são experiências qualitativas.

P. Livet

📖 Drestke, F. (1994), *Naturalizing the Mind*, Cambridge, MA, The MIT Press.
• Proust, J. (org.), (1999), *Perception et intermodalité*, Paris, Presses Universitaires de France.

☞ *consciência, filosofia cognitiva, psicologia popular, sensação*

QUARTO CHINÊS (METÁFORA DO -)

Experiência de pensamento imaginada por Neil Block (1978) e popularizada pelo filósofo americano John Searle nos anos 80 para ilustrar os limites da abordagem computacional nas ciências cognitivas.

· A história descreve um homem que não fala (nem conhece o) chinês. Este homem está num quarto e tem de seguir um procedimento descrito numa longa lista de instruções. Mais precisamente, o nosso homem deve responder a desenhos que lhe são passados sob a porta com outros desenhos (passados também sob a porta) obtidos de acordo com as instruções dadas. Acontece que os desenhos de origem e os que o nosso homem fornece são ideogramas chineses. Para um observador exterior (como, por ex., a pessoa, a máquina ou o ser que passa os bilhetes sob a porta) o nosso homem fala chinês, porque o seu comportamento o revela. Mas nós sabemos (porque lemos a história) que isso não é verdade. Moralidade: o facto de simular um comportamento usando uma lista de instruções (ou um programa informático ou uma simulação de algum tipo) não prova que o sistema *compreende o sentido* da actividade (linguagem, emoções, música, etc.) que simula.

Esta parábola desencadeou uma longa polémica, provavelmente porque pode ser interpretada de várias maneiras.

H. Abdi

📖 Searle, J.R. (1980), "Minds, brains, and programs", *The Behavioral and Brain Sciences,* 3, 417-457.

☞ *computacional (teoria – da mente), simulação computacional, Turing (teste de –)*

R

RACIOCÍNIO

Aplicação de uma actividade de reflexão lógica numa situação de argumentação ou de resolução de um problema.

• Os modos de raciocínio humano são muito diversos e pode-se estabelecer com eles classificações igualmente muito diversas. Consideramos aqui os raciocínios dedutivos, os raciocínios que utilizam conhecimentos incertos ou evolutivos, os raciocínios plausíveis e os meta-raciocínios.

Raciocínios dedutivos

Fundado em silogismos clássicos, o raciocínio dedutivo é a forma de raciocínio mais antiga. Os principais esquemas utilizados são:
– *modus ponens* (se "P" é verdadeiro e se "P implica Q" é verdadeiro, podemos deduzir "Q". Assim, se sei P: o Tejo transborda e P...Q: Quando o Tejo transborda, o caminho na margem fica cortado, posso deduzir Q: o caminho na margem está cortado);
– *modus ponens* (se "Q" é falso e se "P implica Q" é verdadeiro, pode-se deduzir "não P". Com o mesmo exemplo acima, se sei que alguém veio pelo caminho da margem posso deduzir que o Tejo não está a transbordar);
– *a especialização universal* (se "P é verdadeiro para todos os x" e se "a é um x", então "P é verdadeiro para a": sabendo

que todos os pássaros voam e que Titi é um pássaro, posso deduzir que Titi voa).
O primeiro e o terceiro esquemas correspondem ao que se chama correntemente "dedução natural", enquanto o segundo está na base dos raciocínios por absurdo.

Estes raciocínios supõem que os conhecimentos sobre os quais se fundam são exclusivamente verdadeiros ou falsos. Ora, este pressuposto não se verifica sempre.

Raciocínios sobre conhecimentos incertos ou evolutivos

Por vezes, não podemos estabelecer com certeza o valor de verdade de uma proposição (conhecimentos incertos ou imprecisos). Somos então conduzidos a introduzir factores de ponderação das regras e dos factos. Relevam de abordagens empíricas ou estão fundados em teorias matemáticas rigorosas (probabilidades, conjuntos fluidos, etc.). Esta abordagem numérica é certamente insuficiente e importaria perspectivar um tratamento simbólico mais próximo do raciocínio humano.

Durante muito tempo a teoria das probabilidades foi a única abordagem numérica do tratamento do incerto. Diferenças de ponto de vista sobre as maneiras de representar a imprecisão ou o incerto estão na origem de teorias recentes como as funções de crença (Dempster, 1968; Shafer 1976) ou a teoria das possibilidades (Zadeh, 1981). Em particular, nestes modelos, a relação entre um acontecimento e o seu contrário é modificada de diversas maneiras (já não temos Prob (A) + Prob ($\neg$A) = 1, mas, por exemplo, Max (Possib (A), Possib ($\neg$A) = 1). Isso permite considerar possíveis, em graus não necessariamente complementares, acontecimentos contraditórios.

Estas abordagens são testadas num número crescente de sistemas de inferências automáticas. Foram também desenvolvidos modelos mais empíricos (em particular em sistemas periciais como o Mycin). Decorrem actualmente estudos comparativos que devem permitir a prazo uma unificação destas diversas abordagens quantitativas do incerto.

Em contrapartida, o princípio do raciocínio qualitativo (Forbus, 1984) é que basta saber se os parâmetros de um sistema estão numa certa região (sem por isso conhecer os valores exactos) para ter uma ideia do comportamento do sistema. A diferença relativamente ao raciocínio precedente é que devemos ser sempre capazes de situar o valor de um parâmetro em relação a uma das regiões características para poder retirar conclusões. Não nos podemos satisfazer neste ponto com faltas de informação.

Podemos também procurar efectuar o máximo de deduções a partir de informações incompletas. Somos conduzidos então a raciocínios por defeito (Froidevaux, 1986). As conclusões deles serão por isso precárias e deveremos estar dispostos a pô-las em causa se for necessário. Esta questão é crucial em geral, mas "a hipótese do mundo fechado" (em que toda a informação não explicitamente presente é considerada como falsa) permite tratar facilmente domínios de aplicação restritos.

Por último, o raciocínio sobre conhecimentos evolutivos aborda problemas próximos dos que estão relacionados com o raciocínio por defeito. Outra situação contígua é aquela em que o próprio processo de raciocínio modifica os objectos sobre os quais incide. Procuramos, neste caso, ter em conta que o valor de verdade de uma asserção não é definitivo, mas pode variar ao longo do raciocínio. Falamos então de raciocínio "não monótono" (o conjunto dos teoremas demonstráveis não é uma função monótona crescente do número de axiomas) (McCarthy, 1980; McDermott & Doyle, 1980). Um ponto de vista importante consiste igualmente em considerar os objectos segundo diferentes níveis de granularidade, podendo estes níveis ser adaptados segundo os resultados obtidos.

Raciocínios plausíveis
(abdução, analogia)

Tendo visto anteriormente raciocínios que se baseiam em conhecimentos cujo valor de verdade não pode ser fixado com rigor podemos também considerar casos em que a incerteza é sobre a validade do próprio raciocínio. Assim, com a expressão "raciocínios plausíveis" designamos diversas formas de raciocínios não rigorosos, conduzindo, por vezes, a conclusões precárias, mas comummente utilizadas.

Um exemplo de tal raciocínio, sabendo que "P implica Q" e "Q" são verdadeiros, consiste em considerar que a verdade de "P" é mais plausível. Sabendo, por exemplo, que uma pessoa que bebeu em excesso não anda a direito e vendo João a ziguezaguear, posso supor – sem que esta conclusão seja certa – que João está embriagado. Se verificar também que João fala mais ou menos sem nexo, posso retirar a mesma conclusão, a qual, embora não seja válida, vê a sua plausibilidade reforçada.

Outro exemplo é o raciocínio por analogia em que, se as propriedades P e Q são verdadeiras na situação S1 e se P' é verdadeira na situação S2, "calculamos" a propriedade Q' tal que "P/Q = P'/Q'". Por exemplo, o meu vizinho terminou agora o ensino secundário e teve muitos presentes, "portanto" se eu terminar o ensino secundário no próximo ano terei também muitos presentes. A definição da relação (/) entre as propriedades é, bem entendido, o ponto delicado desta modelização e pode conduzir a conclusões erradas se não formos cuidadosos: a Terra é redonda, gira em volta do Sol e é habitada; Vénus é redonda e gira em volta do Sol "portanto?", por analogia, este planeta é habitado, etc. (Grize, 1979; McDermott & Doyle, 1980; Chouraqui, 1981).

Gestão dos raciocínios

Um raciocínio pode ser considerado uma aplicação mecânica de regras mais ou menos formais. Para finalizar de maneira eficaz estes vários tipos de raciocínio, é preciso conduzi-los de maneira inteligente, o que permite, em particular, evitar os riscos de explosão combinatória, ou seja, é preciso não só possuir muitos conhecimentos sobre os domínios considerados, mas também muitos conhecimentos sobre as formas de raciocinar e de utilizar os conhecimentos. Estes metaconhecimentos (raciocínios particulares, em que se examinam a si mesmos) servem para dirigir, avaliar, explicar ou justificar um raciocínio (Pitrat, 1986, 1990).

Um exemplo de meta-regra: se depois de algum tempo não obtemos um resultado significativo, desenvolver outra estratégia.

Outro exemplo: se para aplicar uma regra é preciso avaliar duas condições, então devemos começar pela menos custosa. Assim, se tenho de fazer uma estimativa do valor de uma tese e uma regra me diz que "uma tese é boa se contém um argumento válido ou se tem mais de 250 páginas", começarei por ver qual é o número de páginas.

Estes metaconhecimentos permitem igualmente adaptar-nos com flexibilidade à situação concreta a tratar. Aprendemos na escola um algoritmo para as subtracções, mas, na vida corrente, utilizamo-lo raramente; desenvolvemos um conjunto de regras específicas e rápidas em muitas subtracções particulares, como, por exemplo, 1 000 000 000 − 999 999 999 = 1, obtido instantaneamente sem aplicar o algoritmo completo da subtracção.

Podemos perguntar então se, para utilizar estes metaconhecimentos, necessitamos de novos conhecimentos (*metametaconhecimentos*). Se esta hierarquia de níveis "meta" fosse continuada indefinidamente, esta concepção não teria interesse prático. Felizmente, três níveis é quanto basta: o primeiro nível corresponde a conhecimentos específicos do problema tratado; os metaconhecimentos do segundo nível são conhecimentos gerais utilizados para tratar conhecimentos específicos, e os metametaconhecimentos, no último nível, tratam os conhecimentos gerais. Dado que são conhecimentos como os outros, podem aplicar-se a si mesmos, pelo que não temos necessidade de uma hierarquia infinita.

Enquanto a lógica é a ciência do raciocínio válido e a psicologia cognitiva é a do raciocínio humano, a inteligência artificial interessa-se por uma idealização do raciocínio que difere um pouco destes dois pontos de vista. Ela procura, na verdade, modelos robustos e eficazes que dêem resultados que o ser humano considere judiciosos e que devam poder ser explicados. Os resultados bem conhecidos da decidibilidade e da complexidade mostram que a lógica clássica não pode pretender desempenhar este papel e que a visão axiomática habitual (axiomas + regras de inferência) deve dar lugar, talvez, a um tríptico: axiomas + regras de inferência + + estratégias.

Uma linha de pesquisa importante e unificadora poderia consistir na avaliação da pertinência destes trabalhos da inteligência artificial em todas as aplicações que podemos encontrar nos domínios das ciências sociais, bem como em precisar em que condições determinada formalização seria a mais útil.

G. Sabah

Chouraqui, E. (1981), *Contribution à l'étude théorique de la représentation des connaissances: le système symbolique ARCHES*, tese de Estado não publicada, Institut national polytechnique de Lorraine, Nancy.

• Dempster, A.P. (1968), "A generalization of Bayesian inference. *Journal of the Royal Statistical Society*, 30 B, 205-247.

• Forbus, K. (1984), "Qualitative process theory", *Artificial Intelligence*, 24, 85-168.

• Froidevaux, C. (1986), "Des logiques pour le raisonnement par défaut", *Actes du Colloque "Logique naturelle et argumentation"*, Royaumont.

• Grize, J-B. (1979), "Le discours analogique", *Actes du Colloque "Représentation des connaisances et le raisonnement dans les sciences de l'homme"*, pp. 228-235, Saint-Maximin.

• McCarthy, J. (1980), "Circumscription, a form of non monotonic reasoning", *Artificial intelligence*, 13, 27-39.

• McDermott, D. & Doyle, J. (1980), "Non monotonic logic I", *Artificial Intelligence*, 13, 41-70.

• Pitrat, J. (1986), "Les systèmes qui s'observent", *Actes du Colloque "Logique naturelle et argumentation"*, Royaumont.

• Pitrat, J. (1990), *Métaconnaissance, futur de l'intelligence artificielle*, Paris, Hermès.

• Shafer, G. (1976), *A mathematical theory of evidence*, Princeton, NJ, Princeton University Press.

• Zadeh, L. (1981), "Possibility theory and soft data analysis", in L. Cobb & R.M. Thrall (orgs.), *Mathematical frontiers of the social and policy science*, pp. 69-129, Boulder, Westview Press.

☞ *abdução, analogia, compreensão, conhecimento, criatividade, especialização, lógica mental, racionalidade, representação, resolução de problemas*

RACIONALIDADE

1. A *racionalidade cognitiva* assegura a validade dos nossos raciocínios, a coerência das nossas crenças, maximiza a sua probabilidade de serem verdadeiras, ou, pelo menos, a probabilidade de que a sua falsidade seja posta em evidência. 2. A *racionalidade instrumental* assegura a utilização óptima dos meios para se atingirem os nossos fins. 3. Podemos perguntar-nos se há uma *racionalidade axiológica* que permita decidir qual o fim a privilegiar em uma situação ou, então, ordenar os nossos fins.

• Pensou-se em propor uma concepção unificada da racionalidade instrumental na *teoria da escolha racional* (dadas as nossas preferências e as probabilidades que nos sugerem as nossas crenças, escolher a acção que produz mais utilidade, quer dizer, que respeita a ordem das nossas preferências, ponderadas pelas nossas probabilidades). Todavia, foram questionados vários teoremas desta teoria.

Há uma corrente da psicologia que tentou mostrar que os seres humanos não seguem certos princípios da teoria da escolha racional, por exemplo, o princípio da escolha segura, segundo o qual se na situação A escolhemos B e se na situação não-A escolhêssemos B, então quando não se sabe nada da situação escolhe-se B. É sempre possível fazer concordar cada experiência com estes princípios, supondo outras preferências nos agentes, mas é difícil fazê-lo com o conjunto das experiências. No entanto, isso poderia apenas provar que existem vários procedimentos racionais diferentes.

De igual modo, numa situação de incerteza, é racional partir de probabilidades simplesmente subjectivas, na condição de se poder revê-las em função dos dados da experiência. Todavia, podem ser propostos diversos procedimentos de *revisão* e cada um deles tem vantagens e inconvenientes. Alguns permitem a revisão mesmo quando uma nova informação não entrava das probabilidades iniciais, outros tratam uma simples revisão do nosso estado de informação, outros podem também encarar uma mudança do mundo, etc.

A racionalidade parece, portanto, subdividir-se em diversos procedimentos racionais mais ou menos adaptados segundo os tipos de situação. Podemos então considerar a racionalidade como estando relacionada com a fiabilidade a longo prazo de procedimentos utilizados num certo tipo de ambiente. Tal racionalidade poderia ser o fruto factual de uma longa evolução. Um modo de racionalidade que se pode estudar tanto empírica como normativamente é a *racionalidade limitada*: uma vez fixadas capacidades limitadas de inferência e de memória, certos procedimentos – que seriam impraticáveis ainda que estejam assegurados – devem ser abandonados, e mesmo por vezes substituídos por *heurísticas*, que são fecundas na maior parte dos casos, mas noutros induzem em erro. Porém, tal não é de modo algum incompatível com a ideia de que a investigação das subtilezas da racionalidade seja normativa, nem com a ideia de que para compreender alguém, mesmo quando mente ou disparata, devemos partir da hipótese de que na maioria das vezes é racional.

P. Livet

📖 Davidson, D. (1993), *Actions et événements*, Paris, Presses Universitaires de France.
• Goldman, A. (1986), *Epistemology and cognition*, Harvard, Harvard University Press.
• Nozick, R. (1993), *The nature of rationality*, Harvard, Harvard University Press.
• Simon, H. (1982), *Models of bounded rationality*, Cambridge, MA, The MIT Press.

• Tversky, A. & Kahneman, D. (1974), "Judgment under uncertainty, heuristics and biases", *Science,* 185, 1124-1131.

☞ *crença, raciocínio*

RECORDAÇÃO, RECORDAÇÃO INDICIADA

Método explícito de medição da memória declarativa que estima a capacidade de encontrar uma informação semântica ou episódica a partir de um índice perceptivo mais ou menos elaborado (por ex.: qual é a data da batalha de Trafalgar? Em que país fez as suas últimas férias?). Diferentemente do reconhecimento, que se baseia na maioria das vezes apenas na familiaridade, a recordação implica sempre um processo mais ou menos elaborado de pesquisa mental (muitas vezes considerado semelhante à rememoração).

G. Tiberghien

📖 Brown, J. (1976), *Recall and recognition*, Nova Iorque, Wiley.
• Humphreys, M.S., Wiles, J. & Dennis, S. (1994), "Toward a theory of human memory: data structures and access processes", *Behavioral and Brain Sciences,* 17, 655-692.
• Kahana, M.J. (1996), "Associative retrieval processes in free recall", *Memory & Cognition,* 24, 103-109.
• Tomita, H., Ohbayashi, M., Nakahara, K., Hasegawa, I. & Miyashita, Y. (1999), "Top-down signal from prefrontal cortex in executive control of memory retrieval", *Nature,* 401, 699-703.

☞ *familiaridade, reconhecimento, rememoração*

RECONHECIMENTO

1. Aptidão cognitiva manifestada por um organismo vivo ou um artefacto para detectar e discriminar os objectos do seu ambiente com base nas suas diferenças perceptivas, categoriais ou contextuais (reconhecimento de objectos, de formas, de rostos, reconhecimento automático). 2. Forma de despertar da consciência associada ao facto de que um objecto já foi apreendido, percebido anteriormente ou provocou uma experiência singular no passado (reconhecimento mnésico). 3. Conjunto dos paradigmas experimentais de estudo do reconhecimento perceptivo ou mnésico (reconhecimento de escolha forçada, de escolha múltipla, detecção, emparelhamento, etc.).

• O reconhecimento é uma das propriedades mais importantes e complexas da cognição. Esta última pode mesmo ser concebida, ao nível mais geral, como um conjunto de propriedades emergentes de um sistema de reconhecimento. A relação entre o reconhecimento e os conceitos aparentados de "conhecimento" ou de "saber" é muito transparente. De facto, reconhecer, no sentido próprio, é re-conhecer, portanto, conhecer uma segunda vez: "O saber, afinal, é baseado no reconhecimento" (Wittgenstein, *Da certeza* [cf. trad. port. Edições 70, §378]). Ou seja, o reconhecimento "indica" um estado particular do conhecimento.

Detecção e discriminação

São possíveis várias classificações. Em primeiro lugar, poderíamos opor a detecção à discriminação: no primeiro caso, trata-se de reconhecer que um objecto definido está presente (ou ausente) no ambiente; no segundo, trata-se de isolar a ou as diferenças cruciais entre dois objectos perceptivelmente presentes. Todavia, esta distinção é contestável, porque detectar um objecto supõe que se possa também discriminá-lo de todos os outros objectos que o rodeiam (e que desempenham o papel de "ruído"). A detecção também é, portanto, uma discriminação. Aliás, foi uma teoria da detecção do sinal que serviu de matriz original às teorias mais recentes do reconhecimento, inclusive nas suas formas mais complexas.

Reconhecimento perceptivo e reconhecimento mnésico

Poderíamos opor também um reconhecimento dito perceptivo a um reconhecimento dito mnésico. No primeiro, os objectos ou partes de objecto a discriminar estariam todos presentes no ambiente; no segundo, a discriminação implicaria um objecto presente no ambiente e uma representação na memória. Esta distinção foi depreciada pelas ciências cognitivas. Considera-se actualmente que o reconhecimento resulta de uma interacção permanente das informações de origem sensorial e dos traços armazenados e activados na memória. O reconhecimento é, portanto, uma actividade cognitiva que implica, quer processos perceptivos, quer processos mnemónicos, implícitos e explícitos, de baixo nível e de elevado nível de organização. Esta actividade, ou o seu produto, está associada a formas particulares de consciência.

Do reconhecimento da ocorrência ao reconhecimento da identidade

Podemos assim definir um contínuo de situações de reconhecimento cujas fronteiras são difíceis de isolar e que são objecto de muitas pesquisas nas ciências cognitivas. Por exemplo, posso "ver", de maneira periférica, um "objecto" a deslocar-se no meu campo visual sem ser capaz de identificar precisamente ou decidir se o vi ou não e sem o poder categorizar com precisão (de facto, os circuitos cerebrais da identificação do movimento e do reconhecimento das formas são diferentes). Poderíamos falar aqui de "reconhecimento perceptivo", tendo em conta a fraca implicação relativa dos processos mnésicos explícitos. São processos perceptivos de nível baixo, automáticos e orientados por dados sensoriais (variação das frequências espaciais, contraste, segmentação, etc.) que detectam uma mudança acontecida no ambiente.

Se, para além disso, esta percepção desencadeia um sentimento de familiaridade, poderemos suspeitar de uma intervenção mais importante da memória e falar de "reconhecimento da ocorrência". Não só "creio" ter visto qualquer coisa, mas tenho implicitamente uma impressão particular de "já visto". Esta forma de consciência resulta de uma activação mais forte das representações mnésicas e de uma integração automática do evento perceptivo com certos traços mnésicos.

Se, para além disso, sou capaz de categorizar o objeto em questão (é uma pessoa, por exemplo), isso constitui uma generalização característica do reconhecimento categorial (ou conceptual, ou semântico). Este isola uma configuração específica do seu contexto perceptivo, histórico ou referencial e gera a forma de consciência particular que esta configuração partilha com outras configurações. Na verdade, esta configuração corresponde a um conjunto mínimo de propriedades comuns. Esta forma de consciência pode ser qualificada de "epistémica": eu "sei" que este objeto é uma pessoa.

Por último, o reconhecimento da identidade assinala uma experiência rememorativa (ou *rememoração*) como, por exemplo, uma "lembrança explícita", ou o facto de ser capaz de identificar uma pessoa. O reconhecimento da identidade supõe um relacionamento, diferenciado e elaborado, do percepto com múltiplas representações mnésicas, não apenas semânticas, mas também episódicas. O reconhecimento da identidade, controlado intencionalmente, designa portanto a tomada de consciência de que uma configuração difere das outras.

As bases neurológicas do reconhecimento

A investigação nas neurociências cognitivas mostrou que sistemas neuroanatómicos específicos estavam associados aos processos cognitivos do reconhecimento evidenciado pela psicologia cognitiva. O estudo das agnosias (por ex. a agnosia dos rostos ou prosopagnosia) permitiu aos neuropsicólogos precisar a natureza dos processos cognitivos alterados por certas lesões cerebrais. Ao nível geral, o lobo occipital e os gânglios basais são estruturas frequentemente associadas aos processos de categorização perceptiva e de reconhecimento da ocorrência. O lobo temporal médio (em particular o giro fusiforme) é um dos locais possíveis da categorização semântica e do reconhecimento da identidade. Por fim, a activação do lobo frontal e do diencéfalo estão correlacionados com a memória episódica. Estes resultados são corroborados pelas técnicas de neuroimagiologia. Por exemplo, Duzel *et al.* (1997), utilizando a técnica dos potenciais evocados, sugerem que o reconhecimento com rememoração e o reconhecimento a partir da familiaridade são dissociáveis em termos de localização e no seu desenrolar temporal (vd. também Curran, 2000; Rugg, Schloerscheidt & Mark, 1998, para uma interpretação diferente).

Em suma, podemos distinguir, portanto, duas grandes classes de processos no reconhecimento: (1) processos gerais de categorização e de organização dos objetos do mundo (reconhecimento perceptivo e conceptual); (2) processos mais específicos de identificação dos

Reconhecimento dos Objectos

objecto e do seu contexto associado (reconhecimento da ocorrência e da identidade). Os primeiros garantem a permanência dos nossos perceptos e das nossas representações, os segundos permitem gerir a especificidade e a variabilidade destes objectos num histórico dado. Reencontramos aqui a oposição entre o pólo intencional da nossa cognição, relativamente insensível às variações contextuais, e o pólo extensional, que depende fortemente do contexto das experiências singulares. A articulação teórica entre estas duas classes de processos é particularmente delicada e é objecto de muitas pesquisas que opõem globalmente hipóteses "abstractivas" a concepções "não abstractivas". As primeiras afirmam que a variabilidade das experiências de reconhecimento dá origem a categorias "abstractas", armazenadas enquanto tais. As segundas recusam tais entidades abstractas e postulam que a abstracção resulta da interacção momentânea entre o conjunto das experiências de reconhecimento e uma situação perceptiva particular. Na verdade, as primeiras consideram que a abstracção ocorre no momento da codificação, perceptiva ou conceptual, e as segundas que a abstracção se realiza no momento da recuperação na memória. Podemos defender assim uma teoria mista segundo a qual os processos abstractivos poderiam intervir, quer durante a codificação perceptiva, quer da recuperação mnésica. Outra teoria mista poderia afirmar que a nossa memória integra, quer experiências singulares, quer categorias resultantes da interacção entre estas e as múltiplas situações de reconhecimento.

G. Tiberghien, H. Abdi

📖 Biederman, I. & Kalocsai, P. (1997), "Neurocomputational bases of object and face recognition", *Philosophical Transactions of the Royal Society*, B 352, 1203-1219.

- Curran, T. (2000), "Brain potentials of recollection and familiarity", *Memory & Cognition*, 28, 923-938.
- Duzel, E., Yonelinas, A.P., Mangun, G.R., Heinze, H.J. & Tulving, E. (1997), "Event-related brain potential correlates of two states of conscious awareness in memory," *Proceedings of the National Academy of Sciences of the USA*, 94, 5973-5978.
- Hancock, P.J.B., Bruce, V. & Burton, A.M. (2000), "Recognition of unfamiliar faces", *Trends in Cognitive Sciences*, 4, 330-337.
- Rugg, M.D., Schloerscheidt, A.M. & Mark, R.E., (1998), "An electrophysiological comparison of two indices of recollection", *Journal of Memory and Language*, 39, 47-69.

☞ *agnosia, categorização, detecção do sinal (teoria da –), memória, percepção, reconhecimento dos objectos, reconhecimento dos rostos*

RECONHECIMENTO DOS OBJECTOS

Reconhecer um objecto pode ser interpretado de diversas maneiras. Se *identifico* um objecto como sendo uma cadeira, iso significa que pertence à categoria das cadeiras (reconhecimento *categorial, semântico* ou *conceptual*). Mas posso também reconhecê-lo como sendo *minha cadeira* (reconhecimento *episódico* ou reconhecimento de *ocorrência*).

· No essencial, os modelos do reconhecimento dos objectos apenas têm a ver com a afectação dos objectos à sua categoria. É claro que há várias maneiras de categorizar um objecto: como cadeira, objecto de mobiliário, cadeira de escritório, etc. (de facto, a minha cadeira é uma cadeira específica: estas tarefas representam um contínuo). Regra geral, os modelos cognitivos do reconhecimento dos objectos visam descrever a categorização ao *nível de base*, como o descreve Rosch (1978; vd. Abdi, 1986; Abdi & Valentin, 1997, para análises da questão).

Para reconhecer um objecto que se encontra num espaço a três dimensões, o sistema visual não dispõe, de facto, senão de uma informação a duas dimensões fornecida pelo olho. Em consequência, uma infinidade de objectos a três dimensões possui a mesma projecção a duas dimensões (vd. as clássicas ilusões de óptica da câmara de Ames) e de um mesmo objecto há uma infinidade de projecções diferentes em duas dimensões. Rigorosamente, o reconhecimento das formas é um problema mal posto, porque o sistema visual não possui informação suficiente para o resolver. No entanto, reconhecemos facilmente os objectos que nos envolvem.

Segundo Marr (1982), que continua a ser uma influência teórica importante, o reconhecimento dos objectos passa pela construção (ou o cálculo) de uma visão do objecto independente do ponto de vista do observador a que se chama também vista centrada no objecto. Esta construção passa por diversas etapas de tratamento da informação visual, como, por exemplo, a detecção de arestas. A partir das arestas, o sistema visual extrai depois formas elementares cuja combinação permite então identificar o objecto. Há várias teorias que especificam as componentes elementares (Ullman, 1984; 1996; Pentland, 1986), das quais a melhor conhecida é claramente a proposta por Biederman (1987, 1995) com o nome de *teoria rbc* (*Recognition by components*) e mais conhecida com o nome de *teoria geónica do reconhecimento das formas*. Como o seu nome indica, esta abordagem utiliza *geões* como componentes elementares. A sua existência e identidade precisa são discutidas mais abaixo.

O que é um *geão*?

Como vimos, a ideia de base dos modelos composicionais supõe que o reconhecimento dos objectos decorre de uma desagregação das formas a reconhecer em constituintes elementares. A estas formas elementares acrescenta-se uma gramática. Assim, um objecto é unicamente determinado pelas suas componentes e as suas relações. Biederman (1987) chama a estas formas elementares *geões* (um acrónimo de *geometrical ion*).

Para permitir um reconhecimento dos objectos que seja independente do ponto de vista, os *geões* devem ser eles mesmos formas cuja identificação seja possível a partir do maior número de pontos de vista diferentes. Ou seja, os *geões* são formas tão invariantes quanto possível. Tecnicamente, são criados a partir da deformação de um cilindro, como é ilustrado pela figura 1 (p. 329). A ideia de base provém, sem dúvida, de Marr (1977; vd. também Binford, 1981; Brook, 1981) e da sua análise, que indica que os cones generalizados (uma família geométrica de que os *geões* são um subgrupo) podem servir de modelos para descrever o limite do deslocamento (contínuo) de formas convexas.

De acordo com Biederman, os *geões* existem em número limitado (24, segundo os últimos trabalhos; Biederman, 1995, 143) e basta um pequeno número deles para identificar um objecto a um nível básico. A figura 2 (p. 329) mostra alguns objectos usuais e a sua decomposição geónica. Parece também que a decomposição geónica ignora uma parte importante da informação inicial (em particular a textura).

Os *geões* existem?

Para além da sua elegância teórica totalmente estruturalista, a abordagem geónica permite fazer um grande número de previsões testáveis (Hummel e Biederman,

Reconhecimento dos Objectos

1992, propõem também uma instanciação conexionista da teoria, mas não a utilizam para fazer predições específicas). Em primeiro lugar, como a decomposição em *geões* não exige senão as arestas da imagem, a presença da informação sobre a textura ou até sobre a cor não deve facilitar o reconhecimento de objectos usuais. Segundo Biederman (1987), esta previsão é verificada pelos menos nas tarefas de denominação. Em contrapartida, as modificações da imagem que perturbam a extracção de *geões* devem igualmente perturbar a identificação dos objectos, enquanto as modificações da imagem que possibilitam a identificação geónica devem ter um efeito menor. Como é ilustrado pelo exemplo da figura 3 (p. 330), esta predição parece ser verificada. Efectivamente, quando Biederman (1987) pede a sujeitos para nomearem objectos assim modificados, o tempo de reacção e a precisão das respostas encontram-se afectadas como previsto.

Problemas com os *geões*

Apesar do grande número de resultados experimentais que estão de acordo com a abordagem geónica, um certo número de resultados recentes parece difícil de reconciliar com duas ideias essenciais dos *geões*: a ideia de reconhecimento por componentes e a ideia de construção de um ponto de vista centrado no objecto. Por exemplo, Edelman e Bülthoff (1992; Bülthoff e Edelman, 1992; ver igualmente Tarr, 1995) e Edelman (1999) utilizam como estímulos numa prova de reconhecimento objectos que parecem peças de fio de ferro, "patóides" ou amibas. Os sujeitos começaram por aprender pontos de vista destes objectos, devendo depois, numa prova de escolha forçada, reconhecer o objecto visto anteriormente. Algumas novas visões dos objectos podiam-se situar entre duas visões já apreendidas (o que corresponde a uma interpolação)

ou ser exteriores a estas. Para a teoria geónica, estas duas condições são equivalentes (dado que a composição geónica é invariante em relação ao ponto de vista). Os resultados obtidos não concordam com esta previsão, porque as visões interpoladas são sistematicamente melhor reconhecidas do que as visões exteriores. Bülthoff e Edelman interpretam os seus resultados como estando de acordo com um modelo próximo do do *pandemónio* de Selfridge (1959; vd. também Lindsay e Norman, 1977). Para eles o reconhecimento das formas obtém-se a partir de uma medida de similaridade entre a forma percebida e as formas apreendidas (sem que haja decomposição geónica).

Segundo Biederman (1995), estes resultados, embora levantem problemas, não põem fundamentalmente em causa a teoria geónica, porque os estímulos utilizados por Bülthoff e Edelman não permitem uma obtenção fácil da sua composição geónica. No estado actual da questão, é difícil decidir, mas a polémica entre estes diferentes autores (Biederman *vs.* Tarr, Bülthoff e Edelman) é suficientemente intensa para que se possa esperar desenvolvimentos com repercussões no futuro próximo.

No estado actual da questão, as teorias componenciais (onde se integra a teoria geónica) permitem explicar com elegância um grande número de fenómenos, mas continuam limitadas à identificação de objectos ao seu nível básico. Não está excluído que as diferenças de resultados (e de interpretações) provenham simplesmente de uma diferença de tarefas (categorização para as provas habituais utilizadas por Biederman oposta à identificação de um objecto por Tarr, Bülthoff e Edelman).

H. Abdi

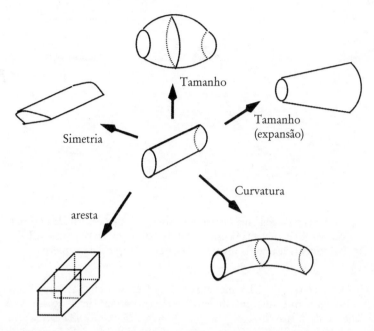

Fig. 1. Como criar *geões* a partir de um cilindro? Segundo Biederman (1987).

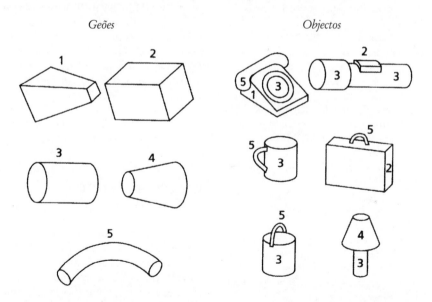

Fig. 2. Os *geões* de Biederman: alguns *geões* de base (à esquerda) e alguns objectos usuais (à direita) com a sua decomposição geónica segundo Bederman (1990).

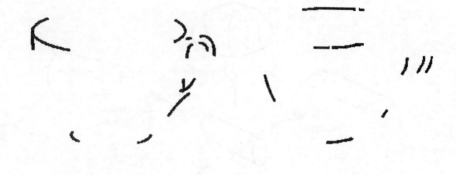

Fig. 3. Uma chávena cuja decomposição geónica é perturbada (à direita), ou não é perturbada (à esquerda). É mais demorada e mais difícil a identificação da imagem da direita do que a da esquerda.

📖 Abdi, H. (1986), "La mémoire sémantique une fille de l'intelligence artificielle et de la psychologie", in C. Bonnet, J.M. Hoc & G. Tiberghien (orgs.), *Psychologie, intelligence artificielle et automatisme*, pp. 139-151, Bruxelas, Mardaga.
• Biederman, I. (1987), "Recognition by components: A theory of human image understanding", *Psychological Review*, 94, 115-145.
• Biederman, I. (1995), "Visual object recognition", in S.M. Kosslyn & D.N. Osherson (orgs.), *Visual cognition*, Cambridge, MA, The MIT Press.
• Boucart, M. (1996), *La reconnaissance des objets*, Grenoble, Presses Universitaires de Grenoble.
• Edelman, S. (1999), *Representation and recognition in vision*, Cambridge, MA, The MIT Press.
• Lindsay, P.H. & Norman, D.A. (1977), *Human information processing*, Nova Iorque, Academic Press.
• Marr, D. (1982), *Vision*. San Francisco, Freeman.
• Pentland, A. (1986), "Perceptual organization and the representation of natural form", *Artificial Intelligence*, 28, 293-331.
• Rosch, E. (1978), "Principle of categorization", in R. Rosch & B. Lloyd (orgs.), *Cognition and categorization*, pp. 27-48, Hillsdale, NJ, Lawrence Erlbaum Associates.
• Tarr, M.J. (1995), "Rotating objects to recognize them: A case study on the role of viewpoint dependency in the recognition of three-dimensional objects", *Psychonomic Bulletin and Review*, 2, 55-82.
• Ullman, S. (1996), *High-level vision*, Cambridge, MA, MIT Press.

☞ *categorização, memória semântica, reconhecimento dos rostos, visão*

RECONHECIMENTO DOS ROSTOS

O rosto humano representa uma classe única de estímulos visuais. Permite a identificação de uma pessoa. Revela, para além disso, muitas informações socialmente importantes: idade, sexo, estado emocional, origem social. De facto, a importância do reconhecimento dos rostos é tal que alguns investigadores pensam que

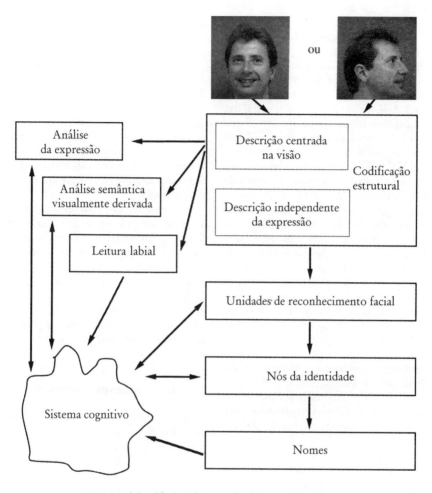

**Um modelo clássico do reconhecimento dos rostos
(adaptado de Bruce e Young, 1986)**

corresponde, pelo menos em parte, a uma componente específica do sistema perceptivo.

• O argumento invocado em apoio desta hipótese baseia-se no facto de que certos doentes (ditos *prosopagnósicos*) sabem que um rosto é um rosto (em oposição a outros objectos), mas, por outro lado, não conseguem reconhecer uma pessoa pelo seu rosto (incluindo eles mesmos). Pelo contrário, outros doentes reconhecem pessoas vendo o seu rosto, mas são incapazes de reconhecer objectos (sofrem de agnosia dos objectos).

Assim, não surpreende que os modelos de reconhecimento dos objectos não possam aplicar-se ao reconhecimento dos rostos. Parece que os mecanismos que operam na identificação dos rostos diferem dos que se considera estarem na base do reconhecimento dos objectos. Todavia, a natureza destes mecanismos é ainda muito mal conhecida.

Os modelos do reconhecimento dos rostos

Foi apenas no início dos anos 80 que surgiram os primeiros modelos teóricos (Bruce & Young, 1986). De acordo com estes modelos, o sistema visual extrai das propriedades invariantes dos rostos que estão armazenadas na memória sob a forma de "unidades de reconhecimento facial" (URF). Estas URFs activam em seguida representações semânticas (nós de identidade), e depois o nome da pessoa. Um rosto é reconhecido quando a unidade correspondente ao seu nome é suficientemente activada. A análise das expressões faciais, das informações categoriais (sexo, etnia, idade, etc.), bem como a leitura labial são efectuadas em paralelo por módulos específicos. Todavia, os processos utilizados neste tipo de modelos e o seu modo de interacção não são especificados.

Para evitar este problema, Burton e os seus colaboradores (1998) propuseram uma versão conexionista da parte central do modelo de Bruce e Young (1986). Esta versão conexionista baseia-se numa arquitectura IAC (*interactive activation and competition network*). O modelo IAC explica, de uma maneira relativamente simples e elegante, um certo número de efeitos observados: activação semântica, recuperação diferencial do nome e da informação semântica, reconhecimento implícito do rosto nos prosopagnósicos. Mas os seus principais defeitos são, por um lado, não explicar os processos que permitem ao sistema visual humano analisar e armazenar a informação facial e, por outro, não tomar em consideração a natureza exacta desta informação facial.

Qual é o código de base para os rostos?

O problema essencial do reconhecimento dos rostos é o da identificação de um objecto semi-rígido numa classe cujos membros possuem as mesmas características. Actualmente são usadas duas abordagens do reconhecimento dos rostos.

A primeira sugere que os rostos podem ser representados por um conjunto de visões a duas dimensões dependentes do ponto de vista do observador. O reconhecimento de um rosto far-se-á então por comparação com as visões armazenadas na memória. Mas como armazenar todas estas visões e como considerar as diferenças de tamanho percebidas de um mesmo objecto?

Uma segunda abordagem postula que um rosto é representado por uma só ou por um pequeno número de visões canónicas ou visões prototípicas, como no reconhecimento dos objectos. Esta abordagem não exige senão um número restrito de imagens para representar um rosto, mas supõe em contrapartida processos de pré-tratamento, selecção de visões canónicas, armazenagem e acesso à memória de longo prazo.

Dois códigos para os rostos?

Ainda não é possível escolher entre estes dois tipos de modelos. No entanto, parece que há uma mudança na representação dos rostos na memória quando passam do estatuto de desconhecidos para o de familiares. A diferença entre rostos familiares e não familiares poderia ser explicada, por exemplo, pelo maior número de pontos de vista armazenados no caso dos rostos familiares.

Pode, portanto, ser encarada a existência de um duplo código (holístico e por componentes) para os rostos familiares e não familiares. Um dos problemas que se levantam é então o de avaliar a parte que se deve aos movimentos do rosto no tratamento deste. Estes são de dois tipos: mudanças de orientação (de perfil, de frente) e movimentos de conteúdo social (fala, expressão emocional). O modelo original de Bruce e Young estipula que a

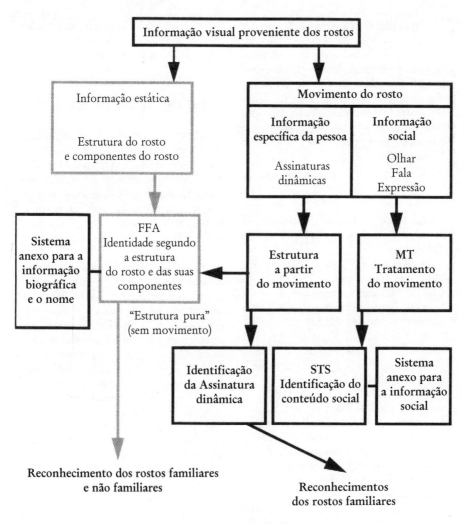

Um modelo de reconhecimento dos rostos que integra a informação dinâmica
(O'Toole, Roark e Abdi, 2002).

emoção é eliminada num estado precoce do tratamento para aceder às URFs, embora esta hipótese não seja sempre confirmada experimentalmente e possa ser discutida (Baudoin *et al.*, 2000, 2002; Tiberghien *et al.*, 2002).

Os estudos neurofisiológicos (medidas de células isoladas e imagiologia cerebral) indicam que o sulco temporal superior (STS) parece tratar a informação correspondente aos aspectos dinâmicos da percepção social e, em particular, do rosto (direcção do olhar, expressão, orientação do rosto) e que esta estrutura recebe a informação relacionada com o movimento tratado pelo córtex medial temporal (MT). A informação tratada pelo STS é em seguida "passada" ao giro fusiforme (em inglês *Fusiform Face Area* ou FFA). Pesquisas recentes indicam, aliás, que a in-

Rede de Neurónios

formação dinâmica pode facilitar a identificação dos rostos familiares, particularmente em condições perceptivas difíceis, e que ela pode também, em certos casos, permitir a identificação da estrutura tridimensional do rosto. A partir destes resultados O'Toole *et al.* (2002) propuseram um novo modelo, inspirando-se no que foi proposto por Haxby, Hoffman e Gobini (2000).

H. Abdi, D. Valentin

📖 Abdi, H. (1994), *Les réseaux de neurones*, Grenoble, Presses Universitaires de Grenoble.
• Baudouin, J.-Y., Martin, F., Tiberghien, G., Verlut, I. & Franck, N. (2002), "Selective attention to facial emotion and identity in schizophrenia", *Neuropsychologia*, 40, 518-526.
• Baudouin, J-Y., Gilibert, D., Sansone, S. & Tiberghien, G. (2000), "When a smile is a cue to familiarity", *Memory*, 8, 285-292.
• Bruce, V. & Young, A. (1998), *In the eye of the Beholder*, Oxford, Oxford University Press.
• Bruce, V. & Young, A. (1986), "Understanding face recognition", *British Journal of Psychology*, 77, 363-383.
• Burton M., (1998), "A model of human recognition", in J. Grainger & A. Jacobs (orgs.), *Localist connectionist approaches to human cognition*, pp. 75-100, Londres, Lawrence Erlbaum Associates.
• Haxby, J.V., Hoffman, E.A. & Gobini, I. (2000), "The distributed human neural system for face perception", *Trends in Cognitive Sciences*, 4, 223-233.
• O'Toole, A.J., Roark, D. & Abdi, H. (2002), "Recognizing moving faces: A psychological and neural synthesis", *Trends in Cognitive Sciences*, 6, 261-266.
• Tiberghien, G., Baudouin, J.-Y., Guillaume, F. & Montoute, T., "Should be the temporal cortex be chopped in two?", *Cortex*, 39, 121-126.

☞ *prosopagnosia, protótipo, reconhecimento, reconhecimento dos objectos, rede de neurónios, visão*

REDE DE NEURÓNIOS

Classe importante de modelos que fornecem uma analogia mais ou menos rigorosa do funcionamento dos neurónios que formam o sistema nervoso. Utilizam-se nas ciências cognitivas, mas também na biologia, na estatística, nas ciências da engenharia e nas matemáticas aplicadas em geral.

· Como o seu nome indica, uma rede de neurónios é composta por um conjunto de células interligadas chamadas neurónios. Cada um destes neurónios funciona como uma unidade elementar que integra a informação que provém dos outros neurónios ou do mundo exterior.

Mais precisamente, um neurónio recebe informação de outros neurónios *via* conexões sinápticas e recebe informação proveniente do mundo exterior *via* receptores especializados (por ex. a rodopsina das células visuais). Esta informação pode ser excitadora ou inibidora, "calculando" o neurónio o balanço entre excitação e inibição e reflectindo-o na sua resposta, um potencial de acção, por exemplo. Simplificando, um neurónio calcula o seu estado de activação ao ponderar cada fonte de informação, calcula depois a soma (ponderada) do conjunto das fontes e, por fim, transforma a sua activação em resposta. A importância dada a uma fonte de informação externa por um neurónio reflecte-se no valor (ou peso, como se diz por vezes) da sinapse que liga o axónio (ou entrada) que representa esta fonte a este neurónio.

Por exemplo, um neurónio pode "decidir" emitir um potencial de acção quando a sua activação ultrapassa um certo limiar, outro neurónio pode emitir uma resposta de intensidade proporcional à sua excitação (é um neurónio linear), outros neurónios podem emitir uma resposta que será uma função não-linear da sua activação (curva em "S", curva em sino). A função utilizada pelo neurónio para transformar a sua activação em resposta chama-se *função de transferência* do neurónio. A função de transferência pode igualmente ser probabilista: a activação define então uma distribuição de probabilidades.

Geralmente, os neurónios são reagrupados em diferentes camadas, assegurando cada uma destas uma função própria. Por exemplo, a informação que provém do mundo externo é tratada pela camada de entrada, a resposta da rede é dada pela camada de saída. Num certo número de redes, camadas ocultas tomam a seu cargo algumas etapas intermédias do tratamento da informação. Em geral, os neurónios de uma mesma camada utilizam a mesma função de transferência.

Há uma tipologia das redes que as analisa consoante possuem camadas ocultas ou não, consoante reciclam a informação (a camada de saída é "religada" à camada de entrada) ou não (neste caso, são chamadas directas), consoante as células respondem ao mesmo tempo (redes síncronas) ou não (redes assíncronas).

O "comportamento" de uma rede depende da sua arquitectura (das camadas e da sua organização), das funções de transferência utilizadas e dos valores das conexões sinápticas que ligam os neurónios uns aos outros. Uma rede de neurónios trata (transforma) a informação quando ela passa através das camadas de neurónios. Uma rede directa implementa uma função (vectorial) que associa a cada configuração apresentada à entrada a resposta dada pela camada de saída. Esta função pode ser linear ou não, determinista (a mesma entrada dá sempre a mesma saída) ou probabilista (a entrada define uma distribuição de probabilidade sobre o conjunto das saídas possíveis e a resposta corresponde a uma delas).

Os primeiros modelos de redes de neurónios (por ex. McCulloch & Pitts, 1943) exigiam que os valores das suas conexões sinápticas fossem predeterminados (os pesos sinápticos fossem fixados durante a concepção da rede). Esta restrição limitava o campo de aplicação a problemas simples de analisar e de dimensão extremamente diminuta (por ex. funções lógicas de duas entradas e uma saída). O desenvolvimento das redes está relacionado com a descoberta de leis de aprendizagem que permitem modificar iterativamente os valores dos pesos sinápticos. Para uma rede de neurónios, aprender equivale a tomar em consideração as configurações da entrada ou de saída. A aprendizagem pode tomar em consideração um exemplar de cada vez (é o caso mais frequente), um pequeno conjunto (diz-se então que utiliza os exemplares "no bolso", de acordo com a expressão inglesa *pocket algorithm*) ou mesmo o conjunto dos exemplares a aprender (fala-se então de aprendizagem "por pacotes" ou "por lotes", traduzindo *batch algorithm*).

A aprendizagem
nas redes de neurónios

Estas leis de aprendizagem formam duas grandes famílias: aprendizagens *supervisionadas* e aprendizagens *não supervisionadas*. Uma aprendizagem supervisionada toma em consideração a diferença entre a resposta da rede e a resposta esperada. Em geral, esta diferença é utilizada para alterar os pesos sinápticos de maneira a diminuir o erro. Por exemplo, a lei de Widrow-Hoff (também chamada lei de aprendizagem do *Perceptron* ou *Delta Rule*, vd. Abdi, 1994; Abdi, Valentin e Edelman, 1999) acrescenta a cada peso sináptico uma quantidade proporcional ao produto da activação emitida por esta sinapse e ao erro do neurónio. Pode-se mostrar que esta técnica é equivalente às técnicas numéricas de descida. Estas técnicas

Rede de Neurónios

permitem encontrar o máximo (ou o mínimo) de uma função (linear ou não) que relaciona os valores dados pela rede com os valores esperados. Quando a rede possui camadas ocultas, o erro é estimado pelas células de uma camada oculta a partir da média ponderada (pelos pesos sinápticos) do erro cometido pelas células da camada seguinte. Esta técnica, chamada retropropagação do erro (do inglês *error backpropagation* ou simplesmente *backpropagation* ou até *backprop*), continua a ser a técnica mais utilizada. Teoricamente, ela permite implementar qualquer função vectorial que relacione as configurações de entrada com as de saída (é o teorema de Kolmogorov, 1957). Porém, na prática, não é fácil encontrar o número correcto de células ocultas e as funções de transferência que são necessárias, para além dos valores dos pesos sinápticos. No caso probabilista, a retropropagação encontra a resposta que garante o máximo de verosimilhança (no sentido estatístico).

Uma aprendizagem não supervisionada não utiliza senão a informação presente ao nível das células. Por exemplo, segundo a lei de Hebb, a aprendizagem muda os valores sinápticos proporcionalmente ao produto da activação da célula de entrada pela activação da célula de saída. Isso equivale a calcular a correlação temporal entre as actividades destas duas células. Na verdade, a aprendizagem não supervisionada procura descobrir a estrutura subjacente a um conjunto de dados.

De um ponto de vista teórico, as redes de neurónios implementam técnicas estatísticas clássicas mas não tratam senão um exemplar (ou um pequeno número de exemplares) de cada vez. Por isso, representam o conjunto dos modelos dinâmicos de aprendizagem (aprendem "em linha"). Recentemente, o formalismo das redes bayesianas de aprendizagem (vd. Frey, 1998) sugere a possibilidade de integrar numa mesma compreensão teórica modelos estatísticos de aprendizagem, redes de neurónios e modelos estatísticos clássicos.

História das redes de neurónios

De um ponto de vista histórico, as redes de neurónios começam com os trabalhos de McCulloch e Pitts (1943), que foram os primeiros a mostrar que conjuntos de neurónios com uma resposta binária podem implementar o conjunto das funções lógicas (14 das 16 funções lógicas podem ser implementadas sem camada oculta). As primeiras formulações das leis de aprendizagem foram descobertas nos anos 50 por vários grupos: por Widrow e Hoff no quadro do tratamento do sinal (é o modelo ADALINE) e por Rosenblatt com o *Perceptron* no quadro dos modelos estocásticos de aprendizagem. Todavia, estas leis de aprendizagem não estavam correctamente definidas senão para redes sem camada oculta, o que limitava consideravelmente o seu campo de aplicação, tal como disseram Minsky e Papert (1964) no seu livro clássico. Embora os modelos de aprendizagem fundados em redes de neurónios pudessem ter parecido limitados no seu desempenho, poderiam ter sido estudados como modelos da aprendizagem. No entanto, as teorias da aprendizagem da época, muito influenciadas pela descoberta do ADN e do ARN, pendiam sobretudo para uma base molecular da aprendizagem e da memória (para além disso, não havia na altura qualquer traço detectável de uma modificação sináptica correlativa da aprendizagem). Tudo isso contribuiu, provavelmente, para o declínio das pesquisas das redes de neurónios até ao fim dos anos 70 e ao desenvolvimento das técnicas simbólicas da inteligência artificial. As redes de neurónios regressaram ao centro da cena cognitiva no início dos anos 80, quando surgiram os problemas da abordagem simbólica e novos algoritmos da aprendizagem (como a retropropagação) e novas arquitecturas (redes de Hopfield e redes ART de Grossberg) permitiram alargar o domínio e os desempenhos das redes de neurónios.

H. Abdi

📖 Abdi, H. (1994), *Les réseaux de neurones*, Grenoble, Presses Universitaires de Grenoble.
• Abdi H., Valentin, D. & Edelman, B. (1999), *Neural networks*, Thousand Oaks, CA, Sage.
• Frey, B.J. (1998), *Graphical models for machine learning and digital communication*, Cambridge, MA, The MIT Press.
• McCulloch, W.S. & Pitts, W. (1943), "A logical calculus of the ideas immanent in nervous activity", *Bulletin of Mathematical Physics*, 5, 115-133.

☞ *aprendizagem, memória, neurónio formal*, **Perceptron**, *reconhecimento, ressonância adaptativa (teoria da –)*

REDE SEMÂNTICA

Tipo de modelo em que se representa as significações de palavras e das suas relações sob a forma de rede.

• A estrutura de rede baseia-se na utilização de um conjunto de "nós" unidos entre si por "arcos" ou "laços". As redes semânticas que têm esta estrutura são utilizadas quer na "representação dos conhecimentos", nomeadamente nos sistemas de tratamento da linguagem por computador, quer em psicologia cognitiva para modelizar o léxico mental e a compreensão da linguagem, tais como a experimentação os capta. Há várias famílias de redes semânticas, em conformidade com o que se decide fazer corresponder aos seus nós e arcos. Estas decisões implicam sempre escolhas teóricas efectuadas em situações de incerteza.

No que respeita aos nós, não há senão duas eventualidades: ou correspondem a significações de palavras, sendo a palavra uma unidade linguística e psicológica geralmente aceite, ou então correspondem a traços semânticos, se se aceita esta noção.

No segundo caso, as questões relacionadas com a natureza dos arcos tornam-se extremamente difíceis. Contudo, quando os nós correspondem a significações de palavras – diz-se, por vezes, de forma exageradamente simplificada, "palavras" –, subsiste um problema teórico. Este deriva da ambiguidade do termo "representar", por exemplo quando é utilizado numa frase como "os nós representam significações de palavras". De facto, as significações de palavras (que também podem ser chamadas "conceitos") são elas mesmas representações (mentais). Na verdade, os modelos de redes semânticas não consideram de modo algum as denotações, mas visam simplesmente formalizar as relações entre as significações.

Os problemas levantados pelo papel atribuído aos arcos são ainda mais temíveis do que os que respeitam aos nós: eles resultam de haver na realidade cognitiva uma multiplicidade de tipos de relações que unem entre si as significações das palavras. Ora, num modelo de rede semântica, em princípio não se pode escolher senão uma ou duas.

Na literatura foram adoptadas várias soluções. Uma delas consiste em utilizar arcos de tipo lógico-cognitivo, correspondentes à relação "é um" (ou "é um elemento de") e "é uma subcategoria de" (ou "é um subconjunto de"), utilizada a vários níveis, ou, reciprocamente, "é uma categoria para", "é uma supercategoria para". Estes tipos de arcos dão origem a redes semânticas hierárquicas que podem servir para modelizar utilmente certos domínios ou subdomínios do conjunto total dos conceitos ou do léxico mental. O exemplo ilustrativo mais comummente citado é do domínio zoológico natural, com, por exemplo, seres vivos, animais, mamíferos, cães, *setters*, etc. Por meio de uma segunda categoria de arcos, pode-se associar-lhes as "propriedades" que caracterizam estas entidades no seu nível respectivo. Estes arcos correspondem então à relação "tem a propriedade" ou "é uma propriedade de".

Por exemplo, "(a sua fêmea) aleita as crias" para "mamífero", (é susceptível de) ladrar" para "cão", ou "pode ser utilizado na caça" para "*setter*", etc. Um grande mérito desta família de redes semânticas é então o facto de possuir e tornar explorável a capacidade de "herança". Tendo as propriedades sido associadas, por economia cognitiva, aos nós mais elevados da hierarquia, as unidades situadas "mais abaixo" têm também, por herança, estas mesmas propriedades. Por exemplo, a propriedade "(a sua fêmea) aleita as crias", que é especificamente associada a "mamífero", é atribuída por herança a "cão" e a "*setter*". Este dispositivo é muito útil num autómato, mas não é certo que exista e funcione como tal no léxico mental. Para além disso, os domínios semânticos em que existe uma tal ordem hierárquica são, na verdade, muito raros.

Uma segunda espécie de arcos das redes semânticas está destinada a ser suporte de relações do tipo "tem uma relação semântica com" ou "é semanticamente similar a". "Médico", "enfermeiro" e "hospital" por exemplo. É possível acrescentar aos arcos um valor numérico, que representará, por exemplo, o grau de parentesco ou de similaridade das unidades em causa. Este grau poderá ser estimado com juízos subjectivos emitidos por uma amostra ampla de juízes ou por vários efeitos de similaridade (inferências mnemónicas, por ex.). Também pode ser introduzido nos arcos um valor de "vizinhança", exprimindo a probabilidade das respectivas unidades se encontrarem num mesmo contexto: pode ser estimado mediante cálculos de co-ocorrência efectuados com uma ampla base de dados textuais. Outra relação um pouco diferente das precedentes, mas que lhes é aparentada, é o valor "associativo", quer dizer, a frequência com que uma das palavras é dada como resposta a outra numa prova padronizada de associação livre. Nos modelos ditos "neuronais" encontramos esta noção sob a forma de "peso" das ligações. Uma dificuldade técnica específica é que o valor associativo não tem carácter simétrico: a frequência com que B → A difere em geral da frequência de A → B.

Uma terceira espécie de arcos é constituída pelos arcos etiquetados. Há então um conjunto de arcos possíveis que correspondem muitas vezes a relações gramaticais. É bem ilustrada no caso dos verbos: os verbos transitivos, por exemplo, serão suportados por uma certa categoria de nós, ligados a outros nós (nomes de indivíduos ou coisas) por arcos que têm um dos dois tipos: "pode ter por agente" ou "pode ter por paciente". Podemos acrescentar-lhes relações locativas, instrumentais, etc.

Apesar das suas dificuldades de aplicação, os modelos de rede semântica são muito eficazes se forem bem definidos. Pode-se utilizar também a estrutura de rede com restrições semânticas para modelizar outras coisas que não representações lexicais. É o caso, por exemplo, das redes de transição, que modelizam produções de frases ou a sua compreensão. Os nós das redes ditas "neuronais" têm frequentemente um conteúdo semântico.

J.-F. Le Ny

📖 Abdi, H. (1986), "La mémoire sémantique: Une fille de l'intelligence artificielle et de la psychologie", in J.-M. Hoc, C. Bonnet & G. Tiberghien (orgs.), *Psychologie et intelligence artificielle*, pp. 139-151, Bruxelas, Mardaga.
• Anderson, J.A. (1990), "Hybrid computation in cognitive science: Neural networks and symbols", *Applied Cognitive Psychology*, 4, 337-347.
• Collins, A.M. & Quillian, M.R. (1969), "Retrieval time from semantic memory", *Journal of Verbal Learning and Verbal Behavior*, 8, 240-247.
• Klimesch, W. (1994), *The structure of long-term memory: A connectivity model of semantic memory*, Hillsdale, NJ, Lawrence Erlbaum Associates.

Reducionismo

• Wickelgren, W.A. (1979), "Chunking and consolidation: A theoretical synthesis of semantic networks, configuring in conditioning, S-R *versus* cognitive learning, normal forgetting, the amnesic syndrome, and the hippocampal arousal system", *Psychological Review*, 86, 44-60.

☞ *associação, conhecimento, léxico mental, linguagem, representação, sentido*

REDUCIONISMO

Posição epistemológica que consiste em reduzir um tipo de explicação a outro para poder encontrar em toda a relação causal do primeiro tipo – por exemplo, entre dois acontecimentos mentais – uma relação causal do segundo tipo, menos complexa, entre dois acontecimentos físicos.

• Esta versão do reducionismo implica que se preserve a validade das relações mentais como maneira de categorizar a experiência. Todavia, certas reduções não têm este cuidado e pretendem ser eliminatórias (Churchland), porque contestam a cientificidade do delineamento habitual dos tipos de acontecimentos psicológicos (as crenças, os desejos, etc.). Assim, pode-se querer fazer do reducionismo um instrumento para eliminar o que se considera que reduz ou, pelo contrário, um meio de articular dois níveis de explicação diferentes, como quando se deseja fazê-lo entre o nível quântico e o nível newtoniano. Neste último caso, é preciso dispor de leis ou, pelo menos, de regularidades estáveis em cada um dos níveis e indicar "leis-pontos" que relacionem as entidades dos dois níveis e indiquem as correspondências entre as operações de um nível e as do outro.

A redução dos processos mentais a processos físicos depara com várias dificuldades. Por um lado, se se chegasse a efectuar esta redução, um dos níveis explicativos poderia revelar-se supérfluo (Kim). Para que recorrer a duas explicações quando só uma utiliza entidades cuja existência admitimos verdadeiramente? Por outro lado, poderia não haver leis estritas ao nível da explicação dos processos mentais. Teríamos então dificuldade em encontrar uma correlação constante entre as regularidades incertas do mental e as leis restritivas do físico. Inversamente, sabe-se que processos semânticos idênticos se podem realizar em implementações materiais muito diferentes. A uma só regularidade mental corresponderia então uma disjunção de processos físicos talvez totalmente heteróclitos do ponto de vista físico. Nos dois casos, seria impossível encontrar as "leis-pontes" que nos permitiriam conservar uma identidade entre os tipos mentais e os tipos físicos, qualquer que seja a sua ocorrência, sob a forma de acontecimentos singulares.

Davidson contentou-se com uma posição mais fraca. Não há verdadeiras leis no domínio mental e, portanto, não se pode realizar a redução de uma lei mental a uma lei física, mas simplesmente de um acontecimento mental a uma acontecimento físico, ocorrência singular por ocorrência singular. Uma vez satisfeito o nosso materialismo com o facto de que para qualquer diferença nos acontecimentos mentais deve haver uma diferença nos acontecimentos físicos (o que se chama uma relação de superveniência do mental sobre o físico), podemos prosseguir na psicologia com as regularidades do mental e orientar-nos neste domínio por considerações normativas, e já não apenas descritivas, de racionalidade. Seria talvez preferível situar a correlação entre mental e físico ao nível das descontinuidades: em qualquer diferença entre dois elementos mentais deve haver uma descontinuidade (ou um limiar numa continuidade) ao nível físico, admitindo que este nível não se restringe ao indivíduo, mas também inclui as suas relações com o ambiente. En-

Referência

tão, poderia acontecer que o mental fosse apenas a utilização da descoberta de que estas descontinuidades podem ajustar-se umas às outras.

P. Livet

    📖 Churchland, P. (1989), *A Neuro-computational perspective*, Cambridge, MA, The MIT Press.
    • Davidson, D. (1993), *Actions et événements*, Paris, Presses Universitaires de France.
    • Fodor, J. (1980), "Les sciences particulières (l'absence d'unité de la science: une hypothèse de travail)", in P. Jacob (org.), *De Vienne à Cambridge*, Paris, NRF.
    • Putnam, H. (1981), *Raison, vérité et histoire*, Paris, Éditions de Minuit.
    • Villaneuva, E. (1990), *Information, Semantics, and Epistemology*, Oxford, Blackwell.

☞ *eliminativismo*

REFERÊNCIA

Fenómeno da linguagem que consiste em designar uma entidade (presente no contexto ou descrita no próprio texto) por meio de uma expressão linguística.

• Um dos aspectos essenciais da linguagem é permitir a designação, de maneiras variadas, de objectos do mundo de que se fala. Este mecanismo assegura a coesão do discurso e a continuidade do(s) texto(s) e evita repetir sem cessar informações já introduzidas (utilização de artigos definidos, de pronomes, etc.). Numa primeira aproximação, podemos assim considerar que os grupos nominais introduzem novos objectos ou identificam objectos já presentes no contexto. Um ponto difícil a tratar consiste então em reconhecer estes objectos sob as suas várias designações e em distinguir os objectos diferentes que têm o mesmo nome. O fenómeno que ilustra melhor esta questão é designado pelo termo "anáfora", mas há muitas outras formas de referência. Se as anáforas são referências a elementos já apresentados no discurso anterior, as catáforas referem elementos a surgir ("Quando ele entrou na sala de aula, o professor viu...").

O determinante utilizado num grupo nominal determina, em geral, o tipo de referência de que se trata: uma referência indefinida (um livro, cães) dá geralmente lugar à criação de um novo elemento que possui as características apropriadas (um nó que provém do conceito «livro» para um formalismo de rede semântica, uma ocorrência particular do protótipo «cão» para um formalismo de esquema, etc.). Encontramos igualmente referências definidas não anafóricas que reenviam para constantes: é o caso particular dos nomes próprios que designam habitualmente sempre a mesma pessoa.

Os enunciados elípticos relevam também do mesmo processo: uma parte do discurso é omitida, produzindo uma frase localmente incompleta, tanto sintáctica como semanticamente. Considera-se que o interlocutor infere a parte que falta, encontrada no discurso que precede ou nos seus conhecimentos gerais.

A concisão das trocas que permitem, tão natural nas línguas, explica por que razão o seu uso é tão inconsciente. Portanto, é fundamental que os sistemas automáticos de compreensão possam tratá-los de forma eficaz.

Na inteligência artificial, a técnica de base do tratamento das anáforas consiste na utilização de uma lista de antecedentes potenciais. O referente de um grupo nominal anafórico é então o elemento desta lista mencionado mais recentemente e que concorda com as restrições impostas pela anáfora (número, género, pessoa, etc.) e com as selecções de restrição que resultam da frase que contém esta anáfora. Esta técnica é eficaz e permite encontrar o bom antecedente numa grande percentagem de casos.

No entanto, como para o conjunto do tratamento automático das línguas, é necessário utilizar conhecimentos gerais sobre o mundo para uma real compreensão das anáforas. As razões dos limites da técnica de base evocada acima são então claras: o tratamento dos casos que ela pode apreender exige a aplicação de mecanismos elaborados de representação da estrutura do discurso.

No que respeita às elipses, deveriam ser consideradas interacções com os mecanismos de tratamento dos erros, todavia, para além dos casos simples, actualmente não se dispõe de nenhum critério que permita distinguir entre uma elipse e uma frase não gramatical.

G. Sabah

☞ *linguagem, linguística cognitiva, psicolinguística, reflexividade, sentido*

REFLEXIVIDADE

1. *No sentido geral*, um sistema possui a propriedade da reflexividade se se aplica a si mesmo. 2. *Num sentido mais técnico*, a reflexividade é uma característica de auto-representação, de auto-referência e de autojulgamento que parece ser uma qualidade determinante da inteligência e que é necessário usar nos programas de inteligência artificial.

• Hofstadter (1985) apresentou algumas ideias interessantes sobre a noção de reflexividade, em particular relativamente às frases auto-referenciais (como, por exemplo, «sou a literal tradução de uma frase inglesa», ou «para compreender "esta frase" deve fazer como se "ela" não tivesse aspas»). Nota também a dificuldade que se teria em imaginar uma máquina inteligente que não fosse criativa e depois sublinha que a modelização correcta dos conceitos (aspecto essencial em todo o comportamento inteligente) implica a modelização da criatividade e da consciência (pelo menos no sentido de reflexividade: "o grau de não mecanicidade perceptível nos seres vivos é função directa da sua aptidão para se auto-observar"). Para além disso, o facto de os metaconhecimentos poderem ser aplicados a si mesmos torna possível que não se caia numa recursividade infinita.

Alguns filmes podem igualmente ser vistos como apresentações reflexivas (*Opening Night* [*Noite de Estreia*], de John Cassavetes, por ex.). De facto, este filme apresenta o trabalho dos actores de teatro e a sua capacidade de desempenhar vários papéis sucessivos e também de criar máscaras e artifícios. A fim de descodificar o problema da fabricação de um espectáculo, este filme utiliza o teatro, enquanto fala do cinema. O procedimento seguido por este filme – fazer de um teatro, de uma peça e de uma actriz o assunto e o centro de um filme – constitui um momento reflexivo particular, uma focalização nos processos de criação que se sobrepõem à representação do próprio filme. O espectador dispõe, aliás, da possibilidade de perceber numa mesma imagem estes diferentes níveis: a câmara filma as cenas de todos os lados e o resultado é que as relações complexas entre os diferentes universos de representação desenvolvidos neste filme são acessíveis na mesma imagem.

Todavia, como acentua Pitrat (1990), a definição acima é algo ambígua, devido à própria ambiguidade dos termos "sistema", "aplicar" e "si mesmo"!

De facto, é preciso considerar não apenas o sistema enquanto tal, mas também o que permite interpretá-lo: uma frase auto-referencial não é reflexiva em si mesma, ela só o é por referência ao mecanismo de interpretação da língua que se utiliza para a compreender.

Aplicar-se a si mesmo pode significar falar de si mesmo (por ex., num texto, "a definição acima" refere-se a uma parte do próprio texto, da mesma maneira que o presente parêntesis!), criar uma cópia de si (como em biologia, em que uma enzima pode ser utilizada para produzir uma cópia de si mesma), modificar-se (uma parte de um sistema pode adquirir novos elementos que podem ser utilizados numa outra parte do mesmo sistema) ou utilizar as observações do seu próprio comportamento por uma razão qualquer (o sistema pode observar-se para produzir resultados que serão utilizados noutro lado ou então para analisar por que razão produz resultados erróneos e corrigir-se).

Por fim, *si mesmo* pode referir-se a um modelo de si, a uma parte de si que trata uma outra parte de si, a uma parte de si que trata a mesma parte de si, a um exemplar de si que trata um outro exemplar de si ou a uma variante de si que visa aplicar um versão melhorada.

2. Num plano informático, a emergência da inteligência artificial distribuída mostrou que (1) a modularidade é uma necessidade prática, (2) é necessário um controlo independente para escolher dinamicamente o agente a desencadear num contexto dado e (3) para que o comportamento dos agentes se adapte o melhor possível a uma situação (por vezes totalmente imprevisível), este controlo deve ser distribuído, permitindo assim aos agentes representar-se a si mesmos, bem como ao que estão a fazer. Esta característica de auto-representação, de auto-referência e de autojulgamento parece uma qualidade determinante da inteligência que é necessário usar nos programas de inteligência artificial.

Estas propriedades são, na verdade, fundamentais por diversas razões. A primeira é que elas permitem utilizar resultados novos desde que são adquiridos: um mecanismo de aplicação permite assim produzir uma nova versão de um sistema, desde que os resultados da precedente sejam válidos. Uma segunda razão é desenvolver a autonomia de um tal sistema: a reflexividade permite frequentemente evitar intervenções exteriores quando uma parte de um sistema pode desempenhar o papel que antes era desempenhado por um ser humano. Por vezes, quando um sistema A age sobre um sistema B, basta considerar como um todo o conjunto A+B. Outra razão do interesse destas propriedades é a possibilidade de prever comportamentos, essencial em tudo o que respeita à planificação.

Saberá um sistema que é reflexivo? Esta questão é difícil, porque implica a existência de um metanível! Por vezes, um sistema aplica-se a si mesmo sem o saber: é o caso, por exemplo, da biologia (uma enzima tem o mesmo comportamento quando está a sintetizar uma proteína qualquer ou quando faz uma cópia de si mesma) ou de alguns sistemas periciais fundados em meta-regras (Lenat, 1983). A auto-referência pode também ser explícita, como acontece nas línguas naturais com certos deícticos.

G. Sabah

📖 Hofstadter, D. (1985), *Metamagical Themas: Questing for the Essence of Mind and Pattern*, Nova Iorque, Basic Books.

• Lenat, D. (1983), "EURISKO: A program that learns new heuristics and domain concepts", *Artificial Intelligence*, 21, 31-59.

• Pitrat, J. (1990), *Métaconnaissance, futur de l'intelligence artificielle*, Paris, Hermès.

☞ **metacognição, metamemória, referência**

REMEMORAÇÃO

Processo de reconhecimento episódico caracterizado por um estado cognitivo específico.

• A rememoração é, funcional e fenomenologicamente, muito diferente do estado de familiaridade perceptiva ou mnésica que acompanha geralmente o reconhecimento. A rememoração emerge menos rapidamente do que a familiaridade. É a consequência de um acto intencional e dá origem a um despertar específico da consciência. Este caracteriza-se por um sentimento de esforço muito acentuado e a consciência de estar claramente empenhado numa actividade de memória.

G. Tiberghien

📖 Baddeley, A.D. (1982), "Domains of recollection", *Psychological Review*, 89, 708-729.
• Claparède, E. (1911), "Récognition et moïté", *Archives de Psychologie*, 11, 79-90.
• Jacoby, L.L., Kelley, C.M. & Dywan, J. (1989), "Memory attributions", in I. Roediger & H.L., Craik, F.I.M. (orgs.), *Varieties of memory and consciousness: Essays in honour of Endel Tulving*, pp. 391-422, Hillsdale, NJ, Lawrence Erlbaum Associates.
• Jacoby, L.L. (1994), "Measuring recollection: Strategic *versus* automatic influences of associative context", in C. Umiltà & M. Moscovitch (orgs.), *Attention and performance XV: Conscious and nonconscious information processing*, pp. 661-680, Cambridge, MA, The MIT Press.

☞ *consciência, familiaridade, reconhecimento*

REPRESENTAÇÃO

Entidade cognitiva que mantém relações de correspondência com uma entidade exterior a si e que pode substituí-la como objecto de certos tratamentos.

Representação física

No seu sentido ordinário, uma representação é uma realidade física que mantém uma relação de correspondência, analógica ou convencional com outra realidade e que pode ser tratada "como se" fosse esta última.

Uma primeira espécie de relação de correspondência entre uma representação e o que ela representa é a analogia. Esta sustenta, em princípio, a capacidade das imagens físicas (desenhos, estátuas, fotografias, etc., mas também registos sonoros, filmes, etc.) de representar qualquer coisa diferente delas. Utiliza-se, por vezes, a propósito desta subcategoria de representações o termo "ícone", retirado de Peirce. A palavra "imagem" é também utilizada, de maneira geral, como um sinónimo puro e simples de "representação".

Uma segunda espécie de relação de correspondência entre uma representação e o que ela representa é a associação: os objectos que constituem lembranças ilustram esta relação. Esta forma-se muitas vezes em situações de forte valência afectiva, como quando uma "lembrança" representa uma pessoa desaparecida ou ausente. Formas deste tipo de representação com uma forte componente afectiva encontram-se na magia, no fetichismo, nos mitos, nas superstições, nas práticas religiosas, etc.

Por último, uma terceira espécie de correspondência entre a representação e o que é representado é a convenção, explícita ou implícita: os símbolos (no sentido português do termo), bandeiras, insígnias, logótipos, etc., são uma sua ilustração

Representação

simples. Mas são também convenções, que são muito explícitas, que estão na origem das práticas formais, nomeadamente das matemáticas, em que um signo (também chamado "símbolo" na terminologia de origem anglo-saxónica) é escolhido para representar um conceito abstracto, um objecto geométrico, um número ou uma classe de números, etc. Mostrou-se que esta relação convencional, na sua forma implícita, tem também uma importância considerável na actividade cognitiva, porque constitui o próprio fundamento da linguagem natural. Era ela que Saussure tinha em vista quando falava do "arbitrário" do signo: a palavra, enquanto representante "não motivado" da "coisa", é o seu exemplo mais claro. Nas linguagens artificiais, a correspondência é do mesmo tipo, mas é estabelecida originalmente por convenção explícita.

Os modos de correspondência entre uma representação física, objecto ou signo, e o que ela representa, tal como acabamos de os descrever, não podem compreender-se senão pelos seus modos de tratamento. O que constitui o seu carácter comum é que a representação física é tratada pelo que a utiliza como um substituto psicológico parcial do que representa. Isso pode dizer respeito à percepção (por ex. por uma fotografia, um retrato, um registo sonoro), à afectividade (para os objectos lembrança, as figuras mágicas, as relíquias, etc.), ao raciocínio (para os signos matemáticos e lógicos) e vale, em geral, em toda a actividade cognitiva (a linguagem, a comunicação, a arte, etc.), Sabe-se que estes efeitos são por vezes considerados "perigosos". Todos estes modos de tratamento podem ser reunidos sob uma designação geral, a de "função representativa" ou "simbólica". Esta é tipicamente humana, sendo objecto de investigação a sua presença em alguns animais, e é muitas vezes relacionada com a capacidade geral da mente / cérebro humano de "fazer como se". Todavia, esta capacidade pode ela mesma ser simulada: todo o funciona-

mento dos computadores se baseia no facto de se poder neles manipular informações como substitutos de múltiplos "objectos", que são representados fisicamente na máquina sob a forma numérica.

Representação mental

Tudo o que precede diz respeito às representações que foram consideradas "físicas", porque se baseiam na presença de diversos tipos de estímulos e na correspondência entre estes e outros. No entanto, requerem tratamento para funcionar como representações. Uma outra grande classe de representações, que convém distinguir bem das precedentes, embora constituam a sua condição, é a das representações "mentais". A característica mais importante destas é a de poderem existir e funcionar na ausência de estímulos ou situações externas. A mudança de paradigma que fez passar a psicologia científica do behaviorismo para a psicologia cognitiva consistiu, em parte, em aceitar duas ideias: (1) há representações mentais e (2) embora inobserváveis, são acessíveis ao conhecimento científico, nomeadamente pelo meio da experimentação. O raciocínio que as funda é, por isso, abdutivo: "a melhor forma de explicar o que observo (situações e comportamentos) é, de longe, admitir a existência de representações que têm as propriedades p". Este raciocínio é, por vezes (mas não necessariamente), facilitado pelo testemunho verbal do sujeito sobre o que as suas representações subjectivamente apresentam. Esta mudança de paradigma deu-se na mesma altura da introdução da noção de "representação num computador" e foi certamente facilitada por ela. A partir deste momento, as pesquisas sobre as representações mentais e as que relevam do domínio da "representação dos conhecimentos" na inteligência artificial caminharam a par das análises que utilizavam estas noções em linguística, filosofia da cognição, lógica, psicologia social e várias outras ciências cognitivas.

Representação

Há um ponto essencial que deve ser salientado: a noção moderna de "representação mental" na psicologia cognitiva é neutra em relação à consciência. Ao passo que para a psicologia comum – e para diversas teorias como a psicologia subjectiva ou a fenomenologia – a própria noção de representação mental implica que, em virtude da sua natureza, esta representação é consciente, acontece de maneira diferente na psicologia cognitiva: uma representação mental pode ser consciente (por vezes, é também chamada "explícita") ou não consciente ("implícita"). Evita-se o termo "inconsciente", deixado à psicanálise. A possibilidade da existência de representações mentais não conscientes baseia-se precisamente no uso do método experimental, referido acima: este faz habitualmente aparecer efeitos comportamentais que não se podem explicar racionalmente senão supondo a existência de uma representação mental, ao passo que o sujeito não pode dar conta dela.

Memória e representação

Considera-se geralmente que as representações mentais estão situadas "na" memória e distinguem, por isso, duas espécies directamente ligadas aos dois sistemas fundamentais da memória: a memória de longo prazo e a memória de trabalho. Esta maneira de ver é também válida para as representações em computador: embora a passagem apenas por analogia de um tipo de representações para outro, as humanas e as informáticas, seja muitas vezes arriscada, a transposição é frequentemente esclarecedora e fecunda.

Na memória humana de longo prazo, as representações podem ser de duas espécies: por um lado, representações particulares, lembranças ditas "episódicas", próprias de cada indivíduo e situadas no tempo, e, por outro, representações mais gerais, partilhadas parcialmente entre os indivíduos e entre as quais se situam os conheci-

mentos. É o caso das representações mentais com origem na linguagem, nomeadamente os conteúdos do léxico mental dos locutores (a forma fónica das palavras, a sua ortografia, os seus sentidos, o modo de utilização da sintaxe, os hábitos de linguagem associados), bem com as representações gerais constituídas na vida corrente (os conceitos naturais) e, para além disso, as representações / conhecimentos apreendidos na família e na escola, nos livros e nos jornais, na televisão ou na rádio, etc. Todas estas subcategorias das representações mentais de longo prazo podem, por sua vez, ser representadas numericamente na memória de longo prazo de um computador: é função da subdisciplina "representação dos conhecimentos" garantir o melhor possível esta representação de segundo grau.

A segunda espécie de representações mentais é constituída por aquelas que são "actuais" e que, portanto, se encontram num dado momento "na" memória de trabalho de um indivíduo: constituem o seu conteúdo e são conscientes, em parte. Este subconjunto das representações conscientes da memória de trabalho coincide com o que é designado como "representações mentais" na linguagem ordinária e na filosofia subjectivista.

Nos modelos de psicologia cognitiva da memória, chamados "modelos de activação", considera-se que estas representações actuais da memória de trabalho (conscientes ou não conscientes, ou, noutros termos, explícitas ou implícitas) são o produto da activação momentânea das representações de longo prazo descritas precedentemente, activação que é necessária para o seu tratamento cognitivo. Estes modelos psicológicos são perfeitamente compatíveis com as concepções neurobiológicas, que consideram que as representações de longo prazo têm por suporte conjuntos neuronais estruturados e que a activação neuronal pode afectá-los selectivamente. Trata-se, de facto, de compatibilidade, e não de identidade, dos dois tipos

Representação

de modelos, o psicológico e o neurobiológico. Aliás, quanto aos modelos de tipo neoconexionista, que pertencem à família dos modelos de activação, há vários autores que não vêem a necessidade de distinguir entre as representações de longo prazo e as representações actuais.

Representação por imagens e representação abstracta

De maneira independente a precedente, distinguem-se pelo seu conteúdo duas grandes categorias de representações mentais. Umas são "imagens mentais" ou "representações por imagens". Na psicologia cognitiva o termo "imagem" é reservado para este tipo de representações (vd. *supra* um uso mais extensivo). A sua característica principal é que, quando estão activas, parecem-se muito, do ponto de vista funcional, com representações perceptivas. A diferença é, por definição, que as representações perceptivas só se formam na presença do estímulo, ao passo que as imagens mentais são formadas na sua ausência. Mostrou-se experimentalmente que as segundas mantêm muitas propriedades de conteúdo que pertencem às primeiras, nomeadamente propriedades espaciais: pode ser realizada toda uma série de operações mentais, quer com imagens (na ausência do estímulo), quer com percepções (na sua presença). As imagens mentais são representações que mantêm uma relação de correspondência de tipo analógico, figurativo, com o que representam.

A segunda categoria de representações talvez seja da natureza diferente (o que alguns autores contestam). Podem ser caracterizadas como sendo mais "abstractas", "conceptuais", "proposicionais", "semânticas" e até "numéricas", ou como um suporte mais directo dos "conhecimentos" do que as representações por imagens, em razão da sua ancoragem na linguagem e no pensamento e da sua semelhança, que se supõe maior, com as representações em computador. As características desta categoria de representações (vd. as palavras citadas acima) são objecto de representações mais conflituais do que as precedentes.

J.-F. Le Ny

🕮 Anderson, J.R. (1978), "Arguments concerning representations for mental imagery", *Psychological Review*, 85, 249-277.
• Denis, M. & Sabah, G. (1993), *Modèles et concepts pour la science cognitive: Hommage à Jean-François Le Ny*, Grenoble, Presses Universitaires de Grenoble.
• Kintsch, W. (1974), *The representation of meaning in memory*, Hillsdale, NJ, Lawrence Erlbaum Associates.
• Kosslyn, S.M. (1975), "Information representation in visual images", *Cognitive Psychology*, 7, 341-370.
• Kouinos, J. (1996), "On the continuity of thought and the representation of knowledge: Electrophysiological and behavioral time-course measures reveal levels of structure in semantic memory", *Psychonomic Bulletin & Review*, 3, 265-286.
• Le Ny, J.-F. (1989), *Science cognitive et compréhension du langage*, Paris, Presses Universitaires de France.
• Markman, A.B. & Dietrich, E. (2000), "Extending the classical view of representation", *Trends in Cognitive Sciences*, 4, 470-475.
• McClelland, J.L. & Rumelhart, D.E. (1985), "Distributed memory and the representation of general and specific information", *Journal of Experimental Psychology*, General, 114, 159-188.
• Putnam, H. (1990), *Représentation et réalité*, Paris, Gallimard.
• Rosch, E. (1975), "Cognitive representations of semantic categories", *Journal of Experimental Psychology*, General, 104, 192-233.
• Rumelhart, D.E. & Todd, P.M. (1993), "Learning and connectionist representations", in D.E. Meyer & S. Kornblum (orgs.), *Attention and*

performance XIV: Synergies in experimental psychology, artificial intelligence, and cognitive neuroscience, pp. 3-30, Cambridge, MA, The MIT Press.

☞ **cognição, conhecimento, consciência, memória, semântica, sentido**

REPRESENTAÇÃO DA ACÇÃO

Entidade que reflecte e antecipa no sistema mental do sujeito as suas próprias acções e as realizadas por outrem ou que lhe podem ser atribuídas.

☞ *acção, acção (controlo da –), representação*

REPRESENTAÇÃO PARTILHADA DA ACÇÃO

Representação comum à pessoa que executa uma acção e à que a observa.

☞ *acção, representação, representação (– da acção)*

REPRESENTACIONALISMO

Teoria segundo a qual a nossa mente funciona utilizando representações.

• Estas últimas são definidas como processos ou objectos que reenviam para outros objectos, ou acontecimentos, ou factos. Elas devem ser o produto de um tratamento da informação e ser efectivamente utilizáveis pelo sistema cognitivo para este papel de representação. Devem ter, portanto, uma certa estrutura (espacial, se se tratar de uma imagem; sintáctica, se se tratar de uma sequência de símbolos) que deve estar associada a uma estrutura

semântica, a qual explora relações entre os objectos que são representados. Como o sistema cognitivo é também um sistema vivo e um sistema prático, tais representações devem, para além disso, ter uma função para aquele sistema relativamente ao seu ambiente, tanto na história da sua aprendizagem, como na do seu desenvolvimento, da sua sobrevivência e da sua reprodução.

Não se deve conceber uma representação como um quadro, como uma espécie de secção perpendicular do fluxo óptico que seria isomorfa em relação a esta secção. Os símbolos não são isomorfos em relação aos factos. Também não se deve conceber as representações como intermediários que se interpõem entre o sujeito do conhecimento e a realidade, porque são elas mesmas os processos pelos quais o conhecimento tem lugar, e não uma ecrã intermédio para o qual se deveria ainda olhar para lhe dar um sentido.

Uma vez dissipadas estas confusões, não se vê como justificar o anti-representacionalismo. Gibson pensava ser anti-representacionalista, porque propunha retirar todas as informações visuais do que se passa na nossa retina (incluindo os movimentos da cabeça e do corpo). Mas então são estas informações e a sua estrutura que são as nossas representações. Varela pretendia substituir as representações por uma interacção entre organismo e ambiente, com um modelando o outro e reciprocamente. No entanto, esta interacção tem realmente uma certa estrutura e deve possibilitar equívocos, com o organismo a propor uma interacção diferente com o ambiente daquela que é adequada. Estes são dois dos critérios das representações.

Não estamos obrigados, por essa razão, a reduzir as representações aos símbolos de uma linguagem do pensamento, regida unicamente pelas regras sintácticas. As estruturas especiais e temporais podem ser utilizadas mais imediatamente. Segundo parece, para as nossas representações

Resolução de Problemas

temos necessidade de dispor de descontinuidades referenciáveis e repetíveis e é possível que os limiares de activação dos nossos conjuntos de neurónios ou a sua passagem de um atractor para outro efectuem tais descontinuidades regulares. Uma estrutura sintáctica, pelo contrário, exige que, num primeiro nível separado, haja símbolos cuja função permaneça estável e, num segundo nível articulado, existam estes símbolos de acordo com regras. Somos capazes de tais representações, mas parece que estas apresentam uma estrutura muito especial em relação a todas as formas de representação que podemos usar.

P. Livet

📖 Cummins, R. (1989), *Meaning and mental representations*, Cambridge, MA The MIT Press.
• Drestke, F. (1988), *Explaining behavior*, Cambridge, MA, The MIT Press.
• Fodor, J. (1975), *The language of thought*, Nova Iorque, Crowell.
• Jacob, P. (1997), *Pourquoi les choses ont-elles un sens*, Paris, Éditions Odile Jacob.
• Langacker, R.W. (1987), *Foundations of cognitive grammar*, Stanford, Stanford University Press.

☞ *conhecimento, filosofia da mente, mentalês, representação*

RESOLUÇÃO DE PROBLEMAS

Processo que consiste em seleccionar e receitar acções elementares para atingir objectivos dados, respeitando as restrições de um ambiente igualmente dado.

Tipos de problemas

Os jogos e a demonstração de teoremas encontram-se entre os primeiros problemas que se tentaram resolver com computadores. Pensava-se que as capacidades de memorização e a rapidez de cálculo das máquinas lhes permitiriam resolvê-los mais rapidamente e com tanta eficácia quanto o homem. No entanto, no caso de alguns problemas o número de alternativas a explorar para se chegar a uma solução é tão elevado que o computador é insuficiente para efectuar desempenhos válidos, utilizando apenas a força bruta. Por isso, a resolução automática dos problemas referidos necessita da introdução das técnicas de inteligência artificial.

Na mesma categoria se podem situar os problemas de planificação e de compreensão. Em geral, abordam-se os problemas que o homem não sabe resolver com algoritmos ou em prazos razoáveis, limitando-se geralmente às situações totalmente formalizáveis.

Representação do problema

Uma representação é um conjunto de convenções sobre a maneira de descrever uma classe de objectos. Uma descrição utiliza as convenções de uma representação para descrever um objecto particular. Para um problema dado, podem existir várias representações teoricamente equivalentes. Na prática, certas representações acentuam pontos particulares, importantes na resolução de uma classe de problemas, e permitem construir soluções mais ou menos complexas.

A fase mais difícil da resolução de um problema é, portanto, por vezes, a busca da representação mais apropriada, em particular quando o problema é posto em língua natural (ambígua, incompleta e redundante). Uma boa representação deve:

Resolução de Problemas

– Explicitar os factos importantes;

– Expor as restrições naturais para facilitar certos cálculos;

– Permitir expressar tudo o que é necessário (completude);

– Permitir enunciar as coisas com eficácia (concisão);

– Suprimir os detalhes: as informações inúteis devem estar ausentes e as que raramente são utilizadas postas em segundo plano, mantendo-as disponíveis em caso de necessidade.

O espaço dos estados do problema

Durante a sua resolução, a representação do problema evolui. O espaço dos seus estados sucessivos é traduzido na forma de um grafo em que cada nó representa um estado e cada arco uma transição que faz passar de um estado para outro. Assim, um problema pode ser visto como sendo composto de:

– o conjunto das situações iniciais;

– o conjunto dos operadores que permitem transformar um estado noutro estado;

– o conjunto das situações-objectivo.

Uma solução do problema consistirá numa sequência finita de operadores que permitem ir de uma situação inicial a uma situação-objectivo. Para encontrar uma tal sequência, pode-se:

– partir da descrição de uma situação inicial e procurar os operadores aplicáveis, usá-los e desenvolver assim passo a passo a árvore de resolução (logo que se encontre um estado-objectivo o problema está resolvido – processo descendente);

– partir de um estado-objectivo, procurar os operadores que a ele conduzem e desenvolver a árvore da mesma maneira (logo que se encontre um estado inicial o problema está resolvido – processo ascendente);

– fazer uma busca bidireccional (logo que se encontre um estado comum às duas buscas o problema está resolvido).

Como não se pode desenvolver sempre o conjunto da árvore (explosão combinatória), escolhem-se então os caminhos de uma forma mais ou menos arbitrária. Se nos enganarmos, deverá ser possível voltar atrás. É por isso necessário recorrer a métodos particulares para memorizar e encontrar o estado que precede a aplicação de um operador cujos efeitos se pretende anular e depois relançar os cálculos.

Conforme as restrições que incidem na solução, podem distinguir-se quatro tipos de métodos de pesquisa:

Os métodos de pesquisa cegos (pesquisa em profundidade, em largura, em feixe): são utilizados para encontrar um caminho quando a distância (custo) não é pertinente;

Os métodos de pesquisa do melhor em primeiro lugar (escolhe-se o desenvolvimento do nó intermédio que está melhor avaliado): utilizam-se quando se possui uma avaliação do valor intrínseco de um estado;

Os métodos de pesquisa que permitem a construção de caminhos mínimos, como a enumeração explícita, a pesquisa heurística, a programação dinâmica com números inteiros e o procedimento A*: são empregues quando o custo de percorrer um caminho é primordial (problema clássico do caixeiro viajante);

Os métodos de pesquisa adaptados aos jogos com adversários: são os procedimentos de pesquisa MINIMAX, o corte Alfa-Beta, o aprofundamento progressivo, o corte heurístico. Estes procedimentos encontram-se tradicionalmente nos programas de jogos.

G. Sabah

📖 Marshall, S.P. (1995), *Schemas in problem solving*, Cambridge, Cambridge University Press.

• Newell, A. & Simon, H.A. (1972), *Human problem solving*, Englewood Cliffs, NJ, Prentice-Hall.

- Simon, H.A. (1983), "Search and reasoning in problem solving", *Artificial Intelligence*, 21, 7-29.

☞ *algoritmo, compreensão, heurística, inteligência artificial, memória, raciocínio, representação*

RESSONÂNCIA ADAPTATIVA (TEORIA DA -)

As redes baseadas nesta teoria foram criadas no fim dos anos 70 por S. Grossberg e melhoradas depois por esse autor e por Carpenter. Estas redes existem em diversas variantes designadas ART1, ART2 e ART3, de acordo com o tipo de *input* ou de dinâmica da rede (ART1 toma à entrada valores binários, ART2 valores reais e a dinâmica de ART3 corresponde a equações diferenciais). De início as redes ART efectuavam tarefas de categorização, mas, depois da sua criação, o seu domínio de aplicação alargou-se consideravelmente e passou a incluir muitas actividades cognitivas e a ter muitas aplicações industriais.

· As redes ART têm duas camadas de neurónios e dois neurónios especiais: um corresponde a um monitor atencional e o outro a uma estrutura que controla a inicialização ou reinicialização do sistema. Os neurónios da camada de saída correspondem a categorias. O objectivo da rede é descobrir categorias naturais no conjunto dos estímulos apresentados. Para isso, cada categoria corresponde a um vector de pesos sinápticos (que vão das células da primeira camada às da segunda).

Se os pesos sinápticos de uma célula estiverem suficientemente próximos dos valores do vector estímulo apresentado à entrada, diz-se então que esta célula está em *ressonância* com o estímulo. Neste caso, a rede reconheceu um membro da categoria correspondente à célula de saída.

Se nenhuma célula de saída é suficientemente activada, o estímulo apresentado não corresponde a nenhuma das categorias actualmente identificadas pela rede. Neste caso, a rede deve adaptar-se (daí o nome de "ressonância adaptativa"). Para o fazer, a intervenção conjunta da célula atencional e da célula da reinicialização permite criar uma nova categoria (e uma nova célula de saída), que poderá depois entrar em competição com as outras células para definir a sua própria categoria de estímulos.

As redes ART existem em muitas variantes. Depois das redes de retropropagação do erro, são um dos modelos mais populares nas aplicações cognitivas e industriais das redes de neurónios. Mostram como uma regra de aprendizagem não supervisionada pode permitir modelizar fenómenos complexos de aprendizagem.

H. Abdi

📖 Carpenter, G. & Grossberg, S. (1991), *Pattern recognition by self-organizing neural network*, Cambridge, MA, The MIT Press.
- Grossberg, S. (1976), "Adaptive pattern classification and universal pattern recoding: I. Parallel development and coding of neural feature detectors", *Biological Cybernetics*, 23, 121-134.
- Levine, D. (2000), *Introduction to neural and cognitive modeling*, Mahaw, NJ, Lawrence Erlbaum Associates.

☞ *aprendizagem, atenção, categorização, rede de neurónios, retropropagação*

RETROACÇÃO

Na cibernética: método segundo o qual a alimentação ou o funcionamento da máquina são comandados pelo seu próprio débito para que este seja conforme com as condições de um processo predeterminado.

• A noção de retroacção tem origem na cibernética e o seu uso expandiu-se para vários domínios, nomeadamente a biologia, a psicologia e a pedagogia. Em geral, designa um processo mediante o qual uma parte ou o conjunto das informações de saída de um elemento de um sistema são enviados para a entrada de um outro elemento colocado a montante da cadeia de tratamento a fim de permitir a correcção e a regulação do seu funcionamento ao longo do tempo.

Na psicologia, efeito retroactivo da modificação de um elemento de um sistema sobre o agente emissor desta mudança e que tem habitualmente por objectivo corrigir ou regular o desempenho do sistema.

A reacção do membro de um grupo na sequência da intervenção de um outro participante, repercutindo-se no comportamento ou na afectividade deste último, constitui um exemplo de retroacção.

O termo francês *rétroaction* [ou o português "retroacção"] traduz muito bem a expressão inglesa *"feedback"* e permite evitar o uso do anglicismo, embora este continue a ser utilizado com uma certa frequência.

G. Sabah

☞ *arquitectura cognitiva, cibernética*

RETROPROPAGAÇÃO (DO ERRO)

Lei de aprendizagem ou algoritmo que permite a redes multicamadas encontrar por aproximações sucessivas os valores das conexões sinápticas das células das camadas ocultas. **OBS.**: foi descoberta e redescoberta várias vezes por diversos grupos de investigadores, sendo mais conhecido o grupo "PDP" reunido à volta de Rumelhart e McClelland (1986), que foram os seus prosélitos mais entusiastas.

• As redes de neurónios que utilizam a retropropagação do erro devem ter pelo menos uma camada oculta de neurónios, para além da camada de entrada (equivalente à retina de um *Perceptron*) e de uma camada de saída. Os neurónios que compõem estas camadas são neurónios formais. Isto significa que cada célula de uma camada posterior à camada de entrada calcula a sua activação, num dado momento, como a soma, ponderada pelos valores sinápticos, das activações que provêm das células da camada precedente. Esta activação é depois transformada em resposta, utilizando uma *função de transferência* que deve ser não-linear para as células das camadas ocultas.

A técnica da retropropagação do erro é uma generalização da regra de aprendizagem do *Perceptron*. É uma técnica de aprendizagem supervisionada que utiliza o cálculo de um sinal de erro para modificar os valores das conexões sinápticas de maneira a minimizar a longo prazo o valor global deste sinal de erro. As células das camadas de saída estimam o erro cometido da mesma maneira que um *Perceptron*, comparando o valor da sua resposta com o valor teórico que deveriam ter dado. As células das camadas ocultas, não tendo resposta especificada ao seu nível (a resposta teórica não está disponível senão para os neurónios da camada de saída), devem estimar o seu sinal de erro a partir do erro cometido pelas células da camada que lhes é imediatamente posterior. Para o fazerem, as células das camadas ocultas calculam a média ponderada (pelo valor das suas conexões sinápticas com as células da camada posterior) do sinal de erro das células da camada posterior.

Esta técnica exige muito tempo para *convergir* (*i.e.*, para encontrar valores sinápticos que dão um comportamento "aceitável" do ponto de vista do erro do sistema). No entanto, a retropropagação do erro continua a ser claramente a técnica de aprendizagem mais popular para as redes de neurónios, talvez porque as redes que a utilizam podem ser consideradas *aproximadores universais* (*i.e.*, podem aproximar qualquer função que vá das células de entrada às células de saída; é o teorema de Kolomogorov; vd. Abdi, Valentin e Edelman, 1999, p. 88).

H. Abdi

📖 Abdi, H. (1994), *Les réseaux de neurones*. Grenoble, Presses Universitaires de Grenoble.
• Abdi, H., Valentin, D. & Edelman, B. (1999), *Neural Networks*, Thousand Oaks, CA, Sage Publications.
• Rumelhart, D. & McClelland, J. (1986), *Parallel distributed processing: Explorations in the structure of cognition*, Cambridge, MA, The MIT Press.

☞ *aprendizagem, neurónio formal*, **Perceptron**, *rede de neurónios*

REVISÃO

Operação pela qual modificamos as nossas crenças quando estas e as nossas informações nos levam a inferir uma conclusão que se revela contraditória, na ocasião, com um dado fiável e para que não possamos voltar a retirar tal conclusão.

• Distinguem-se diversas variedades de revisão: podemos considerar que a nova informação nos leva apenas a modificar o nosso estado de informação. Trata-se de revisão propriamente dita. Mas poderia

sugerir também que o mundo mudou e não apenas o nosso estado de informação. Fala-se então de "actualização". Para além disso, esta informação pode ter um valor geral ("não há bolas vermelhas nesta urna"), o que se considera ainda como uma revisão, ou então particular ("acabo de retirar uma bola azul"), o que dá lugar a uma "focalização" sobre a classe de referência compatível com este acontecimento. Pode-se também fazer variar o peso que se dá à nova informação. Em vez de considerá-la como prioritária, o que faz da revisão uma operação assimétrica, pode-se pensar numa revisão de uma teoria por outra teoria como uma operação simétrica.

A primeira forma de revisão e a mais utilizada é a *revisão bayesiana*, que consiste, na realidade, em condicionar uma crença a um dado observado: crê-se que A se B. A probabilidade revista de A se B é igual à probabilidade de A e de B dividida pela probabilidade de A. Esta revisão é bastante conservadora: se nova informação é excepcional, o peso dos possíveis que ela elimina é repartido em função das relações precedentes dos outros casos possíveis.

Um procedimento como o *imaging* de Lewis atribui maior peso à novidade: repartem-se os pesos em função da proximidade dos casos antigos possíveis em relação à nova informação. Mas, em seguida, numa situação excepcional, as inferências poderiam também tornar-se estranhas. Várias combinações de crenças podem estar na origem da conclusão errada. Escolhe-se, evidentemente, eliminar a menor número possível de crenças. Mas se há *ex aequo* entre combinações mínimas, é preciso recorrer a uma ordem de prioridades. Depende das revisões precedentes e é necessário impor, portanto, condições de coerência às sucessivas revisões.

Ramsey propôs relacionar revisão e condicional ("se riscasse o fósforo, ele inflamar-se-ia"). Procedamos à revisão das

Robótica

nossas crenças para que o antecedente seja aceite e depois vejamos se a consequência se segue.

Lewis e Stalnaker propuseram uma semântica: o condicional é verdadeiro se no conjunto dos mundos possíveis que satisfazem o antecedente, e que é o mais próximo do mundo de referência, o consequente é o que convém.

Também se pode relacionar revisão e enunciados de normalidade. "Normalmente os pássaros voam" quer dizer que os pássaros que não voam são excepções, estando, portanto, longe do nosso quadro de referência. Encontrar um pinguim irá fazer com que suspendamos a nossa conclusão, mas não com que reanalisemos a nossa regra normal. Pelo contrário, um conhecimento geral como "normalmente os náutilos têm uma concha" levar-nos-á a rever a nossa regra "os náutilos, sendo cefalópodes, não têm concha".

O domínio de análise das operações de revisão é, portanto, um estaleiro sempre em actividade e pode conduzir a muitas revisões na psicologia do raciocínio.

P. Livet

 Gärdenfors, P. (1988), *Knowledge in Flux*, Cambridge, MA, The MIT Press.
• Lewis, D.K. (1973), *Counterfactuals*, Oxford, Blackwell.
• Walliser, B. (2000), *L'économie cognitive*, Paris, Odile Jacob.

☞*crença, raciocínio*

ROBÓTICA

A investigação robótica visa essencialmente a construção de máquinas capazes de realizar autonomamente diversas tarefas num ambiente dinâmico (que pode ser, eventualmente, modelizado de maneira imperfeita).

Para serem eficazes, essas máquinas devem poder interagir com outras máquinas e com homens e, portanto, ser dotadas de meios de percepção, de locomoção e de raciocínio.

• Assim, a concepção e o estudo de funções de percepção, decisão e acção são centrais e o mesmo se pode dizer da integração destas funções para produzir uma máquina física que as aplique na realização das tarefas que lhes são atribuídas. Se isso deve ser feito de maneira inteligente, implica a capacidade de adaptar o seu comportamento a um universo não conhecido *a priori*, sem que tenha sido possível programar previamente este comportamento. Estas máquinas devem, por isso, ser capazes de melhorar os seus próprios desempenhos pela aprendizagem.

O circuito
percepção-decisão-acção

Esta problemática implica então um circuito "percepção-decisão-acção" de que se encontram muitos aspectos quando as diferentes funções não se encontram reunidas numa máquina única, mas estão distribuídas *via* uma rede de receptores, de accionadores, de meios de comunicação e de tratamento da informação num sistema complexo de várias máquinas. Bem entendido, a mesma problemática encontra-se também nos sistemas virtuais em que uma entidade simulada deve, de igual modo, perceber, decidir e agir num universo ele mesmo simulado.

Mais precisamente, estas entidades materiais ou imateriais devem possuir capacidades de agir ou de fazer agir física ou informacionalmente, de tomar decisões de maneira autónoma em função da sua experiência, de aprender de maneira passiva ou activa a partir das suas interacções com o ambiente, de conhecer o seu estado para fazer variar as suas características de comportamento e de agir sós ou de ma-

Robótica

neira cooperativa em redes ou integradas numa equipa.

Os temas de investigação em robótica

Os principais temas que interessam à robótica são:

Funções sensoriomotoras. Este aspecto exige o domínio de várias primitivas de localização e de movimento comandado por retroacções exteroceptivas, a fusão de vários tipos de entradas sensoriais, capacidades de visão (eventualmente reactiva) e de movimento.

Mobilidade e navegação. Em particular, em ambientes naturais, não estruturados, e em ambientes evolutivos, este ponto implica a planificação de estratégias de deslocamento e de exploração do ambiente, planificação que exige ela mesma competências em geometria algorítmica, topologia, cinemática e dinâmica.

Planificação de movimento em ambientes reais ou virtuais. Devem ser tratados aspectos cinemáticos complexos para a animação de personagens, humanóides, por exemplo (gestão de estruturas flexíveis que correspondem a modelos físicos, de grandes bases de dados geométricos e de restrições dinâmicas).

Percepção para a modelização do ambiente em diversos níveis de representação. Os mecanismos de percepção devem ser distinguidos segundo os seus objectivos, em particular se abordam problemas de segmentação, de tratamento das incertezas, de fusão de várias modalidades sensoriais ou de dados saídos de receptores diferentes. É preciso interessar-se pela integração de várias representações heterogéneas, bem como pela sua elaboração e a sua actualização.

Percepção pela interpretação de cenas. Aqui é necessário tomar em consideração os aspectos semânticos que permitem o reconhecimento funcional dos objectos, de situações e das suas evoluções.

Concepção mecânica. O estudo e os desenvolvimentos tecnológicos de preensores (como mãos com vários dedos), de manipuladores (ligeiros, sem fricção, etc.), bem como de *robots* marchadores com formas humanóides ou não levantam problemas relacionados com a biomecânica, principalmente no quadro de aplicações em teleoperações, simulações ou na realidade virtual.

Interfaces hápticas. Para que o mundo virtual seja percebido de maneira aproximada ao mundo real, é necessário que haja uma retroacção de força bem simulada. Tal implica cálculos complexos das posições de preensão e de deposição, a planificação de manipulações complexas, por exemplo, no caso de preensão de corpos deformáveis ou em movimento (aqui as aplicações da cirurgia levantam estas questões de maneira decisiva).

Aprendizagem autónoma. A aquisição e a estruturação de modelos do ambiente, a aquisição e a compilação de modelos de comportamento, de procedimentos e de regras de decisão, a aprendizagem de conceitos são, é claro, pontos centrais que visam dar cada vez maior autonomia a tais máquinas.

Planificação, supervisão e decisão. No quadro da planificação de tarefas e de missões, tomar em consideração restrições espácio-temporais, incertezas do ambiente, o não determinismo das acções e a percepção devem permitir aumentar a robustez do comportamento e permitir a tomada da melhor decisão num contexto incerto.

Arquitecturas integradas em tempo real. As interacções de vários níveis de representação, de controlo e de raciocínio entre circuitos reactivos e deliberativos em várias escalas de tempo, a gestão dos recursos de cálculo devem permitir aplicações novas e permitir uma segurança de funcionamento essencial nas aplicações críticas (médicas, espaciais).

Interacção com o homem. Para permitir a aprendizagem supervisionada, a resolução interactiva de problemas e a realização conjunta de tarefas com não-especialistas, para se caminhar em direcção a uma utilização do *robot* em diversas modalidades ou simplesmente em direcção a uma coabitação segura e convivial, é evidentemente necessário que haja uma comunicação multimodal bidireccional (permitindo gestos e movimentos, o exercício da fala, etc.), em particular se se perspectivam aplicações como a futura casa inteligente...

Comportamento colectivo e cooperação. A colocação em rede de máquinas integradas, eventualmente móveis, que cooperem na realização das tarefas comuns (por ex. a exploração de um lugar e a construção de um mapa), para além das questões de interacção cooperativa com outras entidades evocadas acima, exige que seja aprofundada a partilha de recursos, mas também de dados e de conhecimentos;

Cognição e reflexividade. As capacidades de uma entidade autónoma conhecer o seu estado, agir sobre os seus parâmetros, utilizar os seus recursos em função da situação dada e dos seus conhecimentos inatos ou adquiridos são evidentemente as fontes de uma aprendizagem que caminha para uma autonomia cada vez maior.

Robótica pluridisciplinar

Fundamentalmente pluridisciplinar, esta problemática, para além da inteligência artificial (com os seus problemas clássicos de decisão e de planificação em linha, integrada com a acção, tendo em conta a percepção, a comunicação, a interacção e a cooperação) faz intervir nomeadamente:

A mecânica e as ciências dos materiais, com a concepção de accionadores particulares, a utilização de materiais flexíveis ou deformáveis e materiais com memória das formas para construir músculos artificiais; o desenvolvimento de componentes do tipo patas, braças ou preensores levanta problemas de biomecânica nas teleoperações, nas simulações e na realidade virtual.

O tratamento do sinal automático e informático, com os problemas de percepção e regulação ao movimento, de percepção activa e de planificação sensorial, de modelização coerente do ambiente por representações heterogéneas múltiplas.

As neurociências, de que o estudo e a modelização de funções sensoriomotoras, de funções de aprendizagem e de cognição fornecem conceitos úteis para estas realizações concretas.

As ciências humanas e sociais, que estudam em particular a comunicação com o homem, segundo diversas modalidades, bem como os comportamentos colectivos que permitem abordar as questões de cooperação e de resolução interactiva de tarefas.

As ciências médicas, que, através de novas técnicas de imagiologia e de exame clínico, são produtoras de conceitos úteis, mas fornecem igualmente aplicações fundamentais na cirurgia assistida por *robot*.

Robótica

As ciências cognitivas, que abordam de um ponto de vista geral (cognição humana ou animal, individual ou colectiva) os problemas de aprendizagem de conceitos, de funções sensoriomotoras, de procedimentos e de regras de decisão, de planificação e de realização de acções específicas para aprender.

Assim, para além dos temas específicos mencionados anteriormente, a questão central desta problemática interdisciplinar incide na integração, não só no sentido informático das linguagens e das arquitecturas, mas sobretudo ao nível das diversas especialidades que envolve.

G. Sabah

📖 Arbib, M.A. (1989), *The metaphorical brain. 2. Neural networks and beyond*, Nova Iorque, Wiley.

• Connell, J.H. & Mahadevan, S. (orgs.) (1993), *Robot learning*, Dordrecht, Klüver.

☞ *aprendizagem, comunicação, inteligência artificial, interface homem-máquina, reflexividade*

S

SABER

Conjunto de conhecimentos; facto de dispor deles.

Categorização dos saberes

O termo "saber" é muito polissémico, inclusive nas pesquisas que relevam das ciências cognitivas. E se o "saber" é em si mesmo objecto de estudo no quadro de trabalhos de epistemologia, didáctica, psicologia, antropologia, etnologia e sociologia, não são os mesmos aspectos que são estudados.

Quando o termo "saber" é associado ao adjectivo *científico*, então, implicitamente, os saberes são diferenciados de acordo com as disciplinas científicas coetâneas: esta distinção faz-se segundo os objectos estudados, bem como os conceitos e os métodos de experimentação utilizados em cada uma delas. A epistemologia das ciências estuda este tipo de saber. É preciso considerar também a epistemologia genética construída por Piaget, que se dedica ao desenvolvimento dos conhecimentos do sujeito.

"Saber" pode também estar associado aos adjectivos *quotidiano*, *ingénuo* e também *comum*. Esta associação pode ser surpreendente, porque diferentemente dos saberes científicos, o saber quotidiano "não se considera a si mesmo como um saber" (Schile, 1976, p. 56). Estes saberes são estudados por diversas disciplinas como a antropologia, a etnologia, a sociologia, a didáctica das ciências e a psicologia.

"Saber" pode ser também associado com *profissional*. Segundo as profissões, estes saberes constituem-se e desenvolvem-se de forma muito diferente. A ergonomia, a psicologia do trabalho e a didáctica profissional tomam-no em consideração na sua investigação. Assim, a noção de conceito pragmático foi proposta para explicar o funcionamento dos saberes profissionais (Pastré, 1997).

Estes qualificativos (científico, comum, profissional) remetem para uma categorização dos saberes do ponto de vista das instituições, dos grupos e até das redes sociais. Outras categorizações dos saberes provêm das disciplinas que os estudam. Assim, a psicologia diferencia *saberes declarativos* e *saberes procedimentais*.

Abordagens dos saberes em relação com o seu ensino

A título de exemplo da diversidade de abordagens dos saberes, tomemos a da didáctica das ciências e das matemáticas que toma o saber como objecto de estudo e a da cognição situada em que o saber está associado a uma situação particular.

No caso da didáctica, a metáfora da "vida" de um saber vai permitir que se compreendam fenómenos de transformação dos saberes que, por exemplo, acerca de um mesmo assunto, se manifestam na distância que há entre uma revista de investigação e a imprensa destinada ao grande público, ou entre dois capítulos de livros sobre um mesmo tema, estando um deles ao nível universitário e o outro ao

Saber

nível liceal. As restrições que ocorrem na emergência e na aplicação destes saberes, que são cognitivas, sociais e materiais, fazem com que as significações construídas pelos actores respectivos (investigadores, "homem da rua", estudantes universitários, alunos do secundário) sejam diferentes, ainda que sejam usados termos idênticos (Chevallard, 1991). Esta abordagem dos saberes permite que se estude a compreensão por parte de um aluno de um saber aplicado numa situação de ensino. Isto supõe que o saber aplicado através do professor, de outros alunos ou de suportes que utilizam diferentes registos semióticos (linguagem natural, grafo, desenho, etc.) tenha uma certa "independência" face ao aluno.

Como escreveram Barab e Kirschner *"knowledge, perhaps more aptly termed knowing about, is no longer conceived as a static structure residing in the individual head: instead, knowing is a process distributed across the knower, the environment in which knowing occurs, and the activity in which the learner is participating"* (Barab & Kirshner, 2001, p. 5). Isto conduz à cognição distribuída em que os artefactos vão "incorporar" o saber (Hutchins, 1996; Giere, 1992).

A. Tiberghien

📖 Barab, S.A. & Kirsher, D. (2001), "Guest editor's introduction: rethinking methodology in the learning sciences", *The Journal of the Learning Sciences*, 10 (1, 2), 5-15.
• Chevallard, Y. (1991), *La transposition didactique*, Grenoble, La Pensée Sauvage.
• Giere, R.N. (1992), *Cognitive models of sciences*, Minneapolis, MN, University of Minnesota Press.
• Hutchins, E.T. (1996), *Cognition in the wild*, Cambridge, MA, The MIT Press.
• Pastré, P. (1997), "Didactique professionnelle et développement", *Psychologie Française*, 42, 89-100.

• Schiele, B. (1984), "Note pour une analyse de la notion de coupure épistémologique", *Communication Information*, 6, 42-98.

☞ *conhecimento, didáctica, pensamento*

SABER (SENTIMENTO DE -)

Expressão dos conhecimentos armazenados na memória e relativos a traços mnésicos que não podem ser evocados explicitamente. **ABREV.**: SdS.

• Classicamente, o sentimento de saber é avaliado depois de um fracasso na recuperação pela memória de uma informação que se procura. O procedimento de estudo do SdS deriva das pesquisas de Hart (1965). O SdS pode ser muito preciso e prever eficazmente o desempenho mnésico. As estimativas do SdS são função dos mecanismos de acessibilidade à memória e da emergência do sentimento de familiaridade que permite uma inferência consciente da probabilidade de êxito ou fracasso do acesso à memória (Koriat & Levy-Sadot, 2001).

M. Izaute

📖 Hart, J.T. (1965), "Memory and the feeling-of-knowing experience", *Journal of Educational Psychology*, 56, 208-216.
• Koriat, A. & Levy-Sadot, R. (2001), "The combined contributions of the cuefamiliarity and accessibility heuristics to feelings of knowing", *Journal of Experimental Psychology: Learning, Memory, and Cognition*, 27, 34-53.

☞ *familiaridade, metacognição, metamemória*

SABOR

☞ *gosto*

SALIÊNCIA

Propriedade de um elemento que o faz sobressair em relação aos outros no interior de uma representação total ou que lhe confere uma preferência no tratamento cognitivo.

• Os termos "saliente", "saliência" (ou "relevo") empregam-se principalmente para caracterizar elementos (uma parte, uma propriedade, um traço semântico, etc.) de uma representação total. Dir-se-á assim que a tromba é mais saliente do que as outras partes do corpo na representação de um elefante, que as personagens são, em geral, mais salientes do que os objectos na representação de uma cena, que a cor é mais saliente do que a forma e muito mais do que o peso na representação de uma papoila, etc. Isso aplica-se a representações perceptivas, representações da memória de longo prazo e a representações de ocorrências, por exemplo, na compreensão da linguagem. As diferenças de saliência podem ser evidenciadas de forma experimental a partir de diferentes índices comportamentais, por exemplo os que tornam manifesto que os elementos salientes são tratados mais rapidamente do que os elementos não salientes.

Deve-se considerar dois aspectos da saliência. Num caso ela é dotada de uma certa permanência ou durabilidade (como é o caso para uma parte característica da representação a longo prazo de um objecto, de um animal, de uma pessoa, de uma situação, etc.). No outro caso, manifesta-se num dado momento e pode variar em função do contexto do elemento considerado: por exemplo, no caso de uma narrativa que descreve uma cena que inclui personagens que agem entre objectos e se

situam em lugares, foi possível mostrar que um objecto ou um lugar se tornam mais salientes se a narrativa diz que a personagem principal pega nesse objecto ou se encontra nesse lugar. Fala-se, por vezes, a tal propósito, de "colocação no primeiro plano", o que é um equivalente do aumento da saliência.

A noção de saliência é ainda pouco determinada, mas considera-se geralmente que ela é um fenómeno relacionado com a atenção interna: é saliente o que é susceptível de chamar a atenção (no caso de uma representação a longo prazo) ou o que o faz efectivamente (no caso de uma representação momentânea). Uma hipótese mais teórica faz apelo à noção de *nível de activação* de determinado elemento de uma representação num momento dado, por comparação com o nível de activação de outros elementos. No caso de uma representação a longo prazo, supõe-se em certos modelos que há um "nível de activação de repouso" ou um grau de activabilidade que afecta de forma diferencial os diversos elementos.

J.-F. Le Ny

📖 Gellatly, A., Banton, P., Woods & C. (1995), "Salience and awareness in the Jacoby-Whitehouse effect", *Journal of Experimental Psychology, Learning, Memory, and Cognition*, 21, 1374-1379.

☞ *activação, atenção, percepção*

SEMÂNTICA

Estudo geral da significação (sentido).

☞ *semântica cognitiva, sentido*

SEMÂNTICA COGNITIVA

Ramo da linguística que descreve a semântica das unidades (gramaticais e lexicais) e os processos de categorização operados pelas línguas sob a forma de esquemas, de protótipos, de operações que teriam uma certa plausibilidade cognitiva, indicando com isso a interacção da linguagem com outras actividades cognitivas (linguística cognitiva). **OBS.**: diferencia-se da semântica interpretativa que procede mediante a pesquisa das diferenças semânticas – semas ou traços semânticos – entre unidades linguísticas, próprio da linguística estrutural.

• Em alguns linguistas que se filiam na linguística cognitiva, a analogia desempenha um papel importante na estruturação semântica: há um paralelo entre a verbalização de uma cena a que nos queremos referir e a percepção desta mesma cena (*imaging systems* em L. Talmy). Há várias situações concretas estruturadas pela percepção que são, por analogia, modelos (*patterns*) das estruturações gramaticais e lexicais. Daí resultam as analogias seguintes: a do caminho desde uma origem até um objectivo, passando por um intermediário (Jackendoff); a das forças agonistas e antagonistas (Talmy); a das transferências de energia no modelo das bolas de bilhar (Langacker); a da referenciação de um *trajector* (entidade móvel) em relação ao *landmark* (baliza) em Langacker ou de um "ponto de referência" em relação a outro "ponto de referência" (Culiolo); a que existe entre as saliências perceptivas num primeiro plano ou num plano de fundo (*figure / ground*) e as estruturações gramaticais de tematização, de focalização ou de organização das narrativas por marcadores aspecto-temporais que colocam em evidência os acontecimentos salientes que têm lugar num plano de fundo descritivo do quadro de referência. Na organização gramatical e lexical das línguas encontram-se algumas oposições como estático / evolutivo. Daí que nas descrições se utilizem primitivas necessárias à organização semântica das línguas: referenciação estática, movimento e mudanças evolutivas, cadeias de causalidade, controlo de acções, etc. No entanto, é necessário acrescentar a estas primitivas enraizadas na percepção e na acção outras primitivas mais intencionais como a antecipação teleológica guiada pelo objectivo e a intenção de acontecimentos, etc.

Representações espaciais e figurativas

As representações figurativas e as representações espacializadas desempenham um papel importante nas estruturações conceptuais e semânticas. As descrições são frequentemente apresentadas na semântica cognitiva não apenas por traços descritivos – ou semas –, mas também sob a forma de figuras geométricas em parte icónicas – quer dizer, com laços motivados e analógicos com o que é representado –, de diagramas, de esquemas e de esquemas visualizáveis. A descrição da semântica, em particular dos verbos e das preposições ou dos domínios gramaticais, reduz-se então a propor representações sob a forma de figuras em espaços descritivos mais ou menos abstractos, a uma (por ex. o tempo), duas ou três dimensões, conforme os casos. É necessário notar que alguns esquemas figurais transcendem vários domínios gramaticais e a oposição tradicional entre sintaxe e semântica. Assim, por exemplo, generalizando o esquema diádico de Guillaume, fundado em operações de particularização e de universalização associados aos artigos *o / um*, o esquema "trimorfo" de Pottier encontra especificações nos domínios temporais (*antes / durante / depois*), aspectual (*preparar-se para fazer / estar a fazer*, processo em curso / *ter feito*, resultatividade), espacial (espaço exterior orientado para um ponto de referência: *até* / espaço interior: *em* / espaço exterior organizado a partir de um ponto de referência: *depois*), espácio-temporais (*aproximar-se de* / *mover-se no interior de* / *afastar-se de*), modal (visar a realização de um acontecimento / acontecimento em curso de realização / acontecimento não realizado no passado visto de maneira retrospectiva), etc. Este esquema de trimorfo permite unificar descrições lexicais e gramaticais, colocando em evidência uma certa economia cognitiva das representações utilizadas. Alguns semantólogos cognitivistas fazem apelo a uma quase-topologia (Culioli, Talmy, Desclés) em que as operações de interiorização, de exteriorização, de fronteira ou de limite fazem parte explicitamente das descrições e representações. Potier, por seu lado, faz menção a esquemas muito gerais da teoria das catástrofes elementares do matemático R. Thom para classificar os principais esquemas lexicais da linguagem.

Sintaxe e léxico

A semântica cognitiva põe em causa a distinção semiótica de Morris e de Carnap entre sintaxe (conjunto das regras de disposição das unidades linguísticas), semântica interpretativa (conjunto das regras que interpretam as expressões linguísticas) e pragmática (conjunto das regras que ligam as interpretações aos utilizadores das expressões linguísticas). Ela parte sobretudo de uma oposição fundamental entre as classes gramaticais e as unidades do léxico (Pottier, Shaumyan, Talmy, etc.). As primeiras são constituídas por inventários fechados que expressam significações e operações abstractas com ausência de criatividade individual, pouca transparência das significações gramaticais abstractas – sobretudo arbitrárias – e uma evolução diacrónica bastante lenta das significações. Pelo contrário, o léxico é um conjunto não finito de itens que permanece aberto à criatividade individual (cada locutor pode sempre inventar uma palavra nova), cada elemento lexical faz parte de uma rede com realizações genéricas e específicas (por ex.: *tasquinhar* é mais específico do que *comer*) e de campos lexicais ligados a domínios de experiência (por ex.: campos da "troca" ou do "dom", da "agressividade", do "movimento e da mudança"), o léxico suporta uma maior transparência das significações obtidas, por vezes, por simples composições (por ex.: *mata-moscas*; *sobrevoar* = voar por cima) e uma evolução rápida de léxico com possibilidades de importação a partir de outras línguas.

Para certos linguistas (Langacker e Pottier, por exemplo) há um *continuum* entre as classes gramaticais e as unidades lexicais. De facto, os processos (históricos) de gramaticalização reduzem-se a dar um sentido abstracto e funcional a certas unidades lexicais (é o caso da copulativa *é*, que resulta, em indo-europeu, de um elemento lexical que significa "permanecer, estar presente" ou ainda de certas proposições que têm por origem partes do corpo: *a face → em face de*, etc.). Inversamente, certas unidades gramaticais podem adquirir um sentido lexical (*poder → o poder*; *dever → o dever, os deveres; ser → o ser*, etc.). Em alguns casos, é difícil decidir claramente se certas unidades linguísticas são lexicais ou gramaticais, por exemplo, *ir* tem um funcionamento lexical, mas também gramatical em *ir cantar*. Enfim, as unidades gramaticalizadas de uma língua remetem em geral para operações abstractas e estas unidades são, portanto, os traços linguísticos ou os marcadores destas operações. Por exemplo, os gramemas (marcadores gramaticais) *–inho*/a são os marcadores de uma operação de determinação qualitativa (diminuição) em *jardinzinho, casinha, filhinha*, etc. Muitas unidades gramaticais (por ex. as preposições) têm significações semânticas que transcendem a oposição entre o espaço, o temporal, o espácio-temporal, o modal e o nocional:

na corte (espacial), *durante a tarde* (temporal), *chegar à capital* (espácio-temporal), *com grande cólera* (nocional), etc.

Relativismo e anti-relativismo

Admitindo recorrer a representações semântico-cognitivas geradas por esquemas e por operações enraizadas na percepção e na acção e mais ou menos intencionais, foram encaradas várias posições epistemológicas.

Pode-se adoptar a *posição relativista* (hipótese de Sapir-Whorf) segundo a qual cada língua projecta as suas próprias representações sobre o mundo, estruturando-o, e, segundo esta concepção, as representações cognitivas construídas através de uma língua são específicas desta e organizam uma "visão do mundo" que lhe é interna. Segue-se que as representações cognitivas geradas pela utilização de uma língua não são universais.

Segundo a posição *anti-relativista*, as representações semânticas construídas pelas diferentes línguas são vazadas num sistema de representações cognitivas, que se supõe serem universais e próprias à espécie humana. Este sistema universal pode até, segundo Fodor, ser estruturado como uma linguagem e constituir uma verdadeira linguagem interior, o mentalês, independente de todas as línguas particulares. Esta hipótese associa-se então à atitude logicista que considera que as línguas não seriam senão "a maneira como o pensamento se veste" (Frege), uma espécie de "linguagem genotípica" universal que se realizaria em diferentes "línguas fenótipas" (Shaumyan). Quanto a Jackendoff, considera que há apenas um nível de representações conceptuais em que as representações construídas por uma língua e as representações construídas pelas actividades cognitivas de percepção e de acção são compatíveis entre si.

Segundo uma terceira posição, *anti--anti-relativista*, por um lado, as categorizações gramaticais, os esquemas semântico--cognitivos e as representações não seriam invariantes da linguagem, constituindo cada língua as suas próprias representações cognitivas e, por outro lado, existiriam invariantes elementares – operações, categorizações primitivas – que seriam outros tantos constituintes elementares e necessários para que haja actividade linguística. Cada língua organizaria estas invariantes em esquemas específicos – gramaticais e lexicais – subjacentes às configurações observáveis. Ao adoptar a posição anti-anti-relativista, que nega qualquer possibilidade de representações cognitivas universais e independentes das línguas, é-se conduzido a admitir que uma língua particular codifica, através de configurações e modos de disposição morfo-sintácticos precisos, organizações cognitivas subjacentes que podem variar de língua para língua.

Segue-se que as estruturas linguísticas condicionam, mas apenas em parte, as representações e as categorizações mentais que permanecem enraízadas nas representações mais ou menos intencionais produzidas pela percepção e a acção. A tradução torna-se, não um mero emparelhamento entre expressões sintácticas de duas línguas, nem mesmo uma simples representação numa "língua interior", considerada universal, mas um processo de construção de uma representação semântico-cognitiva na língua-fonte e depois da desconstrução e da reconstrução de uma outra representação dependente na língua-alvo. A tarefa do linguista consiste, tendo em conta a diversidade das línguas, em procurar por um procedimento abdutivo as invariantes mais elementares da linguagem que são necessárias ao seu funcionamento, depois em descrever os mecanismos de construção dos esquemas e das representações semântico-cognitivas possíveis e susceptíveis de ser realizadas em uma língua natural.

J.-P. Desclés

Sensação

☐ Desclés, J.-P. (1990), *Langages applicatifs, langues naturelles et cognition*, Paris, Hermès.
• Jackendoff, R. (1987), *Consciousness and the computational mind*, Cambridge, MA, The MIT Press.
• Lakoff, G. (1987), *Women, fire, and dangerous things: what categories reveal about the mind*, Chicago, University of Chicago Press.
• Langacker, R. (1991), *Foundations of cognitive grammar*, vol. 1, Theoretical prerequisites, vol. 2, Descriptive application, Stanford, CA, Stanford University Press.
• Lucy, J.A. (1992), *Language diversity and thought. A reformulation of the linguistic relativity hypothesis*, Cambridge, Cambridge University Press.
• Rudzka-Ostyn, B. (org.), (1988), *Topics in cognitive linguistics*, Amsterdão, John Benjamins.

☞ *categoria gramatical, categorização, linguística cognitiva, sentido*

SENSAÇÃO

Estrutura consciente que resulta da estimulação de um órgão sensorial definido, de um nervo sensorial ou de uma área sensorial do cérebro.

• Considerar a sensação como uma entidade distinta da percepção continua a ser objecto de debate. Para Thomas Reid (1785), a sensação refere-se às experiências subjectivas do observador, enquanto a percepção se refere aos objectos externos. Mais tarde, numa perspectiva estruturalista e associacionista, as sensações foram consideradas os elementos constituintes das percepções por associação.
Sem ser tão radical, a distinção dos dois termos perdurou (Goldstein, 1999). Na literatura contemporânea, a sensação é definida como a detecção da presença de um estímulo e da sua codificação num sistema nervoso, enquanto a percepção remete para a interpretação e o reconhecimento, a compreensão do que foi sentido. As sensações designam impressões muito relacionadas com as actividades das modalidades sensoriais e representam os aspectos intensivos e qualitativos da estimulação, enquanto a percepção se referiria a uma construção muito mais conceptualizada e, no limite, amodal. Na literatura fenomenológica o termo *qualia* (sing. *quale*) refere-se aos aspectos fenomenais da nossa vida mental e parece designar as sensações.
Pode-se ver na manutenção da distinção sensação-percepção o reconhecimento de que o tratamento de diferentes tipos de informação sensoriais se faz mais ou menos por etapas em estruturas anatómica e funcionalmente separadas.

Sensação e estimulação

Uma sensação resulta em primeiro lugar da estimulação de receptores sensoriais específicos. Estes receptores constituem dispositivos biológicos especializados na transdução de uma energia física particular em sinais biológicos como os potenciais de acção. Esta selectividade dos mecanismos de transdução é o fundamento de classificações de sentidos muito mais finas do que a classificação dos cinco sentidos de Aristóteles, que deixava de lado, em particular, as modalidades cinestésicas (propriocepção e sistemas vestibulares), bem como as modalidades cenestésicas.
A conjunção de uma estimulação física dada e a especialização dos receptores sensoriais é o primeiro fundamento da qualidade das experiências sensoriais. No entanto, uma sensação de uma modalidade sensorial dada pode ser gerada por estímulos não-específicos. Uma estimulação eléctrica do nervo óptico gerará sensações visuais, do nervo auditivo, sensações auditivas, etc. Para além disso, nem todas as

Sensação

espécies animais são dotadas das mesmas modalidades sensoriais e nem todas são igualmente eficazes. Assim, por exemplo, o homem está desprovido de sensibilidade ultra-sónica que os mamíferos marinhos (os golfinhos, por exemplo) ou quirópteros (morgegos) possuem. O domínio de competência de cada sistema sensorial é próprio de cada espécie e pode ser relacionado com a sua adaptação ao seu ambiente.

As características intensivas destas experiências sensoriais dependem não só da intensidade física da estimulação, mas também, dentro de certos limites e de maneira complexa, da sua duração, da sua extensão, etc. Estes factores modulam as respostas dos receptores e das redes neuronais a que estão ligadas.

Psicofísica e neurofisiologia da sensação

Mas as sensações não podem ser todas relacionadas apenas com a especificidade dos receptores sensoriais. É preciso pensar que para cada uma existe um nível crítico de tratamento em que o sistema nervoso central integra as informações necessárias à sua emergência. Conforme os casos, este nível de integração das informações de origem das sensações é mais ou menos central no sistema nervoso. Assim, nos mamíferos superiores, a sensação de movimento visual não resulta de uma integração das informações ao nível retiniano e não aparecem senão mais centralmente ao nível do córtex.

De facto, a perspectiva cognitivista do tratamento da informação substituiu o estudo fenomenológico das sensações pelo estudo dos tratamentos neurossensoriais da informação. Confrontando as abordagens psicofísica e neurofisiológica, esta perspectiva defende que as primeiras etapas destes tratamentos consistem em codificações de diferentes características (ingl. *features*) que resultam das propriedades destes sistemas. No sistema visual, por exemplo, estas codificações são realizadas por neurónios cujos campos receptores são muito limitados espacialmente. São, portanto, locais e incidem em dimensões como o contraste da luminância ou da cromaticidade, a orientação do contorno, a frequência espacial, a direcção, o sentido e a velocidade de movimentos e a profundidade estereoscópica. As populações de neurónios que se relacionam com as diferentes características são elas também diferentes. Os neurónios sensoriais envolvidos apresentam uma selectividade de resposta para cada característica. Neurónios que respondem a uma orientação de contorno vertical com uma frequência elevada dos seus potenciais de acção responderão cada vez menos intensamente à medida que a orientação do contorno que cai no seu campo receptor se afastar da vertical.

No entanto, as respostas dos neurónios não são independentes umas das outras. Os neurónios vizinhos, tendo campos receptores em regiões vizinhas, manifestam interacções que estão na base de mecanismos de agrupamento ou ligação. São estas interacções, por exemplo, que estão na base de muitos fenómenos qualificados de ilusões. Estes mecanismos de tratamento precoce permanecem não conscientes e as suas acções não podem ser postas em evidência senão por métodos indirectos.

C. Bonnet

📖 Goldstein, E.B. (1999), *Sensation and perception* (5.ª edição), Belmont, Wadsworth.

☞ *cérebro, percepção, psicofísica, reconhecimento*

SENTIDO

1. Conteúdo semântico veiculado por um fragmento de discurso. 2. Representação semântica armazenada no léxico mental em associação com a representação da forma da palavra. 3. Por oposição à referência: propriedade relacional interna à linguagem. 4. De uma palavra ambígua: acepção. 5. De um enunciado: produto de uma construção elaborada pelo tratamento dos sentidos de palavras, das estruturas sintácticas em que elas aparecem e do seu contexto de enunciação.

• "Sentido" será considerado aqui nas suas relações com a cognição e, mais precisamente, com a semântica como propriedade da linguagem: os empregos que relevam da filosofia geral ou da metafísica ("o sentido de um acontecimento ou de uma acção", "o sentido da existência", "o sentido do universo", etc.) não serão tidos em conta. Nas ciências cognitivas, bem como na linguagem ordinária, "sentido" é muito usado de maneira intercambiável com "significação", sem que se possa discernir uma especialização que tenha acordo geral.

1. Sentido, palavra e enunciado. "Sentido" remete para o conteúdo veiculado por um fragmento de discurso, tipicamente um enunciado ou um fragmento mais pequeno, como uma palavra. Qualquer fragmento de discurso tem uma "forma", fónica ou gráfica, e pode "ter" um sentido (ou "fazer" sentido ou "veicular" um sentido), ou então "ser desprovido de sentido". Esta última expressão é muito relativa e depende muito dos indivíduos e das situações. Isso justifica a abordagem cognitiva segundo a qual o sentido não é de forma alguma uma propriedade intrínseca do próprio fragmento do discurso, mas é o resultado da sua interpretação.

Para um enunciado é uma construção saída do seu tratamento por uma mente, concreta ou abstracta. Obedecendo a estipulações bem definidas, pode ser também uma representação que corresponde a um enunciado num sistema de compreensão em computador.

2. Sentido e forma da palavra. É cómodo começar por falar do sentido a propósito das palavras, apesar da afirmação injustificada de que uma palavra isolada não veicula qualquer sentido. As pesquisas cognitivas confirmaram efectivamente a concepção introduzida por Ferdinand de Saussure, no início da linguística, segundo a qual uma palavra é um "signo" elementar com duas faces, um "significante" e um "significado" (sendo esta última denominação equivalente às de "significação" e de "sentido" da palavra). Estas duas faces da palavra são hoje concebidos com estando armazenadas, como componentes cognitivas de uma representação unitária, a da palavra, no "léxico mental" dos indivíduos. Este é, no seu cérebro, uma parte da sua memória de longo prazo: contém para cada palavra uma representação mental da sua forma (fónica ou ortográfica), bem como variações possíveis desta – é o "significante" de Saussure – e uma representação semântica, que constitui o sentido da palavra. A semântica linguística, as modalidades psicológicas de armazenagem do sentido nos locutores humanos, bem como o "acesso ao sentido" quando estes estão em presença de uma palavra, foram objecto de intensas pesquisas, que prosseguem. De maneira paralela, num sistema de compreensão automática em computador, é necessário dispor também de uma base de dados que constitui o "dicionário" do sistema onde estão armazenados em separado, sob forma numérica, uma representação da forma das palavras e das suas variações e uma representação do seu sentido. As relações entre todos estes sentidos lexicais elementares das unidades palavras, as estruturas

Sentido

em que estão inseridas, no interior de uma imensa rede semântica, constituem justamente um aspecto fundamental do sentido. Os dicionários ordinários dão delas uma caracterização linguística sob a forma de definições ou exemplos de utilização: o sentido das palavras é aí fixado por meio de outras palavras.

O que acaba de ser dito das palavras enquanto unidades elementares da língua e do discurso aplica-se inteiramente às expressões (chamadas por vezes, por influência inglesa, "idiomáticas"), na condição expressa de que sejam "lexicalizadas". Este termo significa que, principalmente devido à frequência da sua utilização, se tornaram unidades integrantes do léxico dos interlocutores. Todos os dados experimentais mostram que elas funcionam então inteiramente, no que diz respeito ao sentido, como palavras simples. É diferente quanto ao sentido de pequenos grupos de palavras cuja conjugação é nova para os locutores: estes grupos funcionam, no que se relaciona com o sentido, como enunciados, quer dizer, por construção.

3. *Sentido e referência.* Desde Frege que se faz uma distinção importante entre o "sentido" (*Sinn*) de uma palavra ou de uma expressão e o que se chama geralmente a sua "referência" ou a sua "denotação" (*Bedeutung* em Frege). Esta distinção baseia-se numa análise conceptual e não em dados empíricos. O exemplo fundador de Frege opunha as expressões "a estrela da tarde" e "a estrela da manhã", que se sabe designarem ambas um "objecto" único do mundo real, o planeta Vénus. As duas expressões não têm, portanto, senão uma referência ou denotação, embora sejam diferentes na sua maneira de denotar ou referenciar: é este último aspecto que constitui o seu "sentido". "Estrela da tarde" e "estrela da manhã" são, segundo as concepções ulteriores (Russell), "descrições" (ou "descrições definidas"), mas a distinção de Frege aplica-se também a palavras simples: "Hespério" e "Fósforo"

são nomes próprios que também designam um só objecto: Vénus. Trata-se aqui, portanto, de sinonímia. Mais em geral, enunciados como "os revolucionários parisienses, em 1789, tomaram de assalto a prisão onde os reis encerravam os seus prisioneiros políticos" e "a tomada da Bastilha teve lugar a 14 de Julho de 1789 em Paris" referem-se ambos a um só e mesmo acontecimento (e já não a um "objecto"). Estes enunciados têm a mesma referência, mas os seus sentidos são algo diferentes. As investigações pragmáticas mostraram, por outro lado, que uma mesma palavra podia referir de formas muito variadas (e por vezes geradora de confusões) segundo o seu contexto linguístico e a situação.

A distinção introduzida por Frege entre "sentido" e "referência" continua a suscitar debates nas ciências cognitivas. Uma tendência filosófica anterior, de inspiração neopositivista, privilegiou os aspectos referenciais da linguagem – e os aparentados que estão relacionados com a extensão dos conceitos – em detrimento dos que dizem respeito ao sentido. Os primeiros são, de facto, essenciais para tudo o que diz respeito às ciências, quer se reportem directamente ao real, como as ciências da natureza, quer a entidades abstractas bem determinadas, como as matemáticas. Esta tendência critica as confusões de sentido que caracterizam alguns tipos de discurso quando as referências estão mal fixadas. Mas estas concepções extensionalistas conduziram a uma afirmação arriscada: que os enunciados que não se referem directamente a realidades externas bem definidas "não têm sentido".

Não há acordo na investigação cognitiva sobre aquilo em que consiste precisamente o sentido, que é o objecto da semântica. As pesquisas conduzidas neste domínio fazem apelo a abordagens complementares, analítica, empírica e teórica, e a uma multiplicidade de métodos que se espera que sejam convergentes: relevam da linguística geral e comparativa, da filosofia da linguagem, da psicologia cognitiva e da psicologia do desenvolvimento e mesmo, em ligação com as disciplinas precedentes, da neurobiologia cognitiva e da imagiologia cerebral, etc. Dedicam-se a estudar de maneira detalhada duas categorias de relações: as que existem entre o sentido das palavras ou dos enunciados e o real exterior à linguagem ou ao discurso, que constituem a referência, e as que são internas à linguagem e ao discurso, que são constitutivas do sentido como o compreendia Frege.

O estudo da estrutura do léxico, evocado mais acima, mostrou a multiplicidade das relações que ligam os sentidos unitários das palavras: relações associativas, de similitude ou de parentesco semântico, de superordenação / hiponímia, de generalidade / especificidade, diferenças de frequência de utilização, de familiaridade, de idade de aquisição, de co-ocorrência em contextos linguísticos, etc., sobrepõem-se e combinam-se aí de maneira extremamente complexa. Certas teorias acrescentam-lhe a hipótese da decomponibilidade do sentido das palavras em traços ou componentes semânticas e, por vezes, em primitivas de sentido. A maioria destas relações pode ser modelizada de diferentes maneiras sob a forma de redes semânticas. Podem ser introduzidas em computador. A experimentação mostra que elas são factores importantes dos tratamentos cognitivos nas tarefas de laboratório como na produção e na compreensão ordinárias da fala. Por seu lado, os estudos do desenvolvimento semântico da criança são um bom meio de precisar a relação entre sentido e referência através da formação progressiva das representações perceptivas e conceptuais.

4. *Sentido e ambiguidade.* Algumas palavras têm vários sentidos. Na maior parte das vezes os locutores que encontram num enunciado uma palavra assim ambígua não tomam consciência, nem da sua ambiguidade, nem do modo como a resolvem: seleccionam sem dificuldade, de maneira automática, a acepção que é correcta no contexto considerado. O estudo experimental deste processo de "desambiguação" das palavras ambíguas forneceu conclusões interessantes sobre a sua natureza e sobre os tratamentos semânticos aplicados na compreensão da linguagem. O contexto desempenha nela, naturalmente, um papel determinante. Parece que as palavras ambíguas têm na memória de longo prazo dos locutores dois (ou mais) sentidos associados à representação única da forma da palavra. Quando estes dois sentidos são equiprováveis em todos os contextos, são activados simultaneamente numa fase inicial. É então procurado um emparelhamento entre um e outro destes sentidos e a representação mental do contexto anterior, já presente na memória de trabalho. O sentido não congruente com o contexto é suprimido em seguida pela inibição, ao passo que o outro subsiste. O processo total não dura senão algumas centenas de milissegundos. Para algumas outras palavras ambíguas, pelo contrário, um dos dois sentidos é dominante, em razão da sua maior frequência condicional no discurso, e o segundo é menos saliente. É então apenas a acepção dominante que começa por ser activada no início do tratamento. Se ele é confirmada pelo seu acordo com o contexto, mantém-se, mas se é inadequada, a acepção secundária é activada, por sua vez, ao passo que a precedente é suprimida. Nenhum destes fenómenos de activação e de supressão é normalmente consciente e apenas o seu resultado chega à consciência. Todavia, em certos jogos de palavras nos quais a ambiguidade é habilmente manipulada (histórias divertidas, títulos de jornais), pode-se conseguir a torná-los parcialmente conscientes e, desse modo, suscitar o riso.

5. *Sentido, sintaxe e contexto.* É em primeiro lugar a partir dos sentidos das palavras e das estruturas sintácticas em que

Significação

estão inseridas que o processador mental constrói o sentido dos enunciados. O resultado desta construção, que constitui o sentido do enunciado, é, para uma frase ordinária, uma representação semântica, originalmente mental, bastante complexa. Os sistemas de tratamento automático da linguagem natural têm por objectivo tornar possível a construção de uma representação semântica de carácter numérico num computador e que teria a maior parte das propriedades de uma representação mental, com a notável excepção da consciência.

Os sentidos dos enunciados assim construídos são-no na memória de trabalho, quer dos locutores, quer do sistema automático. Podem ser em seguida transferidos para a memória de longo prazo ou ser esquecidos a prazo mais ou menos longo. Considera-se geralmente que muitos destes sentidos de enunciados têm lugar no seio de esquemas cognitivos pré-existentes, por exemplo os esquemas de acontecimento, estado, situação, etc. A partir de séries de frases que formam um discurso ordenado, um texto, uma narrativa, uma exposição, uma conversa, constroem-se representações semânticas ainda muito mais complexas. As mais estudadas são as que têm narrativas ou conhecimentos didácticos por conteúdo.

Outra fonte importante da construção do sentido, evidenciada pela pragmática, é constituída pelo contexto de enunciação: distingue-se, por vezes, a este respeito, o "sentido de uma frase" e o "sentido de um enunciado" que lhe é idêntico quanto à forma. O primeiro é, de facto, um conjunto infinito de sentidos e o segundo uma exemplificação situada neste conjunto. Por exemplo, pode-se especificar o sentido (ou conjunto infinito de sentidos) da frase "quer telefonar-me para minha casa amanhã?", mas um enunciado correspondente não terá o seu sentido particular senão em função das circunstâncias em que é emitido.

A maioria das teorias cognitivas considera que a construção do sentido de uma frase se baseia na utilização de um processo fundamental, a predicação. Este processo está relacionado com a estrutura proposicional / predicativa da linguagem e do discurso, que acaba por ser também uma estrutura do sentido.

J.-F. Le Ny

📖 Kintsch, W. (1974), *The representation of meaning in memory*. Hillsdale, NJ, Lawrence Erlbaum Associates.
• Lamberts, K. & Shanks, D. (orgs.) (1997), *Knowledge, concepts, and categories*, Hove, Psychology Press.
• Osgood, C.E., Suci, G. & Tannenbaum, P. (1957), *The measurement of meaning*, Urbana, The University of Illinois Press.
• Rosch, E. (1975), "Cognitive representations of semantic categories", *Journal of Experimental Psychology*, General, 104, 192-233.
• Tanaka, J.W. & Taylor, M. (1991), "Object categories and expertise: Is the basic level in the eye of the beholder?", *Cognitive Psychology*, 23, 457-482.
• Thompson-Schill, S.L., D'Esposito, M., Aguirre, G.K. & Farah, M.J. (1997), "Role of left anterior prefontal cortex in retrieval of semantic knowledge: A reevaluation", *Proceedings of the National Academy of Sciences USA*, 94, 14792-14797.
• Van Dijk, T.A. (1980), *Text and context: Explorations in the semantics and pragmatics of discourse*, Nova Iorque, Longman.

☞ *análise proposicional, compreensão, léxico mental, rede semântica, referência, representação, semântica cognitiva*

SIGNIFICAÇÃO

☞ *semântica cognitiva, sentido*

SIMULAÇÃO COMPUTACIONAL

1. Utilização de um computador para simular um comportamento, uma actividade cognitiva e / ou um processo neurofisiológico. A simulação pressupõe, é claro, uma descrição e uma modelização prévias, mas não implica necessariamente aderir a uma teoria computacional da mente. 2. Num sentido teoricamente mais empenhado, uma simulação computacional baseia-se, implícita ou explicitamente, no postulado de que a cognição é ela mesma uma "espécie" de computador que codifica, representa e manipula símbolos formais (*computacionalismo*).

· No segundo sentido, situamo-nos no contexto de uma teoria computacional da mente. A mente é concebida como o produto de uma manipulação formal de alto nível de um conjunto de símbolos discretos e concatenáveis. Esta manipulação é realizada pelo cérebro descrito como um sistema de tratamento da informação, uma máquina calculadora (máquina de Turing). O pensamento está, portanto, estruturado como uma linguagem formal, ele mesmo é uma linguagem, um "mentalês" (Fodos & Pylyshyn, 1988). A simulação computacional baseia-se assim, nestas condições, em vários outros postulados como, por exemplo, a organização sequencial dos processos cognitivos e a determinação causal dos processos de baixo nível por representações abstractas de alto nível. Outras teorias da mente são, no entanto, igualmente simuladas em computador sem postular tal isomorfismo (vd., por ex., a simulação conexionista).

G. Tiberghien

📖 Dror, I.E. & Gallogly, D.P. (1999), "Computational analyses in cognitive neuroscience: In defense of biological implausibility", *Psychonomic Bulletin & Review*, 6, 173-182.
• Pylyshyn, Z. (1984), *Computation and cognition: Toward a foundation for cognitive science*, Cambridge, MA, The MIT Press.
• Tiberghien, G. (1993), "Questions de modélisation et de simulation cognitives", in J.-F. Le Ny, H. Abdi, C. Bastien *et al.* (orgs.), *Intelligence naturelle et intelligence artificielle*, pp. 43-69, Paris, Presses Universitaires de France.

☞ *Church-Turing (tese de -), computacional (teoria – da mente), computacionalismo, modelo cognitivo, neurociências computacionais, quarto chinês (metáfora do -), Turing (teste de -)*

SIMULAÇÃO (TEORIA DA -)

Como percebemos as intenções dos outros e conseguimos colocar-nos no seu lugar? Duas teorias se opõem. A *teoria-teoria*, ou *teoria da mente*, diz que temos uma teoria ingénua acerca do que são as crenças e os desejos do outro e que para o compreender supomos nele crenças e desejos e inferimos as suas atitudes. A *teoria da simulação* diz, pelo contrário, que não temos tal teoria, mas que utilizamos as nossas próprias actividades mentais (em primeiro lugar afectivas) e motoras para nos colocarmos na posição que nos parece ser a de outrem, simular com as nossas capacidades o que faríamos em seu lugar e atribuir-lhe então o que sentimos.

· Há várias versões da teoria da simulação. Podemos simular o que faríamos em lugar de outrem a um nível perceptivomotor, em função das suas expressões e dos seus movimentos. É possível que neurónios-espelho, que se activam quando

Sistema à Base de Conhecimentos

percebemos um movimento e quando o executamos, possam ter um papel nesta simulação. Mas podemos também simular a um nível mais sofisticado quando "fazemos de conta" ter estados mentais, crenças e desejos que de facto não temos, mas que seriam os que teríamos se fizéssemos o que alguém faz. Goldman pensava, aliás, que seria preciso atribuir a si mesmo estados mentais para os atribuir aos outros.

A diferença entre a teoria da simulação e a teoria da mente é clara ao nível perceptivomotor e parece que a teoria da simulação é mais plausível. Quando se trata de "fazer de conta", a oposição é mais pequena, quer seja necessário que conheçamos o papel por o termos já desempenhado com as nossas próprias emoções e antecipações, o que supõe a teoria da simulação, quer nos baste ter um saber geral acerca do papel. As diferenças entre as duas teorias deveriam ser observáveis quando se propõe a pessoas – a crianças – papéis de que não têm qualquer experiência. Pelo contrário, a experiência da falsa crença – uma criança vê outra a colocar uma boneca num cofre, depois sai; a boneca é mudada de cofre durante a sua ausência; regressa, pergunta-se-lhe onde vai procurar a boneca – explica-se nas duas versões. As crianças de menos de quatro anos designam o cofre em que sabem que se encontra a boneca. Falta-lhe, portanto, a teoria da mente, ou então ainda não conseguiram identificar a situação em que se encontra a outra criança, nem inibir a sua própria actividade de procura da boneca para lhe substituir a daquela, mas desdobrada e partindo de outra situação. O problema desta inibição não se coloca da mesma maneira quando a criança desempenha um papel (telefone com uma banana) sem ter de inibir a sua própria actividade espontânea. Parece haver aqui, portanto, diferentes graus de simulação, consistindo o mais básico em activar preparações de movimentos conformes com os movimentos percebidos de outrem, mas inibindo a execução destes movimentos; consistindo; o seguinte, na simulação de uma actividade sem dispor de todos os elementos reais desta actividade, mas reproduzindo os seus gestos; o terceiro, em imaginar-nos numa posição mais ou menos conforme à de outrem para simular em seguida a sua atitude graças às nossas próprias actividades; o quarto, em realizar este desempenho, tendo nós mesmos actividades em conflito com esta simulação; e o quinto, em imaginar o lugar de outrem num cenário que aprendemos a considerar típico numa cultura (*vaudeville*, etc.), embora nunca o tivéssemos vivido. Seria apenas neste último estádio que a teoria da mente suplantaria a teoria da simulação, que poderia continuar a fornecer os detalhes concretos que imaginamos.

P. Livet

  📖 Baron-Cohen, S. (1995), *Mindblindness*, Cambridge, MA, The MIT Press. (*La cécité mentale. Un essai sur l'autisme et la théorie de l'esprit*, Grenoble, Presses Universitaires de Grenoble, 1998).
  • Gallese, V. & Goldman, A. (1998), "Mirror neurons and the simulation theory of mind-reading", *Trends in Neuroscience*, 2 (12), 493-501.
  • Goldman, A. (1992), "In defense of simulation theory", *Mind and Language*, 4, 161-185.
  • Leslie, A. (1991), "Pretence and representation: the origins of 'theory of mind'", *Psychological Review*, 94, 412-426.

  ☞ *autismo, esquizofrenia, teoria da mente*

SISTEMA À BASE DE CONHECIMENTOS (SBC)

Sistema de inteligência artificial cuja finalidade é tentar automatizar, pelo menos parcialmente, actividades intelectuais complexas (concepção, diagnóstico, previsão, controlo, etc.) e simular a competência de um perito no seu domínio.

• A ideia de partida da sua arquitectura é separar o conhecimento que é próprio do domínio considerado e o programa informático que utiliza este conhecimento. Um sistema à base de conhecimentos é concebido, portanto, segundo uma arquitectura modular que separa, por um lado, a base dos conhecimentos declarativos e, por outro, o motor de inferência encarregado de produzir respostas.

Inicialmente denominados "sistemas periciais", o objectivo dos SBC é produzir respostas de peritos nos domínios delimitados e aplicativos como o diagnóstico e a ajuda à decisão nas infecções bacterianas do sangue (MYCIN), a análise química de dados do espetrógrafo de massa (DENDRAL) ou ainda a geologia (PROSPECTOR).

Na concepção destes sistemas, separaram-se os conhecimentos do domínio e os procedimentos que permitem utilizá-los. Esta separação tem a vantagem de poder aumentar o número de conhecimentos sem implicar o funcionamento geral do sistema. Com esta finalidade, os conhecimentos são declarativos e não contêm o seu modo de aplicação. São geralmente de dois tipos: os factos e as regras (ou, ainda, as regras de produção). A utilização dos conhecimentos é feita pelo motor de inferência, programa encarregado, por um lado, de filtrar os conhecimentos necessários à resolução de uma questão e, por outro, de desencadear inferências úteis a fim de produzir uma solução.

Certos conhecimentos podem ser descritos na forma geral de regras sobre aspectos elementares: SE Condição(ões) ENTÃO Acção(ões). Estas regras podem expressar todo o tipo de conhecimentos em domínios muito diversos (conhecimentos especializados para a análise sintáctica como "SE se analisa um grupo nominal e se se encontra um pronome relativo ENTÃO lançar a análise de uma proposição relativa"

ou então conhecimentos de sentido comum como "SE chove e se alguém está fora ENTÃO esta pessoa ficará molhada").

Os sistemas que utilizam conhecimentos desta forma são constituídos por três partes: *(a)* o conjunto das regras; *(b)* uma representação do contexto; *(c)* o motor de inferência.

O contexto é uma situação do mundo a que se pretende aplicar as regras. Dizer que uma regra se aplica significa que as suas condições estão presentes no contexto. Aplicá-la consiste, então, em executar as acções indicadas. A verificação de que uma premissa de uma regra está presente no contexto pode ser complicada se isso necessitar das inferências (por ex. para saber se João está fora ao mesmo tempo que se diz: João vai a casa da mãe, que mora a 500 metros). O motor de inferência, encarregado de resolver um problema especificado pelos dados utilizando as informações e os métodos contidos na base de conhecimentos, tem então três papéis sucessivos: *(a)* procurar as regras aplicáveis; *(b)* resolver os eventuais conflitos (se várias regras se aplicam, escolher uma); *(c)* executar as acções indicadas (modificar em consequência o contexto).

Por fim, o motor de inferência remete para o estudo das lógicas adaptadas e à resolução de problemas. Foram propostos três modos principais: ancoragem prospectiva, retrospectiva e mista. A ancoragem prospectiva ou raciocínio dedutivo consiste em deduzir a partir de factos conhecidos as aplicações das regras do sistema. A ancoragem retrospectiva ou raciocínio indutivo consiste em partir da conclusão procurada para encontrar as regras que permitem a sua dedução. A ancoragem mista combina os dois modos precedentes, utilizando eventualmente a intervenção do utilizador. Na eventualidade de um diálogo entre o utilizador e o sistema, a máquina selecciona uma questão, a resposta do utilizador é então acrescentada ao conjunto dos factos. Esta etapa permite ao sistema continuar um raciocínio.

Sistema Dinâmico

A base de conhecimentos contém conhecimentos sobre o domínio de competência em questão e os métodos de procura das soluções. Dito de outro modo, considera-se que a base de conhecimentos contém todo o saber que faz de um homem um perito no seu domínio. Não se trata – pelo menos por enquanto – de deixar estes conhecimentos em estado bruto na memória do computador. Com a ajuda de um especialista em inteligência artificial, o perito deve descrever a sua competência num formalismo acessível pela máquina: uma linguagem de "representação dos conhecimentos".

Podem igualmente ser definidos alguns módulos complementares específicos: o módulo de aquisição dos conhecimentos (interface com o perito que permite a este último testar o funcionamento do sistema durante do ajustamento da base de conhecimentos – serve para detectar as incoerências e as redundâncias que possam existir e fazer evoluir a base por meio de inserções, modificações ou supressões de parcelas de conhecimentos); a interface utilizador (permite a utilização do sistema ajustado para resolver um problema dado do domínio de competência do sistema – o sistema pode ter necessidade de algumas informações suplementares para encontrar a solução e o utilizador deve ter a possibilidade de as fornecer de maneira ergonómica); o módulo de explicação (fornece ao perito e ao utilizador uma indicação do raciocínio e por que razão foi aplicado).

As vantagens deste método de representação dos conhecimentos são as seguintes: modularidade, naturalidade e uniformidade das regras. Mas há também inconvenientes: uniformidade do raciocínio, opacidade algorítmica e explosão combinatória dos factos que são gerados. Isto levou aliás os que concebem a sua aplicação a propor opções alternativas tanto no domínio da aquisição e da representação dos conhecimentos (por ex.: redes probabilistas e representação por diagramas)

como no dos motores de inferência (lógica difusa, por ex.).

G. Sabah, S. Ploux

📖 Bouchon, B. & Nguyen, H.T. (1996), *Les incertitudes dans les systèmes intelligents*, Paris, Presses Universitaires de France.
• Cordier, M.-O. (1984), "Les systèmes experts", *La Recherche*, 15 (151), 80-90.
• Feigenbaum, E. & McCorduck, P. (1984), *La cinquième génération: Le pari de l'intelligence artificielle à l'aube du XXIe siècle*, Paris, Interéditions.
• Kolodner, J. (1993), *Case-based reasoning*, San Mateo, CA, Morgan Kaufmann.
• Newell, A. (1989), *Unified theories of cognition*, Harvard, Harvard University Press.

☞ *conhecimento, ergonomia cognitiva, especialização, inteligência artificial, raciocínio*

SISTEMA DINÂMICO

Sistema cujo estado presente depende dos estados precedentes e de um certo número de outros parâmetros que podem ou não variar também com o tempo. **SINÓN.**: caos.

· Um exemplo simples de sistema dinâmico é a equação $x_{[t+1]} = kx_{[t]} + 1$, em que k é uma constante. Aqui o valor de $x_{[t]}$ depende do valor da constante k, do número de iterações t (que é sempre, portanto, um inteiro positivo ou nulo) e do seu valor inicial, com a notação $x_{[0]}$.

Para certos valores de k e para certos valores iniciais de x (por ex. $k = 0,5$ e $x_{[0]} = 2$) o sistema é estável (aqui $x_{[t+1]} = 2$ para qualquer valor de t). Para outros valores (por ex. $k = 2$ e $x_{[0]} = 0,5001$) o

Sistema Dinâmico

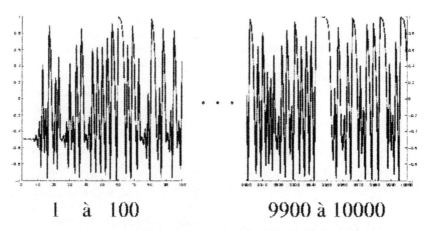

1 à 100   9900 à 10000

As iterações de 1 a 100 e de 9900 a 10 000 da equação não-linear com $k = 2$ e $x_{[0]} = 0{,}5001$. O sistema mostra a configuração de oscilações quase-periódicas típica de uma dinâmica caótica (entre regularidade e aleatoriedade).

sistema tem resultados quase-periódicos ou caóticos. A figura seguinte mostra as iterações de 1 a 100 e 9900 a 10 000 deste sistema dinâmico. Podemos ver nesta figura que os valores sucessivos do sistema oscilam, mas que estas oscilações não são regulares. Diz-se que este sistema dinâmico é caótico. Como este exemplo mostra, os sistemas dinâmicos caóticos são extremamente sensíveis ao seu valor inicial: uma diferença muito pequena nos valores iniciais pode conduzir a diferenças muito grandes após algumas iterações. Chama-se muitas vezes a esta particularidade "efeito borboleta", por causa da possibilidade teórica de que num sistema caótico, como o tempo meteorológico, um batimento de asas de borboleta em Paris possa provocar uma grande diferença noutro lugar (digamos Nova Iorque). Esta propriedade decorre directamente da natureza não-linear destes sistemas (num sistema linear, as diferenças num dado momento continuam a ser sempre proporcionais à diferença de origem).

Nem todos os sistemas dinâmicos não-lineares são caóticos. Alguns são facilmente analisáveis em termos de equações diferenciais. O interesse recente pelos sistemas caóticos veio recordar, todavia, que a maioria dos sistemas naturais não é regular (e, portanto, estes são dificilmente analisáveis com as técnicas clássicas da análise matemática). Um certo número de sistemas dinâmicos pode ser analisado em termos de atractores. Em geral, um sistema dinâmico integra um vector de valores e não apenas um único valor. As redes de neurónios são um exemplo de sistemas dinâmicos importante para as ciências cognitivas.

O interesse de modelizar a cognição com modelos dinâmicos é dispor de dois níveis de explicação, o dos mecanismos que produzem trajectórias, as passagens de um estado para outro, e o das formas (pontos fixos, bifurcações, atractores, transição de um atractor para outro) que daí resultam. É então possível ver a cognição como a sensibilidade de um sistema ao tipo de formas apresentado por outro sistema. Fica ainda por explicar como poderia o nosso cérebro tornar-se sensível a símbolos e às suas diferentes combinações a partir das oscilações de uma forma de sistema dinâmico para outra. O problema – sensível nos sistemas conexionistas – é que um sistema dinâmico

Situação

leva tempo a regressar a um estado próximo do seu estado inicial, embora tenha de ser possível separar os símbolos que foram combinados para os poder recombinar de maneira diferente. Todavia, talvez a nossa cognição apresente este tipo de viscosidade.

H. Abdi, P. Livet

📖 Abdi, H. (1994), *Les réseaux de neurones*, Grenoble, Presses Universitaires de Grenoble.
• Anosov, D.A., Arnold, V.I. & Sinai, Y.G. (1988), *Dynamical systems*, Berlin, Springer Verlag.
• Petitot, J. (1992), *Physique du sens*, Paris, Éditions du CNRS.
• Port, R. & Van Gelder, T.J., (1995), *Mind as motion, exploration in the dynamics of cognition*, Cambridge, MA, The MIT Press.
• Steward, I. (1989), *Does God play dice?*, Oxford, Oxford University Press.

☞*rede de neurónios*

SISTEMA PERICIAL

☞*sistema à base de conhecimentos*

SITUAÇÃO

Noção introduzida como crítica de uma abordagem clássica que se considera aplicar princípios universais e abstractos a estados de coisas particulares descritos isoladamente uns dos outros.

• A crítica consiste em recordar que já nos encontramos envolvidos em interacções concretas e incarnadas que se inserem em contextos específicos, mas que são, no entanto, inseparáveis de uma rede de dependências históricas. Os indexicais, como "eu" e "aqui", não têm sentido senão no contexto da enunciação. Mas como definir e representar então uma situação? Se se concordar com a crítica, é preciso estar na situação para lhe poder dar sentido e o observador que a descreve de fora está de facto noutra situação.

Uma situação compreende, portanto, (1) dados que podem ter diversas interpretações segundo os objectivos que os participantes na situação têm em vista; (2) agentes capazes de modificar a situação segundo estes objectivos – é preciso incluir também as mudanças espontâneas da situação, que são desprovidas de objectivos; (3) estes agentes são capazes de adoptar certos pontos de vista epistémicos sobre a situação e estes pontos de vista fazem parte da situação. Assim, para retomar o exemplo de Barwise, a situação de um jogo de cartas que inclui as cartas, a sua distribuição, as regras do jogo que definem as acções e as mudanças possíveis, as intenções dos participantes de ganhar respeitando as regras do jogo e também o que cada jogador sabe das cartas dos outros em função das jogadas precedentes e do que pensa das suas jogadas possíveis.

Para além disso, uma situação não está bem descrita se não se tiver em consideração o que os agentes podem negligenciar destes dados. Para tal, é necessário concentrarmo-nos nas acções perspectivadas na situação. Devemos poder não ter de introduzir axiomas para representar todos os elementos que não mudam durante uma acção. É o problema do quadro. Devemos poder negligenciar certos efeitos indirectos, como o aumento da humidade devido à respiração do agente, se não têm qualquer incidência no sucesso das acções em curso. É o problema da ramificação. É preciso ter em conta modificações introduzidas, como, por exemplo, a mudança de lugar de uma cadeira num trajecto de ida para poder efectuar o trajecto de volta sem chocar com ela com violência. Devemos poder também identificar as pré-condições que devem ser satisfeitas para que a acção seja possível (problema da qualificação). Tudo isso torna impossível uma descrição completa da situação e é preciso encontrar maneiras de tratar estes problemas sem se ser exaustivo, mas sem o risco de se ter demasiadas surpresas. Para além disso, se houver surpresas, há que rever os planos da acção em curso num tempo suficientemente curto, o que implica também neste caso proceder de maneira incompleta e arriscada. Uma situação implica, portanto, que se saiba o que se pode normalmente esperar nesta situação e ter alguns planos de reserva quando nos defrontamos com o excepcional. A lógica das situações de Barwise e Perry, o cálculo das situações devido a MacCarthy e as lógicas não monotónicas podem ser utilizadas para trabalhar este problema da representação de uma situação.

P. Livet

📖 Barwise, J. & Perry, J. (1983), *Situations and Attitudes*, Cambridge, MA, The MIT Press.
• Corazza, E. & Dokic, J. (1993), *Penser en contexte*, Combas, Éditions de l'Éclat.
• Suchman, L. (1987), *Plans and Situated Actions*, Cambridge, Cambridge University Press.

☞*cognição situada, representação*

SOCIOBIOLOGIA

Aplicação ao estudo dos comportamentos sociais (animais e depois humanos) dos raciocínios inspirados na concepção da evolução, segundo a qual um capital genético tem uma representação tanto maior quanto maior for a sua probabilidade de difusão por reprodução.

• *Via* selecção evolutiva, tudo se passa como se cada capital genético tendesse a maximizar as suas hipóteses de reprodução (porque só aqueles cujas hipóteses são maximizadas estão bem representados). Tudo se passa como se um conjunto de genes operasse uma maximização, o que também faz dele um maximizador racional e orientado para o seu interesse pessoal. Mas como o capital genético é partilhado entre os seres aparentados, a sociobiologia pensa poder explicar comportamentos "altruístas", que sacrificam o interesse pessoal do indivíduo em benefício do de outros indivíduos, o que uma teoria da escolha racional pode ter dificuldades em fazer.

O altruísmo: abelhas, formigas... e homens

Foi nas formigas e nas abelhas que esta explicação encontrou um primeiro exemplo convincente (Hamilton, 1964). Os machos nascem de óvulos não fecundados, as suas células sexuais possuem exactamente o mesmo património genético que a sua mãe. As irmãs, saídas de óvulos fecundados, partilham 50% deste património paterno e 25% do materno. Uma formiga que ajuda a mãe a produzir irmãs difunde portanto 75% do seu capital genético, enquanto que se produzisse ela mesma rebentos estes não teriam mais de 50% em comum com ela. Os indivíduos que ajudam a mãe na postura vêem, portanto, os seus genes expandir-se. Bem entendido, é preciso, para além disso, que este comportamento "altruísta" seja de origem genética, senão não se difunde de uma geração para outra.

Quando passamos para o nível humano, é preciso conservar as propriedades essenciais do modelo. Os genes induzem quando muito comportamentos que são funções de reacções básicas. Não podemos pensar, portanto, que levem a construir representações "altruístas" ou que

Sociobiologia

nos levem a argumentos a favor de normas altruístas. Quando muito, levam-nos a privilegiar estas representações e estas normas, mas para tal foi necessário tê-las criado. O sociobiologismo deve limitar-se, portanto, a verificar comportamentos sociais, mostrar depois que poderiam ser conservados por um mecanismo de selecção e de difusão dos genes e apresentar esta correlação entre o tipo de comportamento e o mecanismo que poderia produzi-lo como um argumento a favor da origem genética do comportamento em causa.

Sociobiologia e anti-sociobiologia

Dado que o sociobiologismo parece demasiado redutor, alguns tentaram contestá-lo no seu próprio terreno. Assim, Sahlins (1980) observa que o casamento entre primos paralelos (cujos pais são irmãos ou cujas mães são irmãs) é muitas vezes interdito, ao passo que é pelo menos preferido entre primos cruzados (o pai de um deles é irmão da mãe do outro). Ora, diz ele, estes dois tipos de primos partilham a mesma proporção de genes. Mas os sociobiólogos são mais desconfiados. Se a mãe está sempre certa de ser a geradora dos seus filhos (o que faz com que, se as mães são irmãs, há necessariamente partilha do capital genético), os pais não têm neste aspecto uma certeza total, o que explicaria a diferença entre as regras – supondo que se queira evitar a consanguinidade dos casamentos. De igual modo, Alexander (1974) pensa explicar a entrega do papel paternal aos irmãos da mãe com o facto de estes, em termos de probabilidade, partilharem mais capital genético com as crianças do que o seu suposto pai.

Vê-se que a sociobiologia pensa explicar certos comportamentos sociais, quer pela tendência para maximizar a partilha do capital genético, quer pela tendência oposta de evitar a consanguinidade, fonte de anomalias genéticas. Também neste caso, uma vez que se considera a difusão de um capital genético, tudo se passa como se a longo prazo fosse preferível misturá-lo como outros para que se possa evitar desaparecer por carência de fecundidade. Bateson (1983) propôs meios de calcular a combinação de partilha genética e de mistura que maximiza a difusão de um capital genético dado, e na ausência dos quais as diferentes explicações se poderiam destruir entre si.

Certos comportamentos cooperativos asseguram a perpetuação de um genoma de uma maneira indirecta, sem envolverem a reprodução. É o caso dos comportamentos de cooperação de defesa contra predadores. São possíveis três cenários. Ou se coopera apenas como os pais, ou se coopera quase automaticamente, ou se coopera como os cooperam em reciprocidade. Neste último caso, é preciso recordar que há cooperadores e há exploradores, o que exige capacidades cognitivas mais desenvolvidas. No entanto, destas cooperações, ainda que se tenham os genes por objecto – sobretudo no comportamento automático –, só a primeira beneficiaria os portadores de um capital genético comum.

Sociobiologia e teoria dos jogos

De igual modo, a teoria dos jogos evolucionistas (Maynard-Smith), ainda que utilize o mesmo mecanismo evolucionista que o utilizado pelos genes, não implica de modo algum a tendência para a maximização da difusão do capital genético como impulso para comportamentos sociais. Considera-se que cada indivíduo tem funções de reacção determinadas e as transmite aos seus descendentes quando a sua taxa de sucesso nas interacções ultrapassa um certo limiar. Um mutante pode assim invadir uma população se o seu sucesso com os seus próprios descendentes for superior ao dos autóctones entre si e se ele for mais eficaz com os autóctones do que os autóctones entre si. Mas isso pode resultar em populações mistas, até que um mutante agressivo ganhe a autóctones pacíficos. Todavia, a sua vantagem volta-se contra si se encontrar mais frequentemente os seus descendentes violentos do que sujeitos não violentos. Disso também resultam ciclos de população, etc. Os comportamentos sociais são então o resultado das interacções entre linhagens diferentes, embora já não se possa fazer o raciocínio inverso do sociobiologismo, que partia dos genes melhor representados para considerar que cada gene tinha tendência para maximizar a sua difusão. Aqui, os genes conferem sobretudo capacidades de interacção e pode-se simplesmente dizer que uma população apresenta possibilidades de ganho interactivo que implicaram a eliminação dos genes cuja eficácia interactiva era inferior ao limiar requerido. Todavia, esta eficácia não seria a mesma noutro ambiente interactivo. Aliás, está mais próximo das observações de Darwin sobre a evolução das espécies em ambientes limitados, como as ilhas. Então, o estado final que se pretende explicar resulta de coordenações entre genes que poderiam ficar a dever-se a caminhos de co-evolução particulares. O que é "maximizado" são apenas as estabilidades saídas das interacções e como estas interacções dependem das mutações, deparamos, como observa Kirman (1999), muito mais com uma paisagem em evolução do que com equilíbrios que realizam uma maximização de critérios.

O altruísmo: um modelo ou vários?

É muito provável, então, que o "altruísmo", sem falar do seu sentido moral, corresponda a vários modelos: o da maximização da parte difundida de um capital genético (o que constitui a explicação sociobiologista), o da estabilidade de interacções entre diferentes funções de reacção, da sua resistência a perturbações devidas a mutações (o modelo dos jogos evolucionistas), mas também o das coordenações que maximizam os interesses dos indivíduos, e até mesmo o das cooperações que maximizam os interesses colectivos, com os quais os indivíduos se podem identificar quando são capazes de ter deles uma representação.

Mesmo limitando-se a um tipo de maximização que o modelo sociobiológico propõe, este modelo não é considerado válido senão por ausência de outra explicação mais precisa, numa inferência para a "melhor explicação". De facto, neste modelo, como vimos, ficamos satisfeitos quando as diferenças entre dois tipos de combinações, em que nas reproduções uma maximizaria a difusão do capital genético relativamente à outra, podem ser postas em correlação com duas regras de comportamento social. Todavia, não dispomos de nenhum mecanismo que possa explicar como esta regra de comportamento foi construída, nem em que medida a sua aplicação efectiva (que pode diferir muito da regra) influenciou realmente a reprodução nas condições históricas e ambientais que realmente se apresentaram. Passa-se da correlação à explicação unicamente apoiando-nos no facto de a reprodução genética ser ela mesma um mecanismo que obedece a leis estatísticas, mas sem que se saiba verdadeiramente se as diferenças de comportamento que são objecto desta correlação podem de facto ser explicadas pelos genes. Ora, sabemos que do gene ao fenótipo comportamental há ainda muito para descobrir. A sociobiologia fornece, portanto, um dos modelos enquadradores que são possíveis para relacionar os genes e os comportamentos sociais, mas o essencial do trabalho de validação continua por fazer.

P. Livet

Subdoxástico

   📖 Bateson, P.P.G. (org.), (1983), *Mate choice*, Cambridge, Cambridge University Press.

   • Guillo, D. (2000), *Sciences sociales et sciences de la vie*, Paris, Presses Universitaires de France.

   • Hamilton, W. (1964), "The genetical evolution of social behaviour", *Journal of Theoretical Biology*, 7, 1-52.

   • Kirman, A. (1999), "La pensée évolutionniste dans la théorie économique néoclassique", in A. Leroux & A. Marciano, *Traité de philosophie économique*, Bruxelas, De Boeck.

   • Maynard Smith J., (1982), *Evolution and the theory of games*, Cambridge, Cambridge University Press.

   • Sahlins, M. (1980), *Critique de la sociobiologie. Aspects anthropologiques*, Paris, Gallimard.

   • Wilson, E.O. (1987), *La sociobiologie*, Mónaco, Le Rocher.

   ☞ *antropologia cognitiva, etologia cognitiva, psicologia cognitiva animal, psicologia evolucionista*

SUBDOXÁSTICO

Diz-se de um estado ou de um processo quando não é acessível ao sujeito (à sua crença) e mesmo, segundo Stich, quando é infra-intencional.

• Não temos acesso, por exemplo, ao facto de as formas que vemos serem reconhecidas a partir de simples transições entre sombra e luz ou ao processo pelo qual completamos as formas parcialmente ocultas ou, ainda, à frequência de um fim de palavra, que no entanto utilizamos para interpretar uma frase de que não ouvimos ainda o fim. É claro, porém, que todas estas parcelas de tratamento cognitivo se dispõem para dar uma intencionalidade, quer dizer, a perspectiva de um referente sob certos aspectos. Mas é também provável que o subdoxástico não se limite aos módulos da linguagem e dos diferentes sentidos, como os exemplos dados poderiam deixar pensar. Assim, o contributo que certos neurónios dão à formação da activação da assembleia de neurónios poderia ser a base subjacente a uma evocação intencional.

P. Livet

   📖 Engel, P. (1994), *Introduction à la philosophie de l'esprit*, Paris, Éditions la Découverte [trad. port. *Introdução à Filosofia do Espírito*, Lisboa, Piaget, 1996].

   • Stich, S. (1978), "Beliefs and Subdoxastic States", *Philosophy of Science*, 45, 499-518.

   • Stich, S. (1983), *From Folk Psychology to Cognitive Science*, Cambridge, MA, The MIT Press.

   ☞ *crença, intencionalidade, referência*

T

TELEOLÓGICA (FUNÇÃO -)

O comportamento orientado dos animais desperta sempre a ideia de finalidade. Mas para que o fim se tornasse causa seria necessário que a sua representação pudesse desencadear a acção que o realiza e tal hipótese é bastante exigente. Sem recorrer ao mero finalismo, como explicar o facto de os órgãos de um ser vivo parecerem ter efectivamente uma *função teleológica* dependente de um objectivo?

• A proposição de Wright é que um órgão ou dispositivo D tem uma função F se e somente se (1) D tem a disposição de produzir o efeito F; e (2) D existe porque tem (teve) F por resultado. É preciso entender esta afirmação de maneira temporal. Na evolução D continuou a ser reproduzido porque o organismo O que possuía genes associados a D dispunha de uma vantagem selectiva graças à capacidade de D produzir F ou então D é seleccionado na aprendizagem de um indivíduo porque tem F por resultado e isso é satisfatório para O, etc. F não é, portanto, um fim que a evolução teria pretendido satisfazer, mas um efeito cuja causa foi seleccionada pela evolução porque este efeito tinha incidência na reprodução. O finalismo é reconduzido à causalidade mais a selecção.

Se se adoptar esta concepção retrospectiva da função – diz-se então "etiológica", porque se procura a causa da manutenção da função – D foi seleccionado no passado da evolução e foi nesse momento que se fixou a sua função. Então, órgãos como os resíduos de dedos das patas traseiras numa galinha deveriam sempre ter a função de auxiliar o andamento. Inversamente, se se adopta um ponto de vista propensionista, então uma abordagem prospectiva da função, quer dizer, em que a disposição não é simplesmente um resultado de uma selecção passada, mas uma disposição para uma selecção futura, os batimentos do coração poderiam ter por função alertar os médicos para uma arritmia cardíaca, pelo menos se este estilo de diagnóstico permitisse a sobrevivência dos indivíduos cujos genes estão na origem desta arritmia.

É possível eliminar as funções residuais (como as dos esporões atrofiados ou a do nosso apêndice), observando que elas não poderiam ter qualquer função actualmente – não proporcionam nenhuma vantagem selectiva –, e as funções futuristas (a prefiguração de um terapia futura), observando que o órgão em questão, o coração, não pôde ter esta função no passado, apesar de os batimentos do coração já terem sido seleccionados com a função de bombear o sangue. Ou seja, a ausência de função actual pode atenuar uma residual e a presença de função antes da função actual pode atenuar a função futurista. Mas como não podemos escapar ao finalismo se tentarmos definir a função apenas no presente (porque, ao comprimir o tempo, o efeito seria causa da sua causa), temos de aceitar a necessidade de estabelecer ponderações entre os diferentes momentos do tempo que nos permitem identificar uma função teleológica.

P. Livet

📖 Bigelow, J. & Pargetter, R. (1987), "Functions", *The Journal of Philosophy*, 84, 181-196.
• Proust, J. (1997), *Comment l'esprit vient aux bêtes*, Paris, Gallimard.
• Wright, L. (1976), *Teleological explanations*, Berkeley, The University of California Press.

☞ *etologia cognitiva, psicologia cognitiva animal, psicologia evolucionista*

TEMPORALIDADE E ASPECTUALIDADE

As línguas naturais fornecem meios de representar situações inscrevendo-as na *temporalidade* do enunciador. No entanto, a maior parte das línguas gramaticalizaram não só as relações temporais de anterioridade, sucessão e coincidência entre situações, mas também as abordagens aspectuais do enunciador. De facto, uma mesma situação pode ser "vista" e verbalizada como estática (estado resultante de um acontecimento passado, por ex.), em curso de evolução ou ainda como sendo a ocorrência de um acontecimento que se destaca num quadro mais estático. A *aspectualidade* é então a categoria semântica que expressa a visualização de uma situação sob a forma de um estado, de um processo, de um acontecimento ou ainda de uma iteração de um mesmo acontecimento. As línguas desenvolveram marcadores gramaticalizados, aspecto-temporais, que codificam a abordagem aspectual e as relações temporais da situação representada pela relação com o acto enunciativo e com as outras situações verbalizadas.

• O modelo do "tempo linguístico" não é um eixo linear de instantes em que o "presente" viria separar simetricamente o passado do futuro. O tempo linguístico é construído sobre oposições dissimétricas entre categorias do "realizado", determinado, certo e reconstruído pela memória e a categoria do "não realizado", não determinado, porque aberto à incerteza e à imaginação que o possível oferece. Cada utilização de uma língua determina uma origem temporal com um acto de enunciação que serve para fundar o "presente" em relação ao qual se vão organizar o "passado realizado" e o "não realizado a vir" e aos quais os auditores e os co-enunciadores terão se ajustar. Uma série de conceitos atravessa a problemática da temporalidade e da aspectualidade: distinções aspectuais entre estados, acontecimentos e processos; referenciação temporal em relação ao acto de enunciação; determinação de intervalos de validação temporal das relações predicativas; distinção entre o referencial enunciativo e os referenciais não actualizados. Estes conceitos semânticos, tendo manifestamente um alcance cognitivo, são constitutivos de oposições como: perfectividade (conclusão) / imperfectividade (não significação da conclusão); acabamento / não acabamento; resultatividade / progressividade; modalidades de acção (início, continuação, fim); aspecto gramaticalizado / aspecto lexicalizado; temporalidade relativa / temporalidade absoluta, etc., que são outras tantas distinções semânticas utilizadas na descrição das categorias linguísticas.

Em 1947, Reichenbach opôs *point of speech* (S), *point of event* (E), *point of reference*. Estas distinções foram criticadas por muitos linguistas (Hornstein, 1977; Comrie, 1981; Dahl, 1985; Desclés, 1980), por serem inadequadas para se ajustar a uma descrição fina dos valores semânticos dos tempos e dos aspectos gramaticais, com quatro tipos de censuras: (1) o tempo linguístico não deve ser considerado uma linha orientada, homogénea, uniforme e linear que o *point of speech* vem cortar ao delimitar o passado e o futuro; (2) a utilização dos instantes pontuais é inadequada, porque é necessário recorrer a intervalos topológicos; (3) a ambiguidade do *point of reference* interpretado, por vezes, como um localizador temporal e, noutras vezes, como uma espécie de "ponto de vista"; (4) o *point of speech* é analisado como um "instante pontual", ao passo que o discurso enunciativo é um processo inacabado que se desenrola na duração.

Linguistas como E. Benveniste (1959), R. Jakobson (1957), J. Kurylowicz (1975), A. Culioli (1970), M. Bennett, B. Partee, D. Dowty desenvolveram conceitos que os distinguem nitidamente dos lógicos como H. Reichenbach (1947), A.N. Prior (1957) ou R. Montague (1970). Uma relação predicativa é a-temporal e não está situada no referencial temporal do enunciador, ela não é, portanto, verdadeira num instante de referência, mas só é verdadeira durante um intervalo de instantes, chamado intervalo de validação. D. Dowty (1979), M. Bennett (1981) e A. Timberlake (1985), A. Culioli introduziram intervalos topológicos de validação temporal com limites abertos ou fechados, conforme os "primeiros instantes" e os "últimos instantes" de validação não são ou são tomados em consideração. Daí as noções aspectuais de base: estado, processo inacabado, acontecimento. De facto, uma situação é caracterizada por uma sucessão de fases e, a cada instante, percebe-se que uma fase da situação se realiza. Numa situação estática (*João é inteligente / a roupa está seca*) e percebida como tal, todas as fases são consideradas equivalentes, nada se passa, nenhuma mudança é percebida e o processo (relação predicativa aspectualizada) que a expressa tem o valor aspectual de estado. Numa situação

evolutiva, as fases variam e não são, em geral, equivalentes entre si. A situação evolutiva começa então necessariamente por uma mudança inicial (início), depois desenvolve-se por mudanças sucessivas de fases e o processo que o expressa é, quer um processo inacabado quando a evolução é apreendida no seu próprio desenrolar, quer um acontecimento quando a evolução é apreendida como uma ocorrência global (com um início e um fim, quer dizer, com uma mudança inicial e uma mudança). Todo o processo percebido como tendo atingido um termo gera um acontecimento e, eventualmente, um estado resultante que afecta um dos actantes da relação predicativa. Assim, o *passe composé* [pretérito composto] do francês oscila muitas vezes entre dois valores, o de um "acontecimento passado" e o de um "estado resultante do acontecimento passado".

Um estado (*a chávena está partida*) é validado durante um intervalo topológico aberto em que os limites iniciais e finais que expressam transições (entrada e saída do estado) não são tomados em consideração. Um acontecimento (*esta manhã, Paulo reparou o carro*) é validado durante um intervalo topológico fechado, não necessariamente pontual, em que os limites de início e fim fazem necessariamente parte do intervalo de validação temporal. Um intervalo topológico de validação fechado à esquerda e aberto à direita permite tomar em consideração o primeiro instante ou começo da mudança, mas não um último instante de validação, o que corresponde à zona de validação temporal de um processo inacabado, concomitante com o acto de enunciação (*há três dias que Paulo trabalha no seu artigo*), ou deslocado no passado realizado do acto de enunciação (*ontem, Paulo trabalhava no seu artigo há três dias quando...*).

Alguns linguistas (Dowty, Kamp, Pottier, Karolak, Co Vet, Vlach, etc.) tomam a oposição entre "estado" e "acontecimento" como uma oposição de base,

Temporalidade e Aspectualidade

enquanto outros aspectólogos (Lyons, Comrie, Mourelatos, Verkuyl, Desclés, Guentcheva) partem da tripla oposição "estado / processo / acontecimento", que parece ter fundamentos mais cognitivos, melhor enraizados na percepção de situações estáveis ou evolutivas ou de ocorrências de acontecimentos. Por exemplo, a relação predicativa *Pedro é inteligente* pode ser visualizada e verbalizada como tal sob a forma de um estado (*Pedro é inteligente*; *Pedro tornou-se inteligente*), de um processo (*Pedro torna-se inteligente*) ou de uma ocorrência de um acontecimento (*nas circunstâncias, Pedro foi inteligente*). Se é possível reconduzir a noção de "processo acabado" à de acontecimento (porque cada processo acabado gera um acontecimento), a noção de "processo inacabado" não é redutível nem à de acontecimento, nem à de estado. Assim, no enunciado *[neste momento] João escreve uma carta*, o processo correspondente é o resultado de uma visualização da relação predicativa apreendida no seu desenrolar, nenhum termo é percebido, ou mesmo considerado ou apresentado, como tal. Este processo não é um estado, porque houve necessariamente um acontecimento inicial que desencadeou o processo evolutivo e que fez que se passasse do estado anterior ao processo em curso; não é um acontecimento, porque não há último instante realizado ou mesmo em perspectiva; é um processo inacabado que evolui ao mesmo tempo que o próprio acto de enunciação no "presente actual".

As oposições aspectuais são codificadas igualmente pelo léxico das línguas. Vendler (1957) propôs quatro classes lexicais de sintagmas verbais: a dos estados (estar em Roma), das actividades (correr no parque), dos *accomplishments* (traçar um círculo) e dos *achievements* (ganhar a maratona). Não se sabe se esta classificação é ontológica, cognitiva, relacionada com o léxico verbal ou às construções sintácticas que o verbo e os seus complementos constituem entre si. Por exemplo,

para Verkuyl (1993) as classes aspectuais são o resultado de um combinação das contribuições dadas pelos sintagmas nominais complementos de objecto com as características estáticas ou dinâmicas dos verbos, reencontrando assim as classes estáticas, processuais e relativas aos acontecimentos.

J.-P. Desclés

    📖 Benveniste, E. (1959), *Problèmes de linguistique générale*, I, pp. 176-250, Paris, Gallimard.

- Comrie, B. (1976), *Aspect*, Cambridge, Cambridge University Press.
- Desclés, J.-P. (1989), "State, Event, Process and Topology", *General Linguistics*, 29,159-200.
- Guentcheva, Z. (1990), *Temps et aspect: l'exemple du bulgare contemporain*, Paris, Éditions du CNRS.
- Kurylowicz, J. (1975), *Esquisses linguistiques*, II, Munique, Wilhelm Fink Verlag.
- Mourelatos, A.P.D. (1981), "Events, Processes, States", in P. Tedeschi & A. Zaenen (orgs.), *Tense and Aspect. Syntax and Semantics*, 14, Nova Iorque, Academic Press.
- Reichenbach, H. (1947), *Elements of Symbolic Logic*, Londres, Macmillan.
- Thelin, N.B. (1990), "Verbal aspect in discourse: On the state of the art", in N.B. Thelin (org.), *Verbal Aspect in Discourse*, Philadelphia, John Benjamins.
- Vendler, Z. (1967), *Linguistics in Philosophy*, Ithaca, Cornell University Press.
- Verkuyl, H. (1993), *A Theory of aspectuality: The interaction between temporal and atemporal structure*, Cambridge, Cambridge University Press.

    ☞ *categoria gramatical, linguística cognitiva, semântica cognitiva, sentido*

TEORIA DA MENTE

Aptidão para descrever, explicar e prever as próprias condutas, emoções, produções verbais, etc., e as de outrem em referência às entidades abstractas, inobserváveis e interdependentes que são os estados mentais como por exemplo as intenções, os desejos, as crenças, etc.

• Para além da psicologia, o estudo da teoria da mente diz respeito a várias disciplinas das ciências cognitivas (linguística, filosofia da mente e da linguagem, epistemologia, psicologia) com as pesquisas sobre o sentido e a referência, a intencionalidade, a construção das crenças e dos saberes. Na psicologia, constitui um cruzamento intradisciplinar que envolve a psicopatologia (autismo e esquizofrenia), a primatologia e sobretudo a psicologia cognitiva do desenvolvimento abordada segundo uma perspectiva clássica e / ou comparativa.

Estudando o que as crianças sabem da existência e do funcionamento de diferentes estados mentais e em particular da maneira como estes estão relacionados de maneira causal com as entradas perceptivas, as saídas comportamentais e os outros estados mentais, os investigadores centraram intensivamente os seus interesses, há cerca de 9-10 anos, no acesso a uma concepção da mente como instância representacional que gera activamente representações mentais ao interpretar a realidade. Quando concebem que as representações mentais não são características intrínsecas nem cópias puras e simples do real, mas o produto de actividades mentais exercidas acerca do real, as crianças são capazes de entender que uma mesma realidade pode ser objecto de representações diversas segundo os indivíduos e / ou os contextos: a sua teoria da mente é então fundada em conceitos centrais de meta-representação (representar as representações) e de representação errada (saber que as representações podem ser falsas).

O acesso à meta-representação (que se traduz pelo sucesso de diversas provas que se tornaram clássicas: coordenação dos pontos de vista; distinção entre aparência e realidade; engano táctico; etc.) é em geral atestado pela capacidade dos sujeitos resolverem o conflito entre conteúdo proposicional (é verdade que...) e atitude proposicional (creio que..., sei que..., penso que...) nas tarefas de inferência de falsa crença, que testam especificamente a compreensão do facto de as condutas das pessoas se explicarem (podem ser previstas), não em referência directa ao estado objectivo da realidade física e social, mas às representações – eventualmente falsas – que dele têm estas pessoas.

A.-M. Melot

📖 Astington, J. (1999), *Comment les enfants découvrent la pensée*, Paris, Retz.
• Flavell, J.H. (1999), "Cognitive development: Children's knowledge about the mind", *Annual Review of Psychology*, 50, 21-45.
• Melot, A.M. (2001), "La représentation de l'esprit chez l'enfant", *Pour la Science*, 279, 66-72.
• Perner, J. (1991), *Understanding the representational mind*, Cambridge, MA, The MIT Press.

☞ *autismo, crença, esquizofrenia, metacognição, simulação (teoria da -)*

TIPICALIDADE, TIPICIDADE

Propriedade progressiva das relações naturais entre uma representação particular e uma representação geral.

• As relações lógicas entre uma representação particular e uma representação geral – muito especialmente um conceito – são conceptualizadas e enunciadas mediante expressões comuns como "é um", "é uma espécie de", ou por outras melhor teorizadas como "pertence a", "é um elemento de", "cai sob (o conceito de)", "é um subconjunto de", "é uma categoria de", "é um subconceito de", com as suas proposições conversas "é um superordenado de", "subsume", "denota", etc. Esta conceptualização geral tem diversas versões, como acabamos de ver, mas todas utilizam uma regra forte: todos os exemplares, ou todas as espécies, que caem sob um conceito são equivalentes na sua relação com este conceito. Esta equivalência relacional parece ser uma exigência lógica forte, que garante a possibilidade de raciocinar formalmente por meio de conceitos. Pode-se estimar que ela foi fixada e elaborada de maneira teórica através dos desenvolvimentos do pensamento que conduziram, historicamente, à construção das matemáticas e da lógica enquanto modos de pensamento que obedecem a regras racionais.

Os trabalhos da psicologia cognitiva, e em primeiro lugar os de Eleanor Rosch, mostraram que o pensamento natural não utiliza espontaneamente esta equivalência das relações entre todos os exemplares de um conceito e o conceito, ou entre todos os subconceitos e o conceito. Em termos simples, certas subcategoriais de uma categoria são melhores do que outras. Isso manifesta-se na utilização espontânea, no pensamento, de uma relação progressiva que pode ser tornada explícita pelas palavras "é muito típico, medianamente típico, pouco típico, *etc.*, de...". Foi este facto que foi chamado "tipicalidade" (em inglês *typicality*), normalizado como "tipicidade" e, menos frequentemente, designado como "representatividade". Por exemplo, nas nossas latitudes, os cães são (de maneira representacional) animais extremamente típicos, enquanto os mosquitos são animais pouco típicos, as maçãs são frutos muito típicos, ao passo que os figos o são pouco. Os exemplos acima deixam transparecer que as representações podem ser diferentes noutras paragens, mas que a relação de tipicalidade / tipicidade nelas se mantém sempre. Mesmo no pensamento racional, parece que, por exemplo, para o profano como para muitos matemáticos, os números pares pequenos são mais típicos dos que os números pares muito grandes e que existe também tipicalidade / tipicidade noutros conceitos abstractos.

A existência da relação de tipicalidade / tipicidade é hoje um dado muito solidamente estabelecido, como são disso testemunho muitos resultados experimentais recolhidos em situações muito variadas. A sua universalidade não oferece qualquer dúvida. A maneira como determina muitas actividades cognitivas em domínios tão diferentes como o raciocínio, a memória, a linguagem, a percepção, etc., está igualmente bem documentada e cresce continuamente.

Existe actualmente um número notável de teorias da tipicalidade / tipicidade e nenhuma se pode vangloriar de ter sido validada empiricamente. Uma destas perspectivas teóricas, bastante divulgada, mas não demonstrada, consiste em identificar "tipicalidade / tipicidade" e "prototipia", ou seja, em considerar que é o exemplar mais típico de todos no seio de uma categoria (o "protótipo") e que é a "distância" em relação a este protótipo que fornecem a chave dos efeitos de tipicalidade / tipicidade. Outra perspectiva teórica consiste em relacionar a noção de tipicalidade / tipicidade com a de "conjunto difuso" ou a de fronteira de um conceito – a que separa "não é um C" de "é um C". Uma outra ainda faz apelo à noção de "traço semântico". Em suma, a diferença de que se partiu mais acima entre as propriedades lógicas de um conceito e as suas propriedades "naturais", de que faz parte a tipicalidade / tipicidade, continuar a ser um problema.

J.-F. Le Ny

📖 Deffenbacher, K.A., Johanson, J., Vetter, T. & O'Toole, A.J. (2000), "The face typicality-recognizability relationship: Encoding or retrieval locus?", *Memory & Cognition*, 28, 1173-1182.
• Desclés, J.P. (1986), "Implication entre concepts: la notion de typicalité", *Travaux de Linguistique et de Littérature*, 24, 179-202.
• Rosch, E. (1975), "Cognitive representations of semantic categories", *Journal of Experimental Psychology*, General, 104, 192-233.

☞ *categorização, protótipo, representação*

TRAÇO

Noção teórica que visa designar uma espécie particular de componente de uma representação, perceptiva ou semântica.

• 1. *Traço sensorial.* Há um certo número de dados concludentes que justificam a noção de "traço sensorial" ou "perceptivo". Na percepção das formas, mostrou-se que são conjuntos neuronais distintos que asseguram o tratamento dos elementos de uma figura: por exemplo, os ângulos, os segmentos que formam os seus bordos ou as curvas que a compõem. A percepção total é assegurada pela unificação destes diferentes traços perceptivos. De maneira semelhante, os diferentes elementos perceptivos (altura da testa, comprimento e largura do nariz, afastamento dos olhos, forma da boca, etc.) concorrem, cada um por seu lado, para a percepção da face total, que pode ser mais ou menos global ou mais ou menos analítica.

2. *Traço semântico.* A noção de "traço semântico" é diferente da precedente, embora se lhe assemelhe. Todavia, é muito mais segura. Nela se inclui a hipótese de que uma representação, por exemplo, a significação de uma palavra ou um conceito, pode ser analisada ou decomposta em partes constituintes de "dimensão" cognitiva mais pequena. Uma hipótese teórica mais forte é a de que existiriam traços de base, que podem ser concebidos como universais ("universais") ou como inatos, a partir dos quais seriam formadas as representações mais complexas.

Uma noção frequentemente utilizada para desempenhar o papel de "traço semântico" é a de "propriedade", quando aplicada a um objecto. Por exemplo, a representação de uma cadeira seria decomponível em, ou composta por, traços distintivos tais como: "tem uma superfície horizontal", "tem quatro pés", "tem um encosto", "serve para nos sentarmos", mas não um traço como "tem braços", etc. A maioria dos traços citados aqui são atribuíveis à categoria de traços "parte de". Mas poderíamos ter também como traços constituintes da representação de "banana": "é amarela", "tem uma forma alongada", "tem forma curva", "pode ser comida", "é açucarada", etc., que relevam de categorias de traços "qualificativos" ou "atributos / valores". De maneira semelhante, muitos verbos podem ser analisados semanticamente por meio de traços semânticos gerais como "causativo", "resultativo", "agentivo", etc., e com outros mais específicos; por exemplo, a significação de "caramelizar" pode ser concebida, nesta óptica, como contendo traços semânticos segundo os quais *(1).* um agente humano, *(2)* causa, *(3)* uma transformação física, tendo por resultado *(4a)* que uma coisa (digamos o açúcar) se torna caramelo ou *(4b)* que uma coisa (digamos um alimento açucarado) é coberta de caramelo.

A noção de "traço semântico" foi asperamente criticada devido ao seu carácter impreciso. Mas algumas precisões, por exemplo, a ideia de traços sempre bivalentes – C "possui", ou "não possui", o traço T, que se marca "+T" ou "-T" – não parece terem melhorado as coisas. No entanto, as teorias que utilizam a noção de traço semântico, sob várias formas, continuam a ser propostas e exploradas, e mesmo de maneira crescente, em diversas ciências cognitivas: linguística, psicologia cognitiva, representação dos conhecimentos e inteligência artificial. Registam em sectores delimitados destas um inegável sucesso. A noção de traço semântico permanece portanto uma hipótese teórica fecunda.

J.-F. Le Ny

📖 Ashby, F.G., Prinzmetal, W., Ivry, R. & Maddox, W.T. (1996), "A formal theory of feature binding in object perception", *Psychological Review*, 103, 165-192.
• Schyns, P.G., Goldstone, R.L. & Thibaut, J.-P. (1998), "The development of features in object concepts", *Behavioral and Brain Sciences*, 21, 1-54.
• Spalding, T.L. & Ross, B.H. (2000), "Concept learning and feature interpretation", *Memory & Cognition*, 28, 439-451.

☞ *categorização, percepção, proposicional (análise -), semântica*

TRIGEMINAL (SISTEMA -)

☞*gosto*

TURING (MÁQUINA DE -)

Entidade abstracta capaz de efectuar certas operações simples.

• Em 1937, Turing publicou um artigo sobre os "números calculáveis" no qual examinava a possibilidade de calcular certas funções sobre os números por intermédio de algoritmos. A fim de precisar a sua noção de algoritmo, lançou as bases da "máquina de Turing".

Distinguia, de facto, dois níveis: em primeiro lugar, o do algoritmo, que é abstracto, com as suas instruções clássicas. Trata-se, de alguma forma, do nível da linguagem com o qual se podem efectuar as operações algébricas, as comparações, os testes e os circuitos finitos ou infinitos. O outro nível – e é um dos grandes méritos de Turing ter reconduzido o primeiro a este – é o do verdadeiro computador numérico, munido de uma unidade de armazenagem (memória), de uma unidade de execução e de uma unidade de controlo (entradas-saídas). Podemos notar que o facto essencial de ter permitido circuitos de extensão variável, e, portanto, potencialmente infinitos, impõe que se tenha também uma memória ilimitada.

Turing mostrou que os algoritmos do primeiro nível – o que ele chama funções recursivamente calculáveis – são executáveis por uma estrutura do segundo nível. Fê-lo, é claro, de maneira teórica, porque em 1937 não havia computadores, como também não os havia, por maioria de razão, na época de Babbage (início do século XIX) que também imaginara este tipo de máquina. Turing, ao contrário de Babbage, que apenas podia contar com a mecânica, teve a sorte de poder utilizar um sistema eléctrico, tendo concretizado, a partir dos anos 40, os seus trabalhos teóricos anteriores.

Na verdade, estes trabalhos teóricos tinham um alcance bem mais importante do que os modestos ensaios nos primeiros computadores. Estes eram sobretudo máquinas de calcular e estavam muito longe da manipulação simbólica que haveria de ter o seu desenvolvimento nos anos 60 (com LISP – McCarthy). No entanto, Turing compreendera realmente esta possibilidade e os seus trabalhos teóricos englobaram também verdadeiros programas tal como os concebemos hoje. Neste sentido, inspirou-se no teorema de Gödel para mostrar um limite da sua máquina ou, melhor, de qualquer computador equivalente. Mostrou que não havia algoritmo universal que permitisse distinguir os programas que se executam num tempo infinito dos que acabam. É o que se chama a indecidibilidade da conclusão. Este resultado teve um eco significativo dos adversários da inteligência artificial.

G. Sabah, A. Popescu Belis

📖 Gödel, K. (1931), "Über formal unentscheidbare Stätze der Principia Mathematica und verwandter Systeme", I., *Monatshefte für Mathematik und Physik*, 38, 173-198.
• McCarthy, J., Brayton, R., Edwards, D., Fox, P.A., Hodes, L., Luckham, D., Mating, K., Park, D. & Russel, S. (1960), *LISP I programmer's manual. Communication Center and Research Laboratory of Electronics: Artificial Intelligence Group*, Cambridge, MA, The MIT Press.
• Turing, A. (1936), "On computable numbers with an application to the Entscheidungsproblem", *Proceedings of the London Mathematical Society*, 42, 230-265 (correcções: vol. 43, 544-546).
• Turing, A. (1950), "Computing machinery and intelligence", *Mind*, 59, 433-460.

☞ *algoritmo, inteligência artificial, simulação computacional*

TURING (TESTE DE –)

Embora escrito no início da era informática, o artigo de Turing sobre as máquinas de calcular e a inteligência começa por uma análise da questão "as máquinas podem pensar?". Considerando-a demasiado imprecisa, Turing propõe um método original e agora célebre para determinar se uma máquina "pensa", a saber, *o jogo da imitação* – conhecido hoje como "teste de Turing".

• Turing propõe em primeiro lugar o seguinte jogo: o examinador (E) está em ligação com duas salas, 1 e 2, onde se encontram um homem (H) e uma mulher (M), usando dois terminais de computador. O objectivo de E é determinar em qual das salas se encontram respectivamente H e F, sabendo que H quer induzir em erro o examinador E e que F, pelo contrário, quer ajudá-lo. Em seguida, Turing substitui H por uma máquina que pretende ser inteligente e, portanto, que vai ter por objectivo fazer-se passar por um ser humano, tal como F, que, devendo ajudar o interrogador, vai manifestar também o seu carácter humano.

A questão de saber se as máquinas podem pensar reduz-se então à possibilidade de uma máquina ganhar no jogo da imitação, ou seja, de ultrapassar o teste de Turing. Prosseguindo o seu artigo, Turing examina uma série de objecções levantadas pelos adversários da inteligência artificial. Estes afirmam que as máquinas nunca poderão pensar, ao passo que Turing esteve toda a sua vida firmemente convencido do contrário. Como ele próprio diz, não tendo prova alguma de que um dia as máquinas irão pensar, o único argumento que resta é mostrar que não existe uma razão evidente para que elas não o consigam fazer.

O próprio Turing não se detém muito na validade do seu teste. Estava consciente

Turing

do carácter fortemente antropomórfico do seu teste, mas não podia proceder de outro modo, porque a única forma de pensamento universalmente reconhecida era o humano.

Ente os argumentos contra a possibilidade da inteligência artificial havia, segundo Turing, o que recusava a própria validade do seu teste. Há em primeiro lugar os que afirmam que as máquinas, não tendo alma, nunca pensarão: Turing recorda que a revolução copernicana também estava em contradição com uma interpretação demasiado à letra das Escrituras e que talvez sucedesse o mesmo com a questão de saber se Deus podia conferir uma alma à máquina.

Mais grave é a objecção antibehaviorista: seria possível que uma máquina "falante", mas não "pensante", ultrapassasse o teste? Não será considerar a linguagem como único suporte do pensamento? Para Turing esta objecção deve logicamente desembocar no solipsismo, porque a única maneira de nos assegurarmos de que alguém pensa é precisamente comunicar com essa pessoa e induzir a existência da sua mente a partir da coerência da sua linguagem. Turing rejeita esta forma de solipsismo, pelo que aceita implicitamente o pressuposto de que a utilização normal de uma língua é uma prova certa de inteligência e até a única.

G. Sabah

☞ *inteligência artificial, quarto chinês (metáfora do -)*

V

VECTOR

Conjunto de neurónios ordenados chamados *componentes* ou *elementos do vector*. O número de componentes é chamado a sua *dimensão*. Assim, representa-se um vector por uma coluna (vector coluna) ou uma linha (vector linha) de números. Vectores e matrizes são instrumentos de base para a análise estatística dos dados e para as *redes de neurónios*.

• De maneira geométrica, um vector representa um ponto num espaço em que o número de dimensões é dado pelo número de componentes do vector. De um ponto de vista formal, os vectores de dimensões iguais são os elementos de um *espaço vectorial*, o que quer dizer que operações equivalentes à adição e à multiplicação, com certas das suas propriedades essenciais, são definidas sobre este conjunto. Para além destas operações, pode-se definir o *comprimento* de um vector como a raiz quadrada da soma dos quadrados dos seus componentes; o *produto escalar* de dois vectores da mesma dimensão como a soma dos produtos, termo a termo, dos seus componentes; o *co-seno* de dois vectores é o seu produto escalar normalizado (*i.e.*, dividido) pelo produto do seu comprimento respectivo. A *convolução* de dois vectores combina estes vectores de maneira mais complexa. Esta operação está estreitamente relacionada com a transformada de Fourier (a convolução de dois vectores pode obter-se pela multiplicação no espaço frequencial obtido pela transformada de Fourier e *vice-versa*. A correlação de dois vectores obtém-se como o co-seno dos vectores centrados (centra-se um vector subtraindo o valor médio do vector a cada elemento).

Uma matriz é um quadro rectangular de números cujos números de linhas e de colunas são chamados dimensões da matriz (e, portanto, um vector é uma matriz em que uma das dimensões é igual a um). Pode-se definir uma operação de multiplicação entre duas matrizes quando o número de colunas da primeira matriz é igual ao número de linhas da segunda matriz (a multiplicação matricial não é comutativa). Algumas matrizes quadradas possuem uma matriz inversa para a operação de multiplicação.

Vectores e matrizes são instrumentos de base para a análise estatística dos dados (análise em componentes principais, análise multivariada, análise de variância) e para as redes de neurónios.

H. Abdi

📖 Abdi, H. (1994), *Les réseaux de neurones*, Grenoble, Presses Universitaires de Grenoble.

• Strang, G. (1980), *Linear algebra and its applications*, Nova Iorque, Academic Press.

☞ *análise da variância, análise em componentes principais, análise multivariada*

VERIFICACIONISMO

Teoria que define a verdade como o que se pode verificar.

• Não podem existir, portanto, verdades que sejam inacessíveis, porque qualquer procedimento de verificação implica uma forma de acesso por sujeitos do conhecimento à verdade em questão. Certamente que um Dummett não pretende por essa razão que sejam verdadeiras apenas as proposições para as quais dispomos já de um procedimento de verificação, por exemplo, na matemática, uma demonstração, em física, uma experimentação metódica, etc., e na vida de todos os dias uma percepção em condições normais ou um testemunho fiável e que se possa ser confirmado. Tal posição arruinaria a possibilidade do progresso científico, da descoberta de novas verdades. Dummett exige apenas que um dia seja possível verificar estas proposições. Uma conjectura matemática é então verificável, porque podemos razoavelmente pensar que será possível demonstrá-la ou refutá-la. Pode-se reiterar a manobra e definir esta esperança razoável como sendo ela mesmo acessível. Sendo a conjectura formulada numa equação, por exemplo, e o formalismo matemático tendo podido no passado, ou resolver equações, ou demonstrar a ausência de solução, ou a pluralidade de soluções, podemos desde já identificar o tipo de acessibilidade da verificação.

Popper criticou outro verificacionismo, o de Carnap, que pensou durante algum tempo reduzir as proposições significantes àquelas cuja verdade podia ser verificada numa experiência. Para Popper não se pode verificar as hipóteses científicas sobre dados empíricos, porque são proposições expressas numa forma universal e não se pode percorrer a infinidade das experiências. Podemos apenas refutar as hipóteses, encontrando um contra-exemplo. Podemos também corroborá-las de cada vez que uma tentativa de refutação fracassa ou que uma hipótese não refutada as apoia. Todavia, contrariamente ao que deixa entender Popper, não nos resignamos a abandonar uma teoria que está de acordo com a experiência assim que aparece o primeiro contra-exemplo. Pode-se concordar com Popper em que não nos ocupamos em verificar senão as hipóteses fortes e relativamente simples, porque apenas elas têm para nós valor informativo e reutilizável. Aliás, as nossas experiências consistem muitas vezes no seguinte par: por um lado, uma previsão que deve ser verificada e, por outro, uma tentativa de apresentação de um contra-exemplo que fracassa. Podemos também considerar que é uma verificação da física quântica a refutação da proposição de Einstein-Podborski-Rosen pelas experiências de Aspect. Mas então a verificação não assegura a verdade, porque não é evidente neste domínio que a refutação de uma refutação seja uma afirmação verdadeira.

P. Livet

📖 Carnap, R. (1950), *Logical foundations of probability*, Chicago, University of Chicago Press.
• Dummett, M. (1978), *Truth and other enigmas*, Oxford, Clarendon Press.
• Engel, P. (1989), *La norme du vrai*, Paris, Gallimard.
• Popper, K. (1973), *La logique de la découverte scientifique*, Paris, Payot.

☞ *conhecimento, empirismo lógico*

VIDA ARTIFICIAL

Ramo da cibernética que tem relações com a biologia e cujo objectivo é a realização de organismos virtuais, ou seja, a simulação de criaturas vivas com a ajuda das linguagens formais da informática. Esta disciplina utiliza-se igualmente na concepção de realizações materiais sob a forma de *robots* autónomos (utilizando em parte os conceitos da inteligência artificial), ou a partir dos próprios materiais dos seres vivos.

• A cibernética dos primórdios foi concretizada em dois domínios cujo objecto e conceitos de partida diferiam sensivelmente. Trata-se da inteligência artificial (IA) e da vida artificial. Se a IA é contemporânea dos primeiros desenvolvimentos da informática, a vida artificial, mais recente, diverge daquela em certos pontos e coincide noutros. Funda-se em determinadas características do ser vivo.

A inteligência artificial clássica perspectiva geralmente o funcionamento cerebral sob um ângulo lógico-dedutivo, o que o afasta, por vezes, do seu objectivo primeiro (reproduzir os comportamentos inteligentes dos sistemas biológicos) quando fica demasiado próximo destes aspectos puramente formais. Uma hipótese central é que para realizar eficazmente certas tarefas de alto nível (compreensão ou tradução das línguas naturais, resolução universal de problemas, etc.) a máquina deve imitar o ser vivo. Uma outra observação importante incide no facto de que, se o computador dispõe de capacidades notáveis para resolver certas classes de problemas, é actualmente impossível dotá-lo com as características perceptivas (e as suas relações com as características cognitivas) dos seres vivos.

Podem-se distinguir então dois tipos de trabalhos resultantes da vida artificial. Os do primeiro tipo visam simulações que utilizam exclusivamente o computador. É admitido, neste caso, que qualquer sistema pode ser modelizado num computador, quer dizer, um sistema formal é susceptível de representar um sistema físico de maneira satisfatória. Os que pertencem ao segundo tipo dizem respeito às realizações em que o carácter concreto e material do sistema é primordial. Considera-se, neste caso, que a dimensão física de um sistema é irredutível a uma representação simbólica.

Apesar do seu nome, não tem ambições tão generalistas como a inteligência artificial nos seus primórdios e não visa a universalidade. O seu programa actual dispõe de bases teóricas e conceptuais bastante diversificadas, porque explora os conceitos emergentes quer da corrente cognitivista quer das correntes conexionista ou genética. Propõe, portanto, soluções que se apoiam quer na abordagem simbólica, quer na abordagem auto-organizacional, ou então constrói os seus modelos a partir de uma combinação destes dois tipos de métodos.

Visando a realização de sistemas construídos pelo homem que apresentam compostos característicos dos sistemas vivos, a vida artificial dedica-se muitas vezes a modelizar comportamentos ou mecanismos primordiais (frequentemente reflexos) ou ecológicos dos sistemas vivos como a auto-regulação, a respiração, a predação ou a reprodução.

Devido aos conceitos que veicula, a vida artificial representa uma abordagem interessante e distinta da estritamente computacional. Se se ouve repeditamente que este último tipo de tratamento de informação implica uma manipulação de símbolos cuja significação é exterior ao sistema, a vida artificial põe questões capitais a este propósito. Por exemplo, como pode o ser vivo ser portador de sentido e a partir de que mecanismos? Como pode um sistema artificial dispor de características equivalentes? Que relações se instauraram então com o observador do sistema?

G. Sabah

📖 Clark, A.J. (1997), *Being there: Putting brain, body, and world together again*, Cambridge, MA, The MIT Press.

• Meyer, J.-A. & Wilson, S.W. (orgs.) (1991), *From animals to animats*, Cambridge, MA, The MIT Press.

☞ *algoritmo genético, conexionismo, inteligência artificial, rede de neurónios, robótica*

VISÃO

1. Modalidade sensorial que permite ver. 2. Processo neurocognitivo que, no seu conjunto, permite ver. 3. A experiência e o estado da consciência que a acompanham.

A dualidade do sistema visual

O conceito da dualidade do sistema visual baseia-se na verificação de que as fibras que saem da retina se distribuem por vários zonas cerebrais para constituir outros tantos subsistemas. Estas diferentes vias visuais têm funções complementares. Schneider propôs, por isso, em 1969, a existência de um sistema genículo-estriado, responsável pela discriminação das formas, e de um sistema retinotectal, responsável pela orientação espacial. A sua demonstração fundava-se em experiências de ablação realizadas em hámsteres, uma espécie privilegiada pela conformação do seu volumoso *tectum* que aflora sob o osso occipital. Segundo ele, a ablação do córtex visual (áreas 17 e 18) provoca uma cegueira "cortical", tornando-se o animal incapaz de aprender a discriminar atributos visuais simples (linhas verticais *vs.* linhas horizontais, por ex.), mas continuando a ser capazes de localizar e de alcançar pedaços de comida apresentados em qualquer zona do seu campo de visão. A ablação bilateral do colículo, pelo contrá-

rio, provoca uma cegueira "tectal" com a manutenção da discriminação de formas e o desaparecimento da capacidade de localizar os estímulos. Esta dupla dissociação deu origem à dicotomia, hoje clássica, entre dois sistemas, cada um deles especializado em responder a uma das duas questões levantadas pelo ambiente visual, o sistema genículo-estriado para responder à questão "O quê?" e o sistema retino-tectal para responder à questão "Onde?".

O modelo dos dois sistemas visuais apresentado por Schneider foi, porém, rapidamente considerado insuficiente. Outra escola de pensamento, mais influenciada pela neuropsicologia humana do que pelas considerações filogenéticas e utilizando o macaco e não o hámster como animal de experiência, chegou à conclusão de que a via subcortical teria pouca relevância nas funções visuomotoras e visuoespaciais. A nova ideia introduzida por esta escola é que as diferentes modalidades da visão estariam baseadas em sistemas corticais. Um destes sistemas seria representado por uma via occipitotemporal que liga o córtex estriado às áreas pré--estriadas e atingindo daí ao córtex temporal inferior dos dois lados, em parte pelo corpo caloso. A interrupção desta via anatómica produziria a perda da capacidade de discriminar os objectos sem afectar a percepção das suas relações espaciais. O outro sistema, o sistema dorsal, divergiria do precedente a partir das áreas pré-estriadas, que estariam também conectadas à parte posterior do lobo parietal. A interrupção desta via provocaria uma desorientação espacial caracterizada por um défice da percepção das relações espaciais entre os objectos, mas também por um défice do comportamento visuomotor. Esta concepção renovada da qualidade do sistema visual fica a dever-se aos trabalhos do americano M. Mishkin e do seu grupo (Ungerleider & Mishkin, 1982).

Representação semântica e representação da acção

Estes dados obtidos utilizando macacos levam a repensar as funções respectivas das duas vias corticais. O córtex parietal posterior exerceria um papel na percepção das relações espaciais e na organização dos movimentos dirigidos a objectos, enquanto as estruturas corticais especializadas na identificação e no reconhecimento dos objectos estariam situadas na região temporal inferior. Uma observação publicada por Goodale *et al.* (1991) confirma que esta distinção tem fundamento. Estes autores relataram o caso de uma doente que, na sequência de uma lesão occipitotemporal bilateral se tornou incapaz de reconhecer os objectos (o quadro característico da agnosia visual), mas se comportava de maneira normal quando se tratava de agarrar um objecto com a mão. Embora o objecto não pudesse ser identificado, ela realizava um movimento de preensão correcto: a posição da mão estava adaptada à forma do objecto e os dedos formavam uma pinça cuja abertura correspondia ao seu tamanho. Se compararmos este resultado com os efeitos das lesões parietais posteriores, encontramo-nos perante uma típica dissociação dupla: as lesões que alteram o reconhecimento explícito dos objectos não impedem a realização de movimentos adaptados à sua manipulação e, reciprocamente, as lesões que afectam a preensão não impedem o reconhecimento.

Estas observações sugerem, portanto, a existência de uma representação específica dos atributos de objectos que intervêm no controlo dos movimentos. Na acção de agarrar um objecto, o papel desta representação é transformar estes atributos em configurações motoras que conduzem a mão à posição correcta de agarrar. Portanto, esta modalidade de representação refere-se, portanto, ao objecto como finalidade da acção: os atributos dos objectos estão nela representados enquanto determinam configurações motoras específicas. Esta modalidade opõe-se a outra, utilizada pelo processo de reconhecimento explícito, que faz com que um objecto possa ser denominado, categorizado e memorizado, conjunto de processos que implicam uma representação de tipo semântico. Na representação semântica, o objecto é constituído como uma entidade identificável, mas cujos atributos elementares estão relacionados entre si para constituir um percepto único.

Esta hipótese tem por consequência lógica que cada um destes mecanismos visuais deveria, em princípio, poder ser activado em função da tarefa a cumprir. Se a tarefa é reconhecer, memorizar ou formar uma imagem visual de um objecto, apenas a via ventral deveria ser activada. Se, pelo contrário, a tarefa consiste em preparar um movimento de agarrar, é a via dorsal que deveria ser activada. Resultados recentes obtidos com a ajuda de técnicas de neuroimagiologia confirmam esta predição, excepto que esta separação não é completa. As duas vias visuais são co-activadas durante certas tarefas perceptivas, como a determinação perceptiva de características espaciais de objectos (o seu tamanho ou a sua orientação). Esta co-activação é igualmente observada durante a acção em direcção a estes objectos. Em contrapartida, apenas a via ventral é activada durante o reconhecimento de objectos visuais complexos como um rosto.

A via dorsal codifica os atributos dos objectos enquanto contribuem para a acção dirigida para estes objectos. A via ventral codifica estes atributos enquanto estão relacionados com operações cognitivas sobre estes objectos.

M. Jeannerod

📖 Goodale, M.A., Milner A.D., Jakobson, L.S. & Carey, D.P. (1991), "Perceiving the world and grasping it. A neurological dissociation", *Nature*, 349, 154-156.

Vontade

- *La Recherche*, Dossier consacré aux deux systèmes visuels, n.º 309, Maio de 1998.

☞ *percepção, reconhecimento dos objectos, reconhecimento dos rostos, sensação*

VONTADE

Capacidade que permite determinar livremente uma acção ou de seleccionar uma entre outras.

• O estudo da vontade pelas ciências cognitivas é por agora apenas muito marginal, mas é certamente o novo campo de investigação que intriga os cognitivistas. Os filósofos como Davidson pensavam poder prescindir desta noção e reduzi-la a outros conceitos, a uma combinação de desejos e de crenças que formam uma intenção. O argumento de Davidson é que, se há que contar a vontade como uma espécie de começo da acção quando se preende descrevê-la, uma vez ao nível dos movimentos, por exemplo para acender a luz, seria preciso querer pressionar o interruptor, logo, querer dobrar o indicador, depois querer querer dobrar o indicador, etc. A vontade desapareceria numa regressão infinita. Pelo contrário, Carl Ginet defende que um acto volitivo é uma parte essencial da acção.

Os estudos experimentais de Libet sobre a consciência da vontade, embora controversos quanto à sua metodologia, parecem estabelecer que a acção (voluntária) começa antes de tomarmos consciência da nossa vontade de agir. Os sujeitos deviam indicar o momento da sua tomada de consciência de querer mexer um dedo, indicando a posição de um ponto de referência sobre um disco prestes a rodar. O registo EEG mostrava que o desencadear da sua acção precedia esta tomada de consciência, mesmo descontado o tempo de reacção motora necessária para a indicar.

Poder-se-ia concluir que o que chamamos vontade não passa de uma ilusão, de um epifenómeno. Todavia, por outro lado, as acções voluntárias diferem no seu desenrolar das acções reflexas ou dos movimentos passivos. Dão lugar a correcções durante a fase de espera do alvo. Libet concluiu que a nossa vontade consiste essencialmente em controlar o movimento uma vez iniciado e, portanto, limita-se a um poder de veto ou de inibição. Ao nível neuronal, esta distinção perde um pouco do seu sentido, porque as inibições são tão importantes quanto as activações. Resta o facto de que o início de uma acção voluntária exige a inibição de uma inibição (que impediria a execução de um programa de acção, no entanto já activado na zona de preparação motora). Que a consciência desta vontade seja mais tardia é uma propriedade de toda a consciência e é acompanhada de um controlo cortical que se manifesta mais tardiamente.

Parece, portanto, que a noção de vontade pode ser dissociada em fases inconscientes iniciais, que consistem em desbloquear a execução de um movimento já preparado, fases inconscientes durante a acção, que consistem em corrigir e ajustar o movimento em relação ao alvo (por ex. apertando a abertura da mão em contacto com o objecto a erguer) e fases conscientes para acções longas, que consistem em controlar o prosseguimento da acção e, se necessário, em rever a sua orientação em função de obstáculos. O debate filosófico que permanece em aberto é saber se esta fragmentação da vontade torna mais claras as relações entre vontade, liberdade e determinismo. Parece que a liberdade efectiva exige que as informações retiradas da fase de controlo tenham efeito sobre a fase de começo, senão não poderíamos produzir correcções das acções que visam objectivos já escolhidos de maneira quer aleatória quer determinista.

P. Livet

Vontade

📖 Anscombe, E. (1957), *Intention*, Oxford, Blackwell.

• Davidson, D. (1993), *Actions et événements*, Paris, Presses Universitaires de France.

• Ginet, C. (1990), *On Action*, Cambridge, Cambridge University Press.

• Libet, B. (1999), "Do we have free will?", *Journal of Consciousness Studies*, 8-9, 47-57.

☞ *acção, controlo da acção*

Cronologia
das Ciências Cognitivas

DATAS	ELEMENTOS SOCIAIS E TECNOLÓGICOS	ACONTECIMENTOS CIENTÍFICOS
	Trabalhos percursores	
1800		– A frenologia, antecipação da hipótese da modularidade da mente (F. Gall, J.C. Spurzheim, 1808).
1860		– T. Fechner (1860): programa e métodos da psicofísica objectiva.
1870		– Actos fundadores da neuropsicologia: trabalhos de P. Broca (1861, 1865) sobre as perturbações da linguagem articulada; trabalhos de C. Wernicke (1874) sobre as perturbações da compreensão da linguagem oral.
		– Bases teóricas e metodológicas da cronometria mental: *Over de snelheid van psuchische processen* ("Sobre a velocidade dos processos mentais"), F.C. Donders, 1865.
		– C. Darwin (1871): postula uma continuidade evolutiva entre as faculdades mentais animais e humanas. Pode ser visto como um dos postulados de base da psicologia cognitiva animal.
		– F. Brentano (1874): defende uma abordagem empirista e mecanicista do pensamento e da consciência na psicologia.
1880		– G. Frege (1884): manipulação lógica dos símbolos.
1890		– C. von Ehrenfels (1890): precursor da *Gestalt-theorie*.
1900		– C. Sherrington (1901): estimulação eléctrica do cérebro do macaco.
		– B. Russell (1903): redução da aritmética à lógica.
		– K. Broadmann (1909): arquitectura celular do córtex cerebral.
1910	– Desenvolvimento da neurologia e da neuropsicologia devido ao grande número de lesões cerebrais após a I Guerra Mundial (1914-1918). Observar-se-á a mesma tendência depois da II Guerra Mundial (1939-1945).	– E. Husserl (1913, 1929): a fenomenologia pode ser vista como um precursor do cognitivismo.

Cronologia das Ciências Cognitivas

DATAS	ELEMENTOS SOCIAIS E TECNOLÓGICOS	ACONTECIMENTOS CIENTÍFICOS
1920		– *Gestalt-theorie* (1920-1940): holismo, importância dos processos cognitivos *top-down* (Koffka, Köhler). – L. Wittengstein (1922): o *Tractatus Logico-Philosophicus* insiste na importância da linguagem no pensamento. – E.C. Tolman (1925): os "mapas mentais" e a intencionalidade no animal.
1930-40	– Desenvolvimento da informática.	– Pesquisas de N. Wiener (1930-1940): *feedback*, objectivo, servomecanismos.
1931		– Pesquisas de K. Gödel: princípio da incompletude (1931).
1932		– Estudo não behaviorista da memória e da representação esquemática: *Remembering* (F.C. Bartlett, 1932).
1936		– Máquina de Turing (código binário, programação): *On computable numbers* (A. Turing, 1936).
1942	– Conferência em Nova Iorque: inibição no sistema nervoso central.	
1943	– Construção nos Estados Unidos dos primeiros computadores ultra-rápidos: ENIAC (paralelo) et EDVAC (sequencial, programas memorizados). Computador J. von Neumann.	– Le neobehaviorismo antecipa, em certa medida, o desenvolvimento do conexionismo: *Principles of Behavior* (C.L. Hull, 1943). – Desenvolvimento da primeira cibernética: *Behavior, purpose and teleology* (A. Rosenblueth, N. Wiener, J. Bigelow, 1943). – Teoria dos autómatos e simulação do sistema nervoso central: *A logical calculus of the ideas immanent in nervous activity* (W. McCulloch, W. Pitts, 1943).
1944		– Teoria dos jogos: O. Morgenstern (1944).
1946	– Conferência Macy em Nova Iorque em Março de 1946 (1946-1953).	– Aparecimento do estudo da cognição social: S. Asch (1946).
1947		– *Cybernetics* (N. Wiener, 1947).
1948	– Simpósio Hixon em Passadena, CA (Estados Unidos) em 1948 (1948-1960).	– K. Lashley (Conferência Hixon, 1948) contesta o behaviorismo e declara que o cérebro é "um sistema dinâmico constantemente activo ou, melhor, um conjunto de muitos sistemas em interacção".

Cronologia das Ciências Cognitivas

DATAS	ELEMENTOS SOCIAIS E TECNOLÓGICOS	ACONTECIMENTOS CIENTÍFICOS
1949		– Teoria da informação: *Mathematical theory of communication* (C. Shannon, 1949). – Lei da aprendizagem de D.O. Hebb (1949) para as redes de neurónios.
1950	– O papel da psicologia torna-se preponderante nas conferências Macy a partir dos anos 1950: G.A. Miller, J. Bruner, A. Newell, H. Simon.	– *Perceptron* (F. Rosenblatt, 1950). – *Introduction à l'épistémologie génétique* (J. Piaget, 1950). – Será possível simular a inteligência humana? *Computing machinery and intelligence* (A. Turing, 1950). – Desenvolvimento dos modelos estocásticos e markovianos para a simulação da aprendizagem (origem da psicologia matemática), a "química mental" de W.K. Estes (1950).
1951		– *Language and Communication* (G.A. Miller, 1951).
1953		– Primeiras descrições informáticas dos processos cognitivos implicados na atenção: D.E. Broadbent (1953), D.-A. Norman (1968). – Percepção do espaço e do movimento: *The visual perception of objective motion and subjective movement* (J.J. Gibson, 1953). Gibson desenvolverá ulteriormente uma abordagem "ecológica" da cognição.
1954		– Primeira psicolinguística (psicologia, linguística, comunicação): C.E. Osgood, T.A. Sebeok, 1954.
1955		– Metodologia da dupla dissociação na neuropsicologia (1955).
1956	– Conferência em Cambridge, MA (Estados Unidos): considerada fundadora das ciências cognitivas (MIT, Setembro de 1956). – Conferência de Dartmouth: considerada fundadora da inteligência artificial (Verão de 1956).	– Teoria da detecção do sinal aplicada à percepção e ao reconhecimento mnésico. Terá um papel muito importante nos modelos cognitivos: W.P. Tanner, J.R. Swets, J. Swets, 1956.

Cronologia das Ciências Cognitivas

DATAS	ELEMENTOS SOCIAIS E TECNOLÓGICOS	ACONTECIMENTOS CIENTÍFICOS
1956		- *The logical structure of linguistic theories* (N. Chomsky, 1956). - Aplicação da teoria da informação ao estudo da memória e dos processos de controlo cognitivo, *The magical number seven, plus or minus two* [...] (G.-A. Miller, 1956). O artigo mais citado na psicologia no período 1956-1992. As pesquisas sobre a memória são cada vez mais numerosas: D. Norman, R. Atkinson, R. Shiffrin, M. Posner, D. Sperling, M. Quillian, etc. - Estudo das estratégias (cognitivas) de resolução de problemas: *A study of thinking* (J.S. Bruner, J. Goodnow, G. Austin, 1956). - No seguimento dos trabalhos pioneiros de E. Sapir (1921), desenvolvimento do estudo das relações entre cultura e cognição: B. Whorf (1956) e depois B. Berlin, P. Kay (1969).
1957		- Controvérsia entre Skinner (behaviorismo) et N. Chomsky (estruturalismo) sobre a linguagem. Frequentemente considerada como a certidão de óbito do behaviorismo (1957, 1959). - Psicofísica subjectiva e função potência: S.S. Stevens, 1957.
1958		- *Antropologia Estrutural* (C. Lévi--Strauss, 1958). - Teorias da consistência cognitiva na psicologia social: F. Heider (1958).
1959		- *Aplications of information theory to psychology* (F. Attneave, 1959).
1960	- Criação em 1960 do Center for Cognitive Studies (Harvard, Estados Unidos). - Aparecimento do termo "neurolinguística" no início dos anos 1960.	- Desenvolvimento da segunda cibernética: sistemas de auto-organização (1960-1970). - Na neuropsicologia: início do período de trabalhos intensivos sobre a especialização cerebral hemisférica (M. Gazzaniga, J. Sergent (1960-1980).
1962		- *Principles of neurodynamics* (F. Rosenblatt, 1962).
1965		- Etapa decisiva na emergência da psicolinguística: *Aspects of the theory of syntax* (N. Chomsky, 1965).

Cronologia das Ciências Cognitivas

DATAS	ELEMENTOS SOCIAIS E TECNOLÓGICOS	ACONTECIMENTOS CIENTÍFICOS
1966		– Origem da psicologia evolucionista (G.C. Williams, 1966). Tem um forte desenvolvimento nos anos 1980: R. Dawkins, 1980. – Extensão dos métodos de cronometria mental (S. Sternberg, 1966).
1967	– Primeiro manual universitário de psicologia cognitiva: *Cognitive Psychology* (U. Neisser, 1967).	
1969		– Crítica ao *Perceptron*: *Perceptrons* (M. Minsky, S. Papert, 1969).
1969		– Simulação da memória semântica: *Teachable Language Comprehender* (M.R. Quillian, 1969). Desenvolvimento de modelos de representação dos conhecimentos e da categorização: J. Anderson, E. Rosch, etc. – *The Science of the Artificial* (H. Simon, 1969).
1970	– Iniciativa Sloan (Estados Unidos) sobre a integração das neurociências (1970). – Criação do *Journal of Cognitive Psychology* (1970). – Aparecimento da expressão "ciências cognitivas" (1970). – Criação nos Estados Unidos (CA), do Center for Human Information Processing (1970).	– As neurociências cognitivas utilizam cada vez mais os paradigmas da psicologia cognitiva (1970-1980). – O registo da actividade de neurónios isolados no "macaco desperto" renova a neuropsicologia animal: E. Evans, V. Mountcastle (à volta de 1970). – A corrente teórica chamada das "gramáticas cognitivas" desenvolve-se nos anos 1970 (R. Jackendorff, G. Lakoff, R. Langacker, L. Talmy). Distingue-se do programa chamado "minimalista" de Chomsky (J.-Y. Pollock, 1997).
1972		– Crítica "fenomenológica" da inteligência artificial (H. Dreyfus, 1972). – *Human Problem Solver* (HPS): A. Newell e H. Simon, 1972.
1973		– Tese filosófica do "funcionalismo": a cognição é uma função que pode ser realizada pelo cérebro ou pelo computador (H. Putnam, 1973).
1975	– Iniciativa Sloan (Estados Unidos) de apoio às ciências cognitivas (1975).	– Primeiros trabalhos de J. Fodor sobre a linguagem (1975). – Debate J. Piaget / N. Chomsky (Royaumont, 10-13 de Setembro de 1975, construtivismo contra inatismo).
1976	– Origem do conceito de "etologia cognitiva" (D.R. Griffin, 1976).	

401

Cronologia das Ciências Cognitivas

DATAS	ELEMENTOS SOCIAIS E TECNOLÓGICOS	ACONTECIMENTOS CIENTÍFICOS
1977	– Criação do *Journal of Cognitive Science* (1977).	– Muitas pesquisas que adoptam a metáfora informática da cognição: *Human information processing* (P.H. Lindsay, D.A. Norman, 1977).
1978	– Relatório Sloan sobre o desenvolvimento das ciências cognitivas nos Estados Unidos (1978).	– Os trabalhos de psicologia cognitiva animal mostram que o hipocampo funciona como um "mapa cognitivo" (O'Keefe, Nadel, 1978). – Os animais serão capazes de atribuir estados mentais? (D. Premack, 1978): a "teoria da mente".
1979	– Criação nos Estados Unidos da Cognitive Science Society (1979)	
1980	– A partir dos anos 1980, grandes progressos nas técnicas experimentais de estudo das actividades cognitivas em tempo real (percepção auto-segmentada e oculometria).	– Nos anos 1980-1990, desenvolvimento das pesquisas em etologia cognitiva. A etologia acolhe cada vez mais problemáticas que pertencem à psicologia cognitiva.
1981	– Criação, em França, da Association pour la Recherche Cognitive: 1981 (revista: *Intellectica*).	– Modularidade da mente, J.A. Fodor (1981).
1982		– Análise computacional da representação visual: "Vision" (D.C. Marr, 1982).
1982		– Aplicação de modelos da física (teoria dos *spins*) às redes de neurónios: J.J. Hopfield (1982).
1983		– Hipótese "pan-neuronale": a actividade do cérebro não pode ser descrita senão em termos físicos (J.-P. Changeux, 1983).
1984	– Desenvolvimento muito rápido dos modelos conexionistas: de 1984 à 1986, a percentagem de comunicações sobre o conexionismo apresentadas à Cognitive Science Society passa de 17% para 31 %.	
1985		– Em direcção à naturalização da mente: alguns filósofos põem em causa a necessidade do nível computacional intercalado entre o nível neuronal e o nível representacional (J.R. Searle, 1985). Teses eliminativistas na filosofia da mente.

Cronologia das Ciências Cognitivas

DATAS	ELEMENTOS SOCIAIS E TECNOLÓGICOS	ACONTECIMENTOS CIENTÍFICOS
1986	– Relatório prospectivo FAST (*Forecast and Assessment in Science and Technology*) da Comunidade Europeia sobre as ciências cognitivas na Europa (Fevereiro de 1986). – Progressos dos métodos de neuroimagiologia e aplicação ao estudo da cognição humana (sobretudo a partir de meados dos anos 1980).	– Modelos conexionistas para a simulação cognitiva: *Parallel Distributed Processing* (PDP) (D.L. Rumelhart, J.L. McClelland, 1986). Seis mil exemplares vendidos antes da entrega da obra nas livrarias. – Um dos pioneiros da inteligência artificial, T. Winograd, conclui que as máquinas nunca poderão igualar a inteligência humana (T. Winograd & F. Florès, 1986).
1988	– As ciências cognitivas são incluídas no programa de investigação ESPRIT da Comunidade Europeia e financiadas em 65-70 milhões de dólares (1988). – Programas de apoio ao CNRS (França) às ciências cognitivas (a partir de 1988).	– Debate entre os defensores do funcionalismo simbólico e os do conexionismo (J. Fodor, Z. Pylyshyn, 1988).
1989		– Cultura, linguagem, comunicação, D. Sperber, D. Wilson (1989).
1990		– Autocrítica de H. Putnam e das teses funcionalistas. Regresso ao contextualismo e ao holismo (1990).
1991		– Vida artificial: importância da acção "encarnada" e da histórica. É posta em causa a distinção entre o sistema biológico ou artificial e o seu ambiente: R.A. Brooks, 1991.
1992	– Desenvolvimento da neuropsiquiatria cognitiva (C. Frith, 1992; A. David, 1993).	– Desenvolvimento do conexionismo radical (G. Globus, 1992; S. Grossberg, 1987; P. Smolensky, 1988).
1995		– A filosofia da mente levanta o problema do estudo objectivo da consciência e dos *qualia* (N. Block, 1995; P. Churchland, 1999).
1996		– Partilha colectiva das representações: a epidemiologia das representações (D. Sperber, 1996).
1998	– Criação em França, pelo CNRS, do Institut des Sciences Cognitives em Lyon (1998).	– Ecologia cognitiva: papel da evolução na selecção dos processos cognitivos (R. Dukas, 1998).
(...)		– Psiconeuroimunologia (S. Maier, L. Watkins, 1998).

Bibliografia

• *Obras de referência*

ABDI, H. (1994), *Les Réseaux de neurones*, Grenoble, Presses Universitaires de Grenoble.

ABDI, H., VALENTIN, D. & EDELMAN, B. (1999), *Neural networks*, Thousand Oaks, CA, Sage.

ANDERSON, J.A. & ROSENFELD, E. (1998), *Talking nets: An oral history of neural networks*, Cambridge, MA, The MIT Press.

ANDERSON, J.R. (1983), *The Architecture of Cognition*, Cambridge, MA, Harvard University Press.

ANDLER, D. (1992), *Introduction aux sciences cognitives*, Paris, Gallimard.

ARBIB, M.A. (1995), *The Handbook of Brain theory and neural networks*, Cambridge, MA, The MIT Press.

BEAUVALLET, G. (1996), *Un voyage d'exploration en sciences cognitives*, Paris, l'Harmattan.

BECHTEL, W. & ABRAHAMSEN, A. (1993), *Le connexionnisme et l'esprit*, Paris, La Découverte.

BECHTEL, W. & GRAHAM, G. (1999), *A Companion to Cognitive Science*, Oxford, Blackwell Publishers.

BECHTEL, W. (1988), *Philosophy of science. An overview for cognitive science*, Hillsdale, NJ, Lawrence Erlbaum Associates.

BLOCH, V. (1999), *Cerveaux et machines*, Paris, Hermès.

BONNET, C., HOC, J.-M. & TIBERGHIEN, G. (1986), *Psychologie, intelligence artificielle et automatique*, Liége, Mardaga.

BOUSSAID, O., BRISSAUD, M., RITSCHARD, G. & ROYET, J.-P. (1993), *Pluridisciplinarité dans les sciences cognitives*, Paris, Hermès.

BRISSAUD, M., GRANGE, M. & NICOLOYANNIS, N. (1992), *Intelligence artificielle et sciences humaines*, Paris, Hermès.

BRUNER, J. (2000), *Culture et modes de pensée, l'esprit humain dans ses œuvres*, Paris, Retz.

CABEZZA, R. & KINGSTONE, A. (2001), *Handbook of functional neuroimaging of cognition*, Cambridge, MA, The MIT Press.

CHANGEUX, J.-P. (1980), *L'homme neuronal*, Paris, Fayard [trad.port. *O Homem Neuronal*, Lisboa, Dom Quixote, 1991].

CHOMSKY, N. (1984), *Modular Approaches to the Study of Mind*, San Diego, San Diego State University Press.

CHURCHLAND, P.M. (1999), *Le Cerveau, moteur de la Raison*, Bruxelas, DeBoeck Université.

CHURCHLAND, P.S. & SEJNOWSKI, T.J. (1991), *The Computational Brain, Models and Methods on the Frontiers of Computational Neuroscience*, Cambridge, MA, The MIT Press.

Bibliografia

COLLINS, A. & SMITH, E.E. (1988), *Readings in cognitive science. A perspective from psychology and artificial intelligence*, San Mateo, CA, Morgan Kaufmann Publishers.

COOPER, W.E. (1985), "Foresight and application in cognitive science", *Cognition*, 20, 265-267.

CRICK, F. (1994), *L'hypothèse stupéfiante: A la recherche scientifique de l'âme*, Paris, Plon [trad. port.: *Hipótese Espantosa: A Busca Científica da Alma*, Lisboa, Piaget, 1998].

DAMÁSIO, A.R. (1994), *L'erreur de Descartes. La raison des émotions*, Paris, Éditions Odile Jacob. [trad. port.: *O Erro de Descartes: Emoção, Razão e Cérebro Humano*, Mem Martins, Europa-América, 2005].

DAMÁSIO, A.R. (2000), *Le sentiment même de soi, corps, émotions, conscience*, Paris, Éditions Odile Jacob. [trad. port.: *Sentimento de si – o Corpo, a Emoção e a Neurobiologia da Consciência*, Mem Martins, Europa-América, 2004].

DAVIDSON, D. (1984), *Inquiries into Truth and Interpretation*, Oxford, Oxford University Press.

DEHAENE, S. (1997), *Le cerveau en action: Imagerie cérébrale fonctionnelle en psychologie cognitive*, Paris, Presses Universitaires de France.

DELACOUR, J. (1998), *Une introduction aux neurosciences cognitives*, Bruxelas, DeBoeck Université.

DEMAILLY, A. &. LE MOIGNE, J.-L. (1986), *Sciences de l'intelligence, sciences de l'artificiel*, Lyon, Presses Universitaires de Lyon.

DENHIÈRE, G. & BAUDET, S. (1992), *Lecture, compréhension de texte et science cognitive*, Paris, Presses Universitaires de France.

DENIS, M. & SABAH, G. (1993), *Modèles et concepts pour la science cognitive: Hommage à Jean-François Le Ny*, Grenoble, Presses Universitaires de Grenoble.

DENNETT, D.C. (1987), *The Intentional Stance*, Cambridge, MA, The MIT Press.

DENNETT, D.C. (1993), *La conscience expliquée*, Paris, Éditions Odile Jacob. [trad. port.: *Tipos de Mentes: para uma compreensão da consciência*, Lisboa, Rocco, 2001].

DiMAGGIO, P. (1997), "Culture and Cognition", *Annual Review of Sociology*, 23, 263-287.

DORTIER, J.-F. (1999), *Le cerveau et la pensée: La révolution des sciences cognitives*, Auxerre, Sciences Humaines Éditions.

DRETSKE, F. (1980), *Knowledge and the Flow of Information*, Oxford, Blackwell.

DREYFUS, H.L. (1984), *Intelligence artificielle, mythes et limites*, Paris, Flammarion.

DUBOIS, D. (1991), *Sémantique et cognition*, Paris, Presses Universitaires de France.

DUBOIS, D. (1994), "Identity and autonomy of psychology in cognitive sciences: Some remarks from language processing and knowledge representation", *World Futures*, 42, 71-78.

DUBUCS, J. & LEPAGE, F. (1995), *Méthodes logiques pour les sciences cognitives*, Paris, Hermès.

DUPUY, J.P. (1985), "L'essor de la première cybernétique (1943-1953)", *Cahiers du C.R.E.A.*, 7, 7-140.

DUPUY, J.-P. (1994), *Aux origines des sciences cognitives*, Paris, La Découverte.

ECCLES, J. (1997), *Comment la conscience contrôle le cerveau*, Paris, Fayard.

ECKARDT, B. von. (1993), *What is Cognitive Science?*, Cambridge, MA, The MIT Press.

EDELMAN, G.M. & TONONI, G., (2000) *Comment la matière devient conscience*, Paris, Éditions Odile Jacob.

EDELMAN, G.M. (1992), *Biologie de la conscience*, Paris, Éditions Odile Jacob.

ENGEL, P. (1991), "Psychologie populaire et explication cognitive", in J.N. Missa (org.), *Philosophie de l'esprit et sciences du cerveau*, pp. 135-146, Paris, Librairie Philosophique Vrin.

Bibliografia

ENGEL, P. (1992), *États d'esprit: questions de philosophie de l'esprit*, Aix en Provence, Alinea.

ENGEL, P. (1994), *Introduction à la philosophie de l'esprit*, Paris, La Découverte [trad. port. *Introdução à Filosofia do Espírito*, Lisboa, Piaget, 1996].

FAUCONNIER, G. (1984), *Espaces mentaux*, Paris, Éditions de Minuit.

FLANAGAN, O. (1991), *The Science of the Mind*, Cambridge, MA, The MIT Press.

FODOR, J.A. (1986), *La modularité de l'esprit*, Paris, Éditions de Minuit.

FODOR, J.A. (1998), *Concepts: where cognitive science went wrong*, Oxford, Oxford University Press.

FODOR, J.A. (2000), *In critical condition: polemical essays on cognitive science and the philosophy of mind*, Cambridge, MA, The MIT Press.

FRITH, C.D. (1996), *Neuropsychologie cognitive de la schizophrénie*, Paris, Presses Universitaires de France.

GANASCIA, J.-G. (1990), *L'âme-machine. Les enjeux de l'intelligence artificielle*, Paris, Seuil.

GANASCIA, J.-G. (1996), *Les sciences cognitives*, Paris, Flammarion [trad. port. *As Ciências Cognitivas*, Lisboa, Piaget, 1999].

GARDNER, H. (1993), *Histoire de la révolution cognitive: La nouvelle science de l'esprit* (1985), Paris, Payot.

GAZZANIGA, M.S. (2000), *The new cognitive neurosciences*, 2.ª edição, Cambridge, MA, The MIT Press.

GAZZANIGA, M.S., IVRY, R.B. & MANGUN, G.R. (2002), *Cognitive Neuroscience: The biology of mind*, New York, Norton.

GOLDMAN, A.I. (1993), *Philosophical Applications of Cognitive Science*, Boulder, Westview Press.

GOLDMAN, A.I. (1993), *Readings in Philosophy and Cognitive Science*, Cambridge, MA, MIT Press, Bradford Books.

GORDON, M.B. & PAUGHAM-MOISY, H. (1997), *Sciences cognitives: diversité des approches*, Paris, Hermès.

HANSON, P.P. (1990), *Information, Language and Cognition*, Oxford, Oxford University Press.

HAUGELAND, J (1989), *L'esprit dans la machine*, Paris, Éditions Odile Jacob.

HAUGELAND, J. (1981), *Mind Design*, Cambridge, MA, The MIT Press.

HOCHMANN, J. & JEANNEROD, M. (1991), *Esprit, où es-tu? Psychanalyse et neurosciences*, Paris, Éditions Odile Jacob.

HODGES, A. (1988), *Alan Turing ou l'énigme de l'intelligence*, Paris, Payot.

HOFFMAN, R.R. & Nead, JM. (1983), "General contextualism, ecological science and cognitive research", *The Journal of Mind and Behavior*, 4, 507-560.

HOFSTADTER, D. & DENNETT, D. (1987), *Vues de l'esprit*, Paris, Interéditions.

HOLLEY, A. (1992), *Sciences cognitives*, Paris, CNRS Éditions.

HOUDÉ, O., KAYSER, D., KOENIG, O., PROUST, J. & RASTIER, F. (1998), *Vocabulaire de Sciences Cognitives*, Paris, Presses Universitaires de France.

HOUDÉ, O., MAZOYER, B. & TZOURIO-MAZOYER, N. (2002), *Cerveau et psychologie*, Paris, Presses Universitaires de France.

JACKENDOFF, R. (1987), *Consciousness and the computational mind*, Cambridge, MA, The MIT Press.

JACOB, P., *Pourquoi les choses ont-elles un sens?* Paris, Éditions Odile Jacob.

JEANNEROD, M. (1996), *De la physiologie mentale: Histoire des relations entre biologie et psychologie*, Paris, Éditions Odile Jacob. [trad. port. *Sobre a Fisiologia Mental – História das Relações entre Biologia e Psicologia*, Lisboa, Piaget, 2000].

407

Bibliografia

JEANNEROD, M. (1997), *The cognitive neuroscience of action*, Oxford, Blackwell.

JEANNEROD, M. (2002), *La nature de l'esprit*, Paris, Éditions Odile Jacob [trad. port. *A Natureza da Mente*, Lisboa, Piaget, 2004].

JOHNSON, D.M. & ERNELING, C.E. (1997), *The future of cognitive revolution*, New York, Oxford University Press.

JOHNSON-LAIRD, P. (1988), *The Computer and the Mind: An Introduction to Cognitive Science*, Cambridge, MA, Harvard University Press.

KANDEL, E., SCHWARTZ, J. & JESSELL, T. (1991) *Principles of Neurosciences*, Amsterdam, Elsevier.

KARMILOFF-SMITH, A. (1992), *Beyond modularity: A developmental perspective of cognitive science*, Cambridge, MA, The MIT Press.

KAYSER, D. (1997), *La représentation des connaissances*, Paris, Hermès.

KIM, J.J. (1994), *Supervenience and Mind*, Cambridge, MA, Cambridge University Press.

KOSSLYN, S.M. & KOENIG, O. (1992), *Wet mind: The new cognitive neuroscience*, New York, The Free Press.

LAKOFF, G. (1987), *Women, fire and dangeroux things: what categories reveal about the mind*, Chicago, Chicago Press University

LE NY, J.-F. (1989), *Science cognitive et compréhension du langage*, Paris, Presses Universitaires de France.

LE NY, J.-F. (1993), *Intelligence naturelle et intelligence artificielle*, Paris, Presses Universitaires de France.

Lycan, W.G. (1990), *Mind and cognition: A reader*, Cambridge, MA, Basil Blackwell.

MATURANA, H. & VARELA, F. (1980), *Autopoiesis and cognition, the realization of the Living*, Boston, Reidel.

MCADAMS, S. & DELIÈGE, I. (1989), *La musique et les sciences cognitives*, Liège, Mardaga.

MEHLER, J. & Dupoux, E. (1990), *Naître Humain*, Paris, Éditions Odile Jacob.

MISSA, J.-N. (1991), *Philosophie de l'esprit et sciences du cerveau*, Paris, Librairie Philosophique Vrin.

MISSA, J.-N. (1993), *L'esprit-cerveau: La philosophie de l'esprit à la lumière des neurosciences*, Paris, Librairie Philosophique Vrin.

MORTON, J. (1981), "Will cognition survive?", *Cognition*, 10, 227-234.

NADEL, L. (2002), *Encyclopedia of Cognitive Science*, 4 vol., Londres, McMillan Publishers Ltd.

NEWELL, A. (1990), *Unified theories of cognition*, Cambridge, MA, The MIT Press.

O'REILLY, R.C., MUNAKATA, Y. & MCCLELLAND, J.L. (2000), *Computational explorations in cognitive neuroscience. Understanding the mind by simulating the brain*, Cambridge, MA, The MIT Press.

OSHERSON, D., STOB, M. & WEINSTEIN, S. (1986), *Systems that Learn*, Cambridge, MA, The MIT Press.

OSHERSON, D.N. (1998), *An invitation to cognitive science*, 4 vol., 2.ª edição, Cambridge, MA, The MIT Press.

PACHERIE, E. (1991), "Sciences cognitives: nouvelles perspectives sur l'intentionnalité et la perception", *Lettres Philosophiques*, 4, 127-137.

PAVEL, S. (1989), *Intelligence logicielle*, Ottawa, Réseau International de néologie et de terminologie.

PÉLISSIER, A. & TÊTE, A. (1995), *Sciences cognitives: Textes fondateurs (1943-1950)*, Paris, Presses Universitaires de France.

PENROSE, R. (1992), *L'esprit, l'ordinateur et les lois de la physique*, Paris, Interéditions [trad. port.: *A Mente Virtual: sobre computadores, mentes e as leis da física*, Lisboa, Gradiva, 1997].

Bibliografia

PERNER, J. (1991), *Understanding the Representational Mind*, Cambridge, MA, The MIT Press.

PIATELLI-PALMARINI, M. (1979), *Théories du langage, théories de l'apprentissage: Le débat entre Jean Piaget et Noam Chomsky*, Paris, Éditions du Seuil.

PINKER, S. (2000), *Comment fonctionne l'esprit*, Paris, Éditions Odile Jacob.

PITRAT, J. (1995), *De la machine à l'intelligence*, Paris, Hermès.

POSNER, M.I. & RAICHLE, M.E. (1998), *L'esprit en images*, Bruxelas, DeBoeck Université. [trad. port.: *Imagens da Mente*, Porto, Porto Editora, 2002].

POSNER, M.I. (1989), *Foundations of cognitive science*, Cambridge, MA, The MIT Press.

PREMACK, D. & WOODRUFF, G. (1978), "Does the Chimpanzee have a Theory of Mind?", *The Behavioral and Brain Sciences*, 1, 515-526.

PRIBRAM, K.H. & GILL, M.M. (1986), *Le "Projet de psychologie scientifique" de Freud: Un nouveau regard*, Paris, Presses Universitaires de France.

PROCHIANTZ, A. (1997), *Les anatomies de la pensée. A quoi pensent les calamars*, Paris, Éditions Odile Jacob. [trad. port.: *Anatomias do Pensamento: em que pensam as lulas?*, Lisboa, Piaget, 2002].

PROCHIANTZ, A. (2001), *Machine-esprit*, Paris, Éditions Odile Jacob.

PROUST, J. (1997), *Comment l'esprit vient aux bêtes*, Paris, Gallimard.

PUTNAM, H. (1962), *Mind, language and reality: Philosophical Papers*, Cambridge, MA, Cambridge University Press.

PYLYSHYN, Z.W. (1980), "Computation and cognition: Issues in the foundations of cognitive science", *Behavioral and Brain Sciences*, 3, 111-169.

PYLYSHYN, Z.W. (1984), *Computation and cognition: Toward a foundation for cognitive science*, Cambridge, MA, The MIT Press.

RABINOWITZ, M. (1993), *Cognitive science: Foundations of instruction*, Hillsdale, NJ, Lawrence Erlbaum Associates.

RASTIER, F. (1991), *Sémantique et recherches cognitives*, Paris, Presses Universitaires de France.

REBOUL, A. & Moeschler, J. (1998), *La pragmatique aujourd'hui: une nouvelle science de la communication*, Paris, Le Seuil.

RIALLE, V. & Fisette, D. (1996), *Penser l'esprit: de la cognition à une philosophie cognitive*, Grenoble, Presses Universitaires de Grenoble.

RICHARD, J.-F. (1998), *Les activités mentales*, Paris, Armand Colin.

ROITBLAT, H.L. & MEYER, J.-A. (1995), *Comparative approaches to cognitive science*, Cambridge, MA, The MIT Press.

ROLLS, E.T. & Deco, G. (2002), *Computational Neuroscience of Vision*, Oxford, Oxford University Press.

ROLLS, E.T. (1999), *The Brain and Emotion*, Oxford, Oxford University Press.

ROSENTHAL, D.M. (1991), *The nature of mind*, Oxford, Oxford University Press.

RUGG, M.D. (1997), *Cognitive neuroscience*, Cambridge, MA, The MIT Press.

RUMELHART, D.E., MCCLELLAND, J.L. & PDP Research Group (1986), *Parallel distributed processing: Explorations in the microstructures of cognition*, vol. 1, *Foundations*, vol. 2, *Psychological and biological models*, Cambridge, MA, The MIT Press.

SEARLE, J. (1994), *La redécouverte de l'esprit*, (traduzido da edição americana de 1992), Paris, Gallimard [trad. port.: *A Redescoberta da Mente*, Lisboa, Piaget, 1998].

SFEZ, L. (1993), *Dictionnaire critique de la communication*, Paris, Presses Universitaires de France.

Bibliografia

SHARKEY, N.E. (1986), *Advances in Cognitive Science 1*, Chichester, Ellis Horwood & Wiley.

SHARKEY, N.E. (1989), *Models of cognition. A review of cognitive science*, vol. 1, Norwood, NJ, Ablex Publishing Corporation.

SHETTLEWORTH, S.J. (1998), *Cognition, Evolution and Behavior*, Oxford, Oxford University Press.

SIMON, H.A. (1996), *Sciences of the artificial*, Cambridge, MA, The MIT Press.

SMITH, J-C. (1990), *Historical foundations of cognitive science*, Dordrecht, Kluwer Academic Publishers.

SPERBER, D. & Wilson, D. (1988), *La pertinence: Communication et cognition*, Paris, Éditions de Minuit.

SPERBER, D. (1996), *La contagion des idées*, Paris, Éditions Odile Jacob.

STICH, S. (1983), *From folk psychology to cognitive science: The case against Science*, Cambridge, MA, The MIT Press.

STILLINGS, N. et al. (1995), *Cognitive Science*, Cambridge, MA, The MIT Press.

THAGARD, P. (1986), "Parallel computation and the mind-body problem", *Cognitive Science*, 10, 301-318.

THAGARD, P. (1996), *Mind: Introduction to Cognitive Science*, Cambridge, MA, The MIT Press.

TIBERGHIEN, G. & Jeannerod, M. (1995), "Pour la science cognitive: La métaphore cognitive est-elle scientifiquement fondée?", *Revue Internationale de Psychopathologie*, 18, 173-203.

TIBERGHIEN, G. (1986), "Psychologie cognitive, science cognitive et cognitivisme", in A. Demailly & J.-L. Le Moigne (orgs.), *Sciences de l'intelligence, sciences de l'artificiel*", pp. 226-245, Lyon, Presses Universitaires de Lyon.

TIBERGHIEN, G. (1986), "Psychologie cognitive, sciences cognitives et technologies de la connaissance", in J.-L. Le Moigne (org.), *Intelligence des mécanismes, mécanismes de l'intelligence*, pp. 173-191, Paris, Fayard.

TIBERGHIEN, G. (1989), *Advances in cognitive science: 2. Theory and applications*, Chichester, Ellis Horwood & Wiley.

TIBERGHIEN, G. (1993), "Les sciences cognitives: Un nouveau programme scientifique?", in L. Sfez (org.), *Dictionnaire critique de la communication*, pp. 817-831, Paris, Presses Universitaires de France.

TIBERGHIEN, G. (1999), "La psychologie cognitive survivra-t-elle aux sciences cognitives?", *Psychologie Française*, 44, 265-283.

TURING, A.M. (1995), *La Machine de Turing*, Paris, Le Seuil.

TYLER, S.A. (1969), *Cognitive anthropology*, New York, Holt, Rinehart & Winston.

UTTAL, W.R. (2001), *The new phrenology: The limits of localizing cognitive processes in the brain*, Cambridge, MA, The MIT Press.

VARELA, F.J. (1989), *Connaître les sciences cognitives*, Paris, Le Seuil.

VARELA, F.J. (1993), *L'inscription corporelle de l'esprit: Sciences cognitives et expérience humaine*, Paris, Seuil.

VARELA, F.J. (1996), *Invitation aux sciences cognitives*, Paris, Seuil.

VAUCLAIR, J. (1998), *La cognition animale*, Paris, Presses Universitaires de France.

VERGNAUD, G. (1991), *Les sciences cognitives en débat*, Paris, Éditions du CNRS.

VIGNAUX, G. (1991), *Les sciences cognitives: une introduction*, Paris, La Découverte [trad. port. *As Ciências Cognitivas, uma introdução*, Lisboa, Piaget, 1995].

VON NEUMANN, J. (1996), *Le cerveau et l'ordinateur* (1958), Paris, Flammarion [trad. port. *O computador e o cérebro*, Lisboa, Relógio d'Água, 2005].

WILSON, R.A. & KEIL, F.C. (1999), *The MIT Encyclopaedia of the Cognitive Sciences*, Cambridge, MA, The MIT Press.

• *Revistas principais*

Behavioral and Brain Sciences [Cambridge University Press]
Brain and Mind [Kluwer]
Connection Science [Taylor & Francis]
Cognition [Elsevier Science Publishers B.V.]
Cognitive Science [Cognitive Science Society]
Journal of Cognitive Neuroscience [The MIT Press]
Journal of Computational Neuroscience [Kluwer]
Neural Networks [Pergamon]
Trends in Cognitive Sciences [Elsevier Science Publishers B.V.]

• *Alguns endereços da internet*

The University of Alberta's Cognitive Science Dictionary, Alberta, USA:
http://matrix.psych.ualberta.ca/ ~ mike/Pearl Street/Dictionary/entries.html

MITECS: The MIT Encyclopaedia of the Cognitive Sciences, Cambridge MA, USA:
http://cognet.mit.edu/MITECS/Front/introduction.html

Relais d'Information sur les Sciences de la Cognition (RISC), Paris
http://www.ccr.jussieu.fr/ ~ risc/

Institut des Sciences Cognitives, Lyon:
http://www.isc.cnrs.fr/plan.htm

Índice de termos

A

abdução, 35, 320
abrandamento
 cognitivo, 165
 depressivo, 145
abstracção, 36
 computacional, 276
 reflexiva, 36
abstractivo (modelo –), 36
acção, 37
 codificação da –, 179
 organização da –, 178, 316
 perturbações da –, 45
 preparação da –, 145, 266
 regulação da –, 127, 145, 177, 316
 sem sujeito, 46
 teoria da –, 112
acomodação, 126, 147, 166
ACP (modelo), 49
ACT (modelo), 294
activação, 40
 cerebral, 271
 da memória, 241
 conceptual, 41
 emocional, 41
 fonológica, 41
 negativa, 40
 perceptiva, 41, 240
 positiva, 40
 semântica, 41
 subliminal, 234
activação dos conhecimentos, 245
acústica, 49
ADALINE (modelo), 291, 336
Adaptação, 147
 biológica, 166
 comportamental, 162, 311

afasia
 de Broca, 42, 273
 de compreensão, 279
 de expressão, 279
 de Wernicke, 99, 273
afasiologia, 42, 273
afecto, 42, 296, 297
afemia, 272
affordance, 42
agentividade, 42
agnosia, 42, 297
 dos objectos, 331
 dos rostos, 247, 325
 visual, 393
agramatismo, 273
alexia, 43
alexitimia, 43, 208
algoritmo, 44
 de aprendizagem, 351
 genético, 44
 universal, 387
alucinação, 45, 178, 185, 316
 acustico-verbal, 45
 fisiopatologia das, 179
 psicomotora, 178
 psíquica, 45
 verbal, 45
Alzheimer (doença de –), 46, 242, 270
ambiente
 adaptação ao, 307, 364
 ancestral, 310, 311
 fóssil, 310
 linguístico, 66
 maternal, 197
 modelização do –, 354
 visual, 128, 185, 392
ambiguidade
 da comunicação, 85, 288

Índice de Termos

do discurso, 254
lexical, 116, 255
sintáctico, 84, 282, 297
amígdala, 47
amnésia, 47
  antérograda, 47, 217
  de fonte, 243
  de tipo K.C., 48
  de tipo Korsakoff, 242
  do tipo H.M., 47
  global, 244
  infantil, 243
  retrógrada, 47
amplitude de leitura, 219
anáfora, 90, 153, 340, 341
análise
  da variância, 48
  das correspondências, 50
  de Fourier, 192
  discriminante, 50
  em componentes principais, 49
  multivariada, 50
  predicativa, 50
  proposicional, 50
  sintáctica, 84, 116, 371
analogia, 52
analógica
  codificação –, 54
  rotação –, 54
anartria, 273
anedonia, 208
angústia, 207, 313
anomia, 42, 242
anosmia, 54, 283
anosognosia, 46, 55
ansiedade, 43, 207, 313, 315, 316
anti-relativismo, 362
antropologia
  cognitiva, 55
  cultural, 55
  estrutural, 181
apraxia, 58
aprendizagem, 58
  animal, 81
  discriminativa, 210
  humana, 58
  implícita, 63
  leis da –, 60
  modelos de –, 336

por analogia, 62
por associação, 60
por memorização, 62
sequencial, 63
simbólica, 61
supervisionada, 291, 335, 351, 355
teorias da, 307, 336
ARCHES (modelo), 52
argumentação, 52, 273, 309, 319
arquitectura
  cerebral, 65
  cognitiva, 64
  na inteligência artificial, 117
ascendente (processo), 349
ascendente (método), 139
aspectualidade, 380
Asperger (síndrome de), 65, 73
assimilação, 126, 147, 166
associação, 65
  livre, 55, 338
  verbal, 51
associacionismo, 67
  neo-, 67
ataxia, 42
atenção, 67
  partilhada, 74
  perceptiva, 68
  selectiva, 73, 161, 314
atencional, 154, 219, 234, 237
  monitor, 350
atitude
  cooperativa, 216
  logicista, 362
  mudança de –, 152
  proposicional, 69
atractor, 69
atribuição
  da acção, 39, 46, 178
  de sentido, 164
  perturbação da –, 46, 179
  situacional, 70
  teoria da –, 70
atributo, 71
audição, 72
autismo infantil, 73, 265, 314-6
auto-associadora, 76
auto-atribuição, 179, 292
automático(a)s
  activação –, 187

Índice de Termos

comportamento –, 376
compreensão –, 365
raciocínio –, 193
reconhecimento –, 247, 324
resolução –, 348
sistema –, 160, 193, 368
tratamento – das línguas, 115, 225, 341, 368
automatização, 76
autonomia, 77
da linguagem, 227
da pessoa, 77
e agentividade, 77
auto-organização, 160
autopoiese, 77
avaliação
da situação, 161
dos resultados, 249
heurística, 204

B

base de conhecimentos (sistema à), 370
Bayes (teorema de), 79
bayesiano(a)
função de aprendizagem –, 118
problema –, 205
rede –, 336
revisão –, 253
behaviorismo, 80, 306
metodológico, 82
radical, 82, 306
bilinguismo, 83
biomecânica, 354, 355
bloco-notas visuoespacial, 241
Broca, 42, 99, 221, 230, 272, 273, 274

C

caixa negra, 250, 273
calculabilidade, 61
calculatório, 111
caderno de esboços (visual e espacial), 237
caos, 87, 110, 372
capacidade cognitiva, 173
cascata (processo em), 64, 197

catáfora, 340
categoria
abstracção de –, 199
conceptual, 159
da psicologia popular, 159
de objectos, 90
gramatical, 87, 173
linguística, 380
representação da –, 91
categorial (o)
associação, 242
atribuição –, 93
coerência –, 91
juízo –, 299
pertença –, 92
reconhecimento –, 325, 326
categorização, 90
dos saberes, 357
causalidade, 93
cegueira, 95
cortical, 392
em relação às mudanças, 94
"tectal", 392
célula atencional, 350
cena
representação duma –, 359
verbalização duma –, 360
visual, 128
cérebro, 95
desdobrado, 99, 277
e consciência, 124
funcionamento do –, 96, 101, 212, 265, 267, 288, 300
organização do –, 256
visceral, 222
cerebelo, 97, 146, 238, 246
certeza, 208, 250
CHREST (modelo), 175
Church-Turing (tese de), 101
cibernética, 102
cinestésico, 40, 363
circuito articulatório, 241
codificação
analógica, 54
da familiaridade, 264
digital, 54
do *input*, 44
do *output*, 44
episódica, 244

Índice de Termos

fonológica, 296
perceptiva, 326
semântica, 145
simbólica, 54
temporal, 243
cognítica, 104, 110
cognitivismo, 108
coerência
categorial, 91
cognitiva, 156
das crenças, 322
textual, 116, 388
competência [de especialista], 174
competição, 131
componenciais (teorias), 328
comportamento, 113
altruísta, 309
animal, 182, 184, 308
colectivo, 355
espacial, 306
humano, 112
psicologia do –, 303
social, 377
verbal, 109, 113, 272-5
vicioso, 201
composicionalidade, 115, 225
compreensão, 114
artificial, 115
da linguagem, 115, 337
das anáforas, 341
das intenções de outrem, 74
das línguas, 115
das metáforas, 74
do discurso, 254
humana, 117
computação mental, 111
computador, 61, 102, 108, 369
metáfora do –, 109
representação num –, 344
visão por –, 216
computacional (o), 117
funcionalismo –, 105, 194
metáfora –, 267
modelo –, 251, 317
simulação –, 369
sistema –, 250
teoria – da mente, 44, 118, 267, 369
computacionalismo, 118

comunicação, 112
animal, 183, 223
falada, 216
homem-máquina, 215
intencional, 74
inter-individual, 161
multimodal, 355
não verbal, 73
oral, 83
pragmática da –, 74, 176-9
sistema de –, 112
teoria da –, 112
conceito
abstracto, 36
aquisição –, 72
formação do –, 72, 91
conceptual (generalização), 199
condicionamento
animal, 60
operante, 82, 260
pavloviano clássico, 60, 81
social, 201
conexionismo
radical, 267
conhecimento, 118
desenvolvimento do –, 166
conhecimento retrospectivo (enviesamento
do), 122
conotação, 144
emocional, 162
consciência, 122
da acção, 177, 178, 179, 315
de si, 177
filosofia da –, 123
naturalização da –, 262
consistência cognitiva, 107
construtivismo, 126
contexto
de troca, 308
linguística, 366
natural, 184
reconhecimento do –, 187, 245
socioemocional, 162
controlo da acção, 127
convolução, 131
cooperação, 131
princípio da –, 113
cópia eferente, 146

Índice de Termos

correlação(ões), 132
   anatomoclínica, 273
   cognitivo-clínicas, 315
   temporal, 203, 336
correlato neuronal (da consciência), 132
córtex (localização anatómica), 96
   cingular, 162, 221-2, 230
   entorrinal, 282
   estriado, 392
   frontal, 38, 46, 129, 187, 237, 308
   inferotemporal, 392
   occipital, 240
   orbital, 162
   para-hipocâmpico, 206
   parietal, 178, 187, 244
   parietal posterior, 241, 393
   piriforme, 282
   pré-frontal, 244
   pré-motor, 247
   temporal, 47, 48, 244, 247, 333
   temporo-occipital, 42
córtex (localização funcional)
   gustativo, 201-2
   motor, 241
   olfactivo, 201
   pré-motor, 247
   sensitivo, 200-1
   visual, 47, 96, 201, 392
crença, 133
   atribuição de –, 164
   falsa, 73, 370, 383
criatividade, 136
cronometria mental, 139
cultura, 55

D

darwinismo (neo), 309
decidibilidade, 321
decisão
   ajuda à –, 371
   enviesamento da –, 150
   critério de –, 150
   lexical, 143
   limiar de –, 150
   modelo de –, 150
   tempo de –, 141

dedução, 35
   natural, 319
   regras da –, 371
deíctico, 153, 171, 172, 342
deixis, 171
delírio, 176, 178, 179
Delta (regra), 335
demência (pré-sénil), 46
denominação, 104, 272, 285, 365
   perturbações da –, 42
   princípio da –, 257
   tarefas de –, 328
denotação, 143
depressão, 145
descarga corolária, 146
descendente
   processo –, 349
desejo, 134, 135
desenvolvimento
   cognitivo, 146
   da inteligência, 165
   das relações com o mundo, 73
   de automatismos, 174
   do conhecimento, 166
   semântico, 367
despertar
   da consciência, 64, 161, 187, 242, 245, 246, 324
detecção
   da mudança, 95
   limiar de –, 139, 140, 298
   perceptiva, 41, 149
   teoria da – do sinal, 149
   determinismo, 126, 176, 183, 274, 354, 394
diálogo
   homem-máquina, 152, 216
   natural, 216
didáctica, 357
   das ciências, 152
diencéfalo, 47, 242, 325
digital, 153
   computador, 101
discreta (codificação), 54
discriminação, 298
   das formas, 392
   tarefas de –, 307
discurso, 153
   ambiguidade do –, 254

Índice de Termos

coerência do –, 116
enunciativo, 381
espontâneo, 66
dislexia, 273
dissociação
cognitiva, 154
das variabilidades, 141
do pensamento, 177
do processo, 256
estocástica, 155
funcional, 154
domínio (especificidade pelo), 157
dualismo, 123

E

ecologia
cognitiva, 184
comportamental, 184
economia cognitiva, 57, 91, 92, 338, 361
E-E (estímulo-estímulo), 81, 82
electroencefalografia, 267-8
eliminativismo, 159
elipse, 341
emergência, 160
das representações simbólicas, 305
do sentimento de familiaridade, 358
emergentismo, 160
emoção, 160
medida da –, 161
neuroanatomia da –, 162
emocional (o)
modulação – da memória, 162
temperamento –, 292
emparelhamento
modelo de – global, 37, 131, 236
tarefa de –, 148
empatia, 74, 75, 179, 297
empenhamento, 213
enacção, 163
encapsulação cognitiva, 164
enfraquecimento das afecções, 208
engenharia
das línguas, 216
do *software*, 109, 168
enunciação, 228
acto de –
contexto de –, 112, 286, 365, 368, 374

envelhecimento cognitivo, 380, 381
enviesamento
cognitivo, 145, 313
do conhecimento retrospectivo, 122
de decisão, 150
do juízo, 205
epistemologia, 383
das ciências, 357
genética, 165
nativista, 166
naturalização da –, 262
E-R (estímulo-resposta), 81, 82, 113
ergonomia, 166, 357
cognitiva, 167
de concepção, 168
de correcção, 168
e representação, 167
física, 167
escala de sensações, 298
escolha racional, 189, 190, 252, 322, 375
escrita, 169
alfabética, 169
sistemas de –, 170
esforço, 101, 110, 131
espacialidade, 173
visuomotora, 233
espaço, 171, 173
frequencial, 389
-problema, 137
vectorial, 389
especialista(s), 122, 138
especialização, 174
"especializadas"
capacidades –, 61
especializações hemisféricas, 308
especificidade pelo domínio, 157
esquecimento
na memória de curto prazo, 237
na memória episódica, 243
esquema(s), 176
abstractos, 52
de acção, 235
diádico, 360
gramaticais, 228
lógicos, 231
motor, 122
esquizofrenia, 176
essencialismo (psicológico), 93

Índice de Termos

estatística, 48, 49, 50, 61, 62, 103, 203, 238, 269, 299, 334, 389
estereótipo, 107
estimulação, 364
   cortical eléctrica, 263
   cortical magnética transcraniana, 97, 277
estímulo (*ou* estimulação *ou* estímulos)
   detecção do –, 139
   dimensões do –, 299
   intensidade do –, 298
estriado, 47
estrutura, 180
   argumentativa, 154
   espacial, 234
   predicativa, 294
   retórica, 154
estruturalismo, 181
estruturalista, 148, 181, 327, 363
etologia, 181
   cognitiva, 181
evolucionista
   modelo –, 252
   psicologia –, 309
excitação
   e inibição, 210, 334
   maníaca, 207
   neuronal, 133
exemplar, 92
expectação, 82
experiência
   afectiva, 43, 316
   da falsa crença, 370
   de pensamento, 318
   delirante, 178
   emocional, 161
   linguística, 84
   paranóide, 178
   perceptiva, 37, 40, 126
   religiosa, 266
experimentação, 59, 72, 82, 119, 135, 302, 337, 344, 357, 367, 390
exploração
   cognitiva, 184, 252
   perceptiva, 185
extensão, 71, 123
extensional (análise), 163
externalismo, 185

F

fala, 187
   estruturação da –, 296
   função comunicativa da –, 297
   pausa na –, 145
   percepção da –, 296
   perda da –, 272
   produção da –, 296
   substrato biológico da –, 274
familiaridade, 187
   reconhecimento baseado na –, 187
   reconhecimento da –, 237
feedback, 102, 259, 304, 351
filosofia, 188
   analítica, 109
   cognitiva, 188
   empirista inglesa, 66
   geral, 365
   neopositivista, 109
   subjectivista, 345
finalismo, 379
fisicalismo (*vs.* funcionalismo, *vs.* estruturalismo), 194
fluência perceptiva, 191
fluidez
   conceptual, 137
   do comportamento, 145
fonema, 169, 180, 223, 258, 273
fonética, 169, 263
   realização – do grafema, 169
   sistema de transcrição, 169, 273
fónico(a), 345, 365
fonologia, 170, 221, 257, 259
   auto-segmental, 296
fonológico(a)
   activação –, 41
   associação –, 41
   circuito –, 237
   codificação –, 296
   consciência –, 170
   decisão –, 41
   transparência –, 84
   tratamento – pós-lexical, 221
forma
   da palavra, 220, 365, 367
   do objecto, 393
   e fundo, 157

Índice de Termos

fónica, 345, 365
global, 193, 251
identificação da –, 334
linguística, 169
ortográfica, 220
formação
de uma intenção, 264
formalismo
de esquema, 340
matemático, 390
simbólico, 288
Fourier (análise de –, transformada de –), 191
frame problem, 192
frenologia, 193
frequência
de associação, 187
de reforço, 67
frontal (síndrome), 98
funcionalismo, 194
computacional, 105

G

geão, 327
gene, 197
altruísta, 309
relação –ambiente, 197
generalização, 198
cognitiva, 307
do estímulo, 199
gradiente de –, 199
sobre–, 199
genético(a)
algoritmo –, 45
controlo –, 310
determinação – das faculdades, 193
mapa –, 198
património –, 375
psicologia –, 147, 166, 305
geónica
composição –, 327-30
identificação –, 328
teoria –, 327-328
Gestalt (forma), 227
teoria da –, 206
tratamento pela –, 72

Gestalttheorie, 303
Gödel (teorema de –), 304, 387
gosto, 200
grafema, 169
grafos (teoria matemática dos), 107, 238
gramática, 87
artificial, 63
cognitiva, 173
gerativa, 89, 227
transformacional, 118
granularidade (do raciocínio), 320
guião, 121, 244

H

habituação, 148, 184, 245
háptica
interface –, 354
Hebb (regra de –, lei de aprendizagem de –), 203
HERA (modelo), 244, 247
herança, 164, 338
heurístico(a), 204
corte –, 349
da representatividade, 205
de disponibilidade, 205
do juízo, 205
pesquisa –, 204
hierarquia
de níveis "meta", 321
epistémica, 136
social, 98
hipocampo, 206
núcleo CAl do –, 242
hipotálamo, 47, 162, 222, 230, 282
holismo, 206
da significação, 106
ontológico, 206
humor, 207
perturbações do –, 315

I

ideias
associação de –, 66
platónicas, 36

Índice de Termos

primitivas, 36
simples, 36
identidade
    de si a si mesmo, 209
    diferencial, 209
    do referente, 189
    perturbações da –, 316
    pessoal, 209, 266
    reconhecimento da –, 324, 325, 326
    social, 83
identificação
    das condições de verdade, 190
    das crenças, 135
    de universais formais, 227
    do locutor, 296-7
    do movimento, 325
    do referente, 189
    do sentido, 264
    limiar de –, 41
    resposta de –, 40
ilusão
    de Müller-Lyer, 286
    perceptiva, 251
imagem
    anatómica, 269
    mental, 295
    motora, 38
    –esquema, 147
    visual, 54, 393
imaginação, 52, 254, 380
imaging, 360
imagiologia cerebral funcional, 45, 159, 178, 221, 223, 239, 277, 278, 367
imagiologia mental, 210
imitação (jogo da –), 387
impotência aprendida, 145
impressão
    de imediatez, 289
    fenomenológica, 285
    megalomaníaca, 46
    referencial, 255
inatismo, 197
incerteza, 208, 320, 322, 337, 354, 380
indecidibilidade, 101, 387
indexicalidade, 209
indução, 35, 53, 62, 163
    lógica probabilista da –, 163
inferência
    abductiva, 228

consciente, 358
motor de –, 239, 294, 371
influência
    síndrome de –, 46
informação
    aspectos temporais da –, 246
    codificação da –, 283
    distribuída, 238
    integração da –, 201, 282
    recolha de –, 282
    sistema de tratamento da –, 279, 304, 307, 369
    tecnologias da –, 168
    teoria da – de Shannon, 103
inibição
    do olfacto, 200
    neuronal, 210
    retroactiva, 210-1
Innate Motive Formation (IMF), 75
inteléctica, 104
inteligência
    desencarnada, 213
    discursiva, 287
    geral, 174-5
    humana, 102, 211
inteligência artificial, 211
    sistema de –, 244, 294, 370
intencional (o)
    acto –, 343
    conteúdo –, 214-5
    controlo –, 64
    infra–, 378
intencionalidade, 214
    detector da –, 74
    dos sintomas, 314
    naturalização da –, 262
interaccionismo, 106
    simbólico, 107
interferência, 124, 193, 211, 240, 241, 260, 288
intuição, 89, 287
    da língua, 116
intuicionismo, 127
invariante, 55, 89, 152, 227, 229, 290, 328, 362
    da linguagem, 227
    semântica, 89
ipseidade, 209

Índice de Termos

J

janela atencional, 219
jargonafasia, 273
jogo da imitação, 387
juízo, 205
    enviesamento do –, 205
    métodos de –, 299
julgamento
    auto–, 341

K

Klüver-Bucy (síndrome de), 47, 217, 222
Kolmogorov (teorema de), 336
Korsakoff (síndrome de), 217

L

latência, 141
    análise dos tempos de –, 140
leitura, 219
    corrente, 61
    de textos, 232
    em voz alta, 278
    –escrita, 170
    global, 84
    labial, 72, 331, 332
    mental, 220
lema, 285
lexema, 87, 90, 169, 285
léxico
    acesso ao –, 143, 220
    extensão do –, 84
    mental, 220
    estrutura do –, 367
ligação (cognitiva), 51, 289
límbico (sistema), 221
limiar
    de decisão, 150
    de detecção, 139, 140, 298
    de identificação, 41, 298
    sensorial, 299
língua(s), 222
    diferenças inter–, 303

genealogia das –, 259
    interna, 228
    materna, 84, 296
    música da –, 296
    natal, 85
    natural, 173, 348, 362
    segunda –, 83-5
    sons da –, 59
linguagem, 222
    acto de –, 45, 178
    aquisição da –, 60
    articulada, 169, 272, 277
    ciências da –, 106, 153, 265, 274, 296
    de descrição, 44, 267
    défice da –, 43
    do pensamento, 69, 110, 118, 159, 213, 248, 347
    e cognição, 90
    filosofia da –, 191, 367
    formal, 224
    interior, 45, 46, 362
    meta–, 163
    natural, 223, 344, 358, 368
    perturbações da –, 99, 273, 315
    psicomecânica da –, 228
linguística(o), 171, 227
    cognitiva, 227
    estrutural, 360
    estruturalismo –, 181
    grafo–, 169
    meta–, 228
    neuro–, 272
    neuro- cognitiva, 273
    neuropsico–, 259, 272
    psico–, 300
    representação –, 254
    semântica –, 365
    tempo –, 380
lobectomia, 47, 222
localização
    cerebral, 230
    das funções cerebrais, 97
    dos objectos, 128
locomoção, 353
lógica(s), 231
    clássica, 225, 321
    das situações, 375
    difusa, 372
    formal, 74, 255, 295

Índice de Termos

funções –, 276, 291, 335, 336
matemática, 115
mental, 231
modal, 225
polivalente(s), 226
natural, 231
probabilista, 163

M

mapa
cognitivo, 233
funcional, 97
mapping, 76
mascaramento, 234
proactivo, 234
retrocativo, 234
matching, vd. emparelhamento, 131
matriz, 235
maturação, 58, 59, 98, 136, 229
memória, 235
armazenagem na –, 37
artificial, 244
biológica, 235
como rememoração, 235
das pessoas, 107
de caso, 244
de curto prazo, 239
de longo prazo, 239
de longo prazo de um computador, 345
de reconhecimento, 235
de trabalho, 240
de trabalho de longo prazo, 241
declarativa, 242
directa, 242
distribuída, 92
de um motor de inferência, 239
e representação, 345
episódica, 243
espacial, 308
explícita, 244
imediata, 68
implícita, 245
indirecta, 242
modelos da –, 76, 304
objecto, 244

organização na –, 107
perturbações da –, 46, 98, 246
primária, 236
procedimental, 245
proposicional, 237
recuperação na –, 131, 247, 326
secundária, 236
semântica, 246
sistemas de –, 154, 236
traços compósitos na –, 131
verbal, 235
visual, 94, 266
mentalês, 248
mentalismo, 306
mente, 188, 256, 383
faculdades da –, 193, 306
filosofia da –, 188
modularidade da –, 256
naturalização da –, 111
teoria da –, 383
meta-atenção, 248
metacognição, 248
metacompreensão, 248
metáfora, 357
metalinguagem, 163
metamemória, 250
meta-regra, 321
método anatomoclínico, 273, 275, 277
metonímia, 117
MIRA (sistema), 52
modelo cognitivo, 250
modelos mentais (teoria dos), 253
monitoring (vigilância), 249
morfema, 169, 181, 258
gramatical, 170, 257
lexical, 170, 257
morfofonologia, 258
morfossintaxe, 258
motivação, 259
motricidade, 177, 208, 259
perturbações da –, 97
movimento(s), 289-290
atribuição de –, 157
cinética dos –, 290
corporal, 290
de preensão, 393
imaginado, 265
regulação ao –, 355

Índice de Termos

N

nativismo, 261
néocortex, 46, 221, 222, 242
neurociências
    celulares, 266
    cognitivas, 263
    integradas, 264
    moleculares, 265
neurofisiologia, 195, 275, 289, 304, 364
    animal, 264
    da sensação
neuroimagiologia (funcional), 267
    electroencefalografia, 268
    magnetoencefalografia, 267-8, 274, 277
    tomografia por emissão de fotões isolados, 221, 269, 270
    tomografia por emissão de positrões, 221, 269, 274
neurolinguística, 272
    cognitiva, 273-4
neurónio(s), 275, 276
    formal, 276
    natural, 276
    rede de, 334
    sensorial, 364
    simbólico, 76
    tectum-reticular, 128
neuropsicolinguística, 259, 272
neuropsicologia, 276
    clínica, 236
    cognitiva, 42, 47, 58, 146, 155, 156, 273, 278
    comparada, 308
    humana, 392
neurotransmissor, 271
novidade, 73, 98, 125, 134, 148, 260, 307, 352

O

ocular
    dominância –, 96
    exploração –, 185, 302
    fixação –, 219, 302
    sacada –, 94, 168, 219, 220
oculomotor(a), 128, 219, 281, 302

odor
olfacção
ontologia
ortográfico (a)

P

palavra debaixo da língua, 285
Pandemónio (modelo do), 285
Papez (circuito de), 162, 222
paralela
    máquina –, 125
Parkinson (doença de), 270
PDP (Parallel Distributed Processing), 112, 155, 292, 351
pedagogia, 59, 351
penetrabilidade cognitiva, 286
pensamento, 287
    analítico, 72
    animal, 183
    conteúdo do –, 185
    criativo, 138
    discursivo, 287
    espontâneo, 72
    intuitivo, 287
    modelos formais do –, 288
    natural, 384
    probabilista, 198
    racional, 211, 288, 384
    sincrético, 72
percepção, 289
    da acção, 75
    da mudança, 95
    focalização da –, 287
    foveal, 219
    global, 72
    sem objecto, 46
    social, 333
    subliminal, 234
perceptivo(a)
    activação, 41, 240
    contexto, 325
Perceptron (lei de aprendizagem do –), 291
pericial(ais)
    sistema(s) –, 374

Índice de Termos

personalidade, 292
  ansiosa, 292
  criativa, 138
  teorias implícitas da –, 107
pertinência
  princípio da –, 154
pessoa(s)
  reconhecimento das –, 309
planificação
  da acção, 73, 75, 146, 177, 249
  na inteligência artificial, 112
  sensorial, 355
  perturbações da – da acção, 73, 75, 146, 177, 178, 249
plasticidade
  adaptativa, 183
  das sinapses, 99
ponto de vista
  centrado no objecto, 328
  do observador, 332
polissémico(a)(s), 185, 197, 313, 357
potência (função), 77
potenciação a longo prazo, 203
pragmática, 168, 216, 368
  da comunicação, 74, 176
predicação, 294, 368
predicado, 293
predicativa, 224
  análise–, 50
  lógica –, 51
priming (*vd.* activação), 240, 292
probabilidade(s)
  a priori, 79, 205
  condicional, 80
  subjectiva, 134
  teoria das –, 319
produção
  sistema de –, 294
programa minimalista de Chomsky, 228
programação
  binária, 304
  dinâmica, 204
  informática, 204
  orientada para o objecto, 164
  restrições de –, 135
proposição(ões), 294
  lógica, 295
  valor de verdade de uma –, 319

proposicional
  análise –, 50
  atitude –, 69
  cálculo –, 295
  conteúdo –, 383
  formato –, 119, 295
  raciocínio –, 231
  representação –, 255
prosódia, 295
  da língua dos signos, 297
  silenciosa da leitura, 297
prosodologia, 296
prosopagnosia, 297
protótipos, 76, 91, 107, 124, 131, 184, 360
  teoria dos –, 227
psicofarmacologia, 315
psicofisiologia, 80, 81
psicofísica, 298
psicolinguística, 300
psicologia
  animal, 104, 182, 230, 306-8
  aplicada, 81
  científica, 60, 303, 304, 305, 344
  clínica, 74, 236
  cognitiva, 278, 303
  cognitiva animal, 305
  cognitiva aplicada, 243
  da forma, 227
  das faculdades, 256
  diferencial, 59, 81, 141
  do comportamento, 303, 304
  do conhecimento, 314
  do desenvolvimento, 60, 148, 248, 367
  do raciocínio, 353
  experimental, 81, 108, 110, 140, 167, 168, 170, 182, 276, 301, 303, 306, 314
  filosófica, 81
  geral, 305
  humana, 82, 306
  ordinária, 189, 312
  popular, 312
  social, 107, 344
  subjectiva, 345
  topológica, 303
psicomecânica, 228
psiconeuroimunologia, 313
psicopatologia cognitiva, 313
psicose, 176, 315

Índice de Termos

psicoterapia, 66, 315
psicótica
    desorganização –, 316
psiquiatria cognitiva, 313

Q

qualia, 317
quarto chinês (metáfora do –), 318

R

raciocínio, 319
    automático, 193
    controlo do –, 147
    dedutivo, 319, 371
    directo, 231
    lógico, 145, 147
    natural, 74
    por analogia, 52, 53, 320
    por defeito, 226, 320
    por indução, 53
    qualitativo, 320
racionalidade, 322
    axiológica, 322
    cognitiva, 322
    na decisão, 190
    instrumental, 322
    limitada, 323
realismo, 127
    das crenças, 207
reconhecimento, 324
    a curto prazo, 187
    automático, 247, 324
    categorial, 325-6
    do contexto, 187, 245
    dos objectos, 326
    dos rostos, 330
    episódico, 187, 246, 247, 326, 343
    explícito, 393
    fracasso do –, 155
    implícito, 332
    modelo de – por componentes, 290, 328
    perceptivo, 152, 187, 191, 324-5
    por escolha forçada, 324

por escolha múltipla, 324
    tempo de –, 141
recordação, 323
    indiciada, 323, 131
    livre, 245
recuperação
    de défices, 99
    espontânea, 60, 210
    índice de –, 238
    mnésica, 326
recursividade, 103, 301, 341
rede semântica, 337
reducionismo, 339
reducionista, 102, 264
redundância, 372
referência, 340
    auto-, 341-2
    indefinida, 340
    quadro de –, 353, 360
    sistema de –, 233
    universo de –, 224-5
reflexividade, 341
regras
    aprendizagem implícita de –, 63
    consciência das –, 63
    de produção, 240, 251, 371
regressão múltipla, 50
relativismo, 362
rememoração, 343
representação(ões), 343
    abstracta, 91, 147, 346
    algorítmica, 44
    analógica, 116, 254
    auto-, 341-2
    cognitiva, 70
    conteúdo da –, 168
    da acção, 347
    da tarefa, 117
    de representações, 105
    de si, 74, 176, 178, 249, 315
    do contexto, 177, 178, 371
    dos conhecimentos, 105, 109, 120, 224, 238, 304, 337, 344, 345, 372, 386
    dos nomes próprios, 247
    de uma cena, 359
    figurativa, 173
    física, 343
    formal, 250
    funcionamento das –, 274

Índice de Termos

mental, 344
meta-, 57, 74, 105, 178, 315, 383
motora, 129
nível de –, 123, 179, 254
partilhada da acção, 347
perturbações da – de si, 176
por imagens, 241, 346
semântica, 332
simbólica, 116, 173, 287, 391
representacionalismo, 347
representatividade, 91, 205, 384
repressão, 211
resolução de problemas, 348
meta-, 248
retroacção, 350
retropropagação, 351
revisão bayesiana, 253, 352
revisão mental, 239, 241
robótica, 353
rotação mental, 237

S

saber, 357
contextual partilhado, 56
–fazer, 237
linguístico dos locutores, 228
sentimento de –, 250, 358
saberes
científicos, 152, 357
declarativos, 357
procedimentais, 357
profissionais, 357
sabor, 359
saliência, 359
segmentação, 289, 297, 325, 354
selecção
das visões canónicas, 332
evolutiva, 375
natural, 182
sexual, 182
semântico(a), 359
activação –, 41, 237, 332
associação –, 41
categoria –, 380
categorização –, 325
cognitiva, 360

formal, 225
gerativa, 173
interpretativa, 360
lexical, 76
preferência –, 287
procedimental, 254-5
traço –, 359, 384, 385, 386
valor –, 87, 116
semiótica, 181, 361
sensação, 363
escalas de –, 298
estudo fenomenológico das sensações
–, 364
neurofisiologia da –, 364
psicofisiologia da –, 81
sensorial
défice, 42
experiência, 212
limiar, 299
traço, 385
sentido
aspectos referenciais do –, 255
atribuição de –, 164
decomponibilidade do –, 367
identificação do –, 264
literal, 112, 116
relação do signo com o –, 105-6
sentimento
de familiaridade, 191, 325, 358
de identidade, 209
de saber, 358
si
confiança em –, 135
consciência de –, 177
estima de –, 249
identidade de –, 209
perturbações da representação de –,
176
representação de –, 176, 249
significação, 368
holismo da –, 106
sílaba, 169, 285
símbolo, 54, 105, 110, 114, 121, 134, 135,
159, 160, 176, 181, 186, 188, 194, 212,
223, 251, 287, 347, 373, 391
simbólico(a)
aprendizagem –, 61
codificação –, 54
formalismo –, 288

427

Índice de Termos

similitude, similaridade, 60, 67, 132, 158, 199, 215, 234, 251, 317, 328, 338
  e causalidade, 53
  ortográfica, 143
  perturbações da –, 273
simulação
  cognitiva, 294
  computacional, 369
  teoria da –, 369
sinapse, 76, 85, 86, 99, 200, 203, 276, 282, 283, 291, 334, 335
sinaptogénese, 95
sintáctico(a)
  ambiguidade –, 84, 282
  análise –, 84, 116, 371
  categoria –, 89, 170
  complexidade –, 84
  construção –, 83, 157
  estrutura –, 84, 282, 348
  inferência –, 254
  morfo-, 362
  regra –, 135, 160, 212, 220, 223, 261, 347
  representação lexico-, 285
  transformação –, 300
sintaxe, 42, 55, 84, 116, 221-27, 257-59, 273, 345, 361, 367
síntese, 37, 216
sistema (biológico)
  articulatório, 42
  imunitário, 78, 229, 313
  límbico, 43, 162, 221
  motor, 96-97, 259
  nervoso central, 128, 146, 300, 302, 364
sistema (cognitivo artificial)
  à base de conhecimentos, 370
  ARCHES, 52
  autónomo, 77
  autopoiético, 78
  caótico, 373
  dinâmico, 372
  regulador, 75
sistemas (propriedades dos), 77, 289
  teoria dos – de Bertallanfy, 103
situação, 374
  conhecimento em –, 106
SME (modelo), 52
sociobiologia, 375

STI (sistema de tratamento da informação), 304
stress pré-natal
Stroop (tarefa de), 68
subdoxástico, 378
subliminar, 40, 140, 287, 288
supervisão, 167, 304, 354
  da acção, 129, 139
supressão articulatória, 241

T

tálamo, 46, 47, 162, 200, 217, 222, 230, 282
taquistoscopia, 139
teleológica
  antecipação –, 360
  função –, 379
teleo-semântica(s), 190
temperamento, 208, 292
  emocional, 292
tempo
  de cálculo, 194
  de decisão, 141
  de fixação, 219-20
  de pausa, 145
  de reacção, 140-41, 259, 298-99, 328, 394
  de reconhecimento, 141, 146
  de resolução, 240
  linguístico, 380
  subjectivo, 243, 246
teste estatístico, 48
textura, 200, 327-8
tipicalidade, 383
tipicidade, 383
TODAM 2 (modelo), 236
top-down, 304, 323
topologia, 163, 172, 354, 361
traço, 385
  de personalidade, 293
  semântico, 359, 384-6
transdução, 363
transparência, 84
  postulado de –, 274, 279
  das significações gramaticais, 361

Índice de Termos

tratamento cognitivo, 72, 145, 185, 210, 220, 281, 282, 345, 359, 378
trigeminal (sistema), 200, 386
tropos, 117
Turing (máquina de -), 386
Turing (teste de -), 387

U

universais, 55, 57, 89, 90, 101, 119, 170, 223, 227, 249, 352, 362, 374, 385

V

variabilidade
    contextual, 244
    cultural, 166, 311
    das competências, 148
    das medidas, 141
    dos fenótipos, 198
    interindividual, 141, 241, 299
    intra-individual, 141, 299
vector(es)
    centrado, 132
    convolução de dois -, 132
    convoluto, 131
    ortogonais, 132
    próprios (*eigenvectors*), 49
vectorial
    espaço -, 389
    função -, 335
    produto -, 131
verbalização, 360
verdade
    condições de -, 69, 103, 188, 190, 255

princípio de -, 254
tabelas de -, 224
valor de -, 119, 225, 294, 295, 320
vida artificial, 390
vigilância, 45, 68, 152, 248-9
visão, 392
    da acção, 133
    das abelhas, 78
    das cores, 317
    foveal, 219
    parcelar, 219
    periférica, 219
    por computador, 216
visual (o)
    acuidade -, 219, 302
    agnosia -, 42, 393
    alucinações -, 45
    cena -, 128, 282
    cognição -, 65
    córtex -, 47, 96, 201, 392
    espacialidade visuomotora, 233
    familiaridade -, 143
    memória -, 94
    reconhecimento -, 157
    via - ventral parvocelular, 234, 289
vontade, 394
von Neumann (máquina de -), 125

W

Wernicke
    afasia de -, 99, 273
    área de -, 273
Widrow-Hoff (lei de -), 291, 335, 336